중소기업정책론

이 경 의

지식산업사

중소기업정책론

초판 1쇄 인쇄 2006. 6. 12
초판 1쇄 발행 2006. 6. 17

지은이   이경의
펴낸이   김경희
펴낸곳   ㈜지식산업사
         서울시 종로구 통의동 35-18
         전화 (02)734-1978(대)   팩스 (02)720-7900
         한글문패   지식산업사
         영문문패   www.jisik.co.kr
         전자우편   jsp@jisik.co.kr
                     jisikco@chollian.net
         등록번호   1-363
         등록날짜   1969. 5. 8.

책값   35,000원

ⓒ 이경의, 2006
ISBN 89-423-3065-7   93320

이 책을 읽고 지은이에게 문의하고자 하는 이는
지식산업사 전자우편으로 연락 바랍니다.

책을 내면서

2002년 《현대중소기업경제론》을 집필·간행하면서 중소기업정책에 대한 연구를 좀더 적극적으로 진행할 필요를 느꼈다. 그러나 전반적으로 중소기업에 대한 학문적 연구가 활발하지 못한 우리나라 경제학계의 처지에서 중소기업정책을 독립된 연구 영역으로 정립해 체계화하기란 쉬운 일이 아니었다. 더구나 일찍이 막스 베버(Max Weber)가 정책학 연구에서 몰가치성이론을 제기한 이후 과학으로서 정책학의 성립과 관련한 고전적인 찬반논쟁 문제가 있기도 한 탓에 중소기업정책에 학문적으로 접근하기가 부담스러웠다.

중소기업정책론도 정책과학 영역에 포함되는 이상 그 학문적 접근에는 과학적 성립성의 문제가 제기되지 않을 수 없기 때문이었다. 이에 과학으로서 정책학의 성립성에 대한 기초적 연구와 검토가 먼저 진행되어야만 했다. 경제정책학 문헌을 통해 고전적 논쟁 이후 이에 대한 기초 이론을 정리하면서, 필자는 정책학 그리고 중소기업정책론이 과학으로 성립할 수 있다는 긍정적인 결론을 얻고 그 체계를 탐색했다. 특히 아카마쓰(赤松要) 교수의 본질적 동향론에 바탕을 둔 과학적 정책목표 설정의 가능성을 중소기업정책론 연구에 연결시키는 논리적 과정은 힘들기도 하거니와 치밀하지 못한 점이 있었다. 그러나 이에 기초해 중소기업 정책목표의 설정이 객관성을 지닌 현실적 당위로 될 수 있다고 보고 이책의 집필에 착수했다.

중소기업정책은 자본주의 발전 과정에서 형성되는 산업구조상의 모순인 중소기업문제를 완화·해소하면서 경제적 부의 창출과 자본축적 및 자원의 효율적 배분을 위해 중소기업의 구실을 높이는 것을 그 과제로 한다. 이러한 중소기업정책의 과제가 객관성을 지닌 정책목표로 될 수 있다고 보았던 것이다.

그래서 이 책은 먼저 중소기업정책론이 정책과학으로 성립할 수 있는가에 대한 이론적 검토에서 출발했다. 20세기 초 몰가치성이론이 제기된 이후 정책과학의 성립성에 대한 논쟁에서부터 본질적 동향론까지 정리하고, 이것들과 중소기업정책 연구의 접목을 시도했다.

둘째, 중소기업정책론에 대한 추상적·이론적 설명을 다루었다. 특히 각국 중소기업정책의 유형 분석에서 기본 틀을 제공한 적응정책·불리시정정책·보호정책을 소개했다.

셋째, 중소기업정책은 중소기업문제의 형성에서 그 계기를 찾을 수 있으며, 중소기업문제는 국민경제의 발전단계와 특수성을 그 바탕으로 한다. 선진경제와 후진경제에서 중소기업문제 인식의 발단과 그에 대응하는 중소기업정책의 전개를 검토하는 것이 요구된다. 이에 소생산자형에 따라 고전적 유형으로 자본주의가 전개된 미국경제의 중소기업문제와 종소기업정책의 전개 과정 및 정책 내용을 서술했으며, 이어서 개량적 길에 따라 자본주의가 전개된 일본경제에서 중소기업정책을 다루었다.

넷째, 같은 흐름에서 후진경제의 특성을 반영한 중소기업정책으로 한국 중소기업정책의 전개 과정과 그 체계를 분석했다. 해방 이후 1990년대까지 중소기업문제와 정책의 흐름을 정책사적 시각에서 정리했고, 특히 2000년대 중소기업정책의 과제를 조심스럽게 제시했다.

다섯째, 중소기업정책의 국제 비교를 시도했다. 미국을 비롯한 선진 7개국의 중소기업정책 내용을 비교했으며, 한국·일본·미국 등 3개국의 중소기업정책을 비교해 연표로 제시했다. 특히 그동안 중소기업정책 연구에서 충분히 정리되지 않았던 한국의 중소기업정책 연표를 작성했다.

　이러한 체계로 서술된 이 책은 이 분야에 대한 체계적 연구와 학문적 접근이 부진했던 중소기업학계에 중소기업정책 연구의 필요성을 제시하는 '문제 제기'의 의미가 있다고 생각한다. 따라서 이 책의 내용에는 무리한 서술과 정책목표 판단으로 말미암아 독단이 포함될 수 있었음을 인정한다. 앞으로 이 분야에 관심 있는 연구자의 활발한 연구를 통해 진전이 있기를 기대한다.

　이 책은 필자가 2004년 8월에 오랫동안 봉직하던 대학을 떠난 뒤 본격적으로 집필되었다. 특히 산업연구원 양현봉(梁炫奉) 박사의 문헌 및 자료 협조가 이 책을 쓰는 데 힘이 되었음을 밝혀둔다. 그리고 인기 없는 중소기업 분야 전문서의 출판을 매번 맡아주신 지식산업사 김경희(金京熙) 사장의 변함 없는 우정을 다시 한번 깊이 느낀다.

　끝으로 필자의 연구 생활을 묵묵히 뒷받침해준 평생의 반려자, 나의 아내에게 감사한다.

2006년 6월 5일, 마포 공덕동 연구실에서
지은이 이 경 의

중소기업정책론

중소기업정책론

제2부 선진국 중소기업정책의 전개

제3부 한국 중소기업정책의 전개

중소기업정책론

중소기업정책론

중소기업정책론

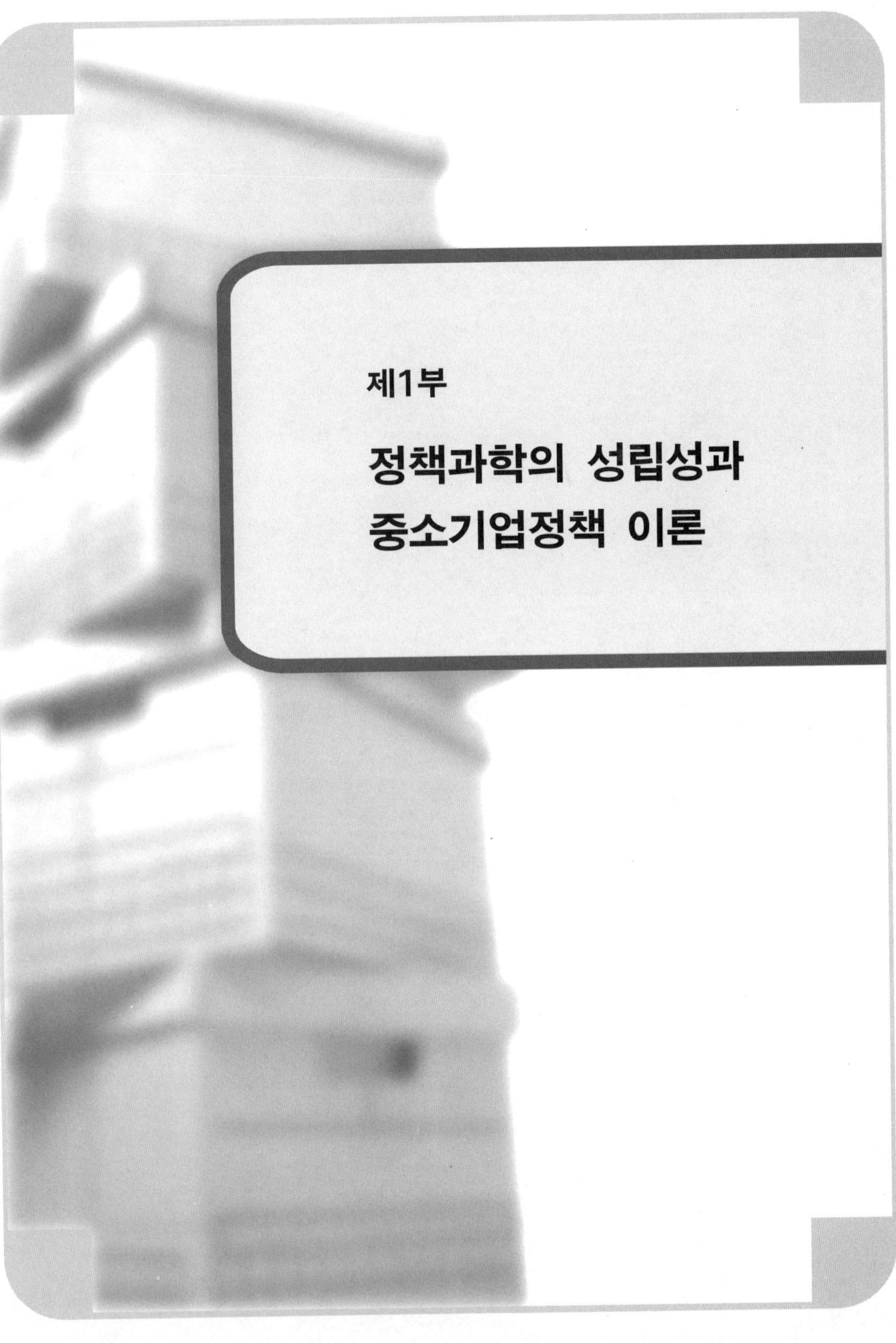

제1부
정책과학의 성립성과
중소기업정책 이론

제1장 정책과학과 중소기업정책론

1 정책학의 과학적 성립

1.1 경제적 모순과 정책의 계기

인간의 움직임은 항상 인간생활에 내재하는 어떤 모순(矛盾)을 계기로 하여 이루어진다. 모순은 기본적으로는 욕망은 무한함에도 이것을 충족하는 수단이 유한한 데서 오는 것인데, 정책은 그것을 완화하고 극복하고자 하는 노력이다. 예컨대 경제정책은 인간생활의 경제적 측면에서 일어나는 경제적 모순을 그 경제사회의 주체가 지양하고 완화·극복하고자 하는 노력을 말한다.

정책은 모순을 계기로 하고 또 동인(動因)으로 한다. 모순 없이는 정책이 있을 수 없다. 모든 운동과 변화의 기반이며 정책적 노력을 일으키는 동인이 바로 모순이다.[1] 모순의 지양은 소극적으로는 문제를 완화·해소하는 것이지만, 적극

---

1) '모순'이라는 말은 창[矛]과 방패[盾]라는 동양의 고사(故事)에서 유래한 것인데, 이는 극히 정태적 개념일 뿐이다. 오늘날에는 더욱 적극적이고 다양한 의미로 쓰이고 있다. 예를 들면, ① 헤겔 변증법에서 정(正)에 대립하는 반(反)의 상태, ② 유물변증법에서 생산력과 생산관계의 갈등, ③ 자본주의사회에서 자본가와 노동자의 가치를 둘러싼 대립(기본적 모순), ④ 자본운동에서 대자본 또는 독점자본과 중소자본 그리고 외국자본과 민족자본의 대

적으로는 발전을 향한 여러 임무를 수행함으로써 사회경제를 향상시키는 힘이 된다.

경제적 모순은 결국 인간의 경제적 욕망과 그것을 충족하는 수단의 부족이라는 간격에서 발생하는데, 이때 경제적 욕망은 일종의 이상 또는 당위(Sollen)이며, 그 충족수단의 부족은 현실 또는 존재(Sein)이다. 즉, 이상과 현실, 당위와 존재 사이의 간격이 모순이며, 이것이 정책적 실천의 계기가 된다. 다시 말해서, 경제적 모순을 극복·완화하여 국민이 더 좋은 경제생활을 할 수 있게 하려는 노력이 정책인 것이다. 모순 있는 경제를 모순 없는 경제로 만들기 위하여 어떤 정책목표를 세우고, 이 목표에 알맞은 구체적 시책인 정책수단을 강구한다.

경제적 모순을 인식하고 그것을 지양하기 위하여 경제적 이상 또는 가치를 목표로 세우고 현실을 이에 접근시키도록 경제정책의 수단을 마련한다. 여기서 이상 또는 가치가 바로 경제정책의 목표이며 당위이다. 이 당위는 현실, 즉 존재와 간격을 갖고 있지만, 현실의 동향은 반드시 그 방향으로 이끌어질 수 있는 것이어야 한다. 말하자면, 현실에 기초를 둔 당위(정책목표) 또는 현실적 당위(wirklichen Sollen)라야 한다.

그런데 경제적 모순을 인식하고 이것을 지양하려는 정책이 실시되려면 그 정책적 실천은 보편성을 지녀야 한다. 즉, 국민경제 전체가 보편적으로 요구하게 되는 정책적 실천이 이루어져야 한다. 개별적 모순은 개별 경제의 실천 동인은 되지만 그것만으로 경제정책을 일으킬 수는 없다. 경제적 모순이 정책적 실천의 계기가 되려면 사회적으로 보편화한 것이라야 한다.

1.2 정책학의 객관성 문제

중소기업정책론 및 경제정책론을 포함하는 정책학은 모순의 지양을 위한 목표의 설정과 그 수단의 강구 등 정책을 체계적으로 이론화하고 그와 관련된 정

립(종속적 혹은 부차적 모순) 등이 그것이다.

책 분야의 기타 문제를 과학적으로 해명하는 학문이다. 그러면 이러한 정책학은 과연 객관성을 구비하여 완벽한 과학으로서 이론의 추구가 가능한 학문 분야인가? 이 문제는 정책학 연구에서 가장 먼저 탐구해야 할 과제로 제기되는데, 여기서 다음과 같은 것이 논의될 수 있다.

첫째, 정책적인 인식이 객관성을 가지는가 하는 문제이다. 학문으로서 정책학이 단순한 기술적 지식의 집합에 그치지 않고 하나의 과학으로서 지위를 가지려면 다른 과학적 지식과 마찬가지로 정책 대상의 파악에서 객관성을 가질 수 있는 논리적이고 체계적인 지식이라야 한다.

둘째, 이러한 정책적 인식의 객관성에는 정책목적을 설정하는 것이 객관성을 가질 수 있는가 하는 문제가 중요한 내용이 된다. 현실에서 발생하는 모순을 지양함으로써 현실을 바람직한 상태, 즉 있어야 할 상태로 이끌어가는 것을 연구하는 것이 정책학이므로, 정책목표 설정의 객관성이 문제가 된다. 다시 말해서, 정책목적 자체가 전체적인 진리에 바탕을 둔 객관성을 가질 수 있는가 하는 것이다.

셋째, 정책학 자체가 논리성 있고 체계를 갖는 객관성을 가지는 과학으로 될 수 있는가 하는 것이다. 정책학이라는 학문이 하나의 독립된 과학으로 용인되려면 그것은 자기완료적인 내용을 체계적으로 구성해야 하기 때문이다.

이들 문제는 20세기 초에 독일에서 벌어진 가치판단논쟁(價値判斷論爭) 이후 경제학계의 큰 쟁점이 되어왔다. 이것은 바로 경제정책학을 비롯한 정책학의 객관성 논의와 깊은 관련을 갖고 있다. 그러면 정책결정에서 가치판단은 무엇을 의미하는가?

'좋다' 또는 '좋지 못하다' 하고 구분하는 것을 '가치를 판단한다'고 한다. 그런데 정책목표를 설정하는 데서는 반드시 옳고 그른 것을 판단하지 않을 수 없다. 어느 정책은 좋고 어느 정책은 나쁘다고 하는 '가치를 판단하는 것'이 끼어들게 마련이다. 즉, 정책목표의 설정에 '가치를 판단한다'는 요소가 개입된다.

그런데 가치를 판단하는 문제는 사람에 따라, 계급에 따라, 지역에 따라, 또는 시기와 민족을 달리함에 따라 다를 수도 있다는 것이다. 결국 가치의 판단은 주관적이어서 객관성을 가질 수 없다는 것이다. 정책목적에 객관성을 가질 수 없는 이러한 판단이 수반 또는 개입되면 그 목적의 설정 역시 객관성을 가질 수 없다. 때문에 이러한 정책목적의 설정을 학문의 고찰 대상으로 하여 정책적 인식을 하는 정책학은 과학으로 성립할 수 없다는 지적이 있었다.

그 뒤 가치판단이 객관성을 가질 수 있느냐, 따라서 가치를 과학적으로 판단할 수 있느냐 하는 문제는 정책학의 객관성 및 과학적 성립과 깊은 관련을 갖게 되었다. 정책목표 설정에는 가치판단이 개입하기 때문에 정책학은 과학으로 성립할 수 없으며 가치판단은 과학의 세계에서 배격해야 한다는 것이 논쟁 초기의 주장이었다. 그러나 그 뒤 점차 정책학의 존립에 필수적인 정책목표의 설정과 가치판단에서 객관성을 인정하는 방향으로 발전되어갔다.

주관적인 생각이나 신념에 입각한 관념적인 혹은 윤리적인 가치판단은 배격하되, 객관적이고 과학적인 방법에 따른 가치판단과 정책목표의 설정이 가능하다는 연구결과가 이어진 것이다.

2 주관적 가치의 배격과 객관적 가치의 확립

2.1 주관적 가치의 배격

정책목표 설정의 가능성에 대한 본격적인 논의는 20세기 초 독일에서 베버 (M. Weber)와 슈몰러(G. Schmoller) 사이의 가치판단논쟁에서 비롯되었다. 베버는 당시 신역사학파나 마르크스학파가 주관적이고 윤리적인 가치판단에 따라 정책목표를 세우고 있는 것에 대해 이를 배격해야 한다고 주장했다.

그는 객관성을 가져야 할 과학적 인식은 가치판단을 배격(Werturteilungsfreiheit) 하고 가치로부터 해방(Wertfreiheit)되어야 한다고 생각했다. 즉, 과학적 인식은 몰가치적(沒價値的)인 것이어야 하며, 가치 또는 가치판단은 과학의 영역에서 배제되어야 한다는 것이다.

경험과학인 경제학의 이론이나 역사 분야에서는 존재의 법칙성을 파악할 뿐 가치판단의 문제는 생기지 않는다. 경제이론은 경제현상을 존재의 법칙성으로 파악하고 경제사와 경제정책사도 역사적 사실에 대한 경제관념이나 정책을 파악하기 때문이다. 그러나 정책은 당위의 문제를 다루기 때문에 가치판단이 따르게 된다. 특히 정책목표를 설정하는 데서 관찰과 분석 및 정당한 사유를 떠난, 직관적인 신념에 바탕을 둔 가치판단이 수반될 때 그것은 물론 배격의 대상이 된다고 보았다.

베버는 신역사학파의 이른바 윤리경제학을 주된 비판의 대상으로 했다. 슈몰러 이후 신역사학파는 윤리주의를 특징으로 윤리적 가치판단을 기준으로 하는 윤리적 경제학을 전개했다. 이에 따르면, 경제학에서 정책론의 임무는 인간의 경제생활에 대한 윤리적 규범을 규명하고 이를 경제생활에 적용하는 것이었다. 즉, 윤리적 가치판단을 기준으로 정책적 주장을 했고, 특히 사회개량정책을 주장했다. 슈몰러는 중산계급적 사회정책을, 와그너(A. H. G. Wagner)는 국가사회주의를, 브렌타노(L. Brentano)는 노동조합육성을 내세우는 등 그들의 구체적 정책 내용에서는 차이가 있지만, 형식적이고 윤리적인 가치판단에 따라 정책목표를 세운 점에서는 공통적이었다. 이들은 강단사회주의자라고 불리기도 했다.

이들은 현실세계에서 윤리적 주장을 과학의 이름으로 행할 수 있다고 보았으며, 이는 곧 윤리적 경제학으로 지칭되었다. 베버의 비판은 이러한 윤리적 경제학과 마르크스학파의 사상적 당파성을 대상으로 하고 있다.

베버에 따르면, 가치 개념은 시대적 조류와 개인적 신념에 따라 결정되기 때문에 경험과학의 객관적 목표가 될 수 없다. 즉, 과학과 가치판단은 원칙적으로 분리해야 하며, 윤리적 가치 기준을 바탕으로 하는 윤리경제학을 과학의 이름으로 전개하는 것은 잘못이라고 본 것이다.

경험과학은 '그가 무엇을 해야만 할 것인가'(당위)를 가르칠 수 없다. 그러나 '그가 무엇을 할 수 있는가, 혹은 경우에 따라서 그가 무엇을 의욕하고 있는가'를 가르칠 수는 있다고 했다. 전자는 가치의 이상을 설정하는 문제, 즉 당위의 문제인데, 이것은 보편타당하게 결정될 수 없기 때문에 객관성을 확보해야 할 경험과학의 대상으로 할 수 없다는 것이다.

이러한 베버의 몰가치성이론은 당시 강단사회주의학파의 윤리적 정책이론의 수립에 큰 타격을 주었다. 과학의 이름으로 공공연하게 자기의 정치적 신념이나 세계관을 논술·강의해온 강단사회주의자들을 잠잠하게 했고, 나아가서 경험적 지식과 관념적 가치관을 구분하는 계기를 만들었다. 그리고 정책이론의 과학적 확립에도 전환점이 되었다.

이와 같은 가치판단의 부정, 즉 정책목표 설정을 부정하는 흐름은 최근 볼딩 (K. E. Boulding)으로도 이어지고 있다.[2] 그러나 정책목표를 설정하는 것은 정책학 또는 경제정책론에서 필수적인 것이고 경제학자들의 과제이기도 하다. 이에 목적 설정 그 자체를 부정할 것이 아니고, 어떻게 하면 그 목표를 과학적으로 수립할 수 있는가를 연구하게 된 것이다. 이어서 그 과정을 자세하게 검토하기로 한다.

2.2 객관적 가치의 확립(1)

2.2.1 추상적 가치의 객관화와 목적론적 고찰

가치판단논쟁에서 베버가 정책목적 설정에 '가치로부터 해방' 또는 몰가치성을 주장했다고 해서 정책학의 과학적 성립을 전적으로 부인한 것은 아니다. 뒤에서 설명하겠지만, 기술적 판단은 과학적으로도 가능하다고 보아 이 부문에서는 정책학의 성립을 인정했다.

정책학의 과학적 성립을 더욱 적극적으로 주장한 것은 슈몰러를 중심으로 한 신역사학파였다. 이들은 가치 거부와 정책목표 설정을 부정하는 베버와 논쟁을 벌이며 가치를 객관화할 수 있다고 주장했다. 경제생활은 윤리적인 것과 떼어놓을 수 없으며 또한 윤리적 가치 기준은 지역적으로 통일되고 역사적으로도 성숙해 있으므로 객관성을 갖는다는 것이다. 가치에는 베버가 말하는 것과 같은

---

2) Kenneth E. Boulding, *Principles of Economic Policy*, 1958, 2쪽.

개인적이고 당파적인 혹은 계급적인 주관적 가치만이 있는 것이 아니며 객관성을 갖는 가치도 있다고 보아 가치판단거부론을 반대했다.

모든 가치판단이 계급이나 당파의 이해관계를 벗어나지 못하고 역사적·지역적으로 통일되지 못한다면 주관적이 될 것이다. 그러나 우리가 인식할 수 있는 가치에는 개인·당파·계급 같은 기존의 부분적 이해관계에 그치는 가치만 있는 것이 아니다. 광대한 협동사회, 민족, 시대, 나아가서는 전체 문화세계가 참여할 수 있는 객관적 가치가 있는데, 이러한 가치는 객관성이 있다는 것이다.

그러한 객관적 가치 기준으로 들 수 있는 것이 공공복지이다. 가치가 부분적 이해관계에 그치지 않고 전사회적 또는 전세계적으로 파악될 때 초당파적인 보편적 가치가 될 수 있는데, 공공복지는 바로 초당파적인 절대 선(善)에 귀착될 수 있다. 그리고 가치를 판단하는 데서 많은 사람과 학자들, 나아가 민족 전체가 참여한다면 그 판단의 객관성은 증대한다고 보았다. 따라서 이러한 정책목표의 설정과 가치판단은 객관성이 있고, 그것을 대상으로 하는 정책학은 과학으로 인정된다는 것이다.

주관성과 윤리성을 배격하고 객관적 가치를 확립하려는 이러한 노력으로 설정된 공공복지가 구체적이고 특수하며 내용에서 실질적인 가치를 의미하는 것은 아니다. 이는 추상적이고 일반적이며 형식적인 개념의 가치일 뿐이다. 모든 정책의 통일된 목표이지만, 구체적으로는 아무런 내용을 갖지 못하는 목표이다.

그렇지만 객관성을 부여하는 공공복지라는 가치 개념을 제시했고 또 이러한 객관적 가치를 바탕으로 객관적 정책목적을 달성하려는 목적론적 학문이 과학성을 갖는다고 본 점에서, 이러한 주장은 정책학의 과학적 성립에 의미를 부여해준다.

피구(A. C. Pigou)도 슈몰러와 같이 경제학에 윤리적 가치를 도입하여 목적론적 경제학의 수립을 지향했다. 물론 그가 제시한 경제적 후생의 개념은 공리주의적 사상을 기반으로 하는 것이므로 신역사학파의 국가주의적 사고의 공공복지와는 구분되어야 한다. 그러나 경제적 후생이라는 일반적이고 추상적인 가치를 목적으로 그 극대화를 추구한다는 점에서 공공복지의 극대화를 추구한 것과

다름이 없다. 즉, 일반적이고 추상적인 가치를 전제로 하는 경험과학의 목적론적 고찰인 것이다.

2.2.2 기술적 비판과 정책과학

객관성이 확보되어야 할 경험과학적 판단에서 객관성을 가질 수 없는 가치판단은 배제하고, 과학적 경제학의 인식에서 가치판단으로부터 해방되어야 한다는 것, 즉 몰가치성이론을 베버는 주장했다. 그러나 전제되거나 주어진 목적에 대하여 어떤 수단이 적합한 것인가 하는 판단, 다시 말해서 목적에 대한 수단의 적합성을 평가하고 측량하는 판단은 과학적으로 가능하다고 했다. 베버는 이것을 기술적 판단(technische Kritik)이라고 하고 정책과학이 성립할 수 있는 영역으로 인정했는데, 이를 좀더 설명하면 다음과 같다.

먼저 주어진 목적에 대한 수단의 적합성을 고찰하는 것은 과학에서 무조건 허용된다. 전제되어 있는 일정한 목적에 도달하기 위하여 어떤 수단이 적합하고 어떤 수단은 적합하지 않은가를 효과적으로 결정할 수 있다. 그 결과 사용할 수 있는 수단을 가지고 일정한 목표의 달성을 평가하고, 간접적으로는 설정된 목표 자체가 역사적 정황의 지반(地盤)에서 실제적으로 의의를 가지는가 또는 어떤 주어진 상태에서는 그 목적이 무의미한 것인가를 과학적으로 비판할 수 있다고 했다.

나아가서 수단의 효과판단도 과학적으로 가능하다고 보았다. 수단을 어떤 목적에 적용할 때 의도한 본래의 목적은 달성할 수 있지만, 그 밖에 의도하지 않았던 부작용을 일으킬 수도 있다. 이러한 부작용도 과학적으로 인식이 가능하며, 이것의 제거를 위한 비용도 과학적으로 규명할 수 있다. 베버는 이러한 효과판단의 결과로 수단의 적합성이 규명될 수 있다고 했다.

다시 말해서, 주어진 목적에 대한 수단의 적합성을 측량하는 판단은 과학적으로 가능하고, 이를 통하여 간접적으로 역사적 지반과 주어진 상태에 비추어 주어진 목적을 비판할 수 있으며, 또한 수단이 가져올 수 있는 부작용의 인식, 즉 효과판단도 과학적으로 가능하다는 것이 베버의 기술적 비판의 내용이다.

베버에 따르면, 이는 '무엇을 해야만 하는가'가 아니라 '무엇을 할 수 있는가'를 가리키는 것으로서 과학의 세계에 속하는 것이다.

앞서 슈몰러와 피구가 공공복지와 경제적 후생이라는 추상적 가치를 제시하고 이것의 추구에서 목적론적 고찰의 과학성을 주장했음을 살펴보았다. 여기서 공공복지와 경제적 후생이란 구체적 내용을 갖지 못하는 추상적·형식적 목적에 불과하다. 구체적 가치의 인식을 가능하게 하는 조건으로서 형식이며, 일반화하면 최선이라는 의미를 지닐 뿐이다. 이처럼 추상적 가치를 형식·최선·무내용한 것으로 본다면, 여기에 접근해가려는 목적론적 고찰은 결국 기술적 비판의 견해와 같게 된다.

피구는 경제적 후생을 화폐로 표현하여 국민소득(national income) 또는 국민분배분(national dividend)으로 보고, ① 평균적 국민소득의 증가와 ② 소득분배의 평등성 그리고 ③ 소득변동의 완화라는 세 가지를 후생경제학의 과제라고 생각했다. 그 뒤 경제적 후생의 극대화를 위한 수단의 선택은 신후생경제학에 이르기까지 수많은 논쟁을 거치면서 이론적으로 발전했다. 그러나 이는 결국 목적을 주어진 것(경제적 후생의 증대)으로 보고 그것을 위한 수단의 적합성을 추구한 기술적 비판의 견해를 논리적으로 완성시키려고 한 노력의 과정이었다.

다음으로 기술적 비판의 범위에 드는 것으로는 빌브란트(R. Wilbrandt)와 뮈르달(G. Myrdal)의 견해가 있다. 빌브란트는 정책적 수단의 준칙으로 분석적 이상을 제시했다. 그는 우리가 수단이 필요하다는 생각, 즉 수단의 필요성을 느끼는 의욕을 분석하여 얻을 수 있는 이상을 분석적 이상이라고 했다. 수단을 필요로 하는 의욕은 결핍의 상태를 말하며, 이러한 의욕이 지향하고 있는 주된 목적은 결핍을 방지하는 것이다. 그러므로 결핍 방지는 분석적 이상이라는 목표에 접근해가는 과정이다.

이때 경제란 분석적 이상이라는 목표에 접근해가는 통로이고, 경제성은 그것을 알 수 있게 하는 길잡이라는 것이다. 결국 빌브란트가 말하는 분석적 이상은 경제성과 같은 것이어서, 경제성의 극대화라는 형식원리가 된다. 여기서 경제성은 피구의 경제적 후생과 같은 의미이며, 그에게 경제성의 극대화란 곧 경제정책의 목표가 된다. 따라서 빌브란트의 분석적 이상 또는 경제성은 기술적 비판의 판단형식과 같은 것으로 볼 수 있다.

뮈르달의 경제기술학은 베버의 기술적 비판의 견지에 서 있으면서도 이를 전진·확대시켰는데, 여기서는 두 가지의 과학적 과제를 다루고 있다.

첫째는 효과판단으로써 정책의 타당성을 판정하는 것이다. 어떤 정책의 효과에 대하여 사회계층의 이해가 서로 '평행'한가 또는 '교차'하는가를 판정해 정책의 타당성을 정한다는 것이다. 이해관계에서 평행 효과를 가지는 정책은 모든 사람에게 타당한 정책이라고 객관적 판단을 내릴 수 있다. 그러나 이해가 교차하는 효과를 갖는 정책은 각 사회계층에 대한 정책효과가 실제적으로 차이가 있는 정책이다. 이 정책은 일부 계층에 유리한 정책이기 때문에 어느 계층을 더 위하느냐 하는 문제를 제기하는 차별적인 정책이다. 즉, 모든 사회계층의 이해관계에 차이가 있는 차별적 정책이라고 객관적으로 판단할 수 있다. 그러나 이러한 판단은 결국 기술적 비판으로 귀결된다.

둘째의 과학적 과제는 태도분석의 분야이다. 태도분석이란 구체적인 정책이 여러 가지 사회적 이해관계를 지반으로 하여 정치적으로 정해지는 과정을 사회심리적으로 분석하는 것을 말한다. 어떤 가치로부터가 아니라 '어떤 지반으로부터 구체적인 정책이 형성되는가'를 관찰하는 것이다. 즉, 태도분석은 정치적으로 정책의 타당성 또는 가치를 판단하는 것이 아니고 정책형성의 실제적 과정을 사회적 이해관계의 지반에 비추어 고찰하는 것이다. 태도분석은 물론 과학적으로 다루어질 수 있다. 그리고 이에 대해서는 뮈르달이 베버의 기술적 비판의 견지에 있으면서도 정책과학의 성립 분야를 넓혔고 또 성립 가능성의 단서를 제공했다고 평가할 수 있다.

2.2.3 객관적 가치의 추구

정책학의 객관성 또는 과학적 성립에 관하여 제기된 문제는 두 가지였다. 하나는 정책목적의 객관성에 관한 것이고, 다른 하나는 정책학적 연구 또는 정책과학의 객관성 문제였다. 전자는 목적으로서 가치, 즉 정책목적의 설정에 대한 객관성 문제이다. 이 문제는 바로 베버가 몰가치성이론을 통해 과학적 인식의 가치로부터 해방을 주장한 주제였다. 후자는 두 가지 내용을 포함한다. 주어진 목적에 대한 수단의 적합성에 대한 판단, 즉 베버의 기술적 비판이 그 하나이다. 그리고 또 하나는 추상적이고 형식적인 목적에 대한 수단의 적합성을 판단하는 신역사학파와 후생경제학의 목적론적 고찰의 추구이다. 다같이 일반적인 형식적 가치를 전제로 하여 추상적 원리에 따른 형식적 판단의 과학적 가능성을 보이는 것으로서 경험과학의 목적론적 성립을 의미하는 것이다.

정책학의 객관성으로 제기된 문제 가운데 후자, 즉 기술적 비판과 경험과학의 목적론적 성립 등 넓은 의미에서 기술적 판단의 객관성 문제는 해결된 것이다. 그러나 전자, 즉 정책목적 설정과 가치 또는 이상을 인식하는 것의 객관성 문제는 계속 파고들어야 할 미해결의 과제였다. 더구나 정책목적 설정에서 인식해야 할 가치는 형식적·추상적·일반적 가치가 아니라, 내용적이고 구체적이며 특수한 가치인 것이다.

결국 해결된 것은 기술적 비판 또는 기술적 판단 문제이고, 해결되지 않은 것은 구체적이고 특수한 목적의 가치판단 문제이다. 그것은 공공복지나 경제적 후생과 같은 일반적 추상적 목적에 대한 가치판단과 목적론적 고찰이 아니다. 시간과 공간으로부터 제약을 받고 여러 사회적인 조건으로부터도 제약을 받는, 구체적인 어떤 시기의 경제사회에서 특수한 정책목적의 내용을 설정하고 그것에 대한 기술적 비판을 하는 문제이다. 이것은 바로 현실적 당위 또는 구체적 당위에 대한 과학적 판단의 문제인 것이다.

즉, 정책학에서 설정하는 당위 또는 정책목적은 현실의 세계에서 형성되는 현실적인 것이며 형성되고 있는 현실성(werdende Wircklichkeit)에 기반을 둔 현실적 당위여야 한다. 정책은 이러한 현실 또는 존재를 기초로 하는 당위를 그 대상으로 해야 하고, 이러한 현실적 당위와 존재에 기초를 둔 가치를 확립해야 한다.

이러한 가치, 즉 객관적 가치를 추구한 것이 고틀(F. V. Gottl)의 존재론적 가치판단이다. 이는 구체적이고 현실적으로 생성 과정에 있는 가치의 판단으로, 제1차 세계대전 뒤 독일에서 오랫동안 우세했던 베버류의 이론을 압도하고 목적 설정의 과학적 확립에 교량 구실을 했다.

베버가 구체적 가치를 다루고 슈몰러가 추상적 가치의 문제를 다루었다면, 고틀의 존재론적 가치판단은 구체적이며 현실적으로 생성 과정에 있는 가치에 대한 판단이었다. 그는 가치판단을 다음과 같이 다섯 가지로 나누었다.

(1) 논리적 가치판단은 사유의 정당성을 판단하는 것으로, 논리학의 문제이다.

(2) 목적론적 가치판단은 처리의 정당성 또는 사회의 합목적성에 대한 판단으로, 베버의 기술적 판단에 해당한다.

(3) 윤리적 가치판단은 공동생활 전체에서 생활의 정당성을 판단하는 것으로, 칸트(I. Kant)의 실천이성의 판단에 해당한다.

(4) 관념론적 가치판단은 개인의 신념에 대한 정당성을 판단하는 것으로, 보편타당성을 가질 수 없으며 베버의 비판의 대상이었다.

(5) 존재론적 가치판단은 존재의 정당성을 판단하는 것으로, 경험과학의 세계에서 판단이 용인될 수 있는 가치판단이며 과학적인 것이다.

즉, 존재론적 가치판단은 그 뿌리를 현실적 경험의 확고한 지반 위에 두고 있고, 따라서 존재론적 가치의 표현은 충분하고 완전한 근거로 확립되며, 이에 대한 판단이 정확히 이루어지면 보편타당성을 가진다는 것이다.

관념론적 가치판단은 신념으로부터 '존재해야 할 것'을 판단하는 것인데, 그것의 현실적 충족 가능성 여부는 존재의 정당성에 대한 판단, 즉 존재론적 가치판단으로 정해질 수 있다. 존재론적 가치판단은 '존재하지 않을 수 없는 것'을 판단하는 것으로, 구체적인 현실로부터 반드시 귀결될 존재를 명확히 증명하는 것이다. 즉, 확고한 현실적 경험을 기반으로 하는 판단이다.

여기서는 구성체의 존재 자체로부터 궁극적인 목적이 추정되는데, 그 판단의 가치 기준은 가능한 한 최선의 구성체를 형성하여 구성체의 생산력을 향상시키도록 구성의 양호성을 높이는 데 놓여 있다. 그리고 최선의 구성체는 종래 가치 기준의 궁극적 목표인 이상 또는 추상적 목표로서 가치의 상한이며, 존재의 정당성, 즉 존재에 입각한 구성체의 정당성을 최하위의 가치 기준(가치의 하한)으로 하고 이것을 기초적인 구실로 하여 가치 기준을 정한다.

그가 말하는 존재의 정당성은 구성의 양호성을 말하는데, 바로 구성체의 현실적 구성을 의미한다. 이는 다음과 같은 두 가지의 방향에서 논의되었다.

첫째, 생활체의 구성 문제로서 생활체를 구성하는 각 부문이 정당한 질적 또는 양적인 배합을 하고 있는가 하는 문제이다. 예컨대 산업구조에서 제1차·제2차·제3차 산업의 구성 등이다.

둘째, 환경 또는 생활정황에 대하여 생활체가 정당하게 적응하고 있는가 하는 문제이다. 개인이나 기업과 같은 내부조직이 전국민경제의 포괄적 조직의 동향에 정당하게 작용하고 있으며 국민경제가 세계경제의 구성에 잘 적응하고 있는가 하는 문제이다.

이러한 구성의 양호성을 내용으로 하는 존재론적 가치판단은 경험과학으로서 충분히 용인될 수 있다는 것이다. 즉, 확고한 경험의 기반에 뿌리를 두고 있기 때문에 존재론적 가치의 표현과 판단은 과학적 근거를 갖고 있다는 것이다.

현실적 경험과 현실의 확고한 기반에 뿌리를 내리고 있다는 점에서 존재론적 가치판단은 일종의 현실적이고 구체적인 가치의 판단이라고 볼 수 있다. 이는 구성의 양호성이라는 정태적 문제만을 주로 다루고 장래의 동향 등은 논급하지 않는다는 점에서 현실적 당위에 대한 충분한 대답을 주기에는 불완전하다고도 하겠으나, 존재론적 가치, 즉 현실생활을 바탕으로 있어야 할 것을 확정하고 그것을 정책목표로 한다는 점에서 객관적 가치를 추구한 것이라고 하겠다. 존재론적 가치판단은 이후 본질적 동향분석으로 과학적 목표성립을 연구하는 데도 도움을 주었다.

2.3 객관적 가치의 확립(2)

2.3.1 마르크스와 슘페터의 동향분석

실천에 옮길 수 있는 구체적인 정책목표로서 보편타당한 현실적 당위를 제시하고 과학적인 구체적 가치판단의 문제를 해결하는 것은 정책학의 과학적 성립을 위하여 요청되는 중요한 과제였다. 그러나 1930년대까지 고틀로 이어지는 과정에서도 이는 해결되지 못했다.

그 과제의 실마리를 마르크스와 슘페터의 동향분석에서 찾아볼 수 있다. 동향분석 이론은 여러 가지 사회의 동향 가운데서 본질적 동향을 정하고 이 동향에 기반을 둔 가치 개념을 명확하게 정하는 것이다. 뒤에서 설명하겠지만, 본질적 동향(이것의 형성은 본질적 사회의욕에서 시작된다)에 기반을 두는 사회의 본질적 가치 개념이 구체적인 현실적 당위에 해당한다고 보는 것이다.

19세기 후반의 마르크스(K. Marx)와 20세기 전반의 슘페터(J. Schumpeter)는 자본주의사회의 대국적이고 본질적인 동향을 과학적으로 분석했다. 큰 흐름으로 보아 두 사람은 자본주의가 사회주의로 이어진다고 생각했다. 그러나 전자는 자본주의사회의 객체성, 후자는 그 주체성을 분석함으로써 그러한 결론적 동향을 파악했다.

마르크스는 유물변증법에 바탕을 두고 노동가치설, 잉여가치론, 자본축적과 집중론, 대중궁핍화론, 산업예비군의 이론, 공황이론 등을 통해 자본주의사회는 붕괴하여 사회주의사회로 이행하는 것이 불가피하다고 했으며, 이것이 본질적 동향이라고 보았다. 자본주의사회를 발전시키는 논리는 경제사회의 자본주의적 발전만을 가져오는 것이 아니라, 공황과 경제적 모순을 수반한다. 그 결과 자본주의가 고도로 발전할수록 경제적 실패의 요인도 더욱 강렬하고 참혹해진다. 자본주의사회의 발전논리가 궁극적으로 그 사회의 종말을 가져오고, 자본주의의 사회적 모순을 지양함에 따라 사회주의사회로 이어진다는 것이다.

즉, 자본주의에서는 그 자체를 발전시키는 발전적 동향 가운데 그 스스로를 파괴하고 부정하는 부정적 동향이 일어난다. 그 결과 자본주의사회는 사회주의사회로 변증법적인 발전을 하게 되는데, 이러한 동향은 자본주의사회에서 필연적이면서도 불가피한 것이며 현실적이면서도 미래적인 동향이라고 마르크스는 보았다.

그리고 이러한 동향을 바탕으로 하는 가치 개념은 구체적이고 현실적인 당위로서 정책목적이 될 수 있다고 보고, 그 동향의 사회적 필연성을 객관적으로 분석했다. 자본주의사회의 객관적 동향이 사회주의사회로 이행하는 것이라고 보고, 그 가치 개념의 대상으로 사회주의사회를 규정하여 이를 객관적이고 구체적인 가치로 파악했다.

마르크스가 파악한 이러한 본질적 동향이 정책학에서 제시하는 구체적 가치의 객관적 판단문제와 갖는 관련성에 대해서는 여러 가지 비판적 논의가 있었다. 이 가운데서도 슘페터는 마르크스적인 본질적 동향을 비판·거부하고 자본주의사회의 주체성을 분석했다. 자본주의가 사회주의로 이행한다는 본질적 동향은 마르크스와 같지만, 그것은 자본주의사회의 실패 요인이 아니라 성공 요인에 따라 진행된다고 보았다.

슘페터는 자본주의사회를 사회발전에서 하나의 과정에 불과하다고 보았다. 그 과정은 창조적 파괴 과정이며, 따라서 자본주의는 그 스스로 낡은 것을 끊임없이 파괴하면서 새로운 것을 창조해가는 과정이라는 것이다. 즉, 창조적 파괴 과정의 작용을 거듭하는 것이 자본주의인데, 이것이 일정한 시기에 이르러 자본주의 자체의 질적 변화까지도 가져오게 한다는 것이다.

자본주의사회에서 본질적인 것은 주체적인 창조적 파괴이며, 슘페터는 이것이 자본주의의 존속성을 부정하고 후계자인 사회주의를 긍정하게 만든다고 보았다. 그는 이러한 결론적 동향을 자본주의사회의 주체성 분석과 주체적 본질 분석에서 찾고 있다. 그 결과 독점과 공황도 자본주의의 성공적인 업적을 부정하는 경제적 실패가 아니라 오히려 그 성공적인 업적을 나타내는 동인으로 본다. 그래서 자본주의는 자기파괴적인 실패로 돌아가는 것이 아니라 자기발전적인 성공을 거듭하면서 그 결과로 자본주의의 질적인 변화를 가져온다는 것이다. 즉, 자본주의에서 사회주의로 변질한다는 본질적 동향은 자본주의의 성공으로 이루어지는 것이며, 마르크스가 주장하는 바와 같이 자본주의의 실패로 이루어지는 것은 아니라는 것이 슘페터의 결론이다.

자본주의사회가 사회주의사회로 된다는 본질적 동향이 마르크스와 슘페터의 서로 다른 분석으로 이루어졌는데, 이러한 동향분석에서 얻은 과학적 결론은 객관적 타당성을 갖는 현실적 당위인가? 우리는 앞에서 마르크스의 긍정적 주장에 대하여 슘페터의 부정과 비판을 살펴보았다. 즉, 본질적 동향으로 구체적

이고 현실적인 당위의 설정을 유물변증법적 견지에서 과학적으로 주장한 마르
크스의 견해를 슘페터는 비판한 것이다.

2.3.2 본질적 동향과 과학적 정책목표

일찍이 현실적 당위를 과학적으로 제시하려는 마르크스의 동향분석과 슘페
터의 비판 그리고 뮈르달의 경험과학적 견해와 고틀의 존재론적 가치관 등은
아카마쓰(赤松要)의 본질적 동향론에 기여했고, 드디어 정책의 과학적 목표 설
정의 기반이 마련되었다.

아카마쓰는 마르크스의 일원론적인 유물변증법적 동향분석을 발전시켜 이원
론적인 종합변증법적 견지에서 본질적 동향을 분석한다. 마르크스는 경제의 객
체적 조건만을 분석의 대상으로 했으나, 아카마쓰는 이것을 중요시하면서도 주
체적 조건 역시 소홀히 하지 않는 분석을 했다. 아울러 각 동향에 채택될 수
있는 정책효과도 같이 분석함으로써 미래를 향해 형성되고 있는 여러 동향을
파악할 수 있고, 이 가운데서 본질적 동향을 판정할 수 있다고 보았다.

사회는 모순 속에서 끊임없이 변동하는데, 그 변동에는 현재에서 미래를 향
하는 여러 가지 동향이 있고 이것은 각각 하나의 사회적 욕구를 반영한다. 여기
에는 직관적 가치라고도 할 수 있는, 자각되지 않은 욕구가 포함되어 있는데,
이것이 직관적 욕구이다. 이 욕구가 인식되고 보편화하면 가치로서 개념화한다.
이는 바로 존재하고 있는 생활의욕이 보편적 형식을 갖게 된 것으로서, 존재를
넘어 당위의 범주로 발전한다.

사회적 동향을 발생시키는 직관적 욕구는 각 개인마다 구체적 내용이 다를
수 있는데, 다수인이 지닌 직관적 욕구가 동일한 방향으로 형성되고 외부로부터
부정에 직면하면서 사회적 동향이 됨에 따라 하나의 구체적인 가치 개념을 형
성한다. 즉, 여러 가지 내용을 갖는 개개인의 직관적 의욕이 그 내용에 따라 여
러 가지 사회적 동향을 발생시키고, 이 모든 동향에 따라 구체적인 각종 사회적
가치 개념이 생긴다.

이 사회적 가치는 서로 보완적이기도 하지만 대립적이기도 하다. 이러한 구

체적인 사회적 가치를 발생시키는 사회적 동향에는 본질적인 동향과 그렇지 못한 동향이 있다. 본질적 동향은 그 사회의 지배적 동향으로 생성·발전될 그러한 동향을 말한다. 이러한 본질적 동향을 지반으로 하여 발생되는 구체적인 사회적 가치는 본질적 가치이고, 바로 현재에 존재하면서도 가까운 장래에 현실화할 수 있는 가능성을 가지고 있다. 즉, 본질적 동향을 지반으로 하는 구체적·본질적 가치는 현실적 당위로서 객관성을 가질 수 있다.

이 현실적 당위는 생성·발전하는 사회적 동향의 목표가 되고 그것은 본질적 동향의 출발점인 직관적 의욕과 동일성을 가지고 있기 때문에 그 당위는 현실적 지반을 갖는다. 따라서 이러한 현실적인 당위는 객관성을 갖는 사회적 가치이며, 정책적 실천 목표의 기준이 된다고 본 것이다.

이러한 견해에 따르면, 구체적 현실적 당위를 성립시키는 본질적 동향은 동향분석으로 확정될 수 있다. 동향분석은 생성·발전해가는 동향의 발전 가능성을 분석하여 그 동향의 전개를 예측하는 것이다. 이와 같은 분석에서는 현재로부터 미래를 향해 형성되고 있는 본질적 동향과 이를 기반으로 하는 본질적 가치 개념을 미리 파악하여 과학의 이름으로 객관적인 정책목표를 설정한다. 여기서 필요한 분석 내용은 다음과 같이 제시되고 있다.

첫째, 동향의 지반, 즉 사회적 동향을 제약하고 있는 자연적·사회적인 객관적 조건이 동향의 발전에 주는 영향을 분석하는 것이다.

둘째, 동향의 주체적 조건의 분석이다. 실천적 동향을 아래에서 제약하는 객체적 조건에 대하여 이를 위로부터 규제하는 정치적·법률적 조건을 분석하는 일이다. 즉, 실천 주체의 힘 또는 그의 전략들을 분석하는 일이다.

셋째, 정책의 효과를 판단하는 일이다. 생성 과정에 있는 동향이 어느 정도 발전할 수 있는가는 그 동향을 촉진시키는 정책의 효과에 좌우되기 때문에 정책효과의 판단이 필요하다.

즉, 본질적 동향의 파악은 객체적 및 주체적 조건의 분석과 정책효과의 판단으로 가능하다고 보았다. 동향분석에 따른 본질적 동향파악으로 정책학은 기술적 비판을 넘어서 정책목적비판을 할 수 있고, 과학적 견지에서 정책목적 설정도 가능하다고 아카마쓰는 보았다. 다시 말해서, 본질적 동향에 따라 성립되는 가치 개념이 명확히 규정되면 바로 이것이 과학적 정책목표의 설정이라는 것이다.

정책학자 또는 정책의 주체는 이러한 본질적 동향과 가치 개념에 잠재되어 있는 정책목표를 인식하여 구체화하면 과학적 정책목표를 설정할 수 있다. 동향분석에는 객체적 동향분석이 우선적으로 시행된다. 객체적 지반, 즉 자연적·사회적 환경을 기반으로 어떤 동향에 대한 경향선 또는 추세선을 구하고 그 연장선 또는 탄력성을 측정함으로써 동향의 발전 방향을 예측한다. 그 결과 파악되는 본질적 동향은 발전적·순환적·구조적 변동의 어떤 형태를 취한다.

첫째, 발전적 동향은 생산 유통 등의 경제제량이 성장하고 발전해가는 동향이다. 이러한 객체적 동향은 주체적 의욕에도 부합하므로 긍정적이다.

둘째, 순환적 변동은 경제제량의 성장 또는 발전이 상하로 변동하는 파동현상을 말한다. 경제 주체가 바라는 것이 아니며, 하강 과정은 부정적이다.

셋째, 구조적 변동은 경제 부문을 구성하는 여러 부문의 비례성이 변동하는 것이며, 경제제량의 성장이 각 부문에서 불균등하기 때문에 생긴다. 구조변동이 발전에 조화로울 때는 긍정적이지만, 그렇지 않으면 부정적 동향이 된다.

이렇게 볼 때 정책의 과학적 목표는 ① 발전의 촉구, ② 경기후퇴 또는 하강의 배제, ③ 구조의 조화에 있는데, ①과 ②는 양적 목표, ③은 질적 목표가 된다. 그리고 ①은 경제발전정책, ②는 경제안정정책, ③은 구조적 균형 또는 조정정책이라고 부를 수 있다.

● **경제정책의 목표**

양적 정책 ┌─ ① 발전정책 : 경제의 성장·진보·발전
          └─ ② 안정정책 : 고용 및 물가의 안정

질적 정책 ── 구조정책 : 경제 각 부문의 질적 통일

정책유형으로 보면 양적 정책은 적극적으로는 발전동향을 촉구하고 후퇴동향을 지양하여 경제의 성장과 진보를 기도하는 것이다. 한편 순환변동에서 생기는 순환적 모순을 지양하고 가급적 경기파동의 폭을 좁혀 순환변동을 발전적 동향에 순응시키는 데 정책의 목표가 있다. 그리고 질적 정책은 경제구조의 변동에서 생기는 구조적 모순을 극복하려는 것으로 경제구조의 조정과 통일을 정책 목표로 한다.

3 중소기업문제의 인식과 중소기업정책론

3.1 중소기업 정책목표와 그 객관성

베버의 가치로부터 해방 또는 몰가치성이론 이후 거부되었던 정책목표 설정의 객관성은 아카마쓰의 본질적 동향분석에 이르러 그 가능성을 찾게 되었고, 그 결과 정책학의 과학적 성립 기틀도 마련되었다. 그 내용을 다시 요약해서 설명하면 다음과 같다.

첫째, 사회적 동향이라는 개념을 명백히 하며, 이 사회적 동향에 기반을 두고 존재하는 사회적 가치 개념의 성격을 밝히고 있다. 모순을 포함하면서 끊임없이 변동하는 사회에는 많은 동향과 실천적 운동이 있는데, 다수인의 동질적·사회적 의욕을 바탕으로 생성된 지배적인 사회적 동향은 구체적인 사회적 가치를 수반, 자각화한다. 사회적 가치는 생성되고 있는 사회적 운동의 목표인 것이고 현실적 당위이며 구체적인 사회적 가치로서 정책목표 설정의 기준이 된다.

둘째, 사회적 동향을 판정하면서 이원론적인 종합변증법적 분석을 한다. 객체적 조건을 중요시하되 주체적 조건과 정책의 효과까지도 분석한다. 뮈르달의 태도분석과 고틀의 존재론적 가치판단 등 경험과학적 견해를 반영한 이 동향분석은 경험과학적 가능성을 지니고 있다.

셋째, 본질적 동향에 바탕을 두고 있는 사회의 본질적 가치 개념에 대하여 객관성을 가지고 있는 현실적 당위로 보고 있다. 사회의 본질적 동향에서 자각화한 본질적 가치 개념은 그 사회에서 보편타당성을 갖는 현실적 당위이며, 따라서 그것이 정책적 실천의 기준이 된다고 보았다.

그 결과 정책학에서 정책목표 설정의 객관성이 성립된다는 것이다. 중소기업정책론이 정책과학으로 성립하려면 먼저 정책목표 설정의 객관성과 보편타당성이 보장되어야 한다. 중소기업의 정책목표라는 현실적 당위가 객관적 가치기준으로 평가될 수 있어야 하는데, 그것은 바로 앞에서 설명한 본질적 동향을 반영하는 것이어야 한다.

중소기업의 정책목표는 추상적으로는 경제적 부의 창출과 자본축적 그리고 자원의 효율적 배분이라고 말할 수 있다. 이는 신역사학파의 공공복지나 후생경제학의 경제적 후생 등과 같은 추상적 가치 개념에 해당하는 것이기 때문에 일반적이며 형식적인 가치이다. 따라서 구체적이고 특수한, 내용상의 구체적 당위, 즉 현실적 당위라고 보기는 어렵다.

중소기업의 정책목표는 중소기업문제를 완화·해소하고 그 경제적 구실을 증진하는 것이라고 말할 수 있다. 이것은 위에서 말한 추상적 목표보다는 구체적 내용을 담은 것이다. 이 정책목표가 객관성을 가지려면 먼저 '문제와 역할'의 인식이 본질적 동향과 보편타당성 있는 가치 기준에 따라 이루어져야 한다. 왜냐하면 문제와 역할의 인식은 바로 현실적 당위인 정책목표 설정의 전제가 되기 때문이다. 여기서 문제와 역할을 좀더 살펴보기로 한다.

중소기업문제의 '문제'는 바로 모순을 의미한다. 이것은 자본주의 발전 과정에서 일어나는 '산업구조상의 모순'이며 자본의 운동법칙이 가져오는 하나의 모순이라고 규정된다. 자본주의의 발전과 이에 수반하여 산업구조의 고도화가 진행되고 그 과정의 각 단계에서 생기는 모순의 하나가 중소기업문제이며, 따라서 중소기업문제는 '역사적'이라는 것이다.[3]

---

3) 伊東垈吉, 〈中小工業問題の本質〉, 藤田敬三, 伊東垈吉 編,《中小工業の本質》, 中小企業叢書 I, 有斐閣, 1960, 29쪽.

경제사회는 모순을 포함하고 있고 이 모순은 경제사회변동의 원인이 되기도 한다. 모순은 모든 운동과 발전의 기초이고, 이것을 완화·지양하는 것은 '문제의 완화와 해소'라는 소극적 의미뿐만 아니라 적극적으로는 발전을 향한 계기이기도 하므로 정책적 노력을 기울이게 하는 요인이 된다. 이런 의미에서 자본주의 발전 과정에서 일어나는 산업구조상의 모순, 자본의 운동법칙이 가져오는 하나의 모순인 중소기업문제의 완화·해소가 중소기업정책의 목적이 되고 있다.

이런 모순의 성격에서 알 수 있듯이 중소기업문제의 본질은 절대적인 것이 아닌 상대적인 내용을 갖는다. 자본의 운동법칙이 가져오는 하나의 모순이면서도 자본주의 발전과 산업구조의 고도화 과정에서 서로 다른 내용과 성격을 가질 수 있는 것이 중소기업문제이기 때문이다. 따라서 그것의 완화·해소를 위한 구체적 정책목적의 설정도 상대적일 수밖에 없고, 이 점이 정책에 대한 가치판단의 객관성에 반영되어야 한다.

본질적 동향의 분석으로 객관적 정책목적을 비판하고 과학적 정책목적 설정이 가능하다고 주장한 아카마쓰 교수도 이점을 지적하고 있다. 베버 이후 과학적 정책목적 설정에서 문제가 되었던 가치 개념은 형식적·보편적 가치가 아니라 구체적·역사적 가치였다. 이에 대한 과학적 판단의 가능성을 적극 주장하면서도 그는 그 판단에서 신중히 고려해야 할 점을 지적하고 있다. 즉, 구체적·역사적 가치는 국가와 시대에 따라 그것이 성숙되는 '시간성'을 달리하기 때문에 과학적 인식의 견지에서는 동향의 성숙과 정책목표 설정의 시간성에 대한 충분한 인식이 있어야 한다는 것이다. 현실적 당위의 시간성에 대한 깊은 주의를 환기함으로써 경제적 모순을 올바로 지양할 것을 주장했다.

이렇게 볼 때 중소기업문제의 완화·해소를 위한 정책목표 설정의 객관성은 역사적 조건과 시간성이 고려된 것이어야 함을 알 수 있다.

3.2 중소기업의 임무 및 특성과 정책목표

중소기업문제의 성격은 그 '위치와 역할'을 제시하는 것으로 보기도 한다. 자본주의의 일반적 발전단계에 따라, 그리고 국민경제의 특수성에 따라 종적·횡적으로 유형화하여 중소기업문제를 인식하는 것은 중요한 의의가 있다. 일반적 경제법칙은 서로 다른 조건에서 서로 다른 양상으로 구체화하기 때문이다. 이것은 같은 경제적 개체들이라도 서로 다른 역사적 조건과 상이한 발전단계에 따라 자기 위치와 역할이 다르다는 것을 말한다. 그래서 종속적 경제제도인 중소기업의 문제는 역사적 발전단계별 자본주의의 유형과 국민경제의 특성 속에서, 지배적 경제제도인 대기업 또는 독점자본의 발전단계 및 정도에 맞추어 그 위치와 역할을 제시하는 것이라고 보았다.[4]

즉, 중소기업문제는 역사적 발전단계별로 서로 다른 유형을 가질 수 있을 뿐만 아니라 국민경제의 특성, 즉 시간성과 공간성을 고려해 인식되어야 한다는 것이다. 이 때문에 중소기업의 정책목표는 시간성과 공간성을 고려한 객관성을 지녀야 한다.

또한 문제 또는 모순의 소극적 측면을 반영하는 '위치' 외에 적극적 측면인 '역할'을 강조한다. 중소기업문제의 인식과 정책목표 설정에 중소기업의 역할을 중요한 요인으로 제기하고 있다. 중소기업의 역할은 다양한데, 여기서는 두 가지 흐름의 견해만을 소개하기로 한다.

먼저 선진경제에서 지적된 역할이다.[5]

(1) 중소기업은 기업심과 독립심이 풍부한 사람에게 창업의 기회를 제공한다. 그들은 대기업에 고용되기를 좋아하지 않거나 그런 고용에 적합하지 않지만 경제에 활력을 줌으로써 크게 공헌한다.

(2) 생산 및 판로의 적정규모가 작은 산업에서 중소기업은 가장 효율적인 기업형태이므로 많은 상공업이 중소기업으로 구성된다.

(3) 중소기업은 소비자에게 제공되는 재화나 용역을 매우 다양하게 해준다. 왜냐하면 대기업이 개입하기에는 별로 가치가 없거나 경제성이 없는 소규모 분

---

4) 朴玄埰, 〈中小企業問題의 認識〉, 《創作과 批評》, 창작과 비평사, 1976년 여름호, 386~387쪽.

5) J. E. Bolton, *Small Firms*, London : Her Majesty's Office, 1971.

야에서 중소기업은 번창할 수 있기 때문이다.

(4) 대기업보다 낮은 단가로 생산하여 대기업에 부분품이나 반제품의 전문적 공급자로서 역할을 하는 중소기업이 많다.

(5) 집중화한 경제에서도 중소기업은 현실적·잠재적 경쟁을 촉진하며 독점적 이익과 독점에서 발생하는 비효율을 저지하는 역할을 한다. 그리하여 경제 전체의 효율적 운영에 기여한다.

(6) 중소기업은 연구개발 투자가 적지만, 생산기술뿐만 아니라 서비스에서도 중요한 혁신의 원천이 된다.

(7) 중소기업은 전체로서 새로운 산업, 바꾸어 말하면 혁신을 위한 전통적인 성장기반이 된다.

(8) 중소기업은 기업가적 재능을 갖는 자에게 기회를 제공하고 지배적인 대기업에 도전하고 자극을 줌으로써 대기업을 육성하는 묘상(seedbed, 양성기반)을 마련한다.

다음으로 개발도상국에서 중소기업의 역할을 강조한 내용은 다음과 같다.[6]

(1) 중소기업은 우리가 바라는 재화의 생산을 위하여 자원을 효율적으로 사용하도록 함으로써 경제적 효율성을 높이게 한다.

(2) 중소기업과 대기업의 관련성은 산업제도의 효율성을 높인다.

(3) 중소기업은 기업가적 재능과 경영능력의 묘상(nursery) 기능을 함으로써 기업가와 경영자를 개발해준다.

(4) 중소기업은 인적 자원뿐만 아니라 물적 자본을 형성하는 등 자본형성에도 기여한다.

(5) 중소기업은 자본절약적(capital saving)이고 노동집약적(labor intensive)인 생산 방법을 지니고 있어서 자본을 절약하고 그 효율성을 높인다.

(6) 중소기업은 고용기회를 제공하는 잠재력을 가지고 있다.

---

6) E. Staley and R. Morse, *Modern Small Industry for Developing Countries*, New York : McGraw−Hill, 1965, 230~248쪽.

(7) 중소기업은 산업의 지리적 분산을 성취하도록 하여 산업발전의 지역적 확산을 기하도록 한다.

(8) 중소기업은 더욱 밀접한 개인적 관계를 통하여 산업에서 노동과 사회관계를 개선한다.

(9) 중소기업은 민족기업(national enterprise)의 성격을 갖는다.

선진경제이든 개발도상경제이든 모두 중소기업이 국민경제에서 중요한 역할을 한다고 인식하는 점은 동일하다. 그러나 구체적인 내용에서는 차이가 있는데, 이는 정책목표와 수단의 선정에 반영되어야 할 것이다. 즉, 중소기업의 역할에 대한 인식에서도 선진국과 개발도상국의 특성(공간성)이 정책목표 설정을 위한 현실적 당위와 가치판단의 객관성에 반영되어야 할 것이다.

오늘날 중소기업은 '활력 있는 다수(the vital majority)'로서 산업에 활력을 넣는 역할을 하고 있는 것으로 평가된다. 더불어 묘상기능(seedbed function)과 신진대사 또는 쇄신기능(regenerative function)이 강조되고 있다. 경쟁적 시장의 담당자로서 창조와 활력의 모체가 된다는 중소기업의 역할 등도 정책목표 설정에 반영될 내용들이다.

한편 중소기업의 특성 역시 중소기업문제의 인식과 정책목표 설정에 고려되어야 할 중요한 요인인데, 이를 개략적으로 제시하면 다음과 같다.

(1) 중소기업은 이질다원적(異質多元的) 기업군으로서 매우 다양한 요소와 질적 특성을 지닌 각종의 중소규모 사업자를 포함한다. 이것은 동질적인 일체가 아니고 이질다원적인 성격을 지닌다. 규모 면에서도 영세경영을 비롯해 소기업·중기업·중견기업에 이르기까지 다양하다. 이들은 근대화된 것과 전근대적인 특성을 지니는 것 그리고 주변기업이나 벤처비즈니스라는 영역도 포함한다.

(2) 존립 분야가 넓다. 대기업과 관련된 분야뿐만 아니라 생산재와 소비재, 서비스 등 국민경제의 넓은 분야에서 높은 비중을 차지한다. 대기업의 보완 분야와 대기업이 담당하지 않는 분야에서 저임금으로 또는 적정규모로 존립하기도 한다.

(3) 자유경쟁이 그 존립의 일반적 법칙이다. 대기업 분야의 독과점적 시장지

배와 가격의 경직성과는 달리, 중소기업의 비율이 높은 분야에서는 자유경쟁을 통한 가격이 형성되어 일반적으로 건전한 시장메커니즘이 작동한다. 그러나 중소기업의 존립 분야는 대체로 진입 장벽이 낮아서 중소기업 사이에 과도한 경쟁(excessive competition)이 일어나기도 한다.

(4) 중소기업은 대기업에 종속되는 경향이 있고, 따라서 대기업과 부등가교환이 일어나기 쉽다. 독립하여 존립하기도 하지만 많은 중소기업이 원재료 및 제품시장을 지배하고 있는 대기업과 외주 하청 및 금융거래 관계를 맺으면서 존립하는데, 이때 모기업의 지배를 받게 되는 경향이 있다.

(5) 시장에서 한계수익기업으로 존립하기 때문에 경기변동의 영향을 크게 받으며, 출생률과 사망률이 높다. 그 규모가 작고 진입 장벽이 낮은 자유경쟁시장에서 존립하기 때문에 경기확장 국면에서는 신규 진입자의 증가로 위협을 받고, 경기수축 국면에서는 도태·정리되는 경기변동의 완충대(buffer) 역할을 한다.

(6) 중소기업은 대기업에 고용되지 않는 노동력을 저임금으로 활용한다. 그리하여 중소기업은 독과점기업이나 대기업이 중소기업의 저임금 노동을 우회적으로 이용하여 자본축적을 하는 대상으로 되기도 한다. 그리고 대기업이 고용하기에 질적으로 적합하지 않은 노동과 미숙련 유휴노동까지 흡수·고용한다. 특히 투하자본당 고용량과 부가가치가 크기 때문에 노동력이 풍부하고 자본축적의 수준이 낮은 개발도상국에서 그 역할이 높은 평가를 받는다.

(7) 중소기업은 지역경제와 깊은 관련을 맺고 있으며, 자본주의사회에서 중산층으로 사회의 안정세력이 되고 있다. 지역적 산지를 이루어 고용을 흡수하는 등 지역성이 강하고, 폭넓은 중산층의 경제적 기초를 형성한다.

이상과 같은 중소기업의 특성은 구체적 정책목표 설정과 그 가치판단의 객관성에서 고려되어야 할 요인들이다.

3.3 본질적 동향과 중소기업 정책목표

중소기업정책론이 정책과학으로서 성격을 가지려면 무엇보다도 그 정책목표가 본질적 동향의 이론에 따라 정해지는 것이 필요하다. 정책학을 과학으로 성립하기 위한 오랜 논쟁에서 본질적 동향 분석이 그 가능성을 열어놓았기 때문이다.

우선 중소기업 정책목표는 국민경제의 본질적 동향분석에 적합하게 정해져야 한다. 본질적 동향은 ① 발전적 동향, ② 순환적 변동, ③ 구조적 변동으로 나뉘고 있다. 그에 따른 과학적 정책목표가 ① 성장·진보·발전의 촉진, ② 고용 및 물가의 안정 등 경기후퇴 또는 하강의 배제, ③ 경제 각 부문의 질적 통일을 기하는 구조의 조화라는 점은 앞에서도 지적했다. 이와 같은 국민경제의 정책목표에 적응하여 중소기업의 정책목표와 수단이 정해져야 한다.

중소기업정책은 흔히 국민경제의 일반적 목표를 대상으로 하는 일반경제정책과 구분하여 특정목적을 대상으로 특정수단을 강구하는 특수경제정책 또는 산업의 특수한 부문의 문제를 대상으로 하는 미시적 경제정책이라고 규정한다. 이것은 중소기업정책이 일반경제정책의 부분적 정책임을 말해준다. 이때 부분적 정책은 일반적 정책의 목표를 달성하는 데 적극 기여하는 방향으로 정해져야 한다. 즉, 두 정책은 고립적이 아닌 상호보완적 관련성을 갖고 조화롭게 실시되어야 하며, 이 점이 정책목표와 수단의 설정에 반영되어야 한다.

예컨대 일본에서 1960년대 이후 이중구조 시정을 위한 중소기업 근대화정책이 구조정책으로 실시되었는데, 이는 일본경제의 고도성장정책의 일환이었으며 보완정책으로서 성격을 갖는 것이었다.

일반경제정책의 목표는 국민경제의 모순을 지양하는 것이다. 중소기업정책은 자본주의 발전 과정에서 생기는 '경제구조의 한 가지 모순'의 지양을 목표로 한다. 즉, 중소기업정책이 대상으로 하는 중소기업문제인 모순은 국민경제 모순의 전개 과정에서 전환·형성된 한 가지 모순이다. 따라서 양자 사이에는 서로 관련성과 보완성이 있으며, 중소기업문제의 해소·완화는 국민경제적 모순을 지양하는 한 가지 길이다.

국민경제의 본질적 동향분석에 따른 정책목표의 흐름을 반영하되, 중소기업 정책목표는 중소기업의 특성과 역할을 바탕으로 문제를 인식하고 분석한 본질적 동향의 이론에 따라 설정되어야 한다. 그 결과 유형화한 중소기업의 정책유형은 ① 적응정책, ② 불리시정정책, ③ 보호정책 세 가지이다. 중소기업 분야에서 본질적 동향분석의 결과 얻어진 과학적 정책목표를 이들 정책유형이 담고 있다고 보는 것이다.

본질적 동향분석 이론에 따른 중소기업정책목표의 과학적 설정에는 시간성에 대한 충분한 인식이 있어야 함을 앞에서도 지적했다. 중소기업문제는 자본주의 발전 과정에서 생기는 구조적 모순이며 산업구조상의 모순이다. 이것은 자본주의의 발전단계에 따라 또는 산업구조의 변화(고도화) 과정에 따라 중소기업문제의 질적 특성이 다를 수 있음을 말해준다. 중소기업문제의 완화·해소를 대상으로 하는 중소기업 정책목표라는 구체적·현실적 당위도 자본주의 발전단계에 따라 다를 수 있다.

그리고 중소기업문제의 인식에서 '일반성과 특수성'의 시각이 정책목표의 과학적 설정에 반영되어야 한다. 이것은 원래 사회적 모순관계를 해명하려는 사회과학 연구 전반의 문제로 제기된 것인데, 이것이 중소기업문제의 연구와 관련을 갖게 된 것은 일본자본주의논쟁에서 이중구조문제가 중소기업문제의 핵심으로 등장하면서부터였다. 양자는 자본주의발전의 일반법칙이 어느 국민경제에서 어떻게 관철되는지를 보는 것과 그 국민경제의 특수성을 분석하여 일반법칙의 관철형태를 이끌어내는 방법에서 차이를 보였다. 이것들이 중소기업문제의 인식에서는 중소기업문제가 자본주의 발전 과정에서 생기는 일반적 문제라고 보는 견해와 각 국민경제의 특수성의 반영을 강조하는 견해가 되었다.

두 견해는 서로 이질성을 갖고 있지만, 우리는 중소기업문제가 자본주의 발전 과정에서 나타나는 일반적 성격을 지니면서도 각 국민경제의 특수성을 반영하고 있다고 말할 수 있다. 경제의 발전단계에 따라 각 국민경제는 독특한 내용의 중소기업문제를 형성하지만, 또 일정한 발전단계에 이르면 공통적 성격을 지니는 경향을 보인다. 이에 따라 중소기업 정책목표는 공통성을 지니면서도 서로 다른 측면을 갖고 전개된다.

이렇게 볼 때 중소기업정책론에는 다음과 같은 내용이 포함될 수 있다.

첫째, 정책과학으로서 중소기업정책론의 성립 가능성 검토.

둘째, 중소기업정책에 대한 추상적·이론적 설명.

셋째, 선진경제에서 중소기업문제 및 정책의 전개.

넷째, 후진경제(한국경제)에서 중소기업문제 및 정책의 전개와 구체적 정책 내용.

다섯째, 중소기업정책의 국제적 비교.

제2장 중소기업문제와 중소기업정책

1 정책의 형성과 그 다양성

1.1 문제의 성립과 정책의 형성

정책이란 주어진 목표를 지향하는 수단의 총화를 의미하는데, 정책을 결정하기 위해서는 세 가지, 곧 ① 목표, ② 수단, ③ 정책의 주체를 결정해야 한다. 정책목표 설정에 주관적 가치를 배격하는 주장은 '과학은 목표보다 수단에 관련된다'고 보아 목표는 주어진 것으로 간주한다. 그러나 정책목표에 대한 객관적 가치판단의 가능성을 주장하는 쪽은 목표 설정에 대하여도 긍정적이다.

결국 경제정책은 정책의 주체(국가 또는 공공단체)가 소극적으로는 경제사회가 지닌 문제점 또는 구조적 모순의 완화·해소를 대상으로 하면서, 적극적으로는 경제적 복지(추상적 정책목표)를 실현하는 방안이다. 따라서 경제구조와 모순의 내용은 경제정책을 규정한다.

경제구조는 자본주의를 그 기본으로 하고 있고 오늘날에는 독점자본주의가 그 바탕이 되고 있다. 경제정책은 이러한 자본주의 안정과 그 유지 및 발전을 목적으로 한다.

자본주의 발전에는 자본주의적 모순과 문제점의 형성·발전, 그것의 지양(止揚)과 해결 그리고 새로운 모순의 발생이라는 과정이 수반되는데, 이것은 자본주의적 경제법칙의 전개 과정이기도 하다. 자본주의적 모순은 새로운 모순을 발생시키는 가운데 해소되는 것이므로, 모순의 지양 내지 해소는 새로운 모순이 만들어지는 것을 전제로 한다. 따라서 자본주의적 경제정책은 모순의 지양정책이며 해소정책인 동시에 새로운 모순을 만들어내는 것이기도 하다.

경제정책은 자본주의 경제가 모순의 형성·발전·해소 그리고 새로운 모순의 발생이라는 변증법적 과정을 통해 발전한다는 경제법칙 속에서 성립한다. 이때 경제정책이 이루어내는 모순의 지양이란 문제의 완화·해소라는 소극적 의미를 넘어 경제가 발전하게 되는 요인과 힘이 그 속에서 작용한다는 적극적 의미를 지니고 있다.

자본주의의 발전법칙이 전개되는 과정에서 많은 문제점과 여러 가지 모순이 형성된다. 현실적으로 경제정책은 이러한 여러 모순의 형성에 대응하여 성립되고 전개되기 때문에 다양한 형태를 갖는다. 모순에는 기본적 모순이 있고 또 여러 가지 부차적 모순 또는 종속적 모순이 있다. 경제정책이 추구하는 모순의 지양·해소는 기본적 모순을 별개의 부차적 모순으로 전환하는 가운데 실현되기도 한다. 이것은 일반경제정책과 별도경제정책(특수경제정책)의 관련성을 말해준다. 결국 다양한 경제정책이 상호보완적 관련성을 맺으면서 성립하게 된다.

중소기업정책은 특수부분경제정책이며, 일반경제정책과 관련을 맺는 가운데 필연적으로 성립한다. 중소기업정책은 자본주의 발전 과정에서 변증법적으로 전개되는 여러 모순 가운데 한 가지인 중소기업문제를 완화·해소하고 그 역할을 증진하려는 별도의 특수경제정책이다. 이때 중소기업정책은 국가의 일반경제정책이 추구하는 정책목표의 실현과 유기적·보완적 관련성을 갖는다. 이것은 경제정책이 추구하는 모순의 지양·해소에 중소기업문제를 완화·해소하는 중소기업정책이 기여한다는 것을 뜻한다. 즉, 국가의 경제정책에서 자본주의적 모순을 중소기업에 전환하여 해소하려는 구체적·현실적 정책이 곧 중소기업정책이라고 할 수 있는 것이다.

경제정책은 자본주의의 모순을 해결하기 위한 방안이며, 자본주의의 모순은 자본주의 발전 과정에서 다양하게 발생한다. 일반경제정책만으로는 이와 같은 모순을 완화·해소하기 어렵다. 이러한 일은 별도의 경제정책과 유기적·보완적 기능을 통하여 수행 가능하다. 오늘날 중소기업문제는 독점자본주의의 구조적 모순의 한 가지 형태(부차적 모순)인데, 이것을 해결하기 위한 방안이 중소기업정책이다. 이런 점에서 일반경제정책과 중소기업정책은 유기적·보완적 관련이 있으며, 이것이 곧 중소기업정책 성립의 근거가 된다.

1.2 중소기업문제 및 정책의 다양성과 그 유형화

중소기업정책은 ① 자본주의 경제구조와 중소기업의 문제발생(경제적 사실)→ ② 중소기업문제의 성립(논리적·이론적인 문제인식 또는 문제인식의 체계화)→ ③ 중소기업 정책목표의 형성(목적의식의 성립)→ ④ 중소기업정책의 형성(목적의식과 수단의 현실화)이라는 네 가지 과정을 통하여 성립된다. 각 과정에서 다양성이 형성될 수 있기 때문에 중소기업정책은 다음과 같이 여러 가지 형태를 띠게 된다.

첫째, 중소기업정책은 경제구조의 변화에 따라 변화한다. 중소기업정책은 중소기업문제의 해결 방안인데, 중소기업문제는 자본주의의 구조적 모순의 한 가지 형태이기 때문에 자본주의 경제구조의 변화에 따라 달라진다. 자본주의의 역사적 발전 과정에 따라 중소기업문제는 변화한다(일반성의 문제). 또한 중소기업문제는 그 나라 자본주의의 발전 정도(특수성의 문제)와 그것이 직면하고 있는 국내외의 여러 조건(국제성의 문제)의 변화에 따라 규정된다.

둘째, 문제를 제기하는 대상인 중소기업이 다양한 성격을 지닌다.

(1) 중소기업은 이질다원적(異質多元的) 성격을 가지고 있다. 중소기업은 그 존립 분야가 다양하고, 중소기업 범위 안에서도 중기업, 소기업, 영세기업, 가내공업 및 가내노동 등 다원적 계층을 볼 수 있으며, 이들의 경제적 특성 또한 여러 가지 모습이다.

(2) 문제의 대상인 중소기업이 끊임없이 변화한다. 문제가 되는 많은 중소기업이 시장에서 한계수익기업으로 존립하기 때문에 경기변동의 영향을 받아 그 신설율과 도산율이 높아 다산다사(多産多死)의 경향을 지니고 있다. 또한 경제구조의 변화에 따라 사회적 대류현상(對流現像)이 진행되면서 낡은 기업과 새로운 기업의 교체가 활발한 것도 중소기업 분야이다. 즉, 중소기업 분야의 동태성이 문제의 내용을 다양하게 만든다.

셋째, 적극적이고 능동적인 관점에서 보면 중소기업의 역할이 여러 가지라는 사실이 중소기업에 대한 문제의식과 정책을 다양하게 만든다. 일찍이 마셜(A. Marshall)은, 중소기업은 경제발전의 원천이며 그들이 제공하는 힘과 탄력성은 영국경제 전체에 걸쳐 일어나고 있다고 했다. 그 뒤 중소기업은 자본주의 발전과정에서 부의 창출과 자본축적기반 그리고 자원의 효율적 배분에 다양한 역할을 했다. 생산·고용의 기능, 선진경제에서 활력 있는 다수와 경쟁적 시장의 담당자, 창조와 활력의 모체 등 여러 역할은 앞에서도 제시한 바 있다. 이런 역할과 능력을 높여주는 것이 중소기업정책의 주요한 과제이다.

넷째, 중소기업문제에 대한 문제의식의 차이에 따라 중소기업정책은 변화할 수 있다. 중소기업정책을 성립시키는 중소기업문제는 엄밀히 말해서 경제적 사실 그 자체가 아니고 경제적 사실에 대한 문제의식이다. 경제적 사실은 정책대상이 되는 중소기업문제의 바탕이 되는 것이며, 이에 대한 특정한 문제의식이 중소기업문제를 구체화한다. 경제구조에서 중소기업이 특정한 상태에 있을 때 경제적 사실로서 중소기업문제가 형성되지만, 문제의식, 즉 문제를 보는 시각에 따라 중소기업문제의 성격이 달라지고 정책도 변화한다.

다섯째, 이러한 문제의식에 따라 정책의 목적의식이 구체화하고 현실화하면서 정책수단이 선정되고 정책이 형성된다. 중소기업정책이 모든 중소기업문제를 대상으로 구체화하는 것은 아니다. 이는 어떤 의미에서 해결이 요구되는 문제에 대해서만 책정된다. 이때 목적의식(정책목표)은 중소기업정책의 유형을 결정한다.

여기서 유의해야 할 점은 문제의식의 논리구조 및 이론적 체계와 목적의식

(정책목표)의 성립 과정은 바로 정책의 객관성 문제와 직결된다는 것이다. 따라서 본질적 동향론에 따르면, 본질적 동향에 바탕을 둔 사회적 가치 개념에 따라 이것들이 형성되어야 정책의 객관성과 과학성이 확보될 수 있는 것이다.

이와 관련하여 검토해야 할 것이 중소기업문제에 대한 여러 가지 시각이다. 이질적이며 다원적 요인으로 이루어진 중소기업이 '중소기업일체'라고 하는 '일체성(一體性)'을 가질 수 있는 것은 그것이 대기업 또는 독점자본의 발전에 따라 만들어진 '일정의 산업군'이기 때문인데, 이것이 중소기업문제 인식과 그에 대한 시각의 출발점이다. 중소기업이라는 명칭은 대기업 또는 독점자본의 발전에 따라 발생한 것이다. 따라서 대기업 또는 독점자본과는 상대적이며, 그것들과 관계하는 가운데 그 일체성과 본질을 파악할 수 있다. 다양한 중소기업문제도 기본적으로는 대기업 또는 독점자본과 갖는 관계 속에서 형성되는데, 이에 대한 시각을 정리하면 다음과 같다.

첫째, 중소기업은 대기업과 경쟁으로 '도태 구축'이 되는 집단이라는 것이 초기 중소기업문제의 성격이었다. 그러나 자본주의가 점차 고도화하면서 중소기업은 도태 구축과 함께 대기업 또는 지배적 자본이 '잔존·이용'하는 위치로 존재하게 되었다. 이것은 중소기업을 피수탈자의 위치로 보는 중소기업문제의 소극적 규정이다. 그런데 현대자본주의에서 중소기업은 적합한 경제 분야에서 적극적인 역할을 하고 있으며 대기업과 상호보완적 관계를 맺으며 존립하고 있다. 이것은 중소기업문제를 그 역할의 시각에서 보는 적극적 규정이다.[1]

둘째, 중소기업문제는 중소기업이 갖는 이원적 성격 때문에 두 가지 측면을 갖는다. 중소기업은 중소기업 노동자와 관계에서는 지배적 위치에 있으면서도 지배적 자본과 관계에서는 피지배적 위치에 선다는 것이 정치경제학적 성격 규정이다. 즉, 중소기업은 자본가로서 노동자로부터 잉여가치를 수취하는 위치이기도 하지만, 동시에 이것을 지배적 자본(대기업 또는 독점자본)에게 수취당하는

---

1) 정치경제학에서 중소기업문제를 민족경제의 생산력 기반이나 민족자본론적 시각에서 살피는 것도 그 적극적 성격을 규정하기 위한 것이다.

종속적 위치이기도 한 것이다. 전자는 기본적 모순을 말하고, 후자는 종속적 모순을 말한다. 따라서 중소기업문제는 기본적 모순과 종속적 모순을 포함하는 이원적 성격을 갖는다.

셋째, 중소기업이 지배적 자본과 맺는 관계는 두 가지 시각에서 분석될 수 있으며, 따라서 중소기업문제도 두 가지 측면을 갖는다. 먼저 생산력적 시각은 양자를 상호협동관계(상호의존관계)로 보는 것이다. 다음으로 생산관계적 시각은 중소기업과 지배적 자본이 지배종속관계(착취·대립관계)를 맺는다고 보는 것이다. 결국 중소기업은 지배적 자본과 관계에서 대립관계를 맺으면서도 상호의존성을 지닌다. 따라서 '대립관계 속의 상호의존성'을 지향하는 것, 즉 대립관계를 완화·해소하면서 상호의존성을 높여 양자를 통일하는 것이 오늘날 중소기업문제의 본질이다.

넷째, 중소기업문제의 해명에서 제기된 일반성과 특수성의 문제가 있다. 사회가 안고 있는 모순관계를 해명하려는 이 두 가지 시각은 사회과학의 연구 대상인 중소기업문제의 분석에도 적용된다고 볼 수 있다. 그 결과 중소기업문제는 자본주의 경제의 보편적 발전단계에 따라 변화될 뿐만 아니라, 국민경제의 특수성에 따라 달라질 수 있다고 보게 되는 것이다.

중소기업문제의 인식과 정책목표의 성립에는 이와 같은 시각들이 작용한다. 그러나 그것이 과학적인 중소기업정책론의 성립을 전제로 하는 경우에는 직관이 아닌 경험과학적 관찰과 실증적 분석에 바탕을 두어야 한다. 즉, 관찰에 기호를 둔 시각으로 문제의식과 목적의식이 성립되어야 한다.

이런 여러 가지 이유로 중소기업문제와 중소기업정책은 다양한 모습을 보이게 된다. 즉, 경제문제 및 문제의식의 가변성과 다양성은 여러 가지 정책을 성립시킨다. 그런데 문제의 완화·해소와 경제적 역할의 제고라는 정책목표를 달성하는 데는 그 유형화가 필요하다. 정책의 유형화에서는 문제에 대한 효율적 대응이면서 동시에 정책목표의 과학적 정립을 위한 방향, 즉 본질적 동향을 반영하는 현실적 당위를 유형화할 것이 요구된다.

2 산업정책과 중소기업정책

2.1 산업구조와 산업조직

산업정책은 경제정책의 한 분야로서 여러 산업을 직접 대상으로 하는 정책이다. 내용 면에서는 여러 산업 사이의 구조와 여러 산업 안의 시장구조·시장행동·시장성과의 개선 및 유지를 목적으로 하는 정책이다. 산업에는 재화와 용역을 공급하는 모든 산업의 활동이 포함되고, 산업정책은 이러한 산업을 대상으로 하는 정책이기 때문에 중소기업정책도 그 한 분야가 된다.

먼저 산업을 설명하기로 한다. 국민경제를 이해하는 데 산업을 등장시킨 사람은 비교적 많다. 그러나 오늘날에는 산업을 다음과 같이 규정하고 있다.

거시적 측면에서는, 국민경제를 일정한 기준에 따라 몇 개의 활동 부문으로 분할하여 그 구성 단위를 산업이라고 한다. 미시적 측면에서는, 여러 기업을 일정한 기준에 따라 하나로 통합하여 그 기업집단의 단위를 산업이라고 한다. 전자(거시적 측면)의 분류 기준은 재화의 생산기술상의 유사성인데, 이것은 공급의 측면에서 본 것이다. 후자(미시적 측면)의 분류 기준은 여러 상품 사이의 대체 보완 관계인데, 이것은 수요의 측면을 따른 것이다. 전자는 산업구조론적 이해의 산업 개념이며, 후자는 산업조직론적 산업 개념이라고 볼 수 있다.

산업 개념을 이처럼 두 가지 측면에서 규정하지 않을 수 없는 것은, 산업이 국민경제 전체라고 하는 거시적 경제 단위와 개개의 기업이라고 하는 미시적 경제 단위의 중간 단위에 위치하고 있기 때문이다. 산업활동의 특성을 다소 동태적으로 설명하면 미시적 경제 단위인 기업의 행동결과는 산업이라는 중간 단위의 형태로 집계된다. 다시 산업은 거시경제 단위인 국민경제의 구성요소로 되는데, 여기서 거시경제의 구성 형태(산업구조)와 그 변화를 알 수 있다. 산업활동을 통해 ① 산업 내부에서 기업 사이의 관련을 알 수 있고, ② 개별 산업의 특성과 그 구성을 분석할 수 있으며, ③ 나아가 국민경제의 구조적 특징을 이해할 수 있다.

여기서 우리는 산업의 두 가지 특성, 즉 산업구조(industrial structure)와 산업조직(industrial organization)의 측면을 파악할 수 있다.

산업구조는 흔히 산업 부문별 구성과 같은 의미로 사용된다. 이는 산업구조 고도화 등의 경우에서처럼 공업화 또는 중화학공업화와 관련되어 쓰이는데, 이때는 생산력의 관점에서 규정한 것이다. 즉, '산업간' 자원배분 상태와 그 특징을 표현하는 것이다. 산업구조의 중화학공업화란 어느 나라의 산업간 자원배분이 중화학공업이라는 산업집단에 치우친 상태임을 의미한다. 또한 산업구조를 한 나라 국민경제의 기초가 되는 여러 생산 부문의 결합으로 보되 이것을 여러 종류의 '특수한 생산관계'의 종합물로 규정하기도 한다. 이때 산업구조는 자본이 그것을 통하여 운동하는 구조이며, 산업구조를 생산관계의 관점에서 해석한 것이다.

산업조직은 흔히 '산업 내부'에서 판매자인 기업 사이에 맺는 시장적 관계를 말한다. 시장은 판매자와 구매자로 이루어져 있는데, 시장에서 경쟁적 관계에 있는 판매자집단(기업집단)을 산업이라고 한다. 따라서 산업조직에는 완전경쟁·불완전경쟁·과점·독점 등의 유형이 있다. 산업조직은 산업 내부에서 기업간 자원의 배분상태와 그 특징을 포괄적으로 표현하는 것이기도 하다. 예컨대 과점이라는 산업조직의 상태는 어느 산업에서 자원배분이 소수기업에 집중되어 있는 상태를 의미한다.

한편 산업은 사회에 필요한 각종 생산물과 용역을 산출하는 사회적·경제적 활동 부문이며, 동시에 각 활동 부문의 사회적·경제적 관련 체계라고 불리기도 한다. 즉, 산업은 생산의 사회적 분할이면서 동시에 분할된 각 부문 사이의 관련 체계라는 두 가지 의미를 포함하고 있는 것이다.

이러한 의미의 산업은 그 실체에서 국민경제의 생산력 수준과 생산관계 측면의 상호작용을 반영한다. 그리고 그것은 대기업·중기업·소기업·영세기업 등의 기업 규모로 이루어져 있다.

2.2 산업구조정책과 중소기업정책

자본주의 경제가 발전하면서 나타난 산업활동의 결과 본격적으로 구조적 모순이 드러났다. 산업정책은 이에 대한 방안이었다. 따라서 산업정책은 국민경제의 생산력 수준과 생산관계의 상호작용, 그리고 기업 사이의 관계에서 만들어지는 경제적 문제를 완화·해소하여 산업활동을 증진시키는 데 그 목적이 있다.

산업정책은 그 정책목표를 어디에 두느냐에 따라 효율성 및 공정성 추구형과 성장촉진형의 두 가지로 나뉜다. 전자는 효율성과 공정성을 실현하려는 것이므로, 주로 〈독점금지법〉을 철저하게 합리적으로 운영하고자 하는 질서정책[2]이다. 특정의 시장행동 및 시장구조를 규제하여 일정의 시장성과를 확보하려는 산업조직정책이 그것이며, 이는 질적 정책[3]의 성격을 갖는다. 중소기업정책 가운데 일부도 이 범주의 정책에 포함된다.

이에 대하여 성장촉진형 산업정책은 산업구조정책(흔히 과정정책[4] 내지 양적 정책[5]의 성격)과 밀접한 관련을 갖는다. 예컨대 유치산업보호 등과 관련하여 산업구조정책을 전개하는 경제에서는 생산력주의의 관점이 우선한다. 그 결과 독점금지정책 등 질서정책은 하위정책이 되기도 한다. 그러나 당해 산업의 성장촉진이 우선이기 때문에 이것과 다른 산업 사이에 자원배분의 공평성문제가 제기되기도 한다.

산업구조는 생산에 관계되는 산업 부문의 구성과 상호관계로 표현될 수 있다. 이러한 산업구조가 성장촉진의 목적에 합치하지 않을 때 산업구조문제가 발생

---

2) 질서정책은 사회에 대한 구조 또는 질서를 설정하고 이를 유지하기 위한 정책이며, 그 테두리 안에서 경제 과정은 그 자체의 목적을 추구한다.

3) 질적 정책은 틴버겐(J. Tinbergen)이 정책유형 구분에서 제시한 개념이다. 사회조직에 대한 요소의 결합이라고 규정되는 구조를 기반의 테두리 안에서 변경시키는 것을 목적으로 하는 정책으로, 여기에는 반독점과 조세체계의 변화를 추구하는 정책 등이 포함된다.

4) 과정정책은 정부정책에 따라 경제 과정이 직접 목표로 하는 정책, 즉 높은 성장률과 높은 고용수준의 실현 등을 의도하는 정책이다.

5) 양적 정책은 구조와 기반을 기초로 그 테두리 안에서 바라는 목적을 실현하기 위하여 여러 현상을 규제하는 정책을 말하며, 재정·무역·금융정책 등이 여기에 속한다.

하는데, 이를 완화·해소하려는 것이 산업구조정책이다. 산업구조에는 자본과 노동, 자본재 요소와 비자본재 요소, 자본 내부에서도 상업자본·금융자본·산업자본, 산업자본 안에서도 생산재와 소비재 부문의 자본, 자본 일반에서도 독점자본과 비독점중소자본, 외국자본과 민족자본 등 여러 요소가 결합하여 발전요인을 구성한다. 즉, 산업구조는 이들 실체적 요인이 그 안에서 움직이는 구조이고 이들의 상호작용이라는 동태적 성격을 갖는다.

산업구조 안에서 실체적 요인의 상호작용은 산업구조상의 모순, 즉 산업구조문제를 일으키는데, 이것이 바로 산업구조정책의 대상이 된다. 산업구조의 후진성이나 제국경제(帝國經濟)의 외압에 따른 왜곡에서 발생하는 근대화와 자립적 산업구조의 과제도 이로부터 일어난다.

산업구조상의 한 가지 모순인 중소기업문제도 산업구조 안의 실체적 요인이 작용한 결과이다. 중소기업정책이란 산업구조상의 한 가지 모순인 중소기업문제를 완화·해소하여 중소기업의 역할을 높이려는 것이기 때문에 산업구조정책의 일환이 된다.

2.2.1 성장촉진형 산업구조정책적 중소기업정책

성장촉진형 산업구조정책에 포함되는 중소기업정책으로는 우선 중소기업 가운데 성장 내지 발전전략 부문에 대한 정책을 들 수 있다. 국민경제의 고도성장을 위하여 산업구조의 고도화를 기하고 경제개발에 기여할 수 있는 다음과 같은 중소기업 부문에 대한 여러 정책이 여기에 포함된다.

(1) 경쟁력을 갖추어 비교우위가 있는 부문.

(2) 산업구조고도화정책에 따라 중화학공업화에 기여하는 부문.

(3) 수출주도형 개발정책에 부응한 수출 중소기업 부문.

(4) 국민경제의 유기적 관련성과 상호보완성을 높이기 위한 하청 계열화 부문.

(5) 지식·정보집약적 산업구조의 실현을 위한 지식·정보집약적 중소기업 등.

이들 부문에 대한 정책은 산업구조정책의 적극적 측면을 반영한다.

2.2.2 전근대 부문에 대한 산업구조정책적 중소기업정책

이에 대하여 전근대 부문에 대한 산업구조정책적 중소기업정책은 소극적으로 낙후된 산업 부문과 전근대 부문에 대한 개발이 산업구조정책의 대상이 되며, 그러한 중소기업을 정책 대상으로 한다. 예컨대 이중구조의 해소와 중소기업의 근대화정책에서 볼 수 있듯이 중소기업에 대한 '특별한 배려의 원칙'을 정책적으로 실시하는 것이다. 개발이 뒤떨어진 부문에 대한 집중적인 정책지원을 추진하되 유치산업, 즉 장래 부가가치 생산성이 높아지고 경쟁력이 배양될 수 있는 부문을 육성한다. 반면 동태적 비교우위 가능성이 없는 부문은 도산시킨다. 즉, '신설과 도산' 속에 사회적 대류현상이 진행되고 그 속에서 중소기업은 구조고도화를 실현한다.

이것은 단기적으로는 효율성과 공정성의 기준을 소홀히 할 수도 있지만, 장기적으로는 구조개선정책으로 중소기업의 고도화와 근대화가 실현되어 산업구조고도화라는 국민경제적 목표에 기여할 수 있다.

2.2.3 보호주의적 산업구조정책으로서 중소기업정책

다음으로 보호주의적 구조정책이 중소기업정책으로 실시될 수 있다. 이는 단순히 낮은 생산성의 중소기업을 보호하는 것이 아니라, 유치산업의 성격을 가진 중소기업을 단기적으로 보호해주는 것이다. 아울러 저임금노동력을 지속적으로 유지하고 산업예비군의 저장소를 마련해 자본축적의 기반을 조성한다는 의미에서 육성적 보호정책이 구조정책적 중소기업정책으로 실시되기도 한다.

그런데 산업구조정책 실시의 타당성 여부에 대한 지적도 있다. 시장기구가 기본인 경제에서 산업구조는 무수한 기업행동의 결과이기 때문에 계획적 자원배분을 정책적으로 유도하는 것은 오히려 자원배분을 왜곡시킬 수 있다는 것이다. 산업구조는 가격기구의 자원배분기능에 따라 만들어지는 것이며 기업간 경쟁의 결과이기 때문에 산업구조를 전환하는 주체도 가업의 행동이라는 것이다. 이것은 산업조직론을 연구하는 사람들의 주장이다.

이에 대하여 산업구조론자들의 반론도 있다. 개량적 길에 따라 자본주의로

이행한 국민경제와 개발도상경제에서는 대체로 시장기능이 경쟁력과 효율성을
높이는 방향으로 작용하고 있지 않다는 것이다. 농업에서 공업, 그리고 경공업
에서 중화학공업을 거쳐 기술지식집약적 산업으로 이어지는 산업구조의 고도
화와 그 전환 그리고 이를 위한 자본축적기능을 시장기능과 자율적 기업행동에
만 의존해서는 산업구조의 효율성을 기할 수 없으며 선진경제를 따라잡을 수
없다는 것이다. 산업구조의 정책적 유도와 산업구조정책의 불가피성이 여기에
있다.

2.3 산업조직정책과 중소기업정책

2.3.1 산업조직정책의 유형과 성격

시장을 중심으로 하는 기업군의 집합을 산업이라고 한다면, 산업조직은 상
업의 내부에서 여러 기업 사이에 맺는 시장적 관련을 뜻한다. 산업 내부에서
기업 사이에 맺는 시장적 관계는 경쟁과 협조라는 두 가지 측면을 갖는다. 경쟁
이 지나칠 때는 과당경쟁(excessive competition)이 일어나고, 협조가 지나치면 독점
(monopoly) 문제가 생긴다.

산업조직에 대한 실천적 의미는 시장구조·시장행동·시장성과를 기준으로 하
여 지나친 독점을 규제하거나 과당경쟁을 완화하는 데 있다. 따라서 구체적인
산업조직정책에는 경쟁촉진(to promote competition)과 독점규제, 그리고 경쟁제한
(to restrict competition) 정책의 두 가지 유형이 있다.

오늘날 독점자본주의 단계에서는 독점이 심화하여 그것이 시장질서를 위협
하기 때문에 경쟁제한보다는 경쟁촉진, 즉 반독점정책이 산업조직정책의 중심
과제가 되고 있다. 그러나 중소기업이 지니는 과당경쟁적 성격 때문에 경쟁제한
적 과제도 중요하다.

이러한 산업조직정책은 다음과 같은 성격을 갖는다.

(1) 산업조직정책은 산업 전체보다는 산업 내부의 기업간 상호관계에서 발생
하는 문제에 치중하는 미시적 성격을 갖는다.

(2) 기업의 상호작용 안에 담긴 실체성의 인식은 도외시하고 기계론적으로 산업조직을 바라본다.

(3) 그리고 경쟁적 시장질서에 대하여 가능한 한 현상유지를 목적으로 하기 때문에 질서유지의 성격을 갖는다. 즉, 독과점의 심화가 가져올 수 있는 시장질서의 파괴를 개선하려는 노력인 것이다. 유효경쟁(workable competition)의 개념도 마찬가지이다.

(4) 그래서 반독점 등 독점의 문제를 다루고 있지만, 이는 어느 정도 독과점의 필연성을 인정하면서 독과점이 가져오는 파멸적 결과만을 규제하는 유효경쟁질서의 개념이다.

자본주의적 시장경제 질서에서 산업조직정책은 경쟁촉진적 유형과 경쟁제한적 유형 두 가지가 있다.[6] 이 두 가지 유형과 중소기업정책의 관련성을 살펴보기로 한다.

2.3.2 경쟁촉진적 유형과 중소기업정책

경쟁촉진적 산업조직정책은 시장에서 독과점의 완화·금지를 중심적 과제로 하는 산업조직에 대한 경제정책이다. 진보와 효율화라는 산업조직정책의 포괄적 목적에 따라 당해 산업에서 독과점의 비능률성을 규제하여 가능한 한 최고의 시장성과를 실현하려는 것이 이 정책의 목적이다. 그러기 위해서 독과점의 폐해를 가져올 수 있는 시장구조와 시장행동을 규제하는 등 정책이 적극적으로 개입한다.

이 정책의 목적을 실현하기 위한 법제도적 장치가 독점금지법[7]이다. 공정하고 자유로운 경쟁을 촉진하고 부당한 시장독점과 불공정한 거래를 배제하여 사업자의 창의를 발휘하도록 하고 기업활동을 활발하게 하는 것이 이 법의 주된

---

6) 산업조직이론의 흐름에서 보면, 전자가 주류를 이루고 후자는 예외적인 것으로 간주된다.

7) 우리나라에서는 1976년에 제정된 〈물가안정 및 공정거래에 관한 법률〉(물가안정법)에서 시작해, 그 뒤 1980년에 제정된 〈독점규제 및 공정거래에 관한 법률〉(독점금지법)이 있다.

목적이다. 따라서 독점금지정책이 중소기업을 특히 보호의 대상으로 하는 정책
은 아니다. 중소기업에 대해서도 부당한 시장독점과 경제질서의 부당한 교란행
위를 금지하고 있기 때문이다.

그러나 독과점 심화에서 오는 시장질서의 경직화를 막기 위하여 경쟁원리를
도입하고 경쟁법칙의 공정화를 추진하는 이 정책의 경제적 의의는 대기업 또는
독과점 기업의 시장독점으로부터 경제적으로 약한 위치에 있는 자의 이익이 부
당하게 침해받는 것을 막는 것이다. 이는 경제적 약자인 중소기업·농업·일반소
비자의 이익을 보호한다. 그리고 현실적으로 부당한 시장독점은 흔히 대기업이
하고 중소기업은 그 피해자가 되는 경우가 많기 때문에 독점금지법은 중소기업
에 대한 보호 또는 불리시정정책(不利是正政策)의 법적 기초로서 중요하다.

중소기업이 직면하는 어려움이 대기업의 부당한 압박에서 오는 것일 때, 독
점금지법은 중소기업이 당면한 불이익을 제거해준다. 독점금지법은 자유로운
사기업체제와 경쟁질서의 유지를 통하여 중소기업의 건전한 발전을 촉진한다.
반면에 경쟁적 시장경제의 담당자인 중소기업의 건전한 발전은 경쟁원리의 촉
진을 목적으로 하는 독과점규제 원칙의 기반을 다져줌으로써 경제정책의 이념
을 상호 보완하면서 경쟁질서를 새롭게 만들어낸다.

구체적으로 독점금지법이 대기업의 압박으로부터 중소기업을 보호해주는 방
법은 다음과 같다.[8]

(1) 부당한 시장독점의 배제(카르텔 및 트러스트).

(2) 시장지배력의 남용방지 : 대기업과 중소기업의 거래에서 대기업이 우월한
지위를 남용하여 중소기업의 사업활동 등에 제약을 가하는 행위를 규제하는 것.

① 차별적 거래의 금지.

② 배타적 조건의 거래 금지.

③ 부당한 제약조건의 거래 금지.

(3) 경쟁질서를 교란하는 경쟁방법의 금지(부당한 고객유인행위, 부당한 경품행

---

8) 加藤誠一 編, 《中小企業問題入門》, 有斐閣, 1976, 137~146쪽.

위, 부당한 광고와 표시의 방지 등).

(4) 하청거래 등에서 지배력 남용(하청대금의 지불지연 등)의 금지 등.

2.3.3 경쟁제한적 유형과 중소기업정책

진보와 효율화를 추구하는 산업조직정책의 또 하나의 유형은 경쟁을 제한하고 기업간의 협조와 독점을 촉진하는 정책이다.

선진경제에서는 이들 정책이 예외적이지만, 개발도상경제에서는 상당히 중요한 의미를 지닌다. 개발도상경제는 국민경제의 생산력 기반이 취약하고 기업규모가 영세하여 낮은 생산효율이 일반화해 있다. 또한 기업간 과당경쟁 때문에 비능률과 경제적 낭비가 심하게 나타나고 있다. 따라서 자유로운 기업활동에만 의존하면 진보와 효율화에 바람직하지 않은 산업 분야가 발생한다. 이들 분야에 독점금지규정을 적용하지 않거나, 정책이 경쟁을 직접 제한하고 오히려 독점을 보호·조장하기도 한다.

이러한 정책 대상의 산업 분야는 ① 공공사업과 ② 원자상적 시장구조의 산업 분야로 나눌 수 있다. 이때 중소기업정책과 관련이 있는 것은 후자이다.

원자상적 산업(atomistic industry)에 대해서는 경쟁제한적 정책을 실시하여 산업활동의 진보와 효율화를 추구한다. 상대적으로 소규모 기업이 다수 존재하고 시장집중도가 낮아 원자상적 시장구조(atomistic market structure)를 갖는 분야로는 제조업 가운데 중소영세기업과 농업·판매업·서비스업 등을 들 수 있다.

이들 산업 분야에서는 경쟁원리가 오히려 과당경쟁을 일으키고 규모의 경제성에 이르지 못하여 바람직한 시장성과를 이루지 못한다. 이러한 시장구조, 즉 과도하고 파멸적인 경쟁 때문에 양호한 성과에서 벗어나는 유형을 살펴보면 다음과 같다.[9]

(1) 소기업의 높은 도산율과 만성적인 과소소득이 발생하는데, 그것은 판매자 집중이 증가함에 따라 대기업이 소기업을 구축하면서 그 분야에 구조적 변화가

---

9) J. Bain, *Industrial Organization*, John Wiley & Sons, 1967, 469~470쪽.

일어나는 과정에서 이루어진다.

(2) 어느 산업에서는 기업 및 노동자에 과소소득이 일어나는데, 이것은 수요에 견주어 설비능력과 노동력이 만성적으로 과잉상태인 데서 오는 파멸적 경쟁의 결과이다.

(3) 소홀한 자원의 보존을 들 수 있다. 이것은 무수한 소기업이 공공의 자원을 경쟁적으로 채굴하거나, 또는 적절한 자원보존을 유지할 만큼 기업소득이 충분하지 못하기 때문이다.

즉, 과당경쟁은 수요에 견주어 설비능력 및 노동자가 만성적 과잉상태인 데서 오는 것으로, 이 때문에 기업과 노동자의 만성적 과소소득이 발생한다. 그리고 대기업이 중소기업을 구축하는 것과 같은 산업 안의 구조적 변화, 중소기업의 높은 도산율 및 만성적 과소소득, 자원보존의 소홀한 관리 등으로 시장성과를 낮게한다. 이러한 분야에서 경쟁제한적 정책이 필요하다는 것이다.

이에 대한 정책수단으로 농산물 가격지지 및 소득지지정책이 있다. 중소기업부문에서는 하청계열화 및 기업합병, 그리고 각종 협업화(조직화)촉진 정책이 제시된다.

경쟁질서의 유지 및 확립보다는 규모의 경제성 실현과 생산력 제고가 우선적 과제인 국민경제에서는 경쟁제한적 정책이 중요한 의미를 지닌다. 개발도상국에서는 국민경제의 생산력을 증강하는 방향으로 산업조직을 택하기 때문이다. 특히 개방경제에서는 국제경쟁력 기준이 경제발전에 중요하기 때문에 국내시장이 소규모일수록 경쟁제한적 정책의 경향이 강하게 나타난다. 따라서 이 정책은 소비자 또는 중소기업보다 생산자 또는 대기업을 보호·육성하려는 성격이 강하다. 산업정책의 목표로 효율성과 공정성보다는 성장의 추구를 우선하기 때문이다.

3 중소기업정책의 유형과 수단

3.1 중소기업정책의 유형

중소기업문제를 완화·해소하고 그 역할 고양을 직접적 과제로 하는 국가(또는 공공기관)의 정책이 중소기업정책이다. 그러나 그 성격과 유형은 경제발전단계나 국민경제의 특성에 따라 다양하다. 또 정책인식과 정책목표의 바탕인 중소기업문제가 다양한 내용을 갖고 있기 때문에 그에 따라 정책유형과 정책목표 역시 여러 가지가 된다.

흔히 정책목표를 달성하기 위하여 정책유형을 선택하는데, 이때 여러 정책목표와 정책유형이 서로 마찰 없이 동시에 추구될 수도 있다. 그러나 한 가지 목표를 이루기 위해서 다른 목표를 희생하지 않으면 안 되는 경우도 있으며, 정책유형과 수단의 경우도 마찬가지이다. 이때는 선택의 문제가 제기되는데, 바로 사회적 선택을 해야 한다는 것이다.[10]

뮈르달이 지적하기를, 정책의 효과판단에서 사회계층의 이해관계가 평행인 경우에는 정책이 보편타당성을 갖지만, 서로 교차할 때는 일부 계층에 유리한 선택적 정책이 된다고 했다. 정책을 선택할 때 객관적으로 판단하는 기준으로 제시된 사회적 선택은 경험과학적인 관찰과 분석 그리고 본질적 동향에 바탕을 둔, 사회적 가치 개념에 따른 판단으로 행해져야 할 것이다.

중소기업문제와 정책목표 및 정책유형이 다양할 수밖에 없다는 점은 이미 설명했다. 모든 목표를 달성할 수 있는 획일적이고 유효한 정책을 찾기란 어렵다는 의미이기도 하다.

중소기업정책의 유형은 세 가지로 나누어 설명하는데, 보호정책과 적응정책 그리고 불리시정정책이 그것이다. 이런 유형으로 구분하는 것은 흔히 독일이나 일본에서 이루어진 것임을 유의할 필요가 있다.

---

10) K. E. Boulding, *Principles of Economic Policy*, Prentice–Hall, 1958, 19쪽.

우리는 앞에서 산업정책과 관련하여 산업구조정책적 중소기업정책과 산업조직정책적 중소기업정책의 두 가지 유형을 논의했다. 적응정책은 전자에, 그리고 불리시정정책은 후자에 해당한다. 사회적으로 볼 때 중소기업은 중산계급으로 규정되기도 하는데, 이러한 중소기업의 특성을 반영하여 사회정책적인 보호정책이 정책유형으로 추가되었다.

3.1.1 보호정책

보호정책(Schutzpolitik)은 계층으로서 중소기업이 시장에서 도태되는 것을 방지하고 보호하는 정책이다. 유럽의 여러 나라, 특히 독일에서는 이 정책을 중산계급정책(Mittelstandpolitik)으로 전개했는데, 사회정책(Sozialpolitik)의 일부로 해석하기도 한다. 구중간계급과 소상품생산자의 도태 방지와 사회적 불안 해소를 위한 보호를 궁극적 정책목표로 한다. 따라서 경제적으로는 소극적 정책이라고 할 수 있다.

이 정책은 경제 전체의 이익보다는 특정집단의 이익을 보호하려는 것이다. 존재하는 것은 모두 소멸되어서는 안 된다는 보수적 정책인식과 목적을 지닌 것이 바로 이 정책이다. 따라서 보호정책은 극단적인 경우 경제적 자연보호지대(wirtschafticher Natureschutzgebiete)의 창출을 뜻하기도 한다.

보호정책은 생산성이 낮은 기업을 보존하고 지불능력이 한계에 이른 기업경영을 존속시켜 선진공업과 후진공업 사이의 임금 격차 시정을 어렵게 만들기도 한다. 나아가 광범위한 사회적 분업에 의존하는 대기업의 발전을 저해할 수도 있기 때문에 근대화론자들의 비판의 대상이 되기도 한다.

그러나 보호정책이라고 해서 경제적으로 적극적 의미가 전혀 없는 것은 아니다. 보호정책에는 단순히 구제적 보호정책만이 아니라 육성적 보호정책도 있다. 유치산업의 성격을 가진 특정산업의 중소기업 경쟁력을 강화시켜주기 위하여 과도적으로 이들을 보호해주는 것이 후자의 경우이다. 이러한 보호정책은 경제정책의 성격을 지니기도 한다.

또한 전자, 즉 구제적 보호정책도 적극적이고 긍정적 평가를 받을 수 있다.

곧 중소기업의 경제적 기능보다 사회적 역할을 강조하는 시각인데, 이런 의미의 중소기업 정책기조는 경제적 영역보다 경제 이전(以前)의 영역에 해당한다고 볼 수 있다.

그러나 보호정책은 저임금기반을 지속적으로 조성하여 자본축적 기능을 하게 하고, 산업예비군의 저장소를 마련해준다. 이런 점에서 보면, 반드시 경제 이전적인(metaökonomischen) 것으로만 규정할 수는 없는 적극적 측면이 있다고 하겠다.

3.1.2 적응정책

적응정책(Anpassungpolitik)은 동태적으로 변화하는 시장경제에 적응할 수 있는 중소기업을 조성해주는 정책이다. 따라서 적응정책은 중소기업의 경쟁력을 적극적으로 높여서 전체 경제의 생산력 수준에 적응시키는 것을 목적으로 한다. 이런 의미에서 구조정책(Strukturpolitik)이며, 근대화와 합리화를 위한 정책이다.

이 정책의 특징은 적극적으로 경쟁력 강화에 중점을 둔다는 점이다. 이 경우 원칙적으로 시장경제의 원리가 적용되지만, 때에 따라서는 거시적 또는 미시적 차원의 계획화원리가 도입되기도 한다. 최근에 산업구조정책적 관점에서 중소기업정책(특히 근대화 또는 합리화정책)을 추진하는 것이 바로 그렇다.

적응정책의 목표는 구체적으로 경제적·사회적 변화에 따라 일어나는 여러 조건에 중소기업을 적응시키는 것이다. 개별 기업이나 업종별로 적응 과정을 지도하고 촉진하며 경제적 기술진보에 중소기업이 원활하게 적응하도록 한다. 따라서 적응정책이란 중소기업의 경쟁력을 높여 선진 부문과 후진 부문 사이의 생산성과 소득 그리고 임금 격차를 해소하는 산업구조정책이며, 중소기업 근대화정책이다.

보호정책이 기본적으로 현상유지를 추구하는 데 반해, 적응정책은 생산성을 향상하고 경쟁력을 강화하여 시장경제 속에서 대항력을 창출하고 유지하려는 정책이다. 일본의 경우 이 정책은 이중구조론·적정규모론·중견기업론 등 중소기업근대화론을 정책적으로 실현하면서 구체화했다. 그 결과 중소기업의 합리화와 근대화를 강력히 추구하는 반면, 전통적·전근대적인 중소기업의 도산을 촉진했기 때문에 사회적 대류현상이 적극화했다.

그런데 독일에서는 적응정책이 중소기업 경영자에게 경영문제와 시장문제를 쉽게 이해시켜 적응의 출발점을 밝혀주고, 서서히 시장경제의 원칙(사회적 시장경제의 틀)에 맞추어 행동하도록 지도하는 것을 목적으로 했다. 이른바 자조(自助)의 원칙에 따라 '적응을 조성'해주는 방향으로 시행되었다. 이때 적응정책은 중소기업만을 위한 독점적인 시장대항력의 창출 유지와 경제적 특권의 부여를 목적으로 한 것이 아니었다. 어디까지나 시장경제를 전제로 중소기업의 취약부분을 강화해주려는 것이 독일 적응정책의 초기 특징이었다.

중소기업이 새로운 경제환경, 즉 독점자본의 확충과 산업구조의 고도화 그리고 국제화 진전에 따른 개방경제의 지향 등 경제 여건의 변화에 적응하는 것은 결코 쉽지 않다. 따라서 이에 적응하여 새로운 균형에 도달하는 것, 즉 원활하게 적응하는 것은 가장 중요한 중소기업문제이다. 이는 무엇보다도 중소기업의 생산성을 높이고 경쟁력을 강화하는 등 구조변화를 통하여 해결하고 실현할 수 있다. 결국 적응정책은 새로운 균형에 도달하기 위한 적극적·동태적 구조정책이며, 소극적 방위정책이 아니다.

3.1.3 불리시정정책

불리시정정책은 질서정책인데, 시장에서 중소기업의 불리(不利)를 시정(是正)한다는, 즉 대기업과 평등한 조건 창출을 목적으로 하는 산업조직정책의 특징을 갖는다. 모두 시장경제를 전제로 하고 있지만, 적응정책이 동태적 정책인데 반해, 불리시정정책은 정태적 질서정책이다. 시장에서 적극적으로 중소기업의 적응을 목적으로 경쟁력 강화를 도모하는 적응정책과는 달리, 이 정책은 시장질서 자체의 변화를 통하여 중소기업의 소극적 적응을 목적으로 하기 때문에 질서정책의 성격을 갖는다.

적응정책은 적극적인 경쟁력 강화정책이지만, 불리시정정책은 소극적인 경쟁조건 정비 정책이다. 경쟁의 출발점을 평등하게 해주어 중소기업에 적절한 경쟁조건을 만들어주는 것이 불리시정정책의 목적이다.

불리를 시정하는 방법에는 두 가지가 있다. 하나는 중소기업에 대한 대기업의 경쟁제한적 행동을 금지하는 것이고, 다른 하나는 중소기업을 단결시켜 대기업에 대한 대항력을 갖게 하는 것이다.

이때 후자는 대기업과 중소기업 양쪽에 독점 내지 과점을 발생시켜 산업조직정책의 본래 목표인 경쟁조건의 창출과 그 지속을 어렵게 할 수도 있다. 극단적인 경우에는 중소기업이 시장에서 불리한 상태에 있다는 당면한 문제를 보완하는 대응적 성격을 갖게 되어, 오히려 보호정책의 경향을 띨 수도 있다.

결국 이 정책은 중소기업의 군비확장이나 재군비가 아니고, 대기업의 시장지배력의 축소, 즉 대기업의 군비축소 내지 무장해제에 그 바탕을 두고 있다.

3.2 정책의 관련성과 수단

3.2.1 중소기업정책의 관련성

보호정책·적응정책·불리시정정책, 이 세 가지 중소기업정책 가운데 현실적으로 중소기업정책의 결정 및 실시는 흔히 앞의 두 가지, 즉 보호정책(특히 구제적 보호정책)과 적응정책의 대항관계 및 관련성에 따라 규정된다. 이것은 두 정책의 성격에 차이가 있기 때문이다.

국민경제적 관점에서 보면, 구제적 보호정책은 소극적이고 적응정책은 적극적이다. 보호정책은 현상유지의 성격을 갖기 때문에 그 정책 대상이 되는 중소기업을 '경제적 자연보호지대'로 만들 수도 있다. 또한 이것은 발전과 변화를 지향하는 경제정책의 이익에 반할 수도 있다. 한편, 시장적합적인 중소기업정책, 즉 적응정책도 일정한 한계를 가질 수 있다. 중소기업의 경제적·사회적 성격에 비추어 적응정책이 국민경제 전체의 이해와 일치하지 않을 수도 있으며 또한 전통적·전근대적 중소기업 등의 저항을 일으킬 수도 있다.

따라서 현실의 중소기업정책은 국민경제와 조화를 이루는 것 그리고 두 가지 정책목표 사이의 타협점을 도출하여 실시해야 한다. 어느 쪽의 요소가 강하게 작용하느냐에 따라 중소기업정책의 방향이 결정된다. 현상유지적인 보호정책을 강하게 시행하면 적응정책의 효과는 줄어들고, 적응정책을 강화하면 약소기업이 도태될 것이다. 이처럼 두 정책은 그 원리에서 다른 것이므로 현실적으로는 여러 경제계층의 이해·대립과 힘의 관계에 따라 결정될 수밖에 없다.

두 가지 정책의 대항관계는 복잡하기 때문에 정책 선택은 경제발전의 단계와 국민경제의 특수성을 고려하여 이루어져야 한다. 선택된 정책이 보편타당성을 가지려면 본질적 동향을 반영하는 사회적 가치판단의 기준이 고려되어야 할 것이다.

흔히 보호정책은 사회정책적 성격을 지닌 소극적 정책으로 본다. 그러나 후진자본주의의 어느 단계에서는 중소기업을 의도적으로 보존·이용함으로써(이른바 이중구조의 이용) 대기업의 자본축적에 도움을 주기도 한다. 이런 의미에서 보호정책이 반드시 소극적·보수적 의미를 갖는 것은 아니다.

선진경제 역시 반독점정책의 일환으로 중소기업의 보호정책을 주장하기도 한다. 중소기업이 갖는 경쟁촉진적 역할을 높이 평가하기 때문이다. 이처럼 보호정책도 경우에 따라서는 경제적으로 적극적인 역할을 한다. 따라서 보호정책을 두고 경쟁력이 낮은 중소기업을 보호하는 소극적 성격의 정책이라거나, 현대의 중소기업정책으로서는 뒤떨어진 정책이라거나, 사회정책의 일부라고 획일화해 볼 수만은 없다. 보호정책은 경제정책의 성격을 지니기도 하기 때문이다.

보호정책이 지닌 이와 같은 경제정책적 성격에도 불구하고 그것이 주로 성장력이 약한 중소기업을 대상으로 한다는 기본 흐름이 달라지는 것은 아니다. 이에 대하여 적응정책은 주로 성장력이 있는 중소기업을 대상으로 한다.

결국 중소기업정책에서는 보호정책(사회정책적 흐름)과 적응정책(경제정책적 흐름)의 상호작용이 결정과 실시에 중요한 변수가 된다. 그리고 이 두 가지 정책 성격의 상호규정적 대항관계는 경제발전 과정에서도 중요한 의미를 지닌다.

한편 정책의 관련성을 기업의 규모 및 산업의 성격이라는 관점에서 보기로 한다. 정책이 대상으로 하는 중소기업은 이질다원적이다. 중소기업이라는 기업군에는 중소자본과 영세경영이 있고, 중소자본에는 중기업과 소기업을 포함되며, 중견기업이라는 별도의 범위가 정해지기도 한다.

이러한 중소기업의 다양한 구성을 기준으로 흔히 보호정책은 소영세계층을 대상으로 하고, 적응정책은 상위 규모의 중소기업을 대상으로 한다고 이해하기도 한다. 보호정책은 보호와 구제를 필요로 하는 하층 규모를 대상으로 하고, 적응정책은 성장성이 높은 중기업 등을 대상으로 하는 정책이라고 생각하기 때문이다.

그러나 기업 규모의 대소와 기업의 능률성 및 성장성이 반드시 일치하는 것은 아니다. 따라서 기업 규모와 계층구분에 따라 정책유형이 획일적으로 규정될 수는 없다. 오늘날의 지식정보집약적 산업구조 아래에서 그러한 구분은 더욱 의미가 없어졌다.

오히려 기업 규모라는 횡적 시각으로부터 산업정책의 업종별 정책에 대한 시각으로 바꾸어보는 것이 필요하다. 즉, 전략적 산업과 사양화 산업이라는 구분을 제기할 수 있다. 이때 전자는 성장력 있는 산업(기업)으로서 적응정책의 대상이 되고, 후자는 성장력 없는 산업(기업)으로서 구제적 보호정책의 대상이 된다고 볼 수 있다.

3.2.2 정책의 유형과 수단

다음 〈표 1〉은 정책의 유형과 정책수단을 경쟁관계 및 생산성과 관련시켜 본 것이다.

첫째, 적응정책의 시행과 경쟁관계를 보면, 먼저 중소기업에 대한 대기업의 부당한 거래 방지 등 독점금지법의 작용으로 공정한 경쟁관계를 확립하는 것은 적응정책의 효과에 도움이 될 것이다. 그러나 중소기업에 대한 경쟁제한 방지는 소극적 의미를 지닐 뿐이다. 왜냐하면 원래 중소기업은 시장에서 경쟁촉진적이기 때문이다. 반면에 적극적으로 공동화·협업화 등의 정책수단으로 경쟁제한정책을 실시하는 것은 시장질서에서 중소기업의 적응력을 높일 것이다.

둘째, 생산성을 높여 적응정책을 시행하고자 할 때 감세·금융지원·보조금지원 등의 수단을 강구할 수 있다. 여기에 경영지도, 기술지도, 기능공 양성 등의

정책	대상	경쟁관계		생산성	
적응정책	┌ 대기업 └ 중소기업	┌ 경쟁제한방지 ┐ ├ 경쟁제한방지 ┘ → 독금법 └ 경쟁제한 → 공동화		향상 → 향상 →	┌ 감세·금융·보조금 └ 경영지도·기술지도·기능양성
보호정책	┌ 대기업 └ 중소기업	경쟁제한방지 → 독금법 경쟁제한 → 진입규제		향상저지 현상유지	→ 각종의 영업규제 → 감세·금융·보조금

자료 : 淸成忠男, 《日本中小企業の構造變動》, 51쪽

〈표 1〉 정책목표와 정책수단

방법도 있다.

셋째, 중소기업에 보호정책을 실시하려면 경쟁관계에서 경쟁을 제한할 필요가 있다. 이것은 과당경쟁에 따른 중소기업의 도산을 막기 위한 것이며, 시장에 지나친 중소기업의 진입을 규제하는 방안도 생각할 수 있다.

넷째, 보호정책은 생산성 측면에서 현상유지의 방향으로 전개될 수 있다. 감세·금융지원·보조금지원 등이 수반될 수 있다.

경쟁관계에서 경쟁제한이라는 정책수단은 적응정책이나 보호정책에서 모두 사용된다. 조세감면·금융지원·보조금 등의 정책수단도 마찬가지이다. 그러나 보호정책은 주로 하위 규모의 중소기업에 평등하게 적용되는 데 반해, 적응정책은 특정 정책목표에 따라 선택적으로 적용되는 경향이 강하다. 정책수단의 선택적·중점적 적용은 중소기업정책의 차별화를 의미한다.

경쟁관계에서 중소기업정책을 시행하는 것은 포괄적으로 볼 때 불리시정정책을 강구하는 것이라고 할 수 있다. 그 목표는 정태적 경쟁조건의 창출이며, 그 대상은 선택적·중점적이 아니라 중소기업 일반이다. 불리시정정책은 그 특성만으로는 보호정책으로 보기 어렵다. 그러나 그 대상에서 광범위하게 시장경제를 전제로 하기 때문에 보호정책과 상통하는 면도 있다. 이러한 불리시정정책은 부당한 대기업의 우월적 지위 방지와 공정한 경쟁관계의 창출을 실현하려는 것이므로, 보호정책과 적응정책의 한 가지 정책수단이라고 해석할 수 있다.

4 정책유형의 관련에 따른 전개

4.1 자본주의 전개와 중소기업 정책유형

4.1.1 산업자본주의 단계의 중소기업정책

현실의 중소기업정책은 어느 나라에서나 대체로 보호정책과 적응정책이라는 두 정책 사이를 오가면서 전개된다. 다만 그 나라의 경제발전단계에 따라 선택될 뿐이다. 자본주의의 전개 과정에서도 두 정책은 서로 대항관계를 이루면서 실시되었다. 대항관계는 중소기업정책을 현실적으로 적용하는 데 문제점으로 제기되었지만, 중소기업정책유형의 성격을 부각시키는 것이기도 했다.

자유경쟁이 지배적이었던 산업자본주의단계서는 중소기업의 도태를 촉진하는 적응정책의 경향이 강하게 나타났는데, 이것은 경쟁과 영업의 자유가 보장되었기 때문이다. 특히 소영세기업의 도태가 모순현상으로 인식되는 가운데 적응정책의 흐름이 뚜렷했다. 바로 '경쟁 도태'의 적응정책인 것이다.

그러나 이 단계에서도 다른 한편에서는 보호정책의 경향이 나타났다. 소극적으로는 소영세기업의 도태가 경제적·사회적 문제로 될 뿐만 아니라, 적극적으로는 기계제 대공업의 발달로 상대적 과잉인구가 창출되고 이것이 소영세기업의 존속기반을 마련해주었기 때문이다.

보호정책의 경향은 개발 초기의 후진자본주의에서도 동일하게 나타났다. 소영세기업이 분해되지 않고 광범위하게 존속하는 상태에서 선진경제를 따라잡기 위해서는, 이것의 일방적 도태보다는 유지·온존시켜 그 능동적 역할을 활용하는 것이 필요했기 때문이다. 그 결과 육성적 보호정책이 시행되었다.

4.1.2 고전적 독점자본주의 단계의 중소기업정책

고전적 독점자본주의 단계에 들어서면서 그 초기에 보호정책이 전면으로 부각되었는데, 이는 상대적 과잉인구라는 경제기반 때문이었다. 중소기업은 상대적 과잉인구를 흡수하는 역할을 하고 또 상대적 과잉인구를 기반으로 저임금

노동을 이용하여 존속한다는 점이 긍정적으로 평가되었다. 그리고 자원의 효율
적 이용이라는 점에서도 노동집약적 생산 방법을 택하는 중소기업의 역할이 적
극적으로 인정된 것이다. 결국 저임금 노동력을 활용하는 방향인데, 이것은 중
소기업을 전적으로 도태시키는 것보다는 보호·온존·유지시키는 가운데 그 성
과를 거둘 수 있다는 생각에 바탕을 두고 있다.

독점자본 단계에 이른 후진자본주의에서도 동일한 흐름의 보호정책이 나타
난다. 한편에서는 독과점 대기업이 발전하면서도 다른 한편에서는 중소영세기
업이 광범위하게 존재하는 이른바 이중구조가 형성된다. 이때 이중구조의 해소
라는 경제과제는 근대화정책 등 적응정책을 선택하게 한다. 그러나 광범위한
중소영세기업을 자본축적과 경제개발에 활용하기 위해서는 이들을 상대적으로
보존·보호하는 정책, 즉 육성적 보호정책이 필요하다.

독점자본 단계의 이러한 보호정책 경향은 독과점 대기업을 중심으로 한 산업
합리화의 진전, 이들과 관련을 맺는 중소기업에 대한 합리화 요구, 그리고 전근
대 부문인 중소기업의 근대화라는 거시적 정책기조 속에서 적응정책으로 전환
하지 않을 수 없게 된다. 독점단계가 진전되면 자본축적과 생산력이 발전하고
사회적 분업도 심화되기 때문에 새로운 중소기업 분야와 대량생산공업(조립공
업)이 발전한다. 우회생산을 확대하여 부분품과 반제품을 공급하는 다수의 중소
기업을 발생시키면서 이들에 대한 적응정책이 촉진된다. 바로 '잔존·이용'의 적
응정책인 것이다.

4.1.3 현대자본주의 단계의 중소기업정책

독점자본주의가 성숙한 현대자본주의에서 중소기업정책을 보면, 보호정책적
기조보다는 적응정책이 전면에 드러난다. 완전고용을 정책기조로 하는 시기에
는 노동력 부족이 문제가 되는데, 이런 경제기반 위에서 자원의 효율적 재분배
를 위한 중소기업정책으로 적응정책이 강화되는 것이다. 상대적 과잉인구와 저
임금 노동을 기반으로 온존하던 중소기업의 존립기반이 상실되었기 때문에, 저
임금의 우회적·간접적 이용을 추구하던 보호정책 대신 노동력 부족 상황에 대

처하기 위한 적응정책이 부각된다.

저임금 노동력의 이용이 한계에 이르면서 오히려 열악한 중소기업을 정리·도태시킴으로써 그것의 임금노동자화(노동력 유동화)를 시도하고 동시에 경쟁력 있는 중소기업의 신설을 유도하는 것이다. 생산성이 낮고 대기업과 합리적 분업관계를 맺지 못하는 중소기업을 배제하면서 경제적 합리성과 효율성이 높은 중소기업을 육성하는 것이 정책의 주된 경향으로 떠오른다. 경쟁력 있는 중소기업을 신설·육성하면서 그렇지 못한 중소기업을 도태·구축하고 이들을 임금노동자화하는 중소기업 근대화정책이 적응정책으로 전개된다. 이것은 자원의 효율적 이용과 최적 배분이라는 시각을 반영한 것이기도 하다.

완전고용뿐만 아니라 높은 기술수준의 근대화와 합리화를 강제하며 현저한 기업집중을 촉진한 독일에서 생존 능력이 없는 중소기업에 특권을 주지 않은 일은 적응정책 강화의 한 사례라고 하겠다. 독일은 채산성이 없는 한계기업에 법적 보호와 존재의 보증을 거부하고 확대되는 경제력 집중화 경향 속에서 중소기업의 경쟁력을 배양하는 중소기업정책을 강구했다.

독일에서는 전통적 수공업에 대한 정책과제도 경제적 약자를 인위적으로 유지하는 것이 아니었다. 사회적 시장경제의 질서에 적응하도록 하는 적절한 정책수단은 성장 능력 있는 중소기업으로 이들을 발전시키는 것이라고 보았다. 즉, 보호정책을 거부하고 적응정책을 택했다. 여기서는 자조가 국가의 원조에 우선했고, 국가는 자조를 위한 원조(Hilfe zum Selbshilfe)를 적응정책의 기조로 했다.

오늘날 적응정책의 성격을 반영하는 근대화정책은 중소기업의 전면에서 강화되고 있다. 그런데 근대화의 내용은 전근대성을 탈피하고 초기 독점자본주의를 넘어 현대적 수준에 이르는 것을 말한다. 자원의 최적 배분이라는 견지에서 경제적 합리성의 추구와 중소기업의 임금노동화가 의식적으로 시도된 것도 그러한 내용의 일부였다. 이를 넘어 현대자본주의에서 적응정책은 중소기업의 적극적 역할을 높이는 수준에 이르고 있다.

완전고용의 추구와 자본축적의 진전으로 일어난 노동력 부족은 전통적 중소기업의 존립기반을 크게 변화시켰으며, 중소기업정책은 자원 재분배 또는 최적 배분이라는 견지의 적응정책 경향을 강화했다. 현대자본주의는 노동력 부족의 기초 위에서 자본축적과 자원의 재배분을 실현시켜야 하는데, 거기에 중소기업의 능동적 역할을 요구하고 있다. 따라서 중소기업정책과 일반경제정책의 관련성은 더욱 깊어지게 되었고, 양자 사이에는 독립적·고립적이 아닌 유기적 관련성이 강조되고 있다.[11]

4.2 경제발전과 중소기업 정책유형의 전환

자본주의 전개 과정에서 중소기업정책의 고전적 유형, 즉 보호정책과 적응정책이 서로 대항관계를 이루며 상호 관련 아래 전개된 것은 중소기업 정책인식의 대상인 중소기업문제의 변화에 따른 것이었다. 산업자본주의 단계에서 중소기업의 '구축·도태'라는 문제가 독점자본주의단계에는 '도태·구축과 잔존·이용'의 문제로 바뀌었다. 현대자본주의에서는 노동력부족 및 자원의 최적 배분이라는 과제와 함께 중소기업의 새로운 존립 영역이 확대되고 그 역할이 적극화하면서, 그에 걸맞는 중소기업문제와 정책이 요구되고 있다.

중소기업정책의 대상인 중소기업문제의 변화는 정책인식의 전환을 가져오고, 그 결과 정책유형 사이의 대항관계와 정책유형의 전환을 불가피하게 만든다. 후진자본주의의 경제개발을 추진하는 과정에서 중소기업 정책유형의 전환이 이루어지는 것도 마찬가지 이유에서이다. 경제개발 과정에서 중소기업정책은 ① 보호정책(후진경제)의 성격으로부터 ② 적응정책 또는 구조정책(개발도상경제)의 성격으로, ③ 나아가 산업조직정책적 중소기업정책(선진경제)으로 전환되는 것으로 보고 있다.

첫째, 중소영세기업의 비중이 높고 그 역할이 절대적인 개발 초기의 후진경제에서 중소기업정책은 전체적으로 보호정책기조를 유지하며, 그들 가운데 경쟁력 강화의 대상이 될 수 있는 중소기업에 대하여 육성적 보호정책을 강구한다.

---

11) 淸成忠南, 《日本中小企業の構造變動》, 新評論, 1972, 第三章 〈中小企業政策の展開〉 참조.

　둘째, 경제개발이 본격화하고 산업구조의 고도화를 추구하는 개발도상경제의 단계에 이르면 중소기업정책은 중소기업의 근대화(구조고도화와 구조개선)정책을 강력히 시행하고, 따라서 구조정책 내지 적응정책이 그 기조를 이룬다.

　셋째, 산업구조고도화로 중화학공업이 발전하고 그것이 성숙하는 단계에 이르면 독과점 구조가 정착하여 그에 따른 문제점이 발생한다. 즉, 산업조직론적 정책인식이 제기되기에 이르는 것이다. 이 단계에서 중소기업정책의 주된 흐름은 산업조직론적 성격을 지니게 된다. 중소기업정책은 독과점 구조의 경직성을 완화하고 산업조직을 활성화하는 중소기업의 역할을 중요한 정책인식의 대상으로 한다.

　이 단계에서 중소기업문제는 도태·구축과 잔존·이용의 근대화를 넘어선다. 중소기업 존립 영역의 광범위한 확대와 중소기업의 새로운 역할을 포괄하는 중소기업문제의식이 형성되면서 그에 맞는 중소기업 정책인식과 정책유형이 전개된다.

　지식정보집약화 산업사회에 대한 혁신의 기수로서 ① 활력 있는 다수, ② 쇄신기능과 묘상기능(苗床機能), ③ 창조와 활력의 모체, ④ 경쟁적 시장구조의 적극적 담당자로서 소임을 맡는 중소기업에 대한 정책이 형성·전개된다. 이를 포괄적으로 산업조직론적 중소기업정책이라고 규정할 수 있다. 이것은 전통적 유형의 산업조직정책이었던 불리시정정책의 소극적 수준과는 다른 차원의 성격이다. 이는 산업조직의 개선과 활성화에 중소기업의 역할과 기여가 강조되는 적극적인 성격의 산업조직론적 중소기업정책이다.

　경제발전 과정에서 이러한 정책유형의 전환은 일본경제의 사례에서 찾아볼 수 있으며, 한국경제의 경우도 비슷하다. 일본의 경우는 1950년대 후반에서 1960년대에 이르는 구조정책으로부터 1970년대 지식집약화를 거쳐 1980년대에는 활력 있는 중소기업론에 이르고 있다. 1990년대에는 창조의 모체와 시장경제의 적극적 담당자로서 중소기업을 규정, 이를 뒷받침하는 중소기업정책을 전개했다.

4.3 중소기업문제의 변화와 정책인식의 전환

자본주의 전개 과정 또는 경제개발 과정에서 중소기업 정책인식과 정책유형은 정책인식의 대상인 중소기업문제의 변화에 따라 전개되었다. 이는 정책인식과 정책유형 및 그 체계의 이해를 위해서는 중소기업문제의 분석과 이해가 전제되어야 함을 의미한다. 이러한 중소기업문제의 성격은 포괄적으로 다음과 같이 규정된다.

첫째, 중소기업문제의 '문제'는 다름아닌 '모순'인데, 이때 모순은 자본주의 발전 과정에서 일어나는 산업구조의 모순이며, 자본의 운동법칙이 가져오는 모순이다. 자본주의 발전과 이에 수반된 산업구조의 '고도화'와 그 과정에서 생기는 모순의 하나가 중소기업문제인 것이다. 따라서 중소기업문제는 '역사적' 성격을 지닌다.

이렇게 볼 때 중소기업문제의 규정에서는 먼저 그 역사적 전개 과정, 즉 ① 자본의 본원적 축적의 단계, ② 산업자본 확립기와 그 다음 자유경쟁적 산업자본주의 단계, ③ 독점자본주의 단계, ④ 현재의 국가 독점자본주의 단계 등에서 모순의 발전 과정을 파악할 필요가 있다.

둘째, 중소기업문제를 국민경제의 특수성, 즉 자본주의 발전의 횡적 시각에서 유형화하여 인식하는 것이 필요하다. 일반경제법칙은 서로 다른 조건에서 서로 다른 현상으로 구체화하며, 같은 경제적 개체라도 서로 다른 역사적 조건과 상이한 발전단계에 따라서 각자 역할과 위치가 다르기 때문이다. 그 결과 중소기업문제는 후진자본주의의 특성을 반영하는 모순현상으로도 규명될 필요성이 생긴다. 여기에 식민지 지배를 경험한 자본국의 중소기업문제에 대한 특성을 고찰할 필요가 있다. 결국 중소기업문제는 ① 영국과 미국 등 고전적·혁명적 길로 자본주의가 전개된 경제의 중소기업문제, ② 독일과 일본 등 개량적 길로 자본주의가 전개된 경제의 중소기업문제, ③ 개발도상국 등 빈곤과 실업이 심각한 나라의 중소기업문제, 특히 식민지 지배를 받은 경제의 중소기업문제 등으로 유형화할 수 있다.

셋째, 중소기업문제는 산업구조상의 모순으로 규정되기 때문에 산업구조의 변화에 따라 그 성격이 달라질 수 있다. 산업구조고도화는 자본의 유기적 구성의 고도화를 의미하기 때문에, 그에 따라 '자본의 역할'이 강화되고 그 모순현상인 중소기업문제가 심화된다. 그러나 산업구조가 경공업 중심에서 중화학공업 중심으로 고도화하는 과정에서 나타나는 이러한 현상은, 산업구조가 지식정보 집약적으로 변화하여 '지식·정보의 역할'이 크게 작용함에 따라 현대자본주의에서는 새로운 특성을 보이게 된다.

이와 같은 체계에 따라 중소기업문제를 분석·고찰하는 것은 중소기업정책을 깊이 있게 인식하고 정책체계를 올바로 이해하는 데 전제가 된다.

제2부

선진국 중소기업정책의 전개

제1장 미국 중소기업정책의 전개

1 중소기업문제와 정책인식의 발단

미국 중소기업정책의 주요 이념은 한마디로 '독점의 억제와 경쟁의 촉진'이라고 할 수 있다. 시장에서 경쟁을 촉진하는 중소기업을 정책적으로 뒷받침하는 산업조직정책의 이념이 주된 흐름이다. 이것은 그 정책 대상을 규정하는 〈1958년 중소기업법(Small Business Act of 1958, as amended)〉의 다음과 같은 중소기업(small business) 정의에서 잘 드러나고 있다.[1]

"소기업(small business concern)이란 독립하여 소유하고 경영하는(independently owned and operated) 기업이며, 당해 기업의 사업 분야에서 지배적이지 않은(not dominant in its field of operation) 기업을 말한다. 소기업에는 식료, 섬유의 생산, 가축의 사육과 번식, 수산업 및 기타 농업 관련 산업에 종사하는 기업 등을 포함한

---

1) 미국에서는 중소기업(small and medium-sized firm)보다는 소기업(small business)이라는 용어가 일반적으로 쓰이고 있으며, 전자가 사용되는 경우는 극히 드물다. 'small business'에서 유급 종업원을 고용하지 않는 가족 경영의 형태 또는 수 명의 종업원만을 가진 기업을 영세기업(little business)이라고 보는 견해도 있다(특히 소매업의 경우). 필립스(J. D. Phillips)는 종업원 수 4명까지의 기업을 영세기업이라고 보았지만, 현재 영세기업에 대한 명확한 법적 규정은 없다(J. D. Phillips, *Little Business in the American Economy*, Chicago : Urbana, 1958).

다. 이 기준에 따라 중소기업청(Small Business Admimisration) 장관은 상세한 정의를 정하며, 그것은 종업원 수 및 판매액을 기준으로 한다"(동법 제3조).

구체적 규정을 보면 표준산업분류 4단위를 기준으로 하여,

(1) 제조업은 종업원 수 500명 이하를 주된 기준으로 하되 업종에 따라서는 750명, 1,000명, 또는 1,500명 이하의 기준을 적용하기도 한다.

(2) 도매업에서는 종업원 수 100명 이하, 소매업은 연간 매출액 350만 달러, 업종에 따라서는 450만 달러와 1,350만 달러 이하가 적용되기도 한다.

(3) 서비스업은 종업원 수 500명 이하, 연간 매출액 250만 달러부터 1,450만 달러까지의 기준이 적용되기도 한다.

양적 기준으로 보면 미국 소기업의 범위는 흔히 말하는 중기업과 중견기업, 나아가서 대기업의 규모 기준에 속하는 기업도 일부 포함하고 있다. 이런 현상은 미국의 소기업 정책 대상이 '질적 정의'를 중요시하고 있기 때문이다. 다시 말해서, 소유와 경영의 독립성 그리고 해당사업 분야의 비지배성이라는 두 가지 성격이 그것인데, 이는 소기업정책 대상에서 독과점적 대기업을 배제하려는 목적으로부터 나온 것이다.

'소유 경영의 독립성'은 대기업과 대기업의 지배 아래 있는 관련 회사(affiliates)를 배제하려는 규정이고, '당해 사업 분야의 비지배성'은 각 산업에서 시장구조 차이를 문제로 하고 있다. 산업마다 상위기업의 시장집중은 다르고, 따라서 배제할 지배적 대기업의 규모 기준도 동일하지 않다. 집중도가 높은 산업에서는 대기업의 규모 기준이 크고, 낮은 산업에서는 그것이 작을 수밖에 없다. 따라서 미국 소기업의 범위는 신축적으로 정해진다. 동시에 독과점적 대기업과 명확히 구분되면서 독점의 억제와 경쟁의 촉진이라는 중소기업 정책이념을 반영하고 있다.

미국 중소기업 정책인식의 산업조직정책적 흐름은 미국 중소기업문제의 형성 과정을 반영하는 것이다. 중소기업정책은 경제정책의 일환이면서 중소기업을 대상으로 실시하는 정책을 말한다. 그 정책목표와 정책이념은 각국의 경제발전의 역사적 과정 그리고 경제구조에서 독점자본(독과점적 대기업)과 중소자본

(비독점적 중소기업)의 상호관계에서 생기는 중소기업문제에 따라 규정된다.

일반적으로 중소기업문제는 자본주의 경제에서 대기업 체제가 성장함에 따라 형성된 문제인데, 이것은 크게 두 가지로 나뉜다.

첫째, 규모의 경제로 대기업의 독점화가 진행되면서 중소기업의 사업축소, 전업, 폐업과 도산으로 이어지는 여러 가지 경영의 궁핍화 문제이다(구축·도태의 문제).

둘째, 대기업이 중소기업을 구축하지 않고 대기업의 독점으로 생기는 경쟁제한적 시장구조에서 중소기업의 성장·발전의 기회를 억누르되, 대기업이 이러한 중소기업을 이용하려는 문제이다(잔존·이용의 문제).

후자의 문제는 시장구조의 측면에서 다시 두 가지로 나뉜다. 하나는 구매자 독점 내지 구매자 과점적 시장구조를 배경으로 '하청관계[2]나 경기변동의 쿠션'으로, 대기업이 중소기업을 이용하는 문제이다. 다른 하나는 판매자 독점 내지 판매자 과점적 시장구조에서 관리가격 존재와 중소기업 상호간의 과당경쟁의 유발로 생기는 '높은 원가와 낮은 제품가격'에 관계되는 문제이다.

이러한 중소기업문제의 형태는 자본주의 전개와 국민경제의 역사적 발전 과정에 따라 다르게 나타난다. 먼저 개량적 길에 따라 상인·지주형으로 자본주의를 전개한 일본의 경우를 보자. 일본에서는 매뉴팩쳐로부터 기계를 기축으로 하는 공장제로 전환하는 산업혁명이 영국·미국 등 선진 자본주의 경제에 견주

---

2) 미국에서 하청(subcontract)이라는 용어는 '지배·종속관계'라는 의미를 포함하고 있지 않다. 미국에서 'subcontract'는 'prime contract'(주계약 또는 원청계약)에 대응하는 계약 개념이며, 말하자면 재수주계약을 의미하는 것이었다. 이는 기업 규모와는 관계가 없고, 경우에 따라서는 중소기업이 대기업에 발주하는 경우도 포함한다. 따라서 미국에서는 일본이나 우리나라에서 쓰이는 하청관계의 의미가 일반적으로 사용되지는 않는다. 그러나 애버리트 (Averitt)는 중소기업을 중심기업(center firm)에 대한 주변기업(periphery firm)으로 보고, 대기업과 거래관계에서 위성기업(sattellites)의 위치를 강조하고 있다. 여기서 그는 지배·종속관계나 대기업과 하청기업의 현저한 임금 격차 등 하청관계의 이용에서 흔히 일어나는 특성을 설명하고 있다(Robert T. Averitt, *The Dual Economy, The Dynamics of American Industry Structure*, New York : Norton Co., 1968). 또한 도브(M. Dobb) 역시 하청기업(subcontractor)으로서 소기업(small concern)의 역할을 지적하고 있다(M. Dobb, *Studies in the Development of Capitalism*, Routledge & Kegan Paul, 1946).

어 뒤늦게 진행되었다. 봉건시대에도 소규모 수공업을 중심으로 소규모 경영이 전개되었고, 공장제 도입과 대기업의 형성 과정에서도 선대객주제도(先貸客主制度)에 기초를 둔 소규모 생산 방법이 구축되었지만, 이러한 것들과 엄격한 대립관계를 형성하지는 않았다. 오히려 이들을 분해하는 대신에 이용하는 자본축적 과정을 지속했다. 소규모 생산을 포함하여 광범위한 저임금 기반의 존재는 동력화·근대화를 지연시키고, 대기업의 발전은 오히려 종래의 하청관계를 보존·확대시키면서 진행되었다. 결국 하청기업을 이용하는 방향으로 발전하면서 지배·종속적인 성격의 하청문제를 불러왔으며, 이것이 중소기업 정책인식의 중요한 대상이 되었다.

이에 견주어 혁명적 길에 따라 소생산자형으로 자본주의가 전개된 미국경제에서는 전통적 수공업이 공장제 생산의 성립과 더불어 초기 단계에서 구축되었다. 수공업의 구축에서 배출된 노동력은 과잉인구로 남아 있는 것이 아니고 서점운동(西漸運動, westernward movement)에 따라 독립 자영농민으로 재생산 되었다. 이 때문에 중간층의 분해를 지연시켜 임금 노동력의 부족을 가져왔고, 저임금 구조를 기반으로 하는 선대제도 및 수공업의 존립을 어렵게 만들었다. 그 결과 서로 다른 기업 규모 사이의 관계는 지배·종속관계보다 시장에 따른 경쟁관계가 되었다. 이러한 경쟁을 통하여 성장한 대기업은 점차 독점행위로 중소기업의 존립을 어렵게 했는데, 이것이 미국 중소기업문제의 특징이 되었다.

미국처럼 빠르게 독점이 형성된 경제에서 중소기업문제는 국민경제에서 경제력 집중이 가져오는 폐해와 관련된 것으로 부각되었다. 그런데 독점은 자유경쟁을 통해서가 아니라 정부주도의 산업정책을 통하여 이루어졌다. 근대적 대기업 부문과 후진적 중소기업 부문이 병존하는 국민경제에서 대기업과 중소기업의 관계는, 구매자 독점 또는 구매자 과점적 지배력을 갖는 대기업을 정점으로 하여 중소기업이 그 밑에 편입되며 생기는 하청문제로 대두되었다. 이것이 미국 중소기업문제의 중심 과제이다.

즉, 대기업 독점이 경쟁적 시장경제에서 실현되는 자원의 최적 배분을 왜곡시킨다는 관점에서, 미국은 대기업 체제의 성장에 따른 폐해에 정책적으로 대응할 필요가 생긴 것이다. 독과점체제의 시정은 단순히 대기업의 독점행위에 대한 독점금지법의 규제만으로 되는 것이 아니라, 경쟁적 시장경제를 촉진함으로써 실현할 것이 요구되었다. 이를 위하여 중소기업의 존재와 그 역할이 정책인식의 대상으로 되었다.

위로부터 정비·조정된 대기업 체제 아래에 중소기업을 편입시켜, 기업의 계층분화가 진전됨에 따라 대기업과 중소기업 사이의 사회적·경제적 격차 시정이 정책과제로 대두되는 경제에서, 중소기업 정책인식은 산업구조정책적으로 될 수밖에 없다. 그러나 미국에서처럼 시장에서 독점의 억제와 경쟁의 촉진이 주요 과제가 되는 경제에서는 산업조직정책적 인식이 중소기업정책의 주된 흐름이 된다. 이는 두 가지 측면에서 그러하다. 소극적으로는 시장에서 대기업의 독점 행위로 곤란을 받는 중소기업문제를 완화·해소시키는 것이다. 이른바 불리시정 정책(不利是正政策)과 같은 성격의 것이다. 한편 적극적으로는 독과점체제의 시정을 위한 중소기업의 역할을 높이는 것이다. 이것은 시장의 경쟁 담당자로서 중소기업의 기능이 시장 활성화와 경제사회의 쇄신에 기여하기 때문이다.

미국에서도 1970년대 후반 이후 산업공동화문제(産業空洞化問題)가 발생하고 고용문제가 심각하게 되면서, 이를 개선하기 위하여 첨단기술 분야의 벤처형 중소기업을 개발하려는 정책인식이 있었다. 즉, 국제경쟁력이 떨어진 기존 산업 분야에서 이들 분야로 자원배분을 전환하려는 산업구조정책적 시도가 중소기업정책의 새로운 인식으로 강조된 경향이 있었던 것이다. 그러나 이러한 흐름이 독점의 억제와 경쟁의 촉진이라는 전통적 인식을 근본적으로 바꾼 것은 아니었다.

2 중소기업 정책인식의 전개

미국에서 중소기업 정책인식은 미국경제의 역사적 전개 과정 속에서 형성되었으며, 이 점은 다른 나라도 마찬가지이다.

공업에서는 19세기 후반 이후 대기업의 독점이 여러 분야에서 중소기업의 존립에 큰 영향을 미쳤다. 또한 이때까지 상업에서는 공업만큼 독점의 폐해가 진전되지는 않았지만, 20세기 초에 연쇄점(chain store)이 신장하면서 소규모 소매점의 존립이 동요하기 시작했다. 이런 가운데 독점의 폐해를 배제하고 경쟁을 유지·강화하는 정책인식이 떠오르게 되었다.

그러나 이러한 정책인식이 구체적으로 중소기업 지원조치로 이어지는 것은 아니었다. 1929년의 대공황으로 중소기업이 장기간 어려움을 겪게 되면서 정책적 대응의 필요성이 인식되었지만, 실제로 각종 중소기업정책이 제도적으로 정비된 것은 제2차 세계대전 이후의 일이다.

미국경제는 1873년 이후 거의 10년 동안 경기 후퇴를 겪으면서도 국내시장을 중심으로 산업자본의 성장이 지속·확대되었고, 1890년경에는 공업생산이 농업을 능가했다. 이것은 남북전쟁(1861~1865)까지 면공업 중심의 산업구조가 철강공업 중심의 중공업으로 전화하는 과정이었으며, 동시에 독점자본의 형성 과정이기도 했다. 그 이전, 즉 19세기 중엽까지는 생산에 자본투자액이 낮고 소규모의 개인기업이 많은 분야에 자리하고 있었다. 소비재 분야에서는 수공업 및 선대객주제 가내공업 형태로 의류·피혁제품·목제품·금속제품이 생산되었다. 그 뒤 동력화로 기업 규모가 확대되면서 수공업과 선대제도는 도태되고 대기업과 중소기업이라는 상대적 규모 개념이 실체적으로 생겨났다. 그리고 양자 사이의 경쟁관계는 특히 면공업 분야에서 뚜렷했다.

기계 생산을 중심으로 하는 대규모 생산과 공업화에서도 1860년까지는 면공업이 주도적 지위를 점했다. 수공업과 선대제도를 성립시키는 임금구조 기반이 소멸하고 노동절약적인 기계화가 미국 공업을 규정했지만, 기계설비 등에 대한 자본투자액을 기준으로 하는 진입 장벽(entry barrier)은 기타 많은 공업 분야에서도 여전히 낮았다. 면공업에서도 대규모경영 기업이 소규모 기업을 소멸시켰지만, 지역 수요에 기반을 둔 많은 소규모 기업의 진입과 존립이 가능했다.

그러나 산업구조가 철강공업 중심의 중공업으로 전환되고 소수 기업이 경제력 집중을 진전하는, 이른바 '철강시대'로 가는 과정에서 선철-제강-압연의 각

공정을 통합하여 일관생산하는 대규모 기업이 생겨났다. 각 공정에서 소규모로 존립하던 기업, 특히 선철 부문의 중소기업은 소멸했으며, 그 존립과 성장이 어렵게 되었다. 이런 현상은 철강공업에 국한된 것이 아니었다.

대기업과 경제력 집중의 성립은 단순히 수직적 통합 분야의 대상이 되는 중소기업에만 직접적 영향을 주는 데 그치지 않았다. 경공업 중심의 시기와는 달리 자유로운 이동에 제한을 주는 거대한 고정적 투자자본이 경제를 규정하면서, 경기변동 조정기간도 장기화하고 많은 분야의 중소기업 경영이 어려워졌다. 풀(pool)과 트러스트(trust)의 형성·촉진은 중소기업의 경쟁력을 한층 약화시키면서 경제력 집중을 진전시켰다.

20세기 초에는 자본집약적 중공업 분야에서 대기업의 주도적 지위가 확립됨에 따라 중소기업의 존립 분야 가운데 제조업에서는 기업의 진입 장벽이 낮게 되었다. 중소기업은 규모의 이익이 달성되지 않는 노동집약적 분야, 지역의 특수한 수요에 기반을 둔 분야, 그리고 새로운 발명에 관련된 분야로 이동하는 경향을 보였다.

중소기업 존립 분야는 고정적이지 않았으므로 불안정을 면치 못했다. 새로운 기계로 노동집약적 생산 방법이 대체되거나 지역적 특수수요의 감퇴, 신규 발명에 대한 대기업의 상품화 등으로 중소기업 존립 분야에 대한 대기업의 침식은 지속되었다.

1873년 이후의 공황으로 소규모기업의 도산이 급증했다. 그러나 활발한 서점운동은 도산에 따른 실업인구의 압력을 흡수하고 도산문제의 심각성을 완화시켜서, 정부의 대응 시책까지는 이르지 못했다.

1885년 이후 기업합동의 폐해는 대기업에 대한 반독점운동을 일으켰는데, 이에 정부의 독점행위 규제를 강하게 요구했다. 반독점운동은 전통적인 '독립자영·기회평등·자유경쟁'의 이념[Jacksonian Democracy]을 이어받은 것[3]으로, 독점

---

3) 잭슨적 민주주의(Jacksonian Democracy)란 미국 제7대 대통령 앤드류 잭슨(Andrew Jackson, 1767~1845)의 정치·경제 이념을 일컫는 것이다.

구조를 붕괴시키고 경쟁을 촉진하는 데 목적이 있었다. 이 운동의 중심은 대기업의 독점으로 설정된 배타적 철도운임으로 부담을 안고 있던 농민층이었다. 그 뒤 기업 합동을 이용, 비능률적 공장을 폐쇄하고 노동자를 해고하거나 노동자 임금을 인하하는 대기업에 반발하는 노동자층이 이 운동에 참여했다. 또한 대기업과 직접 경쟁한 결과 도산에 이른 중소기업자도 참여했다. 그러나 산업자본가인 중소기업자의 의식은 농민층이나 노동자와는 달리 소극적이어서, 반독점 운동에 대한 그들의 영향은 한계가 있었다.

그 뒤 1890년에 반트러스트법인 셔먼법(Sherman Act)이 제정되었다. 이들 법의 목적은 대기업에 착취당하는 농민과 노동자 그리고 소기업의 경영자에 대하여 대기업이 공정한 거래(square deal)를 하도록 하는 것이었다. 이들 법이 중소기업의 구제만을 목적으로 한 것은 아니지만, 결코 간접적 정책이 아니라 중소기업을 직접 대상으로 함으로써 그 보호육성의 정책인식을 명확히 했다.

그러나 연방정부와 의회가 중소기업에 대하여 구체적인 정책을 실시하도록 한 것은, 1929년 대공황 이후 중소기업의 무더기 도산이 이어지고 대기업의 경제력 집중이 지속된 1930년대 이후였다. 개별 중소기업 수준의 경영문제뿐만 아니라 정부 수준의 지속적 정책 대응이 불가피한 중소기업문제가 발생한 것이 그 단서가 되었다.

반트러스트법과 클레이턴법 그리고 연방거래위원회법(Federal Trade Commission Act) 등 일련의 독점금지법으로 반독점정책이 형성되었지만, 기업합동 행위와 경제력 집중은 지속되었다. 이러한 경제력 집중과 경쟁의 저하는 강한 대중적 반응을 일으켰다. 유럽에서는 경제력 집중과 금융지배 심화가 사회주의에 대한 대중들의 공감을 강화했고, 미국에서는 이러한 움직임이 19세기 초의 '소기업경제(小企業 經濟)' 복귀를 지지하게 만들었다.[4] 이에 중소기업은 자유경쟁의 상징으로서 종래의 독립자영농민을 대체하는 계층이 되었다.[5] 즉, 농민층과 노동

---

4) D. M. Kotz, *Bank Control of Large Corporation in the United States*, Berkley, 1978(西山忠範 譯, 《巨大企業と銀行支配 – 現代アメリカ大企業の支配構造》, 文眞堂, 1982, 42쪽).

자층의 정치력이 저하된 가운데 중소기업자가 자유경쟁을 수호하고 독립사업자로서 미국적 희망(American Dream)을 지닌 반독점 세력으로 부상했다는 것이다.

반트러스트법이 불공정한 경쟁행위를 금지했다고 해서 중소기업의 보호를 명시적 조항으로 규정한 것은 아니었다. 그러나 경제력 집중이 자유경쟁제도의 붕괴를 가져오고 경제 각 계층의 대립을 한층 격화시켜 경제 자체의 발전을 저해한다는 사회적 통념이 형성되었다. 그 결과 독점금지제도의 강화와 함께 그 적극적 운용에서 '자유경쟁경제를 유지'하는 존재로서 중소기업의 중요성을 인식하기 시작했다.

미국적 이념의 중심 담당자였던 독립자영농민이 자유경쟁의 원리 속에서 계층분화에 직면한 가운데, 그 이념은 상공업 분야의 중소기업자들을 새로운 담당계층으로 만드는 경향을 낳았다. 그것은, 하나는 전통적인 잭슨적 민주주의의 반독점사상(독립자영·기회평등·자유경쟁)에 관련되어 있고, 다른 하나는 '스스로가 스스로의 주인이 된다'는 '이민의 나라'에서 전통적인 미국적 희망과 관련되어 있다.[6]

중소기업자 자신은 '반독점과 아메리칸 드림'의 달성이라는 면에서 공통기반을 보여주었지만, 그 정치의식과 경제적 견해는 농민과 비교해볼 때 더욱 다양했다. 예컨대 1938년에 개최된 전국중소기업자회의(National Conferance of Small Businessman)에서 이들은 중소기업자의 어려움을 호소하고 최종적으로는 대통령에게 정책 권고를 하기도 했지만, 그 과정에서 심한 의견대립을 보였고 다양한 의식을 드러냈다.

그러나 중소기업운동에 활발한 움직임을 보인 것은 연방의회였다. 중소기업

---

5) H. B. Thorelli, *Federal Antitrust Policy*, 1955, 147~150쪽.

6) 소기업은, 큰 재산은 아니더라도 근면한 모든 사람이 개인의 노력에 따라 그에 상응하는 재산을 얻을 수 있다는 의미에서, 그리고 빈곤에서 벗어나 중상층으로 올라갈 수 있는 가능성을 제공해준다는 의미에서도 미국적 희망의 대상이다. 그리고 이것은 미국 소기업윤리의 중심 개념이기도하다. Ross M. Robertson, "The Small Business Ethic in America", Deane Carson(ed.), *The Vital Majority-Small Business in The American Economy*, SBA, 1973, 29쪽.

구제입법 제안이 1930년대 후반부터 나오기 시작해서, 1940년에 설립된 상원 중소기업특별위원회와 이듬해 설립된 하원 중소기업특별위원회 등을 중심으로 제안·검토된 법안은 390건에 달했다.

이들 법안의 서두는 물론 위원회의 위원장도 "중소기업은 자유경쟁을 지탱하는 요소이다. 이것을 보호·유지하는 것은 가장 중요한 일이다"라는 점을 분명히 하고 있다.

1930년대 중소기업지원에 관한 법안에서 가장 다수를 점한 것은 금융지원에 관한 법률이었다. 그러나 금융이라는 민간활동에 정부가 개입하는 데 대한 거부감과 대자본을 대표하는 인적 구성이 부정적 태도를 낳은 탓에 법안이 성립되지는 못했다.

그러나 잭슨적 민주주의 이념과 아메리칸 드림으로 대표되는 반독점사상 속에서 중소기업은 자유경쟁제도를 유지하는 상징으로 비쳐졌다. 그동안에는 독점금지제도에 중소기업의 구체적 위치와 역할이 명시되지는 않았지만, 독점금지법 제정 뒤 상당한 기간을 거치며 〈1953년의 중소기업법(Small Business Act of 1953)〉에서는 드디어 미국경제에서 중소기업의 역할을 분명하게 규정했는데, 그것은 다음과 같다.

사기업을 기초로 하는 미국경제의 본질은 자유경쟁에 있다. 충분하고 자유로운 경쟁에 따라서만이 시장을 자유롭게, 사기업의 진출을 자유롭게 함과 동시에 개개인의 주체성과 창의성이 발휘되며 그 성장 기회를 보장받게 된다. 따라서 경쟁의 지속과 확대는 미국경제의 번영의 기초이고 미국의 안전보장의 기초이다. 그 안전보장과 번영은 중소기업의 현재적 및 잠재적 능력을 조장하고 개발하지 않고는 실현될 수 없다. 의회는 그 기본방침으로 다음의 목적 달성을 위해 정부가 가능한 한 중소기업을 지원하고 지도하며 그 이익을 보호할 것을 강조한다(제2조).

이처럼 중소기업법에서 중소기업은 자유경쟁제도를 유지·강화하는 중요요소로서 그 위치를 차지하게 된다. 경제 집중화에 따르는 폐해를 배제하기 위하여, 이러한 역할을 하는 중소기업을 연방정부가 지원·개발하도록 규정하고 있다.

반독점의 상징으로서 중소기업의 모습이 연방정부 수준에서 구체적인 형태를 취하고 정책의 중심으로 결정되면서, 중소기업법은 형식적이던 종래의 독점금지정책을 보완하는 중요한 입법이 되었다.

3 중소기업정책의 초기 전개—뉴딜체제와 전시체제 아래의 중소기업정책

3.1 뉴딜체제 아래의 중소기업정책

중소기업 정책인식의 이러한 흐름 속에서 중소기업에 대한 구체적 시책은, 직접적으로는 경제대공황으로 금융문제가 심각하게 되면서 금융지원을 중심으로 서서히 형성되었다. 중소기업 금융지원제도는 1932년에 설립된 부흥금융공사(Reconstruction Finance Corperation, RFC)와 1942년에 설립된 중소군수공장공사(Smaller War Plants Corporation, SWPC) 아래에서 시작되었다. 그리고 기술지도와 경영지도가 이 시기 SWPC의 군수조달 시책과 관련하여 실시되었지만, 상무부는 경영실무에 관한 팸플릿(phamplet)을 작성·배포하는 데 그쳤고 중소기업법이 제정된 이후에야 본격적으로 시행 되었다. 여기서는 전자, 즉 금융지원시책의 경우를 먼저 살펴보기로 한다.

1929년의 대공황으로부터 경제회복의 임무를 맡아서 취임한 재32대 루즈벨트(F. Roosvelt) 대통령은 종래의 자유방임체제를 포기하고 경제에 대한 정부의 적극적인 개입을 표방하는 뉴딜(New Deal)체제를 출범시켰다.

대공황은 노동자와 농민만이 아니고 중소기업의 경영에도 심각한 영향을 주면서 중소기업의 도산이 크게 증가했다. 대공황 이후 1930년대에 걸친 미국경제의 침체는 경영기반이 취약한 중소기업의 존립을 어렵게 만들었다. 고용의 유지와 자유경쟁 경제의 촉진에 큰 역할을 하는 중소기업을 정책 대상에서 방치하는 것은 미국경제의 회복을 한층 어렵게 한다는 인식이 대기업의 경제력 집중에 대한 비판과 함께 크게 대두되었다. 대공황의 피해는 노동자·농민과 함께 중소기업도 뉴딜체제 아래의 정책 대상 가운데 하나로 등장시켰다.

루즈벨트 정권은 산업부흥법(National Industrial Recovery Act, NIRA. 1933년 6월 성립, 1935년 위헌판결)에 따라 산업 정책을 추진했다. 이 법은 불황 아래에서 경쟁 격화로 제품가격이 하락하고 생산이 축소하면서 실업이 증대하고 임금 인하에 따른 구매력 감소로 경기회복이 지체되는 것을 막고자 하는 것이었다. 노동 측에는 노동시간과 임금 등 노동조건의 개선, 자본 측에는 반트러스트법의 적용을 완화하고, 산업계에는 생산제한과 제품가격의 인상으로 이윤회복을 보증하는 것이었다. 그리고 마련된 공정경쟁규약(code of fair competition)에서는 "독점을 조장하지 않고 중소기업(small enterprise)을 배제·압박·차별하지 않는다"고 규정하고 있다. 과당 경쟁과 제품가격 하락으로 어려움을 겪고 있는 중소기업에 노동 임금인상을 용인하는 것과 경쟁을 제한하고 생산비를 커버하는 수준의 제품가격 인상을 용인하는 것 등은 부분적으로 중소기업 구제 방안이 될 수 있었다.

그러나 독과점체제 아래에서는 제품가격 결정이 대기업 주도로 이루어지는데, 이러한 경쟁회피와 생산제한이라는 NIRA의 공정경쟁 규약은 결국 대기업의 독점이윤 확보 수단으로 이용되는 길을 열어놓는 것이었고, 오히려 독점을 조장·용인하는 결과를 가져왔다. 중소기업으로서는 독과점 심화와 노동비용 등의 부담 증가로 당초의 구제 의도와는 달리 존립이 더욱 어려워졌다.

명확한 구제 대상을 정하지 않고 산업 전체의 부흥을 목적으로 하는 NIRA체제는 구제 적용 범위를 확대할수록 구제를 필요로 하는 대상보다 그렇지 않은 기업 층에 정책의 효과가 흡수되는 결과를 가져왔으며, 루즈벨트 정권은 위헌판결을 계기로 독점 용인정책으로 전환했다. 그 뒤 1938년에는 루즈벨트 대통령이 미국의 경제력 집중과 독점이 자유경쟁경제제도를 위협한다는 인식 아래 의회에 권고하여 임시전국경제조사위원회(TNEC)가 설치되었고, 중소기업에는 직접적인 금융지원제도의 창설로 관심이 옮겨졌다.

그 구체적 모습이 곧 공적 금융제도를 통한 중소기업지원이었다. 후버(H. C. Hoover) 대통령이 경기 대책으로 1932년에 수립한 부흥 금융공사 외에 새로운 중소기업 전담금융기관을 설치하려 했으나, 이 당초의 안이 수정되어 RFC 등 기존 금융기관의 융자제도를 확충하는 이른바 〈산업융자법(Industrial Advances Act, IAA)〉이 1934년에 성립되었다. 이처럼 공적 융자제도가 촉진된 것은, NIRA체제 아래 장기 불황으로 중소기업이 한층 어려워졌지만, 1933년 이후의 지원 구제조치가 중소기업에 융자지원으로 이어지지 않았기 때문이었다.

산업융자법은 연방준비법(Federal Reserve Act)과 부흥금융공사(RFC)법의 수정으로 구체화했다. 전자(제13조 b항 추가)에서는 각 연방준비은행이 상공업 분야의 기존 기업에게 "통상의 금융기관에서 유리한 조건"으로 융자를 받지 못하는 경우에 한하여 융자액의 제한 없이 상환기간 5년의 운전자금을 융자를 할 수 있는 권한을 준 것이다. 후자(제5조 d항 추가)에서는 고용의 유지·확대를 목적으로 상공업 분야의 상환 능력이 있는 1934년 1월 1일 이전에 설립한 기존의 기업에게 "통상의 금리로 은행에서 융자를 받지 못하는 경우" 50만 달러 한도로 상환기간 5년 안의 운전자금을 융자할 수 있는 권한을 명시했다.

그 결과 민간금융기관에서 차입이 어려운 중소기업도 공적자금의 이용이 가능하게 되었다. 그러나 연방준비은행이나 RFC의 융자 상황을 보면 중소기업에 대한 융자가 당초에 기대한 만큼 실행된 것은 아니었다. 중소기업에 대한 소액 융자보다 대기업 또는 상위 중소기업에 대한 융자경향이 뚜렷한 것이 두 기관의 융자상황이었다.

그 이유는 융자 금액에 대비한 충분한 담보력의 부족 등 융자조건을 중소기업이 구비하지 못했기 때문이었다. 특히 RFC 등 공적 융자제도의 본질은 구제적(relief measure)이어서 그에 수반된 손실은 고용의 유지 확대에 필요한 사회적 비용에 대비 되어야 하며 그런 의미에서 보조금적(subsidy lending)으로 보인다는 것이다. 융자조건 완화 등 우대조치의 필요성이나 보조금적 융자방침의 부적합성 주장 등 많은 논의가 오가는 가운데 다음 세 가지로 의견이 집약되었다.

(1) 연방정부의 중소기업 주식구입에 따른 자금공여.

(2) 연방정부 설립 전문금융기관에 따른 중소기업 융자제도의 정비.

(3) 민간금융기관의 중소기업에 대한 융자에서 정부보조 제도의 정비.

결국 뉴딜체제에서 중소기업에 대한 공적 융자제도 이용의 길이 열렸지만, 이것은 중소기업만을 대상으로 한 제도는 아니었으며 어디까지나 기업 전체에 대한 일반제도였다. 그런 가운데 이것은 그 뒤 정부나 의회의 중소기업 정책형성에서 유익한 '경험의 장'을 제공한 것이었다.

3.2 전시체제 아래의 중소기업정책

1939년에 제2차 세계대전이 일어나면서 미국경제는 전시경제체제에 들어갔다. 전시체제로 전환함에 따라 경공업 등 민간수요 부문과 상업 부문에서 중소기업의 존립이 어려워졌다. 한편 대기업 중심의 주요물자 할당과 군수품 발주는 민간수요를 삭감하여 군수로 전환하도록 했기 때문에 중소기업의 수요기반을 빼앗아갔다.

전시체제 아래 대기업 우선의 군수품 발주체제로 급속히 전환하면서 원료와 자재의 할당방법이 군수생산에서 대기업에 집중화했다. 동시에 정부조달 기관과 직접 원청계약(prime contract)을 맺은 군수 관련 중소기업은 전체중 극히 낮은 비중을 차지하는 데 그쳤다. 그 결과 많은 중소기업이 독점적 대기업의 하청(subcontract) 또는 재하청에 편입되었다. 국방계약에서 원가계상방식이나 감가상각제도는 대폭적인 이윤을 보증하기 때문에 군수를 독점한 대기업의 자본축적은 한층 촉진되었고 중소기업과 대기업의 경영격차를 크게 확대시켰다.

한편 1930년대 중소기업정책의 전개는 앞서 본 바와 같이, 1938년 중소기업자회의 이후 중소기업금융지원제도의 창설과 중소기업정책을 담당하는 독립기관의 설립을 요구하는 목소리가 높았다. 그러나 구체적인 성과로는 1940년에 상원, 1941년에는 하원에 각각 중소기업 특별조사위원회(Special Committee to Study Problem of American Small Business, 일명 중소기업위원회)가 설치된 것이었다.

상원 중소기업위원회는 1941년 중소기업문제의 소재를 밝히기 위하여 관련 단체와 중소기업을 대상으로 실태조사를 실시했다. 그에 따르면 이 시기에 중소기업자의 주된 지적은 연쇄점문제[7]와 자금 조달 등 '평상시'의 문제였다.

그러나 군수생산 체제가 본격화된 1941년 후반에 와서 중소기업자들은 군수통제기관의 우선 할당실시에 따라 원자재 부족, 민간수요 통제와 삭감, 군수 입찰기회의 제약 등의 문제를 집중적으로 제기했다. 이에 상원 중소기업위원회에서는 '평상시'의 중소기업문제 외에 '전시 아래'의 물자통제정책과 대기업 우선 발주정책에 따라 발생되는 민간수요 관련 중소기업의 문제 등을 광범위하게 다루게 되었다.

대기업 중심의 군수전환정책은 상원 국방계획조사위원회(일명 Truman Committee)에서 그 폐해가 지적되었고 시급한 시정책이 권고 되었지만 정책변경에는 이르지 못했다. 대기업 출신 중심의 군수통제기관 운영의 비판과 중소기업에 대한 발주촉진을 지지하는 움직임이 정부 내부에도 있었으나, 그것은 소수자에 불과했다.

한편 중소기업을 대상으로 하는 조직으로 국방자문위원회(NDAC)에 중소기업국(Office of Small Business Activities)이 설치되고, 1941년에는 생산관리국(Office of Production Management, OPM)이 설치되었다. 그 산하에 국방계약부(Defence Contract Service)가 설치되었는데, 이는 다시 계약분배부(Division of Contract Distribution, DCD)로 개편되었다. 그러나 이들 조직이 중소기업에 원자재 할당과 군수계약을 촉진하는 역할을 했다고 보기는 어렵다.

이에 양원 중소기업위원회는 군수통제기관에 중소기업의 이익을 대표하는 조직의 설치와 대기업 중심의 발주체제를 시정하는 것이 그 정책과제였다. 중소

---

7) 1920년대 이후 대량판매를 지향하는 'chain store'의 성장·확충은 주로 영세 상업의 존립을 위협했고, 생산자와 직거래가 이루어짐에 따라 유통 과정에서 도매업자까지도 배제하는 결과를 가져왔다. 이에 따라 소매업을 중심으로 반체인스토어 운동이 전개되었고, 체인스토어(연쇄점) 규제조치로서 로빈슨-파트만법(Robbinson-Patman Act, R. F. 법)이 오랜 제정 과정을 거쳐 1935년 6월에 제안되었다(상원의원인 로빈슨과 하원의원인 파트만의 제안). 이 법안은 연쇄점이 누리는 할인 공제 등의 구입가격 면을 규제하는 내용을 담고 있다. 여기에 대규모 연쇄점 측의 반발과 저지 운동이 격해져 R. F. 법에 대한 다수의 수정안과 대체 입법이 제시되었고, 법안이 제시된 뒤 1년이 지나 겨우 설정되었다. 그러나 당초의 의도와는 달리 내용에서 중소소매업의 보호를 목적으로 하는 주요 부문이 빠졌고, 소매업계에서 연쇄점 측과 중소소매상의 현실적인 힘의 관계를 반영하는 결과를 가져왔다.

기업위원회는 대기업 중심의 군수 발주체제를 경제력 집중 정책으로 보면서 반발했고, 중소기업의 군수발주촉진에 적극적 역할을 도모했다. 그러나 군수통제기관에 대한 시정조치를 요구하는 중소기업단체의 활동은 극히 한계가 있었다.

이러한 움직임 속에서 단기간에 행해진 민간수요 감소와 일부 대기업에 대한 군수 발주 집중이 중소기업의 어려움을 가져왔고, 이에 군수독점에 따른 경제력 집중에 반대하는 의회의 반독점파로 구성된 중소기업위원회의 활동은 적극화했다.

상원 중소기업위원회는 우선 중소기업에 대한 발주 및 군수전환융자에서 계약분배부(DCD)의 역할을 확대하고 그 권한의 강화를 도모했다. 그러나 DCD의 상부조직인 생산관리국(OPM)이 폐지되고 군수생산국(War Production Board, WPB)이 설치되었다. 당시 군수통제기관에서 유일한 중소기업 담당조직이었다. DCD도 1942년에 폐지되어 WPB 안의 생산부(Division of Production)로 통합되었다. 결국 중소기업위원회의 DCD 강화안이 흔들린 것이다.

이에 위원회는 WPB 안에 제조업 분야만이 아니고 도소매업과 서비스업 분야의 중소기업을 대상으로 중소기업에 대한 군수발주를 도모하는 중소기업생산부(Division of Small Business Production, DSBP)를 설치하는 한편, 부흥금융공사(RFC) 안에 중소기업에 대한 군수전환 융자를 행하는 중소국방공장공사(Small Defence Plants Coporation, SDPC)의 설치법안을 제안했다. 그러나 이 법안은 대기업 중심의 군수생산이 효율적이라는 견해를 가진 WPB 측의 강력한 반대에 부딪쳤다. 이 때문에 DSBP의 역할을 규정하는 원안의 전반 부문이 삭제되고 후반 부문의 SDPC 임무는 받아들여져, 그 명칭이 중소군수공사(Smaller War Plants Corporation, SWPC)로 변경되었다. 이 안은 그 역할도 원안에 견주어 후퇴했고 WPB의 의견을 크게 수용한 것이었다.

이 수정안은 1942년 6월에 중소기업 생산시설동원법(Act to Mobilige Production Facilities of Small Business in Interest of Successful Production of War, 일명 중소기업동원법)으로 성립되었다. 그 결과 이 법은 대기업에 따른 군수독점의 시정과 중소기업의 군수생산 비중의 확대를 도모하는 반독점파의 입법의도에서 보면 상당히 후퇴한 내용을 담고 있었다.

SWPC는 중소기업동원법에 기초하여 중소기업의 군수전환에 관한 융자 외에 중소기업에 대한 정부보유기계의 매각, 리스, 주계약의 인수와 재발주, 군수 생산에 관련한 경영, 기술지도의 역할을 담당했다. 이 기관은 중소기업에 한정하여 직접융자를 행하는 최초의 연방정부기관이 었다. 그러나 군수생산에서 중소기업의 비중(share)의 확대를 의도한 주계약의 인수는 중소기업위원회의 강력한 요구에도 불구하고 SWPC가 폐지된 1946년까지 12건밖에 달성되지 못했다. 결국 SWPC의 역할은 융자 면에 한정되는 모습이었다. 그런 가운데서 SWPC의 융자제도는 중소기업에 대한 소액융자 중심으로 운영되었다. 그럼에도 SWPC는 군수전환자금의 조달에 어려움을 겪는 중소기업에 공적 융자의 길을 열어준 셈이었다. 그러나 그 영향력은 RFC나 국방공장공사(Deference Plants Corporation, DPC)에 견주면 결코 큰 것이 아니었다.

이처럼 중소기업동원법과 SWPC를 중심으로 한 중소기업정책은 중소기업자 스스로의 자주적 발현이 아니고 전쟁이라는 경제 외적 요인에 따라 의회의 중소기업위원회를 중심으로 형성된 것이었다. 그렇지만 융자·조달 등 현재 미국 중소기업제도의 원형이 중소기업동원법에 기초한 중소군수공장공사의 설치를 통하여, 불충분하지만 이 시기에 형성되었다.

3.3 재전환문제와 중소기업정책

한편 1943년 말에는 제2차 세계대전의 종전이 가까워졌다는 전망 아래 군수생산의 정책적 확대 필요성이 감소했다. 나아가 군수생산의 축소와 그 생산제한 그리고 금지에 따라 민간 부문의 확대를 도모하기 위하여 평시경제로 재전환(reconversion)하는 문제가 새로운 정책과제로 부상했다. 재전환문제는 그 시기를 둘러싸고 민수생산에 적극적인 군수생산국(WPB)과 군수 생산의 유지·강화를 주장하는 군부 사이의 대립을 낳았다. 이 문제는 상원 국방계획특별위원회뿐만 아니라 중소기업위원회에서도 1944년에 본격적으로 다루어졌다. 특히 중소기업위원회가 문제로 삼은 것은 재전환에 수반된 군수생산의 축소가 중소기업에 미치는 영향에 대한 것이었다.

군수계약의 발주가 대기업에 집중된 상태에서 군수계약의 비대화는 중소기업에 대한 하청발주로 이어져 중소기업에 도움을 줄 것이라고 볼 수도 있기 때문에, 군수생산 삭감은 중소기업에 불리할 수도 있다는 것이다. 1942년에 물자통제계획이 시행된 뒤 하청 중소기업은 통제물자로 지정된 주요원자재를 군수발주 기관과 직접계약을 한 원청기업으로부터 지급받을 수 있게 되었다. 이 제도 아래에서 중소기업은 원청대기업의 생산능력을 보완하는 하청 중소기업의 성격을 갖게 되었다. 이런 상황에서 군수발주의 삭감은 원청대기업의 하청발주 삭감을 통하여 중소기업에 대한 발주 삭감으로 이어진다는 문제도 있었다.

또한 군수 생산에서 독점적 지위로 막대한 자본축적을 실현한 대기업이 산업동원정책이 해제된 뒤에도 민수생산 분야에서 독점력을 강화하여 중소기업의 존립에 영향을 준다는 문제도 있었다. 대기업 중심의 군수전환은 전쟁이라는 특수상황에서 이루어진 것이 있으며 전후에는 국민생활 향상과 고용안정을 위하여 중소기업을 개발하고 독점적 대기업을 억제하는 것이 필요하다는 견해가 특히 대기업체제에 비판적이었던 중소기업위원회 등에서 제기되었다.

이들은 군수생산에서 대기업의 독점적 지위가 민수생산 분야에서도 지속되는 일이 없도록 주요물자의 일부 통제를 완화하고 중소기업에 대한 민수생산의 재개를 속히 인정하는 정책이 중요하다는 점을 강조했다. 그러나 군부와 대기업 측의 반대로 중소기업에 유리한 민수촉진조치는 실질적으로 실현되지 못했다.

그 때문에 중소기업위원회는 실현 곤란한 정책과제보다도 재전환에 따라 예상되는 문제와 그것에 대비하여 실현 가능한 것부터 취급하도록 했는데, 중소기업에 대한 금융지원조치가 그것이다. 군수 관련 하청중소기업이 다시 민수생산으로 전환할 때 그 전환자금을 민간금융기관에서 조달하는 것이 어려운 경우 정부자금을 SWPC와 신설될 기관을 통하여 전후 융자자금(Post-War loan, PW loan)으로 중소기업에 제공하는 방안을 검토한 것이다.

또한 퇴역군인에 대한 개업자금, 정부보유잉여물자와 기계의 구입자금의 문제를 취급하여 전시 동원조치로 말미암은 경제력 집중을 시정하고 자유경제체제의 유지·강화를 위하여 중소기업을 보호·육성하는 것이 필요하다는 점이 논의되었다. 그러나 이 시기의 구체적 성과는 1944년의 군인복지법(Servicemen's Readjustment Act)에 따른 융자보증제도 등 일부에 그쳤다. 군인복지법은 퇴역군인청(Veterans Administration)에 대하여 퇴역군인이 기업을 설립하거나 확장할 때 민간금융기관에서 차입자금의 50퍼센트까지 보증하는 권한을 주었다. 그 실적이 큰 것은 아니었지만, 이로써 장기자금 조달의 길이 열렸다. 이것은 그 뒤 중소기업 금융지원정책을 전개하는 데 시발점이 되었다.

금융지원조치에서 논의된 그 다음의 문제는 군수 관련 물자와 잉여물자의 불하가 일부 대기업에 집중되지 않도록 중소기업에도 공평하게 기회를 보장하는 것이었다. 그 결과 잉여재산법(Surplus Property Act)이 제정되었다. 여기서는 독점을 조장하지 않고 중소기업을 육성하여 경쟁적 자유경제체제를 유지·강화한다고 하는 관점에서 이 제도를 실시한다고 지적하고 있으며, 중소기업에 대한 차별 또한 금지하고 있다.

또한 계약청산법(Contract Settlement Act)은 중소기업에 대하여 군수계약종료 이후 계약대금청산까지 융자 또는 융자보증을 하는 권한을 SWPC에 주도록 했다. 전시동원 및 평시전환법(War Mobilization and Reconversion Act)은 전시동원 중이거나 평시 전환 때에 독점을 조장하고 중소기업의 성장을 저해하거나 경제력 집중을 가져오는 요인을 조사하여 의회에 보고하도록 했다.

재전환문제가 제기된 이후 의회의 반독점파 의원과 중소기업 옹호파 의원 그리고 정부 안의 일부 관료들 사이에서는 전시경제 아래 대기업 경제력 집중의 폐해와 그 시정이 전후 경제체제의 과제로 논의되었으며, 구체적인 성과도 있었다. 전쟁 승리의 초기 단계에서 중소기업에 민수생산의 재개를 허가하고 이러한 중소기업의 개발을 통하여 전시동원체제로 왜곡된 자유경제제도를 시정하는 것이 가능하다는 정책인식이 형성되었다. 그러나 이에 기초한 구체적 제안은 군부와 대기업 측의 반발로 크게 실현되지 못하고 종전을 맞게 되었다. 그러나 중소기업정책의 흐름에서 보면, 군수생산에서는 대기업 우선이었으나 민수생산의 재개에서는 중소기업이 우선적인 지위를 확보해야 한다는 인식이 제기된 것이었으며, 어느 정도의 성과도 있었다.

특히 1930년대 이후 반독점파 의원과 중소기업 옹호파 의원들이 강조한 중소기업 보호육성의 정책인식이 직접적으로 중소기업을 대상으로 한 법률로서 구체화한 것이다. 잉여자산법, 계약청산법, 전시동원 및 평시전환법 등에 이들 정책인식이 담겨졌다. 이러한 정책이념은 그 뒤 1950년대 중소기업법을 둘러싼 논의에서도 계속되었다. 그래서 1944년 이후 재전환문제는 그 뒤 중소기업정책 형성에 큰 영향을 주었다.

4 중소기업법의 제정과 중소기업청의 설치―제2차 세계대전 뒤 중소기업정책의 전개

4.1 중소기업법의 제정

전시에 중소기업의 군수전환을 목적으로 설립된 중소군수공장공사(SWPC)는 임시기관이었지만, 전시체제에서 중소기업을 대상으로 한 유일한 정책 실시기관이었다. 그것의 폐지는 중소기업정책의 후퇴를 의미하는 것이어서 SWPC의 후계 기관 설치법이 여러 가지로 제안되었다. 많은 논의를 거친 끝에 〈1953년의 중소기업법(Small Business Act of 1953, 2년 기간의 임시법)〉이 제정되었다. 이 법을 바탕으로 중소기업청(Small Business Administration, SBA)이 설치되면서 전후에 구체적인 중소기업정책이 시작되었다.

상원 중소기업위원회에는 1944년 후반부터 1945년 전반에 걸쳐 여러 가지의 SWPC 후계 관련법이 제안되었다. ① 중소기업공사(Small Business Corporation, SBC)안, ② 중소기업융자보험청(Small Business Finance Insurance Administration, SBFIA)안, ③ 중소기업금융공사(Small Business Finance Corporation, SBFC)안 등이 그것이다. 이

것들은 의회의 은행통화위원회에서 논의되었지만 적극적인 지지를 얻지는 못했으며, SWPC는 1946년까지 그 존속이 승인되었고 그 뒤 폐지되었다.

대통령령에 따라 SWPC의 융자권한은 소액융자에 관심이 적은 부흥금융공사(RFC)에, 그리고 조달·경영·기술지도 등은 상무부에 인계되었다. 그러나 이들 두 기관이 중소기업정책을 적극적으로 추진하는 모습은 볼 수 없었다. 1946년에 상무부는 중소기업계를 중소기업과(Office of Small Business, OSB)로 개칭하고, RFC는 중소기업과(Small Business Division)를 설치하여 이들 업무를 인수했지만, 그 실적은 극히 저조했다. 실제 업무도 자료제공 수준에 그쳤다.

이에 상원 중소기업특별위원회는 1946년에 상무부의 OSB와 이미 제안된 SBFC의 기능을 통합하여 중소기업정책에 광범위하고 강력한 권한을 갖는 중소기업부(Department of Small Business)의 설치를 권고했다. 그러나 이러한 입법 제안에 중심 역할을 한 상원 중소기업위원회는 상임위원회가 아닌 특별위원회였기 때문에, 1949년에 폐지되면서 법안도 아울러 폐기되었다.

사실 중소기업에 대한 입법제정운동은 의회 중심이었으며, 중소기업 단체 등의 정치적 조직에 따른 '밑으로부터'의 요구 때문이 아니었다. 오히려 '위로부터'의 움직임이 크게 작용했다. 대기업 중심의 군수생산체제에 비판적이던 트루먼(H. B. Truman, 상원국방계획조사위원회 위원장 역임) 부통령이 루즈벨트의 사망으로 1945년에 대통령에 취임하면서 이러한 움직임은 더욱 진전되었다. 트루먼 정권의 중소기업정책은 그가 재선된 뒤 1950년에 들어서면서 적극화했다. 그는 1950년 5월 의회에 중소기업정책에 대한 메시지를 보냈는데, 그 주요 내용은 다음과 같다.

(1) 민간금융기관의 중소기업 대출에 대한 보증제도의 창설.

(2) 벤처캐피털(venture capital)[8] 제공을 목적으로 하는 투자회사(National Investment Company)의 창설.

---

8) 벤처캐피털 또는 모험 자본(risk capital)의 중요성은 전후의 시기에서만이 아니고, 전전에 상원 중소기업위원회나 기타 연구자도 지적한 바 있다.

(3) RFC의 중소기업 융자 기준의 완화.

(4) 중소기업에 대한 기술정보 등의 공개.

(5) 중소기업에 대한 정책에서 상무부의 역할의 확대 등.

이것은 1950년 상원 은행통화위원회에 제안된 〈1950년 중소기업법(Small Business Act of 1950)〉의 내용에 호응하는 것이어서, 의회와 정부의 중소기업정책 전개와 궤도를 같이 하는 것이었고 그 입법화의 가능성도 높아졌다.

그러나 1951년의 한국전쟁으로 다시 군수경제체제로 재전환하는 문제가 제기되었으며, 전시경제체제로 재전환하기 위하여 1951년 〈수정국방생산법(Defence Production Act of Amended)〉이 제정되었다. 군수경제수행을 목적으로 그 범위가 정비되면서 중소기업정책 실시기관으로 1952년에 임시조직의 형태인 중소국방공장청(Small Defence Plants Administration, SDPA)이 설치되었다. 상무부 관장이 아닌 독립기관으로 설치되었지만, 그 역할과 권한은 제2차 세계대전 중의 SWPC보다 후퇴한 것이었다. 이는 중소기업이 국방생산에 공헌하도록 하는 것과 중소기업융자를 부흥금융공사(RFC)에 권고하는 것 등의 임무를 맡았다. 정책의 실시기관(operating agency)이라기보다는 조정기관(cordinating agency)의 성격을 지닌 것이었다.

한국전쟁 때 군수발주는 대기업 중심으로 시행되었고 의회의 중소기업위원회는 대기업에 편중된 군수생산체제의 전환을 요구했다.

한편 SDPA는 한국전쟁이 장기화하면서 그 폐지가 1년 연장되었고 1953년에는 휴전협정이 조인되면서 폐지되었지만, 전시의 임시기관인 SDPA의 존속 문제가 중심 과제로 논의되었다. SDPA를 임시기관이 아닌 항구적 기관으로 존속해야 한다는 주장이 제기되는 가운데 의회에서는 SDPA의 후계 기관으로 중소기업청(Small Business Administration, SBA)의 설치법안이 1953년에 제안되었다.[9] 이 법안에서 주목할 만한 내용은 다음과 같다.

---

9) 1952년 선거에서 공화당이 승리함에 따라 종래에 의회에서 중소기업문제에 주도적 역할을 하던 민주당은 소수자(minority member)가 되었다. 이 안은 하원 중소기업위원회에서 위원장이 된 공화당의 힐(Hill)이 제안한 내용이다.

첫째, 미국경제에서 자유경쟁제도의 중요성이 강조되는 바, "의회의 방침으로 중소기업을 지원하고 보호하는 항구적 정부기관을 설치하는 것"은 자유경쟁제도의 유지·강화에 불가결한 것이다. 이 점은 민주당의 반독점파 의원들이 이전에 주장한 바 있고, 정부도 트루먼 대통령의 메시지로 표방했다.

둘째, 전시 아래의 중소기업후원법에서는 중소기업의 정의가 규정되지 않았지만, 이 법안은 수정국방생산법의 정의를 이어받았다. 즉, 중소기업(small business concern)은 독립 자영기업이며, 해당기업의 사업 분야에서 지배적이지 않은 기업이다(independently owned and operated, and which is not dominant in its field of operation). SBA장관은 상세한 정의를 하면서, 소유 경영의 독립성(independency of ownership and operation), 종업원 수, 매출액, 해당 사업 분야에서 지배적 지위를 점하지 않는 것(nondominant in its field)을 기준으로 적용할 수 있음을 밝히고 있다.

셋째, SBA의 기본적 역할은 융자, 정부조달, 경영·기술지도의 면에서 SDPA와 같이 RFC에 융자권고를 하는 데 그쳐야 한다는 안과 상무부장관·재무장관을 위원장으로 하는 중소기업 융자정책 위원회(Small Business Loan Policy Board)의 융자 방침의 틀 안에서 SBA의 직접융자를 인정해야 한다는 안 등이 제안되었다.

이 안은 하원의 심의 과정에서 SBA가 SDPA와 RFC의 후계 기관의 위치에 있지만 SBA의 예산 규모가 소규모라는 점과 상무부의 영향 아래 두는 것이라는 점 등 소극적 역할이 지적(민주당 의원쪽)되면서 다시 SDPA의 2년 존속 쪽으로 기울어졌으나, 상원에서 부결되었다. 결국 상하 양원의 조정에 따라 SDPA의 폐지와 SBA의 설치로 방향이 잡혔고, 1953년 6월 30일에 대통령의 승인으로 SBA가 발족되었다.

한편 〈1953년의 중소기업법〉에서는 SBA의 역할과 권한을 '더 작은 정부기관'으로 보고, 항구적 기관보다는 향후 개혁의 여지를 남긴 임시기관으로 하자는 주장(민주당의 중소기업파 의원)이 받아들여졌다. 이에 따라 SBA는 2년 동안의 임시정부기관으로 출발했다. 원래 상무부는 독립된 정부기관으로서 SBA의 설립을 반대하고, 상무부의 외국으로 설치하고자 했다. 의회의 심의를 거치며 독립기관으로서 설치될 것이 확실해지자, 상무부는 방향을 바꾸어 융자위원회에서 SBA에 영향력을 행사함과 아울러 SBA를 상무부에 흡수할 여지를 남겨두기 위하여 임시정부기관으로 창설할 것을 주장했다. 1953년의 중소기업법에 따라 융자위원회의 기능에서는 SBA가 주도권을 장악하게 되었으나, 한편으로 SBA는 상무부와 정치적 정세 변화를 염두에 둔 중소기업파 의원의 서로 다른 계산이 얽히는 가운데 임시기관으로 출발하게 된 것이다.

또한 융자제도와 관련해서는, 정부기관이 중소기업에 직접융자(direct loan)를 하거나 민간금융기관의 융자보증을 하는 것은 금융기관의 영역을 침식하는 것이라는 의견이 받아들여져, 융자제도를 창설하되 그 예산 규모는 민간금융기관에 영향을 미치지 않는 수준에 그쳐야 한다는 선에서 출발했다. 그 뒤 2년이 지난 1955년에 SBA를 상무부에 흡수할 것인가 또는 독립기관으로 존속할 것인가의 문제를 중심으로 다시 SBA의 설치에 찬반의견이 대립했다.

SBA는 1955년 중소기업법(시한법)에서 2년 존속이 인정되고, 2년 뒤 하원에서 다시 SBA의 항구적 설치법안이 제안된 바 있다. 이 법안은 1957년 6월에 하원을 통과하여 그 뒤 상원에서 성립되었다. 한편 상원은 SBA 폐지 1년 연장의 독자적 안을 통과시킨 가운데 하원도 이를 받아들여 SBA 폐지는 1년 동안 연장되었다.

그래서 1958년 7월에 〈1958년의 중소기업법(Small Business Act of 1958, as amended)〉이 성립했다. 그 결과 미국에서 중소기업정책을 관할하는 항구적 정부기관으로 SBA가 설치되고 중소기업정책이 본격적으로 시작되었다.

그 뒤 여러 차례의 개정을 거쳤지만 미국 중소기업법은 1953년의 것을 개정하여 이어받은 1958년의 중소기업법이 근간이 되고 있는데, 이 법은 제21조로 구성되어 있다. 이 법에는, 미국경제에서 사기업의 본질은 자유경쟁에 있는데, 이것의 실현은 중소기업의 현실적·잠재적 능력을 개발하고 지원함으로써만 가능하다는 것이 명시되어 있다. 이러한 중소기업의 이익을 원조·조언·보조하며 보호하는 것이 의회의 방침이라는 제2조의 규정에 이어, 제3조에는 중소기업의 정의가 규정되어 있다.

4.2 중소기업청(SBA)의 설치와 그 업무

이 중소기업법에서는 법이 정한 여러 시책을 실시하기 위하여 중소기업청을 두되, 중소기업청은 대통령의 일반적 지시와 소관 아래 두며, 다른 연방정부기관 또는 부에 포함시키거나 하급기관으로 들어가서는 안 된다고 규정했다(제4조). 이로써 독립된 정부기관으로서 성격을 분명히 하고 있다. 또한 중소기업청 장관은 대통령이 임명하되 상원의 승인을 거쳐야 하고 대통령에게 직접 보고하도록 하는 등 다른 부(department)의 장관과 대등하기 때문에, 중소기업청의 위치를 가늠해볼 수 있다. 그리고 전국 중소기업심의회가 구성되는데, 그 위원은 장관이 외부에서 인선하며 심의회는 장관에 정책 방향과 구체적 시책을 직접 보고·건의한다.

중소기업법은 주로 중소기업청장관의 임무와 중소기업청이 시행하는 정책의 내용을 규정하고 있다.

중소기업법에 근거를 둔 중소기업청의 주요 업무는 ① 중소기업정책의 작성, ② 의회, 상하 양원의 중소기업법에 관한 위원회, 전국 중소기업 심의회와 연락, ③ 법안이 작성될 때 다른 정부기관에 중소기업의 대변자의 역할, ④ 중소기업 문제와 시책의 조사 등이다.

따라서 중소기업청의 임무는 구체적 중소기업정책의 내용이 되는데, 그 기구와 조직을 보면 〈그림 1〉과 같다.

SBA는 중소기업이 겪는 자본과 신용(capital and credit) 면의 어려움과 낮은 경영 및 기술 능력 그리고 정부조달(government procurement)의 대기업 편중에서 생기는 문제에 대한 대응방안을 마련한다. 먼저 설립 초기 SBA 업무의 기본 방향을 보기로 한다.

SBA는 중소기업법에 따라 ① 중소기업에 대한 금융지원(financial assistance), ② 독점금지정책과 정부조달에서 중소기업의 비율 확보, ③ 생산 경영지원(production and management assistance) 등 구체적 임무를 부여받고 있는데, 이를 시행하는 SBA 의 구실에서 그 영역(frontier for SBA activities)이 다음과 같이 제시되고 있다.

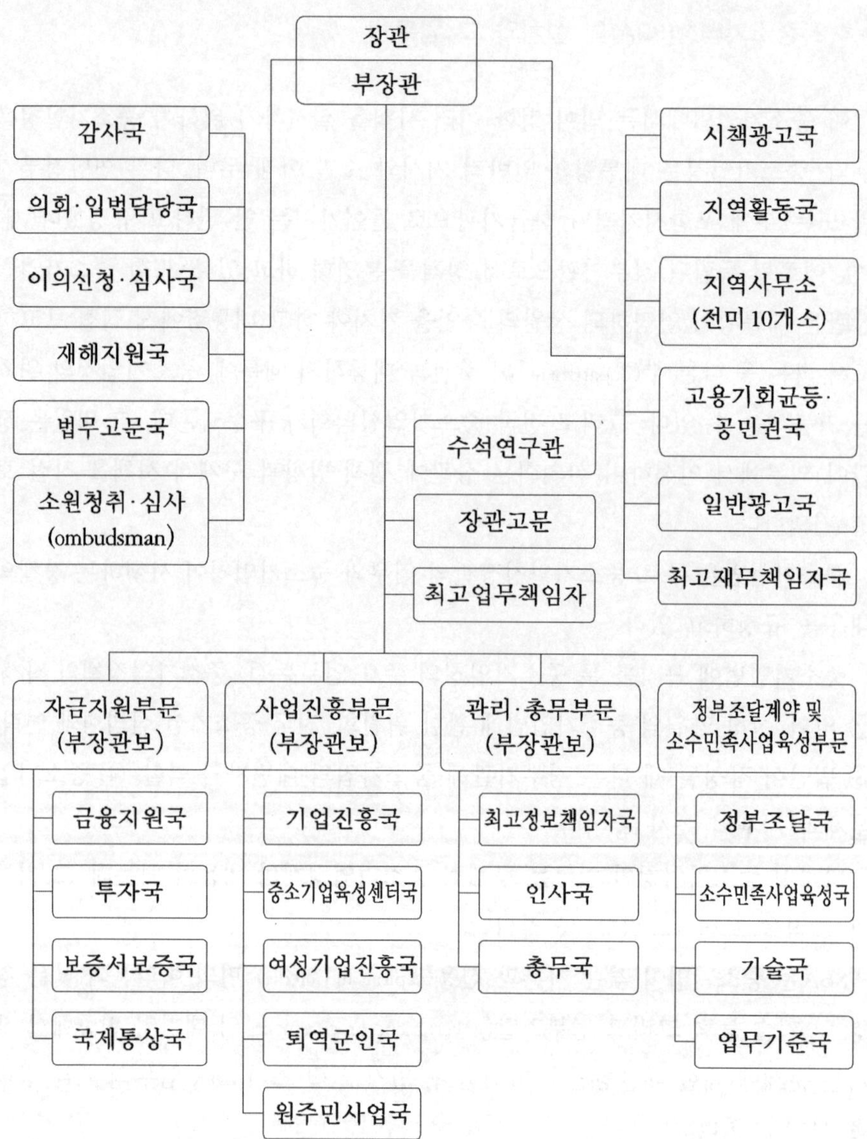

자료 : 財團法人 中小企業總合研究機構, 《先進各國の中小企業の現狀と中小企業政策に關する調査研究》, 平成10年(1998), 17쪽 참조

〈그림 1〉 미국 중소기업청(SBA)기구(1998년 6월 현재)

첫째, SBA는 중소기업의 옹호자이지만, 모든 중소기업의 성공을 보증할 수는 없다. 경영 능력이 없는 기업을 인수하여 도산을 막는 것은 SBA가 제의할 내용이 아니며, 의회의 방침도 그러하다.

둘째, SBA는 중소기업의 옹호자이지만 중소기업의 이익이 다른 공공정책과도 조화를 이루어야 하기 때문에, 단순히 중소기업에만 헌신하는 것은 아니다.

셋째, 중소기업을 구조하는 것(salvation for small business)은 결국 지역의 자조(self-help)와 노력, 산업과 자유기업체제의 틀에 맡겨지는 것이며, 정부기관으로 말미암은 것은 소극적이라는 것이다.[10]

또한 정책 대상과 과정 등에 대해서는 다음과 같은 내용을 볼 수 있다.

첫째, 모든 중소기업이 아니고 자유경쟁체제 위에서 그것을 촉진하는 잠재능력을 가진 중소기업이 대상이 된다.

둘째, 중소기업정책은 배타적으로 중소기업만의 이익을 추구하는 것이 아니라, 실제에서는 다른 정책과 조율하는 가운데 실시될 수 있다는 점이 지적되었다.

셋째, 중소기업문제는 기본적으로 민간의 여러 제도, 다시 말하면 금융 면에서는 신용조합(credit corporation), 경영기술의 개선 면에서는 동업조업(trades association)과 대학 등의 이용을 통하여 해결된다. 정부기관의 지원은 민간의 여러 제도에 필요한 최소한의 보완적 범위에 그쳐야 한다는 것이 그 방침이다. 결국 정부의 역할은 직접적 지원보다는 민간 분야의 기구를 육성·발전시키는 간접적 조치에 의존한다는 정책인식이 강했다.

이에 대하여 공적 금융제도의 창설을 주장하는 쪽(민주당의 중소기업 옹호파)에서는 직접적·적극적 정책실시를 요구했다. 신용력과 담보력이 부족한 중소기업의 최대 문제는 금융문제인데, 민간금융기관으로 이 문제를 대응하는 것은 상위층의 중소기업만을 대상으로 하는 것이라고 비판했다.

---

10) U. S. Small Business Administraion, *1st Semi-Annual Report of Small Business Administration*, 1954, 44~45쪽.

이에 대하여 SBA는, 중요한 것은 금융상담이며 중소기업이 이용 가능한 민간 금융기관을 알선하는 것이어서 정부자금의 필요성을 최소한에 그치도록 하는 것이라고 했다. SBA 자신의 융자활동은 다른 모든 가능한 지원방법이 소진된 뒤 실시하는 제2차적 지원조치라고 보아, 초기에는 직접적 금융지원조치에 적극적인 처지가 아니었다. SBA의 직접융자(direct loan)는 최후 수단이며, 원칙적으로는 민간금융기관을 최대한 이용하여 융자에 대한 부담을 민간 부문에 넘기고 공적자금의 고갈을 최소화한다는 방침이었다. 즉, 은행과 협조융자(participation loan)를 우선하는 방침이었다. 이것이 〈1953년의 중소기업법〉이 제정될 당시 SBA 업무의 기본 방향이었다.[11]

5 중소기업정책의 기본체계

5.1 정책형성의 경제적 배경과 기본체계

중소기업정책은 1958년 항구적 정부기관으로 중소기업청이 설치된 이후 본격적으로 시작되었으며, 그 기본 체계도 잡히게 되었다.

1950~1960년대는 미국경제가 안정적 성장을 이룬 번영의 시대였다. 이 시기 미국 중소기업은 특히 소영세기업체 수의 증가에 힘입어 그 사업체 수가 크게 늘어났다. 그러나 1960년대에 이르러 경제력 집중이 심화되면서 소규모 사업체의 수는 감소로 돌아섰고, 특히 제조업에서 기업 규모의 격차가 한층 커지면서 중소기업의 존립조건이 악화되었다.

대기업에 대한 경제력 집중이 1960년대 후반에는 더욱 증가했고 대기업 내부에서 생산 규모의 확대와 합리화 그리고 기술 및 판매방법의 혁신이 촉진되었

---

11) 뒤에 SBA융자는 ① 전액을 중소기업청이 융자하는 직접융자, ② 은행과 공동으로 융자하는 협조융자, ③ 은행이 전액을 융자하고 SBA가 그것을 보증하는 보증융자의 세 가지로 되었다. 小林精雄·水野武·加藤誠一 編集, 《經濟政策と中小企業》, 同友館, 1977, 286쪽.

지만, 동시에 대자본에 따른 중소자본의 적극적인 흡수·합병도 추진되었다. 대기업에 대한 경제력 집중은 대기업과 중소기업이 직접 관계를 맺고 있는 개별 산업 분야에서 중소기업의 존립문제를 불러일으켰고, 또한 개별 산업의 범위를 넘어 소수 대기업이 독과점 체제를 형성하면서 더욱 광범위하게 중소기업에 영향을 주었다.

특히 제조업 부문의 대기업이 유통 과정에 직접 진출하면서 중소 독립 소매업체에 큰 영향을 줌에 따라, 이른바 이중유통(dual distribution) 문제가 일어났다. 이것은 제조업 부문의 대기업이 스스로 직영점 또는 계열점을 설치하면서 유통 과정에 진출하여 그 지배력을 확대함으로써 생긴 문제이다.

물론 이 시기의 중소기업문제는 안정 성장 아래의 풍요 속의 빈곤(poverty of in the midst of plenty) 문제로 표현되기도 한다. 그러나 1950~1960년대 미국경제는 장기적으로 경기확대를 지속하는 과정에서도 여러 가지 격차의 문제를 형성했다.

첫째, 대도시의 발전과 지방도시의 쇠퇴로 말미암아 지역 사이의 격차가 확대되는 문제, 즉 지역문제인데, 이는 1960년대에 두드러졌다. 지방도시의 정체와 쇠퇴는 대기업에 견주어 입지의 이동이 어려운 중소기업으로부터 성장기회를 빼앗아갔으며, 지역경제를 정체시키고 그에 수반하여 심각한 고용문제를 가져왔다. 한편 대도시는 과밀문제 외에 흑인 등이 도시 중심부로 이동하면서 인구집중 현상이 일어났고, 동시에 그 거주 지역을 빈민가(slum)로 만들었다. 대도시 중심부의 황폐화는 빈번한 범죄 발생, 치안의 악화, 그리고 백인의 교외 이전을 촉진하고 그 지역에 흑인을 유입시키는 구실을 했다. 이로 말미암아 백인이 경영하는 중소기업의 존립에도 큰 영향을 주었다.

백인의 교외 이전은 특히 도시형 상업에 큰 영향을 주었다. 교외화의 진전은 도시 중심부에 자리 잡고 있던 중소영세상업의 전폐업을 촉진했다. 교외에는 대규모 쇼핑센터(shopping center)가 설립되었다. 결국 자본력이 약한 중소영세 소매업체에 큰 타격을 주게 된 것이다. 교외에 슈퍼마켓이 들어서고 이들이 전국적인 규모의 대기업 또는 지방의 대형 연쇄점 기업으로 되면서, 중소 독립 소매상의 진출비율은 감소되었다.

둘째, 부의 편재가 백인과 소수민족(minority) 사이의 계층분화 문제로 진전되었다. 부의 편재는 바로 전후의 경제성장 성과에서 소외된 소수민족(특히 흑인중심)의 빈곤 문제이다. 1930년대 뉴딜체제에서도 이 문제가 있었지만 충분히 해소되지 못한 채 전후로 넘어오게 되었고, 부의 편재로 한층 더 심각하게 되었다. 이것은 소수민족의 권리회복 및 빈곤추방문제와 관련하여 이들의 경제적 지위 향상운동으로 연결되었다. 그러나 소수민족의 실업률은 1950~1960년대에도 백인보다 높았으며, 그들의 경제적 지위는 개선되지 않았다. 소수민족의 기업은 일반적으로 비제조업 부문에 집중되는 경향이 있었다. 이들은 주로 대도시의 정체지역에 입지하여 일반 중소기업보다도 성장력이 낮고 존립기반도 취약했다. 이러한 여러 상황이 심각한 중소기업문제를 일으켰다.

경제력 집중과 부의 편재에서 일어난 중소기업문제에 대하여 의회에서는 민주당의 반독점파 의원과 중소기업 옹호파 의원을 중심으로 적극적이고 다각적인 대응방안이 논의·추진되었다. 중소기업문제를 일으키게 하는 경제제도 면에서 조세제도의 개선 등에 진전이 없었던 것은 아니지만, 근본 원인인 반독점법의 강화 면에서는 거의 성과가 없었다. 소수민족문제를 포함하는 중소기업문제의 해결에서는 예방적 조치보다 현상적으로 나타나는 중소기업의 경영문제에 대처하는 방향에서 대증요법(對症療法)적 성격의 직접적 지원제도만이 부각되었다. 이것이 이 시기의 정책 흐름이었다.

이런 배경에서 형성된 SBA의 중소기업정책은 그 기본 체계에서 크게 금융지원·경영지도·정부조달지원정책 세 가지로 구성되었다. 또한 분류 방법에 따라서는 소수민족계 등 소기업대책, 수출진흥대책, 지역경제대책, 에너지대책, 신체장애자 소기업대책, 기술혁신대책으로 나뉘기도 한다. 그리고 SBA의 기구(조직)에서 볼 수 있듯이, 중소기업자의 이익 보호와 옹호의 관점에서 의회에 심의 중인 각종 법안 및 다른 부와 청의 중소기업시책을 검토·조정하는 중소기업 옹호시책도 여기에 추가될 수 있다. 그 내용을 살펴보면 다음과 같다.[12]

1. 금융지원정책

  (1) 사업융자제도

    1) 일반사업융자

    2) 특별사업융자

      ① 신체장애자기업융자, ② 저소득지역융자, ③ 에너지절약융자,

      ④ 수출촉진융자, ⑤ 적격종업원지주제융자, ⑥ 퇴역군인융자

  (2) 재해융자

    1) 물적재해융자

    2) 경제피해융자

  (3) 중소기업투자법에 따른 투융자제도

    1) 중소기업투자회사

    2) 개발공사융자

  (4) 기타 보증제도

    1) 리스보증

    2) 보증채권보증

    3) 공해방지보증

2. 경영·기술지도정책

  (1) 경영상담·진단

    1) 퇴직경영자 봉사단(SCORE) 등

    2) 대학활용진단(SBI)

    3) 민간컨설턴트(상담기관)활용진단

  (2) 연수제도

    1) SBA 주최

    2) SBA 공동주최

  (3) 경영안내서 배포

---

12) 寺岡 寬,《アメリカの中小企業政策》, 信山社出版株式會社, 201～202쪽 참조.

   (4) 수출촉진지도

   (5) 중소기업개발센터

3. 정부조달지원정책

   (1) 계약이행능력증명서 발행

   (2) 주계약 촉진

   (3) 국방생산 공동사업제

   (4) 정부보유자산처분

   (5) 하청계약수주촉진

   (6) 정부조달 계약이행 가능 중소기업의 기본자료 작성·제공(PASS)

   (7) 기술지도

4. 중소기업 기술혁신정책

5. 중소기업조사에 대한 지원정책―보조금 교부

6. 소수민족계 중소기업 자본 소유 육성정책

5.2 금융지원정책

중소기업청(SBA)은 중소기업육성에 직접 관여하는 것이 특징이지만, SBA의 융자는 법률에 따라 다음과 같이 두 가지로 제한된다. ① 은행, 기타 금융기관에서 차입할 수 없거나 개인적 자산을 소유하지 않는 것, ② 그 상환이 타당한 범위에서 가능하고 융자가 견실할 것.

중소기업청의 융자방법은 ① 전액을 중소기업청이 융자하는 직접융자, ② 은행과 공동으로 융자하는 협조융자, ③ 은행이 전액을 융자하고 중소기업청이 그 90퍼센트를 보증하는 보증융자 등 세 가지이다. 초기에는 협조융자의 비중이 높았으나, 그 뒤 보증융자의 비중이 높아져 90퍼센트 이상을 차지하게 되었다. 직접융자는 그 뒤 점차 감소했다.[13] 이런 추세는 SBA 설립 초기에 "SBA의 임무

---

13) 小林精雄, 水野 武, 加藤誠一 編集, 앞의 책, 286~287쪽.

로 중요한 것은 금융상담이며, 중소기업에 이용 가능한 민간 금융기관을 알선하고 정부자금의 필요성은 최소에 그치도록 하는 것이다. 중소기업청 스스로의 융자활동은 다른 모든 가능한 지원 방법이 소진된 뒤에 실시되는 제2차적 지원 조치"라고 한 취지를 반영한 것이다. 이를 볼 때 보증융자가 SBA의 대표적 금융 지원 업무임을 알 수 있다.

중소기업 금융지원제도는 1932년에 설립한 부흥금융공사(RFC)와 1942년에 설립된 중소군수공장공사(SWPC)에서 시작되었는데, 현행 금융지원제도에는 크게 사업융자제도·재해융자제도·보증융자제도 세 가지가 있다.

첫째, 사업융자의 중심은 설비·운전 자금의 조성을 목적으로 하는 일반사업 융자이다. 그리고 특별목적사업융자(special purpose loan)에는 신체장애자 중소기업, 실업자와 저소득자 거주 지역에 자리한 중소기업, 퇴역군인 중소기업을 대상으로 하는 융자제도 외에 종업원 지주 촉진, 에너지 절약 기술개발, 수출 진흥을 목적으로 하는 융자제도가 있다.

둘째, 재해융자에는 RFC에서 SBA가 인수한 천재피해융자제도(물적재해융자제도)와 새로 SBA가 중소기업을 대상으로 창설한 경제피해융자제도가 있다. 전자는 기업에 관계없이 재해 등에 따른 피해자를 대상으로 하는 융자제도이다. 후자는 중소기업과 중소농업협동조합(Small Agricultural Cooperation)을 대상으로 천재에 따른 경제적 피해에 대하여 행하는 금융지원조치이다.

셋째, 보증융자제도는 공해방지기의 설계와 설치 그리고 구입 및 리스계약에 필요한 자금 차입을 보증하는 것 외에 정부조달 계약이행과 입찰의 차입금을 보증하는 것이다.

이들 제도는 SBA가 직접 전액 융자를 행하는 직접융자제도 외에 은행 협조융자, 또는 융자실행은행에 대하여 보증만을 실시하는 보증융자가 있다. 특히 레이건(Reagan) 정권 때 직접융자제도의 범위를 한정하면서 보증융자제도가 중심이 되었다.

중소기업투자법(Small Business Investment Act of 1958)에 따른 투융자제도에는 벤처기업 진흥을 목적으로 하는 중소기업투자회사(Small Business Investment Company,

SBIC)에 대한 출자와 융자, 그리고 지역진흥을 목적으로 하는 주나 지방개발회사에 대한 융자가 있다.

5.2.1 사업융자

SBA 설립 당시의 금융지원정책은 중소기업을 대상으로 하는 사업융자(business loan)와 부흥금융공사(RFC)에서 인계받은 재해융자(disaster loan) 두 가지였다.

SBA의 사업융자의 방침은 SBA장관을 위원장으로 상무부장관·재무부장관이 구성하는 융자정책위원회(Loan Policy Board, LPB)가 결정한다. 이 위원회가 1953년 9월에 발표한 최초의 융자방침은 군수 및 중요민간수요 분야의 제조업을 우선으로 했지만, 같은 해 11월에 이를 철폐하고 군수 등의 분야에 관련되지 않는 융자를 실시했다. 융자는 별도 민간금융기관에서 타당한 조건으로 차입이 곤란하다는 것을 전제로 하여, 상환 능력에 맞는 금액 또는 상환을 적절히 보증하는 담보를 설정하여 직접융자 또는 은행과 협조융자를 실시한다고 되어 있다. 그러나 차입금을 부채의 상환에 사용하거나 융자가 독점을 조장하는 경우 등에는 적용하지 않도록 했다.

이렇게 시작한 사업융자제도는 융자 건수와 금액에서 점차로 증가해, 1960년대에는 본격적으로 발전했다. 융자조건과 수속절차에서도 개선이 이루어졌으며, 제도도 다양화했다. 다양화의 방향은 ① 소영세기업대책, ② 빈곤과 소수민족대책, ③ 지역경제대책 등이었다.

1955년에는 담보 능력이 약해 차입이 곤란한 도소매업과 서비스업 분야에 융자를 촉진하기 위하여 금융기관과 함께 특별융자협조제도(limited loan participation program)를 도입했다. 1964년에는 청과업, 구두수리업, 지역밀착형 상업, 서비스업 분야의 소영세기업(neighborhood type concerns)을 대상으로 차입 기업의 경영지도를 실시한 뒤, 융자금액 6,000만 원, 상환기관 6년의 조건으로 소액융자를 행하는 이른바 〈6×6 융자제도〉를 시행했다.

빈곤·소수민족문제가 떠오른 데는 1950년대 이후 계속된 공민권운동이 1960년의 민주당 정권 아래에서 활발해짐에 따라 법적 평등과 함께 경제 면에서 흑인차별 철폐 및 고용확대를 강하게 요구한 것이 그 배경이 되었다. 1964년에 대통령은 연두교서를 통하여 인종차별 철폐와 빈곤과의 전쟁(war on poverty)을 선언했으며, 7월에는 인종차별금지 및 평등고용기회위원회를 설치하는 신공민법이 제정되었다.

다시 7월에는 빈민과 소수민족의 경제적 지위 향상을 목적으로 하는 경제기회법(Economic Opportanity Act of 1964)이 제정되었다. 이 법에 따라 빈민과 소수민족에 대한 특별융자제도가 설립되고 6×6 제도의 융자한도도 인상했다.

지역경제문제와 관련해서는 실업자가 많은 지역에 구제특별자금을 제공하는 지역재개발법(Area Redevelopment Act of 1961)이 1961년에 제정되었다. 이에 따라 실업율이 높은 지역의 고용창출을 목적으로 하는 융자가 중요시되었다. 지역경제의 활성화를 목적으로 하는 융자제도로는 1958년 만들어진 경제개발융자제도(Development Company Loan Program)가 있다. 이는 중소기업투자법(Small Business Investment Act of 1958)에 따른 것으로, 주개발회사(State Development Company)와 지역개발회사(Local Development Company)에 대한 융자제도이다. 지역재개발법에 따라 높은 실업지역에 대한 경제개발 융자를 할 때는 적용금리를 인하했으며, 또한 이 제도의 중소기업 규모 기준도 인상하여 일반 사업융자의 대상 중소기업보다 약간 상위의 기업을 포함하도록 했다.

이 밖에 사업융자에 대해서는 공동사업융자(Pool Loan)·수입영향융자·리스보증제도(Lease Guaranty Program)가 설치되었다.

공동사업융자는 중소기업이 공동화(共同化)할 때 원재료 구입, 설비이용 등에서 규모 이익의 실현 및 한 기업으로 수주가 어려운 정부조달의 공동 인수를 지원하는 제도이다. 1955년에 중소기업법을 바탕으로 창설되었지만, 미국의 경우에는 개별 중소기업의 독립성이 강하여 공동사업이 순조롭게 전개되지 못한 탓에 이 제도의 이용은 한계에 부딪쳤다.

수입영향융자는 1962년의 무역촉진법(Trade Expansion Act of 1962)에 따른 것으로, 수입상품이 증대하면서 영향을 받은 기업 가운데 상무부가 인정하는 피해 중소기업에 융자를 하는 제도인데 그 실적은 미미했다.

리스보증제도는 쇼핑센터 문제에 대처하기 위하여 1968년에 도입한 것으로, 중소기업이 쇼핑센터에 입주할 때 SBA가 임대료의 보증인이 되어주는 제도이다.

5.2.2 재해융자

RFC에서 이관된 재해융자는 중소기업만을 대상으로 한 것은 아니다. 이는 농업재해융자를 받은 농가를 제외하고, 개인, 영리·비영리의 기업, 자선단체 등을 그 대상으로 한다. 이것 역시 사업융자와 마찬가지로 다양화하면서 물적 재해(physical disaster) 이외에도 적용되었다. 1961년에는 주택법(Housing Act of 1961)의 도시재개발계획에 따라 이전이 불가피해진 중소기업을 대상으로 경제피해융자(Economic Injury Loan)제도가 마련되었다. 이 제도는 나중에 주택법의 도시재개발에 따른 이전만이 아니고, 1968의 주택도시재개발법(Housing and Urban Development of Act of 1968) 때문에 각 지역에서 철거하지 않을 수 없게 된 흑인 등의 폭동에 따른 피해와 연방지원고속도로건설법(Federal Aid Highway Act of 1968)에 따른 이전 피해 등, 연방지원정책·연방자금조성에 따른 각종 공공사업, 주정부 등에 따른 각종 공공사업으로 입은 경제적 피해에도 적용되었다. 또한 이 제도는 농가를 대상으로 천재 때문에 입은 농작물의 피해나 가축의 질병 때문에 입은 피해 등에도 적용되었다.

이 밖에 1960년대 후반에는 노동환경개선과 식품위생에 대한 연방규제가 강화되면서 연방규제에 대응하는 중소기업이 큰 비용 부담을 안음에 따라 이러한 연방규제의 영향도 경제적 피해로 보았다. 그리고 연방탄광위생법·직업안전위생법·계란제품식품검사법에 따른 경제적 피해에도 융자가 시행되었다.

5.2.3 중소기업투자법에 따른 투융자제도

SBA는 1958년의 중소기업투자법으로 중소기업투자회사(Small Business Invest-ment Company, SBIC)에 융자권한을 부여했다. 중소기업의 장기자금문제는 장기차입자금(term loan)이나 주식발행으로 증권시장에 자금조달(equity financing)이 어렵다는 점에서, 이를 해결하는 것이 중소기업정책의 오랜 중심적 과제였다.

전후에는 경제개발위원회(Committee for Economic Development)나 의회의 경제보고 합동위원회(Joint Committee on Economic Report) 등에서 전후 경제문제의 하나로 중소기업금융을 지적했다. 이것은 중소기업의 자본 차입 및 주식자본 조달의 길(channel for capital loan and equity capital)을 여는 문제였고, 금융제도 개선의 과제였다.

이에 상원 은행통화위원회에서 1950년의 중소기업법(안)에서부터 연방준비은행의 출자에 따른 투자회사(National Investment Company)의 설립이 제안되었지만, 1953년과 1955년의 중소기업법에서는 성립되지 못하다가 1958년에 민주당 의원들의 강력한 지지로 성립되었다.

SBA는 중소기업투자법에 적격한 SBIC에 최저 자본금 30만 달러 이내에서 50퍼센트를 후순위 사채(subordinated debenture) 구입 형태로 투자하고, 운전자금은 SBIC의 불입자본금 및 잉여금의 50퍼센트까지 직접융자를 하든가 은행에서 자금차입을 보증할 수 있게 했다.

SBIC는 이러한 SBA의 자금원조를 기반으로 민간자금을 조달하여 중소기업에 다음과 같은 투융자(投融資)를 행한다.

① 전환사채의 구입, ② 주식(capital stock)의 구입, ③ 채무증권(debted securities)의 구입, ④ 발행 신주식의 인수로 지분금융(equity financing)에 참가, ⑤ 장기자금융자의 방법 등이 그것이다.

1969년 당시 기준규모가 자산액 500만 달러 미만, 과거 2년 동안 세후 순소득 25만 달러 미만으로 SBA금융지원의 중소기업 규모 기준에 적합한 중소기업이 대상이 되었다.

1969년에는 특히 소유권의 50퍼센트 이상을 소수민족이 점한 기업에 한하여 투융자를 행하는 소수민족계 중소기업투자회사(Minority Enterprise Small Business Investment Company, MESBIC)제도가 도입되었다.

이처럼 SBA의 금융지원은 중소기업문제에 대한 대응과 발맞추어 발전을 지속했으며, 이전의 제도로 자금 차입이 어려운 소영세기업 소액융자에도 중점이 놓여졌다. 그러나 제도 자체와 규모는 어디까지나 여러 민간제도의 보완적 범위에 그쳤고, 같은 시기의 농업금융제도에 견주면 뚜렷한 것이 아니었다. 일본 등의 중소기업금융제도에 견주어서도 뚜렷한 것은 아니었다.

한편 SBIC 제도는 벤처형 투자를 포함하여 중소기업에 대한 투융자를 촉진하기 위하여 발족되었지만, SBIC가 건전한 투자에 실패하여 경영부진에 빠지는 경우도 있었다. 또한 기대만큼 중소기업에 주식투자가 신장되지 못하고, 융자가 우선이 되는 문제도 있었다. 이런 과정에서 SBIC의 운영은 많은 시행착오를 거듭했다. 중소기업으로서는 민간으로부터 장기자금을 조달하기가 어렵다. 이러한 문제와 관련해서는 SBA로 하여금 민간자금이 SBIC에 출자되도록 하는 민간자금 유인제도의 도입이 요구되었다.

5.3 경영·기술지도정책

SBA의 경영기술 지도시책은 크게 세 가지로 나뉘는데, 첫째, 경영실무 지표안내서 등의 편집·발행·배포, 둘째, SBA가 지원하는 연수 제도에 따른 계몽사업, 셋째, 경영상담과 진단 그리고 지도사업이 그것이다.

경영실무안내서와 관련해서는, 1953년 SBA의 발족 당시 상무부의 협조 아래 중소기업경영안내서·중소기업기술안내서 등이 편집·발행되었다. 그 뒤 1958년까지는 이들 업무가 SBA에 이관되었다.

계몽사업과 관련해서는, SBA가 지원하는 연수제도로서 1953년에 워싱턴대학(Washington University) 관계자를 중심으로 중소기업교육회의(Small Business Education Conference)가 개최된 것이 그 시작이었다. 이후 각 대학 등과 공동으로 중소기업 경영문제와 중소기업 경영자 대상의 공개강좌를 실시하는 등, 경영연수사업이 지속되었다. 대학과 공동으로 개최하는 것 외에 정부와 여러 기관, 지역의 상공회의소, 업계 단체 등과도 특정한 주제를 중심으로 경영실무강습회가 개최되었다. 세무강습회·수출업무강습회 등이 그것이다.

경영상담·진단지도제도는 SBA 발족 당시의 금융지원제도에 그리고 나중에는 정부조달지원제도에 부수적으로 필요함에 따라 실시되었다. 이것이 독립된 제도로 본격적으로 정비된 것은 1964년 퇴직경영자봉사단(Service Corps of Retired Executives, SCORE)이 발족되면서부터이다. 이것은 민간자문기관(consultant)을 이용할 여유가 없는 중소기업을 대상으로 개별 경영기술지도를 하는 제도이다. 그 밖에 SBA는 대학을 이용한 중소기업 경영기술 지도사업, 중소기업개발센터(Small Business Development Center, SBDC) 및 외부 자문기관에 위탁하는 지도사업 등을 실시했다. 특히 개별 경영상담은 SBA가 지도용 책자를 작성하지만, 실제 지도상담은 퇴직경영자 등의 자원봉사 지도원에 따라 이루어진다.

이러한 SBA의 경영기술 지도정책은 당초 1942년에 SWPC의 군수조달 시책에 관련하여 실시되다가, 상무부가 경영 실무 팸플릿을 제작·배포하면서 시작되었다. 그 뒤 금융지원제도의 부수적 제도로 있었으나, 지금은 독립적인 정책이 되었다. 그 시행의 첫 과정은 경영실무서 배포 및 대학 등과 함께 하는 실무경영강좌의 개최 등, 계몽지도사업이 중심이었다. 그러나 1960년대 후반에는 개별 기업 대상의 경영상담과 진단 그리고 지도사업에도 역점이 주어졌다. 이런 제도도 다른 지원제도와 마찬가지로 어디까지나 민간의 여러 제도와 경합하지 않는 보완적 범위에서 행해졌다. 경영지도제도도 민간자문기관의 이용이 곤란한 중소기업, 다시 말해서 주로 소영세층과 소수민족계 중소기업을 대상으로 했다. 어디까지나 민간의 관련 서비스 분야와 경합하지 않는 범위에서, SBA가 직접 진단원을 채용하는 것이 아니라 퇴직경영봉사단 등 자원봉사 활동을 이용하여 실시하는 방향을 택했다.

경영기술 지도정책에 관한 여러 제도는, 점차 지명도가 높아지고 많은 중소기업 경영자와 개업희망자들이 참여하게 되면서 중소기업의 '다산다사(多産多死)'의 상황 개선에 크게 도움이 되었다. 금융지원제도나 정부조달지원제도에 견주어 SBA의 중심적 정책은 아니지만, 독립된 제도로서 그 지위가 부여됨에 따라 금융지원제도의 부차적 역할로 그 중요성이 강화되었다.

5.4 정부조달지원정책

정부조달지원정책에서 SBA의 역할은 정부의 각 조달기관에 대하여 중소기업의 구매를 촉진하고 정부수주 조달이 가능한 중소기업을 육성·개발하는 사업을 실시하는 하는 것이다. 각 정부기관에 중소기업제품에 대한 구매촉진조치로서 SBA는 조달담당관을 파견하여 각 기관의 중소기업에 대한 조달방침과 조달액 그리고 조달 규모 등의 책정에 참여하는 외에 소수민족계 중소기업 등에 대한 발주촉진사업도 실시한다. 각 조달기관의 편의를 위하여 정부조달 희망 중소기업의 기계설비, 생산능력, 과거의 수주실적 등을 등록하는 등 자료를 작성하여 필요에 따라 이를 제공한다. 또한 중소기업의 기계설비와 자금력 그리고 생산능력의 측면에서 정부조달계약 이행능력이 있다는 취지의 증명서도 발행한다. 또는 조달계약 희망기업의 경영기술지도도 실시한다.

이러한 정부조달 지원은 금융지원이나 경영기술지도가 직접적 지원인 데 견주어 대기업에 편중된 정부조달 제도를 시정하고 중소기업에 조달은 촉진하는 이른 바 간접적 지원의 의미를 강하게 지닌다. 1960년대 말까지의 정부조달 정책을 크게 나누어보면 다음과 같다.

(1) 중소기업에 주 계약(원청계약, prime contracts)를 추진하는 것을 목적으로 하는 특별할당제도(Set-Aide Program).

(2) 중소기업에 하청계약(sub-contracts) 촉진을 목적으로 하는 하청계약제도(subcontracting program).

(3) 정부조달에 관한 정보의 제공, 계몽사업, 상담업무, 정부계약에 필요한 계약이행능력증명서(Certificate of Competency, COC)의 발행 업무.

특별할당제도는 전시 중에 현저해진 대기업 군수집중발주를 시정하여 중소기업의 조달비중을 높이려는 것이기 때문에, 이미 실시 중인 군수조달공동제도(Joint Determination Program, JDP)를 군수 이외의 일반 정부기관의 민수조달에도 적용하는 제도이다. SBA는 1955년 9월 조달청(General Services Administration, GSA)과의 시행을 계기로 기타 여러 기관과 공동특별할당제도를 실시했다.

그 뒤 이것이 1965년에 폐지되고 각 조달기관이 단독으로 이제도를 실시했지만 조달기관 가운데는 적극적으로 특별할당 설정을 하지 않기도 했다. 이에 1966년에 SBA는 예산국과 국방부 등 여러 기관의 대표자를 위원으로 하는 중소기업 특별할당운영위원회(Steering Committee on Small Business Set-Aside)를 설치하는 등 1967년에 이 제도가 다시 부활되었다.

주 계약자의 하청발주 촉진은 SBA 발족 이후 계속된 방침이었지만, 중소기업에 대한 하청발주는 큰 진전이 없었다. 이에 SBA는 조달청·국방부 등에 중소기업의 하청계약기회 확대를 요구하는 중소기업법의 개정을 요구하여 1961년에 이루어졌다. SBA는 대형주계약기업·업계단체·정부기관 조달 부문의 전문가를 위원으로 하는 산관특별조사위원회(Industry-Government Task)의 설치를 추진하여 하청발주를 촉진했다.

정부조달 정보제공은 주계약의 조회(Prime Contract Referal), 중소기업에 대한 정부조달 안내서의 배포 외에 필요에 따라 주계약과 하청계약 수주를 위한 조달지원 상담과 지도도 실시한다. 계약이행 능력증명서(COC)의 발생은 중소군수공장청(SDPA)의 소관업무를 SBA가 인수하면서 계속된 제도이다. COC는 중소기업이 낮은 가격으로 입찰하여도 정부조달 담당자가 기술능력·생산능력·경영능력의 면에서 계약이행이 곤란하다고 판단하여 발주되지 않은 경우 SBA는 해당 중소기업의 요구에 따라 계약이행 가능성을 조사하고 이를 바탕으로 증명서를 발부하는 제도이다.

이러한 여러 가지 정부조달 촉진제도에도 중소기업 조달비중은 개선되지 않았는데, 그 이유는 다음과 같다.

(1) 공동결정제도와 특별할당제도는 특히 군수조달 분야에 현저했지만 당초부터 대기업에 발주비중이 고정되었고 나머지를 중소기업에 할당을 했기 때문에 할당자체를 확대하는 것이 어려웠다.

(2) 특히 정부의 기업위탁의 연구개발 예산관계에서 볼 수 있듯이 공개입찰이 아니라 특정의 소수 대기업과 실질적으로는 비공개인 상의계약(negotiated contract) 형태로 정부조달이 결정되었다.

정부조달의 계약형태는 원칙적으로 공개입찰로 최저가격을 제시한 사람에게
그 가격으로 낙찰되는 고정가격계약(Firm-Fixed Contract)의 중심이어야 했다. 그
러나 제1차 세계대전 때 군수조달에서 비공개입찰이 이용되기 시작한 뒤 제2차
세계대전과 전후 냉전체제 아래에서도 ·이것은 지속되었다. 비공개입찰의 가격
은 공개입찰시의 고정가격이 아니고 상의계약으로 고정가격보다 높은 수준(여
기에는 계약수수료와 필요 경비 등이 포함)에서 결정되었다. 정부조달에서 압도적
비중을 점하는 군수조달이 이런 방식으로 소수 대기업에 집중되어 중소기업의
수주기회는 극히 제한되었다.

소수 대기업을 중심으로 한 상의계약제도의 축소와 공개경쟁입찰의 확대는
의회 중소기업위원회에서도 검토되었고, 중소기업에도 공평한 입찰기회를 보
증하는 공개입찰방식에 따른 고정가격 계약방식이 권장되었지만 군수발주의
이해관계에 얽혀 큰 진전이 없었다.

5.5 중소기업정책의 전개와 과제

지금까지 살펴본 중소기업 지원정책과 제도는 SBA의 설립 당시에는 간소했
지만, 그 뒤 경제 환경의 변화와 여러 가지 정치정세의 변화 과정에 따라 다양화
했다. 당초 금융지원제도도 일반사업융자와 재해융자의 두 가지로 성립되었지
만 오늘날에는 다양해졌다. 정부조달제도도 중소기업의 관공수 비중을 높이기
위한 여러 제도가 생겨났다. 그러나 여러 가지 금융지원제도의 창설과 실시가
중소기업금융문제, 다시 말하면 중소기업의 자금조달을 어렵게 만드는 민간금
융시장 또는 자본시장의 '구조적'인 제 문제를 어느 정도 해결했는가가 중요한
것이다. 또한 중소기업의 정부조달촉진조치가 정부조달에서 높은 비중을 점하
는 국방부를 중심으로 한 일부 대기업 발주 '구조'를 어느 정도 시정했는가가
중요하다.

원래 정책이란 문제 발생에 대한 예방조치인 것이고 그 본질은 자생적으로
발생하는 문제가 자체적으로 해결되도록 하여 정책의 필요성을 저하하도록 하

는 데 있다. 만약 정책이 문제가 발생하는 '구조적' 부분에 관여하지 못한다면 그것은 '대증요법적' 범위를 벗어나지 못하고 정책은 한층 다양화와 팽창을 하지 않을 수 없게 된다. 이런 의미에서 중소기업문제를 발생시키는 구조적 문제에 대응하는 것이 중요하다. 대기업에 유리한 감가상각제도와 각종 할당금을 포함하는 조세제도, 중소기업에 차별적인 증권시장의 규제, 기업 규모에 관계없이 경비부담을 강화하는 공해규제로 대표되는 각종 규제조치, 실적이 있는 대기업에 유리한 비경쟁 입찰제도의 광범위한 존재, 중소기업에 진입과 성장을 어렵게 하는 독과점 시장에 대한 연방정부의 용인 등 불공정한 경쟁 조건의 시정 등은 구조적 문제해결의 중요한 과제이다.

이러한 정책과제는 의회의 중소기업위원회에서도 설립당시부터 검토가 계속되는 과제였지만, 유효한 입법과 정책으로 이어지지 못했다. '구조적인 문제'에 어려움을 겪고 있는 중소기업에 '대증요법'적인 정책, 즉 금융지원제도, 경영기술 지도사업 등, 문제가 다양해지면서 대응하는 정책 형태도 다양하게 나타나고 있다. 이러한 제도의 확대와 적용에는 한계가 있고 또한 모든 중소기업을 대상으로 하는 것은 실제로 불가능하다.

예컨대 금융지원제도에서 융자제도는 선별적 기준을 제시한다. 엄격해진 융자 기준은 상환의무가 충분한 '성장 여지가 있는 중소기업'에 한정 적용한다. 이것은 대기업과 병행하여 중소기업을 육성하는 것이 자유경쟁경제를 강화하는 것이라는 중소기업정책의 이념적 측면을 반영하지 못한다. 엄격해진 제도적 틀로부터 멀어진 다수의 중소기업의 지원을 방치하는 것이고 이것은 중소기업 문제 자체를 복잡하게 만들고 그에 대응하는 정책 형태를 다양하게 만든다.

정책이라고 하는 이념과 제도라고 하는 실제의 대응 사이의 괴리는 반독점이라는 '예방적 조치'와 구체적 중소기업지원 면의 '대증요법적 조치'라는 이질적 정책목표가 마찰하면서 일어나는 결과이다. 이것은 제도라고 하는, 그 시기의 경제적 정세를 반영하여 정치에 큰 영향을 받는 극히 유동적인 현실적 부문과 다른 한편에서 정책이념이라는, 그 국민의 역사적 발전 과정과 사회적 통념을 포함하여 완만하게 변화하는 부분이 존재하는 데서 나온 결과이다. 미국의 중소기업제도도 이러한 과정을 거치면서 전개되었다.

6 중소기업정책의 새로운 흐름

6.1 1970년대의 중소기업문제와 산업구조론적 정책인식의 대두

1960년대까지 순조로운 확대를 지속하던 미국경제는 1970년대에 와서 국제경쟁력 저하 속에 실업문제와 인플레 문제, 이에 수반한 고금리와 재정적자가 누적되면서 경제환경이 크게 변화했다. 특히 인플레 억제와 재정적자 시정을 위한 고금리 정책은 중소기업을 압박하고 도산을 증가시켰다. 이 때문에 중소기업정책도 단순히 직접적 지원보다는 미국경제가 당면한 문제에 대응하는 거시적 정책의 흐름 속에서 진전되었다.

특히 미국 제조업에서 공동화문제와 고용문제가 심각하게 되면서 해외투자와 자산선택형의 흡수·합병을 추구하는 대기업보다 고용창출과 기술혁신에서 중소기업의 역할을 강조하는 움직임이 나타났고, 이른바 중소기업정책의 산업구조 전환정책으로 방향이 논의되면서 산업구조론적 정책인식이 대두되었다.

1970년대 미국경제는 인플레와 높은 금리가 병행한 것이 그 특징이었다. 특히 1973년의 석유파동 이후 인플레와 실업률이 병존하는 이른바 스태그플레이션(stagflation)에 진입했고 이런 경제기조가 중소기업에도 영향을 주었다. 지속적인 인플레는 감가상각자금의 실질적 감가와 내부유보의 감소로 기업의 자금조달의 외부자금 의존도를 높였다. 그리고 고금리는 외부자금 조달비용을 크게 증가시켜 기업의 재무구조를 악화시켰다. 중소기업은 민간금융기관으로부터의 차입금리가 대기업보다 높아져서 자금조달비용에서 오는 부담이 한층 커졌다. 이는 중소기업의 자금난으로 이어져서 특히 소영세기업에 큰 타격을 주어 기업도산을 증대시켰다.

미국경제 전체의 국제경쟁력 저하에 따른 수입증가와 대기업의 투자행동의 변화는 중소기업의 존립에 큰 영향을 주었다. 미국경제가 유럽과 일본에 견주어 국제경쟁력이 상대적으로 저하한 것은 무역수지를 적자로 전환시켰다. 그리고 수입증가는 섬유·의복·잡화 등 경공업 분야의 중소기업의 도산과 전 폐업을 촉진시켰고 수송기기 등 분야에서 대기업에도 영향을 주었다.

미국 기업의 투자 동향은 수입 증가에 시달리는 국내투자보다는 해외의 직접투자를 우선하는 움직임을 보였다. 기업의 다국적화로 대기업은 해외에서 생산을 확대하는 것과는 대조적으로 국내 공장의 신설과 확장을 억제하고, 특히 외국과 경쟁이 심한 분야에서 국내 공장의 축소와 폐쇄, 나아가 해외 이전을 촉진했다. 대기업의 자산선택형의 흡수·합병은 제조업 부문에서 생산기반의 확대보다 수익성이 뒤떨어지는 공장의 축소·폐쇄와 비제조업 부문 투자를 통하여 제조업 부문에서 투자감소(disinvestment)를 촉진시켰다. 그 결과 대기업의 공장축소와 폐쇄에 수반하여 부분품 등 관련 분야의 많은 중소기업도 도산, 폐쇄되지 않을 수 없었다.

인플레와 고금리, 제조업의 공동화 문제와 미국경제의 구조변화는 중소기업에 큰 영향을 주고 중소기업정책에 새로운 과제를 제시했다. 그 밖에 공해규제 강화에 따른 중소기업의 투자부담의 해결, 석유위기 이후 중소기업 에너지대책 등도 새로운 중소기업정책의 역할을 주문하는 것이었다.

인플레와 고금리는 중소기업의 자기자본 비율과 신용조건을 악화시켜 민간 금융기관으로부터 자금차입을 어렵게 하면서 SBA의 공적 자금제도의 필요성을 높였다.

이것은 보증융자를 중심으로 중소기업에 융자를 크게 확대시켰고 동시에 융자 대상 범위의 확대와 제도의 다양화를 가져왔다. 신체장애자융자와 에너지절약융자의 창설도 이 시기 SBA의 금융지원제도강화의 결과로 나온 것이다.

한편 증권시장에서 중소기업의 자금조달은 제도면의 많은 어려움과 소액모집에 따른 높은 비용의 문제 등이 겹쳐 제한적일 수밖에 없었다. 그러나 대기업이 진출하지 않은 분야의 연구개발형 중소기업이 생겨나면서 이런 기업과 자본이득세의 인하로 투자기회를 얻은 벤처캐피털(venture capital)이 결부되어 점두시장(店頭市場)이 1970년대 후반에 급속히 확대되었다. 증권시장의 이러한 변화는 벤처캐피털이라고 하는 모험성을 안은 투자형태와 투자가 보호를 목적으로 하는 종래의 증권법제의 테두리 안의 투자형태 및 투자가와 모순이 되었다. 여기에 많은 규제의 철폐 완화로 중소기업이 점두시장에서 자금조달 할 가능성을 높였다.

공동화문제의 진전은 고용창출력의 과정에서 중소기업에 관심을 집중하는 새로운 움직임을 만들었다. 그 계기는 MIT의 한 보고서(이른바 버치보고서[Birch Report])의 결과였다. 이 보고서는 공동화의 진전이 제조업 부문의 고용을 감소시킨다고 지적했다. 아울러 1969년부터 1976년 사이 신규 고용의 60퍼센트가 상업 서비스업을 중심으로 하는, 비제조업 부문의 종업원 수 20명 이하의 기업으로 말미암아 창출된다고 지적했다. 또한 고용감소가 현저한 제조업에서도 기술개발형 중소기업의 고용창출력은 오히려 크다고 지적했다.[14]

이러한 조사결과는 사양산업에서 실업 증대를 배경으로 이들 산업에서 성장산업으로 고용이동을 촉진하는 어떠한 조치가 실시되어야 한다는 논의를 일으켰다. 즉, 첨단기술(high technology) 분야의 중소기업의 기술혁신과 고용창출력을 높여서 기술혁신과 고용의 두 측면에서 산업구조 전환을 추구하는 중소기업정책인식이 강력하게 대두되었다. 그 구체적 정책의 하나가 증권법제도 등의 규제완화로 벤처캐피털을 촉진시킨 것이며 또한 1970년대 후반 이후 중소기업투자회사(SBIC)의 융자확대도 그것이다. 더 직접적 정책으로, 높은 기술개발력을 지녔음에도 자금조달이 어려워 그 상품화에 애로를 겪고 있는 중소기업에 투자촉진조치를 모색한 것이다.

그러나 미국의 재정적자 확대 경향 때문에 기술개발형 중소기업정책에 새로운 투융자예산의 책정은 어려웠다. 따라서 연구와 개발을 외부에 위탁하는 정부기관에 대하여 그 예산의 일정 비율을 중소기업에 배정하도록 하는 중소기업기

---

14) D. L. Birch, *The Job Generation Process*, Cambridge, Mass. : MIT Program on Neighborhood and Regional Institute, 1979, Appendix D.

술혁신개발제도(Small Business Innovation Development Program)가 의회에 제안되었고, 이를 뒷받침하는 중소기업기술혁신촉진법(Small Business Innovation Development Act)에 따라 1982년에 성립되었다.

또한 공해 등의 규제강화에 수반된 중소기업 부담경감대책, 소수민족계 중소기업 개발, 석유위기 이후의 중소기업 에너지 대책 등이 전개되었다. 특히 소수민족계 중소기업 개발은 경제기회융자제도 및 소수민족계 중소기업투자회사(MESBIC) 등이 1960년에 설치되었는데, 그 방향은 흑인과 히스페닉계(Hispanic) 등 소수민족의 경제적 지위 향상 요구와 여성개발 운동에 따라 여성의 사회 진출을 높이는 것이었다. 1978년에는 소수민족 계 기업융자가 창설되었고 여성소유 기업융자도 시험적 제도기는 하지만 실시되었다. 정부조달 면에서도 소수민족계 중소기업에서 발주촉진조치가 취해졌다.

1970년대 이러한 정책은 기업에 대한 미시적 정책인 융자정책의 확대에서 고용창출과 기술혁신촉진에 결부된 산업구조 전환의 흐름을 반영하는 거시적 정책으로 중소기업정책이 강하게 의식되었음을 의미한다.

6.2 1980년대 이후 중소기업문제와 정책 흐름

1980년대 '작은 정부'를 지향하는 레이건(R. Reagan) 정권 아래에서 SBA는 우선 재정지출 삭감에 따른 직접적 영향을 받았다. 직접융자가 문제로 되어 그것의 폐지가 논의되었다. 중소기업금융에서 SBA의 역할은 민간을 활용한다는 방침 아래 직접적으로 관여하지 않은 민간금융제도의 보완적 범위, 구체적으로는 은행 등에 따른 중소기업융자에 대하여 최소한의 필요범위만을 보증해야 한다는 견해가 강해졌다.

그럼에도 많은 중소기업정책은 계승·지속되었다. 기술혁신과 고용창출의 면에서 중소기업의 역할이 크다고 인식되었기 때문이다.

한편 재정지출 삭감과 작은 정부 지향의 흐름은 SBA의 폐지, 상무부에 흡수라는 논의까지 나왔다. 의회의 양원 중소기업위원회에서 그 찬반이 논의되었지만, 결국 SBA는 독립기관으로 존속하게 되었다. 그러나 금융지원은 장애자 등을 대상으로 하는 일부의 융자제도를 제외하고 대폭적인 재편과 정비를 했다. 결국 SBA를 중심으로 하는 중소기업정책의 중점은 직접지원을 중심으로 하는 금융지원정책이 후퇴하고 경영기술 지도정책, 정부조달촉진정책, 기술혁신정책을 중심으로 하는 간접지원정책으로 옮겨갔고, 특히 경영기술 지도정책과 기술혁신정책이 중요시되었다.

원래 경영기술 지도정책은 금융지원정책에 부수적으로 생겨난 것이었지만 1980년에 와서는 이것이 중요시되었는데, 그 첫째 이유는 재정적자 삭감문제라는 행정개혁의 일환으로 직접적 금융지원제도를 비효율적인 것으로 보았기 때문이다. 또 하나는 기업의 설립건수는 증가해도 그 생존율은 낮고 도산건수가 높은 수준에 이른다는 데 있었다. 이런 상황에서 민간화(privatization)을 표방하는 정책과 경영기술 지도정책이 맞아떨어진 것이었다. 예산면의 부담도 금융지원보다 적었다.

한편 기술혁신정책의 추진은 실업인구가 자동차·철강 등 종래의 기간산업에서 집중적으로 발생하는 가운데, 산업구조 전환과 고용창출이라는 정책목표에 따라 이루어졌다. 사양산업의 고용문제의 해결을 위하여 보호적 산업정책을 추진하는 민주당과 오히려 성장산업 분야에 대한 산업정책에 관심이 있던 공화당 양측이 기술혁신정책에서는 합의된 인식에 이른 것이다. 그리하여 중소기업정책으로 연구개발예산을 가진 정부기관이 중소기업에 별도의 발주비율을 시행하도록 의무화한 것이다.

결국 1980년에 이후 새로운 흐름으로 등장한 중소기업정책은 강한 미국과 불가분의 관계를 갖고 중소기업의 기업가 정신과 중소기업이 공동화시대의 국내고용 담당자라는 역할에서 비롯된 것이었다. 이것은 바로 미국경제가 안고 있는 문제를 해결하는 수단으로 강조된 것이다. 그 결과 각 정부기관의 연구개발외주예산의 일정 비율을 잠재 성장력을 지닌 첨단기술 중소기업에 배정하도록 하고 구체적 제도를 성립시켰다.

첨단기술 분야의 고용창출력이 크다고 보는 견해(버치보고서)에 대하여 첨단기술형 중소기업에 따른 고용확대가 1980~1984년 사이에 정체되었으며, 실제로 1980년대 고용확대를 뒷받침한 것은 제조업 분야의 첨단기술 중소기업이 아니고 비제조업, 특히 서비스업의 소영세기업의 증가라는 지적이 있었다.[15] 이러한 소영세기업 가운데는 새로운 수요 분야를 개척시키고 성장력이 높은 것도 있다. 그렇지만 이들은 소수의 종업원 아니면 가족 종업원만으로 운영되는 자영업자를 포함하여 그 급여수준은 현저히 낮은 불완전취업에 가까운 형태로 존립하고 있다.

이것은 높은 실업시대에 첨단기술 분야의 벤처형 기업과 같은 높은 모험성, 높은 수익성을 따라 기업을 설립한 '적극적인 기업가 정신'의 발로가 아니고 취업이 곤란하기 때문에 비교적 개업자금이 적은 소규모의 물품 판매업 및 각종 서비스업에 종사하지 않을 수 없는 '소극적 기업가 정신'의 발로라는 것이다.

따라서 높은 수준의 신규 설립 건수와 높은 수준의 기업 도산 건수가 병행하는 상황에서 정책의 중점은 전자에게는 기술혁신시책, 후자에게는 경영기술 지도시책을 택하여 결과적으로 중소기업에 따른 고용확대를 기대할 수 있다는 것이다.

그러나 고용 면에서는 기술혁신 분야보다는 전통적 중소영세기업 분야와 서비스 분야에서 주로 불완전 취업 형태의 소영세층의 고용증대가 나타났다. 이것은 간접적 지원이 아닌 직접적 금융지원 등의 정책을 필요로 하는 불안정한 기업층의 확대의 결과라는 점에서 중요한 의미를 지닌다.

미국에서 대기업의 기업활동은 미국경제가 안고 있는 문제를 해결하기보다는 오히려 그것을 격화시키는 면이 크다. 예컨대 대기업이 국내경제에서 고용 면에 영향력을 주는 것은 반도체 등의 첨단기술 분야인데, 그 해외생산의 비중이 커지면서 오히려 그 비중이 저하하고 있다. 그 결과 공간적 이동 잠재력이 낮은 중소기업에 대한 기대가 높아지고 첨단기술개발이라는 정책이 부상하고

---

15) B. Blusestone & B. Harrison, *The Industrialization of America, Plant Closing, Community Abandonment and the Dismantling of Basic Industry*, New York, 1982, 95쪽.

있다. 미국에서 첨단기술개발은 정체 기조의 종래 산업에서 첨단기술 산업으로 자본·노동력의 이전을 촉진하는 산업전환정책을 의미하지만, 그 효과는 반드시 기대한 만큼 이루어진 것은 아니었다. 자본의 이전도 설비투자보다도 흡수합병에 따른 자산선택형 투자가 주된 흐름이었다. 노동력 면에서도 첨단기술산업의 고용창출력이 산업전환을 가져올 만큼 영향력이 큰 것이 아니었다. 고용을 뒷받침한 것은 비제조업이었던 것이다.

미국에서 중소기업은 다종다양하다. 작은 정부 시책과 정부개입 축소 속에 간접적 정책으로 개발 가능한 중소기업도 있다. 그러나 금융지원 등 종래의 직접적 지원제도가 크게 후퇴하는 것은 간접적 시책으로 경영개선을 실현하지 못하지만 오히려 고용창출효과는 큰, 기존의 많은 다양한 중소기업에 소극적 영향을 줄 것이다.[16]

6.3 새로운 흐름의 중소기업정책

미국 중소기업정책의 새로운 흐름을 집약하면 다음과 같다.

6.3.1 시장경제와 중소기업시책

미국 정부의 중소기업 지원사업은 주로 SBA가 실시하고 있다. 상대적으로 직접적 지원제도가 크게 후퇴하고 간접적 지원제도가 부상하고 있지만, 지금도 가장 규모가 크고 주된 정책은 중소기업의 자금조달을 뒷받침하는 보증제도이다. 금융기관에서 통상의 기준으로 차입할 수 없는 중소기업을 대상으로 중소기업청이 융자액의 대부분을 보증하여 융자를 가능하게 해주는 것이다. 정부가 이른바 시장경제를 보완하는 기능을 한다. 이 시책에서 융자는 중소기업만을 위한 특수한 금융업체제에서가 아니고, 일반시중은행이 실시하는 것이 특징이다. 융자신청과 수속을 간소화하여 금융기관과 융자를 받는 중소기업의 부담을

---

16) 寺岡 寬, 《アメリカの中小企業政策》, 信山社, 1996 참조

감소시키고 융자실현까지의 과정을 신속하게 하기 위한 개혁이 행해지고 있다.

또한 SBA는 민간 벤처캐피털에 중소기업투자회사(SBIC)의 면허를 주어 중소기업의 장기자금 조달을 쉽게 하도록 뒷받침하고 있다.

이처럼 미국의 중소기업정책은 주로 민간시장의 메커니즘을 최대한으로 활용하고 이는 정부의 재정지출을 가급적 억제하는 효과가 있다.

6.3.2 산업구조와 중소기업시책

자유와 평등 그리고 자유경쟁을 중요시하는 미국은 역사적으로 특정의 산업을 정부가 보호·간섭하는 것에 대하여 부정적 시각이 지배적이다. 이 때문에 연방정부의 산업정책의 틀도 바람직한 산업구조의 방향을 규정하여 보호육성을 도모하기보다는 소비자보호 등 공공의 이익을 지키는 최소한의 규제를 제외하면, 대체로 시장의 자유경쟁에 맡기는 기조를 구축하고 있다.

그러나 1970년 이후 산업의 공동화와 실업문제가 미국경제의 주요문제로 됨에 따라 국내경제 활성화의 관점에서, 특히 첨단기술 분야를 중심으로 산업개발을 적극적으로 표방하고 있으며, 이것은 1990년대 이후에도 지속되고 있다. 대공황 뒤 1930년대에 실시된 뉴딜정책의 이념을 재생시키면서 민간산업 부문과 협력을 중요시하는 새로운 산업정책을 제기하고 있다. 이것은 21세기의 산업기반의 정비와 첨단기술의 육성을 중요시하는 것이다.

중소기업 분야에서는 전통산업 분야에서 첨단기술 분야로 직접적인 전환을 추구하는 정책이 특히 존재하는 것은 아니지만, 정부기관에 따른 연구지원 등을 통하여 첨단기술력을 가진 벤처기업을 지원하는 정책이 있고 큰 성과를 거두고 있다.

또한 대기업의 고용체계의 변화와 자영업자와 자가 취업자의 증가에 대응하여 이들을 보호하는 정책의 정비, 예컨대 1996년 중소기업고용보호법(Small Business Job Protection Act of 1996)이나 1997년 납세자구제법(Taxpayer Relief Act of 1997)으로 중소기업에 광범위한 조세 공제 혜택을 인정하는 것도 넓은 의미의 산업구조 전환정책이라고 볼 수 있다. 이처럼 산업구조정책이 부각되고 있으나 그렇다고 독점의 방지와 경쟁의 촉진이라는 전통적인 미국 중소기업정책의 산업조직정책적 흐름이 전도되는 것은 아니다.

6.3.3 창업(start-up)지원

창업지원은 SBA가 자금조달지원 다음으로 힘을 기울이는 분야 가운데 하나이다. 그 중심이 되는 것은 창업실무지도와 정보제공인데, 필요에 따라서는 융자보증 등의 지원과 결합하기도 하는 등 중소기업의 효과적인 창업에 필요한 기본 자료가 제공된다.

실무지도와 정보제공의 기관이 전 미국에 걸쳐 설치되어 있는데, 그 대표적인 것이 중소기업개발센터(Small Business Development Center, SBDC)이다. 창업자를 위한 개별 상담에 응하기도 하고 개업준비 세미나 등을 수시로 개최하여 사업계획의 방향과 자금조달의 방법에 관한 조언 및 관련 지원기관의 소개 등을 행한다. SBDC는 각 지역의 자치단체 및 대학과 협력하여 운영되는 것이 특징이고 센터를 대학 구내에 설치하기도 하고 경영학 교수를 운영에 참여시키는 경우가 많다. 또한 퇴직경영자봉사단(Service Corps of Retired Executives, SCORE)은 민간기업의 관리직으로 경험이 있는 사람이 자원봉사자로 관련 분야에서 사업주와 개업희망자의 개별 상담에 응한다.

이런 서비스는 기본적으로 무료 또는 최소한의 비용으로 제공되며, 개업을 희망하거나 사업의 유지 확대를 바라는 개인이 널리 이용하고 있다. SBA는 많은 개업희망자에게 지원을 줄 수 있도록 지원통로를 다양화하려고 노력하고 있으며, 인터넷을 통해 정보제공을 함으로써 창업자와 투자자를 연결해주는 방안도 강구하고 있다.

6.3.4 정보화지원

정보화는 최근 중소기업정책에서 가장 주안점을 두는 것 가운데 하나이다. 정보망(network)의 정비를 중요시하는 미국 정부의 전반적인 자세를 반영하여, SBA는 중소기업의 정보기술 활용촉진과 SBA의 중소기업 관련 서비스의 전산화 등 두 가지 측면에서 이 문제를 적극적으로 추진하고 있다.

전자는 민간기업의 협력을 얻어서 미국 전체에 경영정보센터(Business Information Center, BIC)의 건설을 추진하는 것이다. 센터에서는 고가의 정보시스템과 그것을 응용하는 정보체계가 어려운 중소기업에 최신의 정보기술과 기술지도를 종합적으로 제공하여 경쟁력의 향상을 도모하는 관민공동시책을 시행하고 있다. 또한 정보기술을 인터넷에 개방하기도 하고 정보기술 도입에 조언을 행하기도 한다.

후자는 전산망을 이용하여 기존의 서비스를 제공하기도 하고 새로운 프로그램을 개시하기도 한다. 각종 간행물의 온라인판과 창업에 필요한 정보를 수집한 SBA의 홈페이지는 많은 중소기업 관계자의 관심을 집중시키고 있는데, 그 내용의 충실화를 추진하고 있다. 또한 지리적 거리가 문제되지 않는 인터넷의 특성을 이용하여 중소기업 사업자의 구체적인 질문에 대하여 해당 전문지식을 가진 기업경영 경험자가 전자메일로 조언을 하는 서비스 그리고 벤처캐피털과 기업을 인터넷에서 중계하는 에이스 넷(Ace-Net, Angel Capital Electronic Network)이 개시되고 있다.

6.3.5 기술개발지원

첨단기술도 중요시되는 분야의 하나이다. 대표적인 시책으로는 중소기업기술혁신개발제도(Small Business Innovation Development Program, SBIDP)를 들 수 있다. 이제도는 중소기업이 첨단기술의 개발을 촉진하고 연구결과의 상품화를 지원할 목적으로 하는 연방정부(부와 성)의 횡단적 정책이다. 연방정부의 주요 기관이 행하는 외부위탁 연구개발(R&D) 예산의 일부(총액의 2.5퍼센트 이상)를 중소기업에 할당하는 제도이다. 이로 말미암아 아이디어를 가진 중소기업의 기초연구와 상품화를 위한 자금을 원조하고 중소기업의 우수한 기술력과 발상을 촉진시켜 경쟁력을 높이려는 것이다.

또한 첨단기술의 벤처기업에 연구개발 창업준비금을 투자하는 개인투자자(Angel)에게 이 분야의 여러 기업의 사업계획을 소개하고 벤처 투자를 촉진시켜 에이스 넷과 함께 중소기업에 따른 첨단기술개발을 확대하려는 목적을 지닌다.

최근 미국 정부는 첨단기술개발만이 아니고 그 보급에도 적극적이어서, 일본의 기술보급정책을 모방하여 제조업 확장센터(Manufactureing Extension Center, MEC)를 통하여 중소제조업에 최신의 기술을 지도하고 있다. 이 기구는 주 정부 및 대학과 각 지역의 비영리 단체가 연방정부와 공동출자하여 설치한 것으로 상무부 국립표준기술원(NIST)이 총괄하고 있다.

6.3.6 국제화지원

SBA는 오랫동안 중소기업지원을 국내활동에 한정했지만, 최근 들어 경제의 국제화를 배경으로 중소기업의 해외수출에 관심이 높아지면서 수출지원에도 많은 힘을 기울이고 있다. 이 시책에서는 국제통상 융자와 수출운전자금 융자를 통하여 자금조달을 지원하고 각지의 미국 수출지원센터(United States Export Assistance Center, USEAC)가 행하는 지도, 정보 제공 등을 행한다.

6.3.7 지역정책과 중소기업

중소기업정책을 포함하여 미국연방정부의 지역 경제 관련 정책은 특정한 산업의 진흥보다는 빈곤대책의 일환으로 입안되고 있다. 이것은 정부의 특정산업 보호육성에 대한 견해가 부정적인 흐름을 보이는 미국의 특성에 연유한 것이다.

빈곤대책적 지역정책의 한 가지 예로는 1990년대의 주택도시개발부(House and Urban Development Department)와 농림부가 중소기업청과 협력하여 신설한 특별개발지역과 사업개발지역의 개발제도가 있다. 이것은 경제발전의 활력이 도시근교로 이동함에 따라 소득이 저하되고 실업이 높아져서 황폐화가 진행된 대도시 중심부 및 개발이 되지 못한 채 남아 있는 과소지(過疎地)를 대상으로 기업유치와 창업투자를 위하여 특별융자와 세제우대 등 우대 시책을 제공하는 것이다. 지정된 지역에는 원스톱 캐피털 숍(One Stop Capital Shop, OSCS)이 설치되어 지역 안의 중소기업에 종합적 지도 지원을 제공한다.

6.3.8 도산방지 등 지원

전통적으로 정부가 시장에 간섭하는 것을 부정적으로 보는 미국에서는 중소기업의 보호와 도산방지를 전면에 내세운 정책은 많지 않다. 그러나 지금까지 논의된 시책 가운데 간접적인 도산방지의 역할을 한 것은 적지 않다.

'지나친 규제로부터 중소기업을 보호하는' 정책으로 중소기업자들은 정부가 할 수 있는 적절한 조치를 요구했는데, 이에 대해서 의회와 행정부도 동일한 의견을 보였다.

그 결과 융자보증으로 대표되는 금융·신용사업은 시장원리로 말미암아 그 발전과 존속이 어려운 중소기업에 중요한 시책이 되었고, 간접적 도산 방지라는 미국적 도산방지시책이 가능하게 되었다. 구조적으로 업적부진에 시달리는 업계를 대상으로 하는 시책으로는 방위융자와 기술지원제도가 있는데, 이것은 방위비삭감으로 큰 타격을 받은 중소기업의 도산을 막아 고용을 유지하는 시책이다.

또한 불리한 상황에 처한 중소기업의 도산방지에 도움을 주는 시책으로 소수민족계 지원과 재해원조융자, 국가홍수보험(National Flood Insurance) 등이 있다. 특정의 업종을 보호하는 시책을 기피하는 경향은 자유와 독립이라는 미국의 건국이념을 이어받은 것으로, 정부의 지나친 시장간섭으로 보이는 도산억제시책을 가급적 배제하고 있다. 따라서 정부는 규제를 최소화하여 중소기업의 어려움을 경감하고 간접적으로 도산의 위험을 줄이는 시책을 택하고 있다.

6.3.9 소수민족계 및 여성소유 사업지원

미국의 특유한 정책이며 인종정책의 일환이다. 흑인과 히스페닉계를 포함하는 소수민족이 소유한 중소기업에 대하여 연방정부기관이 조달계약 등에서 우선적으로 수주할 수 있도록 하거나 소수민족계 중소기업투자회사를 설립하여 이들의 자금조달을 돕는 정책이 시행되고 있다.

또한 SBA는 여성기업진흥국(Office of Womens Business Ownership)을 중심으로 여성이 경영하는 중소기업을 대상으로 포괄적인 지원을 제공한다. 1970년대 이후

여성해방운동으로 여성의 사회진출이 높아지면서 지속되어온 사업이다. 1988
년에는 여성기업소유법(Womens Business Ownership Act of 1988)이 제정되면서 경
영기술 지도사업이 구체적으로 시작되었다. 여성사업센터(Womens Business Center,
WBC)를 통하여 재무·경영·마케팅·정부조달 등을 포함한 광범위한 분야에서
개별 상담과 지도가 행해진다. 금융과 신용보증 분야에서도 여성을 대상으로
사전 승인 융자보증이 제공된다. 사전승인 융자보증은 여성이나 소수민족이 소
유 경영하는 기업을 대상으로 융자 수속을 신속히 진행하기 위하여 SBA가 사전
승인을 행하는 제도이다.[17]

---

17) 財團法人 中小企業總合硏究機構,《先進各國の中小企業の現狀と中小企業政策に關する調
    査硏究》, 平成10年(1998), 10~13쪽 참조.

제2장 일본 중소기업정책의 전개(1)

1 중소기업 정책인식의 발단

중소기업 정책인식은 각 국민경제의 경제발전의 역사적 과정과 경제구조 속에서 대기업 또는 독점자본과 중소기업이 맺는 관계로 말미암아 형성되는 중소기업문제에 따라 규정된다. 즉, 각 나라 경제발전의 역사적 과정에 따라 중소기업 정책인식은 달라진다. 일본경제는 선진 영국이나 미국경제와는 달리 개량적 길에 따라 지주·상인형으로 자본주의가 발전한 후진자본주의 유형이다.

일본은 매뉴팩쳐로부터 기계제 공장제로 전환이 선진자본주의보다 뒤늦게 진전되었다. 봉건시대의 소규모 수공업 중심에서 공장제 도입과 대기업의 형성 과정은, 선대객주제도에 바탕을 둔 소규모 생산 방법을 구축하되, 소규모생산과 엄격한 대립관계를 조성한 것이 아니었다. 소영세기업과 저임금 노동자가 광범위하게 존재하는 경제기반은 동력화·기계화를 지연시켰고, 대기업 밑에 오히려 종래의 선대객주제(하청관계)를 온존·확대시켜 하청업자를 이용하는 자본축적을 지속하면서 하청문제를 생기게 했다.

또한 대기업 또는 독점의 형성도 전형적인 자본주의 전개의 길인 시장의 자유경쟁의 결과라기보다는 위로부터 정부의 산업정책에 따른 것이어서, 근대적 대기업과 후진적 중소영세기업이 병존하는 경제구조를 만들었다. 대기업과 중소기업의 관계에서는 구매독점 내지 구매과점적 재배력을 갖는 대기업을 정점으로 그 아래에 중소기업이 편입됨으로써 생기는 하청문제가 그 중심적 과제가 되었다.

위로부터 정비된 대기업체제 아래에 중소기업이 형성되고 기업간 계층분화가 한층 진전되면서 대기업과 중소기업 사이에는 이중구조로 상징되는 사회적·경제적 지위의 격차가 이루어졌고, 그것을 시정하는 것이 중소기업 정책인식의 중심이 되었다. 따라서 중소기업정책의 방향에는 단지 경제정책인 것만이 아니라 노동자 보호 등을 목적으로 하는 사회정책적 색채까지 더해지면서 중소기업, 특히 소영세기업을 대상으로 하는 정책을 포함하게 되었다. 그러면서 일본의 중소기업정책은 산업구조정책적 특징을 강하게 지니게 되었다. 제2차 세계대전까지는 섬유·잡화 등의 수출산업육성책이, 전후에는 대기업을 정점으로 하는 기계금속산업에서 국제경쟁력 강화를 위한 중소기업 근대화정책이 산업구조 전환을 목적으로 강력하게 지속되었다.

전후 미군점령기에 제정된 중소기업청설치법(1948. 7. 2 제정)에 나타난 중소기업정책의 성격은 재벌해체의 연장선상에서 반독점적인 산업조직정책적인 것이었다. 그러나 1950년대에 대기업 체제가 부활하면서 그 성격은 후퇴했고, 결국 산업구조정책적으로 변화했다. 그 특징은 중소기업기본법(1963. 7. 20 제정)의 전문에 다음과 같이 명시되었다.

"중소기업의 성장·발전을 도모하는 것은 중소기업의 사명을 다하여 산업구조를 고도화하고 산업의 국제경쟁력을 강화하여 국민경제의 균형 있는 성장·발전을 달성하려고 하는 일본국민에 과해진 책무이다." 즉, 산업구조의 고도화와 국제경쟁력 강화를 위하여 중소기업의 성장·발전을 도모한다는 것이다. 또한 기본법 제1조에서는 기업 사이에 존재하는 생산성·기업소득·노동임금 등의 현저한 격차를 드러냄으로써 이중구조문제를 지적하고, 물적 생산성과 거래조건의 향상으로 기업간 격차를 시정하는 것이 중소기업의 성장·발전의 목적이라고 제시하고 있다.

이러한 일본 중소기업정책의 산업구조론적 인식은 1950년대 후반에 개시되어 1963년 중소기업기본법이 제정되면서 구체화했지만, 그 역사적 근원은 일본경제의 본원적 축적기인 1870년대 후반으로 거슬러 올라간다. 그 뒤 전개된 재래산업문제·소공업문제·중소공업문제 등이 그것이다.

1868년 이후 메이지(明治)정부의 식산흥업정책에 따라 근대적 이식대공업을 정부주도로 육성하는 과정에서 봉건시대에 존립했던 고유의 재래공업을 중심으로 한 소경영은 심한 압박을 받으면서 정체되었고, 이것을 정부당국과 관계자들이 인식했다. 서로 성격을 달리하는 이식 근대공업과 재래산업이 기계제공업이 확립되는 과정에서 대항관계로 됨에 따라 재래산업은 압도당했다. 1870년대 말에 이러한 것들이 인식되었는데, 그것이 바로 재래산업문제였다. 그러면서 봉건시대 일본경제의 수출에서 중요한 비중을 점하는 재래산업의 보호·개발 문제가 제기되었다.

1890년대 말 산업자본 확립기에는 소공업문제가 전개되었다. 일본자본주의가 경공업을 중심으로 대기업시대로 들어서면서 소규모 생산이 정체되고 고정화한 현실을 바탕으로 인식된 것이다. 독일 신역사학파의 소공업 소멸론을 배경으로 성립한 수입소공업론이 그 배경이 되었다. 그러나 경제발전단계론에 따른 초기의 소기업소멸론은 일본의 현실관계를 바탕으로 소기업존속론적 분석으로 이어졌다. 기술적 요인의 분석으로 존립 가능한 분야와 경제적 요인을 기준으로 존립 가능한 조건 등이 제기되었다. 소공업 몰락은 장래의 문제이며, 현실적으로는 보호·개발 인식이 요구된다는 것이다.

일본 자본주의가 경공업 중심에서 중공업 중심으로 이행하고 자본이 집중화하면서 독점자본 형성기로 진입한다. 러일전쟁(1904~1905)에서 제1차 세계대전(1914~1917)의 기간에 중소경영의 실체를 형성한 중소공업이 구조적 경영난과 과당경쟁 자금난에 부딪쳤다. 이것이 산업상의 문제로 인식된 것인데, 바로 1912년부터 제1차 세계대전 이후 1920년대 초기 걸쳐 형성된 중소공업의 정체된 침체에 대한 문제의식이다.[1] 독점자본의 중소기업 수탈·지배를 기본 내용으로 하는 본격적 중소기업문제의 인식에는 이르지 못한 맹아적 수준에 그치고 있지만 중소기업문제의 구조론적 인식의 흐름을 제공하고 있다.

한편 중소기업정책의 초기 윤곽은 메이지 말기, 그러니까 1910년대 초반에 드러난다. 당시 농상무성 공무국의 중소기업정책 기본방침은 다음과 같다.

(1) 신용조합과 기타 산업조합의 육성.

(2) 공업기술의 지도지원.

(3) 대장성 예금부자금의 저리융자 등.

즉, 협동조합정책·금융정책·지도정책(기술경영 기타) 세 가지였는데, 이는 그 뒤 일본 중소기업정책의 기본 방향이 되었고, 이를 근간으로 변화되어왔다. 그런데 중소공업문제의 맹아기에 형성된 이러한 정책 내용이 일반경제정책으로부터 독립되고 분화된 정책체계였다고 보기는 어렵다. 이 시기의 중소기업정책은 일반경제정책과 미분리 상태에 있었으며, 형식적으로 분리된 정책체계임에도 실직적으로는 일반경제정책의 성격을 지니고 있었다.

그러나 1920년대 중반 중소공업문제가 맹아기의 단계를 벗어나 구조적 모순의 산물로서 본격적이고 독립적 영역을 확보하게 되었다. 이에 따라 그것을 대상으로 하는 중소기업정책도 일반경제정책에서 분리된 산업정책의 성격을 갖게 된다. 중소기업문제를 구조적 모순의 산물로 보는 것은 중소기업문제가 독점자본에 따른 지배·수탈과 잔존·이용을 그 본질로 한다는 것을 의미한다.

1920년대 중반에 이르러 일본자본주의에서 독점자본의 원료·무역·시장 등 지배체제가 확립되고 다시 금융과두체제에 따른 자금의 집중체제가 형성·확립되면서, 중소기업은 필연적으로 독점자본으로 말미암아 지배·종속되기에 이르렀다. 이 무렵부터 선대객주제 가내공업은 선대객주제 공장공업으로, 다시 하청제로 발전하면서 독점자본에 따른 중소공업의 직접적 지배체재가 성립되었다. 중소기업정책은 이 단계에서 선대제 가내공업과 노동문제를 포괄하는 사회정책적 성격에서 벗어나 경제정책으로서 독립된 성격을 지니게 된다.

---

1) 일본에서 '중소공업(中小工業)'이라는 개념은 제1차 세계대전 이전에 등장했으나, 그것이 일반화한 것은 1917년 이후라는 것이다. 尾城丸太郎, 〈日本中小企業史〉, 楫西光速·岩尾裕純·小林義雄·伊東垈吉 編, 《講座 中小企業 I》(歷史と本質), 有斐閣, 1968, 202쪽.

특히 1930년대에 와서 하청제도가 본격적으로 전개되면서 중소공업에 대한 독점자본의 직접적 지배와 수탈관계가 성립하고 독점자본주의의 확립 발전에 수반된 중소공업 문제가 본격화했다. 구조적 모순의 산물로 그리고 본격적 문제로 중소공업문제가 파악될수록 그것을 대상으로 하는 중소기업정책은 본격적인 경제정책으로서 산업정책의 성격을 갖게되고 분리·독립된 정책체계를 구비하기에 이른다.

이런 추세 속에서 중소(상)공업이라는 용어도 일반적으로 사용되었다. 그리고 행정기구 면에서 보면, 농상무성으로부터 분리되어 상공행정기구로서 상무성이 발족(1925년)된 것도 중소기업문제가 본격적으로 의식된 때이다. 기구의 독립 발족은 중소공업이라는 용어의 일반적 사용과 정책의 독립적 체계 수립을 촉진했다.

한편 높은 원료가격, 낮은 재품가격이라는 간접적 차원을 넘어 직접적 지배 종속관계인 하청제도가 전개되면서 이에 대한 정책조성이 진전되었다. 독립되고 분화된 경제정책으로서 중소기업정책은 금융정책·조직화정책·지도정책이라는 맹아기의 정책 외에 하청공업의 조성책을 촉진하게 되었다. 즉, 독점자본 단계에서 중소기업에 대한 지배제도를 촉진하기 위한 정책이며, 자본축적 기반을 구축하기 위한 계층적 지배구조의 시작이었다.

2 중소기업정책의 초기 전개—중소기업청의 설립과 산업조직정책적 중소기업정책의 대두

2.1 중소기업청 설치의 배경

전후의 중소기업정책은 1948년 8월에 중소기업청이 설립됨으로써 본격적으로 시작되었다.

중소기업청설치법에 나타난 중소기업정책의 초기 성격은 재벌해체의 연장선상에서 반독점적 산업조직정책적인 것이었다. 1930년대 초반 이후 일본자본주의는 국가독점자본주의의 성격을 띠고 있었는데, 일반적으로 이러한 성격이 전후에도 지속된 것으로 보고 있다.[2] 국가독점자본주의는 전후 미군점령기의 경제민주화정책의 기준에 따라 재벌해체의 조치를 맞게 된다. 그러나 이러한 전후의 개혁은 전전에 국가독점자본주의 변혁을 지체시킨 여러 가지 요인을 불식시키고 오히려 미군 점령기 이후의 국가독점자본주의를 더욱 성숙시킨 구조변혁의 과정으로 보는 것이다. 따라서 전후에 전개되는 변혁은 더 혁신적인 국가독점자본주의적 변혁이고, 그것은 1930년대 이후 준전시와 전시체제 아래의 국가독점자본주의 경제체제의 발전 강화라는 구조 변화의[3] 연장선상에서 이해되어야 한다는 것이다. 메이지유신(明治維新)을 기점으로 1930년대 이후 전개되었던 일본 국가독점자본주의는 미군점령기의 여러 개혁을 분수령으로 하여 과거의 군사적·봉건적 경제구조로부터 민주적인 경제구조로 재편·재건되었다. 패전→점령→전후 개혁은 새로운 일본자본주의의 출발점이기도 하지만, 다른 한편으로는 일본 자본주의가 걸어온 귀결점이라고 보아야 할 것이다.

이런 개혁조치의 핵심이 1947년에 제정된 〈사적 독점의 금지와 공정거래의 확보에 관한 법률〉(독점금지법)이었다. 미군 점령기의 전후 개혁은 구재벌과 구군벌이 지배하고 있던 낡은 일본의 체제를 파괴함으로써 대미 적대성을 제거하고 일본을 미국의 지배 아래 두면서 일본경제의 자립화를 도모한다는 것이었다(종속과 자립). 민주화하지 않은 전전의 독점재벌이나 군대는 해체되어야 하지만, 전후 개혁에 따라 민주화한 일본에서 독점재벌이나 군대는 민주적 통제를 받고 있기 때문에 그것을 부활해도 구체제처럼 군국주의로 될 염려는 없다는 것이었다. 재벌을 해체하고 경제민주화를 지속시키기 위한 독점금지법을 제정함으로써 독점적 지배를 민주적으로 규제할 수 있다는 것이다. 즉, 독점의 부활

---

2) 大內力 著,《日本經濟論》, 東京大學出版會, 1962, 34～35쪽.

3) 전후의 개혁을 전후 일본자본주의의 출발점으로 보는 관점을 단절성의 접근방법이라고 하고, 전쟁 전 일본자본주의의 귀결점이라고 보는 관점을 연속성의 접근방법이라고 한다 (李鍾爀 著,《日本經濟論》, 法文社, 1993, 224～225쪽).

을 인정하더라도 예전의 재벌처럼 집중현상은 나타나지 않고 군국주의화하지도 않는다는 주장이었다. 이것은 전후 개혁이 지속적으로 국가독점자본주의를 더욱 성숙하게 함을 예고하는 것이기도 했다.

　재벌해체의 성과를 유지하려면 경제력의 비민주적 집중을 규제하는 조치인 독점금지법이 필요하지만, 동시에 경제력 집중의 대항력을 육성하는 것도 중요하다. 중소기업청의 설치는 경제력 집중의 대항력으로 독립의 중소기업을 발전시키는 것을 도모한다는 획기적 정책 목표를 가지고 있다. 따라서 중소기업청 설치는 재벌해체라는 전후 개혁과 이념적 근원을 같이 하면서 중소기업을 대기업체제의 폐해를 규제하는 경제민주화와 시장경제의 주체로 보는 것으로서, 중소기업의 적극적 역할과 위치를 부여하는 것이었다. 이는 오늘날의 중소기업정책에도 시사하는 바가 크다. 결국 중소기업청의 설치로 시작한 일본 중소기업정책은 독점금지법과 같이 반독점적 산업조직정책의 성격을 갖고 있었다.

　중소기업청의 설치는 이상과 같은 역사적 의의와 성격을 갖는 것이었지만, 그것을 촉구한 데는 다음과 같은 경제적 배경이 있었다. 전시 중의 군수생산과 전폐업의 강제성에서 벗어난 중소기업은 전후 일상용품 생산에 기동성 있게 전환하여 일시적 호황을 누렸다. 그러나 경사생산방식으로 자원이 기간산업인 대기업에 집중되면서 원자재난과 자금난에 봉착했다. 경사생산방식은 1946년 요시다(吉田) 내각이 채택한 뒤 1947년과 1948년에 실시된 전후 일본의 산업부흥정책이다.[4] 또한 중요산업에 대한 장기자금의 공급을 목적으로 설립된 부흥금융공고(1947년 1월 설립)에 약간의 중소기업융자배당이 설정(1947년 12월)되었지

---

4) 경사생산방식은 석탄을 증산하고 이것을 철강생산에 중점적(경사적)으로 배분하여 철강재를 증산한 뒤 이 철강재를 석탄산업에 다시 경사배분하여 석탄의 증산을 도모하는 방식으로, 석탄과 철강 두 부문을 축으로 하여 상호보완적으로 광공업 생산수준을 끌어올리려는 정책이다. 경사생산에서는 ① 자재의 할당, ② 자금의 융자, ③ 가격통제, ④ 가격보조금, ⑤ 수입물자의 배분 등 직접통제수단을 사용했다. 이 정책이 그 뒤 일본의 중화학공업화와 국가독점자본주의의 성격을 결정지었다는 견해도 있다. 여기서 가격조정보조금은 석탄·철강 등의 기초물자의 공정가격과 생산비의 차이를 일반회계에서 보조금으로 메워 기초물자의 공정가격을 유지, 인플레를 억제하려는 것이다.

만, 그 융자내용은 기업 규모별로 보아 거대 대기업에, 업종별로는 석탄과 철강 산업에 집중되었다. 여기에 금융기관 자금융자준칙(1947년 3월 설정)도 산업자금대출 우선순위를 중점산업(석탄 철강 등)에 둠으로써, 그 밖의 산업은 최소한의 융자지원을 받을 뿐이었다.

이처럼 경사생산방식 아래 원자재와 자금이 기초산업 부문의 대기업에 집중되면서 중소기업의 자재난과 자금난은 격화되었다. 이에 중소기업자들은 대중적 운동을 일으켜 중소기업문제를 정치·사회문제화했다. 전국일본중소기업자협회(1947년 결성, 1948년에는 전일본중소기업협의회로 개칭)와 일본중소기업자동맹(1948년 3월 성립)이 그것인데, 전자의 영향력이 컸다. 이들은 대중적 운동을 일으키고 또한 중소기업정책에 대해서도 수준 높은 제안을 하여 정부와 정당에 영향을 주었다.

중소기업의 경영위기와 이에 대응하는 중소기업자의 대중적 운동은 정당과 정부에 중소기업정책의 기본 방향을 책정하도록 촉구했고, 그 과정에서 중소기업청이 설립되었다.

2.2 중소기업청의 설립

미군점령기에 정책의 구체적 입안과 실시는 일본 정부가 행했지만 기본방침과 정책의 최종결정은 연합군 최고사령부(GHQ)가 행하는, 말하자면 연합군에 따른 간섭통치 방식이었다. 연합군의 초기의 대일정책은 농지개혁·노동민주화·재벌해체 등 경제민주화에 있었기 때문에 연합군 사령부의 중소기업개발정책은 재벌해체의 연장선상에 있었다. 그것은 중소기업과 재벌의 대항관계를 확인하고, 중소기업은 재벌해체 뒤 중산계급으로서 민주화한 경제사회의 중심이라는 것을 분명히 하고 있다. 따라서 중소기업의 개발은 재벌해체정책의 연장선상에 있고 경제민주화를 위한 정책으로 보고 있다.

전시통제로 왜곡된 일본경제에 자유로운 시장경제와 미국식 민주주의를 구축하기 위하여 중소기업을 자유경쟁의 토대 그리고 민주주의의 상징으로 본 것인데, 이것은 바로 미국의 중소기업관을 반영한 것이었다. 이와 같은 연합군 사령부의 방침 속에 중소기업청설치법의 제정은 다음과 같은 과정을 거쳐 이루어졌다.

2.2.1 제1차 〈중소기업진흥대책요강〉(1947. 2. 15) 작성

중소기업의 경영위기와 중소기업의 대중적 운동에 대응하기 위하여 일본 정부는 중소기업정책의 기본방침을 결정했는데, 상무성 산업부흥국 진흥과가 작성한 요강의 줄거리를 보면 다음과 같다.

(1) 자재·자금이 부족하여 중소기업 전반의 개발은 불가능하므로 개발 대상 중소기업의 업종을 지정한다.

(2) 중소기업의 능률 향상을 위하여 경영쇄신의 지도와 조직화에 따른 공동사업을 추진한다.

(3) 강력한 기술지도로 세계적 수준을 지향한다.

(4) 고능률의 중소기업에는 적극적으로 자재와 설비의 확보를 도모한다.

(5) 자금에서는 일반금융기관과 부흥금융공고의 자금을 다시 활용하는 방안을 강구하는 외에 상공조합중앙금고를 강화한다.

(6) 중소기업 재품의 전시회를 개최하고 우수제품에 표창을 하며 자재를 우선적으로 배분한다.

(7) 중소기업 개발의 여러 정책을 강력히 추진하도록 중앙과 지방의 '지도기관'을 강화한다.

(8) 이상의 항목을 실시하는 데 필요한 법제적·예산적 조치를 신속히 강구한다.

이 요강에서는 경사적 자재, 자금대책[(1)·(4)·(5)], 합리화 시책[(2)·(3)·(6)], 지도기구강화가 제시되었다. 즉, 경사생산방식의 산업부흥정책에 따른 중소기업정책을 반영한 것일 뿐 경제민주화와 반독점적 시각은 없다.

2.2.2 〈중소기업대책요강〉(제2차 및 제3차)

7개 항목으로 상공성이 작성한 제2차 중소기업대책요강(1947. 7. 9)에서 제1차의 것과 차이가 있는 것은 자제와 자금확보의 구체적 방안으로 심사제도를 구축하는 것과 '중소기업공단'을 설립한다는 것이었다. 중소기업공단은 중소기업에 자금의 배분을 행하는 기관이며, 또한 제1차 요강에서 지도기관으로 표시한 '중소기업국'의 설치를 구상했다.

제3차 요강(1947. 7. 23, 중소기업 진흥대책위원회 작성)에는 중소기업공단이 삭제되었다. 연합군 사령부는 경사생산방식과 부흥금융공고의 융자를 승인했지만, 중소기업에 관료통제의 위험이 있는 제도의 설치를 극히 경계하면서 중소기업공단의 통제적 성격에 반대했다. 한편 제3차 요강에서는 중소기업 육성기관의 강화를 위하여 '중소기업총국'의 설치가 명문화했는데, 그 역할은 중소기업의 공정한 이익을 대변하는 것이었다. 여기서는 경제민주화적 이념이 엿보였다.

2.2.3 제4차 〈중소기업대책요강〉(1947. 11. 7)

연합군사령부의 최종승인을 얻어 확정된 제4차 요강에는 경제민주화와 반독점적 사상이 제시되었다. 그 전문에는 다음과 같이 씌어 있었다.

"정부는 중소기업문제의 곤란성을 깊이 인식하면서도 사적 독점의 금지와 부당한 거래제한의 배제로 확보되는 자유공정한 경쟁경제 아래에서 중소기업의 건전한 발전을 도모하는 것이 경제재건의 올바른 기반이 된다는 것을 깊이 믿기 때문에" 중소기업에 대하여 경영능률화와 기술개선의 지도 그리고 사업전환을 권장한다고 하여, 재벌체제와 독점금지법의 관련을 강하게 의식한 정책이념을 드러내었다.

또한 구체적인 시책으로는 다음과 같은 것들이 있다.

(1) 기술향상의 지도강화에 관한 조치.

(2) 경영의 능률화의 촉진에 관한 조치.

(3) 중소기업지도기구강화(중소기업 총국의 설치) 등에 관한 조치.

(4) 심사제도의 확립에 관한 조치 등.

이 가운데는 통제적 색채가 있는 정책은 포함되지 않았다. 일본 정부는 경사생산방식에 입각한 중소기업진흥정책을 입안했지만, 연합군사령부는 경제민주화와 반독점 이념을 명확히 하고 관료통제를 가져올 시책의 배제를 지시했다. 그 결과 반독점적, 비통제적 합리화정책(기술향상, 경영능률과 심사제도)과 그것을 실시할 '중소기업총국'(중소기업청으로 실현)의 설치를 내용으로 하는 〈대책요강〉이 완성되었다.

이 대책요강에 바탕을 두고 중소기업청설치법이 성립했는데(1948. 7. 2 공포, 8. 1 시행), 그 특징을 보면 다음과 같다.

우선 중소기업육성의 이유에 대하여 "이 법률은 건전한 독립된 중소기업이 국민경제를 건전하게 발달시켜 경제력 집중을 방지하고 또한 기업을 경영하는 자에 대하여 공정한 사업활동의 기회를 확보한다고 보고 중소기업을 육성하고 발전시켜 그 경영을 향상시키는 제조건을 확립하는 것을 목적으로 한다"고 규정했다(제1조).

'건전한 독립의 중소기업'은 국민경제를 발전시킴과 동시에 경제력의 집중을 방지하고 기업의욕이 있는 자의 진입이 자유로운 경제를 만들기 위하여 중소기업을 육성한다는 것이다. 결국 경제력 집중의 방지와 진입이 자유로운 시장경제질서의 형성을 중소기업육성의 목표로 하고 있다.

이 법보다 전에 제정된 〈사적 독점의 금지 및 공정거래의 확보에 관한 법률〉(독점금지법, 1947. 4. 12 공포, 7. 20 실시)은 제벌의 해체성과를 장래에도 이어가기 위하여 사적 독점 및 부당한 거래제한의 금지로 경제력의 과도한 집중을 억제하고 있다. 이에 대하여 중소기업청 설치법은 경제력을 분산시켜 경제력 집중의 대항력이 되는 독립된 중소기업육성을 통하여 경제력 집중의 방지를 도모하고 있다. 경제력 집중을 막기 위하여 독점금지법은 경제력의 집중 자체를 규제하고, 중소기업청설치법은 경제력의 분산을 도모하고 있다. 이처럼 두 법은 상호 보완적 관계에 있는 반독점적 산업조직정책이며,[5] 또한 미군점령기에 일본자본주의에 대한 전후 개혁의 핵심인 재벌해체정책의 연장선상에 있는 것이다.

---

5) 이 시기의 중소기업정책이 산업구조정책의 일환으로 실시되었다는 주장도 있다(渡邊俊二 著,《日本中小企業政策の 形成過程の研究》, 廣島修道大學統合研究所, 1992. 7. 8).

중소기업청설치법에 근거하여 설치된 중소기업청은 상공성 밖에 설치된 독립기관이었다. 이것은 상공성 소관업종 이외의 중소기업을 소관하기 위한 것이라는 기술적 이유만이 아니고 중소기업정책이 상공성의 정책으로부터 독립된 정책이라고 생각한 때문이다.[6]

중소기업청의 구체적 업무는 다음과 같다.

(1) 중소기업의 육성발전에 필요한 사항에 대하여 정보수집과 제공.

(2) 중소기업의 경영상황의 조사와 진단에 기초를 둔 지도.

(3) 중소기업의 기술향상과 관련하여 실험연구기관에 협력 의뢰.

(4) 신규로 유입한 제품과 제조법의 장려.

(5) 제품과 제조법의 전시회 개최.

(6) 중소기업에 관련된 의안에 의견제출.

(7) 행정기관으로부터 사업을 저해받거나 타인의 행위로 부당한 거래제한을 받는 중소기업자의 신청을 받아 공정거래위원회에 사건을 이관하는 것.

이러한 중소기업청의 업무는 정보서비스적인 합리화정책[(1)∼(5)]과 중소기업의 이익대변업무로 구분될 수 있다. 이전의 상공행정이 물자할당 중심이었음에 대하여 정보서비스는 경영을 위한 시책이고 기업의 자주성을 중요시하는 합리화정책으로 평가된다. 또한 이익대변업무는 중소기업을 행정기관과 대기업의 압박으로부터 지키고 경제민주화의 이념을 반영하는 시책이다. 그런데 이 시책의 체계에서는 정부통제와 경쟁제한을 경계하여 자유경쟁원리를 고집하면서도, 중소기업에 대한 공정한 자원배분을 추진하는 방향은 없다. 경사생산방식으로 중소기업이 원자재난과 자금난에 봉착하고 있는 시점에서 이러한 시책만으로 중소기업의 발전을 이를 수는 없었고, 결국 현실적으로는 금융대책과 조직화대책의 실시에 그쳤다.[7]

---

6) 제4차 〈중소기업대책요강〉(1947. 11. 7)에서는 중소기업총국(기칭)을 상공성에 설치하되, 독립 기관으로서 모든 회의 및 국회에 중소기업의 대변자라고 할 수 있는 차관급의 장관을 정부 안에 둔다고 하여 상공성으로부터 독립성을 강조하고 있다.

7) 법률적으로 금융대책과 조직화대책이 중소기업청의 업무로 추가된 것은 1950년의 중소기

한편 중소기업청의 기구내용을 보면 다음 〈그림 2〉와 같다.

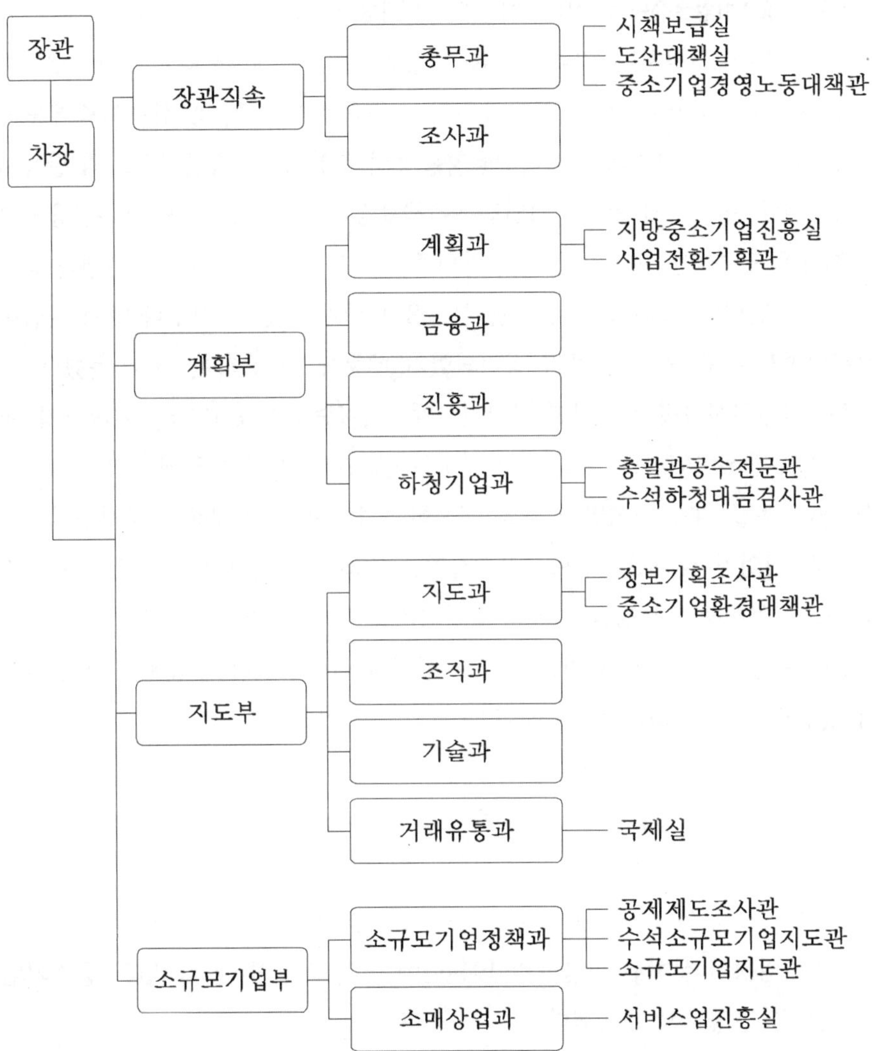

자료 : 寺岡 寬 著, 《日本の 中小企業政策》, 有斐閣, 1997, 300쪽

〈그림 2〉 일본 중소기업청 기구

업청설치법 개정에 따른 것이다.

2.3 중소기업청 설립 이후의 중소기업정책

2.3.1 〈중소기업금융대책요강〉의 확정과 기업진단제도의 창립

중소기업청이 설치된 직후 각의는 〈중소기업금융대책요강〉을 확정했는데 (1948. 8. 11), 여기에는 ① 중소기업측의 수용태세의 확립, ② 신용보증제도의 활용, ③ 일반금융기관의 중소기업융자활동의 촉진, ④ 부흥금융공고의 활용이 포함되었다. 이미 〈제1차중소기업진흥대책요강〉(1947. 2. 15)에서 부흥금융공고 의 활용을 정했지만, 중소기업의 융자비중은 부진했기 때문에 시중은행을 통한 대출을 추진했다. 그러나 그것도 큰 실적을 보이지 못했다. 더구나 닷지 라인이 실시되면서 신규 융자는 거의 정지되었기 때문에 그 효과는 크지 못했다.

중소기업청설치법에 규정된 기업진단제도가 〈중소기업진단실시기본요강〉의 결정으로 발족되었다(1948. 11). 이 제도는 중소기업자의 신청에 따라 설비·기 술·경리·품질·원가 경영방침 등을 개선하기 위하여 기업내용을 조사진단하는 것이다. 기업진단제도는 정보서비스적인 합리화시책을 대표하는 것이었고 전 후 중소기업시책의 특징을 나타내는 것이기도 했다. 그러나 자주적으로 진단을 신청하는 중소기업자가 적었고 제도의 선전과 진단요령의 작성에 중점이 놓여 져 실질적 효과는 크지 않은 것이 초기의 실정이었다.

2.3.2 닷지 라인 이후의 중소기업시책

2.3.2.1 닷지 라인으로 말미암은 중소기업의 경영악화

중소기업청이 설치된 다음해인 1949년에 닷지 라인이 실시되면서 중소기업 은 심각한 경영난에 부딪혔다.

미국의 대일본정책은 1947년 초부터 비군사화·민주화에서 경제자립의 촉진 으로 변화되기 시작했다. 1948년 초에는 대일정책의 변경이 공식적으로 성명으 로 이어졌으며(예컨대 일본을 공산주의의 방파제로 한다는 성명 등), 1948년 12월에 연합군 사령부는 경제자립시책으로 〈경제안정 9원칙〉을 발표하고 이를 요시다수상에게 통보했다. 이것을 바탕으로 1949년 연합군 사령부의 재정고문으로 부임한 닷지(J. M. Dodge)가 이를 직접 지휘 감독하면서 이른바 닷지 라인(Dodge Line)이 강행되었다.[8]

닷지 라인은 무엇보다 경사생산방식에 따른 인플레 수습을 목적으로 했다. 이를 위하여 기업합리화를 추진함과 동시에 단일환율제를 설정(1948년 4월), 국제경제와의 관계를 조속히 실현하여 수출확대와 경제자립을 달성한다는 것이었다. 인플레 수습을 위해서 최대 중점은 강도 높은 긴축예산을 편성하는 데 두었다. 총예산의 균형을 주장하면서 일반회계뿐만 아니라 특별회계를 포함하여 국가 전체예산의 균형을 도모하는 초균형흑자예산을 편성하면서 가격조정 보조금도 삭감했다. 또한 부흥금융금고의 부금채 발행을 중지하여 신규 대출도 전면 금지하는 등 신용증가를 강력히 억제했다. 그 결과 인플레는 크게 수습되고 암거래 가격과 공정가격의 차이도 축소하여 물자의 수급관계도 완화되었다. 물가통제와 물자통제가 철폐되면서 자유경제로 점차 이행되었다. 동시에 상당한 디플레 효과가 발생하여 이른바 안정공황(安定恐慌)이 발생했다. 기업정리 건수가 증가하고 실업자가 늘어나는 가운데 특히 중소기업의 도산과 기업정리가 급증했다.

2.3.2.2 금융지원대책

이 시기 중소기업의 경영난에 대응하여 이루어진 첫번째 대책은 중소기업에

---

8) 디트로이트 은행의 사장인 조지프 닷지가 트루먼대통령의 특명에 따라 공사의 자격으로 일본에 부임하여 〈경제안정 9원칙〉을 추진했는데, 그 내용은 ① 균형예산, ② 증세촉진, ③ 신용확장의 엄격한 제한, ④ 임금안정 계획의 입안, ⑤ 물가통제, ⑥ 무역과 외환통제의 강화, ⑦ 수출용 자재 배급의 효율화, ⑧ 주요국산 원자재와 제품의 증산, ⑨ 식량공급의 효율화 등이다. 무엇보다도 일본경제의 조기자립화를 위하여 단일환율의 설정을 전제조건으로 했다. ①~②는 디플레정책에 따른 경제 안정을, ④ 이하는 통제강화를 시도하고 있다는 점에서 자유경제 사상과 통제 경제의 사상이 혼합되어 있음을 알 수 있다. 닷지가 철저한 자유경제론자였다는 점을 감안하면, 이는 연합점령군 사령부의 통제 의지가 반영된 것이라고 분석된다. 그래서 1948년부터 1952년 전반에 걸쳐 행해진 경제안정정책의 추진 과정을 닷지 라인이라고 부른다(李鍾燧, 앞의 책, 261쪽).

대한 특수자금의 확충이었다. 부흥금융공고 자금의 시중은행을 통한 융자는 닷지 라인의 방침에 따라 1949년 3월까지 신규 대출이 정지되어 있었다. 이것을 보완하기 위하여 대일원조자금이 협조 융자제도의 형태로 중소기업에 융통되었다(1950년 1월). 시중은행이 중소기업에 시설자금융자를 행할 때 그 소요자금의 반액을 원조자금이 부담한다는 것이다. 그리고 1948년부터 실시한 일본은행의 중소기업에 대한 특별자금의 증액, 대장성 예금자금부 자금의 중소기업금융기관 예탁(1949년 12월) 등이 실시되었다. 그러나 이러한 자금지원이 중소기업의 심각한 자금난 해소에는 미세한 효과를 줄 뿐이었다.

두번째 대책은 다음과 같이 중소기업을 위한 전문금융기관을 정비한 것이다.

(1) 신용협동조합제도의 발족(중소기업등협동조합법 제정에 근거, 1948. 6. 1 공포, 7. 1 시행).

(2) 국민금융공고의 발족(1949년 5월 시행의 국민금융공고법의 제정에 근거하여 영세업자의 사업자금 대부를 목적으로 전액 정부 출자).

닷지 라인 아래에서 금융대책은 중소기업에 특수자금을 소규모로 지원하는 응급대책적 지원에 그쳤다. 다만 중소기업 전문금융기관으로서 신용협동조합과 국민금융공고는 그 뒤 중요한 역할을 하는 금융기관이 되었지만, 당시의 자금난 해소에는 큰 효과가 없었다.

2.3.2.3 〈중소기업등협동조합법〉의 제정

닷지 라인 뒤 초긴축으로 말미암은 디플레는 중소기업의 합리화를 강제했고, 이에 정부는 조직화에 따라 이를 추진하기 위한 새로운 조합제도를 발족했다.

이미 1946년 12월에 〈상공협동조합법〉(1946. 11. 11 공포, 12. 1 시행)이 시행되고 있었다. 전후 당장의 중소기업시책으로 협동조합에 따른 생산력 증강을 도모하기 위하여 전시통제조직이었던 상공조합제도를 조합원사업의 합리화를 위한 공동사업을 행하는 임의 가입의 협동조합으로 개편했다. 이 법으로 설립된 조합은 대부분 전시 아래의 상공조합을 단순히 이름만 바꾼, 통제가 심한 조직체질을 지속했고, 법의 취지에 맞지 않아 공동사업 추진도 효과가 없었다. 또한 조합의 운영도 민주적이지 못하여 독점금지법의 적용 제외의 요건도 갖추지 못하는 문제를 안고 있었다.

이에 새로운 협동조합제도를 수립할 필요성이 제기되면서 중소기업등협동조합법(1949. 6. 1 공포, 7. 1 시행)이 제정되었다.

"이 법률은 중소규모의 상업, 공업, 광업, 운송업, 서비스업, 기타 사업을 행하는자, 근로자 등이 상부상조의 정신을 바탕으로 협동하여 사업을 행하기 위한 필요한 조직을 정하기 위하여, 이들의 공정한 경제활동의 기회를 확보하고 자주적 경제활동을 추진하여 경제적 지위의 향상을 도모함을 목적"으로 하고 있다(제1조).

즉, 상부상조의 정신을 강조하여 민주적 이념에 충실한 조직임을 명시했는데, 다음과 같이 그 내용이 설명될 수 있다.

첫째, 전시 중의 협동조합이 정부의 경제통제의 보조기관이었던 점을 반성하여 협동조합원칙, 즉 상부상조의 정신과 자치주의, 민주주의에 충실함을 강조하고 있다.

둘째, 대기업 가입의 여지를 배제하여 협동조합이 중소기업자를 위한 조직임을 확실히 하고 있다. 그럼으로써 독점금지법 적용 대상에서 제외되었고 중소기업자가 협동조합의 결성으로 대기업과 경쟁하는 경제 주체로 성장, 경제력 집중의 대항력이 될 것을 기대하고 있다.

셋째, 협동조합의 자립성을 확보하기 위하여 경제기업체적 성격을 강조하고 있다. 협동조합은 조합원에 직접 봉사하는 것이며 또한 자체의 영리를 목적으로 하는 것이 아니었다. 그러나 그 자립성 확보를 위해서는 경제적으로 성립하는 것이 대전제이고, 이것이 조합원에 직접봉사의 원칙과 모순되는 것도 아니다. 따라서 조합을 회사에 준하는 기업 단위로 보고 그 운영에 상법을 준용했다.

이러한 높은 이상에도 불구하고 장기간 지속되어온 지도자 중심의 조직의 체질을 벗어나지 못했고, 닷지 라인 아래의 과당경쟁과 경영난에 시달리는 당시의 중소기업자 의식은 이를 따라가지 못했다.

그 동안 피지배적 위치에 있었던 중소기업자를 경제력 집중의 대항력으로 육성하려는 이 시기 산업조직정책적 중소기업정책은 개혁정책이었다. 그러나 경사생산방식과 닷지 라인 등은 대기업부흥정책이었으며 중소기업을 압박하는 정책이었다. 즉, 이 시기의 중소기업에는 '개혁과 수탈[9]'의 두 가지 측면이 있었다. 개혁을 대변하는 중소기업청은 대기업 중심의 부흥정책의 강화 그리고 행정기반의 약화 등으로 자원배분을 중소기업에 유도하는 적극적 정책을 실시하지 못하고 응급적·대증요법적 정책의 실시에 그쳤다. 추진하던 기업진단 제도와 신용협동조합제도도 실질적인 효과를 거두지 못했다.

결국 중소기업청은 대기업 중심의 자본주의 재건정책 아래에서 그 설립취지에 맞는 유효한 시책을 강구하지 못하고 경제민주적·산업조직정책적 중소기업정책은 좌절되고 말았다.

3 대기업체제의 부활과 중소기업 근대화정책의 개시

3.1 대기업체제의 부활과 중소기업정책의 변화

3.1.1 대기업체제의 부활과 중소기업의 자금난

1950년대에 들어서면서 일본은 경제적으로는 한국전쟁(1950년 6월 발발)으로 이른바 '한국전쟁특수[10]'를 맞게 되고, 정치적으로는 샌프란시스코 강화조약과 미일안전보장협정의 조인(1951년 9월조인, 1952년 4월 발효)으로 6년 동안의 미군

---

9) 1940년대 후반 일본경제는 농업개혁(농지개혁)과 노동조합법 제정 등과 아울러 중소기업청설치 등(경제력 집중의 억제와 대항력으로 육성) 개혁적인 측면을 지녔지만, 동시에 대기업 중심의 자본주의 재건이라는 원시적 축적기에 처해 있었음을 말한다.

10) '한국전쟁특수' 또는 '한국특수'라는 말은 한국전쟁에 수반되어 발생하던 물자와 서비스에 대한 특별수요를 총칭하는 것으로, 한국전쟁 발생 직후에는 주로 미군사령부가 그리고 1951년 이후에는 주일 미군 조달본부가 발주했다. 한국전쟁 3년 동안 특수는 당초에 면포·모포·마대 등 섬유류와 트럭·강재 등 전선에서 직접 사용되는 자재가 중심이었으나, 그 뒤에는 한국부흥에 필요한 자재가 주가 되었다. 이 특수계약액의 5년 동안 누계는 16억 달러가 넘었다.

점령기가 막을 내리게 된다. 이 두 가지 사건은 일본경제에서 대기업채제를 부활시키는 계기를 제공한다. 우선 미군점령기에 미국적 민주주의 이념의 뒷받침으로 강력하게 추진되었던 재벌해체 등 독점금지법을 바탕으로 하는 반독점정책적 산업조직정책의 흐름이 후퇴하게 된다.

경제적으로 한국전쟁의 발발은 닷지 라인 이후 '안정 공황'에 시달리던 일본경제를 전쟁특수로 전환시켰다. 한국전쟁특수로 구재벌계 기업은 재건되어 기술혁신투자에 이어 생산력을 확대시켰고, 강화조약의 체결이라는 정치적 배경이 가미되면서 1951년 이후 구재벌기업은 재집결움직임을 강화했다.

한편 점령군사령부는 한국전쟁 발발 뒤 1951년 6월 재벌해체조치를 종결(지주회사정리위원회의 폐지)했고, 이를 기점으로 경제민주화정책은 크게 후퇴했다. 더구나 한국전쟁특수 뒤의 불황기를 맞아 카르텔의 필요성이 높아지면서 정부행정권고에 따른 생산제한 카르텔이 용인되었고 독점금지법 적용이 제외되는 개별 입법도 창설되었다(〈수출거래법〉과 〈특정중소기업의 안정에관한 임시조치법〉 등). 결국 경쟁정책은 후퇴하고 강화조약발효 뒤에는 독점금지법이 개정되어 반독점정책을 크게 완화했다. 이처럼 대기업체제의 부활과 경쟁정책의 후퇴는 표리의 관계에 있었다.

경쟁정책이 후퇴하면서 그 자리에는 산업육성을 위한 여러 장치가 형성되었다. 우선 외환법과 외자법에 따라 봉쇄경제체제가 형성되었다. 외국환 및 외국무역관리법(외환법, 1942. 12. 1 공포, 1950. 6. 30 시행)은 국가가 외환과 무역을 전면적으로 관리하도록 했다. 외자에 관한 법률(외자법, 1950. 5. 10 공포, 6. 8 시행)은 원래 외자도입의 촉진을 목적으로 한 것이었지만 일본경제에 나쁜 영향을 줄 것으로 예상되는 외자도입은 허가하지 않고, 중요산업에 대한 경영참가를 목적으로 하는 직접투자를 규제하는 등 외자진출을 규제했다. 이렇게 해서 외국기업에 대한 일본기업의 경쟁을 차단하는 봉쇄경제체제를 구축했다.

이처럼 봉쇄경제체제를 구축하는 한편 산업구조의 고도화, 즉 기초산업과 중화학공업의 국제경쟁력을 강화하기 위한 산업육성정책을 개시했는데, 이른바 산업(기업)합리화정책이 그것이다. 먼저 국가자금을 재정비하고 정책금융기관을 설립하여 수출진흥자금과 합리화자금을 확보했다. 일본수출은행(1950년 12월, 1952년 4월부터는 일본수출입은행)과 일본개발은행(1951년 4월) 외에 중소기업금융공고의 설립(1953년 8월) 등이 그 일환으로 추진된 것이었다.

다음에 기업합리화촉진법(1952. 3. 14 공포·시행)을 제정하여 주요산업에 대한 특별감가상각제도와 기술향상촉진을 추진했는데, 중화학공업이 그 대상업종으로 지정되었다.

이러한 제도적 뒷받침 속에서 대기업은 부활·확대되었다. 이에 대하여 중소기업은 경기계공업 등의 발전 외에는 많은 중소기업이 자금난으로 근대화가 지연되고 대기업과 중소기업 사이의 격차는 확대되었다. 이러한 자금난은 대기업체제의 부활과 중소기업의 과당경쟁이 깊은 관계를 맺은 가운데 심화되었다.

첫째, 대기업에 대한 융자집중기구가 형성되어 중소기업은 은행의 융자 대상에서 한계 지위를 갖게 되었다. 그 결과 중소기업은 금융사정이 필박했다.

둘째, 중소기업의 과당경쟁과 대기업의 판매독점 및 구매독점이 형성되었다. 전후 군수생산의 정지로 해고, 퇴역군인 및 외국 이주자의 귀환 등으로 대량실업자군이 창출되었고 이들은 농촌과 도시에 몰려들었다. 이 증가된 산업예비군과 저임금노동력은 소자본으로 개업이 가능한 기반이 되었고 대량의 중소영세기업을 발생시켜 과당경쟁을 가져왔다. 또한 부활한 대기업은 구입독점과 판매독점을 형성, 중소기업의 과당경쟁을 이용하여 우월적 거래를 행하고 이것이 중소기업자금난의 원인이 되었다.

결국 1940년에 후반에는 경사생산방식과 닷지 라인으로 대기업체재 부활의 기반형성을 위한 '원시적 축적'이 중소기업자금난의 원인이었으나, 1950년대 초에는 대기업체재 부활이 자금난의 원인이 되었다.

3.1.2 산업조직정책적 중소기업정책의 후퇴와 보호주의적 성격의 대두

3.1.2.1 중소기업 금융대책의 진전

(1) 중소기업 전문금융기관의 발족과 확충

① 상호은행과 신용금고의 발족

먼저 민간의 중소기업 전문금융기관이 발족했는데, 상호은행법(1951. 6. 5 공포·시행)과 신용금고법(1951. 6. 15 공포·시행)의 제정으로 상호은행과 신용금고가 발족한 것이 그것이다. 당시 민간 중소기업 전문금융기관으로는 무진회사와 신용협동조합이 있었는데, 이들이 상호은행과 신용금고로 각각 개편된 것이다.

상호은행은 종래 무진방식에 따른 장기의 분할불입으로 상호 자금유통을 했던 것에 예금·자금대출·어음할인 등 환업무를 제외한 보통은행 업무의 거의 전부를 취급하게 되었으며, 중소기업 전문금융기관으로서 성격을 유지했다.

신용금고는 신용협동조합에 포함되어 있던 공공적 금융기관으로서 기능을 분리·발전시킨 것이다. 중소기업등협동조합법에 따른 신용협동조합의 금융업무는 '상호부조적·협동조직적' 성격이어서 금융기관으로서 건정성을 유지하는 데 문제가 있었다.

이에 이것과는 별개로 '지역적·금융기관적' 유형으로 조합의 금융업무를 시행하여 건전경영주의에 입각한 금융조직을 실현하려는 것이 신용금고법에 따른 신용금고이다.[11]

② 정부계 중소기업 전문금융기관의 발족과 확충

기존의 상공조합중앙금고와 국민금융금고의 업무를 확충하는 한편 중소기업금융공고를 발족시켰다. 중소기업금융공고법(1953. 8. 1 공포·시행)의 제정으로 정부자금을 기반으로 중소기업금융공고가 발족했다. 공고의 목적은 중소기업

---

11) 조합금융업무의 '지역적·금융기관적' 유형은 도시를 포함하여 지역을 기반으로 조합원 외의 일반주민 등으로부터도 예금을 적극적으로 권유하는 유형이다. 이에 대하여 '상호부조적·협동조합적' 유형은 조합원을 위한 사업을 목적으로 대출은 물론 예금까지도 조합원 이외로부터는 받지 않은 유형이다.

자의 사업진흥을 위하여 필요한 장기자금(시설자금과 장기운전자금)을 일반금융
기관으로부터 융통이 곤란한 경우 공급한다는 것이다.

상호은행, 신용금고 또는 신용보완제도의 정비로 중소기업의 운전자금을 확
충하는 것과 병행하여 중소기업에 장기자금의 공급기관으로 발족한 것이 중소
기업금융공고였다.

(2) 신용보완제도의 정비

1937년 이후 설립된 신용보증협회가 사용력이 약한 중소기업의 채무를 보증
하여 금융기관의 중소기업 융자를 촉진하는 기능을 했다. 닷지 라인 이후 이
협회의 보증업무는 활발했지만 협회의 기본재산이 취약하여 그 보증력에 한계
가 있었다.

이에 중소기업신용보험법(1952. 12. 14 공포·시행)을 제정했다. 정부가 금융기
관과 신용보험계약을 체결하고 금융기관이 대출금의 회수가 불가능한 경우 특
별회계로부터 보험료를 지불하는 것이다.

3.1.2.2 조직화대책의 변화

전후의 조직화 대책은 자치주의, 민주주의와 반독점의 원리에 입각한 중소기
업등협동조합법이 그 기반이 되었다. 그러나 그 뒤 경쟁제한적·보호주의적 조
정조합제도가 설립되어 변화되었고, 급기야는 조직화대책을 통하여 설비근대
화정책이 시작되기에 이르렀다.

첫째, 특정중소기업의 안정에 관한 임시조치법의 제정을 들 수 있다. 한국전
쟁 뒤 불황으로 생산과잉이 발생하고 중소기업의 과당경쟁이 심각해지면서 통
제조직에 따른 생산조정과 시설제한의 실시가 요구되었다. 1949년에 시행된 중
소기업등협동조합법에 따른 협동조합은 공동시설사업을 행하고 그 일환으로
수급조정도 가능했다. 그러나 협동조합은 대기업의 가입과 조합원 이외의 자에
대하여 규제권이 없기 때문에 강력한 조정사업의 실시가 어려웠다. 이에 별개의
통제조직이 요구되어 법 제정이 이루어졌다(1952. 8. 1 공포·시행). 중소기업의
비중이 높은 공업 분야에서 제품의 수급이 현저히 균형을 상실하는 경우 업종

을 지정하여 일정의 조건 아래 통상성장관이 조정조합의 설립을 인정, 생산 출하의 제한 및 생산시설의 일정한 제한을 권고할 수 있게 했다. 이것은 독점금지법의 적용을 받지 않았다.

둘째, 이 법은 중소기업안정법으로 개정되었고 중소기업등협동조합법도 개정되었다. 불황이라는 긴급사태의 극복을 이유로 독점금지법의 예외입법으로서 한시적이었던 〈임시조치법〉은 독금법의 개정(1953. 9. 1)으로 불황카르텔이 법적으로 인정되는 움직임에 맞추어 중소기업안정법(1953. 8. 1)으로 개정되었고 그 내용도 강화되었다. 결국 협동조합은 자치주의와 민주주의의 조직원리에 입각하여 자유롭고 공정한 경쟁질서의 형성을 목적으로 한 것이었지만 조정조합은 행정기관의 개입과 중소기업의 상호규제에 따라 중소기업을 보호하는 것을 목적으로 하는 것이어서, 경쟁정책의 이념이 후퇴하고 보호주의적 색채가 대두되었다. 이러한 흐름을 반영, 협동조합에 대한 행정기관의 관여가 강화되도록 법 개정이 이루어졌다(1954년 4월).

셋째, 조직화에 따른 설비근대화의 촉진이다. 조직제도 자체의 변화에 이어 조직화대책을 통한 시설근대화정책의 강화가 추진되었다. 중소기업 조직화의 목적은 중소기업합리화에 있고 그 중심은 공동시설의 설치였다. 공동시설에 대해서는 1927년부터 국고보조금의 지급이 행해지고 있었는데, 1954년에는 〈중소기업 설비근대화보조제도〉를 창설하여 협동조합의 공동시설비뿐만 아니라 조합원에 대해서도 설비근대화의 보조금을 지급했다. 보조금 교부 대상은 수출산업과 그 관련 업무 그리고 금융기관에서 차입곤란한 소규모기업이었다. 이렇게 해서 중소기업조직화대책은 설비근대화정책으로까지 확충되었고 개별 중소기업에 대한 설비근대화자금의 지원이 시작됨으로써 중소기업 설비근대화에 관한 최초의 본격적 시책이 이루어졌다.

3.1.2.3 지도사업(기업진단 및 기술지도)의 정비

첫째, 기업진단제도의 법제화이다. 기업진단제도는 1948년에 그 제도가 발족된 이후 법적 근거 없이 시행되어 왔는데, 기업합리화촉진법(1952. 3. 14)에 기업진단제도가 규정되었다. 지방공공단체는 중소기업이 합리화 촉진을 위하여 중소기업자가 신청하는 경우 기업진단을 행하고 진단기관인 지방공공단체에 대해서는 경비의 일부를 보조금으로 교부할 것을 법문화했다. 이로서 기업진단제도는 행정조치에서 법적 조치로 되었다.

둘째, 기술지도에 대한 보호이다. 중소기업의 경영개선을 위한 기업진단제도와 함께 기술 면에서는 지방행정기관에 설치되어 있는 공설시험연구기관이 제일선의 지도 기관이 되어 지역의 중소기업 등에 기술지도를 행했다. 국가는 기술지도기관에 대하여 기술수준의 향상이 필요한 분야를 선정하고 기술지도기관이 필요로 하는 시설비를 보조하는 등(1958년) 기술지도기관의 충실화를 기했다.

기업진단제도와 기술지도는 그 뒤 중소기업지도법(1963. 7. 15)에 따라 체계화해 중소기업지도사업의 주축이 되고, 1960년대에는 지방자치단체의 중소기업에 대한 연수사업이 부가되어 중소기업지도사업의 체계를 완성했다.

이상에서는 금융대책·조직화대책·지도사업의 세 가지 시책이 정비되는 것을 보았는데, 이것은 그 뒤 중소기업정책의 기본 체계가 된다. 그런데 이들 시책의 본질을 살펴보면 보호주의적 정책기조 속에서 근대화정책의 맹아가 형성되는 과정을 알 수가 있다.

먼저 조직화대책에서는 경쟁정책적 성격이 후퇴하고 보호주의화 경향을 보이고 있다. 중소기업안정법에 따른 조정조합의 기능은 한국전쟁 이후 불황의 늪에 빠져 있는 중소기업을 상호규제하여 보호하고자 하는 것이었다. 이것은 기존의 중소기업등협동조합법의 자치주의와 민주주의의 조직원칙과는 다른 반독금법적 보호주의 정책기조였다. 조직화대책의 보호주의화는 경쟁정책의 후퇴이면서 동시에 이것을 촉진하는 역할을 했다. 중소기업안정법은 나중에 수출거래법(1952. 8. 5, 이후 수출입거래법[1953. 8])과 함께 독점금지법 적용을 제외시키는 카르텔을 용인하는 첫 사례였다는 점에서 경쟁정책의 후퇴를 촉진하는 역할을 했다.

이러한 보호주의적 시책은 다른 한편에서 국제경쟁력 강화와 산업구조고도
화를 의식한 산업육성정책적인 근대화정책으로 나타났다. 산업합리화정책 또
는 기업합리화정책은 뒷날 근대화정책을 뜻하는 것이었다. 금융정책 면에서 중
소기업금융공고의 설립은 산업합리화의 일환으로 수출산업 등의 국제경쟁력
강화에 중점을 두었으며, 중소기업신용보험제도도 그러했다. 기업진단제도도
기업합리화 촉진법에 근거했는데, 이것도 기업 내지 산업합리화에 중점을 두었
으며 조직화시책의 일환이었던 중소기업설비 근대화보조금제도도 중소기업설
비 근대화에 따른 기업합리화정책이되었다.

중소기업시책 속에 담겨진 산업합리화의 시각은 근대화정책의 맹아였다. 물
론 중소기업을 대상으로 업종별 근대화시책이 이 단계에서 실시된 것은 아니었
으며, 대기업 분야에 대한 것이었다. 그러나 산업합리화정책의 중심이었던 업종
별 근대화정책은 중소기업의 경우 1950년 후반부터 1960년대에 와서 체계화했다
는 점에서 이 단계 합리화정책은 중소기업 근대화정책의 맹아로 규정할 수 있다.

3.2 중소기업 근대화정책의 개시

3.2.1 이중구조의 해소와 중소기업 근대화정책의 근원

중소기업 근대화정책의 개시는 고용문제의 해결과 산업구조고도화라는 두
가지 관점의 이중구조론에서 시작되었다.

1950년대 후반 중소기업문제는 일본경제의 이중구조문제였고, 이것의 해결
이 중소기업정책의 과제로 떠올랐다. 이중구조문제는 고용문제의 해결과 산업
구조의 고도화라는 두 가지 측면에서 경제정책의 중심 과제가 되었다. 전후 경
제부흥을 달성하는 과정에서 과잉인구라는 고용문제는 매우 심각한 것이었고
생산연령 인구의 급증으로 문제성은 더욱 커졌다. 또한 일본의 국제경쟁력은
극히 낮아 수출경쟁력 있는 중화학공업의 육성(산업구조의 고도화)이 경제자립
의 달성에 시급한 과제로 되었다.

첫째, 이런 상황에서 중소기업의 전근대성은 단순히 중소기업의 경영문제로

서만이 아니고 일본경제의 고용구조나 산업구조상의 문제로 파악되었다. 일본에는 대기업으로 대표되는 근대화 부문과 중소기업과 농업 등 근대화하지 못한 부문이 존재하여 양자 사이에 큰 단층이 있다는 것이 이중구조론이다. 이 개념은 중소기업과 농업이 불완전취업(저소득, 단시간 취업)의 장이라는 고용문제로 처음 제기되었다.[12] 즉, 고용문제의 초점은 중소기업과 농업이 불완전취업에 있다는 것이다. 다시 《경제백서》(1957년도)는 일본의 고용구조는 한편에는 근대적 대기업, 다른 한편에는 전근대적 노사관계를 바탕으로 하는 소기업 및 가족경영에 따른 영세기업과 농업이 양극에 대립하고 중간의 비중이 현저히 낮다고 보고, 한 나라 안에 선진국과 후진국의 이중구조가 존재한다고[13] 지적했다.

둘째, 이중구조를 산업구조고도화의 시각에서 취급했다. 일본경제는 기술혁신을 중심으로 하는 심한 국제경쟁을 하고 있는데, 경쟁국과 수출경쟁에서 이기려면 산업구조를 변화시키는 과정이 필요하고 이것은 바로 '산업구조의 합리화'인데, 이를 강력히 추진해야 한다는 것이다. 구체적으로는 중화학공업, 특히 기계공업의 비중을 높이고 섬유와 잡화 등 수출제품의 고급화를 도모해야 하는데, 중소기업시설의 노후와 낮은 생산성 그리고 과당경쟁이 이것에 장애가 된다고 파악하고 산업구조고도화의 시각으로 이중구조문제를 보았다.

한편 중소기업의 낮은 생산성의 원인으로는 시설노후화와 취약한 가치 실현력을 들었다. 그 내용을 좀더 살펴보면 다음과 같다.

첫째, 대기업과 중소기업 사이에는 현격한 생산성 격차가 있고 또한 그것이 확대되고 있다. 대기업은 산업육성정책의 지원을 받아 적극적으로 합리화투자를 행하고 근대적인 경영관리 방법을 도입, 생산관리의 합리화를 추진한다. 이에 대하여 중소기업은 대기업의 계열기업 일부를 제외하면 자금난으로 합리화투자를 행할 능력을 갖지 못하고, 이 때문에 그 보유시설이 크게 노후화해 있다.

---

12) 有澤廣己,〈日本における 雇傭問題の 基本的 考方〉, 日本生産性本部 編,《日本の 經濟構造と 雇傭問題》, 日本生産性本部, 1957.
13)《日本經濟白書》(1957年度), 35쪽.

둘째, 시설노후화로 물적 생산성이 높지 못한 중소기업은 과당경쟁 상태에 있고 우월적 지위에 있는 대기업은 이런 여건을 이용하기 때문에 중소기업의 가치실현력은 취약하다. 결국 중소기업은 물적 생산성과 가치실현력이 낮아, 대기업에 견주어 부가가치 생산성이 크게 떨어지고 있다. 대기업과 중소기업 사이의 부가가치 생산성 격차를 해소시켜 이중구조를 해소시키는 것은 이중구조문제를 해소하고 산업구조고도화를 이루는 보완적 방향이라고 보고 있다. 이를 위하여 정책적으로 중소기업 부문에 특별한 고려를 할 것을 주문하고 있다.[14]

3.2.2 본격적 근대화정책의 개시

3.2.2.1 업종별 근대화정책의 개시

1950년대 후반에 산업구조정책 관점의 업종별 근대화정책이 중소기업 분야에도 개시되어, 그 뒤 중소기업 근대화정책의 기초가 되었다. 중요산업에 대하여 설비근대화와 기술향상에 관한 합리화계획서를 작성하고 세제상의 혜택과 저리융자 및 외자를 우선 배정받아 계획이 목적하는 방향으로 기업을 유도하는 것이 업종별 근대화정책이었다. 이것이 1950년대 후반에는 기간산업으로부터 중소기업이 높은 비중을 점하는 기계공업·전자공업·섬유공업에도 실시되었다. 구체적으로 법제화된 내용을 보면 다음과 같다.

　(1) 기계공업진흥임시조치법(1956. 6. 5).
　(2) 전자공업진흥임시조치법(1957. 6. 11).
　(3) 섬유공업설비임시조치법(1956. 6. 5).

3.2.2.2 중소기업진흥자금조성법의 제정

근대화정책에서 두번째의 움직임은 중소기업진흥자금조성법(1956. 5. 25)의 제정이다. 1950년대 전반에 확충 신설되었던 공동시설설치비 보조제도와 중소

---

14) 같은 책, 39쪽.

기업 설비근대화 보조제도를 개혁하여 법제화한 것이다.

이 법률은 중소기업 등 협동조합의 시설 및 중소기업자의 경영합리화를 위한 시설의 설치에 필요한 자금의 대부를 행하는 지방행정기관에 대하여 보조금을 교부하여 중소기업 등 협동조합의 활동을 활발하게 하면서 중소기업의 합리화를 촉진하고 중소기업의 진흥을 도모하는 것을 목적으로 하고 있다.

3.2.3 경쟁조정적 조직화대책·분야조정시책과 하청거래대책

3.2.3.1 경쟁조정적 조직화대책의 강화

중소기업은 시설 면에서 전근대적일 뿐만 아니라 경쟁과 거래 면에서 종속적 위치에 있다. 여기서 중소기업의 과당경쟁을 시정하려는 것이 경쟁조정적 조직화대책이다. 이를 위하여 중소기업단체의 조직에 관한 법률(중소기업단체법, 1957. 11. 25 공포, 1958. 4. 1 시행)이 제정되었다.

중소기업은 과당경쟁과 대기업의 압박 등으로 경영의 부진과 불안정에 직면하고 있어서 이것을 타개하기 위한 법제정이 요구되었다. 이 법이 제정되면서 1953년에 제정된 중소기업안정법은 폐지되었으며, 종래의 조정조합과는 질적으로 다른 상공조합제도가 창설되었다.

상공조합은 조정사업의 대상을 중소기업의 구조적 요인인 과당경쟁으로 하고 조정사업과 동시에 공동경제사업도 시행했다. 그리고 상공조합에는 단체교섭권이 인정되어 상대방에는 이에 응할 의무가 부과되었다.

이 법의 제정으로 종래 중소기업 등 협동조합중앙회는 중소기업단체중앙회로 개칭되고 협동조합과 상공조합을 포함하는 조직이 되었다.

중소기업단체법은 경쟁조정력 조직화대책을 강화했지만 경쟁조정은 단순히 보호시책이 아니고 시설근대화의 전제와 위치에서 이루어졌다. 이처럼 상공조합제도의 근대화정책으로서 측면은 1960년대 들어서 더욱 강화된다.

3.2.3.2 소매상업에서 분야조정시책

첫째, 구조적인 과당경쟁 상태인 중소 소매상업이 백화점의 압박으로부터 보호받도록 백화점의 압박을 규제하는 백화점법이 제정되었다(1956. 5. 23 공포, 6. 1 시행). 이 법률은 백화점업의 사업활동을 조정함으로서 중소상업의 사업할동 기회를 확보하여 상업의 정상적인 발달을 도모하고 나아가서 국민경제의 건전한 진전에 도움을 주는 것을 목적으로 하고 있다.

둘째, 소매상업특별조치법(상조법)의 제정이다. 중소소매상과 백화점 이외의 다른 사업자와의 시장마찰문제를 조정하기 위하여 이 법을 제정했다(1959. 4. 23 공포, 7. 7 시행) 이 법률은 소매상의 사업활동과 기회를 적정하게 확보하고 소매상의 정상적 질서를 저해하는 요인을 저지할 것을 목적으로 했다.

3.2.3.3 하청거래대책의 강화

1950년대 전반부터 하청문제에 사회적 관심이 높아지고 우월적지위에 있는 대기업이 약한 위치의 중소기업을 압박하는 사회적 불공정이 널리 인식되어 여기에 대한 대책이 강화되었다.

첫째, 독점금지법에 따른 하청거래대책이다. 독점금지법은 제2차 개정(1953. 9.)에서 불공정한 경쟁방법의 금지가 불공정한 거래방법의 금지로 개정되었고, 거래상의 우월적 지위를 이용한 거래를 금지시켰다.

둘째, 하청거래 지불지연방지법(하청대금법)의 제정이다(1956. 6. 1 공포, 7. 1 시행). 이 법률은 하청대금의 지불지연 등을 방지하여 모기업자의 하청업자에 대한 거래를 공정히 함으로서 하청업자의 이익을 보호하고 나아가서 국민경제의 건전한 발전에 기여함을 목적으로 한다.

이상에서 살펴 본 바와 같이 1950년대 후반의 중소기업정책은 먼저 이중구조론 등 중소기업문제에 대한 구조론적 인식을 바탕으로 하여, 업종별 근대화정책의 개시 등 산업구조정책적 중소기업정책으로 이행하는 단계였다. 1950년대 전반의 기업합리화촉진법(1952. 3. 14)이 중요산업의 개별 산업 합리화를 유도하고 대기업 중심의 산업구조정책이었다면 1950년대 후반의 업종별 근대화정책은 기계, 전자, 섬유 등 중소기업 성격이 짙은 일부 업종을 중심으로 중소기업 근대화정책을 개시하는 것이었다. 그러나 중소기업 전체가 산업구조정책의 원리로 체계적 근대화정책이 시행되는 것은 1960년대에 〈중소기업기본법〉이 제정된 이후이다.

그런데 이 시기에는 이처럼 근대화정책이 개시되면서도 경쟁조정적 조직화 대책과 분야별 조정정책도 시행되었다. 이것은 중소기업을 경쟁으로부터 보호하려는 보호정책의 성격을 갖는 것이었다. 즉, 근대화정책과 보호정책이 병행해서 시행되는 상황이 지속되었다. 이런 현상은 조정사업을 실시하는 상공조합이 공동사업을 하기도 하고 또한 조정사업이 시설근대화를 전제로 이루어지는 제도 속에서도 볼 수 있다. 중소기업정책의 이념적 병론현상이 강하게 나타나고 있는 것이다.

4 산업구조정책적 중소기업정책의 체계적 전개

4.1 중소기업기본법의 제정과 그 주요내용

4.1.1 중소기업기본법 제정의 배경

1950년대 초까지 외환법과 외자법으로 수입무역과 외자의 직접투자를 제한하여 국내산업을 보호하면서 봉쇄경제체제를 지향하던 일본경제는 1952년의 IMF, 1956년의 GATT 가입 이후 외환관리 및 수입제한의 철폐가 불가피하게 되었다. 즉, 무역자유화와 자본자유화를 바탕으로 하는 개방경제체제로 이행하게 되었다. 이 때문에 1960년대에 와서는 산업정책이 국제경쟁력의 강화를 목적으로 하는 산업구조정책으로 전개되었다.

산업구조정책은 최적 산업구조의 실현을 위한 산업 부문간 자원배분에 영향을 미치는 정책을 말한다. 그 방향은 장래에 전략산업을 육성하는 산업육성정책과 사양산업의 전환 등을 지원하는 산업조정지원정책으로 구체화하는데, 이를 위해서는 최적 산업구조의 기준을 명확히 하는 것이 필요하다.

첫째, 신산업체제론이다. 금후의 산업구조는 세계시장에서 적응할 수 있는 수출구조의 확립을 위하여 고도가공산업, 특히 기계공업을 전략산업으로 하는 산업을 구성한다는 것이다. 또한 기업의 집중·합병·집단화와 전문생산체제를 확립하여 새로운 산업질서를 확립하는 것이다. 이러한 기본 방향에 맞추어 산업구조정책을 체계화한 것이 신산업체제론이다. 신산업체제란 '산업구조의 고조화'라는 통일된 체계 안에 각종의 산업정책이 그 위치를 잡은 것이며, 중소기업정책도 여기에 포함된다.

둘째, 산업재편론이다. 신산업체제론은 무역자유화를 배경으로 하는 것이고 개방경제 아래에서 자본자유화는 외국자본과 경쟁을 위해서 독과점화를 촉진시키는 것인데, 구체적으로는 대형합병에 따른 산업의 구조개선이 정책적으로 강화 장려되었다. 기업수는 많지만 사업 규모가 작은 다품종소량생산 상태에서 외국자본의 독점적 지배체제를 막고 경제의 자주성을 지키면서 경제의 건전한 발전을 기할 필요가 있다. 이를 위해서는 개개의 기업이 근대화에 노력하면서도 산업 전체로서 합병, 공동투자, 생산 분야의 조정, 업무제휴 등으로 산업의 구조개선을 촉진하여 국제적으로 경쟁력 있는 기업의 육성을 추진해야 한다는 것이다.

이러한 산업구조고도화의 방향 속에서 대기업과 중소기업, 즉 기업간 격차의 확대는 국제경쟁력의 강화를 저해하는 요인으로 문제시되었다. 이중구조의 존재는 사회정책적 관점에서 문제도 되지만 동시에 비용과 기술 면에서도 국제경쟁력 강화에 문제가 된다는 것이다. 이중구조는 고용문제의 관점과 산업구조의 관점의 문제이지만 고도성장과 개방체제의 진전으로 노동력 부족현상이 나타나면서 전자의 관점은 약화되었다. 노동수급의 변화를 배경으로 임금 격차가 축소되고 있는 상황에서 이중구조의 해소는 단순히 소득격차의 해소라는 의미를 넘어서 산업구조고도화를 위한 적극적인 의미를 지니는 것으로 보았고 산업구조고도화를 위한 이중구조의 해소가 강조되었다.

4.1.2 중소기업기본법의 목적과 체계

산업정책의 방향과 중소기업문제의 새로운 흐름을 반영하여 중소기업기본법이 제정되었다(1963. 7. 20 공포·시행). 기본법은 이러한 배경을 반영하여 산업구조의 고도화와 국제경쟁력의 강화를 기본 목적으로 하고 있다. 전문 제32조와 부칙으로 구성된 중소기업기본법은 그 전문에서 "중소기업의 성장·발전을 도모하는 것은 산업구조를 고도화하고 산업의 국제경쟁력을 강화하여 국민경제의 균형 있는 성장·발전을 달성하는 것인데, 이는 국민에게 부과된 책무"라고 규정하고 있다.

한편 전문에서는 또한 중소기업정책의 구체적 목적으로 기업 사이에 존재하는 생산성·기업소득·노동임금 등의 현저한 격차로 표현되는 이중구조문제를 지적하고 있는데, 물적생산성과 거래조건의 향상으로 기업간 격차를 시정하는 것이 중소기업의 성장·발전의 목적이라고 하고 있다. 이러한 격차시정이라는 목적을 정함으로써 중소기업정책은 산업구조정책 일반에서 구별되어 상대적 위치에 있게 되면서 독자적 정책의 성격을 갖게되었다.

이런 목적을 가진 중소기업기본법의 주요내용을 보면 〈그림 3〉과 같다.

이 그림에서 알 수 있듯이 중소기업기본법은 그 목적을 달성하는 정책수단으로 세 가지의 시책군을 제시하고 있다. ① 중소기업구조의 고도화 등, ② 사업활동의 불리의 보정, ③ 소규모기업대책 등이 그것이다.

4.1.2.1 중소기업구조의 고도화 등

중소기업구조의 고도화 등의 중심은 그림에서 볼 수 있듯이 중소기업 구조의 고도화와 중소기업의 근대화이다. 중소기업근대화는 설비의 근대화, 기술의 향상, 경영관리의 합리화 등 개별 개업 단위의 근대화로서 종래부터 시행되던 시책이다. 여기에 기본법의 시각은 근대화의 결정적 수단으로 중소기업구조의 고도화를 새롭게 제시하고 있다.

즉, 기본법은 종래의 중소기업근대화가 추진되지 못한 이유가 중소기업의 과소과다 구조와 업종간 구성이 시정되지 않는 데 있다고 보았다. 중소기업 규모의 과소성이 자금면과 효율 면에서 근대적 설비의 도입을 방해하고 무리하게 도입해도 기업과다 때문에 과당경쟁을 일으킨다는 것이다. 또한 중소기업이 산업구조의 변화에 따르지 못하고 수요의 증가 전망이 없는 업종에 남아 있을 때 근대화의 효과는 발휘될 수 없다고 본다. 따라서 중소기업의 규모적정화(과소과다구조의 시정)와 업종간 구성의 개선이 근대화의 관건이라고 보고 이것을 중소기업구조의 고도화(또는 구조고도화)라고 부른 것이다. 따라서 규모적정화를 위한 중소기업의 집약화와 업종간 구성의 시정을 위한 사업전환을 추진한 것이다.

기업 규모의 적정화는 합병 등에 따른 적정규모화, 공정의 공동화와 공동판매와 구입으로 규모의 경제성을 추구하는 사업의 공동화, 공장 점포 등의 집단화, 소매상업의 경영형태의 근대화 등의 방법으로 중소기업의 집약화를 실현하는 것이다. 사업의 전환은 수요구조의 변화(수요감소, 개발도상국의 추적 등)로 성장이 어려운 중소기업의 사업전환을 추진하여 업종간 구성의 시정을 도모하는 것이다. 구체적으로는 산업구조의 변화에 따라 중소기업을 중화학공업과 경공업 가운데 높은 부가가치 부문으로 이동시키는 것이다. 그런데 정책의 시행 과정에서 1960년대에 사업전환은 정책의 초점이 되지 못하고 구조고도화정책은 중소기업집약화에 따른 규모적정화에 그 중심이 놓여졌다.

구조고도화정책은 집중적 산업구조정책인 신산업체제론 및 산업재편성론과 그 흐름을 같이 하고 있으며, 중소기업의 근대화를 산업구조정책의 수단에 맞추어 추진하려는 것이었다.

결국 이 단계에서 구조고도화는 근대화의 수단 또는 하나의 형태라고 볼 수 있다. 흔히 근대화라고 말하는 경우 좁은 의미에서 구조고도화를 의미하기도 하고, 또한 구조고도화 이외에 부문, 즉 개별 기업 단위의 시설근대화 등 근대화까지 포함하여 넓은 의미로 쓰이기도 한다. 그런데 구조고도화정책을 근대화정책으로 병행하여 사용하는 경우는 전자, 즉 좁은 의미에 해당한다.

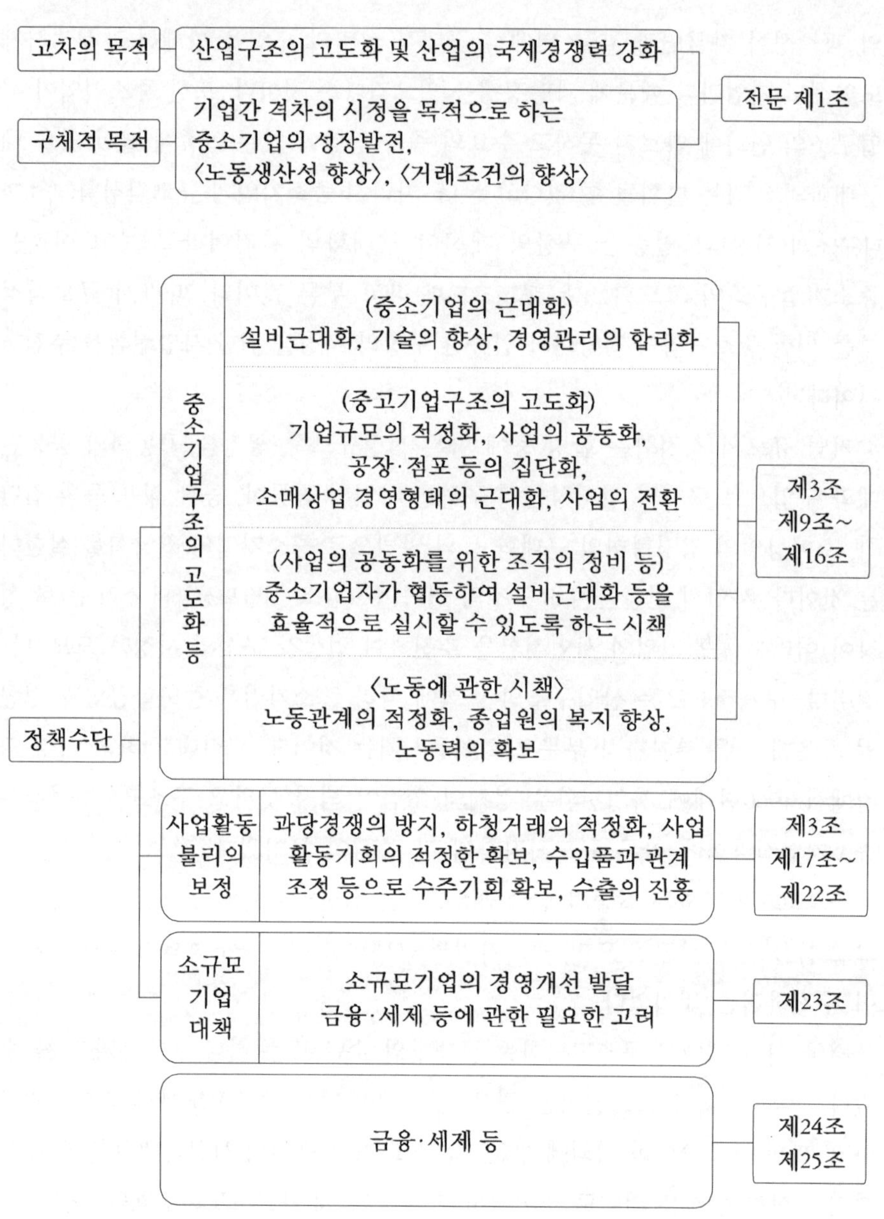

자료 : 黑瀨直宏 著, 《中小企業政策 の總括と提言》, 同友館, 1997, 88쪽

〈그림 3〉〈중소기업기본법〉의 체계

4.1.2.2 사업활동 불리의 보정

사업활동 불리의 보정시책에서 과도한 경쟁의 방지와 하청거래의 적정화는 중소기업의 거래조건의 불리를 시정하려는 것이다. 사업활동 기회의 적정한 확보와 수입품에 대한 관계조정은 대기업 등의 진출규제와 수입품의 규제로 중소기업의 시장을 확보하려는 시책이다. 국가 등으로부터 수주기회의 확보와 수출의 진흥은 중소기업을 위한 수요의 증진을 도모하는 것이다.

이처럼 이 시책은 중소기업의 거래·경쟁·수요환경을 개선하여 중소기업의 시장활동 면에서 불리한 것을 시정하려는 시책이다. 그렇지만 시장활동면의 불리도 결국 중소기업구조의 고도화 등에 따른 중소기업의 근대화로 해결된다고 보고 사업활동의 불리를 자체적으로 해결하는 것 이상의 시책은 중소기업구조의 고도화 등을 효율적으로 추진하는 것이라고 보았다. 결국 기본법에서는 중소기업구조의 고도화 등이 노동생산성 향상과 거래조건 향상을 위한 주요수단이며, 사업활동의 불리의 보정은 중소기업구조의 고도화 등을 보완하는 시책이다.

기본법은 중소기업정책의 목적을 산업구조정책의 목적에 합치시켰고, 정책수단에서도 산업구조정책에 맞는 시책을 택하고 있다. '격차시정'이라는 독자적 정책영역을 포함하고는 있지만, 전체적으로는 산업구조정책의 원리에 따르고 있다.

4.1.2.3 소규모기업대책

기본법은 소규모기업에 대한 특별한 시책을 부가하고 있는데, 이것은 다음과 같은 의미를 갖는다.

첫째, 소규모기업은 구조고도화시책 등을 받아들일 능력이 없는 기업이어서 그 능력을 만들기 위한 경영의 개선발전을 도모하는 시책을 강구한다. 구체적으로는 산공회 등에 따른 경영개선보급사업을 전개하는 것이며, 따라서 소규모기업에 대해서는 점진적 근대화를 지향한다.

둘째, 소규모기업에 대한 사회정책적 시책이다. 소규모기업은 사업과 가계가 밀접히 결합되어 거기에 종사하는 사람들의 생활수준의 유지라는 시각이 필요하다. 그러나 기업에 대한 시책인 이상 직접적으로 생활부조적 시책을 강구할 수는 없다. 따라서 기본법은 소규모기업의 종사자가 다른 기업의 종사자와 균형 있는 생활을 영위할 수 있도록 금융과 세제 그리고 기타 사항에 필요한 고려를 해야 한다고 했다.

이처럼 소규모기업시책은 점진적 근대화를 기본으로 하면서도 사회정책적 시각이 가미된 절충적 성격을 지닌다.

한편 중소기업 일반을 대상으로 하는 기본 시책유형으로는 금융대책·조직화 대책·지도대책 등이 있는데, 이들 시책은 기본법체계에서는 중소기업구조의 고도화 등과 사업활동의 불리의 보정의 수단으로서 성격이 강하다.

또한 중소기업 정책유형으로 흔히 적응정책·불리시정정책·보호정책의 세 가지가 제시되고 있다. 적응정책은 동태적으로 변화하는 시장경제에 적응할 수 있도록 중소기업을 지원하는 정책이다. 불리시정정책은 시장에서 중소기업의 불리를 시정하는 것, 즉 대기업 등과 평등한 경쟁조건을 창출하는 것을 목적으로 한다. 보호정책은 계층으로서 중소기업을 시장에서 도태 과정으로부터 보호하는 정책이다.[15]

이러한 분류에따라 기본법의 정책을 보면 중소기업구조의 고도화 등은 적응정책, 산업활동의 불리의 보정은 불리시정정책, 그리고 소규모기업대책의 일부는 보호정책에 해당한다고 볼 수 있다.

---

15) 이러한 유형 구분은 기요나리(淸成忠南)의 《日本中小企業の 構造變動》(新評論, 1970, 44쪽)에서 이루어지고 있으며, 이 책의 제3장에서 소개되고 있다. 그런데 그 근원은 독일의 연구결과에 있음을 알 수 있다. 예컨대 Renate Aengenendt-Papesh, *Die Funktionenen der Klein und Mittelbetriebe in der wettbewerblichen Marktwirtshaft*, 1962(淸成忠南 譯, 《中小企業の 理論と 政策》, 文雅堂銀行研究社, 1971)를 들 수 있겠다. 따라서 이는 독일이나 일본 등과 같이 자본주의가 개량적 길에 따라 지주·상인형으로 전개된 국민경제에서 중소기업 정책유형의 분류인 것이다.

4.2 적응정책의 전개

4.2.1 업종별 근대화시책의 발전

4.2.1.1 중소기업 업종별진흥임시조치법의 제정

1950년대 후반에 기계공업·전자공업·섬유공업 등 중소기업성이 짙은 일부 업종에 대한 업종별 근대화시책이 전개되었고, 이것은 1950년대 전반의 대기업 중심의 기초산업 합리화시책에서 시작된 것이었다. 1960년대에는 중소기업 전체를 대상으로 종합적으로, 그러면서도 중소기업만을 지원하는 업종별 근대화시책이 개시되었다. 그 최초의 것이 중소기업 업종별진흥임시조치법의 제정·시행이었다(1960. 4. 30). 이것은 중소기업기본법이 제정되기 이전의 시점에 경제정책상 특히 육성·개발할 필요성이 높은 중소기업성 업종(특히 수출비율이 높고 국제경쟁력 강화가 필요한 업종으로 산업구조고도화에 기여하는 업종)의 근대화를 추진한다는 것이었다. 그러나 직접적으로 중소기업의 근대화에 영향을 줄 조치가 적극화하지는 못했다.

4.2.1.2 중소기업근대화촉진법(근촉법)의 제정 - 〈제1근촉〉

본격적인 업종별 근대화시책은 기본법의 관련 법률로써 같은 국회에서 성립한 중소기업근대화촉진법(1963. 3. 31 공포, 4. 1 시행)에 따라 추진되었다. 이 법은 중소기업의 실태를 조사하여 그 실태에 맞는 중소기업근대화계획을 책정하고, 그 원활한 실시를 도모하기 위한 조치를 강구함으로써 중소기업의 근대화를 촉진하며, 나아가서 국민경제의 건전한 발전에 도움을 주는 것을 목적으로 제정되었다. 특히 이 법은 중소기업 근대화를 촉진할 필요가 있는 업종을 지정하고 상세한 실태조사를 기초로 주무장관이 중소기업근대화계획을 작성, 거기에 따라 설비투자 등 중소기업지원을 행한다는 것이다.

업종의 지정요건은 중소기업의 사업활동이 상당 부문 중소기업성의 업종으로 중소기업의 생산성 향상을 도모하는 것이 산업구조의 고도화와 산업의 국제경쟁력강화를 촉진하는 것으로 인정되는 것이어야 한다고 되어 있어서, 기본법의 기본 목적에 따른 업종선정임을 알 수 있다.

중소기업근대화 기본계획에 포함되는 항목은 다음과 같다.

(1) 목표년도에서 근대화의 목표(제품의 성능, 품질, 생산비와 적정한 생산 규모, 생산 방법)와 생산액 및 수출의 전망.

(2) 목표달성을 위한 수단의 항목 : ① 설비근대화에 관한 사항, ② 경영관리의 합리화, 기술, 기능의 합리화에 관한 사항, ③ 사업의 공동화, 공장들의 집단화, 기타 중소기업구조의 고도화에 관한 사항, ④ 경쟁의 정상화, 거래관계의 개선에 관한 사항, ⑤ 수요의 개척에 관한 사항 등.

근대화의 목표로서는 과소과다구조의 시정이라는 기본법의 근본방침에 따라 적정 생산 규모를 정하고, 그 실현수단으로 중소기업구조의 구조고도화 등의 시책(①~③)과 사업활동의 불리의 보정(④·⑤)을 나타내는 시책이 망라되고 있다.

또한 근촉법은 사양산업 등의 중소기업자가 신청할 때 사업전환에 필요한 지도와 자금융통을 알선한다고도 규정하여 사업전환에 따른 업종간 기업구성의 시정을 도모하고 있다. 이로서 근촉법은 업종별 근대화계획 아래 기본법이 나타내는 시책을 종합적·유기적으로 실시하는 기본법체계의 중심시책이 되었다.

근촉법은 업종선택적 성격이 있지만 실제로 운용에서는 중소기업성 업종 모두를 대상으로 하게 되었다. 이것은 운용 과정에서 모든 중소기업이 혜택을 받으려고 하는 업계의 요청들이 겹쳐 결과적으로는 전업종에 걸친 선정으로 병행적 지원을 시행하게 되었다.

4.2.1.3 중소기업근대화촉진법의 제1차개정-〈제2근촉〉

근촉법은 1969년에 개정(1969. 5. 3)되어 구조개선계획을 중심으로 제도가 변화되었다. 1960년대 후반에 자본자유화와 외자상륙에 대비하여 국제적으로 경쟁력 있는 기업의 육성이 산업정책의 초점이 되었다. 중소기업의 경우에는 개발도상국의 추격과 노동력부족, 기술혁신의 진전, 소비구조의 변화, 유통의 대형화 등에 대응할 과제를 안게 되었다. 이처럼 경제환경이 변화하는 가운데 중소기업을 일본경제의 발전 방향에 정확히 적응시키는 문제가 제기되었다.

그런데 근촉법(제1차 근촉)에는 다음과 같은 문제가 있었다.

첫째, 근대화계획은 정부가 작성하는 지침서이므로 계획실시를 보장할 수가 없다.

둘째, 실시하는 경우에도 개별 기업의 노력에 내맡겨져 업계 전체를 조직화하는 근대화의욕에는 이르지 못한다.

셋째, 업계 전체의 노력이 필요한 기업집약화에 따른 적정규모화의 효과를 얻기가 어렵다.

그래서 구조개선제도는 업계가 하나로 되어 체질개선을 위한 계획을 자주적으로 달성하고 그 계획에 따라 개별 기업의 틀을 넘어서는 근대화대책을 일제히 실시하는 것이다. 다시 말하면 계획작성의 주체를 업계단체로 하기 때문에 업계가 계획의 실행에 책임을 갖는 것이다. 또한 계획작성의 과정에 업계 내부의 상호협조와 조정이 행해져서 개별 기업의 틀을 넘어서는 적정규모화(기업집약화)가 추진될 수 있다는 것이다.

구조개선은 개별 기업의 근대화만이 아니고 공통의 과제를 갖는 기업집단에 속한 기업이 생산 판매 등 사업활동의 여러 측면에서 서로 협력하고 공동사업을 행하여 개개의 사업활동을 조정하면서 기업집단 전체로서 그 공통의 과제의 해결을 도모하여 장래에 개별 기업이 건전한 사업활동을 수행할수 있는 업계의 구조를 확립하는 것이다. 이처럼 구조개선은 중소기업구조의 고도화와는 차이가 있는데, 이것을 다음과 같이 해석하기도 한다. 즉, 기본법에서는 고도화를 기업 규모의 적정화, 소매상업의 경영형태의 근대화, 사업전환 등 복수 중소기업의 협력에 따른 체질개선 이외의 것도 포함하여 규정하고 있지만, 구조개선은 중소기업근대화자금조성법이 규정하는 좁은 의미의 고도화, 즉 복수의 중소기업의 협력에 따른 체질개선만을 지칭하는 것으로 해석한다.

그렇기 때문에 구조개선사업의 핵심은 중소기업의 집약화에 있으나, 그 정책효과는 크지 않았던 것으로 평가되었다.

4.2.2 중소기업 고도화자금제도의 확립·발전

업종별 근대화시책과 병행하여 적응정책의 핵심으로 된 것은 중소기업고도화 자금제도이다. 중소기업자가 사업협동조합 등의 집단을 결성하여 기본법이 정한 구조고도화를 실시하는 것을 지원하는 제도이다. 일찍이 1947년 이후 중소기업조직의 공동시설에 대한 지원이 있었고, 이것이 1956년에는 중소기업진흥자금조성법으로 법제화된 바 있다.

첫째, 1961년에 이 법의 일부를 개정하여 중소기업진흥자금등조성법(1961. 3. 31 공포, 4. 1 시행)이 되었고 조합의 공동사업과 여기에 더하여 공장 등 집단화사업이 새로운 지원 대상이 되었다.

둘째, 중소기업근대화자금조성법의 제정이다. 중소기업진흥등조성법은 중소기업근대화자금조성법으로 개정(1963. 3. 31 공포, 4. 1 시행)되어 중소기업이 공동으로 행하는 사업에 대한 대부제도를 중소기업 고도화자금제도라고 칭했다. 중소기업근대화자금조성법은 중소기업자 사업의 공동화, 공장 및 점포의 집단화, 기타 중소기업구조의 고도화에 필요한 자금 또는 중소기업자의 설비 근대화에 필요한 자금의 대부를 행하는 지방자치단체에 대하여 국가가 필요한 지원을 행하여 중소기업의 근대화 촉진에 기여할 목적으로 제정된 것이다.

셋째, 중소기업진흥사업단법의 제정이다. 고도화자금제도는 중소기업진흥사업단법(1967. 7. 13)에 따른 중소기업진흥사업단이 설립되어 다시 확충되었다. 1960년대 후반에 자본자유화를 배경으로 산업 재편성의 필요성이 높아지면서 중소기업도 집약화에 따른 규모확대가 시급해졌다. 이에 중소기업구조의 고도화를 추진할 전문기관으로서 중소기업진흥사업단이 설립되었다(1967. 8. 16). 사업단의 설립으로 고도화자금제도는 더욱 강화되었다.

4.3 기본 시책 : 조직화대책, 금융대책, 지도사업의 확충

4.3.1 조직화대책

조직화대책은 금융대책·지도사업과 함께 중소기업 일반을 대상으로 하는 가장 기초적인 시책이다. 1960년대 전반 이후 기초가 굳어지면서 점차 시책도 확충되었는데, 특히 구조고도화시책과 근대화 시책에 따라 확충되면서 이를 추진하는 시책으로서 성격을 갖게 되었다. 특히 구조고도화 시책은 중소기업의 집단화를 전제로 하기 때문에 협동조합제도와 상공조합제도는 구도고도화의 중요한 수단이 되었다.

첫째, 협동조합제도의 기능이 변화되었다. 고도화자금제도의 기본인 공동시설설치비보조제도는 조합활동을 활발하게 하기 위한 조직화대책이었다. 그러나 중소기업진흥자금조성법에서 중소기업근대화자금조성법에 이르면서 법의 목적은 중소기업구조의 고도화로 되었고, 조직화대책도 구조고도화시책으로 바뀌었다. 그러면서 중소기업자의 조합 가입은 고도화자금을 차입하기 위한 길이 되었고, 중소기업자가 주체적으로 참가하는 상호부조적 조직이라는 협동조합 본래의 의미가 약화되었다.

둘째, 상공조합의 동업조합화이다. 1957년에 설립된 상공조합제도는 불황카르텔이었던 조정조합과는 달리 구조적 과당경쟁의 배제를 목적으로 한 것이었으나 조합설립에서는 불황의 존재가 요건이었고, 이 점에서 상공조합은 임시적 조직이었다. 이 때문에 불황요건의 폐지가 요구되었고 중소기업단체의 조직에 관한 법률(중소기업 단체법)의 개정이 요망되었다. 상공조합이 공동경제사업도 할 수 있기 때문에 불황요건의 폐지는 협동조합제도와의 기능분단의 문제를 제기했다. 그러나 결국 동업조합적 기능의 조직제도로 개정되었다(1962. 5. 12). 그 결과 상공조합은 ① 그 설립에 불황사태의 존재를 필요로 하지 않는 영속적 동업조합이 되었고, ② 동업조합의 기능을 충실히 하기 위하여 상공조합의 사업으로서 조정사업 외에 지도조사사업과 합리화사업을 추가했다. ③ 이처럼 상공조합이 동업조합으로 그 기능이 전환되면서 구조고도화시책에 관한 주요한 역할을 하게 되었다.

셋째, 협업조합제도의 창설이다. 1967년에 중소기업단체법이 개정되어(1967. 7. 29) 협업조합제도가 창설되었다. 중소기업단체법의 일부를 개정하여(제5조 2) 협업조합은 그 조합원의 생산과 판매, 기타 사업활동에서 협업을 목적으로 하여

기업 규모의 적정화에 따른 생산성 등의 향상을 효율적으로 추진하여 공동의 이익을 증진하는 것을 목적으로 했다.

기타 상점가진흥조합제도가 창설되었다(1962. 5. 17).

4.3.2 금융대책

첫째, 정부계 세 중소기업금융기관의 확충이다. 중소기업금융금고·상공조합중앙금고·국민금융금고 등 정부계 세 금융기관에 재정투융자의 대폭 확충으로 자금공급력을 확대했다. 즉, 넓은 의미에서 구조고도화와 근대화를 촉진하는 자금의 공급력을 확충한 것이다.

둘째, 중소기업투자육성주식회사의 창설이다. 자기자본비율이 낮은 중소기업은 설비근대화 자금차입이 어렵고 불황에 저항력이 약하기 때문에 자기자본충실의 필요성이 제기되었다. 이에 1961년 10월에는 증권거래소에 제2부시장을 설치하여 중소기업이 점차 공개회사로 이행할 수 있는 가능성을 제공했다. 또한 미국의 투자육성제도를 참고로 하여 자기자금 공급에 따른 중소기업육성을 검토한 끝에 중소기업투자육성주식회사를 설립했다(1963. 6. 10).

4.3.3 지도사업

첫째, 근대화촉진진단사업을 개시하고 일본 중소기업지도센터를 설립했다. 1961년부터 설비근대화자금을 차입하는 경우에 시설근대화진단을 그리고 공장 등 집단화사업에 대한 지원을 받는 경우 등에 고도화사업진단을 행했는데, 이 두 가지를 근대화촉진진단이라고 부른다.

둘째, 일본 중소기업지도센터가 1962년에 설립되었다. 기업진단제도에서 경영진단원과 기술지도원을 양성·연수하고 지방자치단체의 진단사업과 협력할 기관설치가 요망됨에따라 이루어진 것이며, 근대화촉진 진단사업의 구상이 이로써 표면화했다.

셋째, 연수제도의 창설이다. 고도성장기에 경영관리 방법과 기술이 크게 진보했지만 중소기업의 경영자나 관리자는 이를 습득할 기회가 적고 고도로 훈련된 기술자를 채용할 기회도 적었다. 중소기업의 근대화를 위한 경영기술지도와 중소기업에 종사하는 자의 연수를 위하여 1963년에 창설되었다.

넷째, 중소기업지도법의 제정에 따른 지도체제의 정비이다. 지도사업을 획기적·효율적으로 실시하도록 법률상의 뒷받침을 하기 위하여 중소기업지도법(1963. 7. 15)이 제정되었다.

4.4 불리시정시책의 전개

첫째, 중소기업기본법의 또 하나의 축인 사업활동의 불리의 보정, 즉 불리시정정책으로 1956년에 제정된 하청대금지불지연등방지법(하청대금법)을 1962년 5월 12일과 1963년 7월 20일 두 차례 개정하여 강화했다.

둘째, 관공수에 중소기업자의 수주확보에 관한 법률(관공수법)을 제정했다. 기본법에 따라 국가 등이 물건의 매입 등에 계약을 체결하는 경우 중소기업자의 수주기회를 확보하는 조치를 강구함으로서 중소기업자가 공급하는 물건 등에 대한 수요의 증가를 도모하여 중소기업의 발전에 기여할 목적으로 이 법을 제정했다(1966. 6. 30).

4.5 소규모기업대책의 전개

기본법은 소규모기업에 대하여 경영의 개선발달에 따른 점진적 근대화시책과 다른 기업의 종사자와 균형 있는 생활을 실현하도록 하는 시회정책적 시책을 강구하고 있다. 전자는 상공회 등에 따른 경영개선 보급사업의 창설이고 후자는 세제 면에서 개혁과 소규모기업공제제도의 창설이다. 먼저 경영개선대책으로 상공회의조직등에관한법률(상공회법)이 제정되었다(1960. 5. 20). 이 법은, 주로 도심지에 있는 상공업의 종합적인 개선 발전을 도모하기 위한 조직으로 상공회를 설치하고 상공회 및 상공회의소가 행하는 소규모 사업자를 위한 사업활동을 촉진하기 위한 조치를 강구하여 국민경제의 건전한 발전에 기여하는 것을 목적으로 했다.

다음에 사회정책적 시책으로는 금융 세제 면의 시책에 이어 소규모기업 공제법을 제정했다(1965. 6. 1). 소규모기업자의 상호부조의 정신에 바탕을 두고 소규모기업자의 사업의 폐지 등이 발생할 때를 대비하여 공제제도를 확대해서 소규모기업자의 복지 증진과 소규모기업의 진흥에 기여할 목적으로 이 법이 제정되었다.

이상에서 살펴 본 1960년대 중소기업정책은 산업구조정책적 중소기업정책의 확립으로 규정될 수 있다. 산업구조정책의 목적은 독과점화에 따른 국제경쟁력 강화에 있었고 중소기업정책은 이것을 보강하는 역할을 했다. 중소기업청설치법에서 보여준 경제력 집중의 대항력으로서 중소기업육성의 취지는 15년이 지난 뒤 정반대 성격의 정책으로 전환되었다. 기본법의 사업활동의 불리의 보정에서 반독점적 시책을 찾아볼 수 있으나, 하청거래의 적정화만이 반독점적일 뿐 나머지는 경쟁조정적 시책이다. 결국 불리시정정책도 반독점정책의 이념에 따른 중소기업경쟁조건의 정비가 아니라 불황기에 마찰을 회피하기 위한 기능을 가질 뿐이었다.

또한 이시기 중소기업정책은 보호정책적인 면을 지닌 산업구조정책이라고 볼 수 있다. 산업구조정책의 본질은 산업별 자원분배기능에 있는데, 구조고도화정책은 중소기업 상위계층을 우선한, 기업 규모와 관련해서 자원배분적이다. 근촉법이 정한 적정규모화의 달성도 그 대상이 일정 규모 이상에 달한 중소기업 상위층을 대상으로 하는 등 고도화시책은 일정 규모 이상의 중소기업을 대상으로 했다. 즉, 구조고도화시책은 업종에 관한 자원배분이 아니고 규모에 관한 자원배분적 경향을 지녔다.

지정업종에서도 원래는 산업구조고도화와 국제경쟁력 강화의 관점에서 우선순위가 높은 업종이 지정되어야 한다. 그러나 실제로는 중소기업성 업종의 거의 모두가 지정되는 전업종에 걸친 지원으로 되고 말았다. 사업전환의 경우 비교우위성을 상실한 업종의 기업은 전환 폐지되어 자원이 성장 분야로 이동하는 것이 산업구조고도화의 길이었다. 그러나 실제는 사업전환은 극히 소극적이 되어 구체적 실적이 약했다.

경제자원의 이동을 촉진하고 산업구조의 고도화를 추진해야 할 처지에서 보면, 이러한 구조고도화시책은 응당 사업(업종)전환을 해야 할 기존의 중소기업에 다시 기업 규모에 따라 상층 규모에 자원배분을 하는, 말하자면 자원의 최적배분을 손상시키는 중소기업정책이라는 비판을 받게 된다. 결국 중소기업 근대화정책은 보호주의적 개별 업종 단위의 근대화정책이 되었다.

지정업종 선정이 모든 업종에 걸쳐 이루어진 직접적 원인은 근촉법의 정책적 혜택을 공평하게 받으려는 중소기업계의 요구도 있었지만, 정책접근의 방법에도 영향을 받았다. 중소기업문제를 중소기업 '경영자의 처지'에 따르면 중소기업의 직접적 이익을 반영하여 중소기업을 옹호하는 보호주의적 경향을 갖게 된다. 이에 대하여 중소기업문제를 '국민경제적 처지'에 따라 접근하면 경제민주화적 또는 산업구조적 중소기업정책으로 된다. 결국 1960년대 중소기업정책은 전자, 즉 중소기업자의 이익 옹호에 타협하여 보호주의적 경향을 내포한 산업구조정책적 중소기업정책으로 되었다.

구조고도화시책이 적정규모화를 통하여 중소기업의 근대화를 추구할 때 적정규모를 기술 및 시장규모가 일정한 것을 전제로 정하게되면 이것은 동태적 경제 아래에서 합리적으로 정하는 것이 어렵게 될 수도 있다. 또한 시설중심의 적정규모는 시장의 변화 등 요인을 경시하고 있고 이것은 과당경쟁을 격화시킬 가능성도 있다.

한편 구조고도화정책이 국가가 주도하는 전국 일률적 기준으로 전개되어 지역 특성에 맞는 시책이 되지 못하고 있다는 비판적 지적도 받을 수 있다. 근촉법의 경우 어느 지역도 동일한 근대화계획과 구조개선계획에 따르도록 되어 있는데, 지역에 따라서는 경영의 특징과 문제점이 다를 수도 있는 것이다. 중소기업은 지역경제의 담당자이고, 국민경제적 중요성이 낮은 중소기업이라도 지역경제발전에는 중요한 중소기업도 있다. 전국 일율과 업종별 중소기업 근대화정책은 지역경제의 특성을 반영하는 데 한계가 있다.

제3장 일본 중소기업정책의 전개(2)

1 산업구조의 지식집약화와 중소기업정책

1.1 산업구조 지식집약화의 배경

중화학공업 중심의 국제경쟁력 강화를 목적으로 하는 산업구조정책은 1970년대에 와서 그 문제점이 지적되었다. 국내외의 시장의 한계에 더하여 중화학공업화로 발생되는 심각한 산업공해와 과소·과밀문제가 제기되면서 중화학공업 중심의 성장제일주의적 정책 방향에 비판이 일어났다

미국과 유럽 등 선진국을 따라잡으려는 성장추구형의 경제운영으로부터 새로운 산업경제의 과제를 달성하는 성장활용형 경제운영으로 전환이 필요하다는 지적이었다. 새로운 주도 산업을 형성하고 국민복지를 중시(생활의 질적 향상, 양호한 사회, 자연·노동환경의 확보) 국제협조의 추진 등의 산업경제의 과제가 제시되었다. 이것은 ① 소득탄력성 기준과 ② 생산성상승 기준 등 종래 산업구조 규정의 기준에 ③ 과밀 환경 기준(과밀 환경문제의 개선에 기여하는 산업) 그리고 ④ 근로내용 기준(양호한 근로환경을 많이 제공하는 산업)이 추가된 것인데, 이러한 네 가지 기준을 만족시키는 것이 지식집약적 산업구조라는 것이다.

이것을 일반적으로 말하면, 지식집약적 산업구조란 지적활동의 집약도를 높이는 산업(지식집약산업)을 주축으로 하여 이것을 뒷받침하는 기초적 산업과 기타 산업에서도 가급적 지식집약도를 높이는 산업구조인 것이다. 그리고 지식집약산업으로는 연구개발집약산업, 고도조립산업, 패션산업, 지식산업의 네 가지 유형이 제시되었다.

여기서 주목할 것은 지식집약적 산업구조로 이행하는 일과 기업 규모의 관계는 일의적으로 규정할 수 없다는 점이다. 규모확대의 능률성, 유효성은 상대적인 것이고 일방적으로 대규모화에 치중하던 집중적 감각은 지난 시대의 것이며, 지식집약화의 방향에서는 기업 규모 확대라는 정책목표가 그 의미를 상실한다는 것이다.

지식집약적 산업의 개발과 병행하여 산업전환의 추진이 정책의 초점으로 부각되었다. 산업구조고도화로 불가피하게 사양산업의 전환을 요구했지만, 1970년대 노동력 부족과 개발도상국과의 경쟁문제 등은 산업전환의 필요성을 더욱 중대시켰다. 특히 개발도상국과 가격경쟁에 직면한 노동집약적 중소기업성 업종은 사업전환의 대상이 되었고 자금력 기술개발력 정보수집력이 약한 중소기업은 스스로 전환할 능력이 결여되어 있기 때문에 중소기업의 전환촉진에 대한 정책적 대응이 필요하게 되었다.

산업구조의 지식집약화와 사업전환이라는 과제에 맞추어서 중소기업정책도 전환되었다.

첫째, 지식집약적 산업구조는 지식집약산업을 중심으로 하여 기타 산업에서도 지식집약도를 높이는 것이지만 주된 관심은 지식집약산업의 개발에 있었다. 중소기업의 지식집약화를 지식집약적 산업의 발전으로 보면 벤처비즈니스와 같은 일부 첨단적 중소기업만 지식집약적 기업에 포함될 뿐이다. 따라서 지식집약화를 이렇게 한정하지 않고 여러 산업이 '지혜를 사용하고 두뇌를 사용하는' 방향으로 이해하는 등 넓고 탄력적으로 해석하는 것이다. 좀더 구체적으로는 시장의 동향에 민감하고, 연구와 기술개발에 중점을 주면서 다른 분야의 기술개발의 움직임에도 민감할 것을 들고 있다. 결국 지식집약화를 보통의 중소기업에 현실적으로 적용하는 것은 경영자세의 문제로 되는데, 이것은 지식집약화가 갖는 목표를 불명확하게 만들었다.

둘째, 지식집약화는 사업전환과 해외진출 등 기업의 전환과 불가분의 관계에 있다. 지식집약화는 중소기업의 성장·발전 전략이지만 엔화가치의 상승 등으로 불가피한 산업조정의 대응책으로도 중요시되었다. 따라서 중소기업의 지식집약화정책은 산업육성정책인 동시에 산업조정지원정책의 성격도 갖고 있었다.

중소기업의 지식집약화정책은 '적극적인 중소기업관'을 바탕으로 하고 있다. 이전의 중소기업은 비능률 또는 전근대적 기업층으로 이중구조의 저변을 형성하는 것으로 규정되었다. 그러나 1970년대에 오면서 이러한 규정은 바뀌게 되었다. 1960년대 후반 이후 저임금을 바탕으로 하던 중소기업의 존립기반은 상실되었으며, 많은 중소기업이 기동성 있는 경영 방식으로 바뀌었다. 그리고 소극적 경영관리에 안주하는 대규모경영에 견주어 중소기업은 규모 경영의 유리함으로부터 그 존립기반을 구축하는 방향으로 바뀌었다는 것이다. 이중구조의 저변이라는 문제의식과 '문제형 중소기업관'은 이제 중소기업의 본질이 아니며 대기업보다 유리성을 갖는 중소기업이라는 '적극적 중소기업관'으로 전환되었다. 대기업과 격차가 있는 '격차문제'에서 '경제환경 적응문제'를 안은 중소기업이 되었다. 격차문제를 벗어나서 국내외의 경제정세의 변화에 적절히 적용하고 대응하는 문제를 중소기업은 안게 되었다.

중소기업의 지식집약화는 이러한 적극적 중소기업관과 '적응문제관'을 배경으로 하고 있다. 지식집약화의 중심인 중소기업의 시장지향과 연구개발지향은 중소기업이 전근대적이거나 환경변화에 소극적인 존재로서는 실현성이 없다. 시장지향과 연구개발지향은 중소기업의 과제가 격변하는 경제환경에 적용하는 것에 있음을 의미한다. 이처럼 중소기업정책의 지식집약화는 정책의 기본이 되는 중소기업관과 중소기업문제의식의 변화를 그 배경으로 하고 있다.

한편 이러한 정책전환을 촉진시킨것은 1970년대 전후 최대의 경제불항과 과도한 엔화가치 절상, 저성장경제 등 부정적 경영환경의 변화에 따른 중소기업경영의 불안정이었다. 이런 경영불안정의 시대에 중소기업은 경영을 혁신하고

1960대의 '양산형 중소기업'과는 다른 새로운 성장중소기업의 발생을 요구했다. 이것을 구체화 시킨것이 기술 정보집약적인 경영자원과 기술로 무장하여 유연하게 다품종소량생산을 향하는 '연성 중소기업'인 것이다 그러나 이러한 성장중소기업과 동시에 경영불안을 지닌 많은 중소기업이 발생하기도 했는데, 여기에 대처하는 것이 지식집약적 중소기업정책이기도 했다.

1.2 지식집약화와 적응정책의 전환

1.2.1 중소기업근대화촉진법(근촉법)의 지식집약화 도입

1.2.1.1 지식집약화사업의 도입-〈제3근촉〉

1960년대 적응정책의 중심은 중소기업의 집약화에 따른 적정규모화를 도모하는 구조고도화정책이었다. 중소기업정책에 지식집약화 방향의 도입으로 적응정책의 중점은 지식집약화시책과 사업전환대책으로 이행하고 중소기업근대화촉진법의 개정과 새로운 법제도가 창설되었다. 근촉법은 1963년에 제정된 뒤(제1근촉) 1969년에 개정되어 구조개선제도가 창설되었고(제2근촉) 1973년에 다시 개정되었다(제3근촉).

첫째, 구조개선사업에 지식집약화사업을 도입했다. 이전의 구조개선제도의 목적은 적정규모화를 위한 공동화·협업화·합병을 추진하는 것이었다. 이와 병행하여 새로이 지식집약화의 촉진을 목적으로 법이 개정되었고 상공조합 등에 따른 지식집약화사업을 구조개선사업으로 승인한 것이다. 지식집약화사업은 ① 신상품의 개발, ② 새로운 디자인의 개발, ③ 신기술의 개발, ④ 시스템연구 개발 등 신상품 또는 신기술의 개발이 중심이었고 기타 이를 위한 교육 연수와 인재양성, 공업소유권의 공동관리, 이에 대한 자문사업 등 지원 사업이 있었다. 이것을 조합이 공동사업으로 실시하는 구조개선계획으로 승인되면 여기에 대한 고도화자금지원 등 융자가 이루어졌다.

둘째, 단독의 지역산업집단에 따른 구조개선사업의 실시였다. 이전의 구조개선사업은 '전국일율로, 업종 전체로' 행해지는 것이었고 만약 지역 단위로 실시되어도 전국 각 산지의 호응으로 실시되었다. 그러나 산지가 국제분업에 적응하려면 단독의 지역집단으로서 기반 강화가 필요하기 때문제 '단독의 지역 단위'가 행하는 구조개선사업이 승인되었다.

이처럼 지식지약화가 구조개선사업으로 새롭게 등장하여 부각되었지만 상공조합 등에 따른 지식집약화사업(지식집약화 공동사업)의 실적은 저조했다.

1.2.1.2 관련 업종 협조적 구조개선사업의 도입—〈제4근촉〉

1975년에 근촉법의 개정(1975. 7. 1 공포, 9. 30 시행)으로 다음과 같은 내용의 구조개선사업이 도입되었다.

첫째, 국민복지를 중요시하는 관점에서 대상업종의 지정이 확대되었다. 지정요건에 "산업구조의 고도화와 산업의 국제경쟁력 촉진" 외에 "국민생활과 관련성이 높은 물품 또는 서비스를 공급하는 업종으로 그 근대화가 국민생활의 안정 또는 향상에 필요하다고 인정되는 것"을 새로 추가했다.

둘째, 신상품 또는 신기술의 개발이라고 하는 지식집약화사업이 근대화계획과 구조개선 계획을 예시하는 첫 머리에 계제되어 법문상 지식집약화사업의 중요성을 분명히 했다.

셋째, 새로운 구조개선사업으로 관련 업종 협조적 구조개선사업을 창설했다. 이것은 원재료 및 부문품제조업과 유통업자 등 주변의 관련 업자와 공동으로 구조개선사업을 행하는 것이다. 종래의 단일업종내 구조개선방식은 해당 특정업종의 과제해결을 위하여 관련 업종의 개선이 필요한 경우 충분한 대응이 어려웠다. 이것을 시정하기 위하여 개별 업종의 틀을 넘어서 관련 업종 전체의 구조개선을 추진한 것이다.

넷째, 중소기업 신분야진출제도가 창설되었다. 중소기업이 집단화하여 수요의 신장이 어려움이 있을때 이들 업종이 신분야에 진출하는 것을 지원하는 것으로 일종의 사업전환 대책이다. 사업전환대책은 지식집약화 방향의 중심이 되는 시책이어서 근촉법에서 전환대책을 정비할 필요가 있었다.

1.2.2 사업전환대책의 본격화와 산지성 업종대책의 등장

1973년의 석유위기 이후 경제환경이 격변하면서 중소기업의 경영은 불안정하게 되었다. 그러나 앞서의 근촉법의 제도변경은 이러한 환경변화에 대처하는 조치를 포함하지 않았다. 이에 근촉법과 별도로 지식집약적 방향에 따라 새로운 적응정책이 강구되었는데, 개별 기업을 대상으로 한 사업전환대책과 산지성 업종대책이 그것이다.

첫째, 중소기업사업전환대책임시조치법(사업전환법)의 제정이다. 근촉법에서 신분야진출제도는 중소기업자의 집단으로서 사업전환을 지원하는 것이어서 한계가 있는 사업전환대책이었다. 이에 새로운 경제환경의 변화에 대처하여 개개의 중소기업자가 사업전환하는 것을 지원하는 법제도가 마련되었다(1976. 11. 15 공포, 12. 15 시행). 이 법은 최근의 무역구조 기타 경제적 사정의 현저한 변화로 중소기업이 행하는 사업의 전환을 원활히 하기 위한 조치 등을 강구하여 중소기업의 성장 발전을 도모함으로서 국민경제의 건전한 발전에 기여하고자 하는 목적으로 제정되었다.

둘째, 산지중소기업대책임시조치법(산지법)의 제정이다. 이 법은 특정의 업종에 속하는 사업을 특정의 산지에서 행하는 중소기업자가 엔화가치의 등귀와 기타 최근의 경제적 사정의 격변에 대처하여 산업의 합리화를 계획적으로 신속히 추진하기 위한 조치를 강구함으로써 새로운 경제적 환경에 중소기업자의 적응을 촉진할 목적으로 제정되었다(1979. 7. 2).

셋째, 전통적 공예품산업의 진흥에 관한 법률(전산법)의 제정이다. 이 법은 일정의 지역에 정착하여 전통적 기술 또는 기법 등을 사용하여 제조하는 전통적 공예품이 민중의 생활가운데 승계되거나 또는 장래에도 그것이 존재하여 이어질 기반이 있는 경우 이러한 전통적 공예품산업의 개발을 도모함으로서 국민의 생활에 풍요함과 윤택함을 줌과 동시에 지역경제의 발전에 기여하여 국민경제의 건전한 발전에 도움을 주고자하는 목적으로 제정되었다(1974. 5. 25).

1.2.3 특정업종근대화시책의 변화

첫째, 기계공업진흥임시조치법(기진법)과 전자공업진흥임시조치법(전진법)이 1971년에 기한이 끝나면서 기계와 전자의 일체경향에 따라 기계공업과 전자공업에 대한 시책을 같은 체계로 묶기 위하여 특정 전자공업 및 특정기계공업진흥임시조치법(기전법)을 제정했다(1971. 3. 1 공포, 4. 1 시행). 다시 이 법의 시한이 되면서 기계공업, 전자공업에 정보산업의 진흥의 목적을 첨가하여 세 산업의 상호의존관계에 따라 특정기계정보산업진흥임시조치법(기정법)을 제정했다(1978. 7. 1). 기계·전자·정보산업은 지식집약산업의 중심이어서 이에 관한 시책의 정비 강화는 지식집약화 방향의 일환이었다.

둘째, 섬유공업구조개선임시조치법(신섬유법)의 제정이다. 섬유산업은 이미 제정된 특정섬유공업구조개선임시조치법(특섬법, 1967. 7. 25 공포, 8. 15 시행)에 따라 구조개선이 실시되었지만, 섬유공업에 지식집약화 방향이 도입되면서 이 법은 섬유공업구조개선임시조치법(신섬유법)으로 개정되었다(1974. 5. 25).

1.2.4 기타 지식집약화 방향에 따른 시책

첫째, 정보제공산업이 활발하게 이루어졌다. 신기술 신제품의 개발과 사업전환에는 적절한 정보가 필요하지만 중소기업은 정보수집능력 및 정보처리능력이 부족하다. 이에 중소기업이 필요한 정보를 수집하여 제공할 목적으로 정보제공사업이 활성화했다. 그 중심은 중소기업진흥사업단이었는데, 1973년에 사업단안에 중소기업정보센터를 설치하여 이러한 기능을 시작했다. 그 뒤 지방자치단체에까지 중소기업지역정보센터가 설치되었고 사업단에서 취득한 전국적 정보의 가공 제공, 지역 고유정보의 수집 제공 등의 업무가 개시되었는데, 1979년부터는 사업비의 국고보조가 개시되었다.

둘째, 벤처비즈니스 진흥시책의 개시다. 1960년대 후반부터 벤처비즈니스로 불리는 시장창조형의 중소기업의 창업이 나타나기 시작했다. 중소기업정책에서는 문제를 많이 안고 있는 보통의 중소기업의 지식집약화에 중점을 두고 있었지만, 벤처비즈니스는 산업구조의 지식집약화를 담당할 자라는 점에서 중요하다. 그래서 통산성은 1975년에 통산성 기계정보산업국 소관 아래 연구개발형 기업 육성센터를 설치하여 벤처비즈니스의 진흥을 도모했다. 이것이 1994년에는 벤처 엔터프라이즈 센터(Venture Enterprise Center, VEC)로 개칭되었다. 여기서는 신기술, 신제품의 연구개발과 기업화를 목적으로 하는 새로운 유형의 중견 및 중소기업의 육성을 위하여 채무보증사업과 정보교류사업을 행했다.

1.3 하청기업과 중소소매상에 대한 종래형의 적응정책

전반적으로 적응정책이 지식집약화 방향으로 전환되었지만 1970년대 초에는 종래의 구조고도화정책에 입각한 적응정책도 부분적으로 강구되었다.

첫째, 하청기업을 대상으로 하청기업진흥법(하청진흥법)이 제정되었다(1970. 12. 26 공포, 1971. 3. 26 시행). 이 법은 중소기업의 근대화를 효율적으로 촉진하기 위한 조치를 강구함과 동시에 하청기업진흥협회에 따른 하청거래의 알선 등을 추진하여 하청관계를 근대화하고 하청관계에 있는 중소기업자가 자주적으로 그 사업을 운영하면서, 또한 그 능력을 유효하게 발휘할 수 있게 함으로서 하청 중소기업의 진흥을 도모, 국민경제의 건전한 발전에 기여함을 목적으로 제정되었다. 이 법은 중화학공업화와 국제경쟁력 강화를 위한 중소기업 근대화를 도모하는 1960년대형의 근대화정책이다.

둘째, 중소소매상업에 대한 종래형 적응정책의 강화이다. 슈퍼 체인이 발달하면서 이들과 중소소매상업자간에 마찰이 발생하여 중소소매상업에 대한 진흥책과 조정책이 강구되었는데, 진흥책으로 중소소매상업진흥법(소진법)이 제정되었다(1973. 9. 29). 이 법은 상점가의 정비, 점포의 공동화 등의 사업을 원활히 하여 중소소매상업자의 경영의 근대화를 촉진함으로서 중소소매상업의 진흥을 도모하여 국민경제의 건전한 발전에 기여함을 목적으로 제정되었다.

1.4 경영안정화대책과 불리시정정책의 강화

1.4.1 경영안정화대책의 시행

경영환경의 악화에 따라 중소기업의 경영이 불안정하게 되고 중소기업과 대기업 사이에 시장문제가 발생하면서 중소기업대책은 지식집약화 방향으로 진전되면서도 경영안정화와 불리시정시책도 강화했다.

경영안정화대책으로는 첫째, 미국과 일본간의 섬유제품 자율규제협정이 체결되면서 섬유산업에 대한 긴급자금지원 등의 조치가 행해졌다. 또한 개발도상국에 대한 특혜관세의 제공이 1971년 8월 1일부터 실시되면서 중소기업특혜대책임시조치법(특혜대책법)이 제정되었다(1971. 4. 5 공포, 8. 1 시행). 이 법은 특혜제공의 영향을 받은 업종에 종사하는 중소기업자의 사업전환을 지원하기 위한 것이었다.

둘째, 1971년 8월 10일 이후 미국이 실시한 수입과징금 부과 등의 닉슨 신경제정책과 스미스니안협정(Smithonian Agreement)에 따른 변동환율제에 대처하기 위한 달러시책이 시행되었다. 국제경제상의 조정조치의 실시에 수반하여 중소기업에 대한 임시조치에 관한 법률(국조법)이 제정된 것이 그것이다(1971. 12. 26).

셋째, 1977년부터 1978년에 걸친 원화가치 급등에 대처하기 위하여 원화가치 급등 관련 중소기업대책임시조치법(원고법)이 달러시책으로 제정되었다(1978. 2. 14).

넷째, 특정불황지역대책이다. 1974년과 1975년의 대불황시에 설비의 과잉을 특징으로 하는 구조불황업종이 발생했는데, 이에 대하여 특정불황지역이직자임시조치법이 고용대책으로 제정되었고(1978. 11. 18), 동시에 특정불황지역중소기업대책임시조치법(불황지역법)이 제정되었다(1978. 11. 18). 이 법은 최근 내외의 경제적 사정이 현격히 변화하면서 특정지역 중소기업자의 경영이 크게 불안정하게 되고 고용사정이 악화되어 있으므로 이들 중소기업자의 경영안정을 도모하는 조치를 강구하여 실업예방, 재취업의 촉진 등의 조치에 맞추어 이들 지역의 경제안정에 기여함을 목적으로 제정되었다.

다섯째, 연쇄도산방지대책의 강구이다. 일반 중소기업자를 대상으로 중소기업도산방지공제제도에 따른 연쇄방지대책이 마련되었는데, 중소기업도산방지공제법의 제정이 그것이다(1977. 12. 5 공포, 1978. 4. 1 시행). 이 법은 거래하고 있는 기업의 도산의 영향을 받은 중소기업이 도산하는 사태를 방지하기 위하여 중소기업자의 상호부조의 정신에 바탕을 두고 이들의 거출에 따른 중소기업도산방지공제제도를 확립, 중소기업 경영의 안정에 기여함을 목적으로 했다.

1.4.2 불리시정정책의 강화

1970년대 경영환경의 악화는 중소기업과 대기업 사이의 시장 분야 조정문제를 격화시키면서 새로운 분야조정책이 필요하게 되었다. 또한 모기업이 받은 불황 및 엔화 가치절상의 영향을 하청기업에 전가하는 데서 오는 하청거래문제도 악화되어 이에 대한 대책도 요구되었다.

첫째, 시장 분야 조정문제인데, 특히 소매분쟁은 1970년대 최대의 중소기업문제였다. 슈퍼 체인의 발전이 이들과 중소소매업자간에 분쟁을 일으키면서 이에 대응시책으로 대규모 소매점포에서 소매업의 사업활동 조정에 관한 법률(대점법)이 제정되었다(1973. 10. 1 공포, 1974. 3. 1 시행). 이 법은 소비자의 이익의 보호를 배려하면서 대규모 소매점포의 소매업 사업활동을 조정하여 그 주변의 중소소매업의 사업활동의 기회를 적정하게 확립함으로서 소매업의 정상적 발전을 도모, 국민경제의 건전한 진전에 기여함을 목적으로 했다.

둘째, 중소기업 사업활동의 기회확보를 위한 대기업자의 사업활동의 조정에 관한 법률(분야조정법)의 제정이다(1973. 6. 25 공포, 9. 24 시행). 이 법은 중소기업자의 경영안정에 악영향을 주는 대기업자의 사업개시 또는 확대에 관하여 일반 소비자들의 이익보호를 배려하면서 그 사업활동을 조정하여 중소기업의 사업활동 기회를 적정하게 확보, 국민경제의 건전한 발전에 기여함을 목적으로 했다. 결국 중소기업과 대기업의 시장 분야 조정의 초점은 특정업종을 중소기업을 위한 확보 가능 업종으로 지정하여 그 업종에 대기업의 진출을 규제하는 것이었다.

셋째, 1959년에 제정된 소매상업조정특별조치법(상조법)의 일부를 개정하는 법률(1977. 6. 25 공포, 9. 24 시행)의 성립이다. 분야조정법에서는 소매업이 그 대상에서 제외되었는데, 그것은 소매업을 제조업과 같은 방식으로 조정하는 것이 적당하지 않았기 때문이다. 그래서 상조법을 개정하여 소매업에 대해서도 분야조정법과 같이 조정조치를 할 수 있도록 분야조정법과 동시에 성립했다.

넷째, 1956년에 제정된 하청대금지불지연등방지법(하청대금법)의 운용·강화이다. 1970년에 경제환경이 악화되면서 모기업이 하청기업에 그 영향을 전가하는 등 하청대금법에 저촉되는 사례가 증가하면서 그 운영을 강화했다.

1.5 소규모기업대책의 강화

1960년대에 소규모기업대책으로 상공회의조직등에관한법률(상공회법)이 제정(1960. 5. 20)되었지만, 1960년대 중소기업대책의 중심은 상위층 중소기업을 우선하는 구조고도화 시책이었고 소규모 기업은 정책에서 소외되었다. 여기서 1970년대 경제조건의 악화는 소규모기업에 큰 타격을 주면서 소규모기업대책의 강화가 과제로 제기되었다.

첫째, 소규모기업의 기업성 개선의 중심시책인 경영개선보급사업을 강화하고 소기업 등 경영개선자금 융자제도를 창설했다. 이에 따라 소규모사업 대책비도 증가했다.

둘째, 법인기업과세제도의 창설이다. 이는 세제 면에서 개인사업주에 대한 특례를 강구하기 위한 것인데, 개인을 법인으로 가정하면서 세액을 계산하는 조세제도를 창설한 것이다(1973년도 세제개정).

이상에서 살펴본바와 같이 1970년대 중소기업정책은 산업구조정책의 전환에 따라 지식집약화 방향을 도입했다. 이것은 엔화가치 절상 등 국제분업의 진전에 대응하는 방안이었기 때문에 사업전환과 불가분의 관계에 있으며 그런 의미에서 산업조정지원정책의 성격도 지녔다.

이에 따라 적응정책의 중심도 지식집약화로 전환하고 근축법의 구조개선사업에도 업종별 조합이 신기술과 신상품을 연구개발하는 지식집약화사업을 도입했다. 또한 사업전환법(1976. 11. 15)을 제정하여 엔화가치 절상의 영향을 받은 중소기업의 사업전환 시책을 개시했다. 그러나 지식집약화 방향은 다음과 같은 문제점이 지적되었다.

첫째, 지식집약화의 의미가 "지혜를 사용하고 두뇌를 사용한다"는 등 애매해서 정책의 목표가 구체성이 부족하고 불명확하다는 점이다. 시장동향, 연구 및 기술개방 등 경영에서 무형적(soft)측면을 강조한 점에서 설비를 중요시하는 구조고도화시책 등 유형적(hard)시책보다 진보한 면이 있지만 그 구체적 의미가 부족하다는 지적이다.

둘째, 업종별조합에 따른 지식집약화사업의 문제이다. 신기술과 신제품의 개발은 원래 개별 기업의 경쟁을 기반으로 하는 것인데, 조합원의 개발성과 공개를 전제로 하는 공동개발은 어울리지 않는다는 것이다.

셋째, 지식집약화시책이 정책의 실행 면에서는 닉슨의 신경제정책으로 시작되는 국제경제환경의 변화에 대응하여 보호정책의 색채가 강한 경영안정화대책, 불리시정정책, 소규모 기업대책이 중심이 되었다. 이것은 중소기업 대책비에서 경영안정화와 소규모기업대책의 예산의 비중이 증가한 것으로 나타났다. 결국 적극적 중소기업관에 바탕을 둔 중소기업정책의 지식집약화가 실제에서는 보호정책적 흐름을 추구하는 것으로 되었다. 그리고 중소기업정책이 전반적인 산업구조정책의 지식집약화 흐름에 편입되면서 그 자주성을 상실했다는 지적도 있다.

넷째, 중소기업정책의 지식집약화 방향은 산업육성정책인 동시에 산업조성지원정책으로서 성격도 갖고 있다. 산업조정지원정책은 경쟁력을 상실한 비교열위산업을 보호하지 않고 그 전환을 도모하여 구제하는 정책인데, 이 시기에 본격화한 산업전환시책이 여기에 해당한다. 지식집약화정책은 지식집약산업을 육성하는 것을 목적으로 하지만 동시에 경쟁력이 저하된 중소기업에 대한 시책으로 적용되는 경우에는 산업조정지원정책으로서 성격도 강하게 갖는다. 산지법과 신섬유법이 그 전형적인 사례이다. 1980년대에 국제협력적 산업구조의 형성이 국민적 과제로 등장하면서 중소기업정책도 산업조정지원정책의 성격을 갖게 되는데, 지식집약화 방향은 바로 그 시작이었다.

2 산업구조조정과 중소기업정책

2.1 창조적 지식집약화, 창조적 지식융합화의 추구와 적극적 중소기업관

1980년대 일본은 국제적으로 보호무역주의의 대두를 저지하면서 미국을 중심으로 하는 국제경제체제를 유지하기 위하여 국제분업의 촉진을 경제정책의 최우선 과제로 했다. 즉, 자유무역체제를 유지하면서 종합적 경제협력의 전개를 경제과제로 제시했는데, 그러기 위해서는 선진국과 개발도상국 사이의 적정한 국제분업관계를 확립하는 것이 요청되었다. 산업구조 측면에서는 국제협조적 산업구조의 형성이 요구되었는데, 구체적으로는 산업구조의 창조적 지식집약화의 추진을 의미한다. 창조적 지식집약화는 창조성의 발휘를 기초로하여 고차적인 지식집약화를 추구하는 것이다. 국제협조적 산업구조 아래에서 국제적으로 경합하지 않는 창조적 기술의 개발을 촉진하는 것이다.

또한 국제분업의 추진은 특정산업 분야의 축소와 산업 분야 전환을 정책적으로 지원하는 것이 필요한데, 이때 산업구조정책의 역할은 국제협조적 산업구조를 실현하면서 동시에 산업조정을 원활하게 실시하는 것이다.

이런 가운데 1980년대의 중소기업정책은 다음 두 가지 관점에서 그 방향이 제시되었다.

첫째, 중소기업에 대한 적극적인 평가이다. 생업적 중소기업의 존재 등 중소기업의 다양성을 인정하면서도 활력 있는 다수(the vital majority)로 적극적으로 평가했다. 중소기업은 총체적으로 보아 왕성한 활력(vitality)를 지녀 산업구조의 변혁, 기술과 진보, 인적 능력 발휘의 묘상(양성 기반)이며, 경제사회의 진보와 발전의 원동력으로 보았다. 이것은 1970년대에 이어 적극적인 중소기업관을 나타낸 것이며 중소기업의 창조성과 기동성의 발휘에 대한 기대를 표명한 것이다.

이와 같은 적극적 중소기업관의 표명은 창조적 지식집약화라고 하는 산업구조정책의 명제에 합당한 것이고 중소기업을 산업구조변혁의 묘상으로 보고 그 창조성 발휘를 기대하는 것이다.

둘째, 무형성 경영자원 충실을 위한 시책과 지역관점에 입각한 시책을 새롭게 제시했다. 무형성 경영자원을 충실하게 하는 시책은 중소기업의 기술·인재·정보의 충실을 목적으로 하는 것이다. 이는 지식집약화시책의 일종이지만, 1970년대 지식집약화의 목적이 불명확한 데 반하여 세 가지의 경영자원 충실 형태를 구체적 목적으로 제시한 점에서 더 진전된 것이다.

지역관점에 입각한 시책은 중소기업을 지역사회의 담당자로 보고 지역경제사회 조성을 위한 중소기업을 개발하는 시책이다. 1980년대 통산정책은 매력적인 지역경제사회의 건설을 산업정책의 과제로 제시하여 업종의 관점에서 지역관점으로 이행하는 산업정책의 전체적 동향을 보였다.

1960년대의 중소기업정책(적응정책)의 중심인 구조고도화시책은 유형성 중심(시설근대화 등)의 규모적정화 시책이었으며, 업종별 전국 기준의 정책이었다. 1970년대에 와서 지식집약화의 방향이 도입되어 정책의 유형성 편중이 시정되기 시작하고 일부 지역관점의 시책도 시작되었다. 1980년대에는 이러한 움직임이 더욱 확충되어 무형성 경영자원의 충실시책과 지역관점의 시책이 그 중심을 확립했다.

1980년대 후반에 미국과 일본 등의 국제적 무역마찰이 한층 격화되면서 일본은 경제구조를 국제 협조적으로 변혁하기 위하여 철저한 규제완화의 추진으로 내수확대를 기하고 국제적으로 조화된 산업구조로 전환을 도모했다. 여기서 산업구조의 국제 협조화와 산업구조의 지식융합화를 제시했다. 창조적 지식융합화란 기술혁신으로 서로 다른 산업 분야가 융합화하고 새로운 분야가 발생하는 것에 착안하여 각 산업 분야에 축적된 지식을 융합(교류)하여 새로운 지식을 만들어 새로운 영역(new frontier)를 확대한다는 것이다. 이러한 창조적 기술융합화는 새로운 영역의 확대 방향인 동시에, 조정이 요구되는 산업이 기존 산업부문에 축적된 경영자원을 사용하여 새로운 분야를 창출하는 수단으로도 되는 것이다. 결국 창조적 지식융합화는 산업육성정책인 동시에 산업조정지원시책인 것이다. 산업조정지원의 초점이 된 것이 비교열위의 중소기업 분야이며, 중소기업정책은 1980년대 후반 이로 말미암아 산업조정지원정책의 성격을 강화하게 되었다.

한편 일본의 산업정책은 기술집약도가 낮은 경공업 분야와 중화학공업에서도 상대적으로 기술집약도가 낮은 분야는 동남아시아 등 개발도상국으로 진출하고 국내산업은 기술집약도가 높은 분야로 전환하여 고부가가치형 산업구조를 추구했다. 이에 맞추어 중소기업도 다품종소량생산의 기술만으로는 그 성장이 충분하지 않음으로 기술개발활동을 경영전략으로 하는 개발 지향형 중소기업으로 전환할 필요가 있게 되었다.

이 시기 중소기업은 노동력 부족을 심각한 문제로 안게 되었고 또한 그 개업률(창업률)도 저하했다. 1980년대 후반에 창업과 신규 사업 지원시책이 개시되었지만 개업률 저하를 문제로 삼아 대책을 강구한 것은 아니었고 일반중소기업의 창업 촉진을 의식한 시책은 1990년대에 들어서 본격화했다.

2.2 적응정책의 다양한 전개

2.2.1 적응정책의 변화

1960년대의 적응정책의 중심은 구조고도화 시책이었고 1970년대는 지식집약화 시책이었다. 1980년대의 적응정책도 지식집약화 시책이라고 말할 수 있지만, 무형의 경영자원의 충실시책, 지역관점의 시책, 신분야진출 촉진시책으로 다양화·구체화했다. 그 결과 1970년대부터 변화하기 시작한 적응정책은 1980년대에 와서 1960년대와 대조적 특징을 갖게 되었다. 1960년대와 1980년대의 적응정책을 비교하여 변화된 점을 정리하면 다음과 같다.

첫째, 업종의 관점에서 벗어난 점이다. 구조고도화 시책은 근촉법이 나타내는 바와 같이 중소기업에 대하여 업종별 접근을 하는 것이 그 특징이었다. 그것은 산업구조고도화와 국제경쟁력 강화의 관점에서 중요업종을 선정할 필요가 있고 또한 기업집약화에 따른 규모적정화를 중소기업육성의 수단으로 생각했다. 그러나 1980년대에 와서는 특정업종의 국제경쟁력 강화와 규모적정화는 이미 정책의 중점이 아니고, 업종별로 중소기업에 접근할 필요성도 현저히 저하했다. 대신 지역개발을 위하여 지역을 단위로하는 중소기업의 발전을 도모하는 시책이 활발하게 되었다. 그 밖에 서로 다른 업종끼리 연계하는(융합, 교류하는) 중소기업의 발전시책, 연구개발형 중소기업이라고 하는 특정기업유형의 육성을 목적으로 하는 시책도 나타났다. 이처럼 지역관점의 시책, 업종끼리 관점의 시책, 기업유형 관점의 시책 등은 업종관점에서 벗어나는 것들이다.

둘째, 기존 분야의 발전에서 신분야 진출에 따른 발전으로 진전되었다. 구조고도화 시책의 업종별 접근은 중소기업이 속한 업종에서 규모적정화를 도모하는 등 기존 분야의 발전시책이라고 할 수 있다. 이에 대하여 1980년대는 국제분업의 진전으로 기존 중소기업 분야의 기반이 약화되었기 때문에 중소기업의 이동성을 높이고 신분야 진출을 촉진해야만 했다. 지역관점의 시책과 기타 시책도 신기술 신제품개발에 따른 신분야 진출의 촉진이 시책의 중심이었다. 이처럼 시책의 중점은 중소기업의 기존 분야에 대한 발전에서 신분야에 따른 발전으로 옮겨갔다.

셋째, 물적자산 중심의 유형 측면(hard)에서 기술·정보 중심의 무형자산적 (soft) 측면으로 변화했다. 구조고도화시책은 생산 규모의 확대, 시설의 근대화 등 유형의 경영자원의 충실을 목적으로 한 것이었다. 그러나 중소기업의 신분야 진출에는 정보의 수집능력과 기술개발력, 그리고 이것을 뒷받침하는 인적능력 등 무형의 경영자원이 결정적 수단이 된다. 따라서 1980년대에는 무형의 경영자원의 충실을 내용으로 하는 시책이 활발하게 되고 시책의 중점은 유형의 경성 측면에서 무형의 연성 경영자원의 충실로 옮겨갔다.

넷째, 1960년대 중소기업정책의 핵심인 적응정책은 산업육성정책적 성격이 강했다. 그러나 1980년대의 적응정책은 산업구조정책의 시각에서 산업육성정책인 동시에 산업조정지원정책의 성격을 갖는다.[1] 1970년에 와서 중소기업정책은 중소기업의 지식집약화의 방향이 기본이 됨과 동시에 사업전환시책이 중심으로 등장하면서 산업조정지원정책의 기능도 갖게 되었다. 특히 1980년대 후반에 와서는 중소기업에 관한 산업조정이 중소기업정책의 주요과제가 되면서 중소기업정책은 산업조정지원정책으로서 기능을 크게 확충했다. 창업이나 신규 사업 지원시책과 신분야 진출촉진책은 각각 산업육성정책과 산업조정지원정책으로 분류할 수 있다. 창업과 신규 사업 지원책은 창조적 중소기업의 신규 침입을 촉진한다는 점에서 경쟁정책의 성격도 가지며 따라서 중소기업의 과소과다 시정을 도모하는 적응정책의 범위를 넘어서는 적극성을 갖고 있다. 즉, 1970년대 이후 적응정책은 산업육성정책에서 산업조정지원시책의 성격을 강하게 나타내면서 1980년대에 와서는 적응정책의 범위를 넘어서는 적극성을 보이기 시작했다.

1980년대의 적응정책도 기본적으로는 지식집약화시책이라고 할 수 있지만, 업종별 지식집약화시책에 대신하여 전반에는 무형의 경영자원의 충실시책, 후반에는 신분야 진출시책을 활발하게 다양화·구체화했다. 이와 함께 중소기업을 지역발전의 담당자로 개발하는 지역관점에 선 시책도 활발하게 이루어졌다.

2.2.2 무형의 경영자원의 충실시책

무형의 연성 경영지원은 기술·정보·인재를 말한다. '중소기업의 기본 시책유

---

1) 1980년대 일본 산업구조정책의 역할은 최적 산업구조의 실현과 병행하여 산업조정을 원활하게 실시하는 것이었다. 최적 산업구조의 중핵산업을 육성하는 정책을 산업육성정책이라고 하고, 산업조정을 지원하는 정책을 산업조정지원정책이라고 한다. 흔히 산업정책은 산업구조정책과 경쟁정책(반독점적 산업조직정책)으로 구분한다. 산업구조정책은 다시 산업육성정책과 산업조정지원정책으로 나뉜다. 산업조정지원정책은 비교열위화한 산업을 근대화 내지 사업전환의 방향으로 구제하는 것이다. 비교열위산업에 대해서는 관세인상이나 비관세 장벽에 따른 수입규제 등 소비자 이익을 손상시키는 소극적 조정정책이 있을 수 있다. 이에 대하여 1980년대 일본의 산업조정지원정책은 자유무역을 추진하여 소비자 이익을 중지시키는 등 적극적인 조정정책이었다.

형'에서는 이에 관한 시책이 지도사업으로 분류되지만, 이 시기에는 적응정책의 중심시책으로 전개되었다. 경영자원의 충실은 중소기업이 산업구조고도화에 적응하고 신분야로 발전하는 데 관건이기 때문이다. 이 시책도 지식집약화 시책의 일종이지만 목표를 확실히 하지 않은 지식집약화 시책을 경영자원의 충실시책으로 구체화한 점에서 진일보한 시책이다.

2.2.2.1 기술대책

종래의 기술대책은 공설시험 연구기관에 따른 기술지도와 기술연수로 기술에 뒤진 중소기업에 앞선 기술을 보급하는 것이 목적이었다(기술도입형시책). 1980년대에는 독창적 기술의 개발이 산업구조정책의 중점이 되고 중소기업은 기술진보의 양성기반(묘상)이라는 적극적 중소기업관에 입각하여 기술시책도 적극화했다. 산업기술의 발전에 중소기업을 적응시키는 데 그치지 않고 신기술 개발에 중소기업의 가능성을 인정하여 신기술, 신사업 발전을 위한 중소기업 기술력을 높이는 산업 기술정책의 일환으로서 성격도 갖게 되었다.

첫째, 시책의 초점이 중소기업의 기술개발을 지원하는 데 모아지면서 기술개발지원시책이 창설되었다. 기술전문가에 따른 기술전문지도사업과 지방자치단체가 산학과 협력하는 기술개발 지원시책도 창설 강구했다. 또한 중소기업과 그 조합의 기술개발을 지원하는 본격적인 기술개발지원시책으로 중소기업 기술개발촉진임시조치법(기술법)이 제정되었다(1985. 6. 7 공포, 7. 6 시행). 이 법은 최근에 기술혁신의 급속한 진전과 수요구조의 현저한 변화에 대처하여 중소기업이 행하는 기술개발을 촉진하기 위한 조치를 강구함으로서 중소기업의 기술 향상을 통하여 중소기업의 개발과 국가산업기술의 조화 있는 발달을 도모해 국민경제의 건전한 발전에 기여할 목적으로 제정되었다.

둘째, 기술보급시책으로 중소기업간의 기술교류를 촉진하는 새로운 방법과 첨단기술에 연관되는 기술도입시책이 이루어졌다. 중소기업간의 기술교류를 촉진할 기술교류광장(plaza)이 창설되었는데(1981년도), 이것은 기술의 복합화 진전에 대응하여 이종업종 중소기업의 교류의 장을 설치함으로써 중소기업 사이의 기술이전을 촉진하기 위한 것이었다. 이것이 뒤에는 '기술시장교류광장사업'으로 되었다. 또한 첨단기술개발 대부제도와 중소기업 신기술채택 투자촉진 세제도도 창설되었다(1984년도).

2.2.2.2 정보화대책

중소기업의 정보화는 지식집약화의 중요한 조건으로서 1970년대부터 정책과제였다. 중소기업의 정보수집과 처리능력을 강화하고 정보를 중소기업을 대신하여 수집하여 나누기 쉬운 형태로 중소기업에 제공하는 정보제공 사업 등이 있다. 이를 위하여 중소기업진흥사업단에 중소기업정보센터를 설립한 바 있다(1973년).

특히 정보제공사업은 1980년에도 계속되어 지역정보센터를 설치하고 이를 국고에서 보조했다. 중소기업정보센터에서는 중소기업경영에 관한 문헌정보 등을 제공하는 중소기업정보조사제도(Small and Medium Enterprice Information Research System, SMEIRS)를 개발하여 지역정보센터에 제공하는 체제를 구축했다(1982년).

그리고 컴퓨터도입을 촉진하고 인재양성을 위하여 연수제도를 강화했다. 1980년대에 와서는 사업단의 중소기업연수소가 중소기업대학으로 개편되어 고도의 연수를 중소기업자에게 행했다.

2.2.3 지역관점의 시책전개

지역관점의 시책은 1970년대에 산지성 업종대책과 불황지역 중소기업대책으로 엔화절상 등에 대처하여 주로 불황대책의 성격으로 완만한 전개에 그쳤지만 1980년대에는 지역개발의 담당자로서 중소기업의 진흥을 도모하는 지역관점의 명확한 시책이 등장했다.

첫째, 지역성산업[地場産業] 진흥대책이다. 이것은 지역성이 강한 중소기업의 집단을 정책 대상으로 한 점에서는 1970년대 시작한 산지성 업종대책과 동일하다. 그러나 정책의 관점은 차이가 있다. 1970년대의 것은 단독산지에서 구조개선사업제도가 중심이었고 기본적으로는 업종진흥대책이었다. 여기서 지역을 지정하는 것은 그 업종의 개발이 지역을 지정함으로서 효과적이었기 때문이며, 지역진흥은 간접적 목적에 그쳤다. 그러나 1980년대의 것은 지역진흥의 관점에서 어느 지역에서 복수의 업종을 지역성산업으로 일괄해서 지역 전체의 개발을 강구한다는 점에서 1970년대의 그것과 차이가 있다.

둘째, 특정지역진흥대책이다. 1970년대에 긴급 구제책으로 개시했던 불황지역대책을 더욱 적극적인 시책으로 변화시킨 것이다. 불황지역법(1978. 5. 15)은 특정불황지역의 중소기업 전체를 대상으로 하는 지역 단위의 중소기업대책이었으며 긴급물자 등 경영안정대책이었다. 이것이 1983년에는 특정업종관련지역중소기업대책임시조치법으로 개정되었는데(1983. 5. 6 공포, 6. 30 시행), 여기서는 경영안정대책 외에 새로 지정된 지역의 중소기업의 신분야를 개척하기 위한 대책도 포함하여 더 적극적인 지역진흥대책이 되고 있다. 1986년에는 이 법을 대신하여 엔화가치 절상에 대비하기 위한 특정지역중소기업대책임시조치법(1986. 12. 5)이 새로 제정되었는데, 이 법은 특정지역(엔화가치 절상 등으로 사업활동에 지장을 받은 지역)의 중소기업 및 조합이 새로운 분야로 진출하도록 그 활동을 촉진하는 것이었다. 이처럼 불황지역대책으로서 긴급경영안정대책에서 신분야 진출시책, 여기에 투자유도시책까지 더해져 적극적이고 능동적인 지역진흥대책으로 진전되었다.

셋째, 시가지형성관점의 중소도매상업대책이다. 1960년대와 1970년대의 중소소매상업의 구조고도화 시책은 대량생산 대량소비가 요구하는 유통기구의 합리화에 중소소매상업을 적응시키는 것을 목적으로 한 것이었다(중소기업기본법 제14조). 여기에는 소매상업이 지역주민의 생활을 뒷받침하는 도시시설의 일부이며 그 발전의 대책이 도시형성과 일체화해야 한다는 생각이 담겨져 있지 않았다. 그러나 1980년대에는 중소소매상업대책에도 지역관점이 침투되기 시작했다. 소매업은 지역주민의 일상생활에 직결되고 지역에 뿌리를 둔 산업이며 지역사회와 조화를 이룬 발전이 도모될 절요가 있다는 것이었다. 따라서 이러한 시각의 도시상업정책을 추진하는 것을 유통정책의 기본 방향으로 했다.

2.2.4 신분야 진출 촉진시책의 추진

1980년대 후반에 미일무역불균형이 심각해지면서 일본은 국제협조적 산업구조의 형성을 국제공약으로 내걸었다. 중소기업의 신분야 진출은 이 시기에 엔화가치 절상으로 어려워진 하청기업과 신지중소기업 등 중소기업에 대한 대책이었고 종래의 사업전환대책을 포함하여 다양한 신분야 진출시책이 실시되었다. 그리고 이들 시책은 중소기업의 존립 분야를 전환하여 국제협조형 산업구조에 적합한 중소기업구조를 형성하는 시책이라는 점에서 구조전환대책이기도 하다.

첫째, 특정중소기업자사업전환대책임시조치법(신전환법)을 제정하여(1986. 2. 25) 업종전환대책을 강화했다.

둘째, 특정지역 중소기업대책 임시조치법을 제정했다(1986. 12. 5) 이 법은 지역진흥을 도모하는 동시에 엔화가치절상대책으로서 수출형 산지의 중소기업의 존립 분야를 전환하여 국제협조적 산업구조형성을 점차로 진전시키는 데 목적이 있다. 이 법은 엔화가치 절상의 영향을 받은 지역을 지정, 지역마다 신분야 진출을 촉진하기 위하여 지역별 접근에 따른 신분야 진출 촉진시책이다.

셋째, 하청기업의 신분야 진출을 촉진하고 이종업종 분야 중소기업자의 지식의 융합에 따른 신분야 개척의 촉진에 관한 임시조치법을 제정했다(1988. 4. 5). 융합화란 산업 분야를 달리하는 중소기업이 협동하여 각각의 기술과 경영 등에 관한 지식과 경영자원을 서로 교류, 보안, 융합하여 새로운 제품과 서비스를 개발하는 것을 말한다.

넷째, 중소기업의 해외진출을 촉진했다. 중소기업의 해외진출은 이미 1970년대부터 중소기업의 경제환경적응시책의 일환으로 중요시되어왔는데, 1980년대에 와서 그것이 본격화했다. 중소기업사업단, 상공회의소, 일본무역진흥회에 중소기업의 해외투자진출을 위한 각종 사업이 창설되었다. 해외투자자문사업, 중소기업해외투자알선사업에 이어 해외직접투자자금 대부제도와 해외투자관계 신용보완제도도 창설되었다.

2.2.5 업종별 근대화시책 등의 동향

첫째, 이상에서는 적응정책의 새로운 전개를 살펴보았는데, 이에 대하여 종래형의 적응정책인 업종별 근대화시책(근촉법에 따른 특정업종근대화시책)은 그 역할이 저하되었다. 중소기업 근대화촉진법은 1963년 제정되 이후 근대화계획과 구조개선계획으로 중소기업성 업종의 설비근대화, 기업집약화(1960년대), 지식집약화(1970년대)를 추진했다. 근촉법에 따른 업종별 근대화시책이 적응정책의 중심이었지만 1980년대에 와서는 이에 대한 새로운 시책의 전개는 약화되었다. 적응정책의 중심이 무형의 경영자원의 충실, 지역관점의 시책, 신분야 진출 촉진책으로 옮겨가면서 근촉법은 적응정책의 중추적 지위를 상실했다.

둘째, 중소기업고도화자금제도는 지역진흥시책에 중점을 두었다. 고도화자금제도는 중소기업의 구조고도화의 직접적 수단으로 역할을 했지만 중소기업 정책과제의 변화와 함께 1970년대에 와서는 지식집약화 공동사업, 사업전환사업, 소규모기업의 입지환경개선사업 등이 창설되었다. 그러나 1980년대에는 각종 제도개선이 있었지만 가장 중요한 것은 지역진흥시책의 성격이었고 이에 맞추어 고도화 자금제도도 그 중심이 옮겨갔다.

2.3 창업과 신규 사업 지원시책의 개시

1960년대 일본 중소기업정책의 중심은 산업의 동태적 변화에 중소기업을 적응시키는 적응정책이었다. 그러나 1980년대 중반 이후 중소기업의 창업과 신규 사업을 촉진하여 새로운 사업, 새로운 산업의 발전을 목적으로 하는 정책이 나타났다. 이것은 중소기업이 산업변화에 적응을 도모하는 것이 아니고 중소기업에 따른 산업변화를 진전시키는 정책이었다. 그런데 적응정책과 신규 사업 지원시책의 중간적 시책도 있다. 예컨대 기술개발지원시책은 적응정책으로 분류되지만 신규 사업 지원시책의 성격도 갖고 있다.

첫째, 창업보육시설(기업부화기 또는 기업육성시설, business incubator)의 설치이다. 창업보육시설은 기본적으로는 창업기업 또는 기존기업의 신규 사업 부문에 연구개발광장과 사무실 등을 임대하는 부동산임대업이다. 그러나 일반의 부동산업과 다른 점은 입주기업이 통상적으로는 얻지 못하는 각종의 지원을 해주고 신규 사업의 성공율을 높이는 것을 그 목적으로 한다는 것이다.

창업보육시설은 미국 펜실베이니아대학(Pennsylvania University)의 전면적 협조로 1963년에 설립한 대학·도시 과학센터(University City Sicence Center)가 최초였다. 이것이 미국에서는 1970년대, 유럽에서는 1980년대에 보급되어 계속 증가했다. 일본에서는 1968년에 동북대학(東北大學)의 협력으로 설립된 동북기술개발연구회관(東北技術開發研究會館)이 처음이었지만 그 뒤 실적은 극히 적었다. 널리 보급되기 시작한 것은 1986년의 민간사업자 능력의 활용에 따른 특정시설의 정비 촉진에 관한 임시조치법(민활법)이 제정(1986. 5. 30)된 이후였다. 이 법은 기술혁신 정보화 및 국제화라는 경제적 환경의 변화에 대응하여 경제사회의 기반의 충실에 기여하는 각종 공적 시설의 정비를 민간사업자의 자금과 사업능력을 활용하여 촉진하는 데 그 목적이 있다.

둘째, 창업과 신규 사업 지원시책은 지역산업건립의 시각에서 강구되었다. 산업조정의 영향을 크게 받는 대도시와 지방의 중소기업이 신규 사업을 창출할 필요가 있기 때문이다. 먼저 1989년에 창설된 지역산업건립을 위한 기반조정사업으로는 지역산업 창조기반건립사업과 지역산업육성지원사업이 있다. 또한 지역경제 활성화에 기여하는 신사업지원시책이 창설되었는데, 개개의 중소기업의 신사업을 지원하는 제도이다.

셋째, 특정신규사업실시원활화임시조치법(신규사업법)의 제정이다(1989. 6. 28 공포, 12. 1 시행). 이 법은 획기적인 기술과 노하우 그리고 아이디어를 가진 기업이 그것을 이용하여 상품 생산을 하는 경우 그 사업화자금의 조달을 지원하는 것이다.

넷째, 중소기업투자육성주식회사가 벤처캐피털(venture capital)의 기능을 하는 것이다. 일본의 벤처캐피털 제도는 1975년에 연구개발형기업육성센터(1994년에 VEC로 개칭됨)가 채무보증 업무를 실시하면서 시작되었다. 그 뒤 1980년대 말에는 1963년에 제정된 중소기업투자육성주식회사법을 개정(1989. 6. 28)하여 기존 중소기업의 증자, 신규 주식 인수만이 아니고 설립 신규 주식도 인수를 행하게 되었다. 이것은 창업자가 회사를 설립하거나 기존 중소기업자가 신분야 진출을 위하여 기업을 설립하는 경우에 설립단계부터 출자를 행하는 것이다.

이처럼 1980년대에 창업과 신규 사업 지원시책이 개시되었지만 그 목적은 어디까지나 국제분업 촉진을 위한 산업의 신분야를 확대하는 것이었고 중소기업의 개업률 저하에 대한 대책은 아니었다. 따라서 지원의 대상은 독자적이고 획기적사업을 행하는 경우가 많았고 일반 중소기업의 신규 개업이 대상이 된 것은 아니었다. 일반 중소기업의 창업촉진도 포함되는 시책은 1990년대에 와서 강구되었다.

2.4 불리시정정책과 소규모기업대책의 동향

첫째, 시장활동 면에서 중소기업의 불리시정을 목적으로 하는 시책은 1970년대 활발했지만 1980년에 와서 주목되는 것은 대규모 소매점포에서 소매업의 사업활동조정에 관한 법률(대점법〔1973. 10. 6〕)에 따른 대형점포의 규제문제였다. 대점법은 1978년에 개정되어 중형점포도 규제 대상이 되었다. 그럼에도 대형점포의 진출의욕은 약화되지 않아 중소소매상의 저항이 전국적으로 발생하면서 그 규제가 강화되었다. 그러나 이러한 대형점포 규제는 1984년경부터 완화의 흐름을 맞게 되었다. 지역관점에 입각하여 대형점포와 중소소매사업의 공존공영의 방향으로 정책이 정해진 때문이었다. 양자가 일체감 있는 생활공간을 마련하여 다양한 모양의 소매업이 조화 있는 모습을 지녀 중소소매점포와 대형점포의 공존공영을 도모, 매력 있는 상가를 위한 협조가 필요하다는 정책 방향이 제시되면서 대형점의 규제완화를 촉진하는 움직임이 시작되었다.

둘째, 소규모기업대책은 그 중심이 되는 경영개선보조사업이 1970년대에 이어 계속 확충되었다.

이상에서 우리는 1980년대에 와서 중소기업정책의 중심인 적응정책의 성격이 변화되는 가운데 주목할 만한 것은 창업과 신규 사업 지원시책이 제시되었다는 점을 살펴보았다. 이 시책은 산업구조정책의 관점에서 보면 산업육성정책이다. 그러나 종래의 중소기업에 대한 산업육성정책은 성장산업의 발달에 중소기업을 적응시키는 적응정책이었다. 이에 대하여 창업과 신규 사업 지원시책은 중소기업의 혁신성을 적극적으로 평가하여 중소기업에 따른 새로우 사업과 새로운 산업을 발전시키는 정책이다. 중소기업의 정책상의 위치가 산업변화에 적응하는 것에서 산업변화의 추진자로 변화된 것이다.

이처럼 적응정책은 산업조정지원정책화하는 한편 적응정책의 영역을 넘어서는 산업육성정책으로 변화하는 경향을 보였다. 이것은 경제의 구조변화에 따라 기존 중소기업의 존립기반이 동요되는 한편 중소기업에 경제의 혁신을 기대하는 상황이 전개되었기 때문이며 이런 상황은 1990년대로 이어진다. 이것은 중소기업정책의 대상인 중소기업문제와 그 역할이 변화하는 데서 오는 결과이다.

3 산업구조정책적 중소기업정책의 후퇴와 경쟁정책적 흐름의 확대

3.1 중소기업에 대한 위기감 및 기대감과 규제완화 방향의 영향

1990년대 초반에는 1980년대 후반에 발생한 중소기업문제에 대응하는 시책이 강구되었다. 그러나 점차 이른바 '90년대 장기불황'으로인한 중소기업 경영난에 대한 시책이 요구되었고 동시에 일본경제를 재생시키는 원동력으로서 중소기업에 대한 기대가 높아지면서 이러한 두 가지 흐름으로 중소기업정책이 전개되었다. 위기감에 대한 대응으로서는 신분야 진출촉진시책이, 그리고 기대감에 대한 대응으로는 창업과 신규 사업 지원시책이 활발하게 되었다.

일본경제의 주도산업이었던 대량생산형 기계공업이 약화되고 새로운 주도산업이 부상되지 않은 상황에서 미국경제부활의 원동력이라고 평가된 벤처비즈니스에 대한 기대가 커졌다. 중소기업의 창조활동으로 새로운 사업을 개척하기 위하여 벤처비즈니스의 창업과 중소기업의 연구개발에 강한 기대감이 일었다.

한편 산업정책에서 규제완화와 경쟁원리를 중요시하는 흐름도 중소기업정책에 중요한 영향을 주었다. 규제완화는 국제협조를 위한 시책의 차원을 넘어서 일본경제 회복의 결정적 수단으로 간주되었다. 경쟁원리를 중요시하여 규제를 완화하는 방향은 바로 산업정책에서 경쟁정책의 비중을 높였고 중소기업정책에도 경쟁정책적 흐름을 도입시켰다. 중소기업을 경쟁의 담당자로 규정하면서 다음과 같은 방향을 제시했다.

자유로운 시장경제는 창조성을 육성하는 등 경제사회의 진보와 발전의 기반이다. 중소기업은 시장경제의 본질적 구성요소이며 중소기업이 독립된 다수의 경쟁의 담당자로 활약함으로서 시장경제는 활성화한다. 중소기업에 기대하는 가장 중요한 역할은 '경쟁의 담당자로서 중소기업'이며 중소기업정책은 이것을 위하여 무형의 연성 경영자원의 충실, 창업의 촉진, 중소기업의 적극적 전환 등을 지원해야 한다.[2] 이것은 시장경쟁의 활성화를 위한 중소기업정책을 강구해야 한다는 점을 분명히 한 것이다.

또한 중소기업정책을 경영기반강화대책·구조개혁지원대책·소규모기업대책으로 나누되, 특히 경영기반 강화대책에서는 중소기업의 불리를 보정하여 기초능력을 강화하고 대기업에 대한 경쟁조건을 정비하는 산업조직정책적 성격을 갖는 시책으로 중소기업정책의 기본을 정하고 있다.[3]

3.2 적응정책과 경영안정대책

3.2.1 중소소매업에 대한 소비세제도와 〈대점법〉 완화에 대한 대책

1989년 4월 1일부터 실시한 소비세제도가 중소소매업자에 주는 부담에 대한 대책으로 상점가진흥기금과 중소상업활성화기금이 설치되었다(1989년) 또한

---

2) 中小企業廳 編, 《1990年代の 中小企業ビジョン》, 通商産業調査會, 1990, 5쪽·20쪽.
3) 中小企業廳 編, 《中小企業政策の 課題と今后の 方向》, 通商資料調査會, 1993, 50쪽.

대형상점규제는 1984년부터 완화되기 시작했으나 1991년 5월의 법개정으로 대폭 완화, 실시되면서(불리시정정책에서 설명됨) 이것이 중소도매상에 주는 중대한 영향을 완화하기 위하여 각종 법제정과 개정이 이루어졌다.

첫째, 특정상업집적의 정비 촉진에관한 특별조치법(특정상업집적정비법)이 제정되었다(1991. 5. 24). 이 법은 소비생활 등의 변화에 응하고 또한 도시환경과 조화를 위하여 특정상업 집적의 정비를 촉진하여 상업의 진흥 및 양호한 도시환경을 형성, 국민경제와 지역사회의 건전한 발전과 국민생활의 향상에 기여할 목적으로 제정되었다. 상업의 집적을 단순히 상품판매의 장이 아니고 생활의 장으로 보아 도시환경정비의 일환으로 상업집적형성을 추진했다.

둘째, 민간사업자 능력의 활용에 따른 특성시설의 정비 촉진에 관한 임시조치법의 일부를 개정하는 법률(민활법개정법)을 설정했다(1991. 5. 24). 이 법은 민활법에서 상업기반시설이 이 법의 특정시설의 제13호 시설에 추가됨으로서 지원의 대상이 되었다.

셋째, 중소소매상업진흥법의 일부를 개정하는 법률(소진법 개정법)이 설정되었다(1991. 5. 24 공포, 8. 1 시행). 그 결과 종래의 고도화사업에 점포집단화사업과 상점가정비 등 지원사업이 새로운 고도화사업으로 인정되었다.

3.2.2 노동력부족대책과 물류대책

첫째, 1980년대 중반 이후 거품(bubble)경제로 중소기업의 생산은 확대되었지만 동시에 노동력부족이라는 심각한 구조적 문제에 직면했다. 1990년대에 와서 이러한 노동력 부족 사태에 대응하기 위하여 중소기업의 노동력확보를 위한 고용관리 개선의 촉진에 관한 법률(중소기업노동력확보법)이 제정되었다(1991. 5. 2 공포, 8. 1 시행). 이 법은 노동력을 확보하기 위하여 중소기업자가 행하는 고용관리, 개선에 관한 조치를 촉진하여 중소기업의 진흥 및 노동자의 복지증진을 도모함으로써 국민경제의 건전한 발전에 기여함을 목적으로 했다. 이 법은 1995년 11월에 개정되어 개별 중소기업자에 대한 지원책을 강화했다.

둘째, 하청중소기업진흥법(하청진흥법 1970. 12 제정, 1971. 3 시행)의 진흥 기준

을 개정하여(1991. 12. 15) 모기업의 협력을 촉진했다. 여기서는 진흥 기준에 ①
노동시간 단축을 방해하는 발주의 억제, ② 하청중소기업의 계획적 생산과 수
주평준화에 대한 모기업의 협력, ③ 납기의 장단, 납입빈도의 과다, 발주내용의
변경을 배려한 단가결정, ④ 휴일의 조정 등이 추가되었다.

셋째, 물류문제의 심각화에 대응하기 위하여 중소기업물류업무 효율화촉진
법(중소기업물류효율화법)을 제정했다(1992. 5. 29 공포, 10. 1 시행).

3.2.3 지역관점에 입각한 시책

1986년에 제정된 특정지역중소기업대책 임시조치법은 불황지역의 중소기업
집적을 대상으로한 것이었다. 그 뒤 경기가 촉진되면서 산지가운데는 소비자수
요의 변화, 기술혁신, 인력부족, 제품수입의 증대 등 구조적 요인에 따른 산업활
동의 정체로 중소기업의 집적이 붕괴될 염려가 있는 곳이 생겨났다. 즉, 불황대
책이 아니고 구조변화대책으로서 중소기업집적의 활성화를 도모하는 시책이
새로이 강구되었는데, 그것이 특정중소업집적의 활성화에 관한 임시조치법(집
적활성화법)의 제정(1992. 5. 2 공포, 10. 1 시행)으로 구체화했다.

3.2.4 경영안정화대책의 발동과 신분야진출촉진책의 강화

‘90년대의 장기불황’에 대응하여 긴급히 경영안정대책을 발동하는 한편 신분
야 진출 촉진시책을 강화했다. 이에 특정중소기업자의 신분야 진출 등에 따른
경제의 구조적 변화에 적응의 원활화에 관한 임시조치법(중소기업신분야진출등
원활화법)을 제정했다(1993. 11. 25). 이 법은 산업조정지원정책이면서 구조전환
에 중소기업을 적응시키는 중심시책이었다. 이 법은 근년에 국제분업의 진전,
수요구조의 변화 등 경제의 다양한 구조적 변화에 적용하기 위하여 특정중소기
업자가 행하는 새로운 사업 분야 진출과 해외의 지역에서 사업의 개시 등을 원
활히 하기 위한 조치 등을 강구하여 새로운 경제적 환경에 적응한 중소기업의
활력 있는 발전을 도모, 국민경제의 건전한 발전에 기여함을 목적으로 했다.

3.3 창업과 신규 사업 지원시책

신분야 진출 촉진시책과 병행하여 강화된 것이 창업과 신규 사업 지원시책이다. 신분야 진출 추진책 등의 적응정책이 산업구조고도화에 중소기업이 적응하도록 지원하는 데 견주어, 창업과 신규 사업 지원시책은 중소기업의 활력을 활용하여 새로운 사업을 개척, 산업구조의 변화를 추진하는 데 그 목적이 있다. 주도산업이 약화하고 불황의 장기화로 경제의 침체가 심각한 상황에서 미국의 벤처비즈니스에 따른 경제활성화를 이어받아 일본에서도 중소기업의 활력에 높은 기대를 거는 시책이다.

이를 위하여 새로이 실시된 시책으로는 우선 중소기업의 창조적 사업활동 촉진에 관한 임시조치법(중소기업창조활동촉진법)이 제정되었다(1995. 3. 27 공포, 4. 14 시행). 창업과 신규 사업 지원시책을 종합적으로 촉진하기 위한 이 법은 중소기업의 창업 및 기술에 관한 연구개발 등을 지원하는 조치를 강구함으로써 중소기업의 창조적 사업활동의 촉진으로 새로운 사업 분야 개척을 도모하여 산업구조 전환의 원활화와 국민경제의 발전에 기여함을 목적으로 했다. 동시에 이 법의 제정으로 중소기업의 기술개발 지원을 목적으로 한 중소기업 기술개발촉진임시조치법(기술법, 1985. 6. 7)과 이 분야 중소기업자의 지식 융합에 따른 신분야 개척의 촉진에 관한 임시조치법(융합화법, 1988. 4. 5)은 폐지되었다.

둘째, 벤처비즈니스 등의 인재대책의 지원책이 창설되었다. 중소기업 노동력 확보법을 개정하여 중소기업자가 창업과 신규 사업에 필요한 고급인재를 획득하는 것을 지원하는 제도가 창설되었다(1995. 11. 1).

셋째, 벤처비즈니스의 인력대책으로 스톡옵션(Stock Option)제도(주식매입선책권제도)를 도입했다. 스톡옵션이란 임직원이 일정한 양의 주식을 일정 기간에 일정 가격으로 회사로부터 구입할 수 있는 권리를 말한다. 이 권리를 부여받은 자는 기업성장으로 주식가격이 상승하면 권리를 행사하여 주식을 매입, 제3자에 배각함으로서 이득을 얻는 것이다. 미국에서는 간부사원에 대한 장기적인 인센티브를 주는 수단으로 일반화한 제도인데, 일본에서는 특정사업실시원활화촉진법(신규사업법)을 개정(1995. 11. 1)하여 도입했다.

3.4 불리시정시책의 큰 변화

첫째, 1973년에 설립한 대규모 소매점포에서 소매업의 사업활동의 조정에 관한 법률(대점법)은 1980년대에 대점점규제완화를 촉구하는 움직임이 있은 이후 1990년대에 와서 대점법 운용 완화에 관한 구체적 방침이 제기되었다. 미국과 일본간의 구조협의에서 미국측의 대점법규제 완화요구가 있은 뒤, 특히 1991년에 이 법이 개정되면서 그 운용은 현저히 완화되었고 결국 대점법에 따른 규제는 법의 틀만 남아 있을 뿐 사실상 폐지된 상태로 완화되었다.

둘째, 중소기업 카르텔의 전면 폐지이다. 중소기업 불리시정대책의 하나가 과당경쟁대책이었고 그 중심이 되는 것이 중소기업단체의 조직에 관한 법률(중소기업단체법)에 기초를 둔 카르텔(경영안정 카르텔, 합리화 카르텔 등)이었는데, 이것은 독점금지법의 금지규정의 적용을 받지 않았다. 중소기업단체법에 기초한 카르텔은 1965년의 불황 아래에서 증가하여 최고에 이르렀다. 그 뒤 1970년대 후반 이후 점차 감소했고 1990년대에 와서는 전면 폐지되었다.

불리시정시책에서 1990년대에 대점법규제의 완화와 중소기업 카르텔의 폐지는 1980년대 이후 규제완화의 방향에 따라 산업정책의 경쟁정책적 흐름이 중소기업정책에도 적극적으로 영향을 미친 결과로 해석된다. 나아가서는 중소기업을 경쟁의 담당자로 보는 적극적 중소기업관에 이르도록 했다.

3.5 소규모기업대책

'90년대의 장기불황'에서 소규모기업의 경영안정을 위하여 상공회 및 상공회의소에 따른 소규모사업자의 지원에 관한 법률(소규모사업자지원촉진법)이 제정되었다(1993. 5. 21 공포, 8. 9 시행). 이 법은 상공회 및 상공회의소가 그 기능을 활용하여 소규모 사업자의 경영의 개선 발달을 지원하기 위한 조치를 강구하여

소규모사업자의 경영기반의 충실을 도모, 국민경제의 건전한 발전에 기여함을
목적으로 제정되었다.[4]

3.6 중소기업정책의 체계

한편 일본중소기업시책의 체계를 보면 다음 〈그림 1〉~〈그림 4〉과 같다.

4 경쟁정책적 중소기업정책과 새로운 중소기업기본법의 제정

4.1 경쟁정책적으로 변화되는 중소기업정책

90년대에 와서 중소기업정책을 경쟁정책 또는 산업조직정책적 성격으로 변
화시킨 구체적 시책은 창업 및 신사업지원시책과 신분야 진출촉진시책이었다.
　창업과 신사업지원시책에서 중소기업창조활동촉진법은 업종의 요건없이 중
소기업자 외에 창업하는 개인도 지원하는 본격적인 창업지원시책이다. 또한 신
사업창출촉진법(1998. 12. 18 공포, 1999. 2. 16 시행)이 제정되었는데, 이 법의 핵심
은 중소기업기술혁신제도로서 미국의 SBIR을 모방한 제도이다. 미국이 1982년
에 법제화한 이 제도는 정부 각부처가 보유한 외부연구개발비의 일정 비율(1998
년의 경우 2.5퍼센트)을 중소기업에 배정한다는 것이다. 이것은 민간 벤처캐피털
이 행하지 않는 사업화 이전의 연구개발에 대하여 자금을 공급하는 것이어서
제도의 이용자가 급속히 확대되었다. 일본에서는 각 부처가 연구개발과제를 각
각 전문 분야에 제시하고 중소기업은 이 과제에 따라 응모하여 심사를 받는다.
　중소기업창업활동촉진법과 신사업창출촉진법을 산업정책과 관련시켜 보면
특정 부문의 성격이 없고 시장 전반에 걸친 신규 진입을 촉진하여 시장경쟁을

---

4) 黑瀬直宏 著,《中小企業政策の 總括と提言》, 同友舘, 1997 참조.

활성화하는 경쟁정책의 성격을 갖는다.

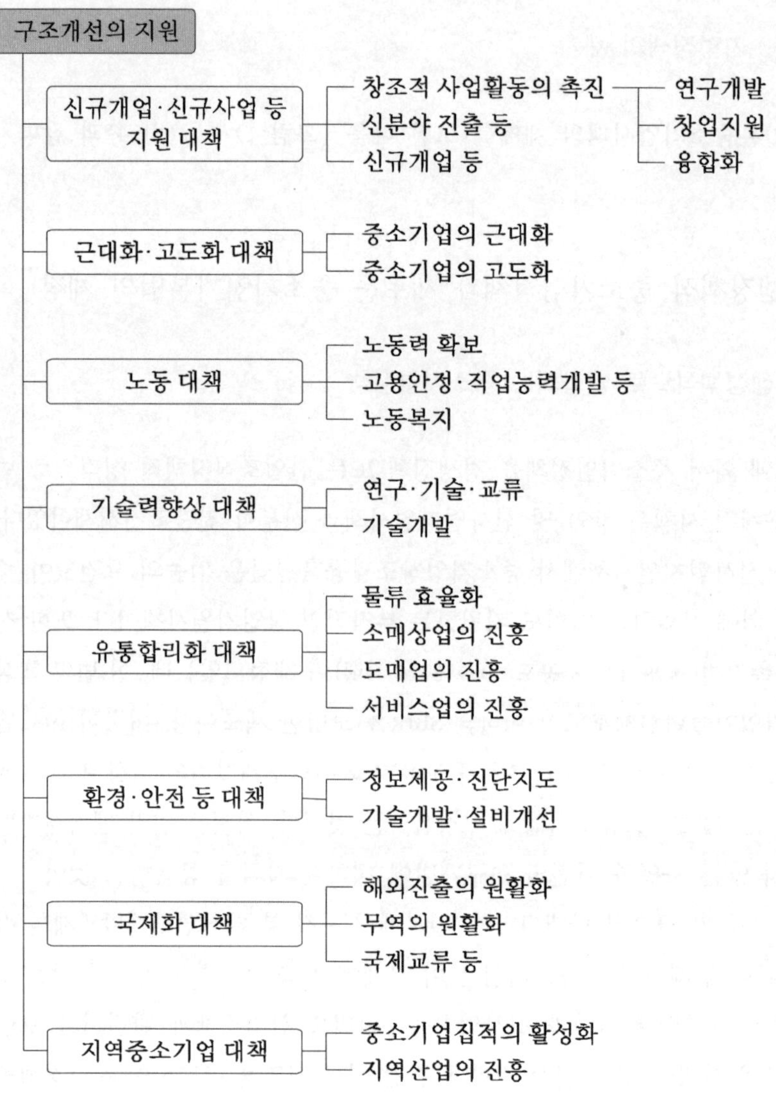

〈그림 1〉 구조개선의 지원

경영기반의 강화 〈불리의 시정〉
금융 대책
융자
신용보완
자본의 충실
정부계 중소기업 금융기관
체질강화자금
세제 대책
일반적 조치
개인사업자를 위한 조치
법인사업자를 위한 조치
사업승계를 위한 조치
조합을 위한 조치
개별 법률에 근거한 조치
중소기업근대화촉진법
하청중소기업진흥법
중소기업의 창조적 사업활동 촉진에 관한 임시조치법
조직화 대책
조합제도
조합에 대한 지원제도
조정사업
경영지도 대책
진단·지도
인재양성
정보화
도산방지
하청거래적정화 대책
하청거래의 적정화
하청중소기업의 진흥
사업분야 조정 대책
사업분야의 조정
중소소매상업의 사업활동
관공수 확보 대책

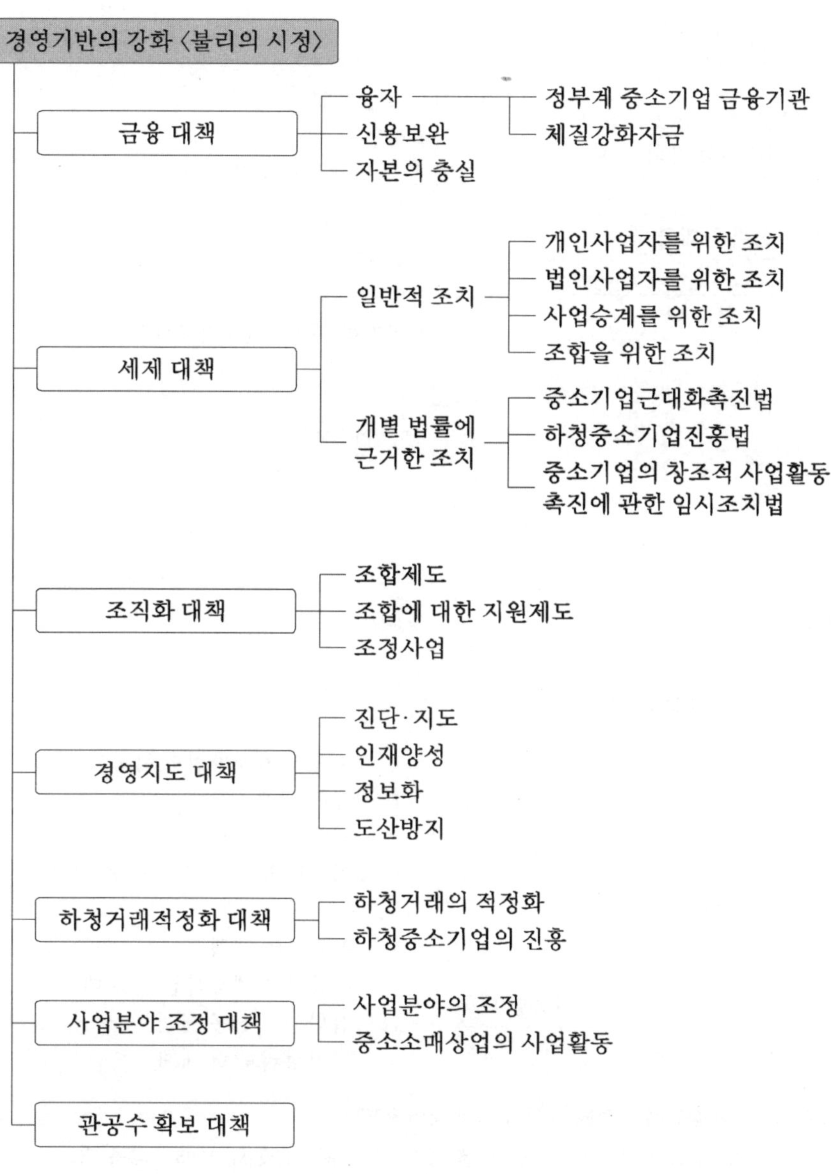

〈그림 2〉 경제기반의 강화

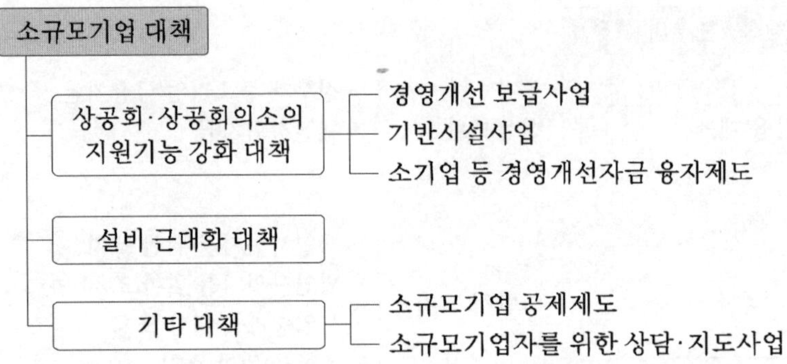

<그림 3> 소규모기업대책

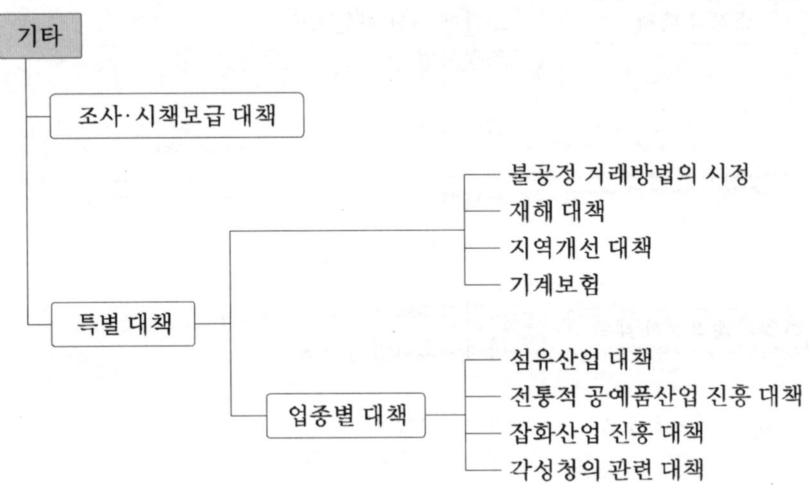

자료 : ① 中小企業廳, 《平成7年度 中小企業施策總覽》

② 淸成忠南·田中利見·港 徹雄 著, 《中小企業論》, 有斐閣, 1998, 263쪽 참조

<그림 4> 일본중소기업시책의 체계(기타)

한편 중소기업신분야진출원활화법(1993년 제정)도 종래의 신분야 촉진시책보다는 지원 대상인 중소기업의 범위 등 시책적용의 범위가 넓다. 따라서 종래의 신분야 진출지원시책이 가졌던 특정 분야 중소기업의 전환을 지원하는 산업조정지원정책의 성격이 약하고 중소기업의 신분야 진출을 폭넓게 촉진하여 시장 전반의 경쟁을 활성화하는 경쟁정책적 성격이 강한 시책이다.

이 법은 1999년에 중소기업근대화촉진법과 합쳐서 중소기업경영혁신지원법(경영혁신법)으로 되었다(1999. 3. 31). 이 법은 모든 중소기업을 대상으로 신제품의 개발, 신생산 방법의 도입 등에 따른 경영의 향상(부가가치의 증가)을 지원하는 것으로 특히 신분야 진출에 한정하지 않는다. 근촉법과 중소기업 신분야 진출촉진법은 다같이 기존 중소기업의 근대화 및 신분야 진출을 지원하는 것이지만 지원을 받는 데는 각종의 조건이 있었다. 근촉법은 국가가 지정하는 업종의 단체가 작성하는 계획에 따라야만 되었다. 또한 신분야진출원활화법은 지원 대상인 중소기업에 아직도 업종제한이 남아 있었다. 그리고 생산액이 감소하고 있다는 조건이 남아 있어서 산업조정지원정책의 성격이 남아 있었다.

그러나 경영혁신법은 이러한 조건없이 모든 중소기업이 경영혁신계획서를 작성하여 승인을 받으면 각종 지원을 받을 수 있는 시책이며 완전히 경쟁정책의 성격을 갖고 있다.

근촉법은 산업구조정책형 중소기업정책의 핵심시책이었는데, 이것이 경영혁신법에 흡수됨으로서 산업구조정책형 중소기업정책은 마감하고 중소기업정책의 경쟁정책화를 크게 진전시켰다. 이러한 흐름은 〈표 1〉을 통해 좀더 상세히 알 수 있다.

중소기업창조활동촉진법(1995. 3. 27)과 신사업창출촉진법은 첨단적 중소기업만이 아니고 일반의 중소기업과 개인을 포함하여 창업과 신사업을 지원하는 것이어서 창조적 중소기업의 신설을 촉진시키는 것이므로 중소기업의 과소과다의 시정을 도모했던 중소기업기본법과 정반대의 이념을 가진 시책이다. 이런 의미에서 이 시책의 본격화는 중소기업기본법 제정 뒤 중소기업정책의 최대 변화라고 할 수 있다.

	신경제민주화형 중소기업정책	〈중소기업기본법〉 산업구조정책형 중소기업정책
정책의 고차목적	경제민주주의의 추진과 중소기업 중심의 새로운 산업화	산업구조의 고도화, 국제경쟁력의 강화
정책의 구체적 목적	독립중소기업(가격형성력을 갖는 중소기업, 시장창조형 중소기업이 전형)으로 발전	대기업과 생산성 등의 격차시정

중점시책의
특징
	① 창업, 신규 사업 촉진
	② 노동조건의 향상을 집적
	   목적으로 하는 인재대책
	③ 수평적 산업조직화의 추진
	④ 경쟁정책에 따른 대기업
	   규제강화
	⑤ 기초적 자치제의 역할강화
	⑥ 중소기업 경영자의 참가에 따른
	   정책제언제도
		① 기존기업의 환경적응
		② 노동조건향상은 생산성 상승의
		   결과
		③ 수직적 사업조직을 전제
		④ 경쟁정책의 경시
		⑤ 중앙집권적
		⑥ 중소기업 경영자의 정책형성
		   참가는 형식적

자료 : 黑瀨直宏 著,《中小企業政策の 總括と提言》, 同友館, 1997, 317쪽

〈표 1〉 신경제민주화형 중소기업정책과 〈중소기업기본법〉의 비교

4.2 새로운 중소기업기본법의 제정

창업, 신사업지원시책과 신분야 진출 촉진시책의 강화는 경쟁정책의 성격을 갖는 것이었다. 이것은 1990년대 중반에 와서 산업정책의 방향이 시장에 위임하고, 정부개입에 따른 최적 산업구조로 유도화는 것을 적극화하지 않는 다는 탈산업구조정책의 흐름을 반영한 것이기도 하다. 산업구조정책의 일환으로 전개되었던 중소기업정책은 1990년대 이후 경쟁정책화의 방향으로 진전되었는데, 이것이 집대성된 것이 중소기업기본법의 개정이다(1999. 12. 3). 초기의 기본법과 대비하여 새로운 중소기업기본법은 다음과 같은 특징을 지닌다.

첫째, 중소기업관이 전환되어 있다. 구 기본법은 이중구조관에 입각하여 중소기업을 저임금 저생산성에 빠져 있는 문제기업으로 보았다. 이에 대하여 신기본법은 중소기업을 ① 신산업을 창출하는 담당자, ② 취업기회 증대의 담당자,

③ 시장경쟁의 담당자, ④ 지역경제 활성화의 담당자 등 국민경제에서 적극적인 역할을 하는 존재로 보았다. 중소기업을 문제성을 지닌 것으로 파악한 '문제형 중소기업관'에서 중소기업이 발전성과 적극적 역할을 하는 것으로 파악하는 '적극형 중소기업관'으로 전환한 것이다.

둘째, 정책목표의 전환이다. 정책목표에는 정책 대상의 발전을 통하여 궁극적으로 작성되는 고차의 목적과 고차의 목적을 달성하는 데 필요한 구체적 목적이 있다. 구 기본법은 제정당시의 산업구조정책의 과제에 따라 고차의 목적을 산업구조고도화와 국제경쟁력 강화에, 구체적 목적으로는 중소기업과 대기업의 생산성의 격차시정에 두었다. 이에 대하여 신기본법은 신산업의 창출 등 산업혁신에 따른 경제활력의 유지·강화를 중소기업정책의 고차의 목적으로 하고 구체적 목적으로는 독립한 중소기업자의 다양한 활력 있는 성장 발전에 두었다. 오늘날의 침체된 경제를 독립되고 활력 있는 중소기업의 육성으로 타개하고자 하는 것이다.

셋째, 정책수단인 시책의 전환이다. 구기본법은 중소기업의 집약화에 따른 규모적정화(중소기업구조의 고도화)를 시책의 축으로 했다. 이것은 규모확대로 국제경쟁력 강화를 도모하는 당시 산업구조정책의 수단에 따른 것이었다. 이에 대하여 신기본법은 시책을 경영혁신, 창업, 창조적 사업의 촉진(제5조 1항) 경영기반의 강화(제5조 2항) 안전망(safety net)의 정비(제5조 3항) 등에 중점을 두고 있어서 경쟁정책을 중심으로하는 시책을 체계화하고 있다. 시장경쟁원리를 중소기업 부문에 관철시킨다는 생각으로 경쟁조건의 기반조정, 혁신을 도모하는 기존 중소기업, 창업기업, 벤처비즈니스의 대해서는 지원을 강구하는(제5조 1항) 한편, 경쟁과 시장의 변동에 따라가지 못하는 중소기업에는 사업재생제도를 정비하는 안정망을 설정한다는(5조 3항) 발상이다. 산업구조정책을 원리로 하는 시책에서 경쟁정책을 원리로 하는 시책으로 큰 전환을 한 것이다.

이러한 신기본법의 초점은 경영혁신, 창업, 벤처비즈니스의 지원에 있다. 이것은 중소기업에 따른 산업혁신의 최고 전략변수이며 그 활성화가 신기본법의 목적달성 여부를 결정한다. 이것들은 신구기본법의 차이를 가장 잘 보여주는 시책이다. 구기본법에서 중소기업구조고도화는 중소기업을 과다한 것으로 보기 때문에 창업지원은 그것과 정반대의 이념의 시책이다. 벤처비즈니스 지원은 발전성이 높은 중소기업을 우선적으로 지원하는 것이어서 저생산성 중소기업을 개선시키려는 구기본법과는 정반대의 이념에 서 있다. 기존 중소기업의 경영혁신을 지원하는 것을 볼 수 없는 것은 아니지만 소영세기업을 포함하여 현상유지적이 아니고, 혁신을 지향하는 중소기업을 우선적으로 지원한다는 점은 구기본법에서 볼 수 없는 것이다.

이처럼 신기본법은 중소기업에 대한 적극적 평가와 경쟁정책의 원리에 입각한 중소기업정책을 체계화하고 있어서 일본 중소기업정책은 큰 전환을 한 것이다. 그러나 신기본법이 반독점이념을 결여한 철저하지 못한 절충형 경쟁정책을 원리로 취하고 있다는 점은 중소기업청 설립 당시의 분명한 경쟁정책적(경제민주화형) 중소기업정책과는 차이가 있다.[5]

---

5) 渡邊幸男·小川正博·黑瀨直宏·向山雅夫 著,《21世紀中小企業論－多樣性と可能性を探る》, 有斐閣, 2002, 293～298쪽.

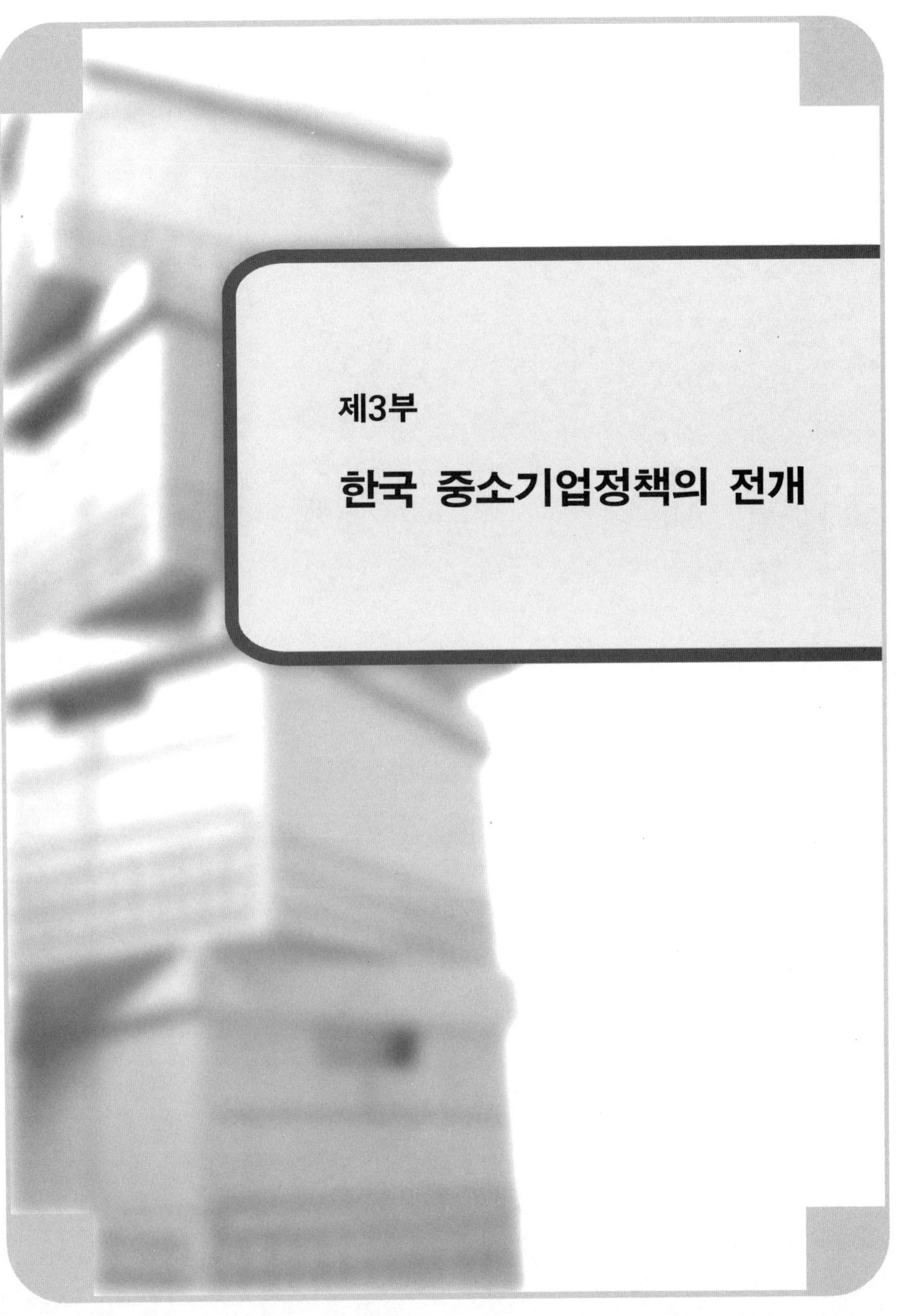

제3부

한국 중소기업정책의 전개

제1장 원조경제와 중소기업정책

- 그 초기 전개 : 해방에서 1950년대

1 식민지자본주의와 중소기업의 정책유형

흔히 중소기업정책은 ① 적응정책, ② 불리시정정책, ③ 보호정책 등으로 유형화한다. 그리고 ① 산업구조정책적 중소기업정책과 ② 산업조직정책적 중소기업정책으로 나누어 설명하기도 한다.

중소기업정책의 이러한 유형화는, 영국과 미국 등과 같이 고전적 유형으로 전개된 선진자본주의가 아니라, 독일이나 일본 등의 후진자본주의에서 중소기업정책을 분류·분석하는 데 유용한 방안이 되고 있다. 중소기업정책을 추진하는 데서 특히 산업구조정책적 중소기업정책이나 적응정책이 중심 과제가 되는 것은 이들 경제가 자본주의 전개 과정에서 개선해야 할 구조적 문제점을 형성했기 때문이다.

즉, 후진자본주의적 특성이 자본주의 전개의 역사적 귀결로서 국민경제 안에 구조적으로 정착된 때문이다. 세계의 여러 지역들은 여러 국가에서 자본주의가 전개되면 그들 상호간의 이해의 대립이 근본적 속성으로 되면서 후진자본주의는 선진자본주의의 외압 때문에 산업구조 안에 일정한 왜곡성이 형성되어 선진국의 그것과 다른 형태를 갖는다. 그리고 그것은 각 나라의 국내 또는 지역에서 여러 가지 질(質)과 양(量)으로 존재하는 전근대적·전통적 여러 관계의 이해에 결부되어 분업관계의 왜곡성을 구조로서 고정화한다.[1] 그 결과 산업구조의 왜곡성을 지속적으로 내포하는 국민경제 그리고 이러한 구조를 체제로서 고착시키는 특수한 자본주의가 전개되는데, 이것을 바로 후진자본주의라고 보았다. 이러한 경제에서는 산업구조와 분업관계의 왜곡성을 개선하기 위한 산업구조정책 내지 적응정책적 관점이 중소기업정책 분석에서 중심이 되고 있다.

식민지자본주의는 후진자본주의가 구조적으로 지닌 산업구조와 분업관계의 왜곡성에 더해, 선진자본주의 제국의 식민지 지배에서 정착된 식민지 경제구조를 이어받게 되었다. 식민지 경제의 주된 생산력 기반은 자생적인 것이 아니고 밖으로부터 들어온 것이었기 때문에 대종주국(對宗主國) 분업적 특성을 갖고 있다. 또한 생산관계는 봉건적인 것 대신 새로운 전근대적인 형태로, 곧 반봉건적(半封建的)으로 확립되었다. 외형상 자본주의가 전개되었지만 봉건적·반봉건적 예종(feudal and semifeudal servitude)은 자본제적 시장 합리성으로 완전히 대체되지 못한 채 그 위에 기업관습을 더한 착취적 생산관계가 이루어졌다. 이러한 생산관계는 반봉건적이면서도 선진국 자본과 결탁된 것이었기 때문에 낡은 봉건적 생산관계를 온전히 유지한 채 그 위에 종주국의 식민지 수탈 관계를 정착시킨 데 지나지 않았다.

즉, 대내적으로는 식민지수탈을 위하여 반봉건적 생산력기반이 정착되었고, 대외적으로는 식민지 종주국과 종속적 생산관계가 형성되었다. 이처럼 반봉건성과 전근대성의 생산력 기반을 지니면서도 종속적 생산관계를 내포한 것이 식민지 자본주의의 특징이었다.

따라서 식민지 자본주의에서 정책과제는 후진자본주의적 특성인 산업구조의 왜곡성의 시정과 함께 식민지적 특성인 반봉건성과 전근대성 그리고 종속성의

---

1) 大塚久雄 編,《後進資本主義の 展開過程》, アジア經濟研究所, 1973, 10쪽.

청산을 포괄하는 것이어야 한다. 즉, 구조정책과 함께 식민지적 특성의 청산을 추구하는 자립적 경제구조의 실현을 위한 정책이 요구된다.

식민지 아래에서 통계지표로 보아 자본주의적 성장을 한 것을 긍정적으로 평가하는 견해가 있다. 그러나 이것은 식민지적 특성을 간과하고 있다. 외형적 성장은 종주국의 제국주의 자본이 주도하는 영역에서 실현된 것이며 중소영세기업 등 민족경제의 영역은 침체를 면치 못했다. 또한 주권이 찬탈된 상태 아래에서 식민지 자본주의가 전개된 것이기 때문에 전후 신생독립국에서 외국자본의 뒷받침으로 경제성장을 이룬 주변부 자본주의의 모형과도 차이가 있다.

결국 식민지 지배를 경험한 경제에서 정책적 인식은 후진자본주의의 그것과 동일할 수가 없는데, 그것은 바로 식민지적 특성을 지니고 있다는 데 그 원인이 있다. 중소기업정책에서도 후진자본주의적 유형구분에다 식민지적 특성의 청산을 고려한 정책인식이 추가되어야 할 것이다.

식민지적 특성의 청산을 위한 정책인식은 자립경제를 추구하는 방향이다. 정치경제학의 관점에서 보면 자립경제는 민족자본이 주된 생산력기반이 되는 민족경제의 영역을 국민경제의 구성에서 더욱 높여야 실현될 수 있다. 민족자본을 근대경제학적으로 해석하면 시장과 원자재 관련에서 국내 생산력 기반에 분업체계를 갖는 자본을 말한다. 민족자본의 성격을 갖는 민족기업(national enterprise)의 육성은 자립경제 실현의 길이다. 자립경제는 봉쇄경제가 아니며 상대적 자급체계라고 볼 때 그것은 대외분업의 거부를 뜻하는 것이 아니다. 국민경제 안에 광범위한 생산력 기반이 확충되고 그것을 바탕으로 하여 대외적인 경제관계와 자주성을 지닐 때 이루어진다. 따라서 자립경제의 실현은 균형 있는 국민경제의 구축을 그 선결요건으로 한다. 이때 균형화는 양적 기준에서 경제 부문 사이의 균형뿐만 아니라 질적 의미에서 균형을 포함한다. 양적으로 균형을 이룬 경제의 여러 부문이 서로 유기적 관련과 분업체계를 심화시키면서 질적 균형을 달성할 때 진정한 경제의 균형화와 자립화는 이루어진다. 이러한 경제에서 생산력기반은 중소기업의 건전한 발전을 통하여 형성될 수 있으며 이때 중소기업은 자립경제의 바탕이 된다.

생산력 기반의 확충을 통한 자립경제의 구축은 바로 낮은 국제분업과 높은 국내분업의 산업구조가 형성되는 것을 말한다. 이때 산업구조의 중심이 되는 것은 대내적 분업체계이며 대외적 분업은 대내적 분업이 중심이 된 산업구조의 보완적 부문으로 역할을 한다. 이것은 자립경제 아래에서 경제개방과 국제화의 의의를 말해준다. 낮은 국제분업과 높은 국내분업을 바탕으로 하는 산업구조를 실현하는 개방화는 국내생산의 가공도의 재고와 중소기업의 개발을 요구한다.

식민지 자본주의의 중소기업정책에서는 후진자본주의에서 구조정책 또는 적응정책이 추구하는 생산력주의를 넘어서 자립경제의 구축과 자립적 생력력기반과 분업체계 실현을 위한 정책유형이 필요하다. 그것은 민족자본을 바탕으로 하는 민족기업의 정책유형화를 뜻한다.

2 해방 뒤 1950년대의 중소기업문제와 시책

2.1 미군정의 경제정책과 중소기업문제

해방은 일제 식민지 지배의 경제적 유산을 이어받은 한국경제가 갖는 저생산력 공업구조의 파행성과 대일 예속 등 구조적 취약성을 시정하는 계기였다. 민족의 자립적 노력으로 자립적이고도 균형 있는 경제발전을 이룰 수 있는 계기이기도 했다.

해방은 경제적 측면에서 일본 독점자본의 지배로부터 상품시장의 해방이며, 자본시장의 해방, 그리고 원재료 및 식량공급원으로부터의 해방을 의미하는 것이었다. 이에 따라 세 가지 측면에서 일본 독점자본에 예속되어 불안정하게 존립하던 다수의 민족자본 또는 민족자본의 성향을 가진 중소영세기업, 그리고 해방 이전에는 일본 자본의 소유였으나 이제는 한국경제에 귀속된 근대적 대기업이 자주적이고 내포적 발전을 할 수 있는 계기가 바로 해방이었다.

중소기업정책은 당연히 이러한 잠재적 계기를 현실화함으로써 중소기업이 국민경제의 주된 생산력 기반이 되는 방향으로 인식되었어야 했다. 그리고 그것은 후진적이며 식민지적 경제구조의 모순을 극복하는 길이기도 했다.

그런데 해방 뒤 정부수립에 이르기까지 한국경제에 대한 경제정책의 주체는 미군정 당국이었으며 이들은 해방 뒤 한국경제 발전의 방향을 정하는 주도적 역할을 했다. 미군정의 경제정책 방향과 성격은 다음과 같은 것이었다.

첫째, 장기적 관점에서 생산력 기반의 확대를 통한 경제자립보다는 정치적·사회적 안정을 위한 임시구호적 성격을 띠었다.

둘째, 따라서 소비재 중심의 점령지역구호(GARIOA)원조가 그 물질적 기초였다.

셋째, 구호적 성격이었던 대부분의 원조는 한국민을 기아와 질병으로부터 구출하고 극심한 물자부족을 메워줌으로써 경제파탄을 수습하는 데는 어느 정도 기여했다. 그러나 생산정책의 실시에는 소홀하고 원조물자 공급에 치중했다는 문제점이 제기될 수 있다.

넷째, 그 결과 생산은 확대되지 않은 채 국민의 소비수준은 높아졌으며 동시에 소비구조는 대외의존적으로 되었다.

다섯째, 원조물자가 국내시장을 점유함으로서 국민경제 자체에서 싹틀 수 있었던 민족기업과 중소영세기업의 맹아가 재기할 수 있는 시장기반을 잃게 되었다.

즉, 소비재 중심의 원조는 국산품에 대한 유효수요를 외국재화에 이전시킴으로서 국내분업 관련을 갖는 취약한 중소영세기업을 위축시키고 민족기업과 토착자본의 성장을 압박했다. 이로써 국민경제는 대일(對日) 의존구조에서 대미(對美) 의존구조로 재편성되었다. 또한 농업과 공업 사이의 국내 분업 관련이 끊어져 공업이 성장해도 농업은 저개발을 지속하는 시장적 조건을 이루었다.

결국 미군정의 경제정책은 민생안정과 경제안정에 목표를 두고 생산정책은 소홀히 한 것이 그 기본적 성격이었다. 소비재 중심의 원조정책은 중소영세기업의 시장을 잠식하여 생산을 침체시켰는데, 이러한 정책기조 속에서 본질적 중소기업문제의식이나 그에 대한 정책인식은 형성될 수 없었다.

미군정은 한편으로 적극적인 원조를 제공하면서, 다른 한편으로는 귀속재산을 불하하기 시작했다. 귀속재산의 불하는 한국 자본주의의 담당자를 만들어 냈다는 역사적 의의를 갖고 있었다. 그런데 그것이 주로 식민지시대의 연고자 (이른바 우호적인 한국인)와 미군정 시대의 관리자에게 우선적으로 불하되었기 때문에 결국은 일제로부터 귀속재산의 접수 및 관리 그 자체가 불하의 방향을 결정했다. 이러한 미군정의 방향에 따라 시작된 한국의 공업화는 독점화와 의존화의 길을 전개하는 계기였다.

한편에서 생산정책의 부재 속에 소비재 중심의 원조정책으로 국내적 존립기반을 잠식당한 중소영세기업은 다른 한편에서는 귀속재산 불하로 이루어진 의존적 독점적 대기업과 상호보완적이 아닌 대립관계에 서지 않을 수 없는 구조적 모순을 지녔던 것이며 이것이 해방 뒤 한국 중소기업문제의 특징이었다. 그러나 이 기간에 이러한 중소기업문제의 인식이나 정책적 논의는 이루어지지 않았다.

2.2 전기적 독점 및 관료독점자본의 형성과 중소기업문제

1948년에 정부가 수립되면서 경제정책의 주체는 한국 정부로 넘어왔다. 경제정책의 목표는 인플레 수습과 경제안정에 있었으며 그 주요한 정책수단은 미국의 대한(對韓) 원조와 재정금융정책이었다.

정부가 수립된 뒤 중소기업은 군정기에 침체를 면치 못했던 섬유공업, 고무신류, 타이어공업, 그 밖에 최종소비재인 도료(塗料), 동물성 유지, 연료 등과 전구, 농기구 등 일부 산업에서 원조물자를 기반으로 재기하기 시작했다.

그리고 일본인 소유였던 근대적 기업이 한국 기업인에게 넘겨졌다. 격심한 인플레 속에서 귀속재산이 그 가치 이하로 불하된 것은 산업재건이라는 면보다 일종의 원시적 축적의 방편이며 특권적 경제를 이루는 계기였다.

그 결과 군정기에 불안정하게 존립했던 중소영세기업과 귀속재산 불하로 소수에게 특권적으로 주어진 근대적 생산시설은 다같이 원조물자와 결부되어 그 활동이 전개되었다. ECA 대충자금(對充資金) 지원에 따른 산업의 재건기회가 주어졌으나 한국전쟁으로 중단되었다.

휴전 뒤 중소기업문제는 자본축적이 재정금융과 외국원조를 주축으로 진행됨에 따라 그 제약조건 속에서 이루어졌다. 전쟁을 계기로 한국경제는 재정의 역할이 늘어났고 국민경제의 부담능력 이상으로 재정이 확대되면서 자본축적은 재정독주형(財政獨走型)으로 전개되었다. 또한 전쟁으로 파괴된 생산력의 복구와 악성 인플레의 진정은 미국원조에 의존하여 착수되고 수습의 실마리를 찾았다.

이 시기의 자본축적 과정은 정상적인 자본주의적 축적방식이 아니며, 선진국의 중상주의정책에서 볼 수 있는 원시적 자본축적이었다.

원조로 도입되는 물자가 소비재에서 중간재로 옮겨감에 따라 새로 건설되는 국내 분업은 최종가공형태를 취했다. 이에 따라 원조는 이에 기생하는 자본의 집중을 가져오는 물적 기반이 되었다. 원조는 기존시설(귀속재산)의 불하와 결합하여 낮은 생산력 위에서 소수 독점적 대기업을 만들었다. 적자재정에 기초하는 재정자금방출과 금융자금지원은 이러한 소수자에게 자본의 집중을 가속화시켰으며 비현실적인 저환율정책, 저임금정책, 저금리정책과 상승하는 인플레는 원조와 재정금융에 의존하는 소수기업을 독점자본으로 성장시켰다.

한국전쟁 뒤 산업부흥기에서 1950년대 말까지 전개된 소수의 독점자본은 서구 선진자본주의의 독점자본이 산업자본주의가 성숙된 결과로 나타난 것과는 달랐다. 정상적인 자본축적으로 산업자본주의가 확립하기도 전에 방대한 규모의 귀속재산, 원조와 재정금융이라는 특혜적 요소와 결합하여 단시일에 독점자본이 형성되었다. 근대적 사회의 전통적인 자본주의 발전의 단계로서 형성된 독점자본이 아니고 구 독재정권 아래에서 재정수단과 원조자금을 두 지주로 관료의 비호 아래 관권에 기생하는 독점자본, 즉 관료독점자본이 형성된 것이다.

그들은 외형상 독점으로 시장경쟁을 제한하고 금융자본과 결합은 물론 강력한 영향력을 가진 정부와 긴밀한 유대로 관료독점 내지 국가독점적 성격까지 구비하고 있었다. 그러나 최종소비재 가공산업을 기반으로 하고 있다는 취약성, 그리고 금융·원재료·기술의 비자립성 내지 대외예속성이라는 결정적 취약점을 지니고 있었던 것이 이 시기의 독점자본이었다. 따라서 이는 본질적으로 서구 자본주의 이전의 단계, 즉 중상주의 시대에 횡행했던 전기적 독점의 성격을 지니고 있었다.

1950년대 한국 공업화는 자주적 발전이 아니었다. 해방과 더불어 미국경제의 재생산구조 안에 편입되어 공업화 과정에서 자본·기술을 비롯한 모든 면에서 미국경제에 의존하게 되었다. 식민지 경제구조를 탈퇴하지 못한 가운데 일제에서 미국으로 그 의존 대상이 바뀜으로써 대외의존성이 온존 강화되었다. 식민지 지배 아래에서 형성되었던 불평등이 없어지지 않고 오히려 계층간·산업간·지역간 그리고 재벌기업과 중소기업 사이의 격차가 커져갔다. 이러한 불평등은 정치권력과 재벌이 주체가 되어 중소기업, 농업, 노동자의 부담 위에서 이루어진 결과였다.

1950년대 한국 중소기업문제는 이러한 독점자본의 축적 과정과 공업화 과정에서 형성된 구조적 모순의 결과였다. 독점자본과 재벌이 진출 분야를 확대하면서 중소기업은 이들과 경쟁하게 되었다. 또한 중소기업 영역에서 군생하는 중소영세기업은 서로 과당경쟁을 전개하고 쇠퇴하면서 중소기업문제를 구체화시켰다.

중소기업은 그 생산성에서 대기업과 큰 격차를 보이면서 그 존립 기반이 위축되어 갔다. 현저한 생산성 격차는 대기업과 중소기업 사이에 단층을 만들었고, 거기에 대기업에 대한 재정금융의 지원집중과 잉여농산물을 중심으로 하는 각종 특혜가 주어지면서 독점적 대기업은 중소기업보다 결정적 우위를 갖게 되었다.

이처럼 전기적 독점 또는 관료독점자본이 성숙함에 따라 이들과 경쟁관계에 있던 중소기업의 정체와 소멸은 필연적이었다. 저임금 기반이 중소기업의 존립을 연장시켜 주었지만 안정적 존립을 보장하는 것은 아니었다. 이것은 독점적 대기업과 중소기업의 관계가 상호보완적이 아니라 대립적·단층적이었기 때문에 더욱 그러했다.

이런 현상은 대기업과 중소기업의 균형 있는 발전과 경제자립을 향하는 주체성 있는 경제정책이 결여되고 외국원조에만 의존하는 안이한 정책을 추구하면서 더욱 심화될 수밖에 없었다. 그 결과 국민경제의 자립적 재편성을 가능하게 할 잠재력을 지닌 중소기업의 재기와 신생을 억제하고 새로 생성된 중소기업의 도산을 촉진했다.

2.3 금융지원 중심의 중소기업대책

1950년대 중소기업문제는 이처럼 전기적 성격을 지닌 독점자본의 형성과 그 과정에서 이루어진 구조적 모순의 결과였다. 이것을 뒷받침한 것이 막대한 외국원조였으며 재정금융정책이었다. 뚜렷한 생산정책이 결여된 가운데 재정금융정책이 주된 정책수단이었던 산업부흥에서 중소기업문제에 대한 대응방안도 금융정책으로 집약될 수밖에 없었다.

만성적 재정인플레가 계속되고 생산이 위축되었던 휴전 뒤 복구기에 물적 생산력의 증강은 무엇보다 시급한 과제였다. 당시 원조물자 가공 등으로 생활필수품의 공급을 담당했던 생업적 소규모기업 등 중소기업은 중점기업 내지 대기업의 육성에 밀려 정책 대상에서 제외됨으로서 심각한 자금난과 경영의 어려움을 겪었다. 이에 1952년에 중소기업에 대한 금융조치가 이루어졌는데, 이것이 중소기업에 대한 최초의 정책대응이었으며 초유의 중소기업 금융대책이었다. 당시의 경제정책이 인플레 수습을 위한 재정금융정책을 주축으로 했던 이유로 중소기업정책은 금융대책으로 일관되었으나, 그보다는 중소기업문제에 대한 적극적 정책인식이 부족했던 결과라고 보아야 할 것이다.

그 결과 1950년대 중반에 이르기까지 중소기업정책은 재정금융정책의 테두리를 벗어나지 못하는 금융대책에 머물고 있었는데, 그 내용을 보면 다음과 같다.

(1) 중소기업 〈실링〉 제도의 제정(1952년).

(2) UNKRA(국제연합한국재건단) 계획에 따른 중소제조업 및 광업에 대한 융자기금 설정(1953년).

(3) 〈생활필수품생산자금취급요강〉의 작성 및 실시(1954년).

(4) 〈중요산업생산자금취급요강〉의 제정(1955년).

(5) 〈생활필수품생산자금취급요강〉을 〈중소기업생산자금취급요강〉으로 대체(1955년).

(6) 〈중소기업육성자금취급요강〉을 금융통화위원회에서 제정(1956년).

중소기업에 대한 이상과 같은 금융조치는 일반적인 융자조건을 구비하지 못하고 있는 중소기업에 금융혜택을 주고자 한 것이었다. 특히 1954년 헌법 가운데 경제 조항이 자유경제원칙으로 개정됨에 따라 경제정책이 자유기업주의 원칙과 자유가격 원칙을 표방하면서 원조와 재정금융은 대기업에 치우치고 중소기업의 자금난과 경영난은 높아졌다. 이에 생활필수품 생산에서 절대적 비중을 차지하고 있던 중소기업에 대한 금융 면에서 구제가 요청되었다.

당면한 자금난을 완화시키기 위하여 중소기업에 대한 금융대책이 강구되었는데, 그것도 UNKRA자금을 제외하고는 금융 부문의 단기성 운전자금의 공급이 위주였다. 따라서 이러한 금융시책은 단편적인 경기대책 내지 도산위기를 모면시키려는 보호 정책적 성격을 벗어나지 못했다. 결국 이 시기의 중소기업대책은 이러한 대증요법적 금융조치가 중심이었다.

소비재산업을 중심으로 하여 미국에서 수입되는 원조물자를 가공하는 대기업과 미국원조로 원자재 확보의 기초를 마련한 중소기업 등의 원조물자 가공형 기업성장이 촉진되었다. 그런 가운데 국민경제의 자립적 재편성의 잠재력을 지닌 중소기업은 원조 및 구호물자로 도입되는 완제품과 가공형 소비제품에 국내시장을 빼앗김으로써 그 성장은 위축을 면치 못했다.

이러한 중소기업문제에 대한 인식이 금융대책에 반영된 것은 아니었다. 오히려 국민생활에 긴급한 생활용품의 수요를 충족시킨다는 점에서 미국의 원조물자를 가공하는 중소기업에 금융지원이 집중되었다.

3 체계적 중소기업정책의 모색

3.1 〈중소기업육성대책요강〉의 작성

이런 가운데 1956년 4월 상공당국은 중소기업에 대한 근본적인 종합대책의 수립에 착수했고 〈중소기업협동조합법〉의 입안도 추진했다. 1956년 8월에는 대통령 취임식에서 경제정책의 기본 방향의 하나로 중소기업의 육성을 약속한 것을 계기로 하여 중소기업의 종합육성정책이 구상되면서 〈중소기업육성대책요강〉이 작성되었다. 이것은 우리나라 중소기업정책사에서 최초의 중소기업종합육성계획(안)이었으며 체계적 중소기업정책을 모색하는 계기가 되었는데, 그 주요내용을 보면 다음과 같다.

(1) 중소기업협동조직의 강화대책으로 협동조합법을 제정하고,

(2) 자금대책으로는 금융자금 외에 귀속재산수입, 비료대금, 도시금융 조합자금, 대충자금 등에서 융자재원을 확보하며,

(3) 중소기업에 대한 인정과세를 폐지하고 자진신고납부제로 개선하며, 이를 위해 〈자산재평가법〉을 신속히 제정하는 동시에,

(4) 물품세를 개정하여 주요 제조업에 대한 직접세의 감면조치를 확대하고 법인의 재투자를 위한 내부유보금에 대하여 면세를 고려하며,

(5) 판로의 개척을 위하여,

　① 군납 확대를 기하고,

　② 〈상품판매시장법〉을 제정하여 공동판매장을 설치하고,

　③ 상품의 품질향상과 규격의 통일을 기하고,

　④ 상업어음제도의 적응범위를 확대하고,

　⑤ 국산품과 같은 종류의 외래품 수입을 억제하며 모범공장 및 우수 국산품 장려제도를 강화할 것 등이다.

비록 그 일부만이 그 뒤 단편적으로 시행되는 데 그쳤지만, 이 요강은 조직화·금융·조세·시장확보 등 종합적이고 다각적인 중소기업육성에 대한 정책 내용

을 담고 있다. 그래서 중소기업 문제의식을 적극적으로 제기하는 계기를 마련했으며 그 뒤 중소기업 육성정책의 기본 방향이 되었다. 부흥위원회와 재무분과위원회를 통과한 이 요강은 중소기업정책을 일반산업정책으로부터 분화하는 것을 전제로 한 중소기업육성을 위한 종합정책이었다는 의미를 지니고 있다.

그러나 예속화 및 독점화하고 있는 대기업과 중소기업의 관계, 그리고 중소기업의 전근대성과 낮은 생산성의 극복 등 구조정책적 문제의식을 담지 못했다는 점에서는 금융대책적 성격과 큰 차이가 없었다. 이 요강은 1957년 이후의 안정공황기에 거의 실시되지 못했는데, 이는 새로운 문제의식에 바탕을 둔 중소기업정책의 재편성을 요구하는 것이기도 했다. 그 뒤 중소기업시책은 다음과 같은 형태를 취하게 되었다.

(1) 귀속재산처리특별회계적립금을 재원으로 한 〈중소기업운전자금융자세칙〉의 제정·실시(1957년).

(2) ICA 소규모공업자금융자(1958년).

(3) 〈중소기업육성자금취급요강〉을 폐지하고 일반자금융자제도로 통합(1958년).

(4) UNKRA 중소기업융자기금에 관한 협정의 체결과 이에 따른 〈UNKRA 중소기업운용자금취급세칙〉의 제정으로 UNKRA 기금에 따른 이원화된 융자제의 통합(1959년).

이처럼 종합대책의 수립을 모색하는 가운데 구체적인 중소기업대책은 당면한 자금난의 해소에 중점을 둔 금융대책에 그쳤다. 그러나 이 기간에 중소기업금융은 재정자금을 바탕으로 한 양적 확대 속에 장기저리의 시설자금융자를 실시함으로써 질적 변화를 가져왔다.

금융면의 시책에 머문 중소기업정책은 안정정책과 안정공황 속에서 위축되어 가는 중소기업에 대한 구체적 대응방안을 제시하지 못했다. 정부의 기간산업과 대기업 위주의 공업정책으로 등한시되었으며 원조물자를 가공하는 신규 대기업이 점차 중소기업 분야에 진출함으로써 중소기업은 그 경제활동이 침식당했다. 그리고 농촌구매력이 감퇴하여 중소기업의 농촌시장이 협소해지고 외래품의 범람으로 중소기업의 국내시장이 잠식당했다.

정부의 지원과 외국원조를 바탕으로 성장한 대기업 제품이 독점 및 과점화함에 따라 독과점가격으로 그들이 생산하는 원료를 사용하는 중소기업은 거래조건이 악화되었고, 근대화한 새로운 시설을 갖춘 대기업에 견주어 노후화한 낡은 시설로 경쟁해야 하는 불리함을 감수해야 했다.

이러한 문제의식이 중소기업정책으로 구현되지 못한 가운데 대기업의 발전과 중소기업의 침체라는 상반된 경향이 지속되면서 대기업과 중소기업의 격차는 확대되고 중소기업의 상대적 지위는 저하되었던 것이 1950년대 말의 실태였다.

3.2 〈경제개발3개년계획(안)〉의 중소기업정책

3.2.1 계획의 목표와 중소기업문제의식

1959년에 7개년계획의 전반계획으로 작성된 〈경제개발3개년계획(안)〉은 중소기업문제의식을 더 적극적으로 반영했다는 점에서 주목을 끈다. 이 계획(안)은 ① 생산력의 극대화, ② 국제수지의 개선, ③ 고용기회의 증대, ④ 국민생활수준의 향상, ⑤ 산업구조의 근대화 등을 계획의 목표로 하고 있다. 그리고 자립경제체제의 확립이라는 장기적 문제를 해결할 수 있는 기초로서 자립화의 기반조성을 목적으로하는 이 계획(안)은 중소기업문제에 대하여 깊이 있는 분석과 정책 방향을 제시했다.

계획의 목표와 지침에서 식량의 자급실현을 규정한 데 이어, 중소기업의 육성·발전을 꾀하여 생활필수품의 자급과 고용기회의 증대를 기한다고 하면서 다음과 같이 설명하고 있다.

계획의 시발점을 생산력의 증강에서 구하고 있은 만큼 산업구조를 고도화하면서 자본수익율이 높은 산업건설에 중점을 두어야 할 것이며, 자본집약적 투자가 필요하다. 그러나 경제성장의 기반을 조성하기 위해서는 전기·금속·기계·화학공업 등 일부 기간산업에 중점적 투자를 한정하면서, 중소기업에 대한 노동집약적 투자를 해야 한다. 공업화의 초기에 농업진흥에 따른 구매력의 증강과 중소기업의 발전은 생산과 소비를 서로 약속함으로써 국내시장을 육성하는 길이 된다고 했다.

이러한 규정은 중화학공업은 대기업이, 그리고 경공업은 중소기업이 담당하는 분화적 산업체제를 통한 산업구조의 고도화를 지향함과 동시에 농업과 공업 (중소기업)이 상호수요를 창출하여 국내시장에서 균형 있는 성장을 꾀하고 있다. 이어서 중소 광공업의 구체적인 발전책을 제시하면서 중소기업에 대한 문제의식을 들고 있다.

(1) 중소광공업은 국민경제 가운데서 높은 비중을 차지하고 있다.

(2) 공업구조의 특성은 소규모기업의 종업원과 대규모기업의 종업원이 많고, 중규모기업의 종업원이 적은 이극집중형(二極集中型)을 이루고 있어 선진국의 대규모기업 집중형과 대조적이다.

(3) 영·미 등 선진국은 중소기업의 생산성이 대기업의 90퍼센트인 데 견주어 우리나라의 경우는 대기업에 대하여 중규모기업의 생산성은 70퍼센트, 소규모의 그것은 60퍼센트에 그치는 등 생산성 격차가 심하다.

(4) 대기업과 비교하여 중소기업의 급여액은 60퍼센트에 그치는 격차를 보이고 있는데, 이러한 임금 격차가 중소기업이 대기업과 경쟁하는 것을 가능하게 한다.

(5) 중소기업의 발전은 생산력의 증강뿐만 아니라 취업기회를 창출시켜 준다는 점에서 중소기업문제는 경제문제인 동시에 사회문제이다.

3.2.2 중소기업의 정책 방향

이와 같은 중소기업에 대한 문제인식에서 출발하여 다음과 같은 중소기업의 발전 방향을 제시했다.

(1) 공업구조의 체질강화를 위해서는 하청공업으로서 중소기업의 근대화와 발전이 수반되어야 한다.

(2) 중소기업과 대기업 사이의 여러 격차는 중소기업의 설비와 기술의 후진성 그리고 경영의 비합리성 등 중소기업 경영 내부의 측면과 동시에 경영 외적

환경이 중소기업에 불리한 데도 연유한다. 따라서 중소기업 발전책은 중소기업의 내부와 외부의 양면에서 강구되어야 한다.

(3) 경영 내부문제로서는 중소기업의 저기술·저능률·저임금으로 대표되는 열악한 경영과 노동조건의 개선이 강구되어야 한다. 설비의 개선, 회계방식의 근대화, 생산계획의 수립방법, 기술개선 등 광범위한 경영합리화와 능률향상책이 강구되어야 한다.

(4) 중소기업의 불합리한 경영환경으로는 중소기업의 신용력 부족에 따른 금융의 곤란성과 더불어 원료구입과 제품 판매의 불리한 처지, 나아가 중소기업 상호간의 치열한 경쟁을 들 수 있는데, 이들 어려움을 해소시켜야 한다.

(5) 중소기업의 대기업에 대한 경쟁력을 배양하기 위해서는 금융력의 강화와 조정사업, 공동경제사업의 촉진이 요청된다.

① 금융력의 강화를 위해서는 현재 다기한 중소기업 자금원의 일원화와 적기에 원활한 자금을 공급할 수 있는 중소기업전담금고(中小企業專担金庫)의 설립이 필요하다.

② 조정사업과 공동사업은 동업자조합에 따라 조합원이 행하는 생산 가공 판매 등 사업활동의 내용에 대하여 각종제한을 가함으로써 조합원 상호간의 과도한 경쟁을 배제하고 그 경영의 불안정을 극복하는 데 목적이 있다. 이를 위해서는 우선 동업자의 협동조합(協同組合) 설립이 선행되어야 하며, 이와 같은 제한행위에는 법령으로 강제성을 부여하고 주무당국에 따른 감독권이 필요하다.

③ 공동경제행위는 협동조합이 조합원의 경영합리성과 경쟁력의 유지 고양을 목적으로 하는 사업을 실시하는 것을 말한다. 이를 위해서는 〈중소기업단체조직법(中小企業團體組織法)〉과 이에 따른 조합법의 제정 시행이 요청된다.

계량적 계획방법에 따라 장기적이고 종합적인 체계로 짜여진 이 계획서에는 중소기업문제가 상당히 깊이 있게 담겨 있으며 그 정책상 비중도 크게 다루어지고 있다. 이것은 1950년대 말의 중소기업문제의 심각성과 중요성을 반영하는 것이라고 하겠다. 비록 그것이 시행되지는 못했지만 그 뒤 중소기업정책의 기본 방향을 제시해준 것으로 평가된다. 특히 중소기업과 대기업 사이의 격차 분석과 고용구조의 이극 집중형 등의 지적은 비슷한 시기에 일본의 중소기업문제에 대한 인식과 비슷한 바가 있어서 주목된다.[2]

3.3 민주당정권 아래의 중소기업정책

3.3.1 중소기업 육성정책의 적극화

1950년대 자본축적 과정에서 형성된 구조적 모순으로서 중소기업문제는 1950년대 말에 와서 더욱 확대 심화되었다. 더구나 1950년대 말의 안정공황기에 중소기업은 심각한 경영난을 겪게 되었고 기업간 구조적 모순이 첨예화하면서 종래의 소극적 중소기업대책에 대한 반성이 높아졌다. 권력과 결탁한 독점자본에 대한 국민적 비판과 국민생활 안정에 대한 요구는 1960년의 4. 19 혁명으로 이어졌고, 이에 따라 중소기업육성에 대한 논의가 활발하게 이루어졌다.

중소기업 전담행정기구의 설치, 중소기업조직화의 태동, 지도사업의 착수에 이어 중소기업육성에 대한 종합대책이 수립되기에 이르렀다.[3]

(1) 중소기업 전담행정기구의 설치 : 과도정부 아래에서 1960년 7월에 상공부 안에 중소기업행정을 전담하는 기구로 중소기업과를 설치하고 중소기업정책의 자문기구로서 중소기업심의회를 설치했다. 이로서 소극적이고 임기응변적이던 중소기업정책이 그 기본 방향을 정립하는 행정적 기초가 마련되었다.

(2) 중소기업금융의 확대 : 재정금융안정계획, 대충자금, 귀속자금에서 중소기업 자금방출이 적극적으로 확대되었으며 일반 시중은행 등 금융 부문에서도 중소기업 자금 대출이 늘어났다.

(3) 신용 보증제도 : 대충자금을 재원으로 한 중소기업자금의 방출에서 정부는 중소기업자의 취약한 신용력을 보완하는 조치를 마련함으로서 중소기업금

---

2) 《1957年度 日本經濟白書》는 이것을 이중구조문제로 규정했고, 이는 그 뒤 〈構造政策으로서 中小企業近代化政策〉의 시발점이 되었다.

3) 中小企業銀行, 《中小企業銀行五年史》, 1966, 46~50쪽 참조.

융제도상의 중요한 계기를 만들었다. 대충자금에 한하여 그 융자액의 2퍼센트를 별도 징수, 이를 신용보증 기금으로 확립하도록 했으며 이를 자금상환을 보증하는 기금으로 하여 신용력이 약한 중소기업자의 융자적격성 보완을 시도했다. 이 제도는 그 뒤 중소기업은행법 제정 시에 계승 발전되었으며 오늘날 신용보증기금의 모태가 되었다.

(4) 중소기업조직화의 태동 : 해방 뒤 업계의 공동이익을 증진시킬 만한 조직을 갖추지 못한 중소기업은 사회질서의 회복과 더불어 업종별로 임의단체적인 협회를 조직하게 되었으며 자유당정부 말기에 각 협회의 실무자 기구를 대한상공회의소 안에 두게 되었다. 이 업종별 공업단체는 62개에 이르렀으며 1960년 7월에 이를 적극적으로 규합하여 전국 중소기업중앙단체연합회를 창설했다. 이 기구는 그 뒤 중소기업 조직화의 선구적 역할을 담당했으며 그 기반이 되었다.

(5) 중소기업에 대한 지도사업의 실시 : 1961년에 들어서는 중소기업의 경영 및 생산기술에 관한 지도사업이 착수되었다. 중소기업센터를 각 도에 한 개씩 설치하여 관할구역 안의 중소기업체의 지도사업을 담당하게 했으며 경인지역에서 10개의 중소기업체를 시범공장으로 선정하여 생산성의 향상과 경영합리화를 위하여 경영 및 기술지도를 했다. 또한 한국 생산성 본부로 하여금 기업진단을 시행하게 하고 보고서를 간행하여 기업경영에 참고가 되게 했다. 이와 같은 중소기업지도사업은 우리나라에서 처음으로 착수되었다는 데 그 의의가 있다.

3.3.2 중소기업육성을 위한 종합정책의 수립

1961년 3월에 〈중소기업육성을 위한 종합대책〉이 발표되었는데, 이 종합대책은 종래의 단편적이고 산발적이던 중소기업 육성대책을 종합화·체계화시킨 것이었다. 중소기업정책의 기본 체계인 금융대책·조직화대책·지도대책 등이 망라되었고 이것이 종합되어 향후 중소기업정책의 방향을 제시했다.

(1) 중소기업의 조직강화책 : 중소기업의 조직을 강화하고 그 공동이익을 늘리기 위하여 전국중소기업중앙단체협의회를 발전적으로 해체하고 중소기업협

동조합을 창설하며 정부는 그 발전을 위하여 금융 및 세제 면에서 적극적인 조정책을 강구한다.

(2) 중소기업의 체질개선책 : 중소기업의 체질을 개선하고 생산성을 높이기 위해 첫째, 중소기업진단제도를 활성화하고, 둘째, 설비근대화 및 기술지도책을 강구한다. 진단제도 확립을 위해서는 〈중소기업합리화촉진법〉을 제정하고, 설비근대화를 위해서는 중소기업용 기계설비의 특별상각제도 등을 추진한다.

(3) 중소기업 금융정책 : 첫째, 중소기업의 발전을 위해서 중소기업 전담금융기관을 설치해 융자체계를 일원화한다. 둘째, 중소기업의 신용력을 충실화하기 위해서 〈중소기업신용보험법〉을 제정·실시해 중소기업신용보험제도를 확립한다. 셋째, 자금의 효율성을 높이기 위해서 종래의 분산융자를 지양하고 〈중소기업 중 중요업종의 중점육성에 관한 대책요강〉을 작성해 중점융자를 지향한다.

(4) 판로의 개척 : 첫째, 공동판매제도의 실시, 둘째, 군수물자 국내조달과 해외판로의 개척, 셋째, 밀수의 방지, 넷째, 품질향상과 규격의 통일화를 기한다.

(5) 조세부담의 경감 : 중소기업에 대한 소득세·법인세·물품세 등을 경감하는 한편 기계 설비에 대한 특별상각제도를 적용, 조세부담을 경함한다.

이 종합대책은 1956년 8월에 부흥위원회에서 통과된 〈중소기업육성대책요강〉을 보완·수정한 것으로, 당시에는 그 실현성에 많은 문제점이 있었다. 그러나 이 종합대책은 피상적이기는 하지만 중소기업문제에 대한 시대적 요구를 반영한 정책의도를 담고 있다는 점에서 그 의의가 있다. 이 종합대책은 그 뒤 중소기업정책의 기본 방향을 설정했다.

제2장 계획적 개발과 중소기업정책 : 1960년대

1 경제개발계획과 중소기업정책

1950년대의 중소기업정책은 체계적 정책을 모색하는 과정에서 깊이 있는 정책인식과 종합적 정책구상을 마련했고 그 뒤 중소기업정책의 기본 방향을 제시했다. 그러나 구체적으로 실시된 정책 내용은 ① 뚜렷한 경제정책 의식을 바탕으로 하지 못한 가운데 ② 단편적이고 산발적이며 ③ 단기적 경기대책적 대증요법적으로 ④ 일시적 자금방출을 수단으로 하는 금융대책적이었다. ⑤ 따라서 경제정책의 일환으로 수립되었다기보다는 ⑥ 사회정책적 성적이 짙은 것으로 평가된다.

이에 대하여 1960년대의 중소기업정책은 적극적인 경제개발을 추진하기 위한 계획적 개발의 틀 속에서 진행되었고 사회정책적 성격을 떠나서 개발 부문에 대한 보완정책적 성격을 지니면서 일관성 있는 경제정책으로 전개되었다. 특히 국민경제의 고도 성장과 산업구조의 고도화정책에 병행하여 중소기업정책은 이와 깊은 관련성을 지니면서 이를 뒷받침하는 정책이 되었다. 개방체제의 진전과 수출제일주의의 추진은 산업의 국제경쟁력 강화를 불가결하게 만들면서 중소기업정책도 그에 상응한 구조정책의 일환으로 전개되었다.

계획적 개발의 방향은 경제개발5개년계획의 모습으로 구체화했다. 1960년대 전반기 경제개발의 방향을 제시하는 〈제1차5개년계획〉(1962~1966)은 모든 사회경제적 악순환을 시정하고 자립경제를 이루기 위한 기반을 구축하는 데 기본목표를 두면서 다음과 같은 계획의 방침을 밝혔다.

(1) 경제체제는 되도록 민간인의 자유와 창의를 존중하는 자유기업 원칙을 토대로 하되, 기간 부문과 그 밖의 중요 부문에 대해서는 정부가 직접적으로 관여하거나 또는 간접적으로 유도정책을 쓰는 '지도받는 자본주의체제'로 한다.

(2) 한국경제의 궁극적 진로를 '산업의 근대화를 통한 공업화'에 둔다.

(3) 생산력의 극대화와 자본공급의 확보를 위해서는 ① 국내자원을 최대한으로 동원하고 소요외자의 조달은 외자도입에 중점을 두고 외자유치를 위한 적극적인 노력을 기한다. ② 국내노동력을 최대한으로 활용하여 자본화한다. ③ 자본축적을 위한 범국민적인 강력한 저축운동을 전개한다는 것 등이다.

'지도받는 자본주의체제'를 경제체제의 특징으로 하면서 계획적 개발은 국민경제의 구조적 불균형을 시정하되 그것은 '산업의 근대화를 통한 공업화정책'의 추구로 실현되는 것으로 보았다. 그리고 이를 위한 적극적인 외자도입과 수출증대정책 그리고 국내노동력의 자본화, 즉 저임금 노동력을 바탕으로 한 자본축적 정책을 계획적 개발의 방향으로 정했다. 이것은 다음과 같이 설명되고 있다.[1]

(1) 자본주의적 경제개발의 주체가 될 산업엘리트로서 민간기업이 충분히 성장하지 못했기 때문에 정부가 경제개발을 주도하는 관주도적 경제개발전략을 택한다.

(2) 빈곤의 악순환을 단절하는 데 필요한 자본축적의 원천을 국내적으로는 저임금기반과 정부저축 및 인플레에 따른 강제저축, 그리고 대외적으로는 외국자본의 도입에서 구한다.

(3) 경제개발에 필요한 기술은 외국기술의 도입에 의존한다.

---

1) 金潤煥, 〈韓國經濟의 座標〉, 邊衡尹·金潤煥 編著, 《韓國經濟論》, 유통출판사, 1977, 29~33쪽 참조

(4) 인적 자원은 전문기술노동보다는 양적으로 풍부한 과잉노동을 활용하는 외연적 성장전략에 따른다.

(5) 국내자원이 빈약하다고 보고 주로 수입으로 필요한 자원을 충당한다.

(6) 개발에 필요한 시장은 내수시장보다는 해외시장의 개척에서 구한다.

이러한 계획적 개발의 기본 방향은 일제시대에 이루어지고 그 뒤 원조경제에서 더욱 고정화된 국민경제의 이중구조와 대외의존성을 교정하기 위한 강력한 조치를 수반하지 못했으며, 근대화를 단순한 공업화로 인식하고 공업화를 위하여 외국자본을 중요시하는 처지에서 선진국의 이해를 반영하는 불균형성장정책과 대외개방정책을 아무런 구속도 없이 시행했다는 평가를 받았다.[2]

그 뒤 지속적으로 이루어진 계획적 개발의 공업 부문에 대한 정책을 보면 〈표 1〉과 같다. 그 내용은 먼저 수입에 의존하던 것을 국내에서 생산하고 다시 이를 수출산업화하는 과정으로 되어 있다. 이러한 과정은 소비재로부터 시작하며 중간재를 거쳐 자본재, 나아가서는 지식 및 정보산업으로 이행되도록 하는 형태를 취했는데, 이는 이른바 '산업발전의 안행형태(雁行形態)'에 따르고 있음을 알 수 있다.

이것은 불균형성장정책을 반영한 것이다. 산업 면에서는 농업보다는 공업을, 분업관계 면에서는 국제분업주의를 우선하여 수입대체산업에서 수출산업으로, 그리고 기업 규모 면에서는 양산체제의 이익을 추구하여 구체적으로 중소기업보다는 대기업 편중적으로 전개되었다. 대기업편중적 불균형성장정책은 그 뒤 경제개발 과정에서 중소기업의 상대적 침체를 불러 온 정책적 배경이 되었고 중소기업정책 시행에서도 한계를 정해주었다.

이런 가운데 〈제1차5개년계획〉은 산업기반의 확충을 통해서 산업구조를 고도화(공업화)하고 공업체질과 공업체제의 합리화 및 개선을 목표로 하는 공업정책의 기본 방향 속에서 중소기업정책은 다음과 같이 간단하게 규정했다. 즉, 중소기업, 수공업은 초기에는 동업조합조직을 통해서 발전을 획책하되 점차 대기

---

2) 邊衡尹, 〈韓國經濟開發計劃의 방향〉, 《韓國經濟의 診斷과 反省》, 지식산업사, 1980, 38쪽.

	제1차5개년계획 1962~1966	제2차5개년계획 1967~1971	제3차5개년계획 1972~1976	제4차5개년계획 1977~1981
공업화 유형	소비재 수입대체	소비재 수출, 중간재 수입대체	자본재 및 중간재 수입대체	공업구조고도화, 지식 및 정보산업 개발
투자 방향	수입대체산업 육성 수출제일주의 공업화추진	수출구조개선, 기술개발기반 구축	중화학공업 추진, 중간재 국산화, 기술개발 여건 조성	기술 및 숙련노동 집약적 산업개발, 기계류 국산화의 본격화, 기술개발 및 활용
주요신규 성장산업	화섬사, 비료, 시멘트, 정유, P.V.C,전력	합성섬유, 석유화학, 화공약품, 기계류, 철강, 전자, 요업	기계, 철강, 전자, 조선	산업용기계, 철강, 전자제품 및 부품, 조선
수출입 유형 [수출 / 수입]	소비재 자본재, 중간재	소비재, 중간재 중간재, 자본재	소비재, 중간재 중간재, 자본재	소비재, 중간재, 플랜트 원자재, 자본재

자료 : 경제기획원, 《경제백서》, 1976, 429쪽

〈표 1〉 공업화와 투자정책

업의 성장과 더불어 하청공업제도를 육성한다는 것이다. 정책 내용만으로 보면 중소기업의 조직화와 하청공업육성 등 두 가지를 규정한 데 그치고 있으며 개발계획의 방향과 구체적 연관성을 보이고 있지도 않다. 그러나 계획적 개발이 시행되면서 중소기업정책은 개발계획의 일부로 되어 구체적으로 실시되었고 이것은 중요한 의미를 갖는 것이었다. 중소기업정책이 개발 부문에 대한 보완정책적 성격을 지니게 되면서 일관성 있는 경제정책으로 전환했고 또한 구조정책의 일환이 되는 데 시발점을 제공한 것이다.

2 기본 시책의 전개

2.1 금융시책의 전개

2.1.1 중소기업 금융환경의 쇄신

중소기업정책은 그 성격에 따라 흔히 적응정책·불리시정정책·보호정책 등으로 유형화하거니와, 그 정책수단을 기준으로 해서 금융시책·조직화시책·지도시책 등을 기본 시책체계로 분류한다. 1960년대 이후 중소기업정책을 설명하는 출발점으로 우선 이들 기본 시책을 논의하기로 한다.

먼저 금융시책으로서 중소기업 전담금융기관의 설치를 들 수 있다. 중소기업의 경영난을 규제하는 최대의 문제점은 자금난이었기 때문에 전통적으로 중소기업육성정책도 금융조치를 중심으로 전개되어 왔다. 중소기업 금융지원을 효율화하고 자금공급의 확대를 위해서는 금융을 민주화하여 그것을 원활하게 하고 중소기업의 신용성을 높이는 것이 중요하다. 정부는 금융 면에서 특혜와 독점을 배제하여 공익성을 조장하도록 금융체제를 개편하기 위해서 1961년 6월 법률 제626호로서 〈금융기관에 대한 임시조치법〉을 제정·공포해서 금융의 대기업편중을 완화할 수 있는 법적 계기를 마련했다. 이 조치는 중소기업자에 대한 직접적인 금융조치는 아니었지만 대기업자가 일반금융기관의 독점적 대주주로 되어 자금운영을 대기업 편중적으로 규제하는 것을 시정하고 대기업의 횡포와 독점을 배제함으로써 상대적으로 중소기업자에 대한 금융문호를 확대한 것으로 볼 수 있다.

2.1.2 중소기업 전담금융기관의 설치

2.1.2.1 중소기업은행의 설립

종래 중소기업금융은 산업은행, 일반시중은행 및 농업은행에서 무계획적이고 산발적으로 시행했다. 특히 일반시중은행은 상업금융적 원칙에 치우쳐 있기 때문에 자연히 금융 대상을 대기업 중심으로 선정하게 되고 이것이 특정 정책

분야인 중소기업의 육성목적과 반드시 일치할 수는 없었다. 더구나 중소기업은 물적 담보력과 인적 신용의 취약성, 그리고 미약한 시장경쟁력으로 말미암아 대출 대상으로 부적격성을 지녀 금융 대상에서 도외시되었다.

중소기업이 지니는 금융상의 일반적 취약성을 감안하여 전문적이며 일관성 있는 금융업무를 수행하면서 중소기업의 육성목적과 부합하는 계획적이고 정책적인 중소기업 전담금융기관의 설립이 요청되었다.

이에 1961년 7월 1일자 법률 제641호로서 〈중소기업은행법〉을 제정·공포하고, 같은 해 7월 12일자로 중소기업은행법시행을 공포했으며, 이 법적 근거에 따라 1961년 8월 1일자로 중소기업은행을 발족했다. 특히 중소기업은행법시행령에서는 우리나라 최초로 중소기업의 범주가 규정됨으로써 중소기업 정책 분야를 양적으로 확정했다.

이로서 중소기업금융의 제도적 기반을 확립했고 동시에 무계획적인 융자체계를 일원화하고 융자규모를 확대할 수 있는 기틀을 마련했다.

2.1.2.2 국민은행의 설립

중소기업금융의 한 분야인 소영세사업자 금융을 위한 전담금융기관의 설립이 1961년 12월 31일 자 법률 제944호로 국민은행법이 제정·공포됨으로써 실현되었다. 종래 금융의 혜택에서 소외되어왔던 소영세 상공업자 및 서민대중을 위한 서민금융문제와 무질서한 무진회사의 경영합리화 등을 해결하기 위한 것이었다. 이 법의 부칙에서는 무진업법령의 폐지와 무진회사가 법 시행 뒤 3년 동안만 영업을 계속할 수 있게 했다.

국민은행법에 따라 우리나라 최대의 무진회사인 한국무진회사가 1961년 12월 31일자로 중앙무진회사를 흡수·합병하고, 1962년 1월 26일자로 국민은행법시행령이 공포되었으며, 같은 날 금융통화운영위원회의 설립인가를 얻어 '주식회사 한국국민은행'이 설립되었다. 업무가 개시된 날은 2월 1일이었다.

그러나 한국국민은행 자체의 취약성과 이에 기인한 운명의 부실 그리고 서민금융이 가지는 특수성 때문에 서민금융기관으로서 기능을 제대로 하지 못했다.

이에 1962년 7월부터 한국국민은행의 체질강화와 서민금융제도의 개선을 위하여 국민은행법의 개정 또는 새로운 법의 제정 필요성이 제기되었는데, 새로운 법의 형태로 법 제정이 이루어졌다. 법률명칭은 동일하게 〈국민은행법〉이었지만 이것은 종전의 국민은행법(법률 제944호)를 대체하는 것이었다. 이 법은 1962년 11월 14일 임시각의의 의결을 거쳐 11월 20일 최고회의에서 의결되어 1962년 12월 7일 법률 제1201호로 공포되었다.

이에 따라 국민은행은 1962년 12월 29일 한국국민은행을 흡수·합병하고, 1963년 1월과 2월에 그 당시까지 잔존하던 신흥무진주식회사와 대구무진주식회사의 영업의 전부를 양수, 1963년 2월 1일 설립되었다. 이로써 국민은행은 서민금융전담 국책은행으로 그 기능을 발휘하게 되었다. 금융혜택에서 소외된 상태의 일반서민대중에 대한 금융공백을 메우고, 특히 중소기업에서 무시못할 중요성을 갖고 있는 소영세기업에 대한 금융지원의 제도적 기틀이 마련되었다.

2.1.3 중소기업금융의 확대와 신용보증제도의 확립

2.1.3.1 중소기업금융의 확대

첫째, 일반은행의 중소기업금융 참여를 들 수 있다. 1965년 제17차 금융통화운영위원회는 〈금융부문자금운영규정〉에 일반은행의 총대출금 가운데 3할 이상은 중소기업에 융자하도록 유의해야 한다는 항목을 삽입함으로써, 중소기업금융에 대하여 일반은행의 참여도를 높이고자 했다. 그리고 1967년 2월에는 각 시중은행에 중소기업금융 전담부서를 신설하여 일반은행의 중소기업금융 참여와 그 운용의 효율화를 기하게 했다.

둘째, 외자도입의 추진이다. 1964년 12월 31일자 법률 제1682호로 중소기업은행법이 개정·공포되어 외국자본을 차입할 수 있게 되었다. 이에 중소기업 대출재원의 해외조달이 가능하게 되어 중소기업은행을 통한 AID 개발차관, 서독재정차관 MRO자금의 전대, 중소기업육성을 위한 서독재정차관의 도입. 일본재정차관중 중소기업 등 중소기업 부문에 대한 외자도입 활동이 1965년부터 추진되었다.

2.1.3.2 신용보증제도의 확립

중소기업자의 취약한 신용력을 보완하기 위한 조치로서 신용보증제도는 1960년에 대충중소기업자금(對充中小企業資金)에서 융자액의 2퍼센트를 징수, 신용보증기금으로 적립함으로서 시도되었다. 이 제도는 중소기업은행법 제정 시에 승계·발전되었다. 중소기업은행법시행령 제15호는 신용보증준비금 조항을 규정하고 중소기업은행에서 융자를 받는 중소기업자로부터 일정율의 신용보증준비금을 징수 적립해서 융자채권상각의 경우 그 보전자금으로 사용할 수 있게 했다. 이에 따라 중소기업은행은 1961년 8월 26일자로 〈신용보증준비금처리요강〉을 제정하여 보증준비금의 적립을 시작했으며 이를 계기로 민주당정부 이래 중소기업금융정책의 하나로 구상되어 오던 신용보완제도가 부분적으로나마 실현되었다.

1964년 7월 9일에는 1961년에 제정된 〈신용준비금처리요강〉을 폐지하고 〈신용준비금운용요강〉을 마련하고 수출산업 등 중점육성 부문에 대하여 우선적으로 신용보증부 대출을 실시함으로써 신용보증준비금제도가 생긴 뒤 처음으로 보증부 대출이 실현되었다.

그러나 이것을 본격적인 신용보완제도의 과도적 형태에 불과했다. 중소기업금융이 양적으로 확대되면서 중소기업 신용보완제도의 중요성이 더욱 높아지면서 1967년에는 중소기업신용보증법이 제정(1967년 3월 3일 법률 제1897호)되었다. 그동안 중소기업은행이 운영해 오던 중소기업 신용준비금제도를 발전적으로 개편해서 본격적인 중소기업 신용보완제도가 실시될 수 있는 법제도를 확립했다. 그에 따라 중소기업신용보증기금의 잠정적인 관리기관으로 중소기업은행이 지정되고 중소기업은행은 신용보증부를 신설하여 1967년 4월 1일부터 중소기업신용보증법에 따른 보증업무를 개시했다.

2.1.4 중소기업 중점융자제도의 실시

1965년에는 중소기업의 수출산업전환대책과 중점육성정책을 금융 면에서 적극 지원하기 위하여 융자 대상도 중점적으로 선정하는 중점융자제도를 확립했다. 그래서 중점 융자 대상은 다음과 같은 순위로 선정하도록 했다.

(1) 수출품생산지정업체 및 지정업체가 아니더라도 외화가득율과 수출 실적 그리고 수출 전망으로 보아 수출이 확실시되는 제품을 생산하는 기업체.

(2) 중점육성업종순위의 A급 상위업중(중소기업으로 계속 육성할 업종) 및 B급 상위업종(대기업으로 육성할 업종) 등에 해당하는 업체.

(3) 수입대체, 특화산업 또는 지방의 특수성에 비추어 육성을 요한다고 인정되는 업체 등.

1969년에는 경제 여건의 변화와 중소기업육성시책의 다양화를 반영하여 중소기업금융지원의 우선순위를 수출산업, 기계공업, 계열화산업 및 지역개발산업 등으로 재편하여 중소기업육성시책에 따른 투자재원의 효율을 높이도록 했다.

2.2 조직화시책 및 지도시책의 전개

2.2.1 중소기업 조직화시책의 전개

중소기업 자본의 소규모는 경영규모의 영세성을 초래하고 이는 규모경제의 이익을 누릴 수 없게 한다. 중소영세경영을 조직화하여 시설 및 판매사업의 공동화에 따른 규모의 경제성을 추구하는 것은 중소기업육성의 중요한 수단이다. 자유당정부 말기 이후 그 시동을 본 중소기업조직화는 1960년 7월에 전국 중소기업중앙단체연합회를 창업한 바 있다.

1961년에는 〈중소기업협동조합법〉(1961년 12월 27일자 법률 제884호)이 제정·공포됨으로써 체계적인 중소기업조직화의 법적 기반을 마련했다. 이 법은 중소기업자가 상호부조의 정신에 따른 협동사업을 행함에, 필요한 조직을 규율함으로써 그들의 경제적 기회균등과 자주적 경제활동을 조장하여 그 경제적 지위 향상과 국민경제의 균형 있는 발전을 도모함을 목적으로 했다.

조합원의 자격은 동일업종의 사업을 영위하는 중소기업자를 원칙으로 하지만 정관의 정하는 바에 따라서는 대기업도 가입할 수 있도록 했다.

이 법의 근거에 따라 1962년 2월 24일 전국자동차공업협동조합의 조직을 시작으로 단위조합 및 연합회가 설립되었으며 같은 해 5월에는 중소기업협동조합중앙회가 결성 되었다. 이후 협동조합의 강화, 공동사업의 확충, 공동사업 비축자금의 조성, 조합원제품 검사사업의 촉진 및 공동시설 설치사업을 지원하는 시책이 강구되었다. 그리고 중소기업협동조합법시행령을 개정하여 협동조직을 조장했고 중앙회의 기능도 강화했다.

특히 협동조합 공동판매사업의 원활화와 중소기업제품 판로확장조치의 하나로 논의되던 관납품의 중소기업단체수의계약제도가 1963년 중소기업협동조합법 제35조 4항을 신설하여 실현될 수 있게 되었다. 여기서는 정부 공공단체 또는 정부 관리기업체로 하여금 물품을 구매할 때 중소기업제품을 우선하도록 규정했다. 이어서 1965년 7월 19일자 예산회계법시행령을 개정하여 제108호 제1항 제23호를 신설, 협동조합과 정부기관과의 단체수의계약체결이 규정되어 그 제도적 기반이 확립되었다.

2.2.2 중소기업 지도시책의 전개

중소기업의 경영합리화를 촉진하기 위한 경영지도사업이 1961년부터 실시되었다. 상공부는 각도에 1개소씩 중소기업센터를 설치하여 관할구역 안의 지도사업을 담당하도록 했고 생산성 향상과 경영합리화를 위하여 중소기업시범공장을 지정하고 기업진단을 통한 경영지도를 실시했다. 1961년에는 경인지구의 10개공장, 1962년과 1963년에는 수출중소기업을 중심으로 50개의 시범공장을 지정하여 한국생산성본부로 하여금 원가절감 및 품질향상에 관한 경영지도를 실시하게 했다. 중소기업은행에서도 시범업체를 선정하고 경영지도를 실시했고, 지방순회강습지도와 상담지도사업을 행했다.

특히 상공부와 중소기업은행의 기술지도 사업은 점차 종래의 경영지도 위주에서 기술지도까지 병행하는 계기를 마련했다. 상공부는 1965년에 국공립연구소를 통하여 총 350개의 수출품생산지정업체에 대한 순회기술지도를 행했다. 그리고 중소기업은행은 UNDP의 집행기관인 ILO 기술조사단과 협력하여, 공동지도 사업계획의 일환으로 금융·재무·원가계산 등 경영관리 전반에 걸친 경영진단은 물론, 강습지도 및 상담지도를 실시했다. 특히 중소기업의 기술지도에 역점을 두고 중소기업 기술지도센터의 활동을 강화했고 국공립연구소에 따른 기술지도사업을 확충했으며, UNDP 사업에 따른 공동기술지도를 본격화했고, 가내공업센터를 통한 기술지도와 기능공 양성에도 역점을 두었다.

3 보호주의적·소극적 불리시정정책의 실시

중소기업은 자본의 취약성 등의 요인으로 항상 상대적 열위산업의 위치를 벗어나지 못하고 특히 시장경쟁조건이 불리하다는 것을 특징으로 한다. 시장경쟁에서 불리한 여건에 있는 중소기업에 대한 시책이 1960년대 초 이후 실시되었다.

60년대 이후 경제개발계획이 추진되면서 중소기업정책도 종래의 단편적·산발적·경기대책적 성격을 벗어나 전체적인 경제정책의 일환으로 일관성 있게 전개되기 시작했다. 그러나 그 정책의 본질은 아직도 적극적인 개발정책적이라기보다는 기존시설의 활용이라는 소극적 성격에서 크게 벗어나지 못했고 중소기업의 보호육성이라는 정책차원에 머물러 있었다. 그런 점에서 1960년대 초에 '기업환경의 정비개선'이라는 이름으로 다양하게 실시된 중소기업의 불리시정시책은 보호주의적·소극적이라고 규정할 수 있다.

3.1 특정외래품의 판매금지

중소기업은 대기업과의 시장경쟁에서 불리한 위치에 있을 뿐만 아니라 각종 경로를 통한 외래품의 국내시장 범람으로 시장에서 이중적 타격을 받고 있었던 것이 1960년대 초반의 실정이었다. 이에 특정외래품에 대한 판매금지조치와 밀수행위의 근절은 중소기업의 경영환경 개선을 위한 조치였다.

이 조치는 우선 1961년 5월 10일자 법률 제616호로 제정·공포(같은 해 7월 14일 및 1963년 3월 12일 개정)된 〈특정외래품판매금지법〉에 그 법률적 기초를 두었다. 이 법은 국내산업을 저해하거나 사치성 있는 특정외래품을 지정·공포하고 이 지정품목의 판매를 금지하여 국내산업의 보호와 건전한 국민경제의 발전을 기하는 데 목적을 두었다.

이 법 제3조에 따라 특정외래품심사위원회가 재무부장관 소속으로 설치되고, 이 위원회의 심사에 따라 특정외래품이 지정되었으며, 상공부장관의 허가를 받아야 판매할 수 있도록 했다. 그런데 대부분의 지정품목이 중소기업제품과 경합하여 중소기업제품의 국내시장보호와 확대에 도움을 주었다.

3.2 밀수의 근절시책

특정외래품판매금지조치와 동시에 국민경제를 교란시키는 밀수행위를 근절시키고자 강력한 법적 규제와 적극적 행정력을 발휘했다. 이를 위하여 1961년 6월 22일자 법률 제633호로 〈특수범죄처벌에 관한 특별법〉을 제정·공포했다. 여기서는 물품을 허가없이 수입하는 자는 사형이나 무기 또는 10년 이상의 징역과 그 물품원가의 2배 이상 10배 이하에 상당하는 벌금을 부과하고 밀수품을 몰수하도록 했다. 이와 함께 행정력을 적극적으로 동원하여 밀수행위를 단속함으로써 부정 경로를 통한 외래품유입을 단절시키는 데 노력, 중소기업의 국내시장보호에 도움을 주었다.

3.3 기업간 과도경쟁의 방지

특정외래품판매금지나 밀수단속은 중소기업의 대외적 시장조건을 개선하는 데 목적이 있지만, 기업간 과도경쟁의 방지는 대내적인 중소기업간 과당경쟁을 합리적으로 조정하려는 것이었다. 이를 위하여 1961년 12월 27일자 법률 제885호로 〈중소기업사업조정법〉을 제정·공포하여 그 법적 근거를 마련했다. 이 법은 중소기업 사이의 과도한 경쟁을 공정히 조정하고 대기업자의 과도한 중소기업 분야 침투로 말미암아 중소기업의 사업위축으로 발생하는 분쟁을 조정함으로써 중소기업 사업활동의 기회를 공정하게 보장함과 아울러 국민경제의 건전한 발전에 기여함을 목적으로 했다.

이 법은 사업조정의 심의기관으로 상공부장관 등 10인 이내로 구성되는 중소기업사업조정심의회를 설치하고 상공부장관으로 하여금 강제적인 사업조정권을 발동할 수 있도록 규정했다. 일정한 지역에서 일정 종류의 사업을 영위하는 중소기업자가 과도경쟁으로 대부분이 경영의 불안정상태에 직면할 때는 상공부장관이 심의회의 의결을 거쳐 생산품종·품질·생산수량·거래방법·생산시설 등에 관한 조정을 할 수 있도록 했다. 또한 이 법은 필요에 따라서는 중소기업자 외에 대기업자도 이 조정에 순응하도록 했다.

그 뒤 제1차 개정(1978년 12월 5일 법률 제3127호)에서는 대기업자의 침투에 따른 중소기업자의 사업위축을 막기 위해서 대기업의 중소기업 사업 분야에 대한 침투를 근본적으로 규제했다. 즉, '중소기업 특화업종 분야'의 사업에 대한 대기업의 인수, 개시 또는 확장할 때는 1개월 전에 상공부장관에게 신고하도록 했다(제7호).

제2차 개정(1982년 12월 31일 법률 제3653호)에서는 중소기업자 사업활동영역의 확보를 위하여 종전의 '중소기업 특화업종'을 '중소기업 고유업종'으로 그 명칭을 변경하는 동시에 그 기준을 명확히 했다.

제3차 개정(1986년 5월 12일 법률 제3832호)에서는 중소기업 고유업종 분야에 대한 대기업의 참여제한을 더욱 분명히 하고 최소한 중소기업 고유업종에 대해서만이라도 대기업의 침투를 원칙적으로 금지하도록 했다.

이처럼 〈중소기업사업조정법〉은 제정 당시에 중소기업의 과도한 경쟁의 공정한 조정에서 출발했으나 그 뒤 대기업의 중소기업 분야 침투 제한과 중소기업자와 대기업자 사이의 사업조정으로 그 중심이 옮겨갔다.

4 중소기업 구조정책의 전개

4.1 중소기업 구조정책의 개시

4.1.1 수출증진시책의 초기 전개

1960년대 초에 마련된 각종 수출증진시책의 법제화는 중소기업의 시장규모의 대외적 확대로 기업환경의 개선을 도모하려는 것이었다. 그리고 이들 시책은 1960년대 중반 이후 경제개발계획의 정책목표의 일환으로 실시된 구조정책의 초기 전개라고 설명할 수 있다.

1961년 4월 18일자 법률 제716호로 제정·공포한 〈수출장려보조금교부에 관한 임시조치법〉은 대외적인 가격경쟁 면에서 수출증진시책을 법제화한 것이었다.

또한 1961년 9월 9일자 법률 제711호로 제정·공포된 〈수출조합법〉은 조합원의 공동이익증진을 위한 공동시설 및 수출업자간의 불공정거래를 방지해서 수출거래질서 확립 등을 도모했다. 1962년 3월에는 〈수출진흥법〉을 제정·공포하여 수출 및 군납품제조원료와 시설도입에 외화배정상의 특혜와 무역금융상의 우대조치를 취하여 수출 및 군납의 촉진을 위한 법적 기반을 마련했다.

한편 1962년 1월에는 〈군납촉진에 관한 임시조치법〉을 마련하여 상공부장관 자문기관으로 군납촉진위원회를 조직하고 군납조합을 설립하여 군납장려보조금교부 및 자재수입상의 우대조치를 취했다. 1962년 10월에 제정된 〈수출검사법〉은 수출품의 품질을 유지하여 수출진흥에 기여하도록 했다. 또한 1962년 4월에 〈대한무역진흥공신법〉의 제정으로 해외시장개척의 전담기관을 설치했다.

이와 같은 시책의 법제화는 국제수지개선을 위한 국민경제 전반적인 것이었으나 당시에 수출품생산업체의 대부분이 중소기업으로 구성되고 있으며 독자적 대외진출이 제약을 받고 있던 여건에서 중소기업의 대외적 시장확대시책으로 중요한 법제적 조치였다.

4.1.2 구조정책적 정책목표의 수립과 중소기업의 중점육성대책

1964년 초에 발표된 중소기업정책의 기본목표는 다음과 같이 구조정책적 목적을 구체화하고 있다.

(1) 중소기업을 보호육성함으로써 경제개발5개년계획이 기대하는 관련 산업의 유발을 촉구하여 조속한 공업화를 도모한다.

(2) 중소기업의 경영합리화 및 기술향상을 적극 지도함으로써 중소기업제품의 국제경쟁력을 강화하고 수출증대를 기하여 국제수지개선에 기여한다.

(3) 중소기업의 기존시설을 최대한으로 활용하여 고용증대 및 중산층육성에 따른 국민경제의 균형 있는 발전과 건전한 민주주의의 토대를 구축한다.

중소기업정책도 경제개발계획의 추진에 따라 건설되는 기간산업 내지 대기업의 경제적 보완 분야로서 육성하기 위한 중점육성시책과 국제수지개선을 위한 수출전환대책 등 국민경제의 구조정책의 일환으로 전개시킨다는 것이었다.

먼저 1964년에서 1965년에 걸쳐 시행된 중점육성대책은 지금까지의 전반적인 보호육성정책에서 벗어나 적정 분야에서 육성 또는 적극적인 성장정책으로 전환하여 중소기업정책을 구조정책적으로 전개하는 계기를 마련했다.

중점육성대책은 중소기업을 업종별 성격에 따라 세 가지로 구분하고 각각 서로 다른 정책목적을 두었다.

(1) 중소기업으로 육성할 A급 업종 : 대규모시설을 필요로 하지 않는 업종 및 부속품 또는 부분품제조업 그리고 원료가공 단계에 속하는 업종과 노동집약적 업종이 여기에 속한다. 이 업종은 기술향상 및 품질향상을 통하여 전문화와 대기업과의 계열화를 촉구하고, 이 분야에 대한 대기업의 진출을 억제하는 데 정책목표를 둔다.

(2) 대기업으로 육성할 B급 업종 : 이는 원재료 생산 분야의 업종 및 조립공장 그리고 생산원가 면에서 대기업이 현저하게 유리한 업종과 거대한 시설을 요하는 업종이다. 이 업종은 현재 중소기업이라 할지라도 기업의 난립을 억제하고 적정규모까지 확장시켜서 앞으로 대기업으로 성장·발전시키는 데 정책목표를 두었다.

(3) 업종전환을 요하는 C급 업종 : 이 업종은 시설과잉된 업종 및 시설이 노후하고 기술이 낙후된 업종, 그리고 수출이 불가능한 업종과 대기업과 경쟁상태에 있어서 중소기업으로서 유지하기 어려운 업종이다. 이 업종은 수출산업으로서 신규 산업 등 다른 업종으로 전환시킬 것을 정책목표로 제시했다.

그리고 각 그룹을 국민경제적 중요성에 따라 상 중 하로 다시 세분하여 그 우선도에 따라 금융지원을 비롯한 경영 및 기술지도사업 등 각종 지원대책에 차등을 둠으로써 중소기업의 구조개편을 이룩하려는 것이다.

4.1.3 수출전환대책과 공업단지 조성 및 지방특화산업육성

4.1.3.1 수출전환대책 : 수출품생산지정업체와 수출특화산업의 육성

중소기업의 생산증가와 수출확대를 통하여 국제수지를 개선하고자 중소기업을 수출산업으로 전환시키려는 시책이 3단계육성시책으로 1964년 하반기부터 추진되었다. 수출 가능 품목을 생산할 수 있는 수출 가능 중소기업체 450개를 단계에 따라 150개씩 선정하고 이들 업체에 시설개선을 위한 외화배정, 각종금융지원, 집중적인 경영지도와 기술지도 등 조성책을 강구한다는 것이다. 수출전환 계획에 따른 수출품생산지정업체의 선정 기준은 다음과 같다.

(1) 수출 가능성이 있고 수출 전망이 좋은 품목의 생산업체.

(2) 외화가득율이 높고 투자재원의 회수기간이 짧은 품목의 생산업체.

(3) 기존시설을 보유하여 그 활용도가 높은 업체 등.

한편 상공부는 수출진흥종합시책의 일환으로 수출품생산지정업체를 선정, 지원하는 외에 국제분업상 비교적 유리하고 국제수지 및 고용효과가 상대적으로 큰 13개업종을 1965년 7월 10일 상공부고시 제1995호로 수출특화산업으로 지정했다. 수출전환정책이 수출품의 다양화에 따른 수출증대시책이라면 수출특화산업육성책은 비교생산비설에 입각한 국제적 비교우위, 즉 소수 특정상품의 특화에 따른 수출증대시책이라고 할 수 있다.

4.1.3.2 공업단지조성과 영세기업 및 지방특화산업육성

관련 산업을 집단화하고 공동시설을 집약적으로 이용하여 생산환경을 개선하고자 하는 공업단지조성계획이 1964년부터 추진되었다. 이 시책은 중소기업의 수출산업화와 집단화 및 지방분산화를 동시에 실현하는 혼합정책(policy mix)의 본보기라 하겠다.

1964년 9월 14일 법률 제1656로로 제정된 〈수출산업공업단지개발조성법〉을 법적 근거로 하여 수출진흥 및 중소기업육성을 목적으로 하는 구로동 수출공업단지가 1964년 11월에 착공되었다. 이어서 1966년에는 부평수출공단이 착공되는 등 단지화정책이 중소기업정책의 중요한 일부가 되었다.

한편 1965년에는 중소기업육성을 공업의 지방분산화정책에 결부시키고 농촌 및 도시주변의 유휴노동력을 생산적으로 활용하여 지역사회개발을 촉진할 목적으로 가내공업센터의 설치가 추진되었다.

이 제도는 지방특화산품 및 가내공업제품의 수출촉진, 농가소득향상, 근로정신함양 그리고 농촌의 공업화(공업의 지방분산화)를 위한 기반 조성 등 여러 가지 목적을 지녔고 영세기업 육성정책의 촉진에도 관련되고 있다.

1966년에 제정된 중소기업기본법 제9조는 상시 사용하는 종업원 수가 5인 이하의 사업체를 영세기업이라고 하고 그 개선 발전에 대한 시책의 강구를 규정했다. 당시에 영세기업은 거의 대부분이 가내수공업의 형태를 벗어나지 못했으며, 전근대적인 생산양식으로 경영 이전의 생업적 단계에 머물러 있었다. 그러나 영세기업의 경제에서 차지하는 비중은 무시할 수 없으며 또한 영세기업문제는 사회정책적인 면에서도 중요성을 갖고 있다. 이러한 영세기업에 대한 보호육성은 지방공업의 육성시책에 그리고 수출산업으로 나가는 데도 도움을 준다고 보았다.

또한 같은 정책목표에서 1965년부터 지방특화산업육성시책이 시행되었다. 스웨터·가발·인조진주·완초공예·죽세공품을 비롯하여 8개의 특화품목을 선정하고, 해당 협동조합을 통하여 이들 업종에 공동사업자금을 공급하도록 했다.

4.2 구조정책의 체계화 : 중소기업 근대화정책의 전개

4.2.1 중소기업 구조정책과 근대화정책

4.2.1.1 '중산층 논쟁'과 두 가지 중소기업 정책 방향

1960년대 후반에 구조정책으로서 중소기업정책은 〈중소기업기본법〉의 제정을 계기로 법적 근거가 마련되고 체계화했다. 그런데 이 법이 제정된 시점에 중소기업문제 인식의 심각성과 그에 대한 정책 방향은 이른바 '중산층 논쟁'[3]에 그대로 반영되었는데, 이것은 우리나라 중소기업문제의 성격을 이해하는 데 큰 의미를 지닌다.

제1차5개년계획이 끝나고 다음 단계의 본격적인 경제개발과 중소기업의 구조정책이 시작되는 시점에서 1966년 초 대통령의 연두교서와 여당 및 야당의 정책기조연설로 부각된 중산층 또는 좁게는 중소기업문제가 학계의 논쟁으로 이어졌다. 여당인 공화당의 '대공업개발주의 또는 대기업건설주의'에 대한 야당인 민중당의 '대중자본주의 또는 중소기업주의'의 대응에서 비롯된 이 논쟁은 '근대화와 중산층'이라는 시각으로 전개되었다. 논쟁은 경제개발 과정에서 중산층, 즉 중소기업의 필연적 소멸을 주장하는 것이 발단이 되었고, 여기에 대하여 중소기업의 육성론을 주장하는 견해가 제기되면서 논쟁은 가열되었다.

대공업 중심의 공업화와 부의 축적을 위하여 선성장·후분배가 필요하다는 공화당의 경제정책이 반대중적이고 반사회적인 빈부의 양극현상을 가져왔다고 비판한 민중당이 중산층의 정당임을 자부하며 중소기업의 보호육성과 부의 균등한 분배를 주장하는 정책을 제시하면서 이 논쟁은 시작되었다.

민중당은 중소상공인·중농·봉급자·지식인 등 중산층의 안정과 이익의 증진 없이는 민주주의는 영원히 토착화할 수 없으며 사회안정은 바랄 수 없다고 했다. 이를 위해서 먼저 농촌경제의 발전을 조장하면서 중소기업은 물론 대기업의

---

3) '중산층 논쟁'의 상세한 내용은 孫世一 編, 《韓國論爭史 III》, 청람문화사, 1976, 440~552쪽을 참조할 것.

주식소유가 널리 대중에게 분산 귀속되고 경제적 부의 축적이 국민대중에게 배포되도록 하는 자본의 대중화와 중소기업의 우선육성을 경제정책의 방향으로 제시했다. 공화당도 한국의 근대화와 사회안정을 위하여 중산층의 확대 보호를 주장하고 이를 위하여 중소기업육성의 당위성을 강조하지만 그 접근방법에서는 서로 차이가 있었다.

공화당의 중소기업 육성방안은 다음과 같은 것이었다. 중소기업은 기간산업 및 대기업과 계열화로 육성되어야 하며, 대기업으로부터 단절 내지 분리된 중소기업 자체의 단독 육성정책은 역사 역행적이다. 또는 중소기업은 수출산업과 수입대체산업으로 전환되어야 하며 중소기업을 위해 수출공업단지를 조성하고 수출을 촉진할 방안을 제시했다.

이에 대하여 민중당의 정책 방향은 다음과 같은 것이었다.

(1) 일부 국영기업을 제외한 국영과 민영의 대규모기업 주식을 분산시킨다.

(2) 신규 건설에서는 대규모 자본조성보다는 중소규모에 주력하는 동시에 국가의 모든 혜택을 중소기업의 육성 강화에 집중한다.

(3) 농촌경제의 병행발전, 특히 중농의 보호와 세농(細農)의 중농화에 치중하여 공산품의 시장확대를 기한다.

(4) 자본이 영세하고 기술과 경영능력이 미숙한 바탕 위의 대기업건설주의는 특혜와 낭비 그리고 국민의 희생을 강요하는 반면, 중소기업주의는 우리의 기업능력에 알맞은 동시에 기업의 소유가 많은 사람과 넓은 지역으로 확산될 수 있다.

(5) 이러한 중소규모의 노동집약적 기업건설은 우수하고 값싼, 그리고 풍부한 노동력이 그 성공을 뒷받침해주면서 고용효과를 빠르게 실현할 수 있다.

(6) 국제시장에서 선진국을 누르고 판로를 확대할 수 있는 것은 중소기업에 따른 노동집약적 산업이다.

두 당의 정책기조를 보면, 공화당은 불균형성장적인 대기업주의를 추구하고 있으며, 민중당은 중소기업과 농업을 바탕으로한 균형성장정책 방향을 제시하고 있다.

학계의 논쟁에서 주목되는 것은 한국의 근대화 과정에서 중소기업의 역할을 강조하는 근거로서 중소기업의 민족자본적 성격을 강조한 견해가 제시되었는데, 이는 다음과 같이 집약할 수 있다.

근대화와 중산층의 관계를 말하려면 근대화와 자본의 기능관계를 밝혀야 한다. 자본주의를 전제로 할 때 역사적으로 경제의 근대화는 근대자본주의의 성립을 의미하며 기술적인 측면을 강조한다면 그것은 한마디로 공업화라고 말 할 수 있다. 이러한 근대화를 촉진할 수 있는 자본형태는 산업자본뿐이다. 근대자본주의의 '근대'라는 의미는 산업자본이 지배하는 사회경제체제를 의미한다. 이것은 산업자본이 근대화의 추진력이라는 역사적 사실을 말하지만, 외형적으로 모든 사업자본이 근대화를 감당할 수 있는 것은 아니다. 특히 후진자본주의에서는 산업자본이 주체성을 갖고 독립하여 산업이윤을 추구할 때만이 근대화를 위한 산업자본의 본래의 기능을 수행할 수 있다.

즉 후진국에서 근대화를 추진할 수 있는 자본형태는 민족산업자본뿐이다. 한국의 중산층에서 산업자본의 형태에 해당하는 것은 수공업자와 중소광업자이다. 그러므로 한국 근대화를 촉진할 수 있는 중산층은 외국자본에 종속되어 있지 않은 한국의 중소광업자이다.[4]

그 뒤의 경제정책기조에서 이러한 민족산업자본적 시각이 반영된 것은 아니었다. 또 중소기업정책에도 불균형성장적인 대기업주의에 바탕을 둔 중소기업 정책인식이 구체화했다.

4.2.1.2 중소기업 구조정책과 근대화정책

구조정책은 경제구조 또는 산업구조를 개편하고 개선하기 위한 정책을 말한다. 부가가치생산성이 높은 방향으로 산업별 구성을 전환하는 것이고 포괄적으로는 공업화에서 시작하여 중화학공업화, 나아가 기술·지식집약적 방향으로 경제구조를 개편하려는 정책을 말한다. 그리고 이것은 점차 경제구조 또는 산업구

---

4) 愼鏞廈, 〈韓國近代化와 中産層의 改編〉, 《政經硏究》, 1996년 4월호.

조를 고도화시키는 방향의 정책이다.

초기에는 전근대성의 극복, 즉 근대화정책으로부터 시작된다. 역사적으로는 상업자본주의에서 산업자본주의로 전환하는 것이었고 1차산업에서 2차산업이 중심이 되는 산업구조가 실현되는 것, 즉 공업화를 의미했다. 자본의 기능을 고려하며 민족산업자본이 중추적 역할을 하는 산업구조로 바뀌는 것이 후진경제에서 공업화의 특징으로 지적된다. 1차산업 중심에서 2차산업 중심으로 경제구조가 고도화하는 것이고 공업화(근대화)가 실현된 다음에는 점차 공업 가운데 중화학공업의 비중을 높이고 나아가서 기술·지식집약화의 방향으로 고도화정책은 이어지게 된다. 이렇게 볼 때 구조정책은 근대화정책에서 출발하는 것이고 그것은 고도화정책인 것이다.

중소기업정책이 전반적 보호육성정책에서 선별적·중점적 육성정책으로 전환하는 것은 구조정책을 개시하는 것이다. 중소기업의 중점적, 선별적 육성은 중소기업의 구성을 부가가치 생산성이 높은 방향으로 개선하는 것이며, 바로 구조정책이다. 그런데 이것이 예컨대 국제수지 개선을 위한 수출산업 중심으로 개편하는 방향, 즉 국민경제의 수출증진책에 부응하는 것일 때는 경제정책의 보완정책으로서 성격을 갖고 국민경제의 구조정책의 일환이 되는 것이다.

산업구조의 전환과 정책의 전개 과정에서 보면 구조정책은 근대화정책에서 고도화정책으로 전개된다. 근대화(공업화)가 실현된 뒤에 산업구조 내지 공업구조는 고도화의 방향으로 구조개편이 진행된다. 이렇게 볼 때 근대화정책은 초기 공업화 단계의 시책이고 구조정책은 공업화단계를 넘어서 중화학공업 내지 기술집약·지식집약 단계까지 지속되는 정책유형이기 때문에 근대화정책은 구조정책에 포괄되는 개념으로 볼 수 있다. 그러나 근대화가 진행되는 단계에서는 이런 구분은 별로 의미가 없다. 공업화초기의 구조정책은 근대화정책으로 실현되기 때문이다.

흔히 공업화단계에서 중소기업의 근대화정책은 이중구조의 해소, 즉 전근대적인 중소기업의 근대화를 의미한다. 그러나 중소기업 근대화는 시설의 근대화나 기술의 향상 및 경영관리의 합리화 등 개별 기업 단위의 생산성 향상에 그치는 것이 아니다. 중소기업 구조의 근대화, 즉 부가가치 생산성이 높은 방향으로 그리고 경제정책의 보완적 부분으로 산업구조의 고도화에 맞추어 업종별 구성을 시정하는 구조정책을 병행하는 것이다. 이렇게 보면 구조정책은 근대화정책에 포함되는 개념으로 볼 수 있는 것이 공업화단계의 특징이다.

좁은 의미로는 중소기업의 근대화(설비의 근대화, 기술의 향상, 경영관리의 합리화 등)와 중소기업구조의 고도화(기업 규모의 적정화, 사업의 공동화, 사업의 전환으로 업종간 구성의 시정) 등을 구분하고, 정책체계에서는 이것을 묶어서 '중소기업구조의 고도화 등'으로 규정하기도 한다. 이는 개별 기업 단위의 근대화가 기업과다로 말미암은 과당경쟁을 야기하고 기업 규모의 과소성으로 말미암은 근대화의 저해요인으로 작용할 수도 있다는 지적에 따른 것이다. 개별 기업 단위의 근대화가 산업구조의 변화와 수요구조의 전환에 적응하지 못하는 업종을 발생하게 하여 근대화의 효과를 발휘할 수 없게 할 가능성도 있기 때문이다. 따라서 중소기업의 규모적정화(과소과다구조의 시정)와 업종간 구성의 시정이 근대화정책의 관건이 된다고 보고 중소기업구조의 고도화(구조고도화)를 근대화정책체계의 중요 부문으로 추가, 이를 묶어서 '중소기업구조의 고도화 등'으로 정하고 중소기업근대화에 포괄시켜 설명하기도 한다.[5]

전자를 좁은 의미의 근대화정책, 후자를 구조정책(또는 고도화정책)의 범위로 볼 수도 있으나 경제개발의 초기단계에서, 이것은 다같이 넓은 의미의 중소기업 근대화정책에 포괄되는 것이다. 따라서 중소기업 근대화정책은 대내적으로 개별 기업의 전근대성을 극복하면서, 부가가치생산성이 높은 방향으로 중소기업의 구성을 개편, 근대적인 중소기업구조를 실현하고, 대외적으로는 산업구조 근대화 내지 고도화의 보완정책으로 산업구조의 변화에 적응하는 중소기업 구조를 실현하는 구조정책인 것이다. 후자의 측면을 강조하면 구조정책으로서 근대화정책이 된다.

한편 적응정책은 중소기업의 경쟁력을 적극적으로 높여서 전체 경제의 생산

---

5) 黑瀬直宏 著, 《中小企業政策の 總括と 提言》, 1997, 同友館, 90쪽.

력 수준에 적응시키는 것을 목적으로 한다. 적응정책은 경쟁력의 강화에 중점을 두지만, 산업정책의 관점에서 경제적·사회적 변화에 따른 여러 조건에 개별 기업이나 업종의 적응을 촉진하여 경제적 기술적 진보에 중소기업이 원활하게 적응하도록 하는 정책이다. 이런의미에서 적응정책은 구조정책이며, 근대화와 합리화를 위한 정책이다.

4.2.2 중소기업기본법의 제정과 중소기업 근대화정책의 체계화

중소기업에 대한 법규정은 일찍이 제5차 개정헌법(1962. 12. 26)에서 국가는 농어민과 중소기업의 자조를 기반으로 하는 협동조합을 육성하고 그 정치적 중립을 보장한다고 소극적으로 규정한 바 있다. 그러나 중소기업육성의 체계적인 법체계는 〈중소기업기본법〉의 제정에서 비롯되었다. 국민경제의 안정적 성장을 위하여 중소기업육성의 중요성이 높아짐에 따라 1963년 말경부터 이 법의 제정 필요성이 논의되었으나 이 법안이 국회에 제출된 것은 1964년 4월 20일이었다. 같은 해 6월 17일에 국회 상공위원회는 소위원회를 구성했고 1965년 6월 17일에 공청회를 개최하는 등 심의를 거쳐 1966년 10월 8일에야 본회의에 상정, 10월 14일 본회의를 통과, 12월 6일 법률 제1840호로 공포되었는데, 전문 제35조 부칙으로 구성되었다.

이 법의 제정으로 중점적 육성정책에서 시작한 구조정책 또는 근대화정책으로서 중소기업정책을 본격적이고 체계적으로 전개하는 법적 기반이 마련되었다. 이 법은 중소기업의 나아갈 방향과 시책을 규정함으로써 중소기업의 성장·발전을 촉구하고 그 구조개선과 국제경쟁력을 강화시켜 국민경제의 균형 있는 발전에 기여함을 목적으로 제정되었다(제1조).

이 법은 이러한 법제정의 목표와함께 정책 주체 및 대상 등에 대하여 규정하는 외에 중소기업의 근대화와 구조고도화, 사업활동의 불리시정, 금융 및 세제상의 과제, 중소기업의 조직화와 행정기구 등에 관한 것을 포괄적이고도 체계적으로 규정했다. 정책 내용을 체계에 따라 제정 당시 이 법의 내용을 살펴보면 다음과 같다.

(1) 중소기업의 구조고도화 등 구조개선

　① 경영관리의 합리화(제10조)

　② 기술의 향상(제11조)

　③ 품질향상(제12조)

　④ 작업환경의 개선(제13조)

　⑤ 시설의 근대화(제14조)

　⑥ 중소기업의 단지화 등(제15조)

　⑦ 기업 규모의 적정화(제16조)

　⑧ 과도경쟁의 방지(제17조)

　⑨ 전문화 및 계열화의 조성(제18조)

　⑩ 유통기구의 합리화(제21조)

(2) 사업활동의 불리시정

　① 도급거래의 적정화(제19조)

　② 중소기업자의 사업 분야 확보(제20조)

　③ 수출의 진흥(제22조)

　④ 정부수주기회의 확보(제23조)

　⑤ 수입품의 조정(제24조)

　⑥ 중소기업의 조직화(제27조)

(3) 소기업대책

　① 영세기업(제9조)

(4) 금융 및 세제

　① 중소기업금융의 확보(제25조)

　② 세제의 적정화(제26조)

(5) 행정기관 및 중소기업단체

　① 행정기관의 확충(제28조)

　② 중소기업정책심의회의(제29조~제35조)

이 법은 전체적인 틀에서 일본의 〈중소기업기본법〉과 비슷하다. 일본의 것은 대기업과 중소기업 사이의 부가가치생산성과 임금의 격차로 상징되고 있는 이중구조를 해소하고 거래조건의 개선을 목적으로 하는 등 중소기업의 근대화를 그 기본 과제로 했다. 우리나라의 중소기업기본법은 이에 대한 명시적 규정은 없으나 법체계의 내용으로 보아 중소기업 근대화정책을 반영하고 있다.

한국경제의 이중구조적 특성은 이미 1959년에 작성된 〈경제개발3개년계획(안)〉에 규정된 바가 있다. 그리고 1960년대 계획적 개발 이후 양적 고도성장이 추진되면서 농림업과 같은 전통산업과 광공업과 같은 근대산업 사이에 구조적 격차가 확대되었다. 다시 제2차산업 안에서도 낙후된 중소영세기업과 신생 대기업간에 이중구조현상이 지속되었다. 대기업에 비한 중소기업의 생산성 격차는 더욱 확대되었고 중소기업 내부에서도 성장업종과 정체업종, 계열산업과 비계열산업, 중견기업과 영세기업 사이에 생산성 격차가 형성되었다.[6]

이러한 이중구조 심화에 중소기업 존립기반의 위축과 존립조건의 변동 등이 겹치면서 이에 대처할 필요성이 생겼고, 산업 내부에서도 합리화의식이 높아지면서 국민경제의 고도화와 더불어 중소기업정책도 구조고도화의 방향으로 전개되었는데, 이러한 정책의식이 〈중소기업기본법〉에 반영된 것이다.

중소기업의 근대화정책은 구조정책으로서 중소기업의 전근대성의 해소와 중소기업의 구조고도화정책으로 집약되고 이것은 산업구조의 고도화정책의 일환으로 진행된다. 즉, 중소기업의 구조고도화는 산업구조의 고도화에 적응하여 업종 안 또는 업종 사이에 중소기업과 그 구성을 부가가치생산성이 높은 방향으로 시정하는 것이며 산업구조에서 중소기업의 구성을 합리적 방향으로 전환하는 것이다. 따라서 초기단계의 고도화는 넓은 의미에서 중소기업 근대화에 포함되는 개념이다.

〈중소기업기본법〉은 산업구조의 고도화에 맞추어 중소기업의 근대화정책을 전개하는 법적 기반이며 구조의 고도화(생산성 향상)와 함께 취약한 가치실현력

---

6) 商工部, 中小企業銀行, 《中小企業白書》, 1966, 14쪽.

을 보완하는 사업활동 불리의 보정책 등 두 가지 흐름의 정책 내용을 포함하고 있다. 중소기업의 생산성 향상은 개별 기업의 설비근대화 등으로 전근대성을 탈피하면서도 궁극적으로는 높은 생산성과 경제효율이 높은 분야로 중소기업을 전환하는 구조고도화, 즉 구조정책으로 실현될 수 있다.

한편 기본법에는 이러한 구조고도화에 상응한 사업활동의 불리시정정책이 반영되고 있는데, 이것은 산업조직정책적 특성도 갖는다.

일본의 경우에는 중소기업의 근대화를 촉진하는 〈중소기업기본법〉이 제정된 것과 병행하여 그것의 실천을 뒷받침하는 〈중소기업근대화촉진법〉이 제정되었으나 우리나라는 그렇지 못했다. 다만 뒤늦게 1978년에야 〈중소기업진흥법〉이 기본법의 실천법의 성격으로 제정되었을 뿐이다.

중소기업기본법이 다양하고 체계적인 정책을 담고 있었지만 그 실천을 뒷받침할 중소기업기본법시행령은 1983년에야 제정·공포(1983년 8월 11일자 대통령령 제11200호)되었다. 이것은 법시행의 적극적 의지의 취약을 반영한 것이다.

우리나라의 〈중소기업기본법〉은 제정된 뒤 국내외 경제 여건의 변화를 반영하여 여러 차례 개정(① 1976년 12월 31일, ② 1978년 12월 5일, ③ 1982년 12월 31일, ④ 1995년 1월 5일, ⑤ 1998년 2월 28일)되면서 정책 내용이 수정 추가되었으며, 특히 1995년(1월 5일)에는 전문개정되었다. 전문 제21조 부칙으로 양적으로는 축소 개정되었지만, 주요시책이 하위 법으로 이양되고 창업과 국제화의 촉진 등의 내용이 새롭게 추가 삽입되어 질적으로는 보완되었다.

4.2.3 제2차5개년계획과 중소기업 근대화정책의 전개

4.2.3.1 제2차5개년계획의 중소기업정책

제2차경제개발5개년계획(1967~1971)은 경제의 발전 진로를 산업구조의 근대화와 공업화를 통해 확대된 개방체제에 두되, 개방체제의 자립적 유지는 수출증대와 수입대체의 촉진으로 국제수지를 개선함으로써 이룰 수 있다고 보았다. 즉, 개방체제 아래 수출증대를 통한 개방화로 경제의 진로를 정했다.

1967년에 종전의 포지티브 리스트 시스템(positive list system)에서 네거티브 리스트 시스템(negative list system)으로 무역제도를 전환한 것은 개방경제체제를 지향하는 정책의 틀 속에서 수출제일주의의 지속, 수출진흥정책의 다양화와 수입자유화의 확대라는 무역자유화의 추구를 반영한 정책전환으로 볼 수 있다. 이러한 무역정책의 획기적 전환은 모든 산업정책에 크게 영향을 주었으며 중소기업정책에도 그러했다.

이런 정책 흐름을 바탕으로 제2차5개년계획은 중소기업과 관련해 다음과 같이 규정했다.

(1) 생산면이나 수요 면에서 상호지원적인 수요와 투자의 창조효과를 크게 하는 부문은 중소기업이다.

(2) 대부분 기존시설인 중소기업은 전산업에 대한 비중이 크므로 대기업에 대하여 중소기업의 계열화 및 전문화가 이루어지면 이 두 부문은 완전히 생산면에서 상호보완관계에 서게 된다.

(3) 중소기업 가운데서 수출산업으로 전환이 가능한 것을 수출산업으로 개발하면 새로운 투자수요 없이도 경제성장에 기여한다.

(4) 중소기업은 대부분이 노동집약적이어서 이 부분의 성장개발은 수많은 노임의 지급과 소득의 평준화를 높은 수준으로 유지하도록 해서 수요를 촉진하고 수요유형을 변화시킨다.

중소기업 부문에 대한 이러한 진단 결과 다음과 같은 정책과제를 제시했다.

국제환경이 변화하고 개방체제로 이행함에 따라 국내산업의 경쟁력을 강화하도록 계속 노력하되,

(1) 중소기업을 육성하기 위하여 대기업과 중소기업의 계열화를 촉진하고, 기존시설의 활용과 설비의 신설 개량을 통하여 가동율을 높이며 생산성을 증대시킨다.

(2) 수출 및 수입대체산업으로 발전할 업종과 노동집약도가 높은 중소기업을 지원하는 데 중점을 둔다.

(3) 이를 위해서는 공장확장 및 운영에 필요한 자금 공급, 경영합리화를 위한

기술지원, 원활한 원료공급, 시장확대 등 정책수단이 강구된다.

(4) 대기업에 따른 시장독점으로부터 중소기업의 보호를 유도하여 자립적 성장의 바탕을 마련한다.

(5) 지역 사이의 소득격차를 해소하기 위하여 지역별 특화산업을 육성하고 공장의 지방분산을 촉진하여 지역개발을 꾀한다.

이 계획이 대규모기업의 증가를 전망하면서 기업집중 또는 독과점의 진행을 예상하는 가운데 대기업에 따른 시장독점으로부터 중소기업의 보호 방향을 제시한 것은 1961년에 제정된 〈중소기업사업조정법〉의 소극적 수준을 벗어나 중소기업에 대한 적극적 불리시정정책과 산업조직적 정책의 이념에 접근한 것이다. 그러나 계획기간에 이에 대한 구체적 정책이 시행되지는 못했다.

또한 산업 내부에서 근대기업과 전근대기업의 병존 과정에서 일어나는 이중구조의 문제를 이 계획은 중요한 정책과제로 제기했으나 중소기업 정책 방향에서는 적극적이고 중심적인 과제로 구체화하지 못했다.

4.2.3.2 중소기업 근대화정책의 전개

(1) 경쟁력 강화와 생산성 향상시책

중소기업의 구조적 격차와 경쟁력의 낙후성을 극복하고 생산성을 향상시키는 것은 중소기업 근대화정책의 제1차 목표였다. 이를 위해서는 시설을 근대화하고 경영관리를 합리화하여 기술을 향상하는 시책이 요구되었다. 이들 시책은 그 중요성에 따라 중소기업기본법에도 규정되었다

시설의 양적 확충과 질적 개선을 추구하는 중소기업의 근대화정책은 1965년부터 본격적으로 시작되었다. 내자시설자금의 지원규모를 확대하는 한편 중소기업 구조 개편 방향에 따라 수출전환 및 수출특화업체와 수입대체효과를 높이는 기계공업, 계열화조성을 촉진시키는 전문화업체 등에 중점적으로 시설자금를 지원하여 전략 부문의 시설근대화로 중소기업의 채질개선과 근대화를 도모했다.

한편 1965년의 준비기간을 거쳐 1966년부터는 중소기업의 시설확충을 목적

으로 외자도입을 강화했다. 외자의 자금공급원을 AID로부터 KFW(서독재정차관)와 대일청구권자금 등으로 확대하고 특히 중소기업에 대한 차관자금전대기관을 산업은행으로부터 중소기업은행 중심으로 개편하는 등 시설재도입을 위한 외자도입을 적극화, 중점지원 부문에 지원했다.

경영관리의 합리화를 위한 중소기업지도시책은 시범공장지도사업을 수출전환시책의 효과를 높일 수 있도록 수출품생산지정업체를 중점적으로 1965년부터 선정 실시했다. 기술향상시책으로는 특히 중소기업은행이 UNDP(국제연합개발계획)와 공동으로 1967~1979년에 걸친 장기기술진흥사업을 실시했다. 그리고 중소기업의 기술향상을 위한 종합적인 지도와 기능공 양성을 위한 기구인 중소기업기술지도센터를 1967년에 중소기업협동조합중앙회에 설치하고 중소기업 기술지도5개년계획(1967~1971년)을 수립, 기술지도사업을 본격적으로 촉진했다.

(2) 중소기업의 구조고도화시책

① 수출진흥 및 수출산업화시책

중소기업제품의 수출을 진흥하고 수출산업으로 전환하는 것은 중소기업구조를 수출산업의 비중을 높이는 방향으로 개편하면서 국민경제의 수출증진과 나아가서 국제수지 개선에 보완적 역할을 하는 구조정책의 일환이었다. 이 시책은 수출전환대책과 관련해 ① 수출품생산지정업체의 육성, ② 수출특화산업의 육성, ③ 수출산업공업단지의 설치 및 확충, ④ 수출잡화공업의 육성 등 네 가지 시책으로 추진되었다.

1964년 하반기에 저3단계 육성시책으로 시작된 수출품생산지정업체의 지정은 중앙집권적인 절차에 따랐으나, 1967년 2월 15일자로 지정권이 지방장관에 이양되었고 상공부는 각 도별로 지정업체의 수만을 결정하게 되었다. 1965년에 시작된 수출특화산업의 선정 지원은 수출특화산업 자금육성요강을 바탕으로 ① 수출확실도 및 효과, ② 외화가득율, ③ 고용효과 등의 기준에 따라 업체를 선정·지원했다.

1964년에 시작된 공업단지의 조성은 공업의 개발 및 지방분산에 관련된 광범위한 공업정책의 일환으로 전개되었는데, 특히 수출산업공단의 단지조성은 산업구조의 개선과 수출증진으로 국제수지를 개선하는 효과를 목표로 했다. 한국 수출산업공업단지의 제1단지·제2단지·제3단지와 인천수출공단의 부평 및 주안단지가 설치 추진되었다.

또한 수출진흥에 기여할 목적으로 잡화공업이 육성되었다. 잡화공업은 대부분 노동집약적 업종이어서 가격 면에서 국제적 비교우위에 있고, 기술 면에서도 단순할 뿐만 아니라 투자자본의 규모도 중소영세규모에 적합하다. 이 때문에 다른 산업보다 해외수출시장 개척이 용이하고, 특히 원자재의 상당 부분을 국내에서 조달할 수 있어서 외화가득률도 높다. 또한 농촌의 유휴노동력과 도시주변의 잠재산업을 흡수할 수 있는 산업이어서 고용정책 면에서도 중요하다.

이러한 잡화공업의 중요성에 비추어 이에 대한 행정지도를 일원화 및 체계화하여 집중적으로 개발·육성하고자 1968년 8월 중소기업국의 신설과 더불어 지도과에 잡화계를 설치하고 이를 전담하도록 했다. 그리고 1968년 11월 16일자 상공부 공고 제5026호로 23개 중분류품목을 대상으로 잡화류범위를 확정 공고했다. 또한 잡화공업의 품질개선으로 고급잡화류의 양산체제 확립 및 수출진흥에 기여할 목적으로 상공부 공고 제5385호(1969. 6. 27)와 제5537호(1969. 10. 22)로 〈잡화공업육성자금운영요령〉을 제정·공포했다.

② 전문화 및 계열화시책

계열화시책은 제1차5개년계획에서 중소기업을 '하청공업제도'로 육성한다고 규정한 이후 중소기업기본법 제18조에 이어 제2차5개년계획에서 대기업과 중소기업의 계열화 촉진이라는 우선적 정책과제가 제시된 바 있다. 이러한 정책제시의 흐름 속에서 계열화시책은 1966년부터 구체화하기 시작했는데, 그 전제되는 시책으로 전문화조성과 병행해서 전개되었다.

근대적 공업체계에서 대기업과 중소기업이 상호보완관계로 발전하려면 특히 기계공업처럼 원료투입에서 제품생산에 이르는 생산공정이 일관화하기 어려운 업종에서 부분품 및 부속품공급을 담당하는 전문적 중소기업과, 이러한 부분품과 부속품을 조립하여 완성제품을 산출하는 대규모기업이 공존적 발전을 하는 것이 요구되고 이를 통해서 공업체계의 능률화를 기할 수 있다. 이러한 기업간 계열화의 조성을 위해서는 먼저 부분품 전문생산업체의 개발·육성과 단일품종의 대량생산에 따른 품질향상 및 가격인하가 이루어져야 하는데, 이 때문에 전문화 기업체의 적극적 육성·개발을 계열화의 선행시책으로 추진했다.

1966년에는 계열화 및 전문화 조성시책을 수립하는 데 필요한 기초자료의 조사정비에 주력했으며 1967년 4월에 상공부의 〈전문화업체선정 및 조성자금사용원칙〉이 공고되면서 전문화업체의 선정과 시설자금지원 등 시책이 구체화했다. 계열화의 정책적 의의가 크지만 이 시책의 초기 단계에서는 전문화업체를 중심으로 한 평면적 시책에 그치고 계열관계에 대한 입체적 조성책은 시작되지 못했다.

관련 산업에 대한 파국효과가 크고 단위투자에 대한 승수효과 및 가속도효과가 큰 중소기업으로서 행정적인 특별조성시책으로 단일품종의 다량생산과 제품의 품질향상에 따른 가격인하를 조속히 유도할 수 있는 업체를 전문화업체로 보았다. ① 전문화 가능성, ② 외화가득율 또는 외화절약도, ③ 기존시설활용도, ④ 투자재원의 회수기간 등을 전문화업체 선정 기준으로 하여 1967년 말까지 150개 전문화업체를 선정 지원했다.

계열화의 전제조건으로서 추진된 전문화시책을 중심으로 한 평면적 시책은 1969년을 게기로 하여 기업간 계열화에 대한 직접적인 조성책이 강구되기 시작했다. 기계공업육성시책의 일환으로 추진된 1969년 계열화촉진방안에 의하면 상공부는 모기업을 중심으로 22개 계열화촉진대상업종을 선정하고 이들 모기업의 부분품 생산업체를 계열화공장으로 지정(상공부 고시 제5140호)하는 등 계열관계에 대한 직접적인 시책을 시도했다. 또한 1970년에는 상공부 고시 제5149호로 〈중소기업전문화 및 계열화조성요강〉을 새로 마련하고 그 이전에 시행한 모든 시책을 백지화하고 업체지정도 취소하는 등의 조치를 취했다.

〈계열화 및 전문화가능 대상업종 우선순위표〉에 따라 12개 업종을 지정하고, ① 단일 모기업과 계열관계가 1년 이상 지속된 실적이 있는 업체, ② 단일계열화품목의 최근생산실적 신장률이 연평균 20퍼센트 이상인 업체, ③ 신규 제품을 생산하여 계열화할 업체 등을 12개 대상업종에서 선정, 계열화지정업체로 정했다.

③ 공업의 지방분산과 지방공업육성

공업의 지방분산화는 ① 지방특화산업육성, ② 지방공업단지의 조성, ③ 가내공업센터의 운영, ④ 영세기업의 육성 등 여러 가지 시책으로 전개되었다.

지방특화산업은 전통적인 생산방식에 따른 가내수공업적인 특징이 있거나 지역특유의 생산구조를 나타내는 것으로서 수출산업으로 역할과 동시에 공업의 지방분산과 지역개발에 기여하는 산업이다. 이러한 지방특화산업육성을 위하여 1965년 이후 지방 특화업종을 지정하여 지원했다. 1967년에는 지방특화산업육성의 효율화를 기하기 위하여 산업행정이 대폭적으로 지방에 이양되면서 지방특화산업 선정의 권한을 지방장관에게 부여했다. 이에 따라 ① 재정자금의 중복적인 지원배제를 위하여 수출품생산지정업체와 ② 농협법에 따라 설립된 협동조합 및 지방특화산업으로 지정하기 곤란한 냉동·제빙·수산품 생산업체는 선정 대상에서 제외했다.

1969년에는 다양한 업종에 걸쳐 분산된 지방공업을 집중 개발하기 위해 공업원료 주산지의 조성과 지방고유산업의 육성 방향으로 재조정하고 업체의 선정 기준을 강화하는 등 재검토가 이루어져 경제지리적 효과의 극대화를 도모했다. 1970년 7월 12일자 상공부 고시 제5321호로 공고된 〈지방특화산업육성요강〉에 따르면 지방고유공업의 선정 기준을 ① 원자재가 그 지방에서 충분히 생산되고 있을 것, ② 그 지방의 전통적인 기술로서 생산되고 있을 것, ③ 계속 육성·개발할 필요성이 있을 것, ④ 수출 전망이 좋을 것 등으로 했다.

한편 1964년 이래 추진되어 온 공업단지의 조성은 공업개발 및 지방분산에 관련된 광범위한 공업시책의 일환으로 그 설치 목적이 다양해지면서 종래의 수출공업단지 외에도 일반공업단지와 특수공업단지가 조성되고 공장대여제도 실시되었다.

4.2.3.3 기업합병의 조성

중소기업의 과당경쟁을 지양하고 규모경제의 이익을 실현하고자 중소기업 합병시책이 새로이 추진되었다. 1969년에 실시한 중소기업의 합병에 관한 실태조사를 기초로 하여 1970년부터 중소기업 과당경쟁 분야인 섬유, 주물 등의 생산기업체 가운데 각 시도별로 10개업체를 일차적으로 선정하고 이들 업체에 재정시설자금을 합병조성자금으로 배정하는 등 여러 지원을 강구했다.

상공부가 1970년 4월 15일에 제5150호로 고시한 〈중소기업 투자기반확대를 위한 기업합병조성요강〉에 따른 합병업체 선정 기준은 다음과 같다. 즉, 동종업종간의 수평적 합병으로서 기존시설을 최대한 활용할 수 있어야 하며 합병효과가 크게 기대되는 ① 수출품생산 지정업체, ② 직·간접 수출 실적이 있는 업체, ③ 외화가득율이 높은 업체, ④ 수출 전망이 밝은 업체, ⑤ 원가절감의 가능성이 큰 업체를 대상으로 했다. 그리고 선정된 업체에는 ① 수출 및 전문화시설자금의 우선적 지원, ② 외자도입 및 전대기회의 우선적 제공, ③ 경영 및 기술지도의 집중지원, ④ 공업단지 입주기회의 우선적 제공 등 혜택을 주었다.

4.2.4 중소기업 행정기구의 강화

1966년에 중소기업기본법이 제정·공포된 이후 1967년에는 중소기업정책업무의 능률적 처리와 중소기업육성을 더 적극적으로 지원하기 위하여 중소기업행정기구의 확대 강화방안이 강력히 추진되었다. 1968년에는 중소기업국의 설치를 내용으로 하는 정부조직법중 개정법률안이 국회에 제출되어 1968년 7월4일에 통과되었다. 같은 해 7월 24일 대통령 제3514호로 상공부 직제가 개정·공포됨으로써 8월 1일자로 중소기업국이 발족했다(〈그림 1〉 참조).

1960년 7월에 상공부 안에 중소기업행정을 전담하는 기구로 중소기업과가 신설된 이후 8년 만의 기구 강화이다.

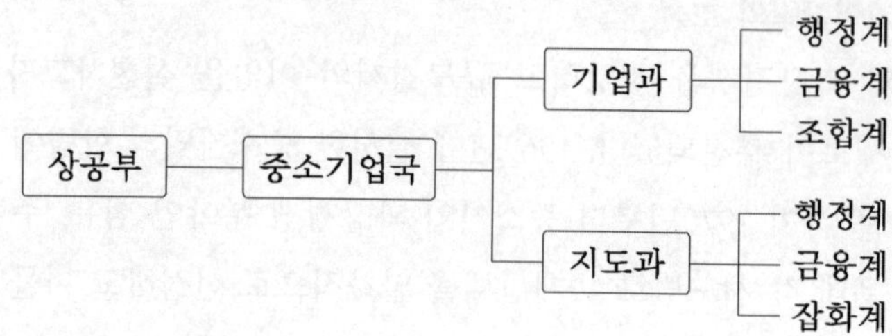

자료 : 상공부, 《중소기업에 관한 연차보고서》, 1968, 146쪽

〈그림 1〉 중소기업행정지원체계

제3장 중화학공업의 전개와 중소기업정책 : 1970년대

1 공업구조고도화의 계기 : 중화학공업화의 추구

1960년대 이후 고도성장은 대외지향적 공업화정책에 따라 이루어졌다. 그러나 경공업 중심으로 정부주도 아래, 특혜적 지원과 저임금 기반 위에서 급속히 성장했기 때문에 구조적 취약성과 열악한 경영구조를 지니게 되었다. 민간자본과 기술의 축적이 매우 불충분한 조건 속에서 막대한 외국자본과 재정 투융자를 배경으로 성장한 경제가 튼튼한 경쟁력을 갖고 정상적으로 성장하기는 어려운 일이었다. 그 결과 경공업 중심의 수출주도형 고도성장은 한계에 이르렀다.

경제의 대외종속성과 경제력의 집중, 경제 부문 및 국민계층간 불평등 심화 등 구조적 취약성이 있는 가운데 인플레의 악순환, 고리사채의 성행, 기업재무 상태의 취약, 기업담보능력의 부족 등 여러 가지 문제가 나타나면서 산업과 기업의 합리화가 필요해졌다. 특히 국민경제적으로는 인플레와 경기침체 그리고 국제수지 악화라는 이른바 '마의 3각현상'이 나타나면서 고도성장을 주도하던 기업들이 부실화하하는 등 불황의 조짐이 1970년대 초에 나타나기 시작했다.

이에 대한 정책적 대응이 8·3 조치(1972년 8월 3일)와 유신체제(1972년 10월 17일)였으며 산업정책 측면에서는 1973년 〈중화학공업화선언〉이었다. 8·3 조치는 대외개방을 더욱 촉진하여 외자도입을 극대화하고, 국내자본축적을 촉진하기 위하여 기존 독과점기업 가운데 부실화된 기업에 대하여 방대한 혜택을 부여하여 경제성장을 촉진하려는 것이었다. 그리고 유신체제는 전반적 자유를 제약하는 가운데에서도 노동쟁의를 불법화하여 저임금 기반을 지속, 자본축적의 원천을 제공하면서 구조적 모순을 해결하려는 것이었다.

〈중화학공업화선언〉은 산업정책의 측면에서 경제적 어려움을 타개하는 방안이었다. 수출주도형 중화학공업 건설의 정책적 기점이었는데, 이것도 새로운 특혜적 자본축적의 계기를 제공하여 전개하는 것이었다. 저임금을 기반으로 하는 경공업 위주의 성장전략이 국내외적 여건의 변화로 한계에 이르렀다고 인식됨에 따라 고도성장을 유지하기 위한 대책이 불가피했다. 이에 따라 수출주도의 고도성장을 지속하면서 산업구조고도화의 명분으로 중화학공업화를 추구하게 되었다.

경공업 위주의 수출주도 고도성장이 한계에 부딪친 것은 국내산업과 기업의 구조적 취약성에 그 원인이 있었지만, 여기에 대외적 요인이 수반된 것도 한 요인이었다. 1973년 이후 석유파동은 선진국경제를 스테그플레이션으로 몰아넣으면서 개발도상국의 노동집약적 경공업제품에 대한 수입규제조치가 강화되었고 주로 미국과 일본 등 선진국에 의존하던 수출이 타격을 받았다. 여기에 후발 개발도상국의 경공업 수출제품의 추격과 한국 상품시장의 잠식은 한국의 수출에 큰 영향을 주었다.

이런 과정에서 생겨난 국제분업체제의 변화는 한국이 중화학공업화를 추구할 수 있는 계기를 만들어 주었다. 즉, 경공업(후진국)·중공업(선진국)의 분업체제를 유지해 오던 기존의 국제분업체제가 1970년을 전후하여 선진국의 탈공업화현상에 따라 중화학공업 가운데 조립가공형 산업이나 조립공정의 일부가 후진국으로 이전하는 형태로 변화하게 되었다. 후진국으로 이전하는 중화학공업은 노동집약적 산업과 공해 산업 그리고 최종소비재의 조립가공 분야로서 선진국에서 사양화하고 있는 산업이었는데, 이들 분야에 중화학공업의 진전이 주로 가능했다.

국내산업구조상의 한계와 국제분업체제의 변화를 계기로 전개된 중화학공업과 공업구조의 고도화는 저임금을 기반으로 해서 수출주도의 고도성장을 지속시키는 전략으로 이루어졌다. 즉, 개방체제를 지향하면서 산업구조의 고도화와 중화학공업화를 전개했다.

개방체제에서 산업구조의 고도화는 무역구조의 형태에 따라 제품사이클이론 (product cycle theory)[1]과 안행적(雁行的) 산업발전이론[2]으로 설명될 수 있다.

제품사이클이론에 따르면 산업발전의 단계와 제품 수명에 따라 생산(도입기)→수출(성장기)→역수입(성숙기)의 과정을 거치는 것이 선진경제에서 일반적 무역패턴이다. 이에 대해 개발도상경제에서 무역패턴은 수입→국내생산(수입대체)→수출이라는 형태를 갖게 되고 산업구조는 이에 따라 수입대체산업에서 수출산업으로 전환된다.

그런데 그 이행형태는 소비재 중심의 경공업제품에서 중화학공업제품으로 점차 이행하여 산업구조는 1차산업 중심에서 경공업 중심으로 다시 중화학공업 중심으로 변화하는 안행적 형태로 발전하게 된다.

이 두 가지 이론, 즉 제품사이클이론에 따른 생산→수출→역수입(선진경제의 경우)과 산업발전의 안행적 형태론에 따른 수입→국내생산(수입대체)→수출(개발도상경제의 경우)의 두 패턴에서 볼 때, 개발도상경제는 경제개발 초기에는 선진경제가 생산하여 수출하는 제품을 수입하다가 점차 이를 국내에서 생산하고, 다시 이것이 선진국이 역수입하는 제품으로 성장하여 수출하는 과정을 거쳐 공업화가 이루어짐을 알 수 있다. 그런데 이 패턴은 경공업 제품의 수입→경공업 제품의 국내생산→경공업 제품의 수출이라는 과정을 초기 특징으로 한다. 그 뒤 중화학공업제품의 수입→중화학공업제품의 국내생산→중화학공업제품의 수출이라는 과정이 안행적 형태로 이어지면서 공업구조가 고

---

1) R. Vernon, "International Investment and International Trade in Product Cycle", *Quaterly Journal of Economics*, June, 1966.

2) 赤松 要, 〈わか國産業發展の 雁行形態〉, 《一橋論叢》, 第38卷, 第5号, 1956. 11.

도화하는 것이다.

한국경제가 1970년대에 와서 중화학공업화의 계기를 얻게 된 것은 탈공업화 단계에서 선진국 중화학공업 가운데 성숙기를 넘어선 조립가공형 산업의 일부가 후진국으로 이전, 역수입의 과정에 있음을 말하는 것이다. 이에 따른 국제분업체계상의 변화가 일어나 한국경제에서 중화학공업 건설의 계기가 주어진 것이다.

2 중화학공업화와 중소기업 구조정책의 전개

2.1 중화학공업화의 과제와 제3차5개년계획의 중소기업정책

〈제3차경제개발5개년계획〉(1972~1976)은 성장·안정·균형의 조화 속에 자립적 경제구조의 실현과 지역개발의 균형 등을 위하여 농어촌경제의 혁신적 개발, 수출의 획기적 증대와 함께 중화학공업을 건설하여 공업구조를 고도화하는 것을 목표로 했다. 이것은 그동안의 외자의존적 대외개방적 공업화가 가져온 대외적 불균형과 함께 대내적인 산업 사이의 불균형(농업과 공업 사이의 불균형, 공업부문 안의 불균형, 대기업과 중소기업 사이의 불균형 등), 그리고 공업구조의 취약성 및 외자기업의 부실화의 노정을 중화학공업 건설로 극복하려는 것이었다.

대내외의 구조적 불균형 극복이라는 요구와 함께 고도성장의 결과가 가져온 산업구조상의 조건은 중화학공업의 건설을 가능한 방안으로 제시하도록 했다. 경공업제품 수출 위주의 성장 과정에서 경공업 제품의 생산이 확대됨에 따라 소재 및 생산재 등 중화학공업 부문에 대한 후방 관련(backward linkage) 압력이 창출·강화되었다. 이러한 공급측면의 압력과 더불어 생산재의 국내수요가 최소 생산 규모에 이르러 중화학공업화의 기초적 국내조건이 만들어졌다. 여기서 선진국 중화학공업 가운데 일부를 후진국에 이전한다는 국제분업체제상의 변화가 겹쳐 중화학공업화의 계기가 마련되었다.

이것은 정책적으로 1973년의 〈중화학공업화선언〉을 기점으로 하여 본격화된다. 중화학공업건설은 국민경제의 자립적 발전과 확대·재생산을 이루는 데 그 의의가 있다. 중화학공업은 각 산업 부문에 생산재를 공급해주고 관련 산업의 발전을 자극하여 산업구조를 고도화하여 경제잉여의 대외유출을 줄이도록 하기 때문이다.

그런데 1970년의 산업연관표에 나타난 중화학공업의 특성은 다음과 같은 구조적 취약성을 갖고 있었다.

(1) 중화학공업 부문에서 원자재의 해외의존도가 높고 우회생산도가 낮은데, 이는 기존의 중화학공업이 내구소비재 위주의 최종가공산업이기 때문이다.

(2) 전후방 관련 효과가 낮아 다른 공업의 자립을 뒷받침할 기초소재나 자본재 공급산업으로서 성격이 취약하다.

(3) 이것은 기존공업의 자본성격(외자 중심)과 기술체계(선진국 경공업의 이식)로 보아 그것의 원자재나 중간재와 시설재를 외자공업국으로부터 계속 수입해야 하는 조건에 있기 때문이다.

(4) 중화학공업이 국내공업과는 고립된 채, 저임금에 의존하고 선진국 중화학공업의 하청산업적 성격을 띠고 있어서 수입유발효과가 몹시 높고 수출률은 극히 낮다.

대내적 분업관계에서가 아니라 국제분업체제에 편승한 수출주도형 중화학공업화는 이러한 기존의 구조적 취약성을 더욱 심화시키고 중화학공업 건설의 본래의 경제적 의미를 살리지 못하게 만들었다. 저임금에 기초한 노동집약적 산업, 공해산업, 그리고 내구소비재의 조립가공업 분야 등에 집중된 중화학공업의 내용은 이를 말해준다.

그럼에도 중화학공업화가 이루어지면 중소기업은 산업구조 안의 소비재 산업으로서, 또는 생산재공업의 부분품을 공급하는 중화학공업으로서 모기업과 유기적 관련을 이루어 그 존립 분야가 확대된다. 중화학공업에서 우회생산의 심화와 조립가공산업의 확대는 수많은 사회적 분업체제를 만들어 낸다. 그리고 중화학공업은 그 자체의 대규모화 경향에 따라 대기업 중심의 산업체제를 전개하지만, 동시에 피라미드형 산업체제를 구축하여 중소영세기업과 관련을 맺는다.

그 결과 중화학공업화는 경제력을 집중시키고 높은 자본의 집적과 집중을 통한 독과점 구조를 확립하도록 하여 독점자본이 지배하는 재생산구조를 정착시킨다. 이때 중소기업은 자본의 논리 면에서는 독점자본의 자본축적 구조에 편입된다. 이것은 중화학건설을 통한 산업구조의 고도화가 중소기업 계열화의 조건을 조성함과 동시에 종래에 경공업 분야에서 독과점이 중화학공업 분야까지 확대되면서 독과점구조의 심화와 함께 독점자본의 축적이 새로운 단계로 전개되는 것을 의미한다. 그리고 자본·시장·원자재 관련에서 대외의존적 중화학공업화는 경공업과 함께 산업구조의 전반적 대외의존을 가속화시키는 독과점 형성을 추진하는 것이 된다.

이러한 구조적 특성을 지닌 중화학공업화는 산업체제 면에서는 특히 기계, 자동차, 전기기기 등 조립생산 부문에서 독과점 대기업의 보완적 역할을 하면서 관련을 맺는 하청 계열 중소기업군의 형성을 기초조건으로 한다. 따라서 농어촌 경제의 혁신적 개발, 수출의 획기적 증대 및 중화학공업의 건설을 주축으로 하는 제3차 5개년계획의 산업정책기조에서, 중소기업정책은 중소기업을 수출산업으로서 지속적 역할을 하게 하고 지방공업으로서, 그리고 대기업의 계열기업으로 재편성하는 것으로 집약되고 있다. 동시에 이들 정책 대상 중소기업을 중심으로 합리화와 근대화정책 등 구조정책을 집중적으로 실시했는데, 이것은 독과점 대기업과 관련을 맺는 수준의 질적 개선을 이루면서 나아가서는 독점자본의 새로운 축적의 기초를 이루는 것이기도 하다.

이런 흐름에 따라 제3차5개년계획에서는 구체적으로 다음과 같은 중소기업정책을 채택하고 있다.

(1) 수출 및 지방특화산업의 중점육성.

(2) 시설근대화 및 경영합리화.

(3) 대기업과의 계열화 조성과 공업단지 활용.

(4) 기업합병 또는 협업화 조성.

(5) 신용보증기금 조성.

2.2 중소기업의 유형별육성시책과 구조정책의 전개

2.2.1 중소기업의 유형별육성시책

1973년에 〈중화학공업화선언〉이 있기 이전인 1970년 초에 중소기업의 구조개편을 위한 구체적 정책이 시도되었다. 중소기업을 유형별로 구분하여 중소기업 근대화 지원체재를 확립하기 위한 구조정책적 시도가 이루어졌다. 중소기업의 적정규모를 측정하기 위한 여러 지표(생산성, 수익성, 시장성 및 원가상의 요건)을 기준으로 하여 기존 중소기업의 여러 업종을 세 가지 유형으로 구분했다. 즉, 중소기업을 ① 고유 중소기업형(제1유형), ② 전문계열화형(제2유형), ③ 대기업화형(제3유형)으로 나누고 이들 유형에 맞추어 중소기업의 적정사업 분야를 확보하기 위한 중소기업의 구조개편정책이었다.

각 유형의 내용은 다음과 같은 데 정책기조는 1964~1965년에 시행되었던 중소기업 중점육성대책과 비슷했다. 당시 전반적인 중소기업의 보호육성정책에서 적정 분야에서 육성 또는 적극적인 선별육성정책으로 전환하는 과정에서 중소기업을 ① 중소기업으로 계속 육성할 업종은 A, ② 대기업으로 육성발전시켜야 할 업종은 B, ③ 업종전환을 요하는 업종은 C로 분류하고 국민경제의 중요성에 비추어 각종 지원대책을 차등화하여 중소기업의 구조개편을 시도한 바 있다. 여기에 유형별 육성정책에서는 전문계열화형이 적극적으로 제시된 점이 특징이다.

(1) 고유중소기업형 : 기업의 생산성, 수익성, 시장성 및 원가상의 요건으로 보아 중소기업 규모에서 가장 유리한 경쟁력을 나타내거나 대기업과의 경쟁적 존립이 가능한 품목을 생산하는 분야로서, 대기업의 시장침투 방지, 시설근대화, 기술혁신, 영세기업의 적정규모화의 지원 대상이 되는 업종이다. 주로 지역시장이나 제품차별화에 따라 수요기반이 확보되고 있는 중소기업을 들고 있다.

(2) 전문계열화형 : 대기업과 연관하여 개발되는 전문화 및 계열화의 생산체제 위에서 제품의 규격화와 표준화 등 품질관리와 기술의 고도화가 필요한 품목을 생산하고 생산재 공업 도는 중공업의 기반확충의 일환으로 대기업과 병행

하여 육성할 업종이다. 노동집약적 생산공정에서 주문생산과 하청생산형태가 대종을 이루는 중소기업이다.

(3) 대기업화형 : 생산성 및 수익성이 규모의 확대에 따라 상승되는 품목을 생산하는 업종으로서 주로 장치공업 및 조립공업이 해당된다. 이는 국제적 수준으로 기업 규모를 확대하고 적정규모에 미달하는 기업은 합병조성, 업종전환 등을 점진적으로 추진해야 할 업종이다.

이상의 세 가지 유형구분과 품목일람표 및 유형별 육성 방향에 대해서는 1971년 11월 2일자 상공부 공고 제6612호로 이를 공포했다. 중소기업육성을 위한 이러한 유형 선정은 ① 중소기업정책을 유형별·기능별로 분류·강화함과 동시에 ② 제한된 자원을 효율적으로 사용함으로써 정책지원효과를 높이고 ③ 나아가서 중소기업의 적정사업 분야를 확보하기 위한 것이었다.

한편 이 가운데 고유중소기업형과 전문계열화형에 대해서는 중점육성대상품목 100개를 선정하여 각 품목별로 단위업체당 적정규모, 단위제품의 품질개선 및 노동생산성의 지표와 표준시설 등에 대한 여러 지표를 선정하는 등 이른바 〈중소기업의 구조근대화지표〉를 상공부 고시 제10433호(1973. 5. 25)로 제정했다. 그리고 이 지표에 따라 각 대상품목을 생산하는 기업의 경영기반 강화 및 기업합리화를 도모하도록 했으며 이에 다라 관계 기관이 중점지원계획을 수립, 집행하도록 했다.

이러한 유형별 육성시책은 1966년에 제정된 〈중소기업기본법〉을 바탕으로 그 정책 내용을 시행하기 위한 중소기업근대화계획의 추진에 해당된다고 볼 수 있다. 이것은 1978년에 제정된 〈중소기업진흥법〉으로 이어지는 중소기업근대화계획 추진에서 중간단계의 성격을 갖는 것이기도 하다.

2.2.2 수출진흥정책의 적극화

제3차5개년계획은 수출의 획기적 증대를 산업정책의 주요목표로 했거니와 중소기업제품의 수출진흥은 1960년대에 이어서 일관되게 중요한 중소기업시책으로 시행했다.

1960년대에 이어 1970년대 초에도 수출산업화 시책은 ① 수출전환업체육성, ② 수출특화산업육성, ③ 수출잡화공업육성, ④ 수출공업단지 조성을 근간으로 하여 단체적으로 실시되었다. 제1단계에서는 수출특화산업화 및 수출전환 등 수출품생산지정업체에 대한 시설개선과 시설확충을 위하여 자금지원을 강화하고 기업진단과 기술지도를 실시했으며 수출품의 품질향상을 위한 제품의 표준화를 조성했다. 다음 제2단계에서는 제1단계의 성과로 수출이 급속히 증대될 것으로 판단되는 업체를 따로 선정하여 자금지원한도를 늘리고 외국 기술도입, 외화 대부, 디자이너의 해외파견, 해외시장개척 등 수출연관 부문에 대한 행정상의 지원을 부여함으로써 중점지원을 통한 수출자극을 강화했다.

특히 수출특화산업계발을 위한 지원 대상은 1970년 2월 23일자 상공부 공고 제5703호로 발표한 〈수출특화산업육성자금의 운영대상업체선정 및 자금지원요령〉에 기준을 두었다.

잡화공업품목은 중소기업 부문에 특화적성이 크고 이를 수출전략산업으로 육성하기 위하여 1969년에 이어 1970년 2월 14일자 〈잡화공업육성 및 자금운용요강〉을 상공부 고시 제5094호로 발표했고 1971년과 1972년에 그 집행요령을 보완, 체계화했다. 1970년대 초에 잡화공업품목의 수출증대를 위하여 실시한 시책은 ① 완구공업의 수출전략산업화 육성, ② 관광민예품 경진대회 개최, ③ 토산품 개발·육성, ④ 외국인 합작투자권장 유치 등이었다.

완구공업의 수출전략산업화 육성을 위해서는 1971년 4월 2일자 상공부 고시 제6604호로 〈완구공업제품 생산자의 지정 및 지원요령〉이 제정·공포되었다.

관광민예품경진대회는 상공부 공고 제6431호(1971. 7. 6), 내무부 공고 제25호, 교통부 공고 제132호로 공고된 〈전국관광민예품 경진대회개최요령〉에 근거하여 실시되었다.

우리나라 민속고유의 기술에 바탕을 둔 토산품의 개발 및 품질 향상과 외국인의 기호에 맞는 우수제품을 생산하여 외화가득을 높이고 농가소득 및 수출증대를 위하여 상공부 고시 제9679호 〈토산품업체 지정 및 지원요령〉(1972. 12. 29 제정)으로 188개 생산지정업체를 선정했으며 1973년 11월에는 상공부를 비롯한 5부 합동(상공부, 내무부, 농수산부, 교통부, 문화공보부) 공고로 〈토산품생산 및 판매질서 확립에 관한 실시요강〉을 발표하여 검사 기준에 맞는 제품을 생산 공급하도록 했다. 이어서 1974년 3월 4일자 상공부 공고 제7643호로 〈토산품생 산업체육성자금집행요령〉을 발표하여 지원업체에 대한 지원을 추진했다.

한편 1974년 2월 4일자 상공부 고시 제10496호로 발표된 〈중소기업육성자금 운용요강〉에 따라 종래의 산만한 지원시책자금을 통합·일원화했다. 여기서는 시책의 중점을 ① 중소기업의 수출산업화, ② 중소기업의 구조근대화(전문화, 계열화, 기업합병, 시설의 근대화), ③ 토산품 산업육성, ④ 영세기업 육성에 둠에 따라 수출특화·수출잡화 등 수출중소기업을 위한 시책은 수출산업화 시책으로 통합·체계화했다. 수출산업화 육성 대상은 ① 시도에 등록된 수출품생산지정업 체, ② 수출산업공단 입주업체, ③ 수출용 원 부자재 생산업체, ④ 완구수출품 생산표준화공장, ⑤ 신규 수출상품 지정업체, ⑥ 우수특허품 생산 수출업체 등 이다.

한편 1976년 이후 종합무역상사와 계열화를 조성하여 중소기업의 수출증대 를 시도했다. 중소기업의 수출형태는 간접수출이 주류를 이루고 있기 때문에 종합무역상사와 중소기업과의 수출계열화에 따른 연계강화가 요구되었다. 종 합무역상사와 중소기업의 계열화를 추진하기 위하여 종합무역상사로 하여금 새로운 상품과 기술을 개발하고 해외시장의 개척을 전담하도록 하여 직접수출 능력이 부족한 중소기업과 장기위탁계약을 체결하여 자금 및 기술지원을 유도 하는 한편, 중소기업은 제품의 생산에 전념, 대외경쟁력 강화와 품질개선으로 수출증대를 기하도록 했다.

동시에 수출도급질서를 확립, 거래조건을 개선하도록 장기계약의 체결, 제품 가격의 적정화를 추진하여 중소수출업체의 불이익을 배제하고 무역상사가 제 품검사와 납품대금지급을 지연시키는 사례가 없도록 노력했다.

2.2.3 전문화 및 계열화시책의 적극적 전개

1970년대에 중화학공업이 본격적으로 전개되면서 조립가공산업이 확대되지만 여기에는 그 보완적 분야인 하청 계열중소기업군의 형성이 기초조건이 된다. 이미 1967년부터 기계공업육성시책의 일환으로 계열화조정이 추진되어왔고 1969년 1월 31일자 상공부 공고 제5140호에 따른 〈전문계열화업종의 선정 기준〉이 공포되었다. 이어서 1971년 11월 2일자 상공부 공고 제6612호에 따른 중소기업의 유형별육성시책은 전문계열화형을 적극적으로 제시했다. 또한 1972년 2월 12일자 상공부 공고 제6760호로 〈전문계열화자금집행요령〉을 공포했다.

중소기업과 대기업 사이의 사회적 분업에 입각한 하청 계열관계를 확대하고 동시에 양자의 거래가 부등가교환이 이루어지는 지배 종속관계에서 벗어나 대등한 거래관계를 형성하려면 중소기업의 전문화 촉진이 전제조건이 된다. 기계공업이나 중화학공업의 보완적 분야를 육성하는 하청계열화정책이 중소기업의 전문화시책과 병행해서 추진되는 이유도 여기에 있다.

전문화는 서로 다른 종업원이 어떤 제품의 생산에 필요한 복수의 공정을 담당하는 것을 의미하기도 하는데, 이것은 기업 안의 전문화를 말한다. 계열화시책과 관련된 전문화의 의미는 기업간의 전문화, 즉 사회적 분업에 입각한 전문화를 말한다. 예컨대 자동차나 텔레비전 등의 조립제품은 많은 부품이 조립되어 완성되는데, 이때 조립용 부품은 조립기업에서도 일부 생산되지만 많은 부분은 다른 기업이 생산한다. 이 경우 다른 기업에서 부품을 전문적으로 생산하여 조립기업에 공급하는 것을 기업간 전문화라고 할 수 있다.

중소기업이 이러한 기업간 전문화로 발전하는 것은 많은 이익을 가져온다. ① 대량생산에 따른 원가절감, ② 기술수준의 향상, ③ 제품의 독자성 확보와 심한 경쟁에서 탈피, ④ 전문제품의 다양화, ⑤ 경영관리의 효율화와 관리비의 절감 등 경영관리상의 이익 등이 그것이다.

이로 말미암아 전문기업은 일반적으로 기술개발력이 높고 스스로의 상표를 소유하여 가격결정권을 갖고 안정된 국내외시장을 확보한다. 그러므로 전문기업은 기업 사이의 심한 판매경쟁에서 벗어나 대기업과 거래에서도 대등한 거래를 할 수 있으며, 특정기업에 대한 과도한 의존이나 대기업의 지배에서도 탈피할 수 있다.

이런 이유로 전문화 조성을 위하여 중소기업의 전문생산체제를 확립하고 중소기업으로 하여금 다품종 소량생산체제에서 소품종 다량생산체재로 전환하게 하여 계획생산에 따른 품질향상과 원가절감을 기하도록 촉구한다. 또한 제품의 규격 통일 및 표준화를 기하도록 유도한다.

한편 계열화 조성을 위해서는 모기업과 전문 계열기업 사이의 장기공급 계약을 체결하고 복수 모기업으로 계열화를 추진하는 것이 필요한데, 이는 중소기업의 안정된 시장확보를 가능하게 해준다. 또한 대기업의 일관 생산시설 도입을 억제시키면서, 모기업과 계열기업 사이의 공정거래질서를 확립하여 도급대금의 지불지연 등을 방지하는 시책을 강구한다.

중소기업의 전문기업화를 촉진하여 계열화를 실현하려는 정책적 노력은 중소기업계열화촉진법으로 법적 제도적 기반을 마련했다. 이 법은 1975년 12월 31일자 법률 제2841호로 제정·공포되었고 1978년 12월 5일자(법률 제3128호) 및 1982년 12월 31일자(법률 제3652호)에 개정되었다. 이 법은 모기업과 수급기업 사이의 계열화를 촉진하여 분업에 따른 상호이익을 증진함과 아울러 도급대금의 지급지연 등을 방지함으로서 중소기업을 보호하여 국민경제의 균형 있는 발전에 기여함을 목적으로 하고 있다(제1조). 1975년 12월의 제정 이후 1976년 6월 3일자 대통령령 제8144호로 그 시행령 및 시행규칙이 마련되어 수급 중소기업에 대한 제반지원을 강화했다.

중소기업의 전문화 조성촉진은 중소기업과 대기업 사이의 생산 면에서 분업체제 및 기술적 상호보완관계를 형성하여 중소기업의 사업 분야를 확대시키고 원가절감 및 품질향상을 실현하여 국민경제의 균형 있는 발전에 기하고 투자의 효율성을 높여서 산업구조의 고도화를 이루는 시책이다. 1967년부터 계열화 조성의 전단계로서 제품규격의 통일, KS 규격품 생산장려 등으로 양산체제 확립을 통한 생산의 전문화를 촉진시켰다.

이를 바탕으로 제도적으로 대기업체인 모기업과 중소기업인 수급기업체와의 분업적 생산체제를 확립하고 도급거래질서를 확립하기 위하여 〈중소기업계열화촉진법〉을 제정했는데, 그 주요 내용은 다음과 같다.

(1) 계열화 조성 기준의 설정고시.

(2) 중점사업의 대상이 되는 특정업종 및 계열화 품목 지정.

(3) 중소기업의 생산 분야인 부품, 부속품, 반제품의 제조 또는 가공에 대한 납품 대금과 그 지불방법, 지급기일, 그리고 검사방법 등을 기재한 약정서 교부의 의무화.

(4) 납품대금의 지불기일, 장기위탁계약의 체결 및 검사의 합리화 등을 통한 도급거래질서의 확립.

(5) 수급 중소기업체의 시설근대화 및 기술향상 등을 통한 품질 향상.

(6) 모기업체, 수급기업체, 관련 협동조합 사이의 분쟁조정 등.

특히 1978년의 이 법 개정에서는 종전에 제조업자에 국한되어 있던 계열화 범위를 가공·판매·수리업까지 확대했고 계열화 대상도 종전의 부품·반제품·부속품에서 물품·원료·수리 분야까지 확대·적용하도록 했다.

이 법은 상공부장관이 도급의존도가 큰 업종으로서 수급기업체의 진흥, 산업의 국제경쟁력 강화 및 산업구조의 고도화에 특히 긴요하다고 인정되는 업종을 특정업종(지정계열화업종)으로 정하고 이 업종에 속하는 모기업체가 제조를 위탁한 품목을 지정계열화품목으로 정하게 했다(제5조). 그리고 이에 해당하는 업종의 사업을 영위하는 모기업과 수급기업 사이의 전문생산체제를 촉진하여 수급기업체의 시설근대화와 기술향상 및 품질개선을 도모하고(제3조 2항) 계열화 조성에 관한 지도(제4조)를 규정하는 등 구조정책으로서 전문계열화시책의 성격을 분명히 하고 있다.

한편 지정계열화품목을 생산하고 있는 모기업에 대해서는 그 제조를 수탁기업체에 위탁할 것을 상공부장관은 권고할 수 있다고 규정(제5조 4항)하여 계열화업체의 육성을 위하여 강력한 보호와 규제가 정책적으로 반영되기도 했다.

그러나 다른 한편에서는 단가의 결정방법, 납품의 검사방법, 기타 거래조건의 개선에 관한 사항(제3조 3항)과 납품대금의 지급기일(제9조)과 분쟁의 조정(제14조) 등도 규정함으로써 불리시정정책의 성격도 포함하고 있어서 두 가지의 정책유형의 성격을 포괄하고 있다.

2.2.4 기업합병 조성시책의 지속

중소기업은 규모의 영세성으로 기업 규모가 적정수준에 이르지 못할 뿐만 아니라 전근대적 경영에서 탈피하지 못한 실정이어서, 중소기업의 근대화를 통한 대기업과의 협력관계를 유지하고 규모의 경제에 따른 국제경쟁력 강화와 균형 있는 국민경제의 발전을 도모하고자 기업 규모가 영세하고 적정규모에 미달한 중소기업을 경쟁의 단위가 될 수 있도록 기업합병을 유도하는 시책은 1970년대에도 지속되었다.

기업 규모의 적정화, 중소기업 사이의 과당경쟁 및 불안정한 경영의 지양, 그리고 수출중소기업의 경쟁력 강화 등을 중소기업 합병시책의 기본 방향으로 정하고 1970년 4월 15일 자 〈중소기업의 투자기반 확대를 위한 기업합병조성요강〉을 고시한 바 있다. 여기서는 과당경쟁 분야인 섬유 및 주물업체를 대상으로 중점적인 기업합병시책을 전개하도록 했다. 주로 자금 지원의 정책수단을 강구했고 중소기업협동조합을 통하여 조합원업체를 시범적으로 합병 유도하는 시책도 병행했다. 여기에 세제상의 지원이 이루어졌는데, 1975년까지는 법인기업과 법인기업의 합병시에 세제상의 특전이 주어졌으나 1976년 세제개혁시 합병장려업종에 해당하는 중소기업이 합병 또는 통합하는 경우에는 그 뒤 존속하는 기업에 대하여 등록세와 취득세를 면제해주는 혜택을 주었다.

국민경제가 개방체제를 지향하고 산업구조가 고도화하면서 기업 규모가 영세하고 상대적으로 경쟁력이 취약한 중소기업의 사업 분야는 점차 축소되면서 중소기업간의 과당경쟁은 중소기업의 구조적 특성이 되었다. 과당경쟁이 치열한 중소기업구조에서 개별 기업 단위의 시설근대화 등 구조정책은 오히려 과잉생산과 경쟁격화를 가져 오는 한계가 있다. 이에 기업합병시책은 중소기업 구조고도화시책으로 그 주요성이 인식되면서 1970년대 이후에도 구조정책으로 전개되었다.

그러나 폐쇄적인 가족경영형태 또는 생업적 경영형태가 일반적인 중소기업은 보수적 성격이 강하여 적정규모의 실현 또는 합리성의 추구를 위한 기업간 합병에 대하여 소극적 내지 부정적 태도를 갖고 있다. 이 때문에 지속적인 정책적 노력에도 불구하고 기업합병 시책의 성과는 부진한 편이었고, 1978년 이후 〈중소기업진흥법〉에서 협동화계획의 일환으로 규정되기는 했지만(제6조) 구조정책의 중심에서는 벗어나게 되었다.

2.2.5 지방공업육성과 농가공산품개발

제3차5개년계획은 성장 안정 균형의 조화 속에 자립경제구조의 실현과 지역개발의 균형을 위하여 농어촌경제의 혁신적 개발을 주요 목표로 했거니와 1970년에 지역경제의 균형 있는 발전을 도모하고자 중소기업정책은 지방공업육성을 위한 여러 가지 시책을 강구했다.

1970년대에 지방공업 육성을 위하여 수립된 주요시책은 ① 지방공업단지화 조성, ② 지방특화산업의 개발·육성, ③ 가내공업센터의 운영합리화, ④ 농가공산품 개발(새마을공장 건설), ⑤ 영세공업의 보호 등이다.

2.2.5.1 지방공업단지화 조성

1970년도 공업단지 조성사업은 수출산업공업단지와 지방공업단지로 구분하여 실시했다. 지역경제의 개발과 지방공업을 육성하고 공업의 지방분산화를 통하여 지역간 균형 있는 발전을 도모하기 위한 지방공업단지의 조성은 공업의 개발 및 지방분산화에 관련된 광범위한 공업정책의 일환으로 1967년 이래 추진되었다.

공업단지의 조성이 지방공업 육성시책의 하나로 등장하면서 당해 지역경제 개발의 중심적인 거점으로 되었다. 그러나 입지의 비교우위 선정 기준에서 제외된 지역은 상대적인 저개발이 불가피하여 공업단지의 조성이 오히려 지역간 산업분포를 편중시키는 사례도 발생할 수 있었다. 이에 지방공업단지의 확대 조성에서 이러한 문제점을 제거하는 것이 지역간 불균형 해소에 기여할 것으로 보았다. 이를 반영한 것이 1970년대 초에 제정된 〈지방공업개발법〉이다. 이 법은 공업의 적정한 지방분산을 촉진하여 지역간의 경제적 격차를 완화하고 고용기회의 증대를 기함으로써 균형 있는 국민경제의 발전에 기여함을 목적으로 법률 제2187호(1970. 1. 1)에 따라 제정되었다. 전문 11조와 부칙으로 구성된 이 법의 시행령이 대통령령 제4584호(1970. 2. 9)로 공포되었다.

이 법은 ① 공업개발지구의 지정절차와 입지요건, ② 지정된 개발지구의 조성을 위한 기본계획의 수립 및 승인, ③ 조성을 위한 정부지원의 한계, 재산처분상의 특혜, 입주자의 조세감면 등을 주요 내용으로 포함하고 있다.

2.2.5.2 지방특화산업의 개발·육성

지방특화산업의 육성은 지방공업단지 조성 및 가내공업센터의 운영과 함께 1970년대 초까지 지방공업 육성정책의 주축을 이루었으며 특히 수출산업으로 전환하여 수출에도 크게 기여했다. 1965년 이래 공업원료 주산지의 조성과 지방고유산업의 육성을 통하여 지방소득의 증대와 고용기회의 확대, 수출상품의 소요원료 공급증대 등 다각적인 경제적 효과를 가져왔다.

첫째, 공업원재료 공업으로서 개발이다. 공산품의 주요원료가 되거나 특히 수출품의 주요 원료가 되고 있는 농수산물의 국내가공업종을 중점적으로 개발·육성했다. 수입원료의 국산화와 공급증대를 통하여 수출상품의 소요원료 확보에 안정성을 부여하고 지방공업의 판로 확대에도 기여하여 지방공업의 성장기반을 마련했다.

둘째 지방고유의 산업개발이다. 지방고유의 산업은 전통적인 생산방식에 따른 가내수공업의 특징이 있거나 지방특유의 생산구조를 지니고 있는 것으로서, 수출산업의 역할과 동시에 공업의 지방분산 및 지역개발에도 기여했다. 이와 같은 지방 고유의 산업개발을 위해 1970년 4월 15일자 〈지방특화산업육성요강〉을 상공부 고시 제5321호로 발표했는데, 업종의 선정 기준은 ① 원자재가 그 지방에서 충분히 생산되고 있을 것, ② 그 지방의 전통적인 기술로서 생산되고 있을 것, ③ 수출 전망이 좋을 것, ④ 계속 육성·개발할 필요성이 있을 것 등이었다.

그런데 이 시책은 농가공산품개발 시책이 본격화하는 1970년대 중반 이후 지방공업 육성시책의 중심에서 사라졌다.

2.2.5.3 농가공산품 개발(새마을공장 건설)

이 시책은 제3차5개년계획의 중심시책인 농어촌지역의 획기적 발전을 위하여 추진되었다. 농가의 소득증대, 100억 달러 수출체제의 확립, 공업의 지방분산화 및 농촌의 잠재실업 해소를 목적으로 전 농어촌지역에 새마을공장을 건설하는 농가공산품 개발시책을 1973년부터 착수했고 이 시책은 그 뒤 지방공업육성의 중심시책이 되었다. 이 시책은 1973년 3월 20일자 상공부 고시 제10416호로 제정된 〈농가공산품개발규정〉에 근거를 두고 있다. 이 규정은 농촌 및 어촌(〈농촌〉)의 소득을 증대하기 위하여 농가공산품개발에 관한 사항을 정함을 목적으로 했다(제1조). 이 규정에서 새마을공장이라 함은 농촌의 농업 외의 소득을 증대하기 위하여 상공부장관의 지정을 받아서 설치하는 공장을 지칭했다. 새마을공장의 개발 대상 업종(제3조)으로는 다음과 같은 것들이 있다.

(1) 농촌에서 직접 원료 조달이 가능한 업종(식료품 공업, 제제 및 목재품공업, 토석 및 요업 지가공업 등).

(2) 생산공정이 단순하고 노동집약적인 업종(섬유공업, 잡화공업, 합성수지 가공 및 유리제품업 등).

(3) 대기업과 계열화가 가능한 업종(금속 및 기계기구공업, 부품공업, 전자공업 등).

(4) 기타 농촌소득 증대가 가능한 업종 등.

새마을공장으로 지정된 업체에 대해서는 시설 및 운전자금의 지원, 관 및 군 남시에 수의계약에 따른 우선구매, 재산세 및 취득세 감면, 전기 통신시설의 우선적 가설 등 각종 지원시책을 강구했다. 1개면 1개 새마을공장의 건설을 목표로 1973년부터 농가공산품 개발사업으로 추진된 새마을공장 건설사업은 1979년 말 현재 689개 공장을 지정했고 이중 완공 공장이 525개(76.2퍼센트)였고 미완공공장이 161개(23.8퍼센트)에 이르렀다.

2.2.5.4 영세기업의 보호육성

영세기업시책은 중소기업 정책유형에서 보면 보호정책 내지 사회정책적 성격이 농후하다. 그러나 지방공업 육성시책의 일환으로 추진된 영세기업 보호육성시책은 개발 내지 구조정책의 성격을 갖고 있다. 전근대적인 생산방식과 기술의 낙후성을 면치 못하고 있는 영세기업은 지방공업의 주축을 이루고 있으며 수공업품의 수출증진도 이 부문과 많은 관련을 맺고 있다. 이에 시설의 근대화와 운전자금의 지원 및 기술지도가 중요한 과제로 되었다. 영세기업은 일반 중소기업정책에서 흔히 소외되기 쉽다. 때문에 9인 이하의 상시종업원을 갖고 있는 영세기업에 대하여도 소득 및 고용증대를 도모하고자 별도의 자금지원계획을 세워 이미 1965년부터 국민은행을 통하여 재정자금을 지원한바 있고 1966년부터 본격적인 영세기업 육성시책을 강구했다.

영세기업을 보호·육성하기 위한 기본 방향은 ① 고유 영세기업의 기반 조성, ② 영세소규모기업을 중규모기업으로 육성, ③ 중규모기업과 계열화 촉진, ④ 수공예품의 수출산업화 등 수출산업화 기반의 저변 확대에 두었다.

1974년에는 영세기업 육성에 따른 〈영세기업 육성자금운영세부지침〉(1974년 2월 1일자 상공부 고시 제1049호)을 마련했다. 여기서 지원 대상은 ① 생활필수품 생산업체, ② 수출품 생산업체, ③ 대기업 또는 중소기업과의 계열화 업체로 했다. 업체선정에서는 상시종업원 5인 이하를 원칙으로 하되 지역적 여건에 따라 육성을 필요로 하는 업종에서는 상시종업원 9인 이하의 업체에 대해서도 지원할 수 있도록 했다.

그러나 지방공업육성시책으로 영세기업의 보호육성시책도 새마을공장 건설이 본격화하는 1970년대 후반(1977년 이후)부터 정책의 중심에서 소외되었다.

2.2.6 시설근대화

자금의 영세성에서 오는 낮은 노동장비율과 시설의 낙후는 중소기업의 낮은 생산성과 취약한 경쟁력의 근본적 요인이다. 이에 노후시설의 개체, 신규 시설투자에 따른 생산설비의 근대화와 적정화는 중소기업의 생산성 향상, 원가절감 및 품질향상의 기본 방향이 된다. 즉, 시설근대화는 중소기업 근대화시책의 중요한 정책과제가 된다.

앞서 본 바와 같이 1970년대 중소기업 육성시책은 포괄적·집단적 육성 방향에서 벗어나 업종별 근대화계획을 수립하고 적정규모에 관한 기업경영지표를 마련함으로서 기업의 규모적정화를 추구했고 이에 적합한 시설근대화를 유도했다. 이것은 개별 기업 단위의 맹목적 시설근대화가 과잉생산과 과당경쟁을 불러 일으켜 중소기업의 구조고도화에 역행하는 결과가 될 수도 있기 때문이다.

중소기업의 구조고도화는 근대적 중소기업으로서 체질개선에 역점을 두되, 업종별로 시설규모의 적정화 등 근대화 지표를 설정함으로써 산업구조고도화 과정에서 중소기업이 존립·적응하도록 하는 여건을 만드는 것이다.

중소기업의 시설근대화는 전문화·계열화·수출산업화·양산화 등 구조개선을 위한 업종별 사업별 각종 시책을 효과적으로 달성하는 데 중요한 수단의 하나이다. 이에 따라 재정자금 및 차관자금의 대부분이 시설의 확충과 그 개선에 활용되었다. 그리고 이들 시설자금은 수출기업, 전문화업체, 합병업체 등 구조정책의 목표에 적합하도록 공급되었다. 그러나 다른 한편에서는 이들 정책 분야에 해당되지 못하는 일반 중소기업의 시설근대화를 위한 별도의 근대화자금이 지원 공급되기도 했다.

결국 중점적 육성 대상인 수출산업, 전문화 및 계열화업체, 공업단지 입주기업체의 시설근대화를 계속 추진하되 중소기업의 시설근대화를 더 강력히 그리고 계획성 있게 실시하기 위하여 업종별 중소기업의 육성 방향을 수립하고 장기계획에 따른 연차별 실시계획을 수립, 체계적으로 추진한다는 것이 1970년대 초 중소기업 시설근대화의 기본 방향이었다.

그리고 시설근대화시책이 설비투자의 적정화를 기하도록 하는 것이 요구되면서 그 대상요건도 제시되었다.

(1) 새로운 시설투자에 따라 생산 규모를 적정화하려는 업체.

(2) 노후시설의 개체에 따라 생산성 향상 원가절감 및 품질향상이 기대되는 업체.

(3) 시설투자의 적정화에 따라 수출의 획기적 증대 또는 새로운 수출업체로 전환이 가능한 업체 등.

한편 1977년부터 〈노후공작기계개체지원제도〉가 시작되었다. 이 제도는 중

소기업이 보유하고 있는 시설 중 노후된 공작기계의 시설을 개체하여 생산성의
향상과 시설의 근대화를 이룩하고 국산공작기계 제조업의 보호육성을 위하여
노후공작기계 보유자가 국산공작기계로 대체하는 경우 이를 지원하는 것인데,
총 4,500대를 개체목표로 정했다.

또한 시설근대화시책은 〈중소기업진흥법〉이 제정된 이후 업종별 시설 기준
의 고시와 중소기업근대화계획(제4조)의 일환으로 규정되었고 중소기업진흥공
단의 중요한 지원시책이 되었다.

3 자력성장구조와 중소기업의 진흥

3.1 《경제백서》의 이중구조문제 제기와 제4차5개년계획의 중소기업정책

1970년대 중반 한국경제에 대해서는 다음과 같은 문제점이 지적되었다.[3]

첫째, 한국경제가 당면한 여러 문제는 경제구조적 측면과 관련되고 있는데,
대외적으로는 해외의존도 심화와 국제수지의 적자누증을 들 수 있고, 대내적으
로는 산업간 및 부문간 불균형성장에 따른 이중구조의 문제로 집약된다.

둘째, 경제의 구조적 불균형은 그동안의 개발전략이 공업화와 수출진흥에 역
점을 두었기 때문에 농업 부문의 상대적 성장둔화에 따른 식량수입부담, 대기업
과 중소기업, 수출산업과 내수산업 및 지역간 불균형 등 산업 생산 부문 사이의
불균형으로 나타났다. 그 결과 생산 내부 또는 기업 내부의 구조 면에서도 규모,
생산 및 경영기술과 금융 등 여러 부문에서 경제규모의 확대에 상응하는 질적
개선이 이루어지지 않아 동태적 성장요인이 결여되어 있다.

셋째, 산업구조의 취약성, 특히 공업구조의 취약성 및 무역구조와 관련된 문
제점을 들 수 있다. 막대한 규모의 외자를 도입, 정부의 정책적 지원 아래 형성

---

3) 경제기획원, 《경제백서》, 1976, 411~447쪽 참조.

된 경공업 중심의 공업구조는 전반적으로 원자재와 시설재를 수입에 의존한 가공수출체제와 결부됨으로써 공업 부문 상호간에 유기적 연관관계가 결여된 약점을 지니고 있다.

넷째, 수출중심체제에서 낮은 기업능률과 국제경쟁력의 약화경향을 문제점으로 들 수 있다. 급격한 공업화 촉진과 수출체제의 형성 과정에서 한국의 수출산업은 저임금을 토대로 금융 재정 무역 외환 등 광범위한 정부의 지원체제에 의존해왔다.

다섯째, 한국의 기업은 기업자금의 내부축적이 부족한 상태에서 생산설비 및 운전자금을 외자도입과 금융차입으로 조달했기 때문에 이자비용이 생산원가 가운데 큰 비중을 차지하며, 설비투자의 급격한 확대로 원리금상환이 기업경영에 큰 압박을 주고 있다. 그리고 산업조직 면에서는 과당경쟁과 시설과잉현상을 보인 산업 및 기업들이 편재하는 반면, 다른 한편에서는 독과점기업이 나타나 다른 국내기업과 유기적 관련성을 이루지 못하는 등 자원의 배분 면에서 비효율성이 존재한다.

여섯째, 한국 공업구조의 문제점은 생산재산업과 원자재산업, 수출산업과 내수산업 등이 각각 유기적 관련 아래 상승적으로 성장하는 구조적 탄력성 부족과 더불어, 대기업과 중소기업 사이의 뚜렷한 발전 격차로 기업구조가 이중적으로 만들어져 있다는 점이다. 소득집중도, 출하집중도, 고용집중도 등이 이미 기업의 성숙단계를 지나 독점 내지 기업집중도가 높은 선진국 양상과 비슷한 패턴을 보이고 있다.

일곱째, 이와 같은 산업의 이중구조 심화현상은 대기업과 중소기업, 근대기업과 전근대기업 사이의 상호보완적 생산관계를 약화시켜 자금의 비효율적 사용과 전후방 연관효과 및 외부경제의 소멸을 불러 오고 있다. 또한 기업의 성장을 제한하여 안정적 생산기반의 구축과 동태적 비교우위를 유지하는 데 문제가 되고 있다.

《경제백서》는 이처럼 한국경제의 취약성과 함께 이중구조문제에 대하여 지적했다. 외자 의존과 재정금융의 특혜적 지원 아래 가공형 수출주도의 개발전략을 추진하는 가운데 만들어진 구조적 불균형 및 부문간·기업간의 유기적 관련성의 결여와 함께 대기업과 중소기업 사이의 이중구조문제를 제기한 것이다. 산업구조상의 관련성 결여와 함께 기업구조 면에서 대기업과 중소기업 사이에 뚜렷한 발전 격차를 보이면서 기업구조가 이중적으로 형성되었다는 것이다. 특히 산업의 이중구조 심화현상이 대기업(근대적 부문)과 중소기업(전근대적 부문) 사이의 발전 격차 문제뿐만 아니라 상호보완적 관련성의 결여라는 특징을 보이고 있다고 지적했다.

이중구조문제 및 그 특성에 대한 이러한 지적이 1957년도 《일본경제백서(日本經濟白書)》에서 다룬 이중구조문제 등 일본경제에 대한 진단과 같은 내용 및 시각에서 다루어진 것은 아니다. 그러나 일본에서는 경제백서에서 이중구조문제가 제기된 이후 중소기업 근대화정책이 본격화했다. 우리나라에서는 1976년 《경제백서》의 이중구조문제 지적 이후 중소기업근대화 추진을 위한 〈중소기업진흥법〉이 제정되는 연관적 사실이 있었다.

한국경제가 안고 있는 이상과 같은 문제점 지적을 안고 〈제4차경제개발5개년계획〉(1977~1981)이 작성되었다. 이 계획은 자력성장구조를 확립하고 사회개발을 통하여 형평을 증진시키며 기술을 혁신하고 능률을 높일 것을 목표로 했다. 특히 자원파동 이후 세계 경제환경의 변화 속에서 자력성장구조를 실현하기 위하여 투자재원의 자력조달, 국제수지개선과 함께 산업구조를 더욱 고도화하는 것을 당면과제로 제시했다.

산업구조의 고도화에는 경영능력과 기술인력의 공급능력을 확대함으로써 기술 및 숙련노동집약적 산업이 비교우위를 갖는다고 보았다. 산업정책은 이러한 비교우위에 입각하여 고용효과가 큰 기계·전자·조선 등 기술 및 숙련노동집약적 산업 중심으로 개선해야 하며, 그 결과 자본재와 중간재 등 생산재의 생산기반이 확충되면 국제경쟁력도 강화될 것으로 보았다.

이 계획에서는 앞에 지적되었던 경제구조에 대한 문제점을 공업구조고도화로 자력성장구조를 이루어 해소하려는 정책의지가 엿보인다. 그러나 계획의 시행 과정에서는 〈제3차5개년계획〉에서 착수한 중화학공업에 대한 육성정책을 좀더 적극적으로 추진하는 데 정책의 중점이 놓인다. 그리고 그것은 재원조달에서 해외자금의 유입에 크게 의존하고 개발 방향도 큰 변화를 보이지 않게 됨에 따라 구조적 파행성을 완화시키지는 못했다.

이러한 정책 방향에 따라 〈제4차5개년계획〉의 중소기업 부문에 대한 정책은 다음과 같이 제시되었다.

(1) 〈중소기업계열화촉진법〉을 적극 활용하고 모기업체가 필요로 하는 부품, 부속품 및 완제품의 생산 가공을 중소기업체가 전담하도록 유도하고 대기업의 기술이 중소기업에 전파되도록 할 것이다.

(2) 중소기업의 구조 개선을 촉진하기 위하여 노후시설의 대체 등 시설근대화를 위한 자금지원을 강화하고, 기업합병과 성장산업으로 사업전환을 유도할 것이다.

(3) 중소기업의 기술혁신과 생산성 향상을 위하여 각종 연구기관 및 대학을 활용하여 경영 및 기술지도사업을 본격적으로 전개할 것이다.

(4) 도심지 공해업소의 지방분산시책과 중소기업전용단지 또는 업종별 집단화단지를 조성하고 단지 안에 공동이용시설과 시험시설을 설치하여 제품을 평균화하고 품질을 높여 전문화·계열화를 촉진할 것이다.

이처럼 〈제4차5개년계획〉은 중화학공업의 본격적 전개에 따라 전문화 및 계열화시책에 중점을 두었으며, 시설근대화, 기술혁신, 기업합병, 사업전환 등 중소기업구조고도화정책을 규정하고 있다. 특히 중소기업 전용단지 조성과 업종별 집단화 단지 조성시책은 구조고도화를 넘어서 구조개선시책의 방향을 반영하고 있다.

3.2 〈중소기업진흥법〉의 제정과 중소기업 구조정책의 적극적 추진

3.2.1 〈중소기업진흥법〉의 제정과 중소기업진흥공단의 설립

1978년 3월 중소기업육성을 위한 새로운 방향을 모색하고자 외국의 중소기업제도 조사의 일환으로 일본 중소기업육성제도조사단(단장은 상공부기획차관보)

을 일본 현지에 파견하여 15일 동안 통산성·대장성·중소기업청 등 각 기관을 비롯하여 금융지원기관, 중소기업자 단체, 중소기업 계열화업체 등을 방문하고 자료를 수집했다. 1978년 4월 27일, 그 결과를 무역진흥확대회의에서 대통령에게 보고하고 이를 토대로 하여 〈중소기업진흥법(안)〉을 작성, 관계부처의 협의를 거쳐 제75차 차관회의(1978. 9. 26)와 제68차 국무회의에 상정심의했다. 같은 해 10월 12일에 이 법안은 제100회 정기국회에 제출되었고, 11월 14일에 국회 본회의를 통과하여 확정되었으며, 1978년 12월 5일 법률 제3126호로 공포·시행되었다.[4]

중소기업의 근대화 및 협동화사업과 중소기업에 대한 지도 연수사업 등을 실시함으로써 중소기업의 진흥을 도모함과 아울러 균형 있는 국민경제의 발전에 기여함을 목적(제1조)으로 제정된 이 법은 제정 당시 총칙 제7장 부칙 전문 제44조로 구성되었으나 1983년 12월 23일자 법률 제3651호로 전문 개정되어 전문 제70조 부칙으로 구성되었는데, 그 주요 내용은 다음과 같다. 이 법은 1994년에 〈중소기업진흥 및 제품구매촉진에 관한 법률〉에 통합된다.

(1) 산업구조의 고도화와 국제경쟁력의 강화 및 국민경제의 발전을 촉진하기 위하여 중소기업자가 운영하는 업종 가운데 우선적으로 육성해야 할 업종을 '우선육성업종'으로 지정한다(제3조 우선육성업종지정).

(2) 근대화사업으로 중소기업의 시설근대화를 촉진하기 위하여 업종별 시설기준을 고시하여(업종별 시설 기준의 고시) 지원한다(제5조 6조). 그리고 우선육성업종을 영위하는 중소기업자 중 발전 가능성이 있는 자에 대하여 시설근대화 경영합리화 및 기술향상을 위한 중소기업 근대화계획을 수립한다(제7조).

(3) 경제사정의 현저한 변화에 대처하기 위하여 중소기업자가 사업전환을 도모하는 것이 국민경제의 건전한 발전과 국민경제생활의 향상에 필요하다고 인정되는 경우 사업전환대상업종을 지정한다(제9조, 사업전환촉진 및 대상의 고시).

---

4) 成光元 著, 《中小企業法槪說》, 財團法人 法令編纂普及會, 1986, 114~115쪽.

(4) 중소기업의 설립을 촉진하고 중소기업을 설립한 자가 성장 발전할 수 있도록 창업조성지원계획을 수립하고 고시한다(제11조 창업조성지원계획의 수립).

(5) 중소기업자의 집단화, 시설공동화, 기업합병의 촉진 등을 위한 중소기업 협동화 기준을 고시한다(제13조 중소기업 협동화사업 기준의 고시).

(6) 중소기업의 입지난 해결과 공업의 지방분산화시책에 부응하고 협동화사업을 추진하기 위하여 중소기업 전용단지를 조성하여 집단화를 도모한다(제15조~제24조, 단지조성사업의 실시).

(7) 산발적으로 추진되어 왔던 중소기업에 대한 경영 및 기술지도를 체계적으로 추진한 수 있도록 지도기관을 지정하고 기관별 지도사업을 합리적으로 조정한다(제25조~제30조).

(8) 지방 중소기업 및 민속공예산업의 육성을 위하여 지방공업육성계획과 민속공업산업육성계획을 수립한다(제31조~제34조).

(9) 중소기업의 근대화 및 협동화사업, 경영과 연수사업을 추진하는 데 소요되는 자금을 마련하기 위하여 중소기업진흥기금을 설치하고, 그 기금을 정부 또는 정부 이외의 자의 출연금, 차입금, 기금의 수익금으로 조성한다(제35조~제38조).

(10) 근대화 협동화사업의 촉진, 진흥기금의 운영관리, 경영진단과 기술지도, 정보제공, 교육훈련 등 사업을 효과적으로 추진하기 위하여 중소기업진흥공단을 설립한다(제39조~제61조).

이 법의 제4장 제39조에 근거한 중소기업진흥공단은 1979년 1월에 설립되었고 그 뒤 중소기업의 근대화사업 및 협동화사업 등 중소기업진흥시책의 중심기관으로 등장한다.

중소기업진흥공단은 중소기업진흥을 위한 사업, 즉 중소기업진흥법이 규정한 중소기업진흥사업인 ① 근대화사업, ② 사업전환촉진사업, ③ 협동화사업, ④ 경영 및 기술의 진단 지도, ⑤ 취약산업의 육성, 신기술기업화, 기술개발 및 기술도입 등을 위한 투자 또는 지원, ⑥ 중소기업자와 그 종업원에 대한 연수, ⑦ 지방 중소기업 및 민속공예산업의 육성, ⑧ 중소기업의 주식 또는 사채의 인수, ⑨ 중소기업계열화촉진법에 따른 수급기업체 육성, ⑩ 중소기업의 창업조성지원, ⑪ 각호의 사업에 필요한 시설의 대여, ⑫ 각호의 사업과 관련되는 정보의 수집 및 조사 연구 등 15개 항목을 행하도록 되어 있다(제55조).

〈중소기업진흥법〉은 1966년에 제정된 〈중소기업기본법〉의 시행법의 성격을 지닌다. 중소기업기본법이 제정(1966년)된 이후 1973년에 유형별 중점육성시책의 수립을 거쳐 10여 년 만에 그 시행법이 제정된 것이다. 일본의 경우 1963년에 〈중소기업기본법〉이 제정되면서 바로 중소기업 구조고도화를 위한 〈중소기업근대화촉진법〉이 제정된 것과 대조를 보인다. 우리나라 중소기업정책의 추진이 체계적이지 못했고 그 정책인식도 충분히 성숙하지 못한 상태에서 범체제의 정비도 소극적이었음을 알 수 있다.

이 법은 개별 기업 단위의 시설근대화와 경영합리화 그리고 기술향상 등 근대화시책을 먼저 규정하고 있다. 그러나 이러한 중소기업의 근대화사업은 중소기업의 과소과다 구조와 업종간 구성의 시정이 병행될 때 효율적이 된다. 중소기업 규모의 과소성은 자금 및 효율의 측면에서 근대화된 설비의 도입을 방해하고, 무리한 시설근대화는 오히려 기업과다 때문에 과당경쟁을 심화시킬 수도 있기 때문이다. 또한 산업구조의 고도화에 적응하지 못하고 수요구조의 변화에도 따라가지 못하는 업종이 존재하는 한 중소기업 근대화의 효과는 충분히 발휘되지 못한다. 이에 중소기업의 규모적정화(과소 과다구조의 시정)와 업종간 구성의 시정(구조고도화)이 중소기업 근대화의 관건이 된다.

이런 의미에서 우선육성업종의 지정육성과 사업전환촉진, 창업조성지원 그리고 규모 적정화를 위한 중소기업의 집단화와 시설공동화, 기업합병의 촉진 등 협동화사업을 주요 시책으로 규정하는 등 중소기업 구조고도화시책을 이 법이 추진한 것은 넓은 의미에서 효율적인 중소기업 근대화정책을 실천하는 방향이라고 하겠다.

3.2.2 중소기업 구조정책 : 근대화·협동화사업의 전개

3.2.2.1 근대화사업의 추진

경제규모의 급속한 양적 확대와 이에 부응하는 생산력 확대 과정에서 중소기업은 산업간의 균형인자로서 작용하여 국민경제의 고도성장을 지속하는 데 크게 기여했다. 그러나 이러한 성장패턴 아래에서 중소기업은 중소기업간의 구조개선이나 체질개선 및 경쟁력 강화가 뚜렷하게 진전되지 못한 가운데 양적 성장을 이룬 측면도 있었다. 이에 〈중소기업진흥법〉 제정과 중소기업진흥공단의 설립을 계기로 중소기업 근대화와 협동화사업을 추진하여 체질개선과 경쟁력 강화를 도모했다.

중소기업의 근대화를 위하여 중소기업 우선육성업종을 선정하고 지정업체에 대해서는 자금지원과 경영기술지도를 우선적으로 실시했으며, 특히 취약업종 및 품질향상이 시급한 품목에 대해서는 업종별로 근대화계획을 수립하여 연차적으로 근대화를 추진하도록 제도화했다.

중소기업진흥법 제3조 및 시행령 제3조에 따라, 중소기업우선육성업종과 〈1979년 중소기업 우선육성업체지정요령〉을 상공부 공고 제79-36호로 공고했다. 이에 따라 중소기업 우선육성업종 및 품목으로 ① 중소기업형 전문기계업종 31개에 113개 품목, ② 계열화업종으로 5개 업종 41개 품목, ③ 고유중소기업형 우선육성업종으로 47개 업종을 지정했다.

중소기업형 전문기계공장의 육성은 1976년도부터 실시된 시책이었다. 낙후되어 있는 기계공업을 중추산업으로 육성하고 국산기계류의 자급도를 높이면서 수출산업으로 육성하기 위하여, 중소기업진흥법이 제정되기 이전인 1976년부터 5개년계획으로 추진되었다. 건실한 중소기업형 전문기계공장 500개를 선정하여 육성하는 계획을 세우고, 1976년에는 〈중소기업형 전문기계공장선정요령〉(1976년 6월 9일자)을 공고한 바 있으며, 그 뒤 지속적으로 그 지정이 확대되었다. 이것이 중소기업진흥법 제정 이후 우선육성업종과 품목으로 지정되면서 더욱 적극적으로 전개되었다.

전문계열화업체의 지정은 1967년부터 기계공업육성책의 일환으로 시행된 바 있다. 그 뒤 〈중소기업계열화촉진법〉(1976년 제정)이 제정 되면서 그 법적 근거를 확보했다. 계열화업종과 품목의 지정은 중소기업계열화촉진법 제5조에 따라 시행되었으며, 이와 함께 제6조~제8조의 규정에 따라 〈특정업종 및 지정계열화 품목, 지정계열화품목 생산실태신고요령, 공동사업계획서 작성요령 및 약정서교부요령〉이 상공부 공고 제79-37호로 공고되었다. 여기서 '특정업종'이란 도급 의존도가 큰 업종으로서 수급기업체의 국제경쟁력 강화 및 산업구조의 고도화가 불가피한 업종을 말한다.

한편 중소기업에 대한 지원효과의 극대화, 수출기반의 확충 및 생산성 제고를 위하여 중소기업 가운데 수출 전망, 고용효과, 생산성, 기업 규모의 적정성 등을 고려하여 중소기업 분야로 특화할 수 있을 업종을 선정하고, 그 발전을 도모하기 위하여 1978년부터 5개년계획으로 500개를 우선육성업체로 지정하여 '중소기업 특화업체'로 육성을 도모했다. 섬유·금속·기계·요트·잡제품 등 24개 업종이 우선적으로 선정된 바 있다. 이것을 바탕으로 하여 고유 중소기업형 업종이 선정된 것이다.

3.2.2.2 협동화사업의 추진

중소기업 진흥공단은 경제적·사회적 측면에서 주요한 업종이면서도 만성적으로 영세하고 낙후된 중소기업의 육성·발전을 위하여 협동화사업을 전개, 그 체질 개선을 도모하고 비용절감을 통한 경영개선과 생산성 제고 등 중소기업의 경쟁력 강화를 기했다. 1979년도는 그 사업전개의 초년도로서 중소기업의 집단화를 이룩하여 지방도시의 균형 발전과 공업의 합리적 배치를 주요 목적으로 천안 정읍, 나주지역의 지방 중소시범공업단지를 조성했다.

또한 중소기업진흥공단에서는 중소기업자가 개별적으로 실시하기 어려운 사업과 공동으로 시설을 이용하는 것이 더 합리적이고 효과가 큰 경우 공동시설과 공동공장 그리고 아파트형 공장을 건립하여 이용하게 함으로써 투자액 절감과 원가 절감 및 품질 향상을 기할 수 있는 공동화사업을 전개했다.

4 불리시정정책의 전개

4.1 공정거래법과 독점금지법의 제정

중화학공업화는 산업구조의 고도화를 실현하지만, 동시에 자본의 집중과 독과점을 심화시켜 효율적인 시장기능이 약화된다. 이에 독과점 규제 및 공정거래에 관한 문제가 제기되면서 그 법적 기반이 마련되었다.

우리나라의 독점금지정책은 1980년 12월 31일에 법률 제3320호로 제정(1986년 12월 31일 법률 제3875호로 개정)된 〈독점규제 및 공정거래에 관한 법률〉(독점금지법)로부터 본격적으로 실시되었다. 그러나 가격조절과 규제에 대한 관심은 적어도 1961년에 공포된 〈가격조절에 관한 임시조치법〉과 1973년에 제정·공포된 〈물가안정에 관한 법률〉까지 거슬러 올라갈 수 있다. 그 뒤 1975년 12월 31일에 공포되고 1976년 3월 16일에 실시된 〈물가안정 및 공정거래에 관한 법률〉(공정거래법)에 이어 독점금지법이 제정되기에 이르렀다.

공정거래법은 물가의 안정을 기하고 공정하며 자유로운 경쟁질서를 확립함으로써 소비자의 권익을 보호함과 아울러 국민생활과 국민경제의 안정 및 발전에 기여함을 목적으로 제정되었다(제1조). 이 법은 포괄적인 산업규제법이 제정되지 않은 가운데 대기업의 성장을 통하여 급성장해온 한국경제의 독과점의 폐해를 시정하고자 도입되었으며 단기적 물가안정에 역점을 두었고 구조보다는 행태의 개선에 목적을 두었다는 평가를 받고 있다.[5]

그러나 '공정하고 자유로운 경쟁질서의 확립'이라는 법 제정 취지는 경쟁촉진적 산업조직정책의 법적 기틀을 마련하는 단서를 제공했다. 부당한 시장독점과 불공정한 거래방법을 배제하여 사업자가 창의력을 발휘하고 기업활동을 활발하게 하려는 것이 이 정책의 주된 목적이기 때문에 공정거래 및 독점저지정책이 중소기업을 특히 보호의 대상으로 하는 것은 아니다. 중소기업에 대해서도

---

5) 李奎億 著, 《市場構造와 獨寡占規制》, 韓國開發研究院, 1977, 205쪽.

부당한 시장독점이나 경제질서의 부당한 교란행위를 금지시키고 있기 때문이다. 그러나 이 정책은 특히 대기업의 시장독점으로부터 경제적으로 약한 위치에 있는 자의 이익이 부당하게 침해받는 것을 막는 데 큰 의의가 있기 때문에 공정거래법과 독점금지법은 중소기업에 대한 분리시정정책으로서 중요한 법적 제도가 된다. 이것은 공정거래법에서 금지하도록 규정한 불공정 거래행위(제7조)의 다음과 같은 내용에서 알 수 있다.

(1) 부당하게 거래상대방을 차별적으로 취급하는 행위.

(2) 부당하게 경쟁자의 고객을 자기와 거래하도록 강제하는 행위.

(3) 자기의 거래상의 지위를 부당하게 이용하여 상대방과 거래하는 행위.

(4) 거래 상대방의 사업활동을 부당하게 구속하는 조건으로 거래하는 행위.

(5) 상품 또는 용역에 대한 허위 또는 과장된 광고를 하거나 상품의 질 또는 양을 속이는 행위.

(6) 폭리를 목적으로 물품을 매점하거나 판매를 기피하는 행위.

(7) 고의로 물품의 생산을 중단 또는 감축하거나 당해 물품의 출고를 제한하는 행위.

한편 1980년에 제정된 독점금지법은 경쟁촉진적 산업구조정책의 근본 취지에 좀더 접근한 독점금지정책의 기본 성문법이라고 할 수 있다. 이 법은 사업자의 시장지배적 지위의 남용과 과도한 경쟁력의 집중을 방지하고 부당한 공동행위 및 불공정 거래행위를 규제하여 공정하고 자유로운 경쟁을 촉진함으로써 창의적인 기업활동을 조성하고 소비자를 보호함과 아울러 국민경제의 균형 있는 발전을 도모함을 목적(제1조)으로 하고 있다. "시장지배적 지위의 남용 금지와 과도한 경제력 집중의 방지"라는 규정에서 알 수 있듯이 공정거래법보다 좀더 적극적으로 독과점 규제의 의지를 이 법은 보이고 있다. '불공정거래행위 금지'도 제15조에 규정되어 있다. 여기서는 공정거래법 제7조 6항 및 7항이 삭제된 반면에 "부당하게 경쟁자를 배제하기 위하여 거래하는 행위"가 추가되었다.

한편 독점금지법 제3조에서 시장지배적 지위로 그 남용이 금지된 내용은 다음과 같다.

(1) 상품의 가격이나 용역의 대가를 부당하게 결정 유지 또는 변경하는 행위.

(2) 상품의 판매 또는 용역의 제공을 부당하게 조절하는 행위.

(3) 다른 사업자의 사업활동을 부당하게 방해하는 행위.

(4) 새로운 경쟁사업자의 참가를 부당하게 방해하는 행위.

(5) 기타 경쟁을 실질적으로 제한하거나 소비자의 이익을 현저히 저해할 우려가 있는 행위 등.

4.2 〈중소기업계열화촉진법〉상의 불리시정정책의 내용

1975년 12월 31일자 법률 제2841호로 제정되고 1978년 12월 5일(법률 제3128호) 및 1982년 12월 31일(법률 제3652호)에 개정된 〈중소기업계열화촉진법〉은 전문화 및 계열화 촉진을 위한 구조정책으로서 성격을 지니지만 이 법의 일부는 수급기업인 중소기업의 거래상 불리를 시정하는 정책 내용을 포함하고 있는데, 그 주요 내용은 다음과 같다.

4.2.1 약정서의 교부와 납품대금의 지급

(1) 모기업체가 수급기업에 물품 등의 제조의 위탁을 할 때는 지체없이 그 위탁의 내용, 납품대금의 금액, 대금의 지급방법, 지출기일 및 검사 방법 기타 필요한 사항을 기재한 약정서를 당해 수급기업체에 교부해야 한다(제8조 1항).

(2) 수급 기업체에 대한 모기업체의 납품대금의 지급기일은 그 납품에 대한 검사여부에 불구하고 납품을 수령한 날로부터 60일의 범위 안에서 최단기간으로 정해야 한다(제9조 1항) 그리고 모기업체가 납품대금의 지급기일까지 납품대금을 지급하지 아니한 때에는 수급기업체에 대하여 그 대금지급기일의 다음날로부터 그 대금을 지급하는 날까지의 일수에 따라 미지급액에 대통령이 정하는 율을 곱하여 얻은 금액을 지연이자로 지급해야 한다(제9조 3항).

4.2.2 장기위탁계약의 체결과 검사의 합리화

(1) 모기업체가 수급기업체에 제조의 위탁을 할 때에는 그 수급기업체가 계획생산을 통하여 원가를 절감하고 품질을 향상시킬 수 있도록 장기위탁계약을 체결해야 한다(제10조).

(2) 모기업체는 검사시설의 개선 및 검사에 종사하는 자의 자질향상을 도모하고 객관적 타당성이 있는 검사 기준을 작성하여 수급기업체의 납품에 대한 공정하고 신속한 검사를 하도록 해야 한다(제11조 1항).

4.2.3 모기업체의 준수사항

모기업체는 수급기업체에 제조의 위탁을 할 때는 다음에 해당하는 행위를 해서는 아니된다(제13조).

(1) 수급기업체의 귀책사유가 없음에도 불구하고 납품의 수령을 거부하거나 납품대금을 감액하는 행위.

(2) 납품대금을 그 지급기일의 경과 뒤에도 지급하지 아니하는 행위.

(3) 수급기업체의 납품내용과 동종 또는 비슷한 내용의 제품에 대하여 통상 지급되는 대가보다 현저히 저렴한 납품대금액을 부당하게 정하는 행위.

(4) 품질의 유지 또는 개선을 위하여 필요한 경우나 기타 정당한 사유가 있는 경우를 제외하고 그가 지정하는 물품을 강제로 구매하게 하는 행위.

(5) 납품대금의 지급에서 그 납품대금의 지급기일까지 금융기관에 따른 할인 받기 어려운 어음을 교부하는 행위.

(6) 물품 등에 하자가 없음에도 정당한 사유 없이 발주물량을 통상 발주하는 양보다 현저히 감소시키거나 발주를 중단하는 행위.

(7) 납품대금의 지급에 갈음하여 모기업체가 제조하는 물품의 수령을 요구하는 행위.

(8) 모기업체가 수출용으로 수급기업체에 발주한 물품 등에 대하여 정당한 사유 없이 내국신용장의 개설을 기피하는 행위.

(9) 물품 등의 개발을 의뢰한 뒤 그 개발물품 등에 대한 발주를 정당한 사유

없이 기피하는 행위.

⑩ 국내에서 제조하는 물품 등의 사용이 가능함에도 불구하고 정당한 사유 없이 이의 사용을 기피하는 행위.

⑪ 모기업체가 제1항 내지 제10항의 규정에 해당하는 행위를 한 경우 해당 수급기업체가 그 사실을 관계 기관에 알렸음을 이유로 하여 도급거래의 수량을 감소하거나 도급거래의 정지, 기타 불리한 대우를 하는 행위.

또한 모기업체와 수급기업체 또는 협동조합 사이에 분쟁이 생긴 때에는 당해 모기업체, 수급기업체 또는 협동조합은 상공부장관에게 그 조정을 신청할 수 있도록 했다(제14조) 그리고 상공부장관은 모기업체와 수급기업체 사이의 분쟁을 자율적으로 조정하도록 하고 계열화를 촉진하기 위하여 중소기업계열화촉진협의회를 설치하도록 했다(제15조 2항, 1982년 개정시 규정).

4.3 〈중소기업사업조정법〉의 개정

〈중소기업사업조정법〉은 국가재건최고회의의 의결을 거쳐 1961년 12월 27일 법률 제886호로 공포·시행되었다. 그 뒤 1978년 12월 5일자 법률 제3127호로 전문 개정되었고, 1982년 12월 31일 법률 제3653호로 제2차 개정되었다.

제정 당시 이 법은 '중소기업자간의 과도한 경쟁'을 공정히 조정함으로서 중소기업의 경제적인 기회균등과 효과적인 경제활동의 보장을 목적으로 제정되었다. 그런데 양산체제와 경제규모의 확대로 중소기업 분야에 대한 대기업침투로 말미암아 중소기업의 기업활동 위축이 심각한 문제로 제기되면서, 1978년의 개정에서는 중소기업자 상호간의 과당경쟁 이외에 "대기업자에 따른 과도한 침투로 인하여" 중소기업자의 사업위축으로 발생하는 분쟁조정을 이 법의 목적으로 추가했다. 그러면서 중소기업 특화업종 분야에 대한 신고 및 조정이 규정되었다(제7조).

대기업자가 대통령령이 정하는 중소기업 특화업종(〈특화업종〉)의 사업을 인수 개시 또는 확창하고자 할 때는 대통령령이 정한 바에 따라 그 산업을 인수 개시 또는 확창하기 1개월 전에 상공부장관에게 신고하도록 했다. 그리고 이 법의 시행령에서 별표로 중소기업 특화업종 24개를 지정했고 그 뒤 점차 확대 지정 했다.

1982년의 개정에서는 "중소기업자가 당해 사업을 영위하는 것이 국민경제의 건전한 발전과 산업구조의 개선을 촉진할 수 있다고 인정되는 사업 분야"를 확보하여 중소기업이 안정적으로 사업을 영위할 수 있도록 중소기업 고유업종제도를 도입했다(제6조 2). 종전의 '중소기업 특화업종'을 '중소기업 고유업종'으로 명칭을 변경하고 이를 대통령령으로 정하도록 했다. 그리고 고유업종 분야에 대한 대기업의 참여제한을 분명히 함으로써, 대기업자는 제6조 2의 규정에 따른 고유업종의 사업을 인수, 개시 또는 확장할 수 없다고 규정했다(제7조 1항). 그럼에도 대기업자가 고유업종의 사업을 인수, 개시 또는 확창하고자 할 때에는 2개월 전에 상공부장관에 신고하도록 하여 중소기업 사업영역확보를 위한 시책의 강구를 분명히 했다.

이에 따라 사업조정의 형태는 중소기업자 상호간의 과도한 경쟁을 공정하게 조정하는 것과, 대기업자의 과도한 침투로 말미암아 중소기업자의 사업위축으로 발생하는 분쟁의 규정 등 두 가지로 구분되었다.

4.4 중소기업제품의 구매촉진

중소기업은 대기업에 견주어 생산력이 상대적으로 취약할 뿐만 아니라 판로 면에서도 여러 가지 제약과 애로가 있다. 이에 중소기업제품의 판로를 확대시켜 중소기업의 안정된 가동을 뒷받침하고자 중소기업기본법 제23조(정부수주기회의 확보) 및 중소기업협동조합법 제35조(단체수의 계약)에 따라, 정부 및 공공기관이 중소기업제품의 구매를 촉진하는 시책을 강구했다.

관납품의 중소기업단체수의계약제도는 1963년에 중소기업협동조합법 제35조 4항이 신설되고 1965년 7월 19일자 대통령령 제2173호로 예산회계법시행령이 개정됨으로써 시행되기 시작했다. 그 뒤 정부기관 및 정부투자기관으로 하여

금 그 수요물자 가운데 중소기업제품을 우선적으로 구매할 수 있는 제도를 마
련했는데, 1970년 2월 23일자 대통령령 제4653호로 공포된 〈중소기업제품구매
촉진심의회규정〉이 그것이다. 여기서는 정부, 지방자치단체, 공공단체 및 정부
투자기관의 물품 조달에서 중소기업제품의 구매를 촉진하고 중소기업자의 수
주 기회를 증대하도록 상공부에 중소기업제품구매촉진심의회를 두기로 하고
상공부장관의 자문에 따라 다음의 사항을 심의하도록 했다.

 (1) 중소기업제품의 구매촉진에 관한 기본 방향.

 (2) 중소기업제품의 연도별 구매계획.

 (3) 구매품종의 선정과 단체계약체결 대상품목의 선정.

 (4) 구매실적에 대한 분석 및 대책.

 (5) 입찰제도의 개선책.

 (6) 계약을 이행하지 아니한 중소기업협동조합에 대한 제제책.

 (7) 기타 중소기업제품의 구매촉진에 관한 사항.

이로서 관공수 수주증대에 대한 적극적인 활동의 기초가 마련되었다. 이러한
수주증대시책에 이어서 1970년 2월 24일자 국무총리훈령 제85호로 구매측인 정
부기관, 정부투자기관, 공공단체 등 관계 기관에 중소기업제품 구매촉진담당관
(62개 기관에 124명)을 임명하도록 조치했다.

한편 중소기업제품의 수주증대의 방법으로 정부 및 공공기관이 각 중소기업
협동조합을 상대로 수의계약을 체결함으로써 대기업과의 무리한 경쟁을 피할
수 있게 했다. 단체수의계약은 중소기업제품의 관공수 수주증대방안이면서 동
시에 중소기업의 협동화를 자극하는 부차적인 목적을 지닌 시책이었다. 이에
〈중소기업제품구매촉진심의회의규정〉에 단체수의계약제를 명시하고 중소기업
제품 구매촉진담당관을 통하여 적극 지원했다.

이러한 중소기업제품의 구매촉진시책과 병행하여 단체수의계약에서 거래의
공정성도 촉구했다. 즉, 계약불이행 및 불성실조합에 대해서는 중소기업협동조
합중앙회에 설치, 규정된 〈중소기업제품 판매대책위원회운영요강〉(제4조 5항)
에서 자체적으로 시정 또는 조정하는 조치도 강구했다.

이러한 중소기업제품의 구매촉진시책은 1981년 12월 31일 법률 제3536호로 제정된 〈중소기업제품구매촉진법〉으로 법적인 제도의 기반이 확립되었다. 이 법은 정부 등 공공기관이 수요로 하는 물품(공사용역을 포함)을 구매함에 중소기업자가 생산하는 물품의 구매를 촉진함으로써 중소기업을 안정가동케 하여 국민경제의 발전에 기여함을 목적(제1조)으로 제정되었다. 그리고 이 법에서는 공공기관이 물품을 구매하고자 할 때 공공기관은 중소기업협동조합법 제3조의 규정에 따른 중소기업협동조합과 우선적으로 단체수의계약을 체결할 수 있다고 하여 관공수 수주에서 중소기업협동조합의 우선적 단체수의계약을 법적으로 뒷받침하고 있다. 이 법은 중소기업기본법 제23조의 취지와 기존의 시책을 이어받아 중소기업제품 구매를 촉진하기 위한 시책법률이다.

이 법은 공공기관이 중소기업제품의 구매를 촉진하면서 다른 한편에서는 중소기업자에게 품질 보장의 의무를 부여하고 있다. 즉, 중소기업자는 공공기관에 물품을 공급하는 데서 당해 기관이 요구하는 규격과 품질을 보장해야 한다(제7조 1항). 공공기관은 중소기업자가 이를 위반했을 때에는 6개월 이상 3년 이내의 기간 동안 공공기관에 대한 계약자격을 제한하고 상공부장관에게 이 사실을 통보해야 한다고 규정했다(제7조 2항).

5 기본 시책의 전개

5.1 금융시책의 전개

5.1.1 중점지원체제와 중소기업금융의 효율화

금융자원의 효율적 공급을 위하여 중소기업에 대한 금융지원방식을 수출산업, 계열화 산업, 기계공업, 지역개발 산업 및 협동조합사업자금에 중점적으로 지원하도록 하는 질적 금융지원시책을 채택하고 중소기업 우선육성순위에 따른 중점융자를 실시하고 각종 우선육성사업에 대한 융자절차를 개선하며 신용제도를 강화하는 등 금융효율화를 1970년대에 들어와서 추구했다.

우선육성대상의 중점금융제도는 〈수출품생산중소기업중점지원요강〉(상공부 고시 제5268호)과 〈수출품특화산업육성자금운용요강〉(상공부 고시 제5214호), 〈중소기업육성재정자금운용요강〉(상공부 고시 제5074호), 〈잡화공업육성 및 자금운용요강〉(상공부 고시 제5094호, 1970년 2월 14일자 공고, 1971년 및 1972년에 보완) 등에 따른 것이다. 또한 〈1972년도 수출품생산업체중점지원자금, 전문화 계열화 조성자금 및 수출잡화공업 육성자금집행요령〉(상공부 고시 제8290호)도 중점금융체제 확립의 기초가 되었다.

또한 금융의 효율화를 기하도록 1974년 2월 4일자 상공부 고시 제10494호로 〈중소기업육성자금운용요강〉을 발표, 산만한 각종 지원시책자금을 통합 일원화시키고 시책의 중점을 ① 중소기업의 수출산업화, ② 중소기업의 시설근대화, ③ 토산품 산업육성, ④ 영세기업 육성에 두고 이들 산업의 지원에 집중했다. 그리고 이 요강을 효율적으로 집행하기 위하여 〈중소기업의 수출산업화, 전문화, 계열화 및 기업합병조성자금집행요령〉(1974년 2월 12일자 상공부 고시 제7629호)이 마련되었다.

5.1.2 중소기업대출비율 상향조정과 8·3 조치에 따른 자금지원

1978년에는 중소기업에 대한 대출비율을 일반은행 30퍼센트 이상(지방은행 40퍼센트 이상), 단자회사의 경우 총어음 할인액의 20퍼센트 이상으로 조정하고, 중소기업신용대출 비율을 40퍼센트 이상 계속 유지하도록 했으며 1978년 5월 11일부터는 상업어음할인제도를 개선하여 중소기업이 할인 의뢰인이 되어 할인한 상업어음을 재할인할 수 있도록 했다.

또한 1980년 8월 27일 중소기업의 단기자금 조달을 원활히 하고자 단기금융회사의 중소기업지원 의무대출비율을 총어음할인액의 20퍼센트 이상에서 30퍼센트 이상으로 상향 조정하는 한편, 단자회사의 중소기업 소지 어음의 할인기간을 종래의 90일 이내에서 180일 이내로 연장했다.

이와 함께 금융통화운영위원회는 1980년 10월 2일 〈금융부문자금운용규정〉

을 개정하여 일반은행의 중소기업자금대출 의무대출비율을 인상하고 중소기업 금융의 확대공급을 기하도록 했다. 그 내용은 연간 총대출금 증가액에 대한 중소기업자금 대출금 비율을 5개 시중은행은 30퍼센트에서 35퍼센트로, 10개 지방은행은 40퍼센트에서 55퍼센트로 인상했다.

한편 8·3 조치와 1·14 경제조치에 따른 특별금융지원이 있었다. 1972년 8월의 〈경제의 안전과 성장에 관한 긴급법령〉(8·3 조치) 제53조 제1항 및 산업합리화심의회의에서 의결하여 확정한 중소기업 부문 합리화계획에 따라 중소기업 부문에 산업합리화자금을 지원하기로 하고 이 자금을 더 효율적으로 운용하기 위하여 〈중소기업합리화 자금 운용에 관한 세부지침〉(1972. 12. 16)을 제정 시행하는 한편 이 자금을 중소기업은행을 통하여 대출했다.

또한 〈국민생활의 안정을 위한 대통령 긴급조치〉(1974. 1. 14)에 따라 그동안 물가 등 귀 원자재 구득난 등 불안정한 경제 여건 속에서 타격을 받고 있던 중소기업이 안정된 가동을 유지하도록 중소기업 특별저리자금을 방출했는데, 그 지원 순위는 ① 생필품 생산업체, ② 석탄 등 에너지생산 공급업체, ③ 수출품생산업체, ④ 기계공업, ⑤ 섬유업, ⑥ 기타 중소기업이었다.

한편 8·3 조치 이후 중소기업에 대한 자금지원을 하는 데서 담보력이 부족한 중소기업의 신용보증 및 융자조건을 완화했다.

5.1.3 신용보증제도의 확대 개선

중소기업기본법 제25조 제2항의 규정에 따라 금융기관이 중소기업자금을 대출하는 데서 담보 능력이 미약한 중도기업자의 채무를 보증하는 제도를 확립하여 중소기업자에 대한 금융을 원활하게 할 목적으로 〈중소기업신용보증법〉이 이미 1967년 3월 3일 법률 제1897호로 제정된 바 있다.

그런데 신용보증업무의 전문화와 적극적인 보증운영으로 기금의 효율적인 운영을 기하고자 종래 다원화된 법체계에 따라 분산 운영되어왔던 기금의 통합을 주요 내용으로 하는 새로운 〈신용보증기금법〉이 1974년 12월 31일 법률 제2695호로 제정·공포되었다. 이에 따라 보증 대상 범위도 대폭 확대되어 사실상 모든 기업(대기업 포함)이 신용보증기금으로부터 보증을 받을 수 있게 되었다.

그런데 정책적인 보호육성이 요구되고 있는 중소기업 및 영세기업에 대해서는 취약한 담보력을 감안하여 이들 부분에 대한 보증 실적이 총보증실적의 40퍼센트 이상이 되도록 함으로서 여타 부문보다 우선적으로 보증하도록 했다.

그리고 이를 반영하여 1976년 6월 1일에는 그동안 중소기업은행에서 취급해오던 신용보증기금 운용업무를 〈신용보증기금〉으로 발족시켜 독립된 기관으로 하여금 효율적으로 기금관리업무를 수행하게 했다.

5.1.4 중소기업의 투자진흥

중소기업의 장기자금 조달을 원활히 하기 위하여 신용보증기금의 보증을 받아 사채(社債)를 발행할 수 있도록 하고 있으나 사채의 소화가 부진하여 중소기업 사채발행에 어려움이 야기되었다. 이에 중소기업의 사채발행을 촉진하기 위하여 중소기업에서 발행한 사채의 20퍼센트를 신용보증기금에서 매입하도록 하는 제도가 1978년 5월 이후 실시되어 중소기업이 적극적으로 사채를 발행하여 장기자금을 조달하는 길이 마련되었다.

이어서 1980년 11월부터는 중소기업은행과 신용보증기금이 중소기업에 대한 투자업무를 취급하도록 했다. 이 업무는 비공개법인 중소기업체가 발행하는 증액신주 또는 회사채(전환사채 포함)를 매입해줌으로써 사업전망은 양호하나 자금조달이 어려운 중소기업자에게 안정적 장기자금의 공급을 원활하게 해 줄 목적으로 시행되었는데, 주요 내용은 다음과 같다.

(1) 투자 대상 업종 및 업체 : 중소기업은행법상의 중소기업체 중 다음 각 호의 하나에 해당하는 업체. ① 전문기계업종, ② 고유중소기업형 우선육성업종, ③ 방위산업체, ④ 민예품전문생산업체, ⑤ 신기술 개발품 제조업체, ⑥ 상공부장관이 필요하다고 인정하는 사업.

(2) 투자 대상 : 자본금 5억 원 이상 비공개 주식회사로서 ① 경영인의 경영능력이 있고 사업 성취욕이 있는 기업, ② 사업전망이 양호한 기업, ③ 투자기간 중 공금리 수준 이상의 배당 또는 이자 지급이 전망되는 기업.

(3) 동일기업당 투자한도 : 주식 및 사채를 합하여 3억 원 이내.

한편 중소기업진흥법 제55조 8항에서는 중소기업진흥공단이 중소기업의 주식 및 사채를 인수하도록 규정하고 있다.

5.2 조직화시책의 전개

5.2.1 중소기업협동조합의 체질개선

중소기업협동조합은 중소기업인이 기업경영규모의 영세성과 자본 및 시장개척능력 등의 부족으로 말미암은 경제적 불이익을 제거하기 위하여 동업자간의 상부상조 정신에 입각하여 결정한 협동조직이다. 우리나라에서 중소기업인에 따른 협동조직 운동은 1953년에 시작된 업종별 협회의 조직이 그 효시이다. 1961년 말에는 〈중소기업협동조합법〉이 제정되었고 1962년부터 중앙회를 비롯하여 업종별 조합연합회 및 시도 단위 조합과 전국 단위 조합 등 각종 조합이 구성되면서 본격화했다.

중소기업의 협동화는 본래 중소기업 스스로의 자발적이고 자연발생적인 것이 바람직하다. 그러나 경제적 우위성을 보유하고 있는 대기업과 개별적 경쟁에서 중소기업은 열위성을 면치 못하기 때문에 정책적 유도에 따라 중소기업을 조직화하는 것이다. 이러한 정부의 지원을 바탕으로 성장한 협동조합은 자본의 영세성과 조직활동의 경험부족으로 그 활동에서 적극성을 상실하거나 부실화한 경향을 보였다. 이에 1970년 이후 중소기업의 협동화 방향을 조합의 체질개선과 조합조직의 강화, 조합부실화 정비 및 조합의 운영합리화에 두고 중소기업협동조합을 단순히 보호와 지원에서 벗어나 조합의 체제를 강화하고 체질을 개선하기 위한 적극적 정책을 택함으로써 중소기업 협동화시책의 방향을 전환했다.

1969년 5월 21일자 상공부 고시 제4467호로 〈중소기업협동조합 시범제도실시 및 정비강화요강〉을 마련하고 조합의 건전한 발전을 유도하기 위하여 시범조합을 지정하는 한편 부실조합에 대해서는 해산·경고조치 등 정비시책을 강화했다.

관계 기관의 추천으로 상공부장관이 시범조합을 지정하도록 했는데, 관계 기관이 시범조합을 추천하거나 선정하는 데는 ① 공동사업 실적, ② 공동 수출 실적 및 신장율, ③ 자체자금조성도, ④ 대외신용도, ⑤ 정책적인 육성의 필요성, ⑥ 협업화체제의 확립 및 조직화 가능성, ⑦ 기타 시책상 필요한 사항 등을 고려하도록 했다.

5.2.2 중소기업협동조합의 조직강화

한편 1973년 1월 15일에는 법률 제2438호로 협동조합 조직의 강화를 위하여 〈중소기업협동조합법〉을 개정했는데, 주요 내용은 ① 협동조합 조직 대상 확대, ② 조합출자금 최저한도 규정으로 조합운영의 건실화 도모, ③ 조합 설립요건 강화, ④ 조합사업 확대, ⑤ 조합이사회 강화, ⑥ 상임임원 임명의 주무장관 사권 승인, ⑦ 중앙회 지도체제의 일원화, ⑧ 상공부장관 권한의 일부를 중앙회장에 위임하는 것 등이었다.

이에 앞서 1970년 3월 30일자 대통령령 제4825호로 〈중소기업사업조정법 시행령〉을 개정하여 협동조합의 외면적 조직 강화시책을 강구했다.

중소기업협동화가 요구되는 것은 그 원인을 두 가지 측면에서 찾아 볼 수 있다. 하나는 대기업과의 경쟁에 집단으로 대처하기 위한 것이고 다른 하나는 중소기업 사이의 상호 과당경쟁이나 과잉생산을 회피함으로써 가격·생산·품질에서 비능률과 낭비를 배제하려는 것이다. 따라서 대기업과의 경쟁을 이유로 할 때는 내포적 조직 강화가 요구되고, 중소기업 상호간의 경쟁을 이유로 할 때는 외연적 조직강화가 필요하다.

이에 한편으로는 협동조합의 사업자금을 확충하고 조합회원 가입업체를 우선지원하는 등 조직강화를 유도하면서, 다른 한편으로는 특별한 이유가 있는 경우에 비조합원의 가입조치와 사업조정을 강요하는 등 외연적 조직 강화의 시책이 이루어진다. 중소기업사업조정법 시행령의 개정은 이를 위한 것이었는데, 개정된 시행령이 담고 있는 외연적 조직확대의 방향은 다음과 같다.

첫째, 과도한 가격경쟁 때문에 제품을 투매하거나 품질이 현저히 저하될 위기가 있을 경우.

둘째, 과잉생산을 조정하기 위하여 분담생산이 필요한 경우.

셋째, 생산시설이 과잉상태를 보이거나 노후시설을 대체할 필요가 있는 경우.

넷째, 제품의 품질향상을 위하여 생산공정의 분업화를 조정할 필요가 있을 때.

다섯째, 중소기업협동조합 및 동 연합화와 중앙회가 총회의 의결을 거쳐 상공부장관에게 조정 요구함에 따라 이를 조정할 필요가 있는 때.

이와 같은 경우에는 상공부장관이 비조합원의 가입조치 또는 사업조정을 할 수 있도록 함으로써, 협동조합의 외연적 조직확대를 시도했다.

5.2.3 공동사업의 강화와 공동시설의 조성

중소기업협동조합 활동의 목표는 중소기업협동조합법 제31조의 규정에 따라 중요 사업을 수행함으로써 생산원료의 구입과 제품의 보관 그리고 수송 및 판매 면에서 협업효과를 극대화하는 데 있다. 이를 위하여 공공사업자금과 공동시설자금을 확충하고 조합원 제품의 규격화 검사체제를 강화했으며 재정자금에 따른 공동사업자금의 융자절차도 대폭 간소화하면서 신용보증기금의 적극적인 활용을 촉진했다.

1972년에는 융자절차와 그 요령을 더 단순화하고 사후 관리상의 명확성을 기하도록 사업자금의 운영요강을 개정했는데, 그 내용은 다음과 같다.

첫째, 조합별 고정배정으로 말미암은 조합의 변칙운용을 막기 위하여 지원한도를 해마다 새로 조정 책정함으로서 사업능력에 따라 자금을 지원하도록 하고

둘째, 조합별 자금사용한도 안의 지원 및 한도액 미사용분의 활용을 기업은행에 위임함으로써 자금집행을 원활하게 하며

셋째, 지방조합에 대하여 자금을 대출할 때 시·도와 협의 아래 확인하게 하고 시장 및 도지사의 감독과 사후관리 기능을 강화하도록 하면서

넷째, 지원자금의 구분에서도 종래 기준한도, 특수비축, 유보한도, 임시한도 및 공동시설 등 5개였던 것을 운전자금과 시설자금으로 간소화했다.

협동조합 공동시설 자금의 형태로 지원되는 사업의 목적은 ① 중소기업자들

이 단독으로 설치할 수 없는 시설을 협동조합이 공동설치하는 경우의 소요자금의 일부를 지원하고, ② 자본이 빈약하고 시설규모가 영세한 개별 중소기업의 시설자본 압박을 완화하며, ③ 공동시설 이용을 통한 중소기업의 협동화를 촉진하는 데 있다.

한편 중소기업은 대기업에 견주어 시설규모가 영세하여 생산력이 취약하므로 생산 규모의 적정화와 제품원가의 절하 및 품질향상을 도모하고자 조합원 업체의 시설을 합병하는 것을 추진하여 시설의 적정규모화와 공동시설을 설치했다.

또한 원료조달, 생산 및 판매의 협업화기반을 조성하여 원가절감과 제품의 품질향상을 기하면서, 도심지에 있는 공해업체의 지방분산을 위하여 중소기업의 전용단지가 조정되었다. 익산 귀금속단지를 조성했고 1977년에는 반월지구에도 중소기업 전용단지를 조성, 〈반월공단이전업체선정운영〉에 따라 중소기업체의 입주신청을 받았다.

중소기업제품은 판로 면에서 여러 가지 제약조건을 갖고 있으므로 이를 해소하기 위하여 정부기관, 정부 투자기관 및 지방자치단체 등을 대상으로 단체수의계약에 따른 중소기업제품의 판매를 촉진하고 있다. 이와 함께 유통구조의 개선과 소비자 보호를 위한 공동 판매장(공판장)의 설치를 1973년 이후 추진했다.

5.3 경영 및 기술지도시책의 전개

제4차5개년계획은 중소기업의 기술혁신과 생산성 향상을 위하여 각종 연구기관 및 대학을 활용하여 경영 및 기술지도사업을 본격적으로 전개할 것을 중소기업 부문에 대한 주요시책으로 규정하고 있다. 이에 맞추어 1970년대에 중소기업의 경영 및 기술지도에 참여한 기관은 공업진흥청·중소기업진흥공단·중소기업협동조합중앙회·상공회의소·중소기업은행·국민은행·신용보증기금·국립공업시험원 등 다양했다.

중소기업은 낮은 장비율과 시설의 낙후성 등 경영 여건의 불비와 함께 경영방식 및 기술수준이 뒤떨어지고 있기 때문에 이를 극복하기 위한 경영합리화와 기술향상을 위한 지도시책이 1970년대에도 적극 추진되었다.

첫째, 경영합리화 시책으로는 ① 기업진단, ② 경영상담 및 경영지도, ③ 순회 강습, ④ 메스컴을 이용한 계몽과 모범 중소기업인 표창 등의 방안이 실시되었다.

둘째, 기술향상 지도시책으로는 ① 현지 기술지도의 실시, ② 기능공 양성, ③ 기술강습회 개최, ④ 경영 및 기술소개 간행물의 배포, ⑤ 시험검사시설의 확충 등을 실시했다.

위에 제시된 여러 기관이 이들 시책을 실시하는 데 크게 협조 기여했다. 1962 년 이래 100개의 중소기업을 선정하여 대학 부설의 경영진단기관이나 전문적 경영지도기관을 통하여 경영조직·생산관리·재무관리·업무관리 전반에 걸친 진단과 지도가 시행되어 왔으며, 특히 수출품 생산지정 업체나 잡화공업 육성 대상 업체, 시설근대화 지정업체 등 중점지원 대상업체가 그 주된 대상이었다.

1960년대 후반에서 1970년대 초반에 걸친 경영 및 기술지도사업의 실적으로는 중소기업은행(MIB)과 UNDP가 공동지도사업계획의 일환으로 실시한 것이 특징적이었다. 중소기업은행은 1962년부터 중소기업상담소를 설치·운영하는 가운데 1967년부터 UNDP와 공통으로 지도사업을 실시했다. 이 공동지도사업은 1967년 9월부터 1972년 8월까지 1단계 지도사업에 이어 1972년 9월부터 1975년 8월까지 2단계 지도사업에서 중소기업의 경영 및 기술향상을 위한 사업을 실시했다. 공동지도사업의 내용을 보면 다음과 같다.

첫째, 기업체 현장 진단지도사업을 중도기업은행의 지도요원과 국제전문가로 구성된 진단지도반이 기업체 현장에서 기업체가 당면하고 있는 경영 및 기술상의 애로와 문제점의 개선책을 지도하는 것이다.

둘째, 통신상담지도는 현장진단지도를 실시하기에는 내용이 간단하거나 지역적인 제한 또는 신속한 해결 방안이 필요한 경우 통신수단을 이용한 지도사업을 실시하는 것이다.

셋째, 강습회는 중소기업 경영자 및 중간관리자를 대상으로 경영과 기술에 관한 새로운 지식과 정보, 중소기업 경영관리 능력과 기술수준 향상을 도모하고

자 분야별로 국내외 전문가와 대학교수를 초빙하여 강습회와 강연회를 실시하는 것이다.

넷째, 자료발간은 현장진단지도, 통신상담지도 및 강습회 등의 지도사업과 병행하여 〈경영과 기술뉴스〉를 포함한 각종 자료를 발간·배포하여 과학적인 관리기법과 생산기술에 관한 새로운 지식과 정보를 수집·보급하는 것이다.

한편 중소기업의 경영기술에 대한 문제점을 파악하여 이를 지도 개선함으로써 중소기업 경영관리의 합리화를 촉진하고 기술수준을 향상시켜 중소기업의 체질 개선 및 경쟁력 강화를 도모하는 시책으로 〈중소기업 경영기술지도계획〉이 1979년 2월 14일자 상공부 고시 제79-6호로 마련되었는데, 여기서는 지도기관의 지정, 지도 진행절차, 업체배정 등에 관하여 규정했다. 그리고 1979년 4월 13일자 상공부 고시 제79-15호로 마련된 〈중소기업 경영기술지도요령〉에서는 ① 지도의 종류(㉠ 개별지도, ㉡ 단체지도, ㉢ 기타지도), ② 지도 절차, ③ 지도 기준, ④ 지도시 준수사항(지도 방법), ⑤ 사후관리에 관하여 규정함으로써 중소기업 경영 및 기술지도에 지침을 제공했다.

경영 및 기술지도의 주요기관별 지도내용을 보면 다음과 같다.

(1) 공업진흥청의 지도 : 공업진흥청은 공업표준화법·공산품품질관리법·전기용품안전관리법에 따라 기술지도 대상품목 705개 가운데 일반생필품, 학용품, 전기용품의 품질관리, 열처리 등 취약기술에 대하여 적극적으로 기술지도를 실시했다.

(2) 중소기업진흥공단의 지도 : 중소기업진흥공단은 종합적인 중소기업 지도기관으로서 경영 및 기술지도사를 등록 관리하여 정부지정 지원업체를 대상으로 현장지도, 단체지도, 상담지도 등 지도사업과 중소기업의 최고경영자 및 종업원에 대한 연수교육을 실시했다.

(3) 중소기업협동조합중앙회의 지도 : 중소기업협동조합중앙회에서는 조합원을 대상으로 한 자체지도와 국내외 전문연구기관과 제휴에 따라 경영 및 기술수준 향상을 위한 지도사업을 실시했다.

(4) 대한상공회의소의 지도 : 상공회의소는 회원 기업체의 실무자에게 경영에

관한 새로운 전문지식을 습득하게 하고 실무연수를 통하여 업무처리능력을 향상시키기 위하여 장부 및 결산서 작성, 세무신고 요령, 전표의 기능 및 종류별 작성방법 등 주로 회계, 재무에 관한 사항을 지도했다.

(5) 중소기업은행의 지도 : 중소기업은행은 융자업체의 체질개선과 경쟁력 강화를 도모하고자 현장진단지도 중심으로 기업지도를 했다. MIB-UNDP의 공동지도사업이 완료된 이후 특수 분야 기술지도를 위하여 1977년에 체결한 기술지원계약에 따라 한국과학기술연구소(KIST)의 기술지원으로 섬유 분야에 관하여 특수지도를 실시했다.

(6) 국민은행의 지도 : 국민은행은 주로 소영세기업체를 대상으로 종합적 경영관리·인사관리·재무관리·판매관리·생산관리 등 분야별 경영지도를 실시하고 중소기업 경영 세미나 개최 중소기업의 도산 원인 및 방지대책과 소규모 기업금융에 대하여 설명 지도했다.

(7) 신용보증기금의 지도 : 신용보증기금은 미국 죠지아 공과대학(GIT)과의 경영기술에 관한 용역계약을 체결하고 기계·금속·전기·전자 분야에서 금속공작물의 이온질화처리기 활용방안, 전축 조립라인의 수정 및 재배치와 미니 컴퓨터에 따른 재고 관리 등을 지도했다.

(8) 국립공업시험원의 지도 : 국립공업시험원은 국산원료의 실용화, 선진기술의 토착화, 품질향상, 부품의 단순화, 규격의 통일화 등을 위한 기술개발연구를 하거나 기업체나 관공서의 의뢰에 따라 행하는 품질 시험검사 과정에서 나타난 불량 원인과 취약기술을 분석하여 이를 개선하는 현장지도를 실시했으며 기능 기술향상을 위한 교육 훈련도 실시했다.

제4장 산업구조의 기술집약화와

중소기업정책 : 1980년대(1)

1 산업기반의 확충 및 기술집약화와 중소기업정책

1.1 1980년대 경제과제와 제5차5개년계획의 중소기업정책

1980년대 중소기업이 대처해야 할 경제 여건은 다음과 같이 지적되었다.[1]

(1) 무역구조의 변화와 국제시장에서 격심한 경쟁적 시장형태의 출현.

(2) 중소기업 전문화·계열화 필연성의 확대.

(3) 상품의 수요구조의 변화(소비구조의 고급화, 다양화로 다품종 소량품목 수요 증가).

(4) 자원과 에너지가격의 점진적 상승.

(5) 공해방지와 환경보전에 관한 압력의 가중.

---

1) 상공부, 《중소기업에 관한 연차보고서》, 1981, 117~118쪽.

⑹ 종업원의 임금인상 등 후생복지에 관한 압력의 가중.

1980년대 중소기업의 경제 여건 변화에 대한 이러한 전망과 함께, 1970년대 까지의 고도성장 과정에서 정착된 긍정적·부정적 특성이 또한 1980년대 중소기 업정책 전개를 규정하는 원인이 되었다. 1970년대 고도성장의 추구는 중화학공 업화정책에 따라 이루어졌다. 중화학공업의 성장과 더불어 산업구조·공업구조· 무역구조를 고도화시키고 이것이 고도성장을 주도했지만, 다른 한편에서는 중 화학공업화가 국민경제의 구조적 문제를 일으키고 이것이 기존 산업구조의 취 약성을 더욱 심화시키는 점도 있었다. 중화학공업화가 국민경제에 가져온 부정 적 측면은 다음과 같이 지적되었다.[2]

첫째, 그동안의 중화학공업화는 국내산업 사이의 불균형을 심화시켰다.중화 학공업에 대한 편중지원은 상대적으로 농업 및 경공업을 비롯한 내수산업의 부 진을 불러 왔을 뿐만 아니라 중화학공업부분에서도 불균형을 가져와 국민경제 의 산업기반을 취약하게 만들었다. 특히 소재 및 생산재 부문의 낙후는 중화학 공업에 필요한 투자재의 대부분을 수입에 의존함으로써 투자가 투자를 부르는 등 자율적 성장 매커니즘을 확대하지 못하게 했다. 또한 가공원자재 중심의 원 재료 수입으로 수입구조를 경직화시켰다. 그 결과 중화학공업의 국내 후방연관 효과를 높이지 못했다.

둘째, 중화학공업화의 진전은 오히려 산업의 대외경쟁력을 떨어뜨렸다. 이는 투자의 회수기간이 긴 중화학공업에 대한 집중 투자로 투자효율이 저하된 것에 그 원인이 있는데, ① 급속한 중공업건설로 공급능력이 수요를 상회함과 아울 러 일천한 기술축적에 따라 가동율이 낮았던 점, ② 업종의 선택에서도 에너지 다소비형 중화학공업에 집중됨으로써 생산성이 저하된 점, ③ 회임기간이 장기 인 중화학공업에 대한 집중투자로 투자재원 공급이 어려워짐으로써 통화증발

---

2) 金大煥, 〈국제환경의 변화와 중화학공업의 전개〉, 박현채·정윤형·이경의·이대근 편, 《한 국경제론》, 까치, 1987, 225~231쪽.

을 가져와 인플레의 악순환을 불러왔다는 점 등에서 비롯되었다.

셋째, 중화학공업화는 국민경제의 대외종속을 심화시켰는데, 이것은 무엇보다도 중화학공업화가 외국자본에 의존하여 추진된 데 따른 것이다.

넷째, 독점재벌의 비대화를 더욱 촉진 시켰다. 재벌기업은 중화학공업화 초기단계에서는 참여가 소극적이었으나 특혜적 편중지원에 따라 중화학공업에 적극 참여했고 이에 힘입어 비대화했다. 원래 수출지향적 국제규모의 중화학공업 건설이 추진되었기 때문에 중소기업은 처음부터 배제될 수밖에 없었고 독점재벌에 모든 특혜적 지원이 집중되었다.

다섯째, 중화학공업화는 국가의 상대적 자율성을 크게 약화시키는 국민경제의 구조를 구성했다.

중화학공업화가 가져온 이러한 부정적 측면은 당시 한국경제가 해소해야 할 당면과제로 제시되었다. 이것을 극복하는 것은 약화된 성장기반을 확충해서 지속적인 고도성장을 가능하게 하는 방향이었다. 이를 위해서 무엇보다도 중요한 것은 국내분업 관련을 기준으로 하여 전략업종을 선정하고 관련된 부문 및 소재산업을 발전시켜 국내분업 관련을 누적적으로 높이는 것이었다. 결국 대기업과 중소기업 사이의 상호보완적인 대내적 분업관계를 심화하여 산업기반을 확충하고 나아가 국민경제의 대외종속성 탈피와 경제력 집중 완화를 실현하는 것이 중요한 정책과제였고 이것은 바로 중소기업육성의 방향으로 귀결되었다.

양적 고도성장 과정에서 제시된 대기업과 중소기업의 성장격차의 심화 및 공업 내부의 불균형, 지방산업의 취약 등 지역간 불균형, 경제력 집중에 따른 소득분배의 불균형과 부품공장의 낙후 등 여러 문제점이 균형 있는 경제발전과 지속적인 성장체제의 취약점으로 작용한다고 보았다. 변화하는 세계 산업의 동향에 효율적으로 대응하여 동태적 비교 우위에 입각한 선진공업구조로 질적 발전을 이루기 위해서는 이러한 문제점을 시정하여 합리적이고 균형 있는 공업구조로 전환하지 않을 수 없는 과제를 안게 되었다.

이것은 중소기업의 건전한 발전 없이는 대기업의 성장도 안정적 바탕을 마련할 수 없으며 국민경제의 안정적·지속적 성장도 기대하기 어렵다는 것을 의미한다. 이에 중소기업의 기술수준 향상과 체질개선을 통해서 중소기업의 경쟁력을 배양하고 동시에 새로운 단계의 중소기업구조고도화와 산업재편성의 과제가 제시되었다.

〈제5차경제개발5개년계획〉(1982~1986)은 이러한 과제를 안고 중소기업정책을 규정했다. 선진공업구조의 실현을 위한 기본정책의 방향에서 중소기업을 산업의 저변이라고 보았다. 즉, 산업의 저변을 이루는 중소기업에 대한 지원을 적정화하고 경영기술지도를 강화하여 중소기업의 자생적 발전 여건을 조성한다는 것이다.

특히 기계공업의 발전을 위해서는 안정된 수급 기반, 기술수준의 향상과 함께 중소부품공업의 발전이 이루어져야 한다고 보았다. 이에 따라 소규모 전문기계 공장을 육성하여 부품업체의 전문계열화를 촉진함으로써 기계공업의 저변을 확충하고 기계류의 국산화를 촉진할 것을 규정했다. 그리고 이 계획이 제시한 구체적인 중소기업 부문에 대한 시책 내용은 다음과 같다.

이제까지 대부분의 중소기업은 고도성장 과정에서 상대적으로 기술·정보·금융에 대한 접근 기회가 부족했고 기술수준은 낙후되고 대기업과의 합리적 계열화가 이루어지지 않아 발전이 늦은 부문으로 남아 있다. 따라서 앞으로 중소기업을 산업고도화 과정에서 산업조직의 견실한 저변을 이루도록 건전하게 육성함으로써 내실 있는 공업구조를 이끌어 나갈 것이다. 중소기업에 대한 정책지원 방식은 지나친 보호나 특별지원에서 비롯되는 기업체질의 약화가 일어나지 않도록 중소기업의 자생적 체질강화와 발전능력 향상에 중점을 두도록 할 것이다.

(1) 금융자율화를 통하여 금융기회를 균등히 하고 세제지원의 공평성을 높여 건전한 경쟁기반을 조성하여 중소기업 스스로 기술수준과 제품의 질을 높여 생산성이 높아지도록 유도할 것이다.

(2) 중소기업의 뒤떨어진 기술 및 경영 분야에 대한 지도기능을 대폭 강화하기 위해서 중소기업진흥공단, 한국생산기술사업단의 기능을 재편하고 지도기관 사이의 협조체제를 마련하여 기술 및 경영지도, 정보제공, 상담 등 서비스 기능을 대폭 강화할 것이며 기술집약적 소기업의 육성을 위하여 기술개발주식

회사를 중심으로 한 기업화금융(venture capital)을 확충 정착시킬 것이다.

(3) 소규모 기계부품업체의 전문화를 유도하기 위하여 규모가 작은 중소기업에 대하여 각종 지원 및 유인제도가 공평하게 배분되도록 하고, 특히 대기업과의 공정한 거래관계 및 분업적 협력관계를 유지하여 대기업과 중소기업이 서로 공존공영할 수 있는 신뢰와 협동관계가 이루어지도록 할 것이다.

(4) 중소기업의 시설근대화를 위하여 노후시설개체를 촉진하고 공동공장 건설 등 중소기업 상호간의 공동노력을 제도적으로 뒷받침할 것이다.

1.2 제6차5개년계획의 중소기업정책

1.2.1 산업저변의 내실화와 중소기업육성

능률과 평형을 토대로 한 경제선진화와 국민복지의 증진을 목표로 정한 〈제6차경제사회발전5개년계획〉(1987∼1991)은 1980년대 후반의 경제정책 방향을 규정했다. 이 계획은 ① 경제사회의 제도의 발전과 질서의 선진화, ② 산업구조의 개편과 기술입국의 실현, ③ 지역사회의 균형발전과 국민생활의 질적 향상 등을 중점 촉진과제로 정했다. 이 가운데 산업구조의 개편과 기술입국의 실현을 위한 과제 가운데 기계류·부품 및 소재생산 중소기업의 획기적 육성발전계획을 포함했다.

또한 제6차5개년계획의 주요 정책 방향 가운데 산업구조조정 촉진과 기술입국의 실현을 위해서는 비교우위에 입각한 산업구조조정의 촉진과 중소기업육성을 통한 산업저변의 내실화를 정책 방향으로 제시했는데, 그 내용은 다음과 같다.

(1) 기계류와 부품 및 소재 생산 중소기업의 집중 육성으로 수입대체를 촉진하고 장차 세계의 부품공급기지로 발전.

(2) 기술집약적 중소기업의 창업 촉진으로 경쟁력 있는 중소기업수를 대폭 확대.

(3) 중소기업의 금융기회 확대와 신용대출 관행의 정착.

(4) 계열화 촉진과 하도급거래의 공정화를 통한 대기업과의 협력적 보완관계 발전(계열화율 : 1984년 42퍼센트 → 1991년 60퍼센트).

(5) 공공지원기관은 공통애도 기술개발과 기술인력의 양성공급에 주력.

제5차5개년계획에서는 중소기업을 산업의 저변이라고 규정한 바 있다. 제6차 5개년계획에서는 이러한 산업저변의 내실화가 산업구조 조정촉진과 기술입국 실현의 주요 정책 방향이라고 보았는데, 기본 정책 방향의 해설자료 가운데 중소기업육성을 통한 산업저변의 내실화에 대해서 다음과 같이 설명했다.

(1) 1970년대 대기업위주의 중화학공업 육성정책은 중소기업에 대한 자원배분을 상대적으로 위축시켜 건실한 산업저변구축의 제약요인으로 작용했고, 특히 부품·소재산업기반이 이루어지지 않는 상황에서 조립가공산업을 육성함으로써 수입유발이 확대되는 등 산업구조의 불균형과 취약성 유발.

(2) 1980년대 들어 정부는 이와 같은 산업구조의 취약성을 보완하고 산업민주주의의 실현을 뒷받침하기 위하여 중소기업에 대한 의무대출비율의 재고, 신용대출 확대, 각종 재정지원 등으로 금융기회 확충에 주력하는 한편 하도급거래 공정화를 위한 제도적 장치를 마련하고 다수의 경쟁력 있는 중소기업을 육성하기 위해서 창업지원제도를 발전시키는 등 다각적 노력을 기울임.

(3) 그리하여 중소기업의 건실한 발전을 뒷받침하기 위한 제도적 장치가 상당히 마련되었고 중소기업의 생산 수출 고용 등 국민경제에서 차지하는 비중도 크게 높아졌으나, 업종에 따라서는 아직도 기술수준이 낮고 경영기법이 낙후되어 있는 실정.

(4) 중소기업이 겪고 있는 어려움을 크게 나누어보면 시설투자를 뒷받침할 수 있는 금융기회문제, 품질 고급화와 생산성 향상을 위한 현장기술의 개발문제, 하도급관계에서 부당한 대우와 대기업의 중소기업업종 침투문제, 시장정보와 마케팅 능력문제 등이 있음.

① 우선 금융기회를 확대하기 위해 종래와 같이 의무대출비율 제고, 신용대출확대 등을 통한 지원방안도 계속 확충해나가되 기본적으로 중소기업의 담보 능력 부족, 금융기관의 대기업 선호경향 등 여러 여건상의 어려움을 감안하

여 신용보증기금의 보증능력을 강화하고 중소기업 전담금융기관의 자금여력을
키워주는 한편, 담보위주 대출관행 개선 등 중소기업지원시책이 일선창구까지
일관성 있게 스며들도록 함.

　② 중소기업 기술개발을 촉진하기 위하여 중소기업진흥공단, 산업연구
원, 지방공업시험소의 기술정보 제공 및 현장기술 지도능력을 대폭 강화하고
산업기술연구조합의 결성 등 공통애로기술개발을 위한 업계의 공동노력을 효
과적으로 지원.

(5) 대기업과의 협조적 보완관계.

　① 부품 및 소재생산에서 중소기업 역할이 높아짐에 따라 대기업과의 계
열화 및 하도급거래의 공정화 문제가 과제로 대두.

　② 계열화 비율을 1984년의 42퍼센트에서 1991년 60퍼센트 수준까지 높
이되 지정계열화품목을 합리적으로 조정하고 수급기업협의회를 구성하여 건전
하고 협조적인 계열화관계가 정착되도록 계속 유도하는 한편, 1984년에 제정한
〈하도급거래 공정화에 관한 법률〉을 토대로 하도급대금지급 등 하도급 거래에
서 불공정 거래행위를 규제.

(6) 중소기업 고유업종제도의 보완·발전.

　① 중소기업 고유업종제도는 중소기업 영역에 대한 대기업의 침투를 방
지 한다는 장점이 있는 반면, 기본적으로 경쟁을 제한한다는 단점도 함께 내포.

　② 이 제도는 중소기업 고유영역을 정하여 대기업의 참여를 직접 규제하
여 피해를 시정한다는 점에서 과도적 제도로 인식되어야 함.

　③ 그러나 대기업의 문어발식 사업확장과 중소기업영역에 대한 대기업의
침투문제는 현실적인 문제로서 이러한 현실 여건과 기술혁신 및 수입개방 정책
등 대내외 여건 변화를 고려하여 고유업종제도의 실효성을 높이면서 구체적인
업종은 발전적으로 보완·개편해나감.

1.2.2 중소기업정책의 방향

중소기업육성을 통한 산업저변의 내실화에 대한 정책설명에 기초하여 〈제6

차5개년계획〉은 다음과 같이 이에 대한 정책 방향을 제시했다.

(1) 중소기업 저변확대를 위한 집중적인 투자 유도.

① 중소기업에 대한 투자배분비율을 1984년에 29.7퍼센트에서 1991년에는 40퍼센트 수준 이상으로 제고.

② 1986년에 제정된 〈중소기업창업지원법〉을 바탕으로 중소기업 창업지원시책의 본격적 추진.

• 중소기업 창업투자회사의 적극 육성.

• 모험기업주식거래제도의 도입.

• 창업절차 간소화의 지속적 추진.

③ 재정 금융 및 세계지원의 확충.

• 중소기업지원을 위한 정부기금지원의 확충.

• 금융기관의 사업성평가 기준 강화 등 신용대출 풍토조성을 위한 제도적 기반 강화.

• 신용보증기금의 보증능력을 강화하고 제2금융권의 중소기업지원 강화.

④ 창업중소기업 및 중소기업창업을 지원하는 중소기업창업지원회사에 대한 조세지원.

(2) 중소기업의 기술향상촉진과 산업정보의 원활한 제공.

① 내실 있는 기업지도.

• 공업진흥청·중소기업진흥공단·정부출연연구기관 등 기술지도기관의 체계적이고 종합적인 기술지도 촉진.

• 대기업 우수퇴역기술자를 적극 발굴 활용.

• 지방공업시험소의 기능을 보강하여 지방 중소기업 기술지원기관으로 육성.

② 연구개발의 활성화.

• 기술개발지원 재정자금을 중소기업 부문에 집중 지원.

• 국공립연구기관 보유기자재의 중소기업 적극 활용.

• 기계 전자부품 등 핵심전략 부문의 중소기업체에 근무하는 고급인력

에 대한 병역특혜 등 기술인력확보를 위한 유인책 강구.

　　　• 기업부설연구소의 설립요건 완화.

　　③ 산업기술정보 제공의 확대.

　　　• 정보기관 연계강화로 정보유통의 원활화 촉진.

　　　• 주요정보의 데이터 베이스화를 추진하여 정보유통 전산망 구축.

　　　• 고유업종에 대한 외국인투자 제약요인 완화 등 중소기업의 해외기업
과의 합작투자를 촉진하여 선진기술정보를 적극 도입.

　(3) 중소기업과 대기업의 협력 증대.

　　① 계열화시책의 내실화.

　　　• 산업구조변화 및 신기술 출현 등에 따라 지정계열화업종 및 품목을
합리적으로 조정.

　　　• 수급기업협의회 구성을 확대하여 모기업과 수급기급간 자율적 협조
분위기 확산(1986년 65개 →1991년 100개).

　　　• 모기업과 수급기업 사이의 공동직업훈련 실시 유도 및 중소기업진흥
공단과 모기업의 공동기술지도 확대.

　　② 중소기업 사업영역의 합리적 보호.

　　　• 기술혁신 수입개방정책 등 대내적 여건 변화를 고려하여 고유업종을
단계적으로 조정하여 지정제도를 탄력적으로 운용.

　　　• 대기업의 중소기업에 대한 불공정거래행위 규제강화 등 공정거래 확
충을 통한 중소기업보호 강화.

　(4) 중소기업의 국제화 촉진.

　　① 중소기업 수출촉진을 위한 제도적 지원 확충.

　　　• 수출입절차 간소화의 지속적 추진.

　　　• 무역진흥공사 및 고려무역의 중소기업지원 강화.

　　② 중소기업인의 국제화 인식제고.

　　　• 해외유관단체 및 기관과의 교류확대.

　　　• 각국과의 민간경제협의회 개최 시에 중소기업인 참가 확대.

(5) 중소기업인의 자조적 협동기능의 강화.

　① 중소기업협동조합의 조직 및 운영에 대한 자율성 증대.

　　• 조합업무에 과도한 정부개입 및 감독 축소.

　　• 협동조합의 발전을 저해하는 각종 사업자 단체의 역할 정비.

　② 중소기업의 공동활동에 대한 지원 강화.

　　• 조합의 업종대표기능강화.

　　• 정보제공 교육 등 조합의 간접서비스 제공에 대한 정부지원방안 강구.

　③ 협동조합의 조직체계 건실화.

　　• 업종별, 기능별로 전문화, 다양화 유도.

　　• 상업·서비스업의 조직화 확대.

　　• 전국조합 중심의 조직체계를 지방조합 중심으로 유도.

　④ 단체수의계약제도의 합리적 운영.

　　• 중소기업간 경쟁 여건의 조성.

　　• 단체수의계약에 대한 대기업 참여비율의 지속적 인하.

　　• 단체수의계약 수수료율을 점직적 인하.

(6) 지방 중소기업의 육성.

　① 지방공업화의 기반구축.

　　• 도로 공업용수 통신 등 간접시설의 확충.

　　• 지방 중소기업 지원기구 확충.

　　• 시·군·도의 공업행정기능 강화.

　　• 지방의 대학·전문대학·공업학교와 중소기업 사이에 산학협동체제를
구축.

　② 농공지구사업의 지속적 추진.

　　• 농공지구 대상지역을 중소도시까지 확대.

　　• 1991년까지 100개 이상을 지정하고 1500개 이상 기업 유치.

　　• 농공지구 입주업체에 대한 자금지원 확충.

　③ 지방공예산업의 육성.

- 공예품 전문생산업체의 지정확대 및 지원의 내실화.
- 올림픽 상품개발과 연계하여 추진.
- 종합전시판매장의 설립확대를 통한 판로 지원 강화.
④ 지방 중소기업에 대한 금융지원.
- 금융기관의 지방조성자금 역내환류 유도.
- 한국은행 자금지원시 지방우대 제도 확대 실시.

중소기업육성을 통한 산업저변의 내실화라는 주제 아래 정한 〈제6차5개년계획〉의 중소기업정책은 이처럼 포괄적이고 구체적인 내용을 담고 있어서 이전보다 적극적인 정책의지를 표명하고 있다. 이것은 제1차에서 제5차에 이르는 〈5개년계획〉에서 중소기업정책이 기본 방향과 중점 정책만을 규정했던 것과는 대조적이다. 그리고 그 내용은 1980년대 전반과 중반에 시행되어왔던 중소기업정책의 골격을 체계 있게 정리한 것이었고 그 틀은 그 뒤 정책시행에 이어졌다.

2 중소기업 구조정책(1) : 보호·육성정책의 적극적 전개

2.1 〈중소기업진흥장기계획〉의 수립과 관계법의 제정 및 개정

2.1.1 중소기업진흥장기계획의 수립

〈중소기업진흥법〉은 제2장에서 '중소기업진흥계획'을 규정한 바 있거니와, 장기적 안목에서 중소기업이 지향해야 할 좌표와 지원정책의 지속적 발전을 강구하고 중소기업을 적극적으로 진흥·육성시켜 대기업과의 불균형에서 비롯된 산업구조상의 취약점을 보강, 균형적이고 조화 있는 국민경제의 안정적 성장을 촉진하기 위하여 1980년대(1982~1991) 중소기업의 육성 방향과 비전을 제시하는 〈중소기업진흥장기계획〉(1982. 4)을 수립했다. 이 계획은 10년에 걸친 중소기업진흥육성 장기목표와 목표연도인 1991년의 중소기업 지위 등 미래상을 제시하고 있다. 이 계획은 1985년 전반적인 수정을 거쳐 〈제6차5개년계획〉에 반영되었는데, 주요 내용을 보면 다음과 같다.

(1) 중소기업의 범위 조정 : 중소기업자 가운데 규모에 따른 범위의 구분이 없어서 중소기업시책이 상대적으로 규모가 큰 중소기업에만 집중되어 있는 점을 감안, 규모가 작은 소기업의 육성·발전을 위하여 소기업 개념을 정했다. 또한 업종의 특성을 감안, 노동집약적인 업종은 중소기업자의 범위를 700명까지 확대할 수 있도록 하는 반면, 일정한 자산 규모로서 외형상 중소기업으로 보기 어려운 기업은 종업원 300명 이하라고 하더라도 중소기업에서 제외하도록 했다.

(2) 중소기업자의 사업활동 영역을 보호 측면의 영역과 우선지원 측면의 영역으로 구분하여 보호와 지원이 조화롭게 운영되도록 했다. 전자의 시책으로는 중소기업 고유업종을 대폭 확대 지정하는 것이었고, 후자의 시책으로는 각 시책별로 다기화해 있는 것을 우선육성업종으로 일원화, 비교우위에 있는 업종을 전략개발 분야로서 집중 육성한다는 것이었다.

(3) 기존의 중소기업 육성시책의 발전과 함께 새로운 시책의 개발을 강구했다.

① 기술수준과 수급구조의 변화에 따라 새로운 전망이 있는 사업 분야로 중소기업의 전환을 촉진.

② 중소기업의 도산방지를 위한 중소기업 공제사업기금의 설치.

③ 공동구매 및 공동판매사업의 원활한 지원.

④ 소기업육성시책의 강구.

(4) 협동조합의 기능강화, 중소기업진흥공단의 역할증대, 지방행정기관의 중소기업지원기능의 본격화, 무역진흥공사 등의 기능강화 등 지원조직을 전문화하고 강화한다.

(5) 이러한 시책과 제도를 뒷받침하기 위해 중소기업관계법을 개정하고 소기업 특별대책법 등 새로운 법률제정을 강구한다(〈소기업지원을 위한 특별조치법〉은 1997년에 제정됨).

2.1.2 헌법의 중소기업육성 규정

제5공화국 헌법(1980. 10)은 국가의 중소기업 보호육성에 관한 의무를 표명했다. 물론 헌법에 중소기업에 관한 규정은 다음과 같이 그 이전부터 있었다.

(1) 제5차개정헌법(1962. 12. 26)은 "국가는 농어민과 중소기업의 자조를 기반으로 하는 협동조합을 육성하고 그 정치적 중립성을 보장한다"고 했다(제115호).

(2) 유신헌법(1972. 12. 27)도 "농민 어민과 중소기업자의 자조조직을 육성한다"고 규정했다(제120조 2항).

즉, 헌법은 협동화와 조직화에 관한 사항만 독립적으로 규정하고 기타 중소기업시책 일반은 개별적인 관계법과 시행령에서 정하게 했다. 그러나 제5공화국헌법은 이러한 소극적인 차원을 넘어서 다음과 같이 적극적인 중소기업관을 표명했다(제124조).

즉, (1) 국가는 중소기업의 사업활동을 보호육성해야 한다(제112항).

(2) 국가는 중소기업의 자조조직을 육성해야 하며 그 정치적 중립성을 보장한다(제3항)는 것이다.

이는 이전의 자조조직 육성 조항 외에 중소기업의 보호육성 의지를 강력하게 표명한 것이다.

이와 같은 내용은 그 뒤 헌법에 계속해서 반영되었다. 그래서 현행 헌법(제123조)에서도

(1) 국가는 중소기업을 보호육성해야 한다(제3항).

(2) 국가는 농어민과 중소기업의 자조조직을 육성해야 한다는 등의 내용을 볼 수 있다. 그리고 자율적인 활동과 발전을 보장한다(제5항)고 규정했다.

즉, 적극적인 중소기업 보호육성 의지를 표명하면서·자조조직의 육성에 대해서도 규정해 능동적 시책수립을 촉구하고 있는 것이다.

2.1.3 중소기업관계법의 보완과 제정 및 개정

(1) 〈중소기업기본법〉의 개정(1982. 12. 31 법률 제3650호).

① 중소기업의 범위를 중기업과 소기업으로 구분하고 소기업 육성시책의 강구(제2-9조 및 별표).

② 중소기업의 창업을 지원하고 창업된 중소기업을 육성하기 위한 창업

조성지원정책의 제도화(제9조②).

③ 성장한계업종을 영위하고 있는 중소기업의 사업전환 촉진대책 강구(제14조 ②).

④ 중소기업의 도산방지와 공동구매사업을 지원하기 위한 중소기업 공제제도의 확립(제20조 ②).

⑤ 지역 사이의 균형 있는 발전을 강구하고 중소기업의 지방이전을 촉진하기 위한 지방 중소기업 지원시책과 민속공예산업을 육성하기 위한 시책 강구(제15조 ②).

⑥ 중소기업 전문지도기관의 육성.

⑦ 중소기업정책심의회의 기능 강화와 기능별 분과실무위원회 설치(제29-33조).

개정된 중소기업기본법에 새로 포함된 이상의 내용은 〈중소기업진흥법〉과 중소기업진흥장기계획에서 제시한 시책을 법제도화한 것들이다.

(2) 〈중소기업진흥법〉의 개정(1982. 12. 31 법률 제3651호).

〈중소기업기본법〉에서 새로운 시책으로 규정된 사업전환촉진, 창업조성지원, 지방 중소기업 및 민속공예산업에 대한 지원 시책을 추진할 수 있도록 하고 이를 위하여 중소기업진흥공단의 기능을 강화

(3) 〈중소기업계열화촉진법〉의 개정(1982. 12. 31 법률 제3652호).

① 모기업, 수급기업체, 관계 기관으로 중소기업계열화촉진협의회 설치(제15조 2).

② 모기업체 단위별 수급기업체협의회의 구정(제15조 3).

③ 모기업체의 수급기업체에 대한 준수사항 확대(제13조).

④ 〈독과점규제 및 공정거래에 관한 법률〉의 불공정 거래행위의 처벌 요구 근거 마련(제13조 2).

(4) 〈중소기업사업조정법〉의 개정(1982. 12. 31 법률 제3653호).

① 대기업의 침투를 강력히 규제할 수 있는 중소기업 고유업종의 기본개념 명시(제6조 2).

② 중소기업자의 사업조정신청이 있는 경우 사업조정시까지 대기업에게 임시사업정지권고권의 제도화(제8조 2).

(5) 〈중소기업협동조합법〉의 개정(1982. 12. 31 법률 제3654호).

① 중소기업 공제사업기급의 설치(제87조 3).

② 협동소조합 신설의 제도화(제67조).

(6) 〈농어촌소득원개발촉진법〉의 제정(1983. 12. 31일자 법률 제3689호).

① 농어촌지역에 소규모 공업단지(농공지구)조성 지정.

② 농어촌지역의 공업화 촉진.

③ 농어촌지역의 유휴노동력 활용과 농업소득 증대.

(7) 〈하도급거래 공정화에 관한 법률〉 제정(1984. 12. 31).

① 하도급에 관한 공정거래 풍토 조성.

② 〈중소기업계열화촉진법〉과 더불어 효율적이고 공정한 거래질서 확립의 두 지주임.

(8) 〈중소기업창업지원법〉 제정(1986. 5. 12 법률 제3831호).

① 중소기업의 설립촉진.

② 창업중소기업자에 대한 지원 강구.

③ 기술집약형 중소기업 및 농촌지역의 중소기업 설립 촉진.

(9) 〈공업발전법〉 제정(1986. 7. 1).

① 산업현장에서 필요한 새로운 기술의 발굴·개발촉진.

② 공업기술수요조사 실시.

③ 공업기반기술 개발사업 실시.

(10) 〈중소기업의 경영안정 및 구조조정촉진에 관한 특별조치법〉 제정(1989. 3. 25 법률 제4092호).

① 중소기업의 구조전환 원활화를 위한 제도개선 및 자금지원.

② 기술개발 및 생산성 향상 노력 강화.

③ 중소기업의 수출 관련 비용의 절감과 자금부담 완화.

④ 특별외화대출지원과 제2중소기업은행 및 제2신용보증기금 설립.

2.2 근대화 및 협동화사업의 전개

2.2.1 근대화사업의 전개

2.2.1.1 중소기업 근대화사업의 의의

우리나라 중소기업은 대기업에 견주어 규모의 영세, 자금조달능력의 부족, 낮은 기술수준, 생산설비의 낙후 등 취약성을 안고 있어 균형 있는 경제발전의 요인으로 충분히 작용하지 못하고 있는데, 이러한 취약요인을 개선하여 산업구조의 고도화 및 경제발전의 균형인자로 작용할 수 있도록 중소기업의 체질개선을 유도하는 정책사업이 근대화사업이다. 좀더 구체적으로 말하며 근대화사업은 개별 중소기업의 시설근대화·경영합리화·기술경영지도·정보제공·연수 등을 종합적으로 지원하여 중소기업의 체질을 개선하는 시책사업인 것이다.

이러한 중소기업의 근대화사업은 1978년 〈중소기업진흥법〉이 제정된 이후 더 적극적이고 체계적인 시책으로 전개되었다. 〈중소기업진흥법〉은 그 목적에서 "중소기업의 근대화 및 협동화사업의 추진"을 규정했고 그 시행을 위해서 우선육성업종의 지정을 제3조에서 규정했다. 즉, 상공부장관은 산업구조의 고도화와 국제경쟁력의 강화 및 국민경제의 발전을 촉진하기 위하여 중소기업자가 영위하는 업종 중 우선적으로 육성해야 할 업종을 지정 고시하도록 했다(제3조).

그리고 상공부장관은 우선육성업종을 영위하는 중소기업자 가운데 발전 가능성이 있는 자의 시설근대화와 경영합리화 및 기술향상 등을 위한 중소기업근대화계획을 수립·고시하도록 했다(제7조). 중소기업근대화계획에 따라 근대화사업을 추진하고자 하는 중소기업자는 중소기업근대화 실천계획을 작성하여 상공부장관의 승인을 받도록 했다(제8조).

이처럼 우선육성업종을 영위하는 개별 중소기업을 지원해서 관련 산업에 대한 파급효과를 도모함은 물론 나아가서 전제 중소기업의 근대화를 이룩하려는 것이 근대화사업의 목표였다.

2.2.1.2 우선육성업종의 지정·확대

근대화사업은 시행단계에서 중소기업 우선육성업종을 선정하고 그 업종을 영위하는 중소기업체를 지정하여 자금지원 및 경영기술지도를 실시하는 것이기 때문에 우선육성업종의 선정은 근대화사업의 기본이 된다.

1979년에 중소기업진흥법 제3조와 동시행령 제3조 및 〈중소기업 우선육성정책 지정요건〉(상공부 공고 제79-36조)에 따라 우선육성업종을 공고했다. 여기에는 ① 중소기업형 전문기계업종과 ② 계열화업종 그리고 ③ 고유 중소기업형 우선육성업종이 포함되었다.

1981년 11월 18일자 상공부 공고 제81-73호와 중소기업진흥법 제3조 및 동시행령 제3조에 따라 공고한 중소기업우선육성업종은 중소기업근대화계획과 중소기업협동화계획의 수립 및 추진을 위하여 중소기업업종 가운데 우선적으로 육성할 필요가 있다고 상공부장관이 인정하여 지정한 것인데, 여기서는 중소기업형 전문기계업종과 고유중소기업형 우선육성업종으로 구분되었다. 그 지정요건으로는 ① 산업구조의 고도화 및 계열화 촉진에 필요한 것, ② 산업의 관련도가 높을 것, ③ 국민생활의 안정과 향상을 도모하는 데 특히 필요하고 안정되는 물품 또는 용역을 제공할 것, ④ 중소기업자가 당해 업종의 총고용량, 총생산량 또는 총판매액 중 상당 부분을 차지하는 것 중 특히 필요한 업종으로 되었다.[3]

근대화사업은 이렇게 지정 고시된 우선육성업종을 영위하는 중소기업체가 제품의 품질향상과 생산성 제고를 일정한 기간 안에 달성하기 위해 근대화실천계획을 수립하고 이를 실천하고자 하는 중소기업체에 시설의 근대화, 경영의 합리화 및 기술의 향상에 필요한 자금지원, 기술지도, 정보제공 등을 지원하는 사업이다. 그런데 그 동안 우선육성업종지정에서는 1976년부터 기계공업육성시책의 일환으로 추진되었던 중소기업형 전문기계공장 지정에서의 대상품목, 그리고 1978년부터 중소기업육성시책으로 추진해오던 고유중소기업형공장지

---

3) 상공부, 《중소기업에 관한 연차보고서》, 1982, 132쪽.

정(중소기업 특화업체 지정)을 기초자료로 활용해왔다. 이 때문에 업종과 품목이 혼용되었으며, 이로 말미암아 지원효과의 계량적 분석이 어렵고 지속적 지원에 문제점이 도출되었다.

이러한 문제점을 해소하기 위하여 1981년에 지정한 전문기계업종과 고유중소기업형업종을 한국표준산업분류기준 5단위 업종으로 종합, 중소기업우선육성업종으로 일원화하여 1982년 6월 7일 고시(상공부 고시 제82-22조)했다. 아울러 이들 우선육성업종을 영위하는 중소기업은 중소기업진흥공단이 시행하는 중소기업 근대화실천계획에 참여할 자격을 부여함으로써 중소기업근대화계획과 상호 연계시켰다. 이로서 중소기업 우선육성업종의 지정시책을 합리화했고 우선육성업종을 영위하는 중소기업자에게 중소기업 특별자금지원의 기회가 부여되었다.

우선육성업종 선정 기준은 다음과 같이 제시되었다(〈표 1〉).

비교우위업종	정책개발육성업종
• 산업연관효과가 높은 것 • 부가가치가 높은 것 • 업체 수가 많은 것 • 종업원 비중이 큰 것 • 출하액 비중이 큰 것	• 수출전략효과가 큰 것 • 수입대체효과가 큰 것 • 계열화 촉진상 필요한 것 • 육성이 시급히 요청되는 취약업종

자료 : 《중소기업에 관한 연차보고서》, 1984, 141쪽

〈표 1〉 중소기업우선육성업종

한편 1989년까지 지정된 우선육성업종은 한국산업표준산업 분류상 제조업 522개 업종 가운데 154개 업종으로 전체의 29.5퍼센트를 차지하고 있다. 1994년도 《중소기업에 관한 연차보고서》(83쪽)는 우선육성업종지정제도가 1995년부터 폐지될 계획이라고 지적했고 관계법 개정시 폐지되었다.

2.2.1.3 근대화사업의 추진 체계

중소기업 근대화사업은 상공부장관이 우선육성업종을 영위한 중소기업의 시설근대화, 경영합리화 및 기술수준 향상 등을 위한 중소기업근대화계획을 수립하여 이를 고시하고, 이 고시에서 정한 소정의 자격요건을 갖춘 중소기업이 제품의 품질향상과 원가절감 및 생산성 제고 등 근대화목표를 일정 기간(3년) 이내에 달성하기 위해 중소기업근대화실천계획을 수립, 중소기업진흥공단에 승인신청을 하면, 진흥공단이 타당성 검토와 평가를 하여 이 실천계획을 승인하고 이 실천계획의 추진에 필요한 종합지원 및 사후관리를 하게 된다. 이 과정을 체계적으로 표시한 것이 〈그림 1〉이다.

한편, 1985년부터 근대화실천계획 승인시에 승인업체의 희망에 따라 유망중소기업으로 선정하고 있으며 1982년 이전에 승인된 업체는 지도를 실시하여 우수업체에 대하여 유망중소기업으로 선정했다.

2.2.2 협동화사업의 전개

〈중소기업진흥법〉은 제5절에서 협동화사업을 규정하고 있는데, 상공부장관은 중소기업자의 집단화, 시설공동화, 기업합병의 촉진 등을 위한 중소기업 협동화 기준을 정하고 이를 고시하도록 했다(제13조). 그리고 협동화 기준에 따라 협동화 실천계획을 수립하여 추진하고자 하는 자는 상공부장관의 승인을 얻어야 하며(제14조), 협동화 실시계획의 승인을 받은 자 또한 중소기업진흥공단이 협동화를 위한 단지구성사업을 시행하고자 할 때는 공업배치법에 따른 공업배치기본계획과 공업유치계획에 적합한가 여부를 검토하여 건설부장관의 승인을 얻어야 하는 것으로 되어 있다(제15조). 즉, 협동화사업의 실시에는 단지조성사업이 주요한 정책수단임을 규정하고 있다.

이러한 협동화사업은 동종 또는 관련 업종을 영위하는 3개 이상(대도시권에서는 5개 이상)의 중소기업이 협동조합, 협동소조합, 공동출자법인 등의 형태로 자본, 경영 및 기술을 제휴하여 규모의 경제를 이루어 품질향상 및 생산성 향상 등 공동으로 근대화를 도모하기 위해서 일정한 지역에 집단 이주하거나 개별적

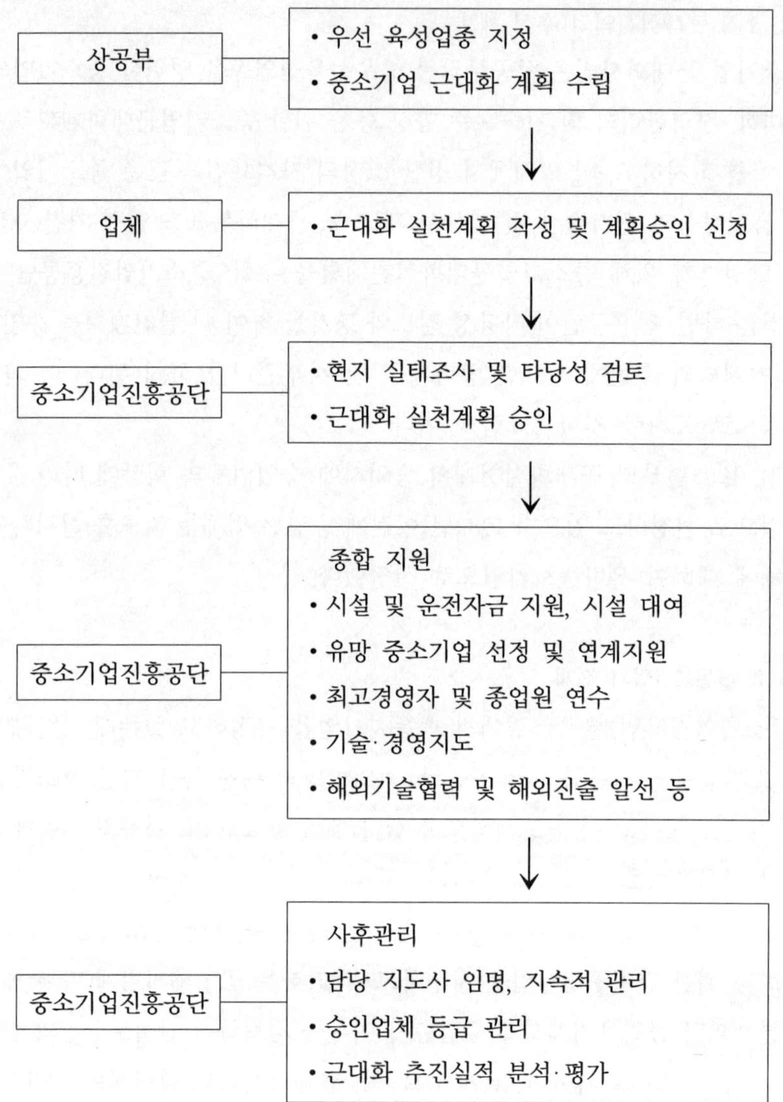

자료 : 《중소기업에 관한 연차보고서》, 1987, 197쪽

〈그림 1〉 근대화사업 추진체계

으로 해결하기 곤란한 고가의 생산시설, 공해방지시설을 설치하고 공동기술을
개발함으로써 경쟁력을 높이는 사업을 말한다.

〈중소기업진흥법〉이 제정된 이후 초기에는 집단화사업과 공동화사업의 형태로 추진되었는데, 그 뒤 협동화사업은 다음과 같이 유형화했다.

(1) 공장집단화 : 동종 또는 관련 업종을 영위하는 중소기업들이 공동으로 단지를 조성하여 공장을 건립 이주하는 사업.

(2) 시설공동화 : 개별적으로 설치하기 어려운 고가의 시설을 공동으로 설치·운영하는 사업.

(3) 경영협업화 : 중소기업들이 공동구매사업을 전개하거나 공동기술개발과 공동상품 등 경영활동을 공동으로 운영하는 사업.

(4) 기업합병 : 동종 또는 관련 업종을 영위하는 중소기업들이 규모의 적정화를 도모하고자 기업을 합병하여 협동화를 추진하는 사업.[4]

(5) 아파트형 공장 : 상공부장관이 고시한 〈아파트형공장설치관리요령〉에 따라 중소기업진흥공단이 아파트형 공장을 직접 건설 하여 중소기업자에게 공급하는 사업 및 설치된 아파트형 공장을 매입하여 입주하는 사업이다. 아파트형 공장의 설치는 1982년부터 논의·추진되었으나 1987년 말의 인천의 주안아파트형 공장의 기공으로 본격화하기 시작했다.

그런데 협동화사업의 각 유형은 명확히 구분되는 것은 아니고 실제에서는 유형간에 중복되는 경우가 많다.

중소기업진흥공단은 협동화사업을 하고자 하는 중소기업체에 대하여 사업추진에 필요한 부지구입비, 공장건축비, 기계 및 시설 설치비 등 소요자금을 지원하는 외에 기업활동에 필요한 경영 및 기술에 관한 지도·연수와 아울러 효과적인 근대화가 가능하도록 시설투자 및 공장설치에 대한 지도와 자문을 실시하며 기술개발과 도입에 따른 제반 지원 및 정보의 제공을 실시했다.

협동화사업은 중소기업자 사이의 공동노력으로 생산성 향상과 규모의 경제를 실현하여 경쟁력을 높이려는 것이 그 특징이다. 이것은 근대화사업이 개별 중소기업의 시설근대화와 경영합리화 및 기술향상을 통한 체질 개선과 경쟁력

---

4) 상공부, 《중소기업에 관한 연차보고서》, 1985, 121쪽.

향상을 도모하는 것과 대조적이다.

2.3 계열화 및 대기업사업의 중소기업이양 시책

2.3.1 계열화시책의 기본 방향과 지정계열화제도의 효율적 운영

도급거래에서 모기업과 수급기업 사이의 분업적 협력을 통한 상호 공동의 이익을 증진하고 국민경제의 균형 있는 발전을 위해서 중소기업계열화시책이 적극 추진되었다. 계열화시책의 기본 방향을 보면, 첫째, 모기업마다 소재에서 완제품에 이르는 일괄생산체제를 갖추는 것을 지양하고 부품은 전문수급기업에게 위탁함으로써 부품생산의 전문성과 규모의 경제를 확보하고, 둘째, 모기업과 수급기업 사이의 협력분위기를 제고하여 모기업의 수급기업에 대한 지도 지원의 강화 및 수급기업의 품질개선, 원가절감 노력의 확대를 유도하며, 셋째, 모기업의 우월적 지위의 남용을 방지하여 도급거래관계의 공정거래풍토를 확립하는 데 그 주안점이 있다.

이러한 계열화시책을 적극 추진하는 법적 근거가 1975년에 제정된 〈중소기업계열화촉진법〉이다. 특히 이 법의 제5조에 따른 지정계열화제도는 계열화촉진시책의 핵심적 내용이었다. 이 제도는 상공부장관은 도급의존도가 큰 업종으로서 수급기업체의 진흥, 산업의 국제경쟁력 강화 및 산업구조고도화에 특히 긴요한 업종을 계열화업종으로 지정하고, 이 업종의 완제품 생산에 필요한 부품 등의 상당 부분을 중소기업이 공급하고 있는 경우, 도급거래 질서의 확립 및 계열화 조성이 특히 필요한 품목을 계열화품목으로 지정할 수 있도록 하고 있다. 이와 같은 지정계열화업종 및 품목은 해마다 시장조건, 중소기업의 기술수준 및 공급능력 등 경제사정을 고려하여 지정·조정되었다.

1979년에 처음 지정한 이래 계열화업종 및 품목의 지정이 확대, 일변도되는 시책을 지양하고 좀더 내실 있는 계열화의 촉진을 위하여 1984년 5월에는 〈중소기업계열화시책개선계획〉을 수립하고 지정계열화업종 및 품목을 재조정하면서 추진했다.

계열화 추진 과정에서 많은 업종, 많은 품목의 확대 지정이 계열화의 척도라는 인식을 탈피하고 그 업종 및 품목을 선별적으로 지정하여 계열화의 내실화와 지정계열화제도의 효율적 운영을 기했다. 여기서 지정원칙으로 제시된 것이 ① 국민경제상 비중이 높은 업종 및 품목, ② 파급효과가 큰 업종 및 품목, ③ 부품공업 육성과 관련하여 선정하는 것 등이었다.

그래서 지정계열화업종 및 품목이 지정 고시되면 이 업종에 속하는 모기업은 지정계열화품목에 대하여 그 제조를 수급기업에 위탁해야 하며 이 제품을 직접 생산하고 있는 모기업은 그 시설의 내용, 설치 연월일, 생산능력 및 실적을 상공부장관에게 신고하도록 되어 있다. 그리고 관련 협동조합과 모기업은 지정계열화 품목의 발주 방법 및 품질개선, 수급기업의 시설근대화, 기술의 향상 및 사업의 협동화, 기타 수급기업의 진흥에 관한 공동사업계획서를 작성하여 상공부장관에게 제출하고 승인을 얻어야 하며 승인을 얻은 수급기업에 대해서는 자금지원, 기술경영지도와 세제상 혜택이 부여되었다.

공동사업계획의 승인상황은 1989년 6월 말 현재 323개 모기업에 수급기업 2,060개에 이르고 있으며 지정계열화업종과 품목은 각각 43개 업종과 1,177개 품목이었다. 연도별 지정계열화 추진에서 1984년에 지정업종 44개 지정품목 1,553개, 모기업 395개, 수급기업 2,487개를 고비로 점차 감소되었다. 이것은 계열화 시책의 후퇴라기보다는 정부 주도로 법적 의무화로 추진하던 것이 민간을 중심으로 자율적으로 발전된 결과이며 〈중소기업계열화시책개선계획〉에 따라 지정계열화업종 및 품목의 지정이 선별적으로 지정되는 등 계열화시책을 내실 있게 운영한 때문이라는 해석이다.

2.3.2 부품공업과 전문수급기업의 육성

2.3.2.1 부품공업의 육성
〈제6차5개년계획〉은 산업구조 개편과 기술입국의 실현을 위한 과제를 위하여 산업저변의 내실화를 정책 방향으로 제시하면서 기계류, 부품 및 소재생산 중소기업의 집중 육성으로 수입대체를 촉진하고 장차 세계의 부품공급기지로 발전시킬 것을 제시했다. 사실 부품공업은 다품종이어서 전문생산업체에서 생산하는 것이 효율적이기 때문에 중소기업의 사업 분야에 적합하고 따라서 선진국에서도 중소기업에서 부품을 생산하고 대기업이 이를 조립생산하는 분업 관련 관계를 형성하여 산업구조고도화를 이루고 있다.

우리나라 산업은 자동차, 농기계, 건설, 가전제품, 전자제품 등 중화학공업 생산에서 조립과 가공 위주의 생산체제를 갖게 되었다. 그러나 이들 산업의 밑바탕이 되는 부품공업은 상대적으로 낙후되어 중화학공업의 발달과 수출의 효과가 국민경제의 각 부문에 파급되지 못하고 또 만성적인 국제수지 역조의 원인으로도 되고 있다. 이에 부품 소재 및 기계류 국산화 추진계획을 수립하고 부품산업 육성시책을 전개했다.

부품 소재 기계산업육성의 기본 방향은 그 국산화와 국산화제품의 수요확대에 두고 국산개발제품의 국제경쟁력을 확보하여 장래 수출산업으로 발전시키는 데 궁극적인 목표를 두었다. 특히 일본으로부터 수입의존도가 높은 품목 중 수입대체효과가 크고 경제성이 있는 것을 우선 국산화하기로 하고 개발품목의 안정적 수요확보를 위하여 생산자와 수요자가 국산화의 필요성을 공감하는 품목부터 국산개발을 착수하기로 했다.

기술적으로는 중소부품업체의 자체 기술개발이 어려운 첨단기술이나 취약기술 분야에 대해서는 대기업이 참여, 기술개발을 한 뒤 계열기업에 확산하도록 하거나 외국과의 합작투자를 유치하여 선진기술을 전수하도록 했다.

또한 R&D 투자활동을 적극화하기 위하여 정부출연 전문연구기관과 기업이 공동으로, 국책연구과제로 공동개발하고 기업 자체개발은 대기업의 경우 기업 자체엽구소를 설립하도록 지원하고 중소기업의 경우는 산업기술연구조합을 설립 공동개발했다.

그리고 선진국에서 기술이전이 소극적이거나 기피하는 기술에 대해서는 해외현지법인이나 연구소와 공동개발하고 해외 고급두뇌를 유치하여 신기술을 개발하도록 했다.

2.3.2.2 전문수급기업의 육성

1980년대 중반의 부품공업 육성시책과 같은 흐름에서 1980년대 후반에 전문수급기업의 육성시책이 시행되었다. 중화학공업화로 산업구조가 고도화했으나 기업기반이 취약하여 주요부품설비 핵심기술은 수입에 의존함으로써 중소기업이 주로 담당해야 하는 부품산업의 발전이 지연되고 수입유발적 생산구조가 지속되어 국제경쟁력 및 경기변동에 취약한 산업구조를 시정할 필요성이 있는데, 이는 전문수급기업의 육성으로 가능하다고 보았다.

특히 국제경쟁력은 저렴한 가격에 따른 가격경쟁에서 고도의 첨단기술을 중심으로한 기술집약경쟁으로 이행되고 있으나, 선진국의 기술이전의 장벽은 높아지고 있는 상황에 효과적으로 대응하기 위해서는 전문기술을 개발하여 국제경쟁력을 유지·강화할 수 있는 전문수급기업의 육성이 요구된다는 것이 시책실시의 배경이다.

이를 위해서는 모기업과 수급기업 사이의 협력분위기의 증대가 필요한데, 양자가 상호대립적인 경쟁관계에서 상호보완관계로 전환되어야 하고 이러한 인식의 전환과 함께 모기업의 수급기업에 대한 지원도 확대되는 것이 필요하다. 즉, 모기업이 수급기업에 대해 경영관리, 공정개선, 공장자동화, 해외진출전략 등 경영 전반에 관한 경영컨설팅을 강구하는 방안이 마련되어야 한다.

또한 전문수급기업의 육성을 위해서는 중견기업과 소기업 사이의 도급거래의 증진이 필요하다. 모기업이 행하여 온 세세한 부분의 상당 부분을 중견기업에 도급해주고 도급을 받은 중견기업은 자기책임 아래 중소기업에 재도급을 주어 지금까지 최종 완제품생산 모기업을 중심으로 하는 일차 하청거래인 단층적 도급구조를 증층화·고도화함으로써 전문도급거래가 형성될 수 있는 여건을 마련하는 것도 구조적 측면에서 중요한 의미를 지닌다.

다음에 모기업간에 각기 상이한 부품의 규격을 표준화하고 모기업간 상호 부품구매의 확대가 이루어져야 하며, 모기업이 자체적으로 운영하던 부품생산의 일부를 수급기업에 이양해야 하는데, 이는 부품에 대한 어느 정도 수요의 보장이 선행되어야 하기 때문이다. 이러한 방향의 시책에 대한 유인제도를 추진했다.

2.3.3 모기업의 수급기업 지원확대와 대기업사업의 중소기업이양

모기업의 수급기업에 대한 지원 및 지도는 부품생산의 원가절감과 품질향상을 도모하여 수급기업은 물론 모기업 자체에도 이익이 되기 때문에 각종 행정지도를 통해 모기업의 수급기업에 대한 지원과 지도를 확대하도록 유도했다.

첫째, 자금지원 면에서 납품대금 지급기간의 단축 및 선급금 지급을 유도하고 시설개체 및 기술개발자금을 일부 지원하도록 했다.

둘째, 수급기업의 경영합리화를 위한 경영지도 및 기술개발과 품질향상을 위한 기술지도를 유도했다.

셋째, 모기업 단위로 품질등급제의 실시 확대를 유도하여 우수한 수급기업에 대해서는 대금결제기간의 단축 등의 혜택을 줌으로써 수급기업의 품질향상 노력을 유발하도록 했다.

넷째, 모기업이 보증하는 수급기업에 대해서는 거래은행에서 전액 신용대출하도록 하는 제도를 마련했다.

다섯째, 모기업의 추천에 따라 신용보증기금이 당해 모기업의 수급기업을 보증해주는 연계보증제도를 실시했다.

여섯째, 수급기업의 경영권이 보장되는 범위 안에서 모기업의 일부 자본참여를 권장하여 모기업과의 유대의식을 고취하고 물량의 안정적인 장기공급기반을 구축하도록 했다.

한편 1980년대 후반에는 대기업 영위사업의 중소기업이양촉진시책이 강구되었다. 극심한 노사분규 및 이로 말미암은 생산성 향상을 앞지르는 임금인상과 원화의 평가절상 등 기업의 경제 여건이 어려워지자 대기업에서는 1988년 이래 자신이 영위하고 있던 사업중에서 다품종소량생산에 적합한 업종이나 단순기술을 필요로 하는 업종 등을 중심으로 중소기업에 이양하고자 하는 움직임이 나타났다.

대기업사업의 중소기업이양을 촉진하는 방향으로 전개된 국내의 경제 여건을 좀더 설명하면 다음과 같다.

첫째, 국내적으로 임금상승·노사분규·구인난 등 경영 여건이 악화되어 대규모경영이 불가피한 특정업종을 제회하고는 대단위 공장을 갖춘다는 것이 어렵게 되었다.

둘째, 소비 양태가 매우 다양화·개성화했고 제품의 수명(life cycle)이 매우 짧아져 기업은 생산체제를 신축적으로 대응해야 하고 어느 한 기업이 모든 종류의 상품을 직접생산해서 공급하기는 어렵게 되었다.

셋째, 생산체제 내지 경쟁체제가 국제화해 선진국이 임금이 싼 동남아 등지에서 자국상품을 현지생산을 한 상품과도 경쟁하게 되었다.

넷째, 기술혁신은 가속화하고 있으나 선진국의 기술이전의 장벽은 높아지고 있어 대기업과 중소기업 사이의 기술협력의 필요성이 대두되고 있다.

이러한 움직임에 대응하여 1989년 3월에 제정된 〈중소기업의 경영안정 및 구조조정촉진에 관한 특별조치법〉(제15장)에서 대기업 영위사업의 중소기업이양을 촉진하기 위한 법적 근거를 마련했다.

이 법은 대기업과 중소기업 사이의 합리적 역할 분담으로 산업효율을 증대하기 위하여 대기업이 영위하는 사업의 중소기업 이양을 촉진하기 위한 시책을 강구해야 한다고 규정했다(제26조). 이어서 대기업사업을 이양받은 중소기업에 대하여 다음과 같은 지원을 실시할 수 있다고 했다(제27조).

(1) 중소기업창업지원법 및 중소기업진흥법의 규정에 따른 창업자금의 지원.

(2) 농어촌소득원개발촉진법 제8조의 규정에 따른 농어촌지역개발촉진지구와 중기업진흥법 제15조의 규정에 따른 협동화단지 및 아파트형 공장 등에 대한 우선 입주.

(3) 기술개발자금의 우선 지원.

(4) 기타세제 행정상의 지원.

그리고 대기업사업을 이양한 대기업에 대해서는 기준에 따라 조세, 금융 및 행정상의 지원조치를 규정했다(제28조). 이어서 1989년 9월에는 〈대기업사업 중소기업이양 촉진계획〉을 수립·공고했다.

이 시책은 독과점 산업구조의 시정, 경제적 집중의 완화, 대기업과 중소기업 사이의 합리적 기능분담 등을 통하여 산업의 유효경쟁을 촉진하고 산업효율을 증대시키는 등 산업조직의 합리성 증대에 그 주된 목적이 있다고 하겠으나, 다른 한편으로는 중소기업의 품목다각화 등을 통한 안정적 경영기반을 조성함으로써 넓은 의미의 산업구조고도화를 추구하기 위한 목적도 포함한 것이라고 하겠다.

이 사업의 원활한 추진을 위해 첫째, 중소기업협동조합중앙회와 전국경제인연합회에 이 사업의 전담창구를 설치하여 개별 기업별로 산발적으로 이루어져 온 이 사업을 체계적 계획적으로 추진하고, 둘째, 주요 대기업군에 대한 중점관리를 실시하고 이양 대상 사업을 더욱 현실성 있게 조정하여 대기업의 사업이양지침으로 제시, 사업이양 분위기가 확산되도록 하며, 셋째, 지원제도가 사업인수 중소기업의 인수초기 경영안정에 역점을 두고 있으므로 사업을 이양할 대기업이 이양 과정에서 받게 될 어려움을 감소시킬 수 있도록 지원시책을 넓혔다.

2.4 사업전환지원제도의 전개

2.4.1 시책추진의 배경

1960년대 이후 한국경제는 급속한 경제성장을 이루었으며 산업구조도 크게 변화했다. 그 간 고도성장을 위하여 특정산업을 전략산업으로 선별 육성하는 가운데 경제개발 초기에는 경공업 중심이었으나 1970년대에 중화학공업화 시책이 본격화하면서 산업구조는 고도화하고 수출에서도 중화학공업제품이 높은 비중을 점유했다.

그런데 1970년대 이후 경제 환경은 크게 변화했다. 대외적으로는 일부 산업에 과도한 투자 집중이 일어나는 가운데 기술축적에 따른 경쟁력이 배양되기도 전에 세계경기는 침체되고 보호무역주의 장벽의 강화와 국제원자재 수급의 불균형 및 가격상승으로 기업의 대외진출 여건이 크게 악화되었다. 그리고 대내적으로는 기업경영 및 산업구조의 취약, 산업 부문간 이중구조의 심화, 만성적인 인플레, 정부의 지나친 보호와 규제에 따른 경제적 비능률이 고도성장의 부정적 측면으로 발생했다.

이러한 경제환경의 변화 과정에서 성장산업으로 등장하는 업종이 생기는가 하면, 다른 한편에서는 경제환경변화를 극복하지 못하는 기존기업 및 업종이 이전의 형태로 존립하기 어려운 경우가 발생했다. 이들 불황산업이 경제의 성장 과정에서 그 규모가 커지고 또 특정지역과 연관되어 있는 경우, 문제가 된 산업의 도산은 실업 및 관련 산업에 대한 영향 등 사회적·경제적 문제를 야기했다. 또한 국민경제적 관점에서 보면 구조적으로 비교우위가 없는 부분에 자원이 투입되는 데서 오는 자원의 낭비가 초래되기 때문에 자원의 합리적 배분에도 문제가 되었다.

1980년대 후반에는 제품수요의 다양화·개성화에 따라 생산제품의 수명과 주기가 점차 단축되었고 위험부담의 증대와 신기술개발의 진전에 따른 소재, 부품, 생산기술, 설비 등이 급격한 변화를 보였다. 여기에 원화절상과 임금상승 그리고 수입자유화의 확대 등 중소기업의 경영 여건이 점차 불리해져 상당수의 중소기업이 처한 어려움이 더욱 가중되었다.

이러한 경제환경의 변화가 격심한 시기에 중소기업의 사업활동을 유지해나가기 위해서는 새로운 수요창출에 적응하는 신산업 분야로 참여하는 것, 즉 사업영역 변화를 위한 전환이 불가피하다. 그리고 선진산업구조로 나가기 위해서는 경쟁력이 취약하거나 그것을 상실한 중소기업의 경영 애로를 최소화하면서, 저부가가치 산업 및 노동집약적 산업으로부터 고부가가치 산업 및 기술집약적 산업으로 나가기 위한 구조조정 및 산업 안의 질적 고도화 진전이 요구되었다. 즉, 저부가가치 산업에서 고부가가치 산업으로 사업전환이 필요한 것이며, 바로 이것이 사업전환시책이 추진된 배경이다.

2.4.2 사업전환지원제도의 마련

사업전환지원제도는 1960년대 중반에 수립된 〈중소기업중점육성대책〉에서 그 근원을 찾을 수 있으나, 법률적으로는 1982년 12월 31일 〈중소기업기본법〉의 개정 이후에 마련되었다. 이 법에서는 중소기업자가 수급구조의 변동 등 경제환경변화에 탄력적으로 적응하여 사업전환을 원활히 할 수 있도록 필요한 시책을 강구해야 한다고 규정했다(제14조의 2). 그리고 같은 해에 개정된 〈중소기업진흥법〉에서는 상공부장관은 경제사정의 현저한 변화에 대처하기 위하여 중소기업자가 사업전환을 도모하는 것이 국민경제의 건전한 발전과 국민경제 생활의 향상에 필요하다고 인정되는 사업전환대상업종을 지정·고시해야 하고(제9조), 사업전환대상업종을 영위하는 중소기업자가 사업전환을 추진하고자 할때는 사업전환계획을 작성하여 상공부장관의 승인을 얻어야 한다(제10조)고 구체화했다.

한편 〈조세감면규제법〉에서는 1986년 12월에 중소기업자가 사업전환을 하기 위하여 당해 사업용 자산을 양도함으로써 발생하는 법인세, 특별부가가치세 또 양도소득세를 면제한다는 조항(제45조의 2)을 신설하여 사업전환지원제도를 보강했다.

원화절상과 임금상승 그리고 원자재가격의 상승 등으로 중소기업의 경영 여건이 불리해지는 시점에서 구조적으로 취약한 중소기업이 경쟁조건의 변화를 새로운 사업으로 전환하거나 업종의 다각화를 통하여 능동적으로 이를 극복하고 원활한 구조조정이 이루어질 수 있도록 〈중소기업진흥법〉의 규정에 따른 사업전환제도의 실시와 그에 따른 지원절차를 구체적으로 명시한 〈중소기업사업전환지원요령〉을 1988년 8월에 마련하고 사업전환지원대상업종을 고시했다.

이런 상황을 감안하여 1989년 3월 25일 제정된 〈중소기업의 경영안정 및 구조조정촉진에 관한 특별조치법〉 제10조는 상공부장관은 중소기업의 사업전환을 촉진하기 위하여 사업전화에 관한 계획(사업전환계획)을 수립하고 이를 공고해야 한다고 규정하고 이 계획에 포함될 사항을 명시했다. 이에 근거하여 1989년 8월에는 〈중소기업 사업전환촉진계획〉을 수립 고시함으로써 중소기업의 사업전환제도가 적극화했다.

2.4.3 사업전환의 개념 및 지원대상업종

사업전환이란 구조적으로 취약한 중소기업이 새로운 사업의 업종으로 전환하거나 업종의 다각화를 통하여 원활한 구조조정을 도모하는 것을 말한다.

여기서 업종이란 〈통계법〉 제11조 제1항의 규정에 따라 경제기획원장관이 고시하는 한국표준산업분류상의 세세분류(5단위 분류)를 기준으로 하되 동일 세세분류 안에서 품목을 달리하는 경우에는 동일업종으로 분류하고 있다.

법률상 업종전환이라 함은 조세감면규제법 제45조의 2에 따라 당해 업종의 사업용 자산을 양도 또는 폐기하고 새로운 업종으로 완전 전환하거나 당해 업종에 세세분류를 달리한 업종을 추가하여 추가된 업종이 총매출액을 기준으로 70퍼센트 이상인 경우를 말한다. 업종다각화라 함은 당해 업종이 세세분류를 달리하는 업종을 추가하여 추가적 업종의 매출액이 총매출액의 30퍼센트 이상의 경우를 말한다.

〈중소기업사업전환촉진계획〉에서 밝힌 사업전환 지원대상업종으로는 제조업을 영위하는 자로서 다음의 기준에 해당한 업종을 운영하는 자로 하고 있다.

(1) 현재 운영하고 있는 업종의 현저한 수요감소가 있거나 수요감소가 예상되는 사업.

(2) 무역환경의 변동 등으로 수출이 극히 부진하거나 부진이 예상되는 사업.

(3) 신기술·신제품의 출현으로 또는 기술수준의 현저한 낙후로 제품의 생산성 성능 및 품질에서 경쟁력이 약화되었거나 약화가 예상되는 사업.

(4) 수입원자재의 확보난이 점증되거나 지속적인 가격상승 등으로 가격경쟁력이 약화되었거나 약화가 예상되는 사업.

(5) 공해방지 및 안전대책 등 규제의 강화에 따른 경영상의 부담증가로 경쟁력이 약화되었거나 약화가 예상되는 사업.

(6) 대기업의 산업재편성과 관련하여 파생되는 저성장업종 및 업계의 과다한 참여로 생산설비의 과잉을 초래하거나 시설과잉이 예상되는 사업.

(7) 재조원가에 대한 임금비중이 크고 지속적인 고임금추세로 경쟁력이 약화되고 있는 사업.

(8) 기타사업전환의 필요성이 있다고 인정되는 사업.

이상의 것은 사업전환의 원인이 되는 구조적 취약성을 살펴 본 것이었고, 사업전환 대상이 새로운 사업으로 전환하는 데 선도적 역할을 수행하는 분야(사업

전환 지향 분야)를 우선지원대상 사업으로 정하여 다른 사업에 우선하여 지원하
도록 했는데, 그 내용을 보면 다음과 같다.

(1) 〈중소기업의 경영안정 및 구조조정촉진에 관한 특별조치법〉 제16조의 규
정에 따른 기술개발계획에 따라 개발된 연구성과를 기업화하는 사업.

(2) 〈공업발전법〉 제13조의 규정에 따른 공업기반기술개발사업.

(3) 〈중소기업진흥법〉 제38조 제1항 제7호 규정에 따른 신기술 사업화를 위
하여 상공부장관이 정하는 업종의 사업.

(4) 〈기술개발촉진법〉 제12조 제4호의 규정에 따라 과학기술처 장관이 인정
하는 신기술응용사업 및 동법 시행령 제14조의 규정에 따라 과학기술처장관이
고시한 국내개발이 필요하다고 인정되는 기술의 사업.

(5) 〈실용신안법〉에 따라 등록된 신규의 고안을 기업화하는 사업.

(6) 〈외자도입법〉 제23조 규정에 따른 기술도입계약에 따라 도입된 기술의
사업.

(7) 〈특정연구기관육성법〉에 따른 특정연구기관, 〈기술개발촉진법〉에 따른
기업부설연구소, 〈산업기술연구조합육성법〉에 따른 산업기술연구조합, 비영리
법인의 연구기관 및 교육법에 따른 대학 또는 전문대학에서 개발한 기술의 성
과 또는 연구결과를 기업화하는 사업.

(8) 〈조세감면규제법시행령〉 별표4의 품목의 사업.

(9) 특허받은 국내기술 개발성과를 기업화한 사업.

(10) 상공부장관이 기술개발촉진 및 부품 소재의 수입대체를 위하여 고시 하
는 사업 등.

2.5 〈중소기업의 경영안정 및 구조조정촉진에 관한 특별조치법〉의 제정

2.5.1 법제정의 배경과 추진 과정

1980년대 말에 대표적인 중소기업 구조정책은 〈중소기업의 경영안정 및 구
조조정촉진에 관한 특별조치법〉의 제정이다. 1986넌 들어 한국경제는 사상 처

음으로 국제수지 흑자를 기록하면서도 그동안 적자시대에 겪어보지 못했던 각종 경제환경의 변화에 직면하게 되었다. 우리나라 기업은 1986년 이래 해외부분의 통화증발로 말미암은 물가상승압박, 부동산투기확산, 원화절상, 무역금융 등 수출지원시책의 감소, 임금상승, 노사분규의 확산 등으로 경영상 큰 어려움에 직면했다. 특히 중소기업은 자본·기술·인력 등 경영자원이 대기업보다 상대적으로 취약한 실정이어서 경영 여건의 악화에 더 큰 부담을 안았고 도산업체가 늘어나는 등 국민경제상 부정적 파급효과가 커지게 되었다. 1989년의 경우 중소기업은 생산 고용 조업 등 전반적인 경영사정이 극도로 악화되어 긴급경영안정을 위한 조치를 마련하지 않으면 대량도산이 초래될 수 있는 긴급한 상황에 처하게 되었다.

이에 1988년 하반기 이후 긴급경영안정대책을 강구 추진했고 중소기업 애로타개대책반을 설치, 운영했으며 중소기업주간(week)의 설정과 중소기업진흥회의 개회, 그리고 전반적인 경제운영에서도 중소기업에 대하여 우선적 고려를 하는 등 주요지원시책을 마련했다.

그러나 이러한 개별 지원시책은 종합적이고 체계적인 대책이 되지 못하고 단기처방에 그칠 우려가 있으므로 업체에 대한 무차별적이며 산발적인 도산방지 대책보다는 단기적인 흑자 도산을 방지하여 중장기적으로는 사업전환 등 구조전환에 필요한 시간적 여유를 가질 수 있도록 긴급경영안정계획을 추진하고, 근본적으로는 대외경쟁력을 강화하기 위하여 기술개발 등에 따른 제품의 고부가가치화 및 원가절감을 추진하며 또한 유망산업 분야로 사업전환을 촉진하는 등 구조전환지원제도를 체계화할 필요성이 대두되었다. 즉, 단기적으로는 중소기업의 안정적인 사업활동을 지원하고 경영기반을 강화하기 위하여 각종 지원시책을 강구하면서, 중장기적으로는 1990년대의 중소기업시대에 대비하여 구조고도화를 도모하기 위한 제도적 장치가 필요하게 되었다.

이러한 요구에 따라 민정당에서는 〈중소기업의 구조조정촉진에 관한 특별조치법(안)〉을 1989년 2월 10일 임시국회에 상정했고, 평민당은 〈중소기업 도산방지를 위한 임시조치법(안)〉을, 민주당은 〈대기업사업의 중소기업이양 촉진을

위한 특별조치법(안)〉을, 그리고 공황당은 〈사업안정을 위한 임시조치법(안)〉
을 각각 국회에 상정했다. 1989년 2월 27일 4당은 각기 제출한 안을 폐기하고
통합안을 작성하기로 합의했다. 그 결과 〈중소기업의 경영안정 및 구조조정촉
진에 관한 특별조치법〉(중소기업구조정법)을 입안하여 1989년 3월 8일 국회를
통과하고 1989년 3월 25일 법률 제4092호로 공포했다.

2.5.2 법의 체계와 내용

전문 제6장 제32조, 부칙으로 구성된 이 법은 일부 조항(제1조, 제22조〔생산기
술연구원설립〕내지 제25조〔민간생산기술연구소의 설립 지원〕및 부칙 제1조 내지 제3
조, 제6조 제3항 및 제8조의 규정) 외에는 1994년 12월 31일까지 효력을 가지는
한시법이다. 경제 여건의 변화에 대한 경영상태가 현저하게 악화된 중소기업의
경영안정을 도모하고 기술개발과 정보화를 적극 추진함으로써 중소기업의 경
쟁력 강화와 구조조정을 촉진하여 국민경제의 균형 있는 발전에 기여함을 목적
(제1조)으로 하는 이 법의 주요 내용은 다음과 같다.

  (1) 중소기업구조조정기급의 설치·운용(제3조-7조).

  (2) 중소기업의 경영안정지원.

　　① 긴급경영안정지원계획의 수립 및 세제지원(제8조·제9조). 여기서 계획
수립의 요건으로는 첫째, 수출감소 또는 수입증대 등으로 중소기업 경영상에
심각한 애로의 발생, 둘째, 원자재 확보의 곤란, 셋째, 관련 기업의 노사분규로
휴업이나 폐업 또는 조업중단 등 사유의 발생 등이다.

　　② 사업전환계획의 수립(제10조).

　　③ 유휴시설의 해외 이전 지원(제11조).

　　④ 고용안정대책의 강구(제12조).

　　⑤ 경영기술지도 및 교육훈련(제13조).

　　⑥ 공장용지의 우선 공급(제14조).

  (3) 중소기업의 기술개발촉진 및 정보화.

　　① 기술개발계획의 수립(제16조).

② 중소기업의 정보화계획의 수립(제20조).

③ 생산기술연구원의 설립(제22조).

④ 민간생산기술연구소의 설립 지원(제25조).

(4) 대기업사업의 중소기업 이양촉진(제26조-28조).

이 법에 따라 후속조치로서 중소기업의 기술개발, 정보화, 사업전환, 대기업사업의 중소기업이양, 경영안정 등 5대사업의 5개년계획을 수립했고 1992년까지 구조조정기금 1조 원 이상을 조성하기로 했다.

이 법은 〈중소기업진흥법〉(1978. 12. 31)이 제정된 이후 두번째의 〈중소기업근대화촉진법〉에 해당한다. 이 법은 구조조정(구조고도화)을 위하여 특히 기술개발, 정보화, 사업전환, 대기업사업의 중소기업 이양 등을 강조하고 있다.

2.6 중소기업의 국제화

2.6.1 중소기업제품의 수출촉진

1970년대까지 중소기업의 대외적 관계는 상품수출의 증진에 초점이 놓여져 있었다. 1980년대 중소기업은 상품의 수출촉진의 범위를 넘어서 해외진출과 외국인투자 그리고 중소기업시설의 해외 이전 등 다양한 측면으로 그 대외적 관계를 전개했다. 즉, '중소기업의 국제화'로 변화되었다.

먼저 1980년대 중소기업의 수출촉진시책으로는 다음과 같은 내용이 지적될 수 있다.

첫째, 중소기업 수출의 기반확충을 위하여 소액 소량수출의 저변 확대를 추구했다. 중소기업의 수출은 소액 소량 위주가 많아 해외의 수입규제를 비교적 적게 받고 수시로 변화하는 '패턴과 패션'에 신속히 적응하면서 외화가득율도 중공업 제품 등 대기업성 수출상품보다 높은 편이기 때문에 이에 대한 수출진흥시책의 필요성이 증대되었다. 1984년에는 소액수출의 저변확대를 위한 관세제도 및 절차를 개선했고, 중소기업이 무역업등록자가 되어 직접수출기회를 확대하기 위하여 1984년 12월에 무역거래법령을 개정하여 수출입업 허가와 관련된 규정을 개선했다.

(1) 일반 수출입의 허가 및 자격유지요건을 완화했다. 또한 기업의 합병이나 개인기업이 법인으로 전환할 때는 수출입허가의 지위승계를 가능하게 하여 재허가를 받는 불편을 해소했다.

(2) 수출입업의 허가에서 특례로 인정 되는 중소기업의 영업범위를 확대했다. 즉, 자사제품에 한정하여 가능하던 수출을 타사제품까지 가능하도록 확대함으로써 이들의 해외구매자가 요청하는 소량의 타사제품도 수출 가능하게 되었다.

(3) 수출입업의 허가가 없는 개인이 직접 수출할 수 있는 특례수출의 범위를 단순 송금방식의 경우 건당 3만 달러 이상인 것을 5만 달러 이상까지 확대하는 한편 신용장 수취의 경우도 3,000달러까지는 수출입업의 허가가 없더라도 가능하게하여 직접수출이 가능하게 되었다.

둘째, 중견수출기업의 육성지원이다. 한정된 자원으로 모든 중소기업을 동시에 수출산업화하는 데는 한계가 있다. 따라서 유망중소기업지원시책의 일환으로 수출유망중소기업을 다수 발굴하여 집중 육성, 중소기업 수출의 견인차 역할을 하게 했다. 수출신장의 잠재력이 높아 수출의 견인차 역할을 수행할 중견수출기업의 육성추진계획 및 세부발굴지원요령을 1985년에 확정하고 중견수출기업 관리본부를 설치하여 육성대상기업의 애로타개 및 연계지원을 적극 추진했다.

셋째, 부품공업의 수출산업화이다. 〈제6차5개년계획〉은 기계류·부품·소재를 생산하는 중소기업을 집중육성하여 수입대체를 촉진하고 장차 세계의 부품공급기지로 발전시킬 것을 규정한 바 있다. 이러한 부품산업은 중소기업형 산업이면서 그 육성은 외화의 절감 및 획득의 잠재적 원천으로 중요성을 갖고 있기 때문에 부품류의 수출산업화를 위하여 다각적인 시책을 강구했다. 부품류 수출사업화시책의 기본 방향은 신규 개발로 수입부품의 국산화, 기존 부품의 품질향상에 이어서 이들의 수출촉진에 역점을 두었다.

2.6.2 중소기업의 해외투자와 합작투자

1980년대 중반 이후 각국의 다각적인 수입규제, 후발 개발도상국의 끊임없는 도전으로 단순한 외형확대의 수출증진전략은 크게 제약을 받게 되었다. 더구나 자원보유국을 중심으로 일기 시작한 자원내셔날리즘의 대두로 우리의 대외적 경제 여건은 불리하게 전개되었다. 이런 여건에서 지속적 수출증진를 통한 경제성장을 추구하기 위해서는 선진국의 보호무역주의에 대처한 시장개척, 경제성장에 소요되는 자원의 장기 안정적 공급, 비교열위산업의 해외 이전 등을 통한 제품수명의 연장 및 산업구조의 고도화, 후진국과의 경제협력 강화의 수단으로 기업의 해외진출, 특히 중소기업의 해외진출확대시책이 시행되었다.

제조업 분야의 해외투자는 완제품수출의 한계를 돌파하는 수단으로 새로운 차원의 수출활성화전략이라고 할 수 있다. 따라서 제조업의 해외진출은 보호주의로 옮겨 가는 세계경제질서에 전략적으로 대응하는 유용한 정책수단이며 또한 자본재 및 중간원자재 등의 생산재 수출형으로 산업구조개편을 유인하는 시책이기도 했다.

특히 후진국과의 경제협력을 강화하는 수단으로서 중소기업의 해외투자확대시책이 추구되었는데, 이는 고용창출과 투자실현 및 기술이전의 면에서 큰 의의를 갖고 있을 뿐만 아니라 다음과 같은 점에서 그 시책이 확대·시행되었다.

(1) 세계적인 다국적 기업의 첨단기술이 대기업에 치중되고 있어 상대적으로 중위기술의 중소기업이 비교우위를 갖는 분야가 많아 졌고,

(2) 중소기업은 대기업보다 노동집약적 투자를 향하고 있어 투자 단위당 높은 고용창출 효과를 유발할 수 있으며,

(3) 개발도상국에 대한 투자의 경우 중소기업의 기술이 적정하여 기술이전을 촉진시킬 수 있는 계기가 될 수 있을 뿐만 아니라,

(4) 후진국에서 투자사업은 일반적으로 규모가 크지 않아 중소기업에 적합하다는 점 등에서 중소기업의 해외투자시책이 추진되었다.

1986년 이래 국내경제는 물가안정과 성장 속에 국제수지 흑자를 시현했으나 밖으로는 보호무역강화, 시장개방압력 및 원화절상압력 요구와 내부로부터는

임금인상 및 원자재 가격의 상승 등 경제환경의 급격한 변화 속에서 새로운 활로를 개척할 필요성이 제기되면서 중소기업의 해외투자시책이 탄력을 받게 되었다.

중소기업해외투자의 지원제도는 그 절차와 금융·보험·세제 등의 측면에서 실시되었다. 특히 중소기업진흥공단은 중소기업 해외투자의 허가, 자금 및 보험제도 상담, 투자환경 정보제공 및 자료 발간, 투자세미나 개최 및 투자사절단 파견 등을 주요 기능으로 하는 투자상담센터를 1987년 2월에 개설하여 중소기업의 해외투자를 지원했다.

한편 중소기업의 국제화시책의 한 가지 측면으로 합작투자 또는 외국인투자 유치시책이 있다.

합작투자유치는 1962년 〈차관에 대한 지불보증에 관한 법률〉과 1966년 〈외자도입법〉 제정으로 외국인직접투자에 대한 법적 근거를 마련한 이후 그 문호가 확대되어왔다. 그러나 외국인투자가 국내경제에 미칠 부정적 영향을 고려하여 투자가 가능한 업종을 열거하고 제한된 범위 안에서 선별적으로 외국인투자를 인가하는 신중한 시책을 취해왔다.

그러다가 1983년 12월 31일자로 외자도입법을 개정하여 종전의 투자 가능업종 열거방식(positive system) 대신에 특별히 고려되는 금지 및 제한 업종 이외에는 투자가 가능하도록 하는 방식(negative system)으로 변경함으로써 외국인 직접투자를 대폭 완화했다. 그 뒤 합작투자 또는 외국인투자의 자유화를 지속적으로 추진했고 투자, 기술도입선의 다변화 그리고 중소기업의 국제산업협력 활성화 등의 방향으로 그 확대시책이 진행되었다.

2.6.3 중소기업 유휴설비의 해외 이전

이 제도는 1988년 8월에 사업전환제도와 함께 처음 실시된 것으로서 1989년 3월 제정된 〈중소기업의 경영안정 및 구조조정촉진에 관한 특별조치법〉 제11조에서 다시 유휴시설의 해외 이전 지원을 법적으로 규정했다. 유휴설비 해외 이전이라 함은 사업전환지원대상업종을 영위하는 중소기업이 사업전환 등 산업구조 조정 과정에서 발생한 유휴시설을 해외로 이전(현물투자)하여 합작 또는 단독의 형태로 제조업을 영위하고자 하는 경우를 말한다. 사업전환 등 산업구조 조정 과정에서 발행한 현상이지만 중소기업의 국제화시책에 해당한다고 볼 수 있다.

유휴설비 해외 이전의 지원 대상은 중소기업기본법 제2조의 중소기업자로서 제조업 중 중소기업진흥법 제3조에 따른 우선육성업종과 중소기업계열화 촉진법 제5조에 따른 지정계열화업종이 아닌 업종을 영위하는 자가 자율적 사업전환 등 산업구조 조정 과정에서 설비 축소 등으로 발생한 유휴시설을 현물투자의 방식으로 해외로 이전하고자 하는 자로 했다.

지원 대상자는 유휴설비 해외 이전 계획을 작성, 중소기업진흥공단의 승인을 받은 경우에는 다음과 같은 지원을 받았다.

(1) 한국수출입은행법 제18조의 규정에 따른 수출자금의 융자.

(2) 대외협력기금법 제3조의 규정에 따른 대외경제 협력기금의 출자 및 융자.

(3) 해외투자 목적으로 시설을 해외로 이전할 경우 한국수출입은행법 제18조의 규정에 따른 해외투자자금의 대출 및 수출보험법 제29조 3의 규정에 따른 해외투자 보험의 지원.

(4) 중소기업구조조정기금에 따른 융자.

(5) 제1호 내지 제4호의 규정에 따른 지원을 위하여 신용보증기금법 제3조의 규정에 따른 우선적 보증 실시.

(6) 유휴생산시설의 해외 이전에 따른 제반 정보제공(이상은 위 〈특별조치법〉 제11조의 규정).

2.7 지방공업의 육성

2.7.1 지방공업의 개념과 지방공업육성시책

육성 대상인 지방공업의 범위를 정하기 위해서는 지방공업 또는 지방의 개념이 정의되어야 한다. 지방의 개념은 사용하는 목적에 따라 다음과 같이 그 범위를 달리한다.

첫째, 수도권 또는 서울을 제외한 지역을 지칭하는 경우

둘째, 서울 특별시와 5개 직할시 및 그 주변지역을 제외한 지역은 지방이라고 부르는 경우

셋째, 도시지역을 제외한 농어촌지역을 지방으로 보는 경우

넷째, 전체지역에 대한 일부 지역의 뜻으로서 서울을 포함한 모든 지역을 지역 단위로 구분하여 지방이라고 표현하는 경우

지방의 개념이 사용목적에 따라 여러 가지인 것과 마찬가지로 지방공업도 그 개념이 다양하게 사용되고 있다. 그러나 지방공업이라는 개념에는 우선적으로 지원 육성해야 할 대상이라는 가치판단이 포함되어 있으며, 따라서 육성목적에 따라 그 범위가 달라진다.

첫째, 지역균형개발을 위한 공업의 합리적 배치라는 관점에서는 서울을 포함한 모든 지역의 공업을 포함한다. 이런 의미에서 지방공업육성시책에는 서울을 비롯한 대도시권의 공장 이전촉진 및 신규 공장설립 억제시책을 포함한다.

둘째, 농공지구로 대표되는 농촌공업화시책에서는 수도권과 직할시 및 대규모 공업단지로 조정된 지역을 제외한 나머지 지역을 뜻한다.

셋째, 지방공업육성을 위한 지원수단으로서 지방금융산업의 육성을 논의하는 경우에는 서울을 제외한 모든 지역을 지칭한다.

넷째, 이처럼 지방공업의 범위가 정책 목적과 수단에 따라 다르지만, 일반적으로 제철, 정유 등 기간산업을 비롯한 대규모기업을 제외하는 뜻으로 사용되고 있으므로 지방공업과 지방 중소기업의 범위는 대체로 일치하는 것으로 볼 수 있다.[5]

그런데 육성 대상으로서 지방공업은 전국의 모든 공업을 지역별 특성에 맞게 육성·발전시킨다는 정책목표에 비추어 인식되는 개념이기 때문에 수도권 이외의 지역에 소재하는 기업뿐만 아니라 서울에 소재하는 기업을 포함한 것으로

---

5) 상공부,《중소기업에 관한 연차보고서》, 1989, 206~207쪽.

이해되어야 한다. 한편, 1994년 1월 7일 법률 제4722호로 제정된 〈지역균형발전 및 지방중소기업 육성에 관한 법률〉은 지방 중소기업을 중소기업기본법상의 중소기업자 또는 중소기업협동조합으로서 본사·주사무소 또는 사업장 가운데 하나가 특별시나 광역시 또는 도의 관할구역 안에 소재하고 있는 자라고 규정했다(제2조 6항).

지방공업육성시책은 지역별 산업별로 공업을 합리적으로 배치하고 이를 중심으로 사회간접자본의 확충, 교육 의료 및 공공서비스 수준의 향상, 각종 문화시설의 보존 등 기업의 경영 여건과 주민생활환경을 개선하는 한편, 개별 기업의 설비투자와 기술개발을 촉진하여, 안정적 경영활동을 할 수 있도록 세제, 금융지원, 기술지도, 경영정보의 제공 등 각종 지원수단을 강구하는 것을 기본 방향으로 했다.

〈중소기업진흥법〉은 제31조 및 제32조에서 지방 중소기업 육성지원을 규정한바 있거니와 이러한 지방공업육성시책을 체계적으로 촉진하기 위하여 1988년에 처음으로 〈지방공업육성5개년계획〉을 수립하여 제6차5개년계획의 일환으로 추진한 바 있다. 그리고 공업용지 수요증가에 효율적으로 대응하고 지역간 균형발전을 이루하기 위하여 2001년까지의 지역별·산업별 〈공업배치기본계획〉을 수립하여 1990년 4월에 고시했다. 〈공업배치기본계획〉을 효과적으로 수행할 수 있도록 공업단지를 원활하게 조성 공급하고 공장설립절차를 간소화하기 위하여 1990년 1월 13일 〈공업배치 및 공장설립에 관한 법률〉을 제정·공포했다.

1980년대 후반의 이러한 지방공업육성시책에 앞서 진행된 지방공업의 육성방향은 다음과 같다.

2.7.2 농공지구의 지원 및 개발

공장의 유치가 필요한 농어촌 지역에 3만평 내외의 소규모 공업단지를 조성하여 공장을 입주, 도시와 농어촌지역 사이의 균형발전을 도모하는 한편 농어촌지역의 유휴노동력을 활용하여 농업소득을 증진시키고자 수도권을 제외한 전국의 모든 군지역 및 인구 20만 이하의 시지역을 대상으로 농촌공업을 효율적으로 육성하기 위하여 1984년부터 농공지구지정제도를 시행했다.

이 제도는 〈농어촌소득원개발촉진법〉(1983. 12. 31, 법률 제3689호)에 근거하고 있는데, 이 법은 농어촌지역에 공업 및 서비스업을 유치하여 농어촌소득원의 개발을 촉진함으로써 농어촌소득을 증대하고 농어촌소득구조를 고도화하여 농어촌 경제의 균형 있는 발전을 도모함을 목적으로 했다(제1조).

농공지구는 시장 군수가 후보지를 선정하고 도지사를 경유해서 경제기획원 장관에 제출하면 경제기획원의 농어촌소득원실무위원회의 검토를 거쳐 중앙농어촌소득원개발위원회에서 최종 심의하도록 했다.

농공지구의 지정 기준은 ① 교통 여건, 입주희망업체 등으로 본 입주 가능성, ② 고용 및 소득효과, ③ 농촌지역의 균형발전 기여도, ④ 농공지구 조성의 난이도, ⑤ 도지사의 육성계획 및 관계 기관 검토 의견 등이다.

농공지구 입주 업체에 대해서는 ① 행정절차의 간소화, ② 공장용지 매입 지원, ③ 세제 지원, ④ 금융 지원, ⑤ 판로 지원, ⑥ 경영 및 기술지도 등의 지원이 이루어졌다.

2.7.3 새마을공장 및 공예산업의 지원

2.7.3.1 새마을공장 지원

농어촌 지역의 유휴노동력과 물적 자원을 활용하여 농업소득을 증진시키기 위하여 1973년부터 인구 20만 명 이하의 시지역과 공업제한지역을 제외한 농촌 지역에 새마을공장을 지정하여 지원했다.

그러나 이 제도는 개별 입지선정으로 도로·용수·통신·전력 등 공업하부구조 설치에 부담이 과중하고 자원의 도시집중으로 자금조달, 판로, 기술인력 확보가 도시보다 불리하여 대부분 공장이 자생력을 잃어 이 제도에 따른 농어촌 공업화 촉진이 한계점에 이르게 되었다. 이에 대체하여 1983년에 〈농어촌 소득원개발촉진법〉을 제정 농공지구지정제도를 도입, 새마을공장의 문제점을 보완했다. 그러나 새마을공장은 1984년 이후 신규 지정을 중지하고 기존공장만 지원했다.

1987년 말 현재 새마을공장 556개 가운데 452개 공장이 가동되고, 101개 공장은 휴업, 3개 공장은 건설 중이었다.

2.7.3.2 공예산업의 육성

전국에 산재해 있는 우리 민족의 얼과 기예가 간직된 고유의 공예품을 개발 육성하여 공예산업의 생산기반을 구축하고 외국관광객에 좋은 상품을 공급하며, 수출유망상품을 개발, 수출함으로써 외화획득에 기여함은 물론 국민경제 발전을 도모하고자 공예산업의 발전을 육성 도모했다.

86아시안게임 및 88올림픽에 대비하여 우수공예품의 상품화에 역점을 두어 신규 상품개발을 위한 자금지원을 비롯하여 디자인, 기술지도 및 연수, 해외우수공예품과 역대 올림픽 상품을 수집하고 전시함으로써 국내 공예가에 아이디어를 제공하고 해외시장정보 등 각종자료를 제공했다.

또한 공예품의 품질향상과 경쟁력을 높여 수출상품화를 도모하고 기업의 안정된 생산기반을 구축하기 위해서 1980년부터 공예품전문생산업체를 지정했다.

한편 〈중소기업진흥법〉 제33조 및 제34조에서는 민속공예산업육성계획의 수립과 그 지원을 규정했다.

제5장 산업구조의 기술집약화와 중소기업정책 : 1980년대(2)

1 중소기업 구조정책(2) : 기능별 육성정책의 추진

1.1 중소기업의 기술개발촉진

1.1.1 중소기업의 기술혁신과 지원시책

1980년대 후반에 와서 중소기업 지원시책은 새로운 특성을 보였다. 업종별 선별 집중육성정책에서 다수의 중소기업에 그 혜택이 돌아갈 수 있는 기능별·부문별 지원정책으로 전환되는 흐름이 그것이다. 이것은 경제발전에서 중소기업의 역할을 적극적으로 인식하고 이를 높이는 것이며, 동시에 산업정책에서도 중소기업정책이 주도적 역할을 수행해 중소기업의 성장잠재력을 강화시키고 중소기업이 능동적으로 경제발전구조를 변화시키는 작용을 하도록하는 방향이다.

이런 방향에서 먼저 주목되는 시책은 중소기업 기술개발의 촉진이다. 중소기업은 전통적 산업을 기반으로 하여 기술집약적 업종에서 전통적 기술을 바탕으로 고유시장을 확보하고 있지만, 신기업 창출에도 결정적 역할을 수행하고 있으며 고용흡수나 경쟁촉진에도 크게 기여하는 등 국민경제적 역할이 크다.

특히 기술혁신과 관련하여 중소기업의 역할을 보면 다음과 같다.

첫째, 중소기업은 기술혁신의 중요 원천으로서 개량이나 모방형보다는 획기적인 기술혁신에 기여도가 높다. 종합적이며 조직적인 특성을 보이는 기술혁신의 흐름에서도 대기업 못지않게 기여하고 있다.

둘째, 중소기업의 기술혁신은 제품생산의 초창기에서 지배적이다. 제품의 수명 가운데 초창기에는 중소기업의 제품혁신이 유리하며 가격보다는 성능을 토대로 경쟁하고 성숙기에는 표준화가 진행되면서 대기업의 공정혁신이 우세해진다.

셋째, 기술집약형 신기업은 중소기업이 주축을 이루는데, 이들 중소기업은 급진적인 기술혁신으로 새로운 핵심기술을 개발하거나 관련 응용기술을 기업화함으로써 기술혁신을 주도해나간다. 컴퓨터, 반도체, 전자용 기기, 의료용 기기, 유전공학, 정밀과학 등 첨단기술 분야에 진출한다.

넷째, 중소기업의 기술혁신에 대한 기여도는 산업별로 동일하지 않지만 신기업이나 전문적 기술이 요구되는 산업 일수록 중소기업의 기술혁신이 활발하다.

기술혁신에서 중소기업이 중요한 역할을 할 수 있는 것은 중소기업 조직이 유연성과 신축성을 지니기 때문이다. 특히 기술집약형 중소기업은 기술혁신과 생산성 향상을 통하여 국민경제에 크게 기여한다.

이와 같은 중소기업의 기술개발은 1986년 7월 1일 제정된 〈공업발전법〉을 계기로 전반적인 산업지원 방식이 기능별 지원중심으로 점차 전환하면서 더욱 적극화했다.〈공업발전법〉의 시행에 따라 공업기술수요조사사업과 이를 근거로 한 공업기반기술개발사업(산업기반기술개발사업)이 실시되었는데, 이 사업은 새로이 산업 현장에서 시급히 개발이 필요한 기술과제를 발굴하여 상공부가 소요 연구비의 일부 또는 전부를 출연하여 조속히 개발을 촉진함으로써 산업의 국제 경쟁력을 강화하기 위한 사업이다. 이 사업에 중소기업의 참여를 확대하고 중소기업을 우대하는 기술개발 자금지원이 확대되면서 중소기업의 기술개발은 더욱 활기를 띠게 되었다.

한편 1985년 5월 기술진흥확대회의에서는 〈중소기업의 기술집약화 촉진대책〉이 수립·보고되었는데, 여기서 기술집약화에 유리한 분야로는 ① 규모의 경제가 작용하지 않는 분야, ② 자본집약도가 낮은 분야, ③ 시장수요가 세분화하는 분야, ④ 소수정예 기술인력을 활용하는 소규모 전문생산업 등을 들고 있다.

1980년대 기술개발 지원시책으로는 ① 이러한 기술집약형 중소기업의 발굴 육성지원(벤처캐피털 지원활성화 포함) 이외에 ② 특정 연구개발사업에 따른 연구개발 지원, ③ 공업기반기술개발사업, ④ 기업 부설연구소 및 산업기술연구조합 설립 유도 육성, ⑤ 신기술개발 및 기업화자금지원, ⑥ 정부 출연연구기관을 통한 중소기업 기술지원, ⑦ 중소기업의 기술집약화 촉진을 위한 전산화·자동화·정보화 지원 등이었다.

한편 1989년 3월에 제정한 〈중소기업의 경영안정 및 구조조정촉진에 관한 특별조치법〉은 제4장에서 중소기업의 기술개발촉진을 규정하고 있다. 이 법은 기술개발에 기술개발과 정보화를 포함하고 있다(제4장). '기술개발'이라고 함은 ① 중소기업 자가 생산, 판매 또는 서비스를 제공하는 기술에 관한 연구개발을 행하는 것, ② ①의 규정에 따라 연구개발에 대한 성과를 이행하는 것 가운데 하나에 해당하는 것으로 되어 있다. 중소기업 '정보화'라고 함은 중소기업자가 컴퓨터를 이용하여 공장의 자동화, 경영관리의 전산화, 유통관리의 자동화 및 중소기업의 전산망을 구성하는 것 등을 말한다고 규정하고 있다(제2조).

그리고 상공부장관은 중소기업의 기술개발을 촉진하기 위하여 중소기업의 기술개발에 관한 계획을 수립 공고하도록 했다(제16조). 이에 따라 1989년 8월에는 〈중소기업기술개발계획〉을 수립 공고하고, 10월부터 중소기업 기술개발을 적극 지원했다. 〈중소기업기술개발계획〉은 중소기업자의 기술향상 애로사항을 개선하고 장애 요인을 제거하기 위하여 기술개발 자금지원은 물론 기술지도, 기술 인력의 양성과 훈련, 기술교류 촉진과 함께 기술개발제품에 대한 우선 구매까지 추진하도록 하고 있다.

1.1.2 중소기업의 자동화와 생산성 향상

우리나라 기업의 자동화 정도는 자본이용에 견주어 노동비용이 상대적으로 저렴했기 때문에 초기단계에 머물렀으나, 1988년 이래 노사분규, 고임금 및 이로 말미암은 인력수급 차질 등 경제 환경의 변화에 따라 생산성 향상을 통한 대외 경쟁력을 높이기 위하여 기업에서 자동화 수요가 급증했다.

특히 중소기업은 자동화에서 기존 기계설비에 간단한 제어·동력 장치를 부착하여 적은 투자 비용으로 생산성을 높일 수 있는 간이자동화의 도입에 중점적으로 투자했다. 중소기업의 이러한 공정개선 및 자동화 수요에 부응하여 1986년 말부터 중소기업을 대상으로 산업기술향상자금 가운데 간이자동화자금를 지원했고, 1987년에는 공업발전 기금 가운데 소프트웨어개발 자금을 배정하여 생산자동화 및 사무자동화사업을 지원했다.

그리고 한국생산성본부와 중소기업진흥공단은 1986년부터 자동화 전담부서를 설치하고 국고지원으로 자동화 교육기자재를 대폭 확충하여 현장실습과 이론교육을 병행한 자동화교육과 자동화 기술지도를 주요사업으로 추진했다. 1988년 들어 자동화 촉진 노력을 배가하여 상공부장관을 위원장으로 하고 관계 부처 국장 및 관계 기관 이사 등 위원 20명으로 구성된 법 부처적인 종합추진체로서 '생산자동화촉진 대책위원회'를 설립했다.

아울러 자동화사업을 지속적으로 추진하고자 〈생산자동화5개년계획〉(1989~1993)을 수립했다. 또한 중소기업의 자동화를 촉진하는 데 필수적인 소프트웨어 개발을 촉진하기 위하여 생산성본부를 통하여 소프트웨어 개발자금을 지원했다.

1.1.3 중소기업 정보화의 추진

중소기업의 정보화사업은 1987년 12월 중소기업 정보화 촉진방안을 소프트웨어 산업발전 민간협의회가 정식으로 상공부에 건의함에 따라 본격적으로 검토되어 오다가 1988년 9월 상공부가 중소기업 정보화촉진대책을 발표했고 이에 따라 1989년 공업발전기금에서 정보화 저리자금를 일부 지원할 수 있게 되었다.

그 뒤 1989년 3월 〈중소기업의 경영안정 및 구조조정촉진에 관한 특별조치법〉이 제4장 제2절에서 중소기업 정보화사업을 규정함으로써 법에 근거한 사업이 되었다. 이 법의 제2조에서는 정보화의 개념이 규정되어 있고 제20조는 상공부 장관은 중소기업의 정보화를 촉진하고 중소기업 정보화에 관한 전문 기술인력을 양성하기 위하여 관계부처와 협의하여 중소기업 정보화에 관한 계획을 수립하도록 규정했다. 이 규정에 다라 1989년 9월 2일자 상공부 공고 제89-38호로 중소기업의 〈정보화 계획〉(1989~1994)을 수립·공고했다. 이 계획에서 정보화사업의 목표는 중소기업의 정보화사업을 통하여 악화되고 있는 경제 환경에 능동적으로 대처하고 향후 정보화사회 진입에 따라 정보의 활용이 기업경쟁력을 좌우하는 중요한 요소가 될 것이므로 정보화를 통한 중소기업의 변신을 유도하는 한편, 중소기업이 가장 방대한 정보산업의 수요처이고, 정보산업은 모든 산업의 기반시설(infrastructure)이므로 중소기업이 정보산업의 수요를 창출하고 정보산업 발전이 또한 중소기업의 경쟁력을 뒷받침할 수 있도록 하는 데 두고 있다.

한편 정보화사업의 추진체계를 보면 더욱 〈그림 1〉과 같다. 즉, 1990년 1월 1일 중소기업진흥공단에 설치된 중소기업정보센터가 직접 지원하고 상공부에는 중소기업정보화심의회를 설치하여 정보화에 관한 계획을 관계부처와 협의 고시하도록 했다.

1.2 유망중소기업 및 중견수출기업 발굴지원제도

1.2.1 정책추진의 배경

1960~1970년대 산업개발정책은 규모의 경제에 바탕을 두고 양적 성장에 치중한 결과 규모와 물량 면에서는 급격한 성장을 이룩했으나 내실 있고 균형 있는 경제발전을 지속적이고 활력 있게 추진하는 데에는 많은 문제점을 나타내었다. 1980년대 들어 이러한 문제점을 획기적 중소기업육성으로 해소하려는 정책 기준을 취하면서 다음과 같이 다각적인 중소기업 육성시책을 강구했다. ① 중

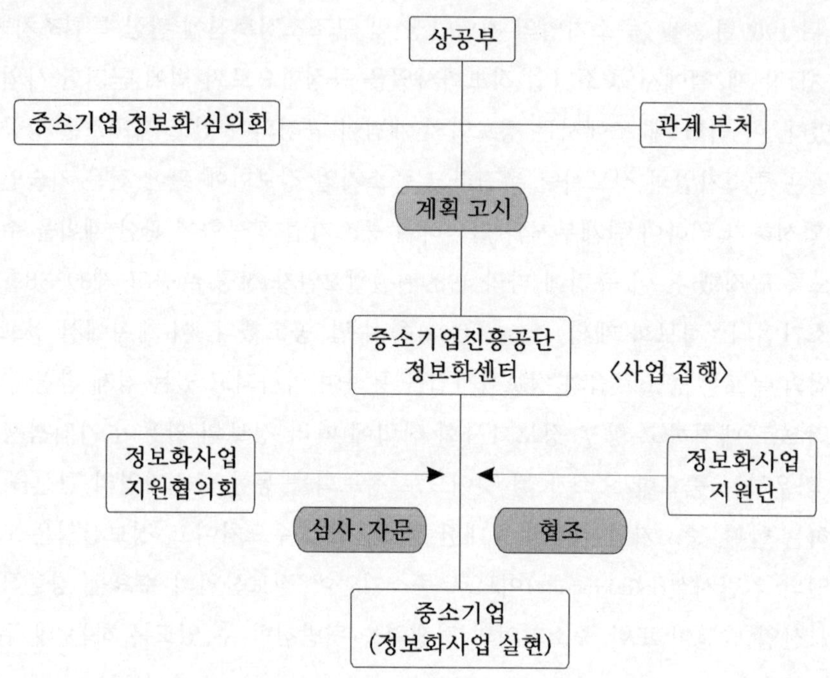

자료 : 중소기업진흥공단, 《중소기업에 관한 연차보고서》, 1990, 141쪽

〈그림 1〉 중소기업 정보화사업 추진 체계

소기업이 경쟁력을 갖출 수 있도록 지원하는 성장기반 확충, ② 분업적인 협력 관계를 정착하기 위한 대기업과의 협력관계 증진, ③ 상대적으로 낙후된 기술 수준을 높이기 위한 기술개발과 향상, ④ 안정적 사업 활동을 지원하는 시책, ⑤ 확대되는 국제화에 따라가기 위한 지원과 국제화의 촉진, ⑥ 지역간 불균형 해소를 위한 지방공업육성시책 등이 그 것이다.

그런데 이러한 개별적인 시책들은 대부분 그 특성과 본질에 따라 지원 대상 이 되는 중소기업에 단편적 지원이 실시되었고 특정한 중소기업이 필요로 하는 모든 지원이 종합적으로 이루어진 것이 아니었으며 지원 대상이 되는 경우 그 지원시책의 수혜의 범위 안에서만 지원을 받을 수 있었다. 또한 모든 중소기업 을 한정된 재원으로 동시에 경쟁력 있게 육성하는 것도 불가능하다는 한계가 있었다.

유망중소기업 발굴지원제도는 이러한 시책의 특성과 지원의 한계성을 인식하고 발전 가능성이 있는 중소기업을 1983년부터 매년 1,000개씩 1987년까지 5,000개를 발굴하여 금융·기술지원·정보제공·연수·판로알선·행정지원 등 종합적인 지원을 함으로써 발굴된 중소기업, 즉 유망중소기업을 본격적으로 육성시키려는 제도이다.

1.2.2 정책추진체계 및 발굴 대상

1983년 5월에 추진계획을 확정하여 본격적으로 시행된 유망중소기업 발굴지원 시책은,

첫째, 제5공화국의 경제정책기조인 민간주도의 경제체계를 바탕으로 금융기관, 정부 출연 연구기관, 중소기업진흥공단 등 70개 발굴기관(22개 중견수출기업 발굴기관 포함)이 자율적판단과 자기책임 아래에서 기관의 중요 기능에 따라 유망 및 수출 중견기업을 발굴하여 지원하고,

둘째, 발굴지원기관이 자체 발굴한 기업에 대하여 당해기관이 지원할 수 있는 분야에서 여타 기업보다 우선적으로 지원하며,

셋째, 발굴기관이 기능상 지원을 할 수 없는 분야가 있을 때는 상공부 안에 설치한 유망중소기업 종합지원단에 지원을 요청, 지원수단을 갖고 있는 타기관에 지원을 연계함으로써 종합적인 지원이 되도록 하고,

넷째, 이상과 같은 추진 방향을 뒷받침하기 위하여 세부 추진 방향의 설정, 추진 과정에서 발성하는 문제점의 종합해결 및 기관간 지원의 연계 등을 위하여 유망중소기업종합지원단을 설치·운영했다.

한편 유망중소기업의 발굴 대상과 기준을 보면 다음과 같다.

먼저 발굴 대상은 중소기업기본법 제2조 1항에 따른 중소기업 중 ① 기초소재 및 부품생산업체, ② 첨단기술 보유업체, ③ 수출촉진 또는 수입대체가 획기적으로 이루어질 수 있는 업체, ④각종 전문공장으로 지정받은 업체 등이다.

또한 발굴 기준은 ① 조금만 지원하면 조기에 국제 경쟁력을 갖출 수 있는

업체, ② 발굴지원으로 생산성이 크게 향상될 수 있는 업체, ③ 발굴지원으로 경영 및 기술도약 요인이 크게 보강 될 수 있는 업체, ④ 앞으로 발굴 가능성이 높은 신규 창업업체 등이다.

그런데 이 제도의 추진 과정에서 각 발굴기관이 발굴만 함으로써 발굴업체가 누증, 지원능력이 한계에 이르고 또한 계속적인 발굴이 어려운 경우가 발생했다. 이에 1988년부터는 일정 기간 이상 지원한 업체 또는 일정 규모 이상으로 성장하여 자력 성장기반이 구축된 업체는 졸업시키고, 새로운 유망중소기업을 발굴·지원하기 위해 유망중소기업 졸업제도를 실시했다. 또한 지원기능이 한정된 기관은 발굴기관에서 제외하고 지원기관으로만 남게 하는 조치를 취했다.

1.2.3 중견 수출기업 발굴 지원

유망중소기업 발굴지원제도와 같은 배경에서 1985년 3월부터 중견수출기업 발굴제도를 추진했다. 여기서 중견수출기업이란 연간 800만 달러 미만의 수출업체로서 3~4년 안에 1,000만 달러 대의 수출이 가능한 기업을 말한다. 1987년까지 1,000개를 각 금융기관이 발굴하되 유망중소기업 조직체계 및 방식에 따라 지원했고, 중견 수출기업 가운데 중소기업은 유망중소기업으로 일원화하여 집중지원하도록 했다.

1.3 중소기업의 창업지원제도

1.3.1 창업지원제도의 추진배경

창업기회의 확대로 새로운 기술의 기업화를 촉진하고 고용기회를 창출하며 능력 있는 창업 희망자에게 기업을 경영하게 하여 경제의 활성화와 중소기업의 저변을 확대하게 함으로써 산업구조의 고도화와 안정화에 기여하려는 취지에서 이 제도가 시행되었다. 더구나 우리나라는 다음과 같은 이유로 중소기업의 창업촉진이 더욱 중요성을 가진다고 할 수 있다.

첫째, 우리나라의 산업체 수는 일본·대만 등에 견주어 상대적으로 적기 때문에 산업구조와 노동시장구조가 취약하다(〈표 1〉 참고).

둘째, 신규 노동인구의 계속적인 증가로 고용기회의 창출 중요성이 증대되었다.

셋째, 대기업에 따른 경제력 집중이 점차 심화되고 있어 산업구조가 불균형을 이루고 산업체제가 경직화하여 이를 쇄신할 필요성이 있었다.

구분	단위	국가		
		한국(1983)	일본(1981)	대만(1981)
인구수(A)	1,000명	39,951	117,650	18,000
1인당 국민소득	US$	1,884	9,684	2,563
중소기업체 수(B)	개	139,098	868,334	118,884
중소기업 종업원 수(C)	1,000명	1,420	9,552	2,164
B/A	–	3.48	7.38	6.6
C/A	퍼센트	3.55	8.12	12.02

자료 :《중소기업에 관한 연차보고서》, 1985, 132쪽 참조

〈표 1〉 국가별 제조업 중 중소기업체 수 및 종업원 현황 비교

이러한 요구에 따라 중소기업법은 제9조 2항에서 중소기업의 설립을 촉진하고 중소기업을 설립한 자가 그 기업을 성장 발전시킬수 있도록 필요한 시책을 강구하도록 규정했다(1982. 12. 31 전문개정내용). 이어서 1982년 12월 31일 〈중소기업진흥법〉을 개정할 때 이에 대한 제도적 장치를 마련했다. 이 법의 제11조와 제12조는 '창업지원조성계획의 수립과 그 승인'을 규정함으로써 중소기업의 창업지원에 대한 법적 근거를 마련했다.

이어서 상공부 고시 제84-11호(1984. 3. 27)에 따라 중소기업진흥공단을 통하여 창업조성 지원사업을 추진했으며, 중소기업은행·국민은행·신용보증기금·한국기술개발(주) 등을 일차로 창업조성 지원기관으로 지정하여 각 지원기관의 특성에 맞는 지원 기준을 마련, 창업조성지원사업을 추진했다.

1.3.2 중소기업창업지원법의 제정

이미 설립되어 있는 중소기업을 지원하는 시책 못지 않게 새로운 기업이 설립될 수 있도록 창업 여건을 조성해주는 것은 산업의 저변인 중소기업을 건실하게 육성하는 데 중요하기 때문에 창업지원제도를 시행했다. 그러나 초기의 창업지원제도는 기업을 설립하려는 창업자에 대하여 그 지원의 폭이 넓지 못하고 지원수단도 금융지원의 범위를 크게 벗어나지 못하여 창업지원을 적극 추진하기 위한 새로운 제도의 도입이 요청되었다. 이에 1986년 5월 12일자 법률 제3831호로 〈중소기업창업지원법〉이 제정되어 공포·시행되었다.

이 법은 제조업 등의 중소기업의 설립을 촉진하고 중소기업을 창업한 자가 성장 발전할 수 있도록 적극 지원하며, 특히 농어촌 지역에서 중소기업설립을 촉진함으로써 중소기업의 발전과 지역간 균형 있는 성장을 통하여 건실한 산업구조의 구축에 기여함을 목적(제1조)으로 제정되었는데, 그 주요 내용은 다음과 같다.

1.3.2.1 창업자에 대한 지원

중소기업의 창업을 유도하기 위하여 이 법의 적용을 받은 중소기업 창업자에게 자금(제4조) 및 세제상의 지원(제25조)을 실시하며 사업승인계획의 승인제도를 도입하여(제21조) 시장·군수·구청장으로부터 사업계획의 승인을 얻게 되면 17개 법률에 따른 26개 인허가 절차를 받지 않도록 창업절차를 간소화했다(제20조 및 21조, 22조).

첫째, 새로이 기업을 설립하는 데 소요되는 자금을 손쉽게 조달할 수 있도록 지원하기 위하여 창업지원기금을 설치하고 이 기금을 중소기업창업자에 투자 지원하는 것을 주 임무로 하는 창업투자회사를 지원하도록 했다.

둘째, 농어촌 지역에서 창업자와 기술집약형 중소기업창업자에 대하여 조세감면규제법에서 정하는 바에 따라 일정 기간 소득세·법인세·재산세를 감면하도록 했다(제25조).

셋째, 농어촌지역에서 창업자와 기술집약형 중소기업창업자는 전국 시·군·

구청에 설치된 '중소기업 창업민원실'에 창업사업 계획을 제출하여 사업계획의 승인을 받는 경우에는 17개 법률에 따른 26개 인허가 절차를 받은 것으로 의제처리하여 창업절차를 간소화했다.

1.3.2.2 창업지원기금의 설치·운용

중소기업창업지원에 필요한 재원을 확보하기 위하여 상공부 안에 창업지원기금을 설치·운용하도록 하고(제6조) 이 기금은 다음의 용도에 사용하도록 했다(제8조).

(1) 중소기업창업투자회사에 대한 투자 또는 융자.

(2) 중소기업창업투자조합에 대한 출자.

(3) 중소기업상담회사에 대한 자금의 지원.

(4) 상공부장관이 창업심의회의의 심의를 거쳐 필요하다고 인정한 사업.

(5) 제1호 내지 4호에 부수되는 업무.

1.3.2.3 창업지원기관의 육성

(1) 중소기업창업투자회사의 육성(제11조) : 중소기업창업투자회사는 창업자에 대하여 투자하는 것을 주된 업무로 하는 회사로서 이 법의 제11조 제1항의 규정에 따라 대통령령이 정하는 바에 따라 상공부에 등록(제2조 5) 설립되는 상법상 주식회사이다. 이를 적극 육성하여 중소기업 창업자를 지원하도록 하고 창업자금에 필요한 자금을 일반으로부터 동원할 수 있도록 창업투자회사가 주관하여 '창업투자조합'을 결성하고 여기에 동원되는 자금에는 소득세 과세상 특례를 인정하는 등 세제상 혜택을 부여했다.

(2) 중소기업상담회사의 육성 : 중소기업상담회사라 함은 중소기업에 대한 사업성평가를 위한 용역사업을 업무로 하는 회사로서 제12조 제1항의 규정에 따라 상공부에 등록된 회사를 말한다. 이 회사는 ① 중소기업에 대한 사업성평가를 위한 용역사업, ② 경영 및 기술향상을 위한 용역사업, ③ 사업의 알선, ④ 자금의 알선, ⑤ 창업과 관련되는 상담 및 정보제공의 사업을 한다(제12조

제1항). 이 회사에 대해서는 대통령령이 정하는 바에 따라 그 용역대금의 일부를 기금에서 지원할 수 있게 했다(제12조 제2항).

(3) 중소기업창업투자조합의 육성 : 중소기업창업투자조합이라 함은 창업자에 대하여 투자하고 그 성과를 배분할 목적으로 제13조 제1항의 규정에 따라 결성된 조합을 말한다(제2조 6). 창업투자조합은 조합원이 출자한 자금을 투자 전문기관인 창업투자회사가 업무집행조합원이 되어 높은 수익성과 성장성이 기대되는 창업 중소기업에 투자하고 그 회사를 지원 육성하여 기업이 성장하면 그 기업에 대한 투자분을 처분함으로써 발생하는 자본소득인 과실을 출자비율에 따라 조합원에 배분하는 제도이다.

(4) 창업지원심의회와 중소기업창업민원실의 설치·운영 : 창업지원에 관한 정책을 종합 심의하기 위하여 상공부에 창업지원 심의회를 두고(제17조), 또한 민원인의 편의를 도모하기 위하여 서울특별시·직할시·도 또는 시·군·구에 창업에 관련된 민원을 종합적으로 접수 처리할 수 있는 기구인 중소기업창업민원실을 설치·운용하도록 했다(제24조).

1.3.2.4 창업투자회사와 기술집약형 중소기업

창업투자회사는 자본수익의 극대화를 목적으로 하는 벤처캐피털(venture capital) 회사로서 성격상 소기업보다는 중기업 규모의 기술집약형 중소기업에 대한 투자를 위주로 사업을 전개하고 있다. 또한 창업의 사업계획의 승인(제21조)이나 세제지원(제25조)의 주된 대상도 기술집약형 중소기업이다. 여기서 중소기업 창업지원법시행령 제29조가 규정한 기술집약형 중소기업의 범위를 보면 다음과 같다.

(1) 〈공업발전법〉 제13조의 규정에 따른 공업기반기술개발사업의 성과를 기업화하는 사업.

(2) 〈중소기업진흥법〉 제12조의 규정에 따라 창업조성 실시계획의 승인을 얻은 사업.

(3) 〈중소기업진흥법〉 제38조 제1항 제7호의 규정에 따른 신기술기업화를 위

하여 상공부장관이 정하는 각종의 사업.

(4) 〈중소기업계열화촉진법〉 제5조의 규정에 따라 지정된 계열화 품목의 사업.

(5) 〈기술개발촉진법〉 제2조 제4항의 규정에 따라 과학기술처장관이 인정하는 신기술의 사업 및 기술개발촉진법시행령 제14조의 규정에 따라 과학기술처장관이 고시한 국내개발이 필요하다고 인정되는 기술의 사업.

(6) 〈실용신안법〉에 따라 등록된 신규의 고안을 기업화하는 사업.

(7) 〈외자도입법〉 제23조의 규정에 따른 기술도입계약에 따라 도입된 기술의 사업.

(8) 〈특정연구기관육성법〉에 따른 특정연구기관, 〈기술개발촉진법〉에 따른 기업부설연구소, 〈산업기술연구조합육성법〉에 따른 산업기술연구조합, 비영리법인의 연구기관 및 교육법에 따른 대학 또는 전문대학에서 개발한 기술의 성과 또는 연구성과를 기업화하는 사업.

(9) 조세감면규제법시행령 별표 4의 품목의 사업.

(10) 특허받은 국내기술의 개발성과를 기업화하는 사업.

(11) 창업투자회사의 출자(투자조합의 자금에 따른 출자를 포함한다)에 따른 창업자의 사업으로서 투자회사의 출자의 지분이 창업개시일로부터 창업심의회가 정하는 일정한 기간 동안 당해 창업자의 주식 또는 자본금 총액의 100분의 10 이상인 자가 운영하는 사업.

(12) 상공부장관이 기술개발촉진과 품목 및 소재의 수입대체를 위하여 창업심의회의 심의를 거쳐 고시하는 품목의 사업.

1.3.3 중소기업창업지원 중장기정책 방향 수립

중소기업창업지원제도는 중소기업창업지원법이 제정된 이후 법제정의 취지와 방향에 따라 지속적이고 적극적으로 추진되었다. 특히 1989년 6월에는 제6회 창업지원심의회에서 향후 10년 동안의 중소기업창업지원 중장기정책 방향이 마련되었다.

이에 따르면 10년 뒤 광공업 사업 체수를 현재의 6만 개(5인 이상 기준) 미만

수준에서 12만 개로 배가한다는 것이다. 이를 위해 ① 원활한 창업기반을 조성하고, ② 창업자금의 지원을 확대하며, ③ 창업지원조직을 확대 강화하고, ④ 설립 뒤 초창기 기업에 대한 후속지원을 강화하는 등의 방향이 제시되었다.

1.4 소기업의 육성

1982년 4월에 수립된 〈중소기업진흥장기계획〉에서는, 규모에 대한 그 구분이 없어서 중소기업시책이 상대적으로 규모가 큰 중소기업에만 집중 지원되는 점을 지적하고, 규모가 상대적으로 작은 소기업의 육성·발전을 위하여 소기업 개념을 정립했다. 그 뒤 1982년 12월 31일에는 〈중소기업기본법〉을 개정하여 중소기업을 중기업자와 소기업자로 구분 규정했다. 제조업·광업·운송업·건설업의 경우 종업원 20인 이하, 상업 및 기타 서비스의 경우 5인 이하를 소기업으로 분류하여 그에 대한 지원을 시책 방향으로 제시했다.

그리고 〈중소기업기본법〉 제9조에서는 소기업자에 대하여 그 경영의 개선과 발전을 위하여 필요한 시책을 강구하도록 소기업대책을 규정한 바 있다. 1983년 소기업의 성장·발전을 위한 제도개선의 일환으로 보강된 소기업지원제도의 중요 내용을 보면 다음과 같다.[1]

(1) 중소기업은행의 융자 대상 및 신용보증 한도에서 종업원 5인 미만 기업 제한의 폐지.

(2) 중소특례업체에 대하여 타사제품의 수출을 허용하도록 소액수출특례제도 개선.

(3) 근대화실천승인업체 대상을 소기업까지 확대.

(4) 소기업창업자금의 조성지원으로 소기업창업조성 지원.

(5) 기업자금 대출의 30퍼센트 이상을 소기업에 지원하도록 국민은행의 소기업 지원비율의 제고 및 의무화 등.

---

1) 상공부, 《중소기업에 관한 연차보고서》, 1987, 221~222쪽.

(6) 금융지원에서 5,000만 원 이하의 소액대출 및 신용보증시 간이평가심사기준을 적용하도록 대출절차 간소화.

한편 1980년대 말에는 소기업육성에 대한 정책인식이 더욱 높아져서 소기업의 자립 성장 기반 구축을 논의하게 되었다.

첫째, 소기업 육성은 산업의 기반을 형성하고 지역간 균등한 발전에 기여한다. 그리고 건전한 중산층을 육성하기 위해서도 소기업의 역할은 중요하다. 특히 소기업은 적은 투자 비용에 견주어 부가가치 창출효과가 높고 고용창출효과도 대기업 부문보다 크다.

둘째, 다양화·개성화한 소비자의 기호에 부응하는 다품종 소량생산이 용이하고 한국적인 장인기질을 발휘할 수 있는 전통산업 등 특산품을 생산하는 데도 소기업의 역할이 중요하다. 또한 21세기 산업을 이끌고 갈 첨단산업의 경쟁력을 강화하기 위해서도 소기업을 중심으로 한 부품·소재 등의 균형적 성장이 필요하다. 특히 부품생산 소기업의 대부분은 재하청 또는 재재하청 담당자로서 중층적 산업구조의 근처를 이루고 있다.

셋째, 소기업은 첨단기술을 연마한 고학력의 청년 창업자들로 말미암아 새로운 산업 분야의 개척 및 기존 산업 분야에 대한 경쟁촉진 등 활력을 제공하는 역할을 한다.

결국 1960년대가 기간산업과 경공업 시대라 한다면, 1970년대는 대기업 중심의 중화학공업 시대, 1980년대는 중견기업 및 중소기업 시대라 할 수 있고 1990년대는 첨단산업과 소기업의 시대라 할 수 있으며 이런 정책인식에서 중소기업 육성시책에서 소기업대책을 촉진한다는 것이다.[2]

그 결과 제시된 소기업 육성방안은 다음과 같다.

오늘날의 국제화·지방화·기술집약화시대에 적극적으로 대응하기 위해서는 소기업에 대한 별도의 육성시책 추진이 필요하며 특히 기술집약형 소기업의 기반을 확충함으로써 장기적으로 산업구조를 고부가가치화하고 국제경쟁력을 높

---

2) 상공부, 《중소기업에 관한 연차보고서》, 1989, 223~224쪽 및 1990, 283쪽 참조.

여야 할 것이다. 이런 기본 방향에 따라

첫째, 국민은행과 중소기업진흥공단 안에 '소기업지원종합상담실'을 설치하여 상담에 따른 자금·기술·정보 등 종합 지원체제를 운영하고,

둘째, 소기업에 대한 자금배분의 합리화를 위하여 각 금융기관의 소기업의무대출 비율 설정과 한국은행의 상업어음 재할인 기간 연장 및 중소기업전담은행의 소기업 발굴지원 확대가 필요하며,

셋째, 소기업은 세무회계처리 능력 미약으로 세법상 규정된 각종 혜택을 받지 못하고 있으므로 소기업 소득공제제도 신설 등 소기업에 대한 세제를 보완하도록 하고,

넷째, 경영기반이 취약한 소기업자의 폐업 또는 퇴직 뒤 생활안정 보장을 통한 소기업 경영안정도모를 위하여 소기업 공제제도를 도입 추진할 것이며,

다섯째, 소기업입주 아파트형 공장건설 확대 등 소기업입지의 지원

여섯째, 소기업에 대한 종합적 체계적 지원을 위하여 상공부 안에 소기업 전담과의 설치 등이 필요한 시책방안으로 제시되었다.[3]

결국 소기업 지원행정 강화, 소기업 지원자금 공급의 원활화, 세제지원 보완, 그리고 소기업 경영개선 및 공제사업의 추진 등이 소기업 지원시책의 방향이 되었다.

2 불리시정정책의 전개

2.1 〈중소기업사업조정법〉의 개정과 고유업종제도의 강화

2.1.1 법 개정의 내용

〈중소기업사업조정법〉은 국가재건최고회의의 의결을 거쳐서 1961년 12월 27

---

3) 상공부, 《중소기업에 관한 연차보고서》, 1990, 288쪽.

일 법률 제885호로 공포·시행되었다. 그 뒤 1978년 12월 5일자에 법률 제3127호로 전문개정 되고, 1982년 12월 31일 법률 제3653호로 2차 개정되었으며, 1986년 5월 12일 법률 제3832호로 제3차 개정되었다.

특히 제2차 개정에서는 중소기업자의 사업활동영역의 확보를 위하여 종전의 '중소기업 특화업종'을 '중소기업 고유업종'으로 그 명칭을 변경하고 그 기준 등을 명확히 했으며 그 뒤 중소기업 고유업종제도가 확립되었다(제6조의 2). 그리고 대기업의 침투로부터 중소기업을 보호하기 위하여 협동조합 등이 사업조정을 시행할 때부터 조정신청의 대상이 되는 사건이 조정·완료되는 시점까지 대기업자의 사업 확대·개시 등에 관하여 상공부장관은 일시 정지를 권고할 수 있게 했다(제8조의 2).

제3차 개정에서는 ① 최소한 중소기업 고유업종 분야에 대해서는 대기업의 침투를 원칙적으로 금지하도록 했다. 즉, 대기업자는 중소기업 고유업종으로 지정된 사업을 인수 개시 또는 확장할 수 없다고 규정했다(제7조 1항). 더불어 ② 예외적으로 참여를 허용하는 경우에는, 즉 대기업자가 중소기업 고유업종의 사업을 인수·개시하거나 확장하고자 하는 경우에는 상공부장관에게 2개월 전에 미리 신고하도록 했다(제7조 2항).

2.1.2 중소기업사업영역의 보호와 고유업종지정제도의 확충

사업영역보호제도는 중소기업 분야에 대한 대기업의 과도한 침투로 말미암아 발생하는 분쟁을 공정하게 조정하여 중소기업자의 사업활동기회를 적정하게 확보함으로써 국민경제의 균형 있는 발전에 기여함을 목적으로 하는 제도이다. 사업영역보호를 위한 주요 정책수단이 중소기업 고유업종지정제도이다. 이 제도는 중소기업자가 그 사업을 영위하는 것이 국민경제의 건전한 발전과 산업구조의 개선을 촉진할 수 있다고 인정되는 사업 분야를 중소기업 고유업종으로 지정하는 것이다.

이 분야에 대해서는 대기업의 사업참여를 원칙적으로 금지함으로써 중소기업의 안정된 사업활동을 가능하게 하여 궁극적으로는 중소기업과 대기업이 대등한 위치에서 경쟁할 수 있도록 유도하고, 한편으로는 대기업과 중소기업 사이에 전문적 분업화를 촉진함으로써 자원의 효율적인 배분을 실현하려는 정책 수단이다.

이러한 중소기업 고유업종의 지정 기준은 다음과 같다

(1) 전제조건.

① 대기업의 참여를 제한하더라도 품질향상이나 수급에 문제가 없고 일반소비자 및 관련 사업자의 이익을 부당하게 해칠 우려가 없는 경우.

② 대기업의 참여를 허용할 경우 기존의 중소기업의 상당수가 경영안정에 현저한 악영향을 받을 우려가 있는 경우.

(2) 지정 기준.

① 중소기업전문업종.

• 생산공정이 비교적 단순하고 특별한 기술을 요하지 않는 품목.

• 대량생산에 따른 규모의 경제성이 요구되지 않거나 소규모의 자본투자로 생산이 가능한 품목.

• 소량·다품종 다규격의 제품으로 중소기업 전문생산체제가 바람직한 품목.

② 중소기업제품의 품질이 우수한 품목.

• 중소기업에서 기술개발한 품목이거나 대기업 제품과 비교하여 품질수준이 손색이 없는 품목.

• KS 규격 또는 국제공인규정 등을 획득하여 대내외적으로 품질수준을 인정받고 있는 품목.

③ 대기업의 참여 가능성이 비교적 큰 품목.

• 다수의 중소기업자가 좋은 품질의 제품을 생산하고 있는 분야에 대기업이 경쟁력을 이용하여 참여할 우려가 있는 품목.

• 수요처가 주로 대기업인 제품으로써 자사그룹의 수요를 독점하거나 중소기업의 시장을 교란할 우려가 있는 품목.

2.1.3 중소기업 고유업종의 지정과 문제점

중소기업의 안정과 사업영역을 보장하기 위하여 지정·운영하고 있는 고유업종은 1979년에 23개 품목을 처음으로 지정한 이래 1983년에 103개 품목으로 확대되고 1984년 말에는 205개 품목, 그리고 1989년 8월 30일 현재 237개 품목으로 확대·지정되었다.

이러한 고유업종지정제도는 대기업으로부터 중소기업의 사업영역을 보호하여 중소기업이 안정된 사업 활동을 가능하게 함으로써 중소기업의 보호육성에 기여한 것이 사실이지만 문제점이 없는 것도 아니다.

〈제6차5개년계획〉은 이 제도의 장점과 함께 경쟁을 제한한다는 단점 그리고 대기업의 참여를 직적 규제하여 폐해를 시정한다는 점에서 과도적 제도로 보아야 한다는 점을 지적했다. 따라서 현실적 여건과 기술혁신 및 수입개방정책 등 대내외 여건 변화를 고려하여 고유업종제도의 실효성을 높이도록 발전적으로 보완 개편의 필요성을 제기했다.

즉, 고유업종지정제도는 '경쟁의 제한'으로 시장구조를 왜곡시켜 경제의 비능률을 초래할 우려가 있을 뿐만 아니라 중소기업을 지나치게 보호하여 스스로의 기술개발과 품질향상 등 경쟁의식을 저하시킬 우려가 있는 등의 문제점을 갖고 있다. 이러한 부작용을 최소화하기 위하여 기술혁신이나 수급상황 등 경제 여건의 변화에 따라 고유업종을 재조정할 필요성이 제기되었다.

2.2 〈중소기업계열화촉진법〉의 개정과 공정거래질서 조성

2.2.1 〈중소기업계열화촉진법〉의 개정과 수급기업체협의회의 구성

1975년 12월 31일 법률 제2841호로 제정한 〈중소기업계열화촉진법〉은 1978년 12월 5일(법률 제3128호) 및 1982년 12월 31일(법률 제3652호)로 개정되었다. 특히 1982년의 개정에서는 다음과 같은 내용을 포함하여 모기업과 수급기업 사이의 공정거래질서 조성에 기여했다.

첫째, 모기업체가 수급기업체에 지급하는 납품대금 가운데 적어도 인건비 부분은 납품을 수령한 즉시 현금으로 수급업체에 지급하도록 했다(제9조④).

둘째, 모기업과 수급기업 사이의 분쟁을 조정하고 계열화를 촉진하기 위하여 중소기업계열화촉진협의회를 설치할 수 있는 근거를 마련했다(제15조 2).

셋째, 특정한 모기업체와 도급거래관계에 있는 수급기업체가 모기업체와 대등한 거래관계를 유지하고 상호 기술정보의 교환 및 공동기술개발 등을 촉진하기 위하여 모기업체별로 그 모기업체와 도급거래관계에 있는 수급기업체가 모기업체 단위별 수급기업체협의회를 구성할 수 있게 했다(제15조 3).

넷째, 모기업체와 수급기업체 사이에 공정거래의 관행이 정립될 수 있도록 수급기업체와 모기업체의 준수사항을 확대하고 벌칙을 강화했다(제13조 및 제19조).

다섯째, 모기업체가 이 법이 정한 공정거래질서의 규정에 위반한 사실이 있고 그 사실이 〈독점규제 및 공정거래에 관한 법률〉 제15조 제4호의 불공정거래행위에 해당한다고 인정되면 이 법 제16조의 규정에 따라 필요한 조치를 하여 줄 것을 상공부장관은 경제기획원장관에게 요구 할 수 있게 했다(제13조의 2).

특히 수급기업체협의회는 모기업과 수급기업 사이의 대등한 거래를 유지하고 협력기반을 구축하여 자율적 협력체제가 유지되도록 주요 모기업체별로 당해 모기업과 수급거래 관계에 있는 중소기업을 중심으로 구성된 제도이다. 수급기업체협의회의 주된 기능은 ① 모기업체와 수급기업 사이의 협력분위기 조성, ② 상호 기술정보의 교환, ③ 기술의 공동개발, ④ 원자재 공동구매, ⑤ 부품의 수출시장개척과 같은 공동사업을 하는 것 등이다. 그런데 이 위원회는 분쟁의 자율적 조정기능을 할 수 있을 제도라는 점에서 공정거래질서 조성에 주요한 역할이 기대되는 제도이다.

1983년에 처음으로 6개 협의회가 구성된 이래 지속적으로 확대되어 1980년 말에는 118개로 늘어났고 업종별로는 주로 기계·전자·전기 등의 분야에서 구성되었다.

또한 수급기업체협의회의 활성화를 도모하기 위하여 중소기업 계열화촉진협의회를 중심으로 행정지도를 강화했으며 1988년에는 중소기업협동조합중앙회에서 그 수급기업체협의회 운영지도를 위해 지도반을 편성하는 등 지속적으로 그 운영을 지도했다.

2.2.2 도급거래 관계에서 공정거래질서 확립

도급거래에서 모기업이 우월적 지위를 남용하여 불공정행위를 하는 경우 이는 수급기업의 건전한 성장과 모기업과의 협력을 저해하며 장기적으로는 산업의 효율을 저하시키게 된다. 이에 모기업의 불공정행위를 방지하기 위하여 중소기업협동조합중앙회 안에 하도급분쟁조정협의회를 설치하여 수급기업의 애로사항의 신고를 접수 해결했다.

한편 모기업의 불공정행위에 대하여 수급기업체의 신고가 현실적으로 어려운 실정임을 감안하여 정책당국은 관련 기관과 합동으로 주로 모기업을 대상으로 실태조사를 실시하여 불공정행위를 적발 시정하도록 했는데, 그 점검사항으로는 ① 납품대금의 지연여부, ② 물품수령증 즉시교부, ③ 도급거래약정서 교부, ④ 납품대금의 부당한 감액 등이 중점적 대상이 되었다.

2.3 〈하도급거래 공정화에 관한 법률〉의 제정

1975년에 제정된 이후 2차의 개정을 거친 〈중소기업계열화촉진법〉에 도급거래상의 공정거래 준수의무가 규정되었으며 그 뒤 1984년 12월 31일에는 〈하도급거래 공정화에 관한 법률〉이 제정·공포되어 공정거래 위반 업체에 대한 제제를 한 층 강화함으로써 공정거래 질서를 확립하고 계열화를 효율적으로 추진하기 위한 두 기능 중 하나의 역할을 이 법은 담당하게 되었다.

이 법은 공정한 하도급거래질서를 확립하여 원사업자와 수급사업자가 대등한 지위에서 상호보완적으로 균형 있게 발전할 수 있도록 함으로써 국민경제의 건전한 발전에 이바지함을 목적으로 제정되었다(제1조). 이 법은 〈중소기업계열화촉진법〉과 마찬가지로 원사업자(모기업)의 공정거래질서 준수를 위한 규정을 했는데, 그 주요내용을 보면 다음과 같다.

(1) 원사업자의 수급사업자에 서면의 교부 및 서류의 보존(제3조).

(2) 부당한 하도급대금의 결정 금지(제4조).

(3) 물품 등의 구매강제 금지(제5조).

(4) 원사업자가 발주자로부터 선급금을 받은 경우 수급사업자에게도 선급금의 지급(제6조).

(5) 내국신용장의 개설(제7조).

(6) 부당한 위탁취소의 금지(제8조).

(7) 부당반품 및 부당감액의 금지(제10조 및 제11조).

(8) 물품구매대금 등의 부당결제청구의 금지(제12조).

(9) 60일 이내에 하도급대금의 지급(제13조).

(10) 설계변경 등에 따른 하도급 대금의 조정(제16조).

(11) 부당한 대물변제 및 경영간섭 금지(제17조 및 제18조).

2.4 중소기업제품의 구매촉진

중소기업은 생산제품의 판로확보가 경영상 주요 애로사항의 하나이다. 이는 대기업과 비교하여 인력·자금·경영관리·생산·가격 및 정보 등 여러 가지 측면에서 경쟁이 불리함은 물론 중소기업이 개별 업체별로는 해결하기 어려운 요인도 있기 때문이다. 이에 중소기업의 구매촉진을 도모하여 시장에서 불리함을 시정해주고 안정된 가동을 보장해주는 것은 중소기업육성에 큰 기여를 한다. 이런 뜻에서 중소기업의 판로확대를 통한 가동안정을 제도적으로 지원하기 위하여 마련된 것이 〈중소기업제품구매촉진법〉이었다(1981. 12. 31 법률 제3536호).

이 법은 정부 등 공공기관이 수요로 하는 물품(공사용역 포함)을 구매하는 데 중소기업자가 생산하는 물품의 구매를 촉진함으로써 중소기업을 안정 가동케 하기 위한 목적(제1조)으로 제정된 것이다. 즉, 이 법에서는 막대한 구매력을 갖고 있는 국가기관, 지방자치단체, 정부투자기관 및 특별 법인으로 하여금 중소기업자가 생산하는 물품의 구매를 증대하도록 하고 이 경우 수요기관은 중소기업협동조합과 우선적으로 단체수의계약을 체결, 구매하도록 제도화하고 있다.

특히 구매량이 많은 정부 등 공공기관(43개 기관)은 매년 구매계획을 작성하여 시행하도록 하고 상공부에서는 이를 종합, 국무회의의 심의를 거쳐 중소기업 구매계획을 수립·시행하도록 했다. 그리고 중소기업자의 수주기회를 위하여 다음과 같은 조치가 취해졌다.

(1) 중소기업자에 대한 발주정보 제공.

(2) 단체수의계약에 따른 중소기업제품 구매증대.

(3) 구매빈도가 높고 소량으로 수시 구매하는 물품에 대한 단가계약품목 지정과 그 확대.

(4) 특정상품 등의 지정제한.

(5) 적정가격에 따른 구매.

(6) 발주공사에 소요되는 공사자재의 중소기업제품 구매공급.

(7) 물품구매예시제의 실시.

(8) 중소건설업자의 주수기회 증대.

(9) 지방 중소기업자의 수주기회 증대.

(10) 협동조합의 노력 강화.

3 보호주의적 시책 : 중소기업공제사업제도

3.1 사업실시의 목적

중소기업의 상당수가 재무구조가 취약하여 거래상대방 사업자의 돌발적인 도산에 대한 대응능력이 부족하고 경제환경변화에 대한 대응능력도 취약하여 중소기업의 연쇄부도 등에 따른 여러 경제적·사회적 문제의 발생을 예방하기 위하여 중소기업자의 상호부조정신과 중소기업육성의지에 따른 긴급 구제 금융제도의 필요성이 제기되었다.

중소기업의 상거래에서 거래 상대방 기업의 도산 때문에 채권회수가 불가능하거나 수취한 어음의 자금화가 지연될 때 공제대출을 실시하고 또는 협동조합을 통한 공제기금 가입자의 원부자재 공동구매 및 생산제품의 공동판매에 필요한 자금을 지원하여 중소기업의 도산을 방지하고 안정적 경영활동을 보장하려는 것이 이 제도의 목적이다.

3.2 사업추진 경위

중소기업진흥장기계획을 수립하는 과정에서 중소기업의 경영안정기반을 구축하기 위한 수단으로 이 제도를 검토했고 1982년 4월 장기계획을 확정하면서 구체화했다. 그 뒤의 추진경위는 다음과 같다.

(1) 1982년 12월 중소기업기본법 개정 때 이 법 제20조 2의 '공제제도의 설립 규정'(중소기업자가 상호 부조하여 도산을 방지하고 공동구매 및 판매사업 등의 기반을 조성할 수 있도록 중소기업공제제도의 확립 강구).

(2) 1982년 12월 법 개정 때 중소기업협동조합법 제87조 2의 '중소기업 공제사업기금의 설치 규정'(조합원이 중소기업자의 도산을 방지하고 공동판매 및 공동구매 사업의 기반을 조성하기 위하여 중소기업 공제사업기금의 설치).

(3) 1983년 8월 중소기업 공제사업기금 운영을 위한 중소기업협동조합법 시행령 개정.

(4) 1984년 3월 〈중소기업공제사업기금운용요강〉 제정.

(5) 1984년 6월 중소기업 공제사업기금 부금가입업무 개시.

(6) 1985년 6월 거래 상대방의 도산에 따라 채권회수가 불가능할 경우 지원하는 제1호 대출업무 개시.

(7) 1986년 1월 채권회수가 지연될 경우 지원하는 제2호 대출업무 개시.

3.3 가입 대상 및 공제대출 내용

공제기금 가입조건은 협동조합에 가입한 중소기업자와 중소제조업을 영위하

고 있는 비조합원 중소기업자로서 1년 이상 사업을 운영하고 있는 자이며, 공제
대출의 내용은 다음과 같다.

　(1) 제1호 공제금 대출(도산방지대출) : 공제기금 가입 뒤 6개월 이상 부금을
납부한 자에게 상거래에 따른 채권(받을 어음·외상매출금·선급금·미수금) 등이 거
래 상대방 사업자의 도산 등으로 말미암아 회수가 곤란할 때 무담보·무보증·무
이자의 원칙을 적용하여 대출해주는 것이다.

　(2) 제2호 공제금 대출(상업어음 대출) : 상거래를 통하여 수취한 어음이 결제기
일의 장기화로 자금화가 지연됨에 따라 자금 압박을 받을 때 대출하는 것이다.

　(3) 제3호 공제금 대출 : 상거래에 따른 외상매출금의 회수가 지연될 때 대출
해주는 것이다.

　(4) 이상의 제1호·제2호·제3호 공제금 대출은 중소기업의 도산방지 공제사업
이며 이외에 중소기업협동조합 공동구판사업 자금지원이 있다. 이것은 기금에
가입한 중소기업자의 생산에 필요한 원부자재의 공동구매 및 공제기금에 가입
한 중소기업자가 생산하는 제품의 공동판매를 위해 자금을 지원하는 사업이다.
이 경우는 위의 세 가지 형태에 견주어 보호주의적 시책의 성격이 약하다.

4 기본 시책의 전개

4.1 금융 및 세제지원시책의 전개

4.1.1 중소기업대출 의무비율제도의 강화

4.1.1.1 금융기관의 중소기업대출확대

　중소기업은 대기업에 견주어 상대적으로 재무구조가 취약하기 때문에 금융
수혜 면에서 불리한 위치에 있다. 이에 중소기업에 대한 금융지원이 확대되도록
금융기관에 중소기업 대출 의무비율을 부여함과 동시에 금융조건의 변화에 따

라 그 제도의 개선을 추진했다.

1965년 제17차 금융통화위원회는 금융부문자금운영규정을 개정하고 일반은행의 총대출금 중 3할 이상을 중소기업 부문에 융자한다고 정했다. 이에 1967년에는 지방의 민간자본 동원을 강화하고 지역별 특수성에 맞는 금융활동을 수행하도록 지방은행이 설립되기 시작했는데, 이들 지방은행에도 중소기업에 대한 금융지원을 하도록 규정했다.

그 뒤 1976년 3월 이 규정의 개정과 중소기업에 대한 대출지침의 제정을 통하여 시중은행과 지방은행은 연간 총대출금 증가액의 각각 30퍼센트 이상과 40퍼센트 이상을 의무적으로 중소기업에 대출하도록 했다. 1980년 10월에는 그 비율을 시중은행 35퍼센트, 지방은행 55퍼센트로 상향 조정함으로써 일반은행의 중소기업에 대한 금융의 확대를 도모했다.

이어서 1984년 4월에는 지방은행의 지방 중소기업에 대한 금융지원을 확대하도록 지방은행의 중소기업대출의무비율을 55퍼센트에서 80퍼센트로 대폭 상향 조정했다. 그리고 중소기업과의 거래가 적은 외국은행 국내지점도 중소기업금융에 참여하도록 1985년 3월에 외국은행에 대한 금융개방과 동시에 25퍼센트의 중소기업대출 의무비율을 부과했고 1986년 8월부터는 이것을 35퍼센트로 상향 조정했다(〈표 2〉).

이러한 중소기업대출 의무비율제도의 실효성을 높이기 위하여 한국은행은 금융기관의 중소기업대출 증가액에 대하여 일정 비율(10~60퍼센트) 해당액을 지원했는데, 중소기업 대출이 증가하는 금융가관에 대해서 증가액의 20퍼센트를 기본적으로 지원하고 의무대출비율 이행여부에 따라 초과대출액 또는 미달액의 일정 비율을 가감하는 '차등자금 지원제도'를 실시하여 이제도의 효율적 운영을 도모했다. 즉, 대출의무비율을 이행했을 경우에는 초과금액의 50퍼센트를, 불이행했을 경우에는 미달금액의 60퍼센트를 가감하여 자금지원을 차등화했으며 외국은행 지점에 대하여도 의무비율 불이행시에는 의무액에 미달하는 금액을 무역금융 및 상업어음 할인한 것에서 차감했다.

그 뒤 시중은행과 한국외환은행 그리고 지방은행에 대해서는 의무미달 금액

의 50퍼센트에 해당하는 금액을 통화안정계정에 일정 기간 예치하도록 하는 등
규제조치를 취했다.

4.1.1.2 제2금융권을 통한 중소기업지원

단자회사와 보험회사 등 중요 제2금융권 금융기관에 대하여도 중소기업지원
지도비율을 설정하여 중소기업에 대한 금융지원의 확대를 유도했다.

금융기관	중소기업 대출 의무비율
시중은행 및 외환은행	원화금융자금대출 증가액의 35퍼센트 이상
지방은행	원화금융자금대출 증가액의 80퍼센트 이상
외국은행 국내지점	원화금융자금대출 증가액의 35퍼센트 이상

주 : 상업어음 재할인을 받지 않을 경우는 25퍼센트 이상

자료 :《중소기업에 관한 연차보고서》, 1989, 266쪽

〈표 2〉 금기관의 중소기업 대출 의무 비율

단자회사는 사금융의 제도금융화를 유도하고 현대적인 단기자금시장을 형성
할 목적으로 1972년 8월 〈단기 금융업법〉에 따라 비은행 금융기관으로 제도화
했다. 그 뒤 1974년 4월 〈단기금융회사 업무운용지침〉을 제정하고 서울지역 단
자회사의 중소기업에 대한 어음할인 비율(어음할인 보유액에 대한 비율)을 20퍼
센트 이상으로 했으며 1980년 8월에는 이 비율을 30퍼센트로 인상했다.

그 뒤 단자회사의 경우 어음할인 및 팩토링(Factoring, 1981년 이후 취급) 잔액의
35퍼센트(지방 단자회사는 50퍼센트) 이상을 중소기업에게 지원하도록 지도했다.
그리고 종합금융회사는 총여신 증가액의 35퍼센트 이상을, 보험회사는 총기업
대출증가액의 35퍼센트, 리스회사는 연간 리스계약 취급액의 35퍼센트 이상을
중소기업에 지원하도록 했다.

4.1.2 상업어음할인 확대를 통한 금융지원강화

한국은행은 금융기관이 중소기업이 의뢰한 상업어음을 우선적으로 취급하도

록 정책적으로 유도하기 위하여 금융기관에 대하여 상업어음을 재할인할 때 대기업의 어음에 대해서는 금융기관 할인액의 30퍼센트를 재할인해주는 반면 중소기업의 경우에는 70퍼센트까지 재할인해주는 제도를 1984년 11월 15일에 도입했다. 그리고 1986년 7월 10일에 재할인제도개선 이후에도 여전히 대기업 관련 재할인비율보다 높은 60퍼센트를 적용하도록 했다(대기업은 30퍼센트 유지).

그 뒤 두 차례(1988년 9월과 1889년 2월)에 걸쳐 재할인비율을 축소 결정할 때 대기업에 대한 재할인지원은 중단했으나 중소기업에 대한 재할인 지원은 50퍼센트를 계속 유지했다.

한편 개별 기업의 상업어음 적정할인한도 산정에서도 중소기업은 과거 1년 동안 받을 어음 금액의 3분의 1 범위 안으로 하여 대기업의 4분의 1보다 우대했다. 또한 상업어음 재할인적격업체 자격조건도 중소기업의 경우는 기업체 종합평점을 45점 이상으로 하여 대기업의 50점 이상보다 우대했다(〈표 3〉).

구분	중소기업	대기업
재할인 비율	금융기관취급액의 50퍼센트 이내	–
적격업체 선정	기업체 종합평점 45점 이상	기업체 종합평점 50점 이상
적정할인 규모	과거 1년 동안 받을 어음 실적의 3분의 1 범위 안(신설 중소기업은 어음할인한도에 관계없이 할인취급)	과거 1년 동안 받을 어음 실적의 4분의 1 범위 안

자료 :《중소기업에 관한 연차보고서》, 1989, 268쪽

〈표 3〉 상업어음할인제도상의 중소기업 우대 내용

4.1.3 직접금융시장을 통한 중소기업자금조달 확대 유도

첫째, 중소기업에도 직접금융에 따른 자금조달기회를 확대하기 위한 한 가지 방안으로 1984년 3월부터 중소기어 보증CP발행제도를 도입했다. CP발행을 통하여 제2금융권에서 자금을 조달할 수 있도록 유망중소기업의 경우 은행 및 신용보증기금의 지급 보증을 받아 CP를 발행할 수 있게 했다. 1985년 7월부터는

보증CP의 거래 단위를 1,000만 원에서 500만 원으로 인하했으며, 보증취급기관도 은행과 신용보증기금 이외에 단자회사를 추가하여 쉽게 보증을 받을 수 있게 했다.

둘째, 중소기업의 자본시장을 통한 자금조달기회를 확대하기 위하여 1983년 9월 기업공개조건을 대폭 완화했고 1984년 5월에는 대형증권회사에 대하여 회사채 지급보증업무를 허용함으로써 중소기업의 회사채 발행 시 지급보증을 받기가 용이해졌다.

셋째, 금융기관의 중소기업 발행주식 및 사채 인수를 확대시켰다. 중소기업은행과 국민은행 그리고 신용보증기금 등에 각각 투자부를 설치하여 중소기업이 발행하는 주식 및 회사채(전환사채 포함)를 직접 인수할 수 있게 했다.

또한 한국은행은 1989년도에 자본시장을 통한 중소기업의 직접금융조달을 원활히 하기 위하여 〈금융기관의 예산운용세칙〉상 금융기관의 중소기업에 대한 회사채 발행 지급보증한도에 제한을 두지 않음으로써 중소기업의 회사채 발행에 따른 자금조달을 확대할 수 있게 했다.

그리고 중소기업이 장외시장에서 기업자금을 원활히 조달할 수 있도록 주식장외시장제도를 대폭 개선 운용했다. 즉, 공모증자 요건을 자본금 5억 원 이상 업체에서 2억 원 이상 업체로 크게 완화했으며 거래방법도 중개매매 외에 증권회사가 자기계산에 따른 거래를 할 수 있도록 하여 비상장주식 거래의 활성화를 도모하는 등 직접금융시장에서 중소기업의 자금조달을 촉진했다.

4.1.4 세제지원시책

1980년대에 들어와 1982년부터 시작된 〈제5차5개년계획〉을 효과적으로 지원하기 위해 이전의 〈조세감면규제법〉이 1981년 12월 31일에 적용 시한이 만료된 것을 계기로 중소기업에 대한 조세지원제도를 개편하면서 이 법을 개정했다. 투자촉진, 재무구조 개선 및 구조조정, 기술인력개발, 지방이전, 벤처기업창업지원 등 다양한 부문에 걸쳐 중소기업에 대한 조세지원을 대폭 확충했다.

과학 기술입국을 위한 기술인력개발의 지원, 지역간 균형발전을 도모하기 위한 농어촌 및 지방경제의 활성화 지원, 저소득층의 세부담경감 및 중소기업에 대한 지원 등 중점시책을 세제 면에서 적극 반영하고 있는 것이 세제지원제도이다. 특히 중소기업의 건전한 육성을 통한 사업 기반의 확충, 고용의 창출, 안정적 성장 잠재력의 배양을 위하여 중소기업에 대해서는 일반적인 산업지원 이외에도 세제지원상의 우대조치를 취했다. 1980년대 말 중소기업에 대한 우대 세제지원 제도는 20여가지가 되는데, 이를 부문별로 보면 다음과 같다.[4]

(1) 중소기업의 투자촉진을 위하여 특별감가상각의 허용, 투자준비금의 적립 허용, 생산성 향상시설에 대한 투자세액 공제 등 각종 우대조치를 두고 있으며,

(2) 중소기업의 창업을 촉진하기 위하여 창업 중소기업에 대한 국세 및 지방세 감면, 벤처캐피털(venture capital) 등에 대한 지원과 아울러,

(3) 중소기업에 대해서는 일반기업보다 우대하여 수출손실준비금과 해외시장개척준비금의 100퍼센트 추가 설정 및 기술개발준비금의 추가 설정 허용과,

(4) 중소기업의 경영합리화를 도모하기 위하여 중소기업의 통합 또는 법인전환시 양도세 면제 등을 지원했다.

4.2 기술지도 및 연수사업

4.2.1 기술지도사업

기술지도 사업은 취약한 중소기업의 경영, 기술수준 향상을 위하여 전문지식과 실무 경험을 겸비한 국내외 전문가가 직접 중소기업 생산현장을 방문하여 문제점을 진단, 지도를 실시하고 이를 중소기업이 소화 흡수 할 수 있도록 지도하여 생산기술 향상과 경영합리화를 통한 경쟁력 강화를 도모하는 사업이다.

〈중소기업기본법〉은 경영의 합리화를 위한 지도와 연수(제10조), 그리고 기술의 향상을 위한 지도 연수(제11조)를 규정한 데 이어 전문 지도기관을 육성하기 위한 시책의 강구도 규정했다(제11조 2). 또한 중소기업진흥법은 1982년 12

---

4) 상공부, 《중소기업에 관한 연차보고서》, 1989, 278~279쪽.

월 31일 개정(법률 제3651호)에서 제6절(제25조~제30조)에 지도 및 연수사업을 규정한 바 있다.

1980년대에 들어와서 1981년에 지정했던 20개 지도기관을 중소기업진흥공단을 총괄지도기관으로 지정하고 중소기업은행·신용보증기금·국민은행 등 3개 기관을 지정 지도기관으로 하는 등 지도체계 정비를 위하여 〈중소기업경영기술지도요령〉(상공부 고시 제82-1호, 1982. 1. 21)를 개정 고시한 바 있다. 이상의 4개 지정지도기관 외에 20개 위탁지도기관이 그 특성에 따라 지도업무를 수행했다.

그 뒤 1986년부터는 공업진흥청을 총괄지도기관으로 하여 중소기업진흥공단·중소기업은행·정부출연기관 등 30개 지원기관에서 생산성 및 품질향상과 현장애로기술 등을 지도했고 유관기관 및 관계부처 사이의 효율적 협조를 위하여 기술지도기관 협의회를 구성하여, 국가기술지도사업계획의 수립 촉진에 관한 사항과 지도기관간의 상호정보교환 등을 했다.

기술지도사업은 크게 두 가지로 나누어 진행되었다.

첫째, 기술수준 향상을 위한 현장지도이다. 기술 분야의 문제점을 해결해주는 현장지도는 크게 국내 전문가지도와 외국인 전문가지도로 구분된다. 국내 전문가지도는 중소기업이 겪고 있는 기술상의 애로를 국내외 각 분야의 전문가에 의뢰하여 해결하는 지도이며, 외국인 전문가지도는 국내전문가로서는 해결이 어려운 핵심기술 분야, 공장 자동화 및 정보처리 등 첨단기술 분야에 대하여 외국인전문가를 초청, 현장에 투입하여 실시하는 지도이다. 그 결과 선진기술을 국내로 이전하는 것은 물론, 중소기업에 대하여 외국선진기술정보의 보급·확대를 기할 수 있었다.

둘째, 공통애로 기술 분야 해결을 위한 집단지도이다. 집단지도는 중소기업이 공통적으로 겪고 있는 애로기술문제를 해결하기 위한 지도의 한 형태인데, 현장지도가 지도의 개별적 접근방식이라면 이것은 집단적 접근방식이라고 할 수 있다. 즉, 비슷한 기술상의 애로를 겪고 있는 중소기업자를 일정한 장소에 모아 공통의 주제로 세미나식의 지도를 실시하여 동시에 다수 중소기업의 공통문제점을 해결함으로써 지도효과를 더욱 확산시켜 기술수준의 향상을 기하는 지도

방식이었다.

한편 중점촉진 지도사업으로는 ① 간이자동화지도, ② 부품 소재의 국산화 개발지도, ③ 에너지 소비절약 지도가 실시되었다.

4.2.2 연수사업

국제경제환경이 급변하는 상황에서 기업주변의 환경변화에 능동적으로 대처할 수 있는 능력을 배양시키고 건실한 기업운영과 중소기업인의 자질향상을 위하여 경영기술연수를 실시했다.

1983년 10월에 중소기업진흥공단에 '중소기업연수원'이 부설되어 중소기업 연수를 전담했다. 중소기업진흥공단에서는 중소기업 자체의 발전적 측면과 중소기업인 개개인의 성장·발전 측면을 동시에 고려하여 연수사업을 추진했으며 중소기업 경영 및 기술지도와 중소기업시책을 담당하고 있는 공무원 및 산하단체의 임직원에 대한 연수도 실시했다. 연수는 ① 최고경영자연수, ② 종업원연수, ③ 지도요원 연수 및 시책담당자연수, ④ 조직 활성화연수, ⑤ 통신연수 등으로 구분되어 실시했다.

특히 미국 로프(Stanley R. Lope)가 설계한 급형 설계사 양성기관으로 1983년 10월에 중소기업진흥공단의 중소기업연수원 안에 한국분교를 설치·운영하는 금형설계 통신지도를 위한 야크메스쿨이 통신연수로 실시되었다. 여기서는 급형, 프레스 금형설계, 플라스틱 금형설게, 야공구(冶工具) 설계 과정의 연수가 실시되었다.

4.3 조직화시책

4.3.1 협동소조합제도의 도입과 상업협동조합 설립추진의 적극화

1982년 12월 31일자 법률 제3654호로 중소기업협동조합법이 개정되어 소수의 중소기업자가 지역의 제한 없이 업종의 특수성에 따라 협동화사업 등 공동 경제활동을 할 수 있도록 '협동소조합'제도가 도입되었다. 즉, 소조합을 설립하고자 할 때에는 조합원이 될 자격을 가진 자 5인 이상의 발기인으로 소조합을 설립할 수 있게 했다(제67조의 3). 그 이후 1983년에 경인주물 공업단 협동소조합이 국내 최초로 설립되었으며 중소기업의 조직 확대에 획기적 조치가 되었다.

또한 산업구조의 고도화에 따라 중소상인의 자주적 경제활동으로 경제적 이익확대와 유통기구의 현대화뿐만 아니라 제조업과의 연계육성에도 기여할 수 있는 상업협동조합의 설립이 1980년대 중반 이후 적극 추진되었다.

한편 협동조합의 조직 및 기능강화와 상업협동조합 및 무역소조합의 조직화를 근간으로 하는 중소기업협동조합 중장기 발전계획이 1985년에 수립되었다.

4.3.2 협동조합의 주요사업과 기타 센터의 운영

협동조합의 주요 활동으로는 공동구매사업과 공동판매사업을 들 수 있다.

공동구매사업은 조합원이 필요로 하는 원부자재를 조합이 주체가 되어 일괄 구입하여 조합원에게 공급하는 사업이다. 개별 조합원이 소량 다종의 원부자재를 개별적으로 구입하는 대신 조합이 다단계 유통경로를 거치지 않고 생산 또는 공급자로부터 직접 구매하거나 해외에서 직수입하여 다량구매의 이득을 도모하는 한편 원부자재를 적기에 공급하여 생산원가 절감, 품질향상 및 생산성 향상을 도모하기 위한 사업이다.

그리고 공동판매사업은 조합원이 생산한 제품을 조합이 공동 판매함으로써 조합원의 판매부대 경비를 절감하고 정부 등 공공기관과의 적극적인 단체수의 계약 등을 통하여 다수 조합원의 안정가동을 도모하는 효과를 거두었다. 또한 조합의 공판장 및 전시장 등을 통한 공동판매도 활발히 추진했다. 특히 조합의 공동판매사업의 주종을 이루고 있는 단체수의계약은 정부기관·지방자치단체· 정부투자기관 및 특별법인 등 공공기관과 계약하여 조합원이 생산한 제품을 납품하는 사업으로서, 대기업에 견주어 판매경쟁에서 상대적으로 열위에 있는 중소기업의 수주기회를 증대하고 중소기업 상호간 과당경쟁을 방지하여 중소기업의 안정가동 및 계획생산이 가능하도록 지원함으로써 중소기업의 건전한 발전을 도모하려는 제도이다. 이러한 단체수의계약제도에 따른 중소기업제품의 공동판매를 계속 추진했다.

한편 중소기업계열화촉진법 제15조의2, 동법 시행령 제4조 및 중소기업계열
화촉진협의회의 1986년 2월 6일자 의결사항에 따라 1986년 2월 6일 중소기업협
동조합중앙회 안에 '도급거래알선·애로신고센터'를 설치했으며, 모기업체 및 수
급기업체에 대하여 거래상대업체를 알선하고 도급거래상 애로사항 및 중소기
업계열화촉진법 위반사항을 신고받아 처리했다.

그리고 1987년 4월부터는 '중고기계알선센터'를 설치·운영했다. 중소기업자
가 원하는 중고기계를 알선하여 중고기계를 구매하거나 판매할 때 중소기업이
겪는 경제적 손실을 축소하고, 나아가 각 기업에 사장되어 있는 유휴 중고기계
를 활용하여 자원을 효율적으로 관리할 수 있도록 했다.

제6장 산업구조의 지식집약화와 중소기업정책 : 1990년대 이후(1)

1 1990년대 중소기업정책의 방향

1.1 정책 방향의 전환 : '보호와 육성'에서 '자율과 경쟁'으로

1990년대 경제정책의 흐름을 반영하는 〈제7차5개년계획〉은 '21세기 경제사회의 선진화와 민족통일'의 지향을 기본목표로 하고, 그것은 '자율과 경쟁'의 토대 위에서 경제사회제도와 질서를 효율화함으로써 가능하다고 보았다.[1] 또한 〈신경제5개년계획〉은 경제발전의 새로운 원동력으로 '참여와 창의'를 들고 있다. 즉, 모든 국민의 자발적인 참여와 능동적인 창의력의 발휘가 민주사회에서 가장 효율적인 경제발전의 원동력이라는 것이다.[2] 모든 국민의 자발적인 참여는 자율을 의미하는 것이므로 자율과 창의를 기본으로 하는 경제논리에 입각한 경제의 추구가 효율성을 높이는 것으로 보았다.

---

1) 大韓民國政府, 《第7次經濟社會發展5個年計劃》(1992~1996), 1992, 32쪽.
2) 大韓民國政府, 《新경제5個年計劃 – 參與와 創意로 새로운 도약을》(1993~1997), 1993. 7.

이러한 경제정책의 흐름을 반영하여 중소기업정책도 1980년대까지의 근대화 촉진을 위한 적극적 보호육성정책에서 1990년대에는 자율과 경쟁을 중요시하는 정책기조로 전환되기 시작했다. 이것은 중소기업을 둘러 싼 경제 및 정책환경이 크게 변화되었기 때문이다. 개방화시대를 맞아 중소기업은 국내외시장을 불문하고 국내기업과의 경쟁을 넘어 외국기업과도 경쟁이 불가피해졌고, 경제의 세계화가 크게 진전되면서 대내외시장에서 자유경쟁에 직면한 것이 중소기업의 경영 여건이었다.

1993년 5월에는 〈기업활동규제에 관한 특별임시조치법〉이 제정되어 창업과 공장설립 및 각종 검사제도에서 규제가 완화되었고 특히〈신경제5개년계획〉에서 강조된 '자율과 창의'를 실현하기 위하여 중소기업에 대한 행정규제도 완화되는 등 중소기업의 경영환경이 경쟁촉진 방향으로 변화되었다.

특히 1995년 세계무역기구(WTO)의 출범은 무한경쟁시대의 진입을 예고하면서 경제정책의 방향은 크게 변화되었다. 국경 없는 대경쟁(Mega-Competition)의 시대를 맞아 중소기업은 이제 '보호의 객체'가 아니라 '경쟁의 주체'로 전환되어야 했다. 이에 중소기업정책은 고유업종의 보호 등에서 볼 수 있듯이 대기업으로부터 중소기업을 직접적으로 보호·지원하거나 한계기업의 구제에 노력하는 '보호와 지원'의 정책에서 벗어나, 자생적인 경쟁력을 배양하는 정책을 시행함으로서 중소기업이 새로운 시대에 맞는 '경제의 뿌리' 역할을 하도록 그 방향을 전환했다.

과거에 전략산업 위주의 성장정책을 추구하던 '보호와 육성'의 정책 흐름을 지양하고 '자율과 경쟁'의 방향에 따라 다수의 중소기업에 공통적으로 혜택이 돌아가는 기능별 부문별 지원으로 중소기업정책의 중심이 옮겨갔다. 즉, 특정업종이나 개별 기업 중심의 직접지원방식의 정책이 줄어들고, 간접지원방식의 기능별 부문별 지원을 확대하는 방향으로 전환되었다.

'자율과 경쟁'의 흐름에서 중소기업의 경쟁력 확보는 기술혁신과 지식집약화를 요청하고 있다. 설비근대화와 자동화 등 유형의(hard) 경영자원에 따른 물적 생산성뿐만 아니라 인력·기술·정보·마케팅능력·경영관리능력 등 무형의(soft)

경영자원 축적에 바탕을 둔 지적 경쟁력도 아울러 향상되어야 중소기업의 자생력이 배양될 수 있게 되었다. 특히 과학과 기술의 결합으로 기술혁신이 빠른 속도로 진행되어 지식과 기술이 경쟁력 강화와 가치창조의 핵심으로 자리 잡은 지식혁명의 시대 그리고 정보통신혁명의 시대에 중소기업은 그 기동성과 유연성의 장점을 활용하는 정책이 필요하게 되었다.

1990년에 후반 지식집약형 중소기업, 즉 벤처기업의 성장이 주목을 끌면서 이것이 산업에 새로운 활력을 불어 넣고 〈벤처기업 육성에 관한 특별조치법〉의 제정은 새로운 기업과 신산업의 기반이 될 중소기업에 대한 지원체제의 마련이었다.

이에 중소기업은 지식정보집약시대에 새로운 산업구조를 조성하는 데 선도적 역할을 담당하는 산업층으로서 기능을 하게 되었다. 중소기업정책도 기존 중소기업의 근대화·구조고도화·구조개선의 차원을 넘어서 중소기업이 새로운 산업사회를 형성하고 이끌어 가는 역할을 높이는 방향으로 전개되었다.

그리고 1995년 지방자치제의 실시로 본격화된 지방 중소기업문제, 그리고 여성기업과 소기업 및 소상공인에 대한 지원문제도 1990년대 중소기업정책의 흐름을 규정하는 주요내용들이었다.

1.2 제7차 및 신경제5개년계획의 중소기업정책

1.2.1 제7차5개년계획의 중소기업정책

제7차경제사회발전5개년계획(1992~1996)은 계획기간 동안 '자율과 경쟁, 개방에 입각한 시장경제질서'를 정착시켜나감으로써 민간의 창의를 바탕으로 경제활력이 최대한 발현될 수 있는 경제운용의 틀을 정립하고, 아울러 '공정한 경쟁질서가 확립'되도록 경제·사회 각 분야의 제도를 개선해나갈 것을 기본목표로 했다. 이에 따라 〈제7차 5개년계획〉의 중소기업정책은 기업경영과 산업조직의 효율화라는 틀 속에서 '중소기업의 경쟁력을 강화'하는 것을 목적으로 했다. 대기업과 중소기업의 협력관계를 발전시키고 중소기업의 경쟁력강화에 주력하되, 한계기업의 퇴출과 역동적인 기업의 생성과 소멸이 이루어져 경쟁력 있는 기업의 창출이 추진되도록 한다는 것이다.[3] 그러나 이 계획내용은 '문민정부'로 정권이 교체되면서 폐기되고 〈신경제5개년계획〉이 수립되었다.

제7차5개년계획에서 중소기업정책은 다음과 같다.[4]

앞으로 산업구조 및 세계시장 변화에 신축적으로 대응해나가기 위해서는 중소기업의 육성이 필수적인 과제이다. 중소기업은 경제력 집중 현상을 완화하여 경제의 유효경쟁(有效競爭)을 촉진하고 여건 변화에 신축적으로 대응할 수 있는 튼튼한 경제구조의 바탕이 된다는 점에서 우리경제발전의 중요한 원동력이다.

산업구조적 측면에서 보면 1990년대 우리 산업은 전기·전자와 일반 기계 그리고 자동차 등 전자·기계류 산업이 성장을 주도할 것으로 전망된다. 특히 이러한 산업은 부품·소재 분야의 발전 없이는 경쟁력 확보가 어려우므로 전문 중소부품업체의 역할이 더욱 중요해질 것이다. 또한 앞으로 세계시장 수요가 다품종 소량수요(多品種 小量需要) 중심으로 전환되고 완성품보다는 부품·소재의 수출이 증대될 것으로 예상되므로 중소기업의 역할이 더욱 필요하다.

1.2.1.1 구조조정시책의 적극 추진

중소기업의 기술개발 및 생산자동화·사업전환·창업촉진 등 구조조정시책을 더 적극 추진해나갈 것이다. 이를 위하여 중소기업 구조조정기금을 1992년 말까지 1조 원 규모로 조성하고 계속 재정지원을 확대할 것이다.

중소기업의 기술개발을 중점 지원해나가되, 특히 제2차 기계류·부품·소재 국산화계획을 중소기업의 공통애로기술 중심으로 추진해나갈 것이다. 공장자동화 기술을 개발하여 1996년까지 1,700개 중소기업에 보급하고 자동화 시설투자와 인력양성을 확대해나갈 것이다.

또한 기술개발비를 매출액의 5퍼센트 이상 투자하는 기술선진화 중소기업을

---

3) 大韓民國政府, 《第7次經濟社會發展5個年計劃》(1992~1996), 1992, 74쪽.
4) 같은 책, 82~85쪽.

향후 10년 동안 2,000개 선정해 지원하고 매년 기술집약형 중소기업 중심으로 5,000개 이상의 신규 창업이 이루어지도록 유도하면서 경쟁력 약화 업종에 대해서는 사업전환을 유도해나갈 것이다.

1.2.1.2 조립대기업과 부품중소기업 사이의 협력관계 발전

산업의 초기개발단계에서는 기술집약도가 낮은 조립가공 위주의 대기업 중심으로 발전하게 되나 어느 정도 수준에 이르게 되면 관련 부품산업의 발전 없이는 경쟁력이 한계에 이르게 된다.

선진국, 특히 일본의 자동차회사 등은 효율적인 계열화체제를 구축하고 있는데 반해, 우리 대기업은 규모가 작고 비관련 업종에 광범위하게 다각화해 있어 제품개발·품질관리·마케팅 등에서 경쟁력이 크게 뒤지고 있다. 특히 대기업의 조립산업과 중소기업의 부품산업이 균형발전하지 못함으로써 조립대기업이 부품조달을 주로 수입에 의존함에 따라 국제수지 적자의 구조적 요인으로 작용하고 있다.

향후 수급기업의 생산 및 기술력을 높이기 위해 모기업의 수급기업에 대한 기술이전 및 기술지도를 강화하고 제2차 기계류 국산화계획은 제조업체인 중소기업과 수요업체인 대기업을 연계하여 추진할 것이다.

또한 부품중소기업의 경쟁력을 높이기 위해 조립대기업의 부품중소기업에 대한 10퍼센트 미만의 지분참여를 허용하여 기술·인력·자금상의 협력관계를 지속적으로 발전시켜나갈 것이다.

아울러 건전한 계열화관계를 정립하기 위해 납품대금의 지급지연 등 불공정 하도급거래에 대한 감시기능을 강화해나갈 것이다. 이를 위하여 공정거래위원회의 조사기구를 확대개편하고 불공정 하도급거래에 대한 정보수집 능력을 확충해나갈 것이다(〈표 1〉 참조).

1.2.1.3 자금·인력·입지난 등 경영 애로요인 타개

중소기업이 겪고 있는 자금·인력·입지 등의 애로를 적극 타개해나갈 것이다.

	대기업과 중소기업의 관계
미국	• 조립대기업이 주요부품을 자체생산 조달 • 그 결과 조립대기업의 규모가 지나치게 커지고, 부품생산 중소기업간의 경쟁요소가 미약하여 효율성 저하
일본	• 조립대기업과 독립관계에 있는 중소기업이 부품생산 공급 • 조립대기업은 부품생산 중소기업의 소액주주로 참여하여 기술개발, 인력 및 자금지원 • 그 결과 부품생산 중소기업은 지속적인 품질향상과 시장의 안정성을 확보
한국	• 조립대기업이 부품중소기업과의 협력관계를 심화시키지 못하고 많은 부품을 대일 수입에 의존 • 그 결과 부품 중소기업의 시장안정성이 확보되지 못하고 조립대기업의 경쟁력도 약화

<표 1> 조립대기업과 부품중소기업의 관계 비교

중소기업의 자금난 완화를 위해서 금융기관의 중소기업 의무대출비율을 45퍼센트로 확대하고 중소기업은행의 자본금을 확대해나갈 것이다.

담보력이 부족한 영세 중소기업에 대한 신용보증 확대를 위해 신용보증기금 및 기술신용보증기금을 확대 지원하는 한편, 중소기업 공제사업기금을 늘려 경영을 안정시킬 것이다.

중소기업의 인력난 완화를 위하여 '기술대학'제도를 도입하고 중소기업진흥공단 연수원의 훈련 과정 확대, 업종별 전문직업훈련원의 연수기능 강화 등을 통해 전문인력의 공급확대에 주력할 것이다.

중소기업의 입지난 해소를 위하여 중소기업용 소규모 공단조성과 임대공단 및 아파트형 공장 공급을 확대해나갈 것이다.

1.2.1.4 소기업 및 지방 중소기업의 중점 육성

전체 제조업체 가운데 종업원 20명 이하의 소기업은 1988년 현재 업체 수 면에서 85.9퍼센트를 차지하고 있으나 종업원 수 및 생산액 면에서는 각각 18.2퍼센트 및 6.7퍼센트에 불과하며, 수도권 집중경향으로 중소제조업체의 42.5퍼센트가 수도권에 집중되어 있다. 앞으로 중소기업의 저변을 확대하고 지방화시대에 대비하기 위하여 소기업 및 지방 중소기업의 육성에 더 중점을 둘 것이다.

　소기업육성을 위해서 소기업의 창업과 전문화를 유도하면서 기술적 분업구조가 강화되도록 소기업에 특화된 지원제도를 중점 추진할 것이다. 이를 위해 각종 금융기관 중심으로 유망 소기업을 매년 300개 이상 발굴하여 자금지원 및 기술지도를 확대하고, 신용부 무담보 소액지원자금을 확대하면서 신용보증을 원활히 해나갈 것이다. 나아가 지역별 특성에 맞도록 지방 중소기업을 육성·발전시켜나가기 위한 가칭 〈지방중소기업육성법(地方中小企業育成法)〉 제정을 검토할 것이다.

1.2.2 신경제5개년계획의 중소기업정책

1.2.2.1 〈신경제 100일계획〉의 중소기업정책

　자발적인 '참여'와 능동적인 '창의력'의 발휘를 경제발전의 새로운 원동력으로 삼은 〈신경제5개년계획〉(1993~1997)에서 중소기업정책은 두 부분으로 나뉘어 있다. 먼저 경제활력 회복과 경쟁력 강화를 위한 〈신경제 100일계획〉은 일곱 가지 중점과제를 제시하고 있다. 그 가운데 중소기업을 내실 있게 육성하기 위하여 '중소기업의 구조개선'을 추진한다는 것이 중점과제의 하나로 되어 있다. 이것은 오히려 단기적 정책의 성격을 지닌 것으로 그 내용은 다음과 같다.[5]

> • 경기활성화의 효과가 중소기업 부문에서 가장 크게 나타날 수 있도록 중소기업의 구조개선을 추진
>
> • 아울러 중소기업이 지원제도를 손쉽게 이용할 수 있도록 중소기업 지원제도 재정비

---

5) 大韓民國政府, 《新經濟5個年計劃 – 參與와 創意로 새로운 跳躍을》(1993~1997), 1993. 7., 21~23쪽.

(1) 중소기업 구조조정 촉진.

① 정부재정의 절감분을 포함하여 약 1조 4,000억 원에 상당하는 공공재원을 조성하여 중소기업 관련 제품구매와 자동화·합리화·기술개발 등 구조조정사업에 투입.

② 특히 중소기업의 구조조정사업을 대기업과 공동으로 추진하거나 중소기업이 대기업과 튼튼한 계열·협력관계를 이루도록 하는 데 중점 지원.

(2) 금융규제 개선을 통한 자금난 완화.

① 중소기업에 대해서는 여신금지업종의 부동산을 제외한 모든 부동산에 대해 담보취득 허용.

② 중소기업에 대한 은행의 상업어음 할인한도제 폐지.

③ 향후 6개월 동안 중소제조업체가 할인 의뢰하는 모든 어음의 재할인기간(대기업 발행어음 포함)을 현행 90일에서 120일까지 연장.

④ 중소기업의 회사채 발행은 지급보증을 받은 경우 평점에 관계없이 전액 허용하고 증권회사의 중소기업 회사채 지급보증규모를 확대.

⑤ 현행 유망중소기업 설비자금(2,500억 원)이 조만간 소진될 전망이므로 2,500억 원을 추가지원.

⑥ 상반기 중 10억 달러 규모의 외화대출 자금이 중소기업체에 승인 또는 집행될 수 있도록 각 은행에 특별창구 개설 운용.

(3) 중소기업의 판로지원.

① 23개 정부투자기관의 1993년 중소기업 물자구매 예산의 65퍼센트(1조 원 규모)를 상반기 중 조기 집행.

② 무역진흥공사에 중소기업 자기상표 수출지원센터를 설치·운영.

③ 국내 및 주요 해외시장에 중소기업제품 상설전시장을 설치(무역협회, 무역진흥공사가 지원).

(4) 중소기업 지원제도 정비.

① 복잡다기한 현행 중소기업 자금지원제도를 통폐합.

② 특히 정부의 구조조정기금도 현재 업종별·지역별·사업별로 분산 사용

되고 있는 것을 구조조정 효과가 큰 분야에 집중 사용하는 방식으로 개편.

③ 세제지원제도도 알기 쉽게 개선하고 7개 지방국세청에 서류작성 등을 대행해주는 '조세상담센터'를 설치·운영.

④ 출연연구소가 개발한 기술을 중소기업에 무상으로 양허하는 방안을 마련하여 실시.

⑤ 중소기업진흥공단 안에 중소기업의 사무자동화와 생산자동화를 지원하는 '정보화사업단' 설치.

⑥ 정부구매제도를 개선하여 중소기업의 신기술개발제품을 안정적으로 사줄 수 있도록 제도적으로 뒷받침.

(5) 지방 중소기업에 대한 신용정보 제공체제 마련.

신용보증기관의 각 지방점포에서는 그 지역의 중소기업에 대한 신용조사 자료를 보유 관리하고 있기 때문에 이를 활용하여 중소기업이 거래희망 기업에 대한 정보를 손쉽게 제공받을 수 있는 체제 구축.

(6) '중소기업 애로타개위원회'설치.

① 부총리 또는 상공부장관 주재로 관계부처 장관, 금융기관장, 중소기협 중앙회장, 경제단체장 등이 참여하여 월 1회 정례적으로 개최.

② 이상의 모든 육성시책과 제도개선 사항이 실제로 현장에 침투되고 있는지 점검.

1.2.2.2 〈신경제5개년계획〉의 중소기업정책

성장잠재력의 강화를 목적으로 선정한 경제시책의 13개 중점과제로서 '중소기업의 경쟁력 강화'를 들고 있다. 이것은 문민정부 중소기업정책 가운데 장기적 성격을 지닌 것으로서 그 내용은 다음과 같다.[6]

(1) 구조고도화 촉진 및 생산기술력의 강화.

① 유망중소제조업체에 대한 구조개선사업을 지속 추진.

---

6) 같은 책, 134~135쪽.

② 중소기업 특성에 맞는 자동화·정보화사업 확대.

• 사업단계별로 전문업체, 공공기관간의 연계지원체제를 구축.

• 중소기업진흥공단·생산기술연구원·산업기술정보원 등의 기술연수 및 대외기술협력을 확대.

③ 기술력 강화 및 개발기술의 사업화 촉진.

• 공공기관의 기술지도사업을 체계화하고 모기업의 수급기업에 대한 기술지도를 적극 유도.

• 기업과 대학, 연구기관간 공동기술개발을 확대하고 기반시설 확충.

• 〈기술자 풀(pool)제〉 도입 및 기술훈련기관의 기술연수 확대.

④ 기술집약형 창업의 촉진을 위해 창업보육센터 설립 확대 및 창업투자회사의 내실화를 위한 여건 마련.

⑤ 정보망 확충 등으로 시장개척 및 해외투자 활성화를 뒷받침.

(2) 민간 부문의 자율적 협력기반 구축.

① 중소기업과 대기업 사이의 협력기반 조성.

• 모기업의 수급기업체협의회 구성 확대 및 운영 활성화.

• 대기업의 협력중소기업에 대한 자율적 자본참여, 연계보증, 기술협력 확대 유도.

• 지정계열화품목을 조정하고 계열화 예시제를 활성화하는 한편, 조립대기업과 중소부품업체 사이에 공동기술개발 장려.

② 중소기업간 공동협력사업을 촉진하고, 시설공동화, 공장집단화 등을 위한 협동화단지의 확대조성과 공동집배송센터 건립 추진.

③ 공정한 수급거래풍토의 정착 및 수급거래 활성화 추진.

(3) 지방 중소기업의 발전.

① 지역 특성에 맞는 중소기업육성계획을 자치단체 주관으로 수립.

② 자치단체의 중소기업 행정전담조직을 마련하고 지방의 지원기관들을 집결시킨 '지방중소기업 종합지원센터' 설치·운영.

③ 지방소재 금융기관 및 신용보증기관의 역할 증대.

④ 소기업육성시책을 특성화하고, 신용보증기관의 소액간이보증 활성화 등으로 안정적 경영기반을 조성하며, 중층적(重層的) 계열화를 통해 부품생산 전문소기업의 성장을 촉진.

(4) 지원체제의 개편.

① 현행 8개의 중소기업 관련 법률을 통합·정비하고 지원기관들의 기능을 전문화할 수 있도록 개편.

② 중소기업 지원자금을 개편, 단순화하고 중소기업 의무대출비율제도는 신용대출관행의 정착에 따라 단계적으로 완화.

③ 유망중소기업제도 등 특성별 시책을 통합·정비하여 지원의 효율성 제고.

④ 고유업종제도 및 단체수의계약제도를 단계적으로 개선.

1.3 중소기업의 근대화·구조고도화·구조개선·지식집약화

1.3.1 구조고도화와 구조개선

〈신경제5개년계획〉의 〈신경제100일계획〉에서는 중소기업 구조개선의 역점 사업으로 자동화·정보화·기술개발의 사업화를 들고 있다.[7] 그리고 1994년 12월 22일 법률 제4825호로 제정된 〈중소기업진흥 및 제품구매촉진에 관한 법률〉에서는 자동화(제3조), 정보화(제4조), 기술개발(제5조), 이업종 교류(제6조), 산업전환(제7조) 등의 지원사업을 중소기업의 구조고도화 대상으로 규정하고 있다. 한편 1995년 12월 29일 법률 제5093호로 제정된 〈중소기업의 구조개선 및 경영안정지원을 위한 특별조치법〉은 중소기업의 구조개선지원 대상으로 개인사업의 법인전환, 기업의 합병, 공동사업, 사업전환, 사업장의 이전, 경영합리화 등을 들고 있다.

즉, '구조고도화'와 '구조개선'의 정책 개념이 다양하게 혼용되어 사용되고 있

---

7) 商工資源部, 《1993年度 中小企業에 關한 年次報告書》, 80쪽. 그러나 《新경제5個年計劃》에는 이것이 자동화·합리화·기술개발 등으로 되어 있다(21쪽).

음을 알 수 있다. 1990년대 중소기업정책을 논의하는 데는 〈신경제5개년계획〉
과 두 법률에서 사용된 '구조고도화'와 '구조개선'의 정책 내용의 정확한 파악이
중요한데, 일본의 경험은 그 개념을 정리하는 데 도움을 주리라고 본다. 이것은
중소기업 근대화정책이 중소기업의 구조고도화에서 구조개선으로, 다시 지식
집약화로 전개된 일본 중소기업정책의 추이 속에서 알 수 있다.

중소기업의 근대화는 원래 이중구조의 해소, 즉 중소기업이 전근대성을 탈피
하여 근대적인 부문으로 개발 전환하는 것을 말한다. 근대적인 대기업과 전
근대적인 중소기업 사이에 있는 여러 격차문제를 없애도록 중소기업의 생산성
을 높이고, 나아가 임금 격차 등을 완화하는 것이 중소기업근대화의 중요한 목
표였다.

그런데 중소기업근대화는 산업구조를 개편하고 국민경제의 고도성장을 지속
하는 산업구조정책의 틀 속에서 시행되면서 중소기업 근대화정책은 구조정책
으로의 성격을 지니게 되었다. 또한 고도성장, 산업구조고도화와 자본축적을 위
한 디딤돌 정책의 성격도 갖게 되었다. 즉, 중소기업의 근대화는 전근대적 중소
기업 부문을 근대적 부문으로 개발하면서도, 국민경제의 구조개편과 그 성장에
맞추어 중소기업 부문을 개편하는 것을 의미하게 되었다.

중소기업근대화는 먼저 중소기업의 구조고도화의 개념으로 시행되었는데,
그것의 내용은 다음과 같다.

첫째, 중소기업을 부가가치생산성이 높은 방향으로 시정 발전시키는 것이다.
이를 위하여 기업 규모의 적정화, 설비근대화, 자기자본의 충실 등을 통하여 기
업간의 격차를 해소한다.

둘째, 산업구조의 고도화에 맞추어 중소기업을 발전 개편시키는 것이다. 산업
구조는 흔히 공업화 과정을 거친 뒤 다시 중화학공업화에서 고가공도화, 나아가
탈공업화에 따라 지식집약화로 전개되는 것으로 본다. 여기에 적응하는 중소기
업으로 개편·발전함을 의미한다.

셋째, 국민경제가 개방체제 내지 국제화의 방향으로 전개되면서 중소기업도
이에 대응하여 발전되는 것이 필요하다. 수출공헌도가 높은 업종으로 전환, 즉

수출산업화, 국제경쟁력 있는 기업으로 발전, 나아가 중소기업의 해외진출 방향 등이 그것이다.

일본에서는 중소기업근대화 내지 구조고도화정책이 다음과 같은 성격으로 시행되었다.

먼저 중소기업의 구조고도화는 중소기업의 구성을 부가가치 생산성이 높은 방향으로 시정하는 것이며, 이것은 중소기업 근대화에 포함되는 개념이다. 이 시책은 개별 기업의 근대화와 합리화를 추진하면서 개별 기업에 시책의 중심을 두었다. 다만 이것을 보완하기 위하여 공동화, 협업화, 집단화 등을 추진하여 중소기업을 고도화하고 경쟁력을 높이려는 것이다. 개별 기업에서 설비의 근대화와 기업 규모의 적정화를 이루기 위하여 개별 기업을 일정한 형태로 그룹화(집단화)하는 것이며, 어디까지나 개별 기업을 신속하게 근대화하는 데 목적을 두고 있는 설비중심주의적 정책이다.

중소기업의 구조개선은 풍부하고 저렴한 노동력을 존립기반으로 했던 중소기업이 높은 능률, 높은 기술, 높은 경영능력을 지닌 선진형 중소기업이 되기 위한 과제에 대응하는 정책이다. 경제환경의 급격한 변화에 맞추어 중소기업의 경쟁력을 강화하고 국제적 수준의 기업집단을 육성하려면 개별 기업의 근대화에 그쳐서는 미흡하다. 공통의 문제를 지닌 기업집단에 속한 기업이 합병, 기업활동의 공동화, 생산제품의 교환, 기업의 전업과 폐업 등 생산과 판매 면에서 협력하여, 기업집단의 구조를 변화시킴으로써 기업집단 전체를 근대화하려는 것이다. 따라서 생산뿐만 아니라 판매력·시장개척력·기술개발력을 포함하는 종합적인 것을 지향한다.

이러한 구조개선은 근대화의 대상을 개별 기업으로부터 업계 전체로 확대하여 고도화정책을 좀더 철저히 시행하려는 것이다. 협업화·공동화·합병·사업전환 등 집약화를 실현하고 새로운 설비의 도입과 낡은 설비의 폐기(scrap and build)를 업계 또는 산지 전체를 한 묶음으로 하는 기업구조의 개선인 것이다. 이를 통하여 국제적으로 경쟁력 있는 기업의 육성을 목적으로 한다.

일본에서는 1969년의 이른바 〈제2근촉〉(1963년에 제정된 〈중소기업근대화촉진법〉을 개정)에서 구조개선제도를 도입했다.

그러나 이런 구조개선정책에 대하여 다음과 같은 문제점이 제시되었다.

첫째, 물적 생산력 제일주의에 대한 반성이다. 구조개선정책은 고도화정책의 일환으로 생산력의 관점에 서 있지만, 점차 수요구조의 변화에 따른 선택적 소비시대의 전개, 생활우선, 환경보전 등의 과제가 제기된다.

둘째, 국제경쟁력의 강화와 그 의미가 국제간의 분업과 협업에 따른 공존공영의 체제로 전환되고 있다.

셋째, 규모의 이익과 계층분화의 의미이다. 생산의 합리성을 획일적으로 적용하는 것은 다종다양한 생산 분야로 나뉘어 개성을 발휘하고 있는 중소기업 분야에는 적합하지 않다. 기업활동의 집약화는 상위층에서 설비근대화 등의 의미를 지니지만, 하위층에 있는 소영세기업에게는 그에 맞는 근대화와 효율화가 필요하다.

이런 이유로 구조개선정책은 질적 전환을 할 필요가 있게 되었다. 경제규모 확대, 생산성 향상, 자본장비율 충실 등으로 산업의 양적 발전을 추구하는 중화학공업적 구상에서 벗어날 필요가 있게 되었다. 중소기업의 다양성과 탈공업화 사회에 맞는 중소기업의 질적 발전 방향이 구상되기에 이른 것이다. 이것을 반영한 것이 중소기업의 지식집약화이다.

1.3.2 지식집약화와 벤처기업 육성

일본에서는 일찍이 1970년대 초에 지식집약화와 다양화시대에 대응하여 중소기업의 지식집약화를 중소기업정책의 새로운 방향으로 제시한 바 있다.[8] 구체적으로는 1973년에 〈중소기업근대화촉진법〉을 개정(제3근촉)하여 구조개선사업에 지식집약화사업을 도입했다.

우리나라에서도 산업구조 또는 공업구조의 고도화의 방향으로 지식 및 정보

---

8) 日本中小企業廳 編, 《70年代の中小企業像(中小企業政策審議會意見具申の内容と解說)》, 財團法人 通商産業調査會, 1972.

산업 개발이 〈제4차5개년계획〉(1977~1981)의 공업화유형으로 제시되었다.[9] 당시 한국경제의 이중구조에 대한 지적과 함께 자력성장구조의 방향으로 기술 및 숙련노동 집약적 산업의 비교우위를 지적했지만, 그것이 지식집약화의 논의로 전개되지는 못했다. 더구나 중소기업의 지식집약화로는 그 정책 방향이 이어지지 못했다.

그런데 〈제5차5개년계획〉(1982~1986) 이후 중소기업의 지식집약화와 관련된 단편적 정책이 나타났는데, 그것은 다음과 같다.

(1) 〈제5차5개년계획〉의 중소기업정책에서, 기술집약적 소기업의 육성을 위하여 기술개발주식회사를 중심으로 한 기업화금융(venture capital)을 확충·정착시킨다는 것이다.

(2) 1985년도 〈중소기업에 관한 연차보고서〉에서는, 기술집약형 중소기업의 발굴육성으로 중소기업의 기술개발을 촉진하며, 동시에 '벤처캐피틸'의 지원을 활성화한다는 정책이 제시되었다.

(3) 〈제6차5개년계획〉(1987~1991)에서는 1986년에 제정된 〈중소기업창업지원법〉을 바탕으로 중소기업의 창업지원을 본격적으로 추진하되, 중소기업창업투자회사를 적극 육성하고 모험기업 주식거래제도의 도입을 규정하고 있다.[10]

중소기업의 지식집약화정책을 의미하는 이와 같은 정책들이 제시되었지만, 그것은 명확한 이론적 분석과 그에 대한 개념에 기초한 것이 아니었으며, 또한 체계적이지도 못했다. 일본에서는 1970년대 초에 중소기업의 지식집약화정책이 도입되기에 앞서 충분한 실증적 실태분석과 개념규정(예컨대 1970년대 초 벤처비즈니스의 연구 등)이 이루어졌던 것과는 대조적이다.

그러다가 정책적으로는 〈벤처기업육성에관한특별조치법〉(1997. 8. 28)을 제정해 중소기업 지식집약화정책을 체계화하고 그 개념적 혼동도 사라지게 되었

---

9) 경제기획원, 《경제백서》, 1976, 429쪽.

10) 여기서 중소기업창업투자회사는 벤처캐피틸을, 모험기업은 벤처비즈니스 또는 벤처기업을 의미하는 것으로 보인다.

다. 또한 이 법의 뒷받침을 받아 중소기업의 지식집약화도 본격적으로 전개될 수 있었다.

우리나라에서도 이미 1980년대 중반에 혁신형 중소기업의 등장을 검증하는 실증적 연구가 실시된 적이 있다.[11] 여기서 단초적으로 논의된 혁신형 중소기업은 산업구조의 고도화와 중화학공업의 성숙 그리고 탈공업화로 이어지는 산업구조 전환의 특성 속에서 점차 확산 전개되었고 이를 육성·발전시키기 위한 정책이 구체화된 것으로 볼 수 있다.

1.3.3 지역진흥과 소기업육성

한편 〈지역균형발전 및 지방중소기업 육성에 관한 법률〉(1994. 1. 7)의 제정과 〈소기업지원을 위한 특별조치법〉(1997. 4. 10)의 제정도 1990년대 중소기업정책의 큰 흐름을 반영하는 것이다.

전자의 경우 지역진흥에는 ① 중앙집권에서 지방분권으로 이전, ② 기능 집중으로부터 분권이라는 의미가 담겨 있다. 이때 분권이란 경제력만이 아니라 문화적 기능의 분산도 중요시하는 것으로, ③ 지역을 중요시하고 지역 특성을 활용하는 것이다.

한편 지역진흥에 대한 정책적 관심이 높아지는 것은 그동안 전개된 중소기업정책에 대한 다음과 같은 반성에서 비롯된 것이기도 하다.

(1) 설비근대화를 조성하여 제조업 부문에서 중소기업의 상충부를 성장 촉진시켰다.

(2) 규모이익의 장점을 추구하여 규모를 늘렸다.

(3) 전국을 일률적으로 보는 획일화정책이었다.

(4) 기업성장정책과 국민경제의 총량적 규모에 몰두하고 그것이 입지하는 지역경제와의 관련을 고려하지 않았다.

(5) 기업의 성장이 당연히 지역경제를 발전시킬 것이라고 생각했다.[12]

---

11) 중소기업은행 조사부, 《中小企業創業實態調査》, 1985.

그 결과 경제성장 과정에서 과소(過疎)와 과밀(過密) 현상이 국민경제에 고정화됨으로써 지역적 불균형의 문제가 나왔다. 이에 따라 제기된 도시문제의 해소와 지역개발(지역간격차해소)이 중소기업정책의 과제로 등장했는데, 그것을 반영한 것이 이 법률의 체계라고 볼 수 있다.

이는 중앙집권적인 경제성장 지상주의를 비판하면서 지역경제를 부상시켜 지방화시대를 전개하려는 의도인 것이다. 지역을 토대로 하는 사회조직을 통하여 위로부터 그리고 밖으로부터의 지역개발에서 벗어나, 아래로부터 그리고 안으로부터의 개발로 그 흐름을 전환하려는 것이다.

대기업의 지방유치보다는 지역의 기업을 육성하고 지역의 풍토·자원·노동을 활용하여 지역진흥을 추구한다. 이때 중소기업이 큰 역할을 하게 되는데, 그 핵심이 바로 소규모기업을 창출하는 것이다.[13] 즉, 소규모기업대책은 지역개발 정책과 밀접한 관련을 갖는다.

(1) 소규모기업은 지역적으로 광범위하게 전개되어 있는 생업적 기업이며, 여기에 종사하는 사람들에게는 생계를 의지하는 생활의 장이다.

(2) 여기에 의존하는 경영자, 종업원 및 그 가족은 지역사회이 중요한 구성요인이며, 이들의 생존과 번영은 복지정책의 기본이 되기도 한다.

(3) 따라서 경제적 합리성에 따라 합리적 기업행동의 능력을 갖도록 소기업을 육성할 필요가 있다.

(4) 중소기업 가운데 소영세기업은 높은 비중을 차지하며 다분히 생업적 요소를 지니면서 경영기반은 취약하다. 중소기업의 활력 있는 전개를 위해서도 소규모기업의 건전한 발전이 불가피하다.

(5) 따라서 중소기업정책은 초기의 중소기업 근대화정책이 중견기업육성과 소영세층의 분화 및 집약화라고 하는 차별적 경향을 취했던 것에서 벗어나야 한다.

---

12) 杉岡碩夫 編,《中小企業と地域主義》, 日本評論社, 1973, 8쪽.

13) 中山金治,《中小企業近代化の理論と政策》, 千倉書房, 1983, 111~112쪽.

(6) 중소기업군을 기업발전을 지향하는 집단과 경제활동의 장이 바로 생활의 장인 생업층(소영세기업군)으로 분화하는 정책으로 전환되어야 한다.

결국 중소기업정책이 생업층을 중심으로 하여 주민의 다수를 구성하고 있는 소영세기업에 대한 적극적 평가의 방향으로 이행되어야 한다는 것이다. 소기업정책에 대한 중요성은 이와 같으며, 그것은 지역개발 정책과 밀접한 관련이 있다.

우리나라에서는 1982년에 〈중소기업기본법〉을 개정하여 중기업과 소기업을 구분, 소기업의 범위를 별도로 규정한 바 있다. 양산체제와 규모의 경제를 지향하는 과정에서 중소기업범위 안에서도 중기업과 소영세기업 사이에 구조적 격차가 생겨났다. 이는 중소기업 가운데서도 상대적으로 규모가 큰 범위에 정책의 지원효과가 집중되었기 때문이다.

이를 시정하기 위하여 중소기업범위 안에 별도의 소기업범위를 도입, 이에 대한 분화적 지원정책을 펴나갔다. 그 뒤 소기업 정책은 지속적으로 전개되었고 그것이 법체계로 구체화된 것이 〈소기업지원을 위한 특별조치법〉(1994. 1. 7, 법률 제4722호)이다.

이 법은 지역개발정책은 물론 중소기업의 지식집약정책과도 깊은 관련이 있다고 보아야 한다. 지식집약화는 중소기업 가운데서도 소영세기업에 적합한 분야를 크게 하기 때문이다.

1.4 신경제5개년계획과 〈구조개선〉 사업

〈제7차5개년계획〉은 문민정부 출범 이후 〈신경제5개년계획〉으로 대체되었으며 〈신경제5개년계획〉(1993～1997)은 구조개선사업을 주축으로 시행되었다.

중소기업 '구조개선' 사업은 침체되어 있던 경제를 활성화하고 중소기업의 경쟁력 강화를 통한 경제의 체질강화를 도모하기 위하여 1993년부터 시작되었다. 구조개선사업은 〈신경제 100일계획〉의 일환으로 시작되었는데, 당시 정부투자기관 예산절감분 9,000억 원과 시중금융자금 4,200억 원으로 총 1조 3,200억 원

의 자금을 조성하여 설비자금을 7퍼센트 수준으로, 운전자금은 실세금리 수준
으로 지원하는 것을 골격으로 했다.

중소기업진흥공단에 사업집행을 위탁하여 중소기업의 자동화·정보화·기술
개발사업화를 지원하는 것이었다.

1994년 7월 확대경제장관회의에서 구조개선사업을 매년 1조 원 규모로 재추
진하기로 결정했고, 1995년 2월 제14회 '신경제추진회의' 때 중소기업지원 9대
시책으로 사업추진기간을 신경제5개년 계획기간인 1997년까지 연장했으며,
1998년 1월 구조개선사업 지원규모를 2조 원으로 확대했다.

이 사업의 지원 대상은 다음과 같다.[14]

(1) 대상 업체의 신청자격.

① 제조업 전업률이 50퍼센트 이상인 중소기업(단 대기업계열 중소기업은
제외되며 정보화는 정보처리업체도 포함).

② 공장등록중 보유업체를 원칙으로 함.

③ 금융거래가 정상적인 기업.

(2) 지원 대상.

① 자동화.

　• 자동화설계에 따른 제작, 도입시설.

　• 자동화라인 구성요소인 시설.

　• 기존 설비에 자동화설비를 추가하는 시설.

　• 신규로 설치되는 자동화설비와 직접 연계된 환경오염 방지 시설.

　• 자동화설비자금의 10퍼센트 이내에서 설계비, S/W 개발 용역비 등.

② 정보화.

　• 단순한 컴퓨터의 설치보다는 네트워크 구축을 통한 경영활동 전반에
걸친 정보화 추진과 관련된 설비.

---

14) 通商産業部, 中小企業廳,《1996年度 中小企業에 관한 年次報告書》, 67~69쪽.

• 생산자동화와 사무자동화를 연계한 통합 제도시스템(CIM) 구축과 관련된 설비.

• 기타 개별 정보화를 위한 설비.

③ 기술개발사업화.

• 산업기술자금 지원에 따른 공업기반기술개발사업, 산업기술기반 조성사업, 첨단기술 및 신제품 개발사업에 따라 개발된 기술.

• 기계류·부품·소재 국산화개발계획에 따라 개발된 기술.

• 지역컨소시엄으로 산학연 공동기술개발지원에 따라 개발된 기술.

• 특허권 및 실용신안권을 획득한 기술.

• 국내 타기업 또는 해외 협력업체와 공동개발한 기술.

• 기타 국가정책에 따라 개발된 기술 및 기업 자체적으로 개발한 신기술.

이상의 자동화·정보화·기술개발사업화의 세 가지 구조개선 사업유형은 1998년에 제조업 기반구축, 지식·정보화산업육성, 소기업육성, 구조조정지원사업 등으로 개편되었다. 1999년에는 다시 시설자금과 구조조정 지원자금으로 구분되었고 시설자금은 중소기업의 생산성 향상 및 지식 기반산업 육성과 Y2K 문제해결 등 정보화사업을 지원하고, 구조조정 지원자금은 중소기업의 M&A, 사업전환, 기술도입 사업을 지원하도록 개편했다.

즉 1998년 출범한 '국민의 정부'에서도 중소기업을 경제발전의 주역으로 육성하기 위하여 중소기업의 경영안정과 벤처 기업육성을 '100대 국정과제'로 선정하고, 그 일환으로 1998년부터 2002년까지 제2차 구조개선사업을 지속적으로 추진했다. 특히 IMF 이후 현안 문제로 대두된 유휴설비의 거래 활성화 차원에서 중소기업들이 유휴공장을 경락받거나 중고설비 매입시와 중소기업간 사업전환 시에도 지원자격을 인정하는 등 중소기업의 구조조정 촉진을 적극유도했다.

제2차 구조개선사업에서 구조개선자금 신청자격은 제조업 전업률 30퍼센트 이상인 공장등록증 보유업체를 원칙으로 하고, 〈소기업지원을 위한 특별조치법〉에서 정한 소기업은 사업자등록증을 공장등록증으로 갈음하여 신청 대상에 포함시켰다. 또한 지식기반 서비스업체, 제조업 관련 서비스업체 및 〈벤처기업육성에 관한 특별조치법〉상 벤처기업에 대해서도 신청자격을 인정했다.

구조개선사업에서 특징적인 점은 다른 정책자금과는 달리 기능별 지원방식이 아닌 '개별 기업 단위 지원방식'을 채택했다는 점이다. 그리고 개별 사업 유형별 지원만이 아니라 복합유형 지원도 가능하도록 하여 종합지원체제를 구축했다.

특히 제2차 구조개선사업에서는 지식기반사회로 이행과 외환위기 이후 구조조정 등의 필요성에 부응하여 생산자동화를 위한 설비투자와 함께 중소기업 구조조정도 사업목표로 정했고 사업 및 지원 대상도 넓혔다. 제1차 사업에서는 제조업 설비개선이 지원의 중심이었으나, 제2차 사업에서는 신제품 개발과 국내외 판로개척, 경영합리화 등 무형 경영자원의 개발에까지 그 대상을 확대했으며 지원업종도 지식집약 중소기업으로 확대했다.

제1차 및 제2차에 걸친 구조개선사업은 1990년대 중소기업정책의 흐름을 규정했는데, 자금지원방식에서는 기능별 지원이 아닌 개별 기업 단위 지원방식을 택했지만 자동화·정보화·기술개발사업화와 지식집약 중소기업에 지원하는 등 사업내용은 다수의 중소기업에 파급효과를 주는 기능별 지원방식의 성격을 갖는 시책이기도 했다.

1.5 주요법령의 개편·제정 및 행정지원체제의 확장·정비

1.5.1 주요 법령의 개편·제정과 그 체계

〈신경제5개년계획〉은 중소기업의 경쟁력을 강화하기 위한 방안으로 지원체제의 개편이 필요함을 지적하면서 현행 8개의 중소기업 관련법을 통합 정비하고 지원기관들의 기능을 전문화할 수 있도록 개편하는 방향을 제시한 바 있다.

종전 중소기업관계법의 대부분이 제·개정된 이후 장기간의 시일이 경과하여 급속하게 변하고 있는 대내외의 경제 여건에 대처하는 데 미흡하여, 국제화와 개방화시대에 부응할 수 있도록 '보호와 지원' 위주에서 '자율과 경쟁'을 바탕으로 국제경쟁력을 강화할 수 있는 체제로 전환하고자 하는 취지에서 중소기업 관련 7개법의 제·개정안을 1994년 정기국회의 의결을 거쳐 1994년 12월 22일 및 1995년 1월 5일에 각각 공포했다.

  법령의 개편 내용(〈표 2〉)을 보면 이전의 8개법을 5개법으로 통폐합했는데, 그 체제는 ① 중소기업시책의 기본 방향을 제시하는 〈중소기업기본법〉을 정점으로 하여, ② 중소기업의 창업에 관한 〈중소기업창업지원법〉, ③ 창업된 중소기업의 육성과 구조조정을 지원하는 〈중소기업진흥 및 제품구매촉진에 관한 법률〉, ④ 육성된 중소기업의 사업영역을 보호하며 대기업과 협력을 유도하는 〈중소기업의 사업영역보호 및 기업간 협력증진에 관한 법률〉, ⑤ 중소기업의 조직을 육성하는 〈중소기업협동조합법〉으로 구성되었다.

  내용 면에서는 우선 1966년에 제정된 〈중소기업기본법〉이 전문개정되었다. 이전의 제35조의 법체계가 전문 제21조로 축소 개정되는 가운데 광범위하게 제시되었던 주요 시책 내용이 하위법에 위양되고, 창업과 국제화 등의 내용이 적극적으로 규정되었으며, 중소기업범위도 시행령에서 구체적으로 규정하도록 했다.

	개편 이전	개편 이후	비고
	중소기업기본법(1966년 제정)	중소기업기본법	전문개정
	중소기업창업지원법(1986년 제정)	중소기업창업지원법	부분개정
구조 조정 시책	중소기업진흥법(1978년 제정) 중소기업경영안정및구조조정촉진에 관한 특별조치법(1989년 제정) 중소기업제품구매촉진법(1981년 제정)	중소기업진흥및제품 구매촉진에관한 법률	제정(통폐합)
산업 조직 시책	중소기업사업조정법(1961년 제정) 중소기업계열화촉진법(1975년 제정)	중소기업의 사업영역 보호 및 기업간협력 증진에 관한 법률	제정(통합)
	중소기업협동조합법(1961년 제정)	중소기업협동조합법	1993년 개정
	8개법	5개법	

자료 : 《중소기업에 관한 연차보고서》, 1995, 194쪽

〈표 2〉 중소기업 관련법 개편 내용

　　동시에 각 법률에 중복규정되어 있거나 실효성이 없는 조항, 기업규제적이고 국제규범에 맞지 않는 조항 등은 정비했다. 그리고 중소기업의 경쟁력을 강화하는 기능을 중점 보강하면서 중소기업관계법을 기능별로 체계적으로 재정립하고 그 내용도 단순 명료하게 하여 효율적인 시책 추진에 도움이 되게 하는 것이 법체계 개편의 취지였다. 중소기업관계법의 주요 개정 내용을 보면 다음과 같다.[15]

　　(1) 관련 법률의 체계화.
　　① 〈중소기업진흥법〉상의 창업지원 관련 조항을 〈중소기업창업지원법〉으로 이관.
　　② 〈중소기업진흥법〉의 지방 중소기업 육성계획을 1994년 1월에 제정된 〈지역균형개발 및 지방중소기업 육성에 관한 법률〉로 이관.
　　③ 계열화 관련 준수사항을 〈하도급 거래공정화에 관한 법률〉과 일치시킴.
　　(2) 기업규제적 제도의 개선.
　　① 지정계열화업종에 속하는 모기업체에 부과되어 있는 공동사업계획의 작성제도폐지.
　　② 협동화 및 단지조성사업 승인권자를 건설부 장관에서 시장과 도지사로 변경.
　　③ 사업전환계획승인제도 폐지.
　　④ 창업절차 간소화를 위한 일괄의제처리 대상 인허가를 38개에서 61개로 확대.
　　(3) 실효성 없는 제도 폐지.
　　① 중소기업근대화계획승인제도 폐지.
　　② 계열화시범업체지정제도 폐지.
　　③ 중소기업간 과당경쟁사업분야지정에 대한 공표제도 폐지.

---

15) 通商産業部,《1995年度 中小企業에 관한 年次報告書》, 195～197쪽.

④ 중소기업간 과당경쟁조정제도 폐지.

(4) 활동과 기능이 미약한 심의회, 협의회 폐지.

① 중소기업정보화심의회.

② 중소기업경영안정심의회.

③ 중소기업창업지원실무위원회.

④ 중소기업사업전환심의회.

(5) 국제규범에 대한 대응체제로 전환.

① 중소기업우선육성업종지정제도 폐지.

② 중소기업제품에 대한 수입제한시책수립제도 폐지.

③ 수출진흥시책을 국제화촉진시책으로 변경.

④ 긴급경영안정지원계획 요건 변경.

(6) 무한경쟁시대에 대비한 국제경쟁력 강화 지원시책.

① 중소기업자 범위 기준에 질적 개념을 도입하여 중소기업시책의 대상
을 현실에 맞게 함.

② 중소기업의 자동화계획제도 신설 및 정보화계획수립제도 보강.

③ 중소기업 단체의 표준품질인증제품의 우선구매제도 신설.

④ 중소기업 물류현대화 지원, 판로확대 지원, 연계생산지원제도 설립.

⑤ 중소기업입지지원계획 및 공해대책사업계획 수립 신설.

⑥ 창업보육센터 설치를 위한 근거 마련.

⑦ 중소기업육성 재원조성확대를 위한 중소기업 진흥복권 발행.

그 뒤 1990년대 후반에 〈벤처기업육성에 관한 특별조치법〉 등 여러 중소기업
관련법이 제정되었고 그 결과 중소기업 관련법은 헌법 123조 제3항 및 제5항을
정점으로 〈중소기업기본법〉 등 일반법과 〈중소기업 구조개선 및 경영안정지원
을 위한 특별조치법〉 등 특별법으로 그 체계가 구성되었는데, 이들 법률과 주요
내용은 다음과 같다(〈표 3〉 참조).[16]

구분	법률명	주요내용
기본 방향	• 중소기업기본법(1966)	• 중소기업정책 방향, 중소기업자의 범위 등
창업 및 벤처지원	• 중소기업창업지원법(1986) • 벤처기업육성에 관한 특별조치법(1997)	• 중소기업창업의 촉진, 창업절차 및 지원 등 • 벤처기업육성기반구축, 입지·인력공급 등의 원활화
조직화 지원	• 중소기업협동조합법(1961)	• 중소기업의 협동을 위한 조직화 등
경영안정 및 구조개선 지원	• 중소기업의 구조개선 및 경영안정 지원을 위한 특별조치법(1995)	• 구조개선지원, 중소기업긴급경영안정지원 등
	• 중소기업사업영역보호 및 기업간 협력증진에 관한 법률(1995)	• 중소기업의 고유업종지정, 대기업과의 협력 등
	• 중소기업 진흥 및 제품구매촉진에 관한 법률(1994)	• 중소기업의 구조고도화 및 경영안정지원, 중소기업의 판매 촉진
	• 신용보증기금법(1974) • 기술신용보증기금법(1986)	• 중소기업의 신용보증으로 금융지원 원활화
	• 중소기업 기술혁신 촉진법(2001)	• 중소기업의 기술혁신 촉진
	• 중소기업 인력지원 촉진법(2003)	• 인력수급 및 인력구조고도화
	• 재래시장육성을 위한 특별법(2004)	• 재래시장의 현대화 촉진으로 중소유통업 근대화
지방 중소기업 지원	• 지역균형개발 및 지방중소기업 육성에 관한 법률(1994) • 지역신용보증재단법(2000)	• 지방 중소기업의 육성지원 • 소기업, 소상공인에 대한 신용보증지원
사회정책 지원	• 소기업 및 소상공인 지원을 위한 특별조치법(2000) • 여성기업지원에 관한 법률(1999)	• 소기업 및 소상공인 대한 특례, 경영애로지원, 어음보험 등 • 여성기업의 활동촉진, 창업지원 등

〈표 3〉 중소기업관계법체계 및 주요내용

---

16) 中小企業特別委員會, 中小企業廳, 《2000년도 中小企業에 관한 年次報告書》, 66~67쪽.

1.5.2 중소기업 행정지원체제의 확충·정비

1.5.2.1 중소기업청의 신설

1960년에 상공부 안에 중소기업과가 설치되었고 1968년에 그것이 중소기업국으로 확장된 이후 1990년대 중반에 이르기까지 중소기업행정기구는 그 체계를 유지했다. 그 뒤 1996년 2월 12일 중소기업에 대한 실질적인 지원을 강화하고 중소기업정책의 체계적 추진을 위하여 통상산업부 산하에 중소기업청을 신설함으로써 중소기업 지원행정체계의 전기를 마련했다.

외국의 예를 보면 미국의 경우 1953년에 중소기업청(Small Business Administration, SBA)을 설치하고 지방에 10개의 지청(Regional Office)과 66개의 지방사무소(District Office)를 설치·운영하고 있다. 일본의 경우에도 1948년에 통상산업청 산하에 중소기업청을 설치했고 지방조직으로는 통상산업성의 외국으로 8개의 지방 통상산업국을 설치하여 중소기업 지원시책을 추진하고 있다.

중소기업청이 신설됨으로써 중소기업에 대한 지원행정은 통상산업부의 중소기업정책관실, 중소기업청, 중소기업진흥공단으로 이어지는 체계 속에서 행해지게 되었다(〈그림 1〉 참조).

1.5.2.2 중소기업특별위원회의 설치

1998년도에 정부조직 개편으로 중소기업특별위원회가 대통령 직속기관으로 설치됨으로서 중소기업지원체계는 크게 변화했다. 이에 따라 과거 통상산업부에 속해 있던 중소기업정책국이 중소기업청으로 이관되었다. 그 결과 중소기업특별위원회, 중소기업청, 중소기업진흥공단이 일원화된 중소기업지원체계를 형성하고 유기적 지원행정을 수행하게 되었다(〈그림 2〉 참조).

중소기업 지원행정은 중소기업의 자생력 및 경쟁력 강화를 위하여 정부 여러 부처와 지방자치단체가 밀접한 관계를 가지고 수행되고 있다. 그런 가운데 전담 행정조직으로 중소기업특별위원회와 중소기업청이 있다.

중소기업특별위원회는 그 운영을 통하여 범 부처에 관련되어 있는 중소기업

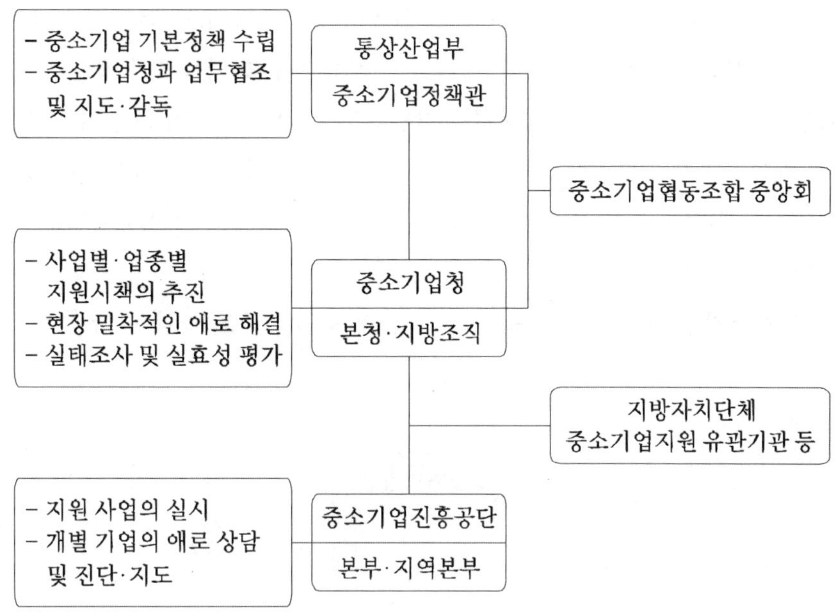

자료 :《중소기업에 관한 연차보고서》, 1997, 62쪽

〈그림 1〉 중소기업행정지원체계(1996)

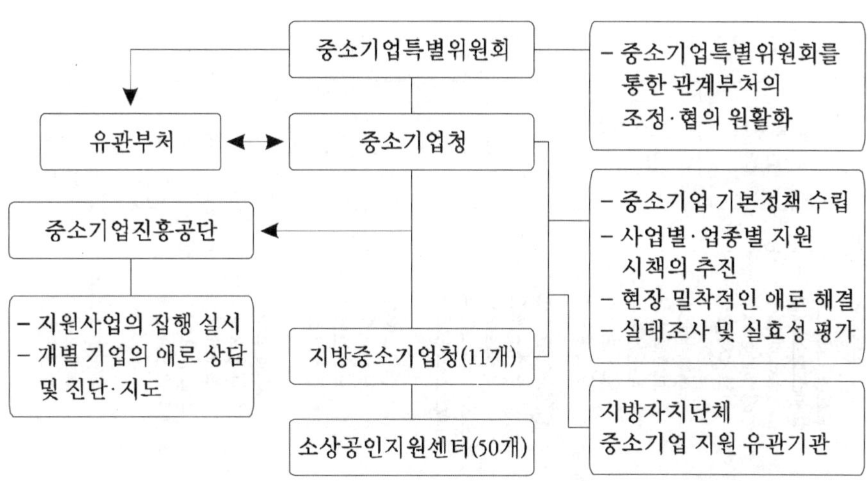

자료 :《중소기업에 관한 연차 보고서》, 1999년도(65쪽) 및 2000년도(66쪽) 참조

〈그림 2〉 중소기업행정지원체계(1998)

지원시책 수립시 관계부처와의 조정 및 협의의 원활화를 도모한다. 중소기업청은 중소기업정책의 방향을 제시하고 새로운 정책수립 및 기능을 수행한다. 소속기관인 지방 중소기업청(11개)과 중소기업진흥공단은 자금 판로 인력 기술 창업 및 벤처기업지원업무 등 중소기업지원업부를 현장에서 수행한다. 그리고 소상공인지원센터(50개 소)는 소상공인의 창업 및 경영개선을 지원하는 업무를 담당한다.

한편 중소기업청(본청 및 지방청)의 기구를 보면 〈그림 3〉과 같다.

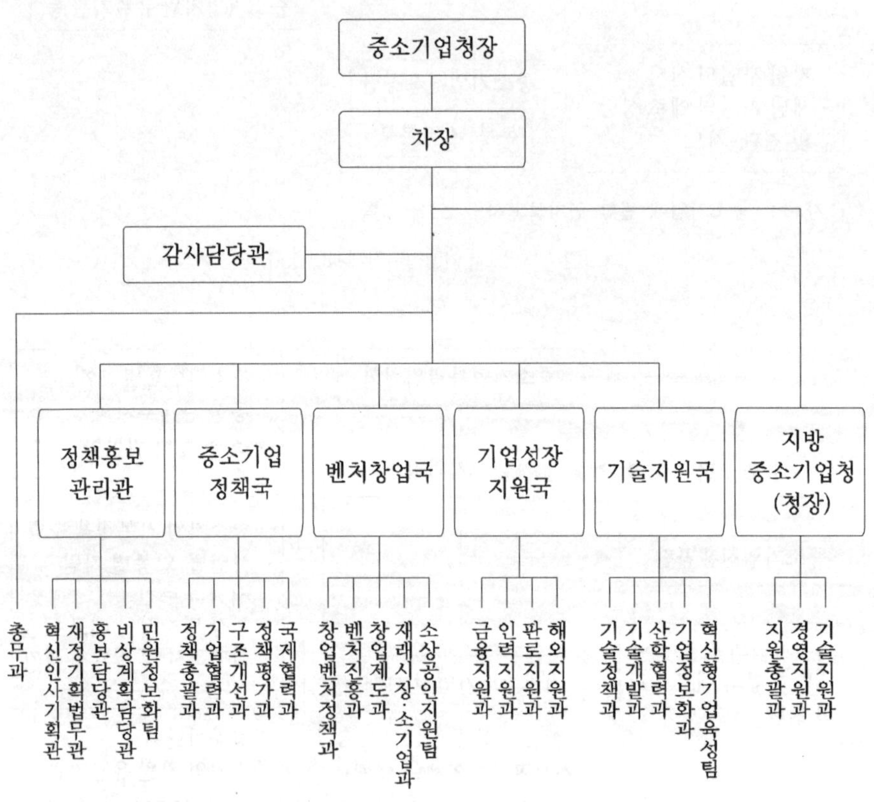

자료 : 중소기업청

〈그림 3〉 한국중소기업청기구

2 중소기업 구조정책(1) : 기능적·간접적 지원정책의 적극적 추진

2.1 중소기업의 기술개발촉진

2.1.1 〈중소기업기술개발계획〉의 시행과 기술개발자금지원 확대

1990년대 들어 임금상승과 급속한 시장개방 그리고 수요의 다양화 등 국내외의 급격한 경영환경 변화에 중소기업이 적응하기 위해서는 기술혁신과 지식집약화를 통한 국제경쟁력 강화가 당면한 정책과제라고 보았다. 이에 능동적으로 대응하기 위하여 1989년 3월에 제정된 〈중소기업 경영안정 및 구조조정촉진에 관한 특별조치법〉 제16조에 따라, 같은 해 8월에 〈중소기업기술개발계획〉을 수립·공고했다.

이 계획에서는 기술개발자금 지원은 물론 기술지도 및 기술교류(기술융합화) 촉진과 함께 기술개발제품에 대한 우선구매까지 추진하도록 하고 있다.

중소기업의 기술개발에 소요되는 자금을 중소기업 구조조정기금에서 지원했는데, 그 지원 대상이 되는 기술은 다음과 같다

(1) 신제품의 설계 및 제조에 관한 기술.

(2) 신제품 또는 신소재의 제조 및 이용에 관한 기술.

(3) 기계·부품·장치의 성력화·자동화·고성능화에 관한 기술.

(4) 생산·가공 또는 처리를 위한 설계 및 공법에 관한 기술.

(5) 소프트웨어 기술개발.

특히 1996년 4월에는 〈기술신용보증 특례지원제도〉를 실시했다. 이제도는 기술력이 우수한 중소기업에 대한 신용보증지원을 확대하고 보증심사의 요건을 완화함으로써 중소기업이 기술개발에 필요로 하는 자금의 조달을 원활하게 하기 위한 것이다. 중소기업청장이 추천하는 우수기술 보유 중소기업에 기술개발 능력의 평가를 면제하여 인정하기 때문에 기술신용보증을 쉽게 했다.

2.1.2 기술융합화 촉진

기술의 복합화시대가 도래하고 경제의 소프트화 진전 및 시장수요의 다양화·고급화·개성화 등으로 다른 분야 기술간 융합과 정보교환의 중요성이 증대하고 있다. 다른 한편 중소기업의 연구개발능력 부족을 외부 경영기술자원을 활용하여 보완해야 할 필요성이 커지고 있다. 이에 다른 분야의 기업과 교류를 원하는 중소기업자들을 조직화하고 지원함으로써 지식융합화에 따른 신기술의 개발을 촉진하고 이를 통하여 산업구조의 고도화 및 국민경제의 균형 있는 발전을 도모하기 위하여 1990년부터 〈기술융합화사업〉을 본격적으로 추진했다.

기술융합화(이업종 교류)사업이란 생산업종(품목)이 서로 다른 기업들이 모여 각 개별 기업들이 축적한 기술(Know-How)과 기업경영 경험을 상호 교환함으로써 동종업종 끼리는 제공을 기피하는 핵심애로기술을 이전받고, 기업간 우위기술을 상호 융합하여 신기술·신제품 개발을 촉진하고 나아가 제품판매 등 판로까지 개척하는 활동을 말한다.

이업종 교류사업은 일본에서는 1970년대초 제1차 오일쇼크를 극복하고 기술개발을 촉진하기 위해 태동했고, 우리나라에서는 1989년 인천의 '국민간석회'가 처음이며 1990년 이후 중소기업 경쟁력 강화를 위한 전략사업으로 추진되었다.

2.1.3 중소기업 기술선진화업체 육성 및 중소기업 기술개발지원

기술향상에 주력하고 있는 중소기업을 선정하여 유관기술지도 기관이 합동으로 종합적인 기술지도를 실시하는 등 집중지원함으로써 세계 일류 기술수준까지 육성하고 2000년대 선진산업사회의 진입을 위한 본격적인 준비작업으로 〈중소기업기술선진화업체 육성방안〉을 수립했는데, 1990년부터 매년 200개 씩 1994년까지 기술선진화 중소기업을 선정 지원했다.

한편 21세기 고도 기술산업사회에 대비하여 중소기업의 기술혁신을 촉진하고 기술력 향상을 도모하기 위하여 개별 중소기업에 대하여 기술 여건과 실정에 맞는 기술개발에 필요한 자금을 지원하는 '기술혁신개발사업'을 1997년부터 시행했다. 〈중소기업진흥 및 제품구매촉진에 관한 법률〉에 근거하여 시행되는 이 사업은 중소기업의 현장애로 기술개발과 첨단 혁신기술의 실용화를 위해 기술개발 소요자금의 일정 범위 안에서 정부 출연금을 지원하는 것을 골자로 했으며 중소기업의 자발적인 개발 투자 의욕을 고취시키고 기술주도적인 자생력 기반을 확립하는 것을 목적으로 했다.

그리고 중소기업의 기술력 향상을 더욱 적극적으로 지원하기 위하여 정부 및 정부투자기관의 연구개발(R&D) 예산 가운데 일정 비율 이상을 중소기업에 지원하도록 하는 공공기관의 중소기업기술개발지원제도(Korea Small Business Innovation Research Program, KOSBIR)가 1998년부터 수립·시행되었다. 이 제도의 근거 규정은 1997년 8월 〈벤처기업 육성에 관한 특별조치법〉에서 마련되었다. 이로써 중소기업은 공공기관의 연구개발사업에 적극 참여할 수 있게 되었다. 미국에서는 1982년에 성립한 〈중소기업기술혁신촉진법(Small Business Innovation Development Act)〉에 따라 1억 달러 이상의 연구개발예산을 가진 연방정부기관이 특정 비율을 중소기업에 배분하도록 규정한 바 있다. 이 법에 따라 중소기업기술혁신개발제도(Small Buniness Innovation Development Program)가 시행되었다.

2.1.4 100PPM 품질혁신운동 추진

100PPM 달성 품질혁신운동이란 제품생산 불량률을 0.01퍼센트(제품 100만 개 생산시 불량품 100개) 이하로 줄이기 위한 생산관리 기법이다. 이를 통해 제품의 품질수준을 세계 일류기업 수준으로 향상시키는 전기를 마련하고 나아가 전산업 분야로 이운동을 확산시켜 기업의 국제경쟁력을 근본적으로 높이기 위한 실천운동이라고 할 수 있다.

WTO체제 출범으로 무한경쟁시대를 맞이하여 기업이 세계 초일류 기업과 경쟁하기 위해서는 품질혁신을 통해 국제경쟁력 확보가 시급한 실정이었다. 그러나 중소기업은 제품의 불량률이 높고 품질수준이 경쟁국에 견주어 전반적으로 낮은 탓에 생산 전반에 걸친 경쟁력이 아직도 취약하다. 이에 중소기업의 품질혁신을 통해 완제품의 품질경쟁력을 획기적으로 높이기 위한 것이 이 운동을 전개한 목적이었다.

1995년 대한상공회의소 등 민간경제 5단체와 중소기업진흥공단·한국표준협회가 중심이 되어 '100PPM 품질혁신추진본부'를 대한상공회의소 안에 설치하면서 본격적으로 추진되었다.

2.1.5 '산·학·연 공동기술개발 지역컨소시엄' 사업 및 '지역협동기술지원센터' 운영

산업경쟁력의 핵심인 기술력은 선진국들의 기술이전 기피와 개발도상국의 추격으로 우리나라 기업의 입지는 점점 좁아지고 있으며 이에 대한 대비를 위해서는 인력·설비·정보 등 우수기술력을 확보하고 있는 대학 또는 연구기관과 기업, 특히 중소기업과의 기술력 향상을 위한 긴밀한 협조체제가 필요하다. 이에 정부 및 지방자치단체가 사업비를 지원하여 추진하는 '산·학·연 공동기술개발 지역컨소시엄' 사업은 지역중소기업체가 안고 있는 애로기술에 대하여 수요조사를 통해 과제를 도출하고 도출된 과제에 대하여 우수 인력자원을 확보하고 있는 대학 또는 연구기관이 적극 지원 참여하며 이를 해결해주는 사업이다.

즉, '산·학·연 공동기술개발 지역컨소시엄'은 중소기업이 대학과 연구기관의 연구인력과 장비를 활용하여 생산현장의 애로기술을 해결하고 개발할 수 있도록 정부와 지방자치단체가 공동연계방식의 기금(Maching Fund)으로 재원을 조성하여 지원하는 사업이다.

〈중소기업진흥 및 제품구매촉진에 관한 법률〉 제5조의 3은 산·학·연 공동기술개발 수행기관에 대한 출연을 규정하고 있다. 즉, 중소기업청장은 중소기업의 기술개발 등을 지원하기 위하여 대학·기관 또는 단체가 중소기업자와 공동으로 수행하는 기술개발사업 및 중소기업에 대하여 실시하는 기술지도 사업에 출연할 수 있다고 규정했다.

대학·연구기관과 7개 이상의 중소기업이 기술개발을 위한 컨소시엄을 구성하는 이 사업은 인근지역의 대학·연구기관과 중소기업이 효율적인 기술개발 지원체제를 구축하고, 대학은 중소기업의 연구소 역할을 담당하여 컨소시엄 참여 교수(연구원)가 업체의 기술지도 정보제공 등 서비스를 담당하는 '테크노 닥터(Techno-Doctor, 기술의사)' 역할을 수행, 중소기업의 기술개발을 지원하는 제도이다.

대부분의 국가연구개발사업이 장기적이고 기초기술 위주로 지원되고 있으나 이 사업은 중소기업 생산현장의 애로를 해결하고 바로 상품화로 연결할 수 있는 기술을 개발하는 사업으로 1993년도부터 시작되었다.

한편 지방의 발전잠재력을 개발하고 민간 부문의 자율적인 참여를 유도하여 지역개발사업이 효율적으로 시행될 수 있도록 하기 위한 시책으로 전국 11개 지방 중소기업청에 '지역협동기술지원센터'를 설치·운영했다. 이 센터는 1994년에 제정된 〈지역균형발전 및 지방중소기업 육성에 관한 법률〉 제47조 5에 근거하여 설립된 것으로, 지역협동 기술향상활동을 촉진하기 위한 지방자치단체의 협조, 지방 중소기업의 생산현장에서 기술적인 애로사항 파악 및 분석, 기술지원 유관기관의 지역협동기술 향상활동에 대한 지원능력의 파악 및 분석, 지역협동기술 향상활동을 하고자 하는 지방 중소기업과 기술지원 유관기관과의 상호연계 및 지방 중소기업의 지역협동기술 향상활동 현황분석 등의 기능을 수행한다.

2.1.6 기술선진화를 위한 기술유통시스템 구축

2.1.6.1 중소기업기술거래소 설치

중소기업이 급변하는 기술환경에 대응하고 기술의 활발한 교류를 통해 기술력을 향상시킴과 동시에 대외경쟁력을 강화하기 위하여 1999년 1월 중소기업진흥공단에 중소기업기술거래소를 설치하여 체계적인 기술유통을 지원했다.

기술거래소에서는 국내외 신기술 관련 정보의 수집·가공 및 배포, 기술거래의 알선·중개, 기술거래를 위한 기술가치의 평가·자문, 테크노마트 및 기술거래 관련 세미나 개최 등의 임무를 수행한다. 선진국들도 정부의 직·간접지원을 통하여 상설로 운영되는 기술거래기관을 육성하고 있다. 미국은 기술이전센터를 설립하고 미항공우주국(NASA)이 재정지원을 하고 있으며, 일본은 통산성과 지방자치단체 등이 출연하여 일본 테크노마트(The Japan Technomart Foundation)를 설립·운영하고 있다.

2.1.6.2 한국 테크노마트 설립

중소기업을 대상으로 국내외에서 개발된 고부가가치 신기술의 신속한 사업화 지원을 휘하여 1998년 10월 한국 테크노마트를 설립하고 국내외 기술의 상설 유통거래시장을 개설 운영하여 중소기업의 기술거래를 지원했다.

한국 테크노마트는 국내외의 대학, 연구소, 기업이 연구개발한 기술을 중소기업에 중계 및 알선하고 기술전문가의 소개·알선과 기술정보이용에 관한 세미나 개최 등을 추진했다.

2.1.6.3 기술정보 전산망 운영

기술정보 전산망(Techno-Net)은 중소기업의 기술경쟁력 강화를 지원하기 위한 것으로 중소기업청 홈페이지에 기술 관련 정보 및 기술데이터베이스(DB)를 구축하여 중소기업이 활용할 수 있도록 구축한 기술정보 전담체계이다.

중소기업은 기술정보 전산망을 통하여 중소기업청을 비롯한 산업자원부, 과학기술부, 정보통신부 등 기술 관련 기관의 중소기업 기술지원정책 및 기술 관련 최신동향에 대한 정보를 획득할 수 있으며 기술개발지원, 기술지도, 해외인증지원, 기술거래알선, 기업간 기술협력, 기술인력 알선지원, 시험설비 이용 등 중소기업이 필요로 하는 각종 기술 관련 정보 및 데이터베이스를 열람할 수 있다.

2.1.7 인증을 통한 경쟁력강화 유도

2.1.7.1 신기술(NT 마크) 인증제도

이는 공업발전법 제15조(기술개발의 실용화) 및 동법 시행령 제14조(개발제품의 인증)에 따라, 국내에서 최초로 개발된 기술의 실용화를 촉진시키고 새로 개발된 제품의 시장확보가 용이하도록 지원하는 제도로서, 1993년 5월 21일부터 시행했다. 대상이 되는 신기술(NT)은 국내에서 최초로 개발된 신기술로 제조된 상품 또는 제조기술로서 상품화한지 3년 이내의 기술이다.

신기술 마크를 부여받은 제품에 대해서는 〈정부를 당사자로 하는 계약에 관한 법률〉(1997. 1. 1부터 시행)과 〈중소기업진흥 및 제품구매 촉진에 관한 법률〉의 규정에 따라 공공기관에 대한 우선구매조치요구, 자금지원 등 각종 지원을 실시했다.

2.1.7.2 기계류·부품·소재의 품질(EM마크) 인증제도

공업발전법 제15조(개발기술의 실용화) 및 동법 시행령 제14조(개발제품의 인증)에 근거하여 국내에서 새로 개발된 기계류·부품·소재의 품질 및 성능을 평가하고 우수제품에 대하여 품질인증마크(EM)를 부여하는 제도로서 1995년 7월 1일부터 시행했다. 품질평가대상은 국내에서 3년 이내에 신규로 개발된 기계류·부품·소재이며 인증된 제품에는 EM마크를 인증받은 기술과 동일한 지원이 부여되었다.

2.1.7.3 세계 우수자본재 지정 및 재활용제품의 품질인증(GR)

자본재 산업의 육성을 위한 정책적 노력은 1969년 13개 기계류의 연차별 국산화계획 수립 이후 지속적으로 이루어졌다. 특히 1986년부터 1996년까지 10년에 걸친 기계류·부품·소재 국산화사업에도 불구하고 국제수지 적자 및 대일 의존이 심화됨에 따라 소수정예 품목의 특별지원과 선도화를 위하여 1997년 5월 21일 제6차 자본재산업 육성대책위원회에서 세계 우수 자본재 지정사업을 추진하기로 결정했다. 지원 대상이 되는 자본재는 국내에서 개발된 제품으로 자본재 전략품목(핵심), 개발제품중에서 EM마크를 획득했거나 세계적으로 경쟁력 있는 품목이다.

한편 1980년대말 선진국을 중심으로 산업자원확보와 환경문제의 해결 방안으로 폐플라스틱 등의 재활용사업이 활발히 진행되었으나 우리나라는 재활용제품의 소비가 부진한 실정이었다. 특히 우리나라 재활용업체는 대부분 영세 중소기업으로서 품질개선을 위한 기술개발 투자가 어렵고 소비자들이 재활용제품을 저급품으로 인식하여 구매를 기피하기 때문에 관련 중소기업의 도산이 급증했다. 이에 재활용산업 활성화를 위한 국가의 품질인증제도가 요구되었다. 1997년 4월 15일 '환경보전위원회'의 심의를 거쳐 새로운 '재활용품질인증제도 (GR마크 제도)'를 실시하기로 하고 인증업무를 국립기술품질원에 위임했다.

2.1.8 중소기업기술혁신지원체제 정비

2.1.8.1 〈중소기업기술혁신촉진법〉의 제정

중소기업의 기술에 대한 중요성이 점차 증대되고 중소기업의 기술지원 수요 또한 증가 추세에 있는 가운데 근거법령의 미미로 말미암은 체계적 지원의 어려움이 제기됨에 따라 중소기업의 기술혁신을 종합적 체계적으로 지원하기 위하여 2001년 4월 28일 〈중소기업기술혁신촉진법〉을 제정, 5월 4일 공포했다(법률 제6482호, 2004. 9. 23 법률 7219호로 일부개정). 본문 제30조 부칙 3조로 구성된 이 법은 중소기업의 기술혁신을 촉진하기 위한 기반을 확충하고 관련 시책을 수립·추진함으로써 중소기업의 기술경쟁력 강화를 통하여 국가경제 발전에 이바지함을 목적으로 했다(제1조). 이 법은 다수 법률에 분산되어 있는 중소기업 기술지원사업 추진 근거를 일원화하고 법적 근거가 미흡한 다수의 기술지원사업의 근거조항을 마련했는데, 21세기 기술·지식정보화 시대에 부응하는 기술지원시책 추진 근거를 마련하는 방향으로 제정되었다.

이 법의 주요 내용을 살펴보면 다음과 같다.

(1) 중소기업 기술혁신을 위한 중장기 계획 및 시행계획 등 〈중소기업 기술혁신 추진계획〉의 수립·추진.

(2) 투자계획의 심의 등 관계부처 협의를 위한 '기술혁신추진위원회'를 중소기업청안에 설치.

(3) 중소기업 기술지원사업의 전문적 관리 및 정책연구 등을 위하여 '기술진흥전문기관'의 지정.

(4) 기술개발·기술지도·해외규격 획득 등 기술지원사업의 투자근거를 통합

하거나 신규 마련.

(5) 중소기업 정보화 촉진을 위한 지원사업을 마련하기 위하여 민간 전문기관으로 '중소기업경영정보원'을 중소기업청 산하에 설립.

(6) 기술인력·기술정보·시험분석 등 기술혁신 기반조성을 위한 사업추진 근거규정을 마련.

2.1.8.2 〈기술혁신형 중소기업발굴육성계획〉의 수립

21세기 세계경제는 글로벌화·정보화의 진전으로 모든 분야에서 '변화와 도전'에 직면하고 있으며 새로운 경제 패러다임이 형성되고 있다. 특히 과학기술은 전체를 파악할 수 없을 만큼 첨단화·세분화하고 업종구분이 서로 불가능할 정도로 융합화 추세에 있으며 기술의 첨단화, 융합하는 기초과학과 응용과학의 경계를 허물어 긴밀한 산·학·연 협력을 요구하고 있다.

이러한 국제적 경제 및 기술환경변화에 유연하게 대응하고 국가경쟁력을 높이기 위해서는 중소기업의 기술력을 높이는 것이 핵심요소이다. 이에 앞으로 경제를 이끌 기술혁신형 중소기업(INNO–BIZ, Innovation Business)의 육성이 시급한 과제로 되고 있다. 이에 따라 〈기술혁신형 중소기업 발굴육성계획〉을 2001년 2월에 수립하여 시행했다. 이 계획은 2001년부터 2005년까지 매년 1,000개씩 5,000개의 기술혁신형 중소기업을 발굴·육성할 것을 목적으로 하고 있는데, 〈중소기업기술혁신촉진법〉이 제정되면서 그 법적 근거가 마련되었다.

2.2 자동화와 정보화의 본격적 추진

2.2.1 중소기업 자동화의 본격 추진

1990년대에 들어와 생산의 다양화에 따라 제품의 수명(life cycle)은 더욱 단축되었고, 선진 신산업 분야의 개척과 제품의 선두 개발 경쟁이 격심해졌다. 재래의 생산시스템은 대량생산방식을 통하여 원가절감을 이룩하고 제품의 단순화·표준화·전문화 등을 통해 생산성을 향상시켜 왔다. 그러나 이제는 현대 시장의

제품수요가 개성화 다양화해지고 점차 고기술제품에 대한 선호경향이 현저해
졌을 뿐만 아니라 인력난의 심화로 생산 시스템은 다품종 소량생산방식의 자동
화가 요구되었다. 더구나 중소기업은 노사간 계층갈등, 생산성 향상을 웃도는
임금상승, 3D 기피현상 등으로 제조비용이 증가됨에 따라 상품의 국제 경쟁력
이 떨어지고 있다.

오늘날 세계의 기계공업기술은 자동화로 가고 있는 추세여서 우리나라 중소
기업도 자동화수요가 증가하고 있는 실정이었다.

이러한 요구에 따라 1988년 석유안정기금을 재원으로 중소기업의 생산성 향
상을 도모하기 위해 통상산업부에서 자동화사업 지원계획을 마련하고 석유안
정기금 중 300억을 중소기업진흥기금으로 기업의 생산자동화 시설에 필요한 자
금을 지원하는 생산자동화사업을 추진했다. 1989년에는 생산자동화사업의 명
칭을 공정개선사업으로 변경했고 1990년부터는 공정개선사업과 시설근대화사
업을 통합하여 운영했다.

이미 1988년에 자동화 종합추진체제로서 '생산자동화촉진대책위원회'가 설립
되었으며, 생산자동화사업을 지속적으로 추진하고자 〈생산자동화5개년계획〉
(1989~1993)이 수립된 바 있다. 이에 따라 중소기업은 공정개선, 제품의 품질개
선 및 신제품개발 등을 위한 시설근대화 및 공정개선사업계획을 작성하여 중소
기업진흥공단에 승인을 요청하면 중소기업 진흥공단은 평가 뒤 이를 승인하고
계획에 필요한 자금을 비롯하여 종합적인 지원을 했다.

1993년부터 실시되는 〈신경제5개년계획〉에서 자동화사업이 정보화 및 기술
개발사업화와 함께 구조개선사업의 핵심 분야로 됨에 따라 자동화사업에 적극
적인 지원이 이루어졌다. 구조개선사업에 이어 〈중소기업 자동화사업 본격추진
계획〉을 작성하고 1994년 하반기부터 실시했다.

지방화시대를 맞아 1994년부터는 중소기업 구조조정사업에 따른 자동화자금
은 각 지방자치단체 예산과 연계하여 추진했으며 이와 별도로 무한경쟁시대에
중소기업이 외국기업과 경쟁해나갈 수 있도록 이 분야에 집중적으로 자금을 지
원했다.

〈중소기업진흥 및 제품구매촉진에 관한 법률〉은, 중소기업의 자동화라 함은 중소기업자가 생산성 및 품질의 향상을 휘하여 각종 자동화 설비를 통하여 생산공정을 합리적으로 개선하는 것을 말한다고 규정했다(제2조의2). 이어서 중소기업청장은 중소기업의 자동화를 추진하고 자동화설비의 생산업체 및 엔지니어링업체를 육성하기 위하여 자동화 지원사업을 실시할 것을 규정하고 그 지원사업의 내용을 다음과 같이 제시했다(제3조).

(1) 중소기업의 자동화 촉진을 위한 설비보급.

(2) 중소기업의 자동화를 위한 시범사업 및 표준화.

(3) 중소기업의 자동화에 관한 전문인력의 양성.

(4) 중소기업의 자동화를 촉진하기 위한 자금지원.

(5) 기타 중소기업의 자동화를 촉진하기 위하여 필요한 사항 등.

한편 1993년도에 마련한 자동화 관련 지원시책을 보면 다음과 같다.[17]

첫째, 시설근대화 및 자동화사업을 승인받은 업체에 대하여 중소기업진흥공단은 시설 및 운전자금 지원, 기술 및 경영지도, 정보 제공, 최고 경영자 및 종업원연수, 해외 기술 협력 및 해외진출 등을 우선적으로 지원하고 업체의 희망에 따라 유망중소기업으로 선정하여 금융기관 등 유관 기관과 연계지원 했다.

둘째, 기업이 자동화를 투자할 의욕이 있으나 구체적인 방법을 찾지 못하는 중소기업을 위하여 자동화 시범사업을 추진했다. 중소기업진흥공단을 통하여 중소기업 규모에 적합한 자동화공장을 자동화시범공장으로 지정하고 모범적인 자동화추진업체로 육성했다.

셋째, 다양화해 있는 자동화 지원기관의 공식적인 협의채널을 구성하여 지원기능의 연계화를 통한 지원의 효율성을 높이기 위하여 중소기업진흥공단과 중소기업은행, 생산성 본부 등 10여 개 관련 기관이 참여하여 중소기업 공장자동화 지원 방향, 융자방안, 자동화 정보교환 등을 할 수 있도록 '중소기업 자동화 지원협의회'를 구성했다.

---

17) 상공자원부, 《중소기업에 관한 연차보고서》, 1993, 92~93쪽.

넷째, 생산성·기술수준·품질 등이 아직도 구조적으로 취약한 중소기업의 효율적이고 체계적인 자동화 구축을 위하여 기술보급형 '자동화지원센터'를 건립하고 자동화기술의 개발·보급과 자동화기술지도 및 연수·정보제공 등 중소기업의 자동화 추진을 위한 종합지원체제를 갖추어 1996년부터 본격적으로 자동화기술기반구축사업을 수행했다.

2.2.2 중소기업 정보화의 촉진

2.2.2.1 중소기업의 정보화 촉진과 그 기본 방향

〈중소기업진흥 및 제품구매촉진에 관한 법률〉은, 중소기업의 정보화라 함은 중소기업자가 컴퓨터 또는 각종 제어장치를 이용하여 경영관리 및 유통관리를 전산화하는 등 중소기업의 전산망을 구축하는 것을 말한다고 정의하고 있다(제2조 3). 이어서 중소기업청장은 중소기업의 정보화를 촉진하고 중소기업의 정보화기반을 조성하기 위하여 정보화지원사업을 실시하도록 규정했다(제4조). 여기서는 중소기업의 정보화 투자를 위한 설비보급, 기술개발, 시범사업 및 표준화, 전문인력의 양성, 자금지원, 기타 필요한 사항을 정보화지원사업으로 제시했다.

정보화사업이란 중소기업이 컴퓨터를 이용하여 공장의 자동화, 경영관리의 전산화, 유통관리의 자동화, 데이터 베이스(DB)제작 및 전산망을 구성하고자 하는 경우 이를 지원함으로써 중소기업의 경영개선과 기술향상을 도모하고 원가절감, 품질향상, 경영과 기술의 활용을 통하여 국제경쟁력을 강화하는 사업을 말한다.

이 사업의 추진을 위하여 1989년 6월 25일부터 시행된 〈중소기업 경영안정 및 구조조정촉진에 관한 특별조치법〉 제20조에 따라, 〈중소기업정보화5개년계획〉(1989~1994)이 수립되었다. 1994년 말에 이 법이 폐지됨에 따라 〈중소기업진흥 및 재품구매촉진에 관한 법률〉 제4조·제15조·제47조에 따라, 정보화사업을 추진했다. 1993년도까지는 개별 중소기업의 정보화실현에 노력했으나 1994년부터는 개별 중소기업에 대한 지원을 지방자치단체로 하여금 시행하도록 했다.

특히 WTO 체제 출범 이후 세계경제의 개방과 글로벌화에 따라 세계 각국의 기업경영 체제에서 노동·자본·기술 이외에 정보화가 국가경쟁력을 결정하는 중요 요소로 대두되어 선진국을 중심으로 정보인프라 구축전략을 수립하는 추세였다. 이에 초고속정보통신의 기반을 조성하여 경제사회구조를 기술·지식집약형으로 전환하기 위한 〈정보화촉진기본계획〉이 확정되었다. 그리고 중소기업청은 국내산업 근간을 이루고 있는 중소기업의 자생력과 경쟁력을 높이기 위하여 〈중소기업분야정보화촉진계획〉(1996~2000)을 수립했다.

중소기업 정보화추진 기본 방향을 보면 다음과 같다.

첫째, 2000년대까지 중소기업 관련 통합정보 관리체제를 단계적으로 구축하여 관련 행정기관 및 단체와 중소기업을 연결하는 정보서비스 체제를 확립한다.

둘째, 지방 중소기업의 정보화 촉진과 정보서비스를 위한 지방 중소기업청 및 사무소에 지역중소기업정보지원센터를 설치하여 지역특화 관련 정보의 개발 및 지원체제를 구축하고 2000년대 이후에는 중소기업의 광속상거래 및 전자상거래(CALS/EC) 실현을 촉진한다.

셋째, 중소기업지원 정보인프라구축을 위해 중소기업 관련 데이터베이스 개발과 중소기업의 통합정보망 구축지원을 강화한다.

넷째, 중소기업의 정보화는 업종별 단체 등을 중심으로 하여 자율적으로 추진하며 정부는 이에 대한 지원을 강화한다.

2.2.2.2 중소기업 정보화사업 내용

이와 같은 중소기업정보화추진 기본 방향에 따라 시행된 중요사업 내용을 보면 다음과 같다

첫째, 지역 사이버마켓몰 구축과 지역정보화센터 구축사업이다. 중소기업의 정보화 촉진을 위하여 지역 사이버마켓몰 구축을 추진했는데, 1996년부터 초고속정보통신시범사업으로 경인지역 사이버마켓몰을 한국전산원과 공동으로 개발하여 1997년 8월부터 정보를 제공했다.

그리고 지방 중소기업청 및 사무소를 지역중소기업 정보화지원센터로 육성하기 위하여 지방 중소기업청에 1998년부터 '중소기업정보지원센터를 설치했다.

둘째, 중소기업 통합정보망 구축사업이다. 중소기업 관련 통계자료 및 지원시책에 대한 정보가 유관기관 및 단체 등에 광범위하게 산재되어 있어 중소기업은 정보의 소재파악이 어려운 상황이었다. 이에 중소기업청의 데이터뱅크를 센터로 유관기관, 단체 등과 연계하여 단일화된 창구를 제공함으로써 중소기업이 신속하고 정확한 정보서비스를 제공받을 수 있는 '중소기업통합정보망'을 단계별로 구축했다

셋째, 중소기업의 행정정보 관련 데이터베이스 구축이다. 중소기업이 중소기업 시책 및 제도를 신속하게 이용할 수 있도록 기업별·지역별 공동 D/B를 개발하기 위하여 〈D/B 개발5개년계획〉(1996~2000)을 수립하여 추진했다. 중소기업 업체의 기본정보 및 중소기업 정책자금 지원업무 등에 대한 D/B의 구축과 기존 데이터베이스의 확대를 통해 이를 중소기업지원시책에 활용하고 중소기업에 관련 정보를 제공하여 행정서비스의 질적 향상을 도모했다. 그리고 각 기관별로 분산되어 있는 중소기업정보와 벤처기업지원 등 중소기업 정책자료, 취업알선 등의 지원시책에 대한 정보를 중소기업청으로 일원화하여 제공했다

넷째, 중소기업 전자상거래 촉진이다. 전자상거래 관련 기술개발, 인력양성, 기술지도, 정보제공 등을 통하여 산업 전반의 전자상거래 인프라를 조기에 구축하여 중소기업의 경쟁력을 높이기 위하여 CALS/EC 지도 및 정보제공, 인터넷 중소기업관을 이용한 수출촉진, 중소기업형 CALS/EC 모델의 개발 보급 등의 사업을 추진했다.

2.2.2.3 중소기업 Y2K 문제해결 지원

컴퓨터 2000년 Y2K 문제란 컴퓨터가 연대표기의 마지막 두 자리 숫자만 인식하여 19xx 과 20xx년을 구분하지 못함에 따라 정보시스템에 오류가 발생하여 공장 생산라인의 정지, 자동화 기기 등 H/W의 오작동과 컴퓨터 시스템에 따른 제고 납품관리, 발주관리 등 응용S/W 운영상의 문제가 발생하는 것을 말한다.

즉, Y2K 문제란 밀레니엄 버그(Millennium Bug)로 불리는 컴퓨터의 연계 오판독 문제로서, 컴퓨터 보급초기에 고가의 메모리 문제를 타개하고 디스크 사용량을 최소화하기 위하여 연대표기를 두 자리만 인식케 함으로서 발생하는 문제이다. 예컨대 '00.02.01' 등으로 표기되는 2000년 2월 1일을 1900년 2월 1일로 인식하는 것과 같은 문제이다.

중소기업은 Y2K 문제에 대한 인식 및 문제해결 의지가 저조하고 중소기업의 자체해결을 위한 전문인력 부족과 자금난으로 재정확보가 어려운 실정이었다. 이에 Y2K 문제에 대한 교육 및 정보를 강화했고, 자료 및 기술 인력을 위하여 '중소기업 Y2K 문제 해결지원사업'을 1998년 8월부터 실시했다.

2.3 기술·기능인력의 양성과 공급

2.3.1 중소제조업의 인력부족 원인

1980년대 중반 이후 경제활황에 따라 전반적으로 인력수요는 증대했으나 신규 노동공급 증가가 둔화되어 공급이 충족되지 못하면서 상대적으로 근무조건이 열악한 중소제조업의 생산직 인력부족 문제가 본격화했다. 그런데 IMF 이후 경기침체와 구조조정에 따른 실업률 증가의 영향으로 중소제조업의 인력부족 현상은 상당히 완화되었으나 아직도 해소된 것은 아니다. 특히 중소기업이 새로운 시장환경에 적응하기 위해 추진하는 신제품개발에 필요한 연구개발인력의 부족현상까지 대두되고 있어서 중소제조업의 인력부족 현상은 해결해야 할 시급한 정책과제가 되었다.

중소제조업 부문에서 인력부족 현상이 심화되어 온 주요 원인을 살펴보면 다음과 같다.

첫째, 3D업종 등 중소제조업에 대한 취업기피 현상으로 생산인력 부족난이 초래되었으며 취업기피 요인은 다음과 같다.

(1) 근로자들의 직업의식 변화로 생산직 취업기피 현상 발생.

(2) 근로자들의 학력수준 향상 및 서비스업 등의 성장에 따른 취업기회 확대.

(3) 대기업에 견주어 열악한 임금수준과 복지환경 및 근로조건.

(4) 기술·기능직에 대한 사회적 인식부족 등.

둘째, 산업계에서 필요로 하는 기술·기능인력이 적기에 공급되지 못하고 있다. 즉, 공업계 고등학교 및 직업훈련원 등을 통한 기능인력의 공급이 수요에 미치지 못했고 공업계 전문대학 및 대학을 통한 기술인력의 공급도 산업계의 수요에 부응하지 못하여 기술·기능 인력부족현상이 나타나게 되었다.

셋째, 고용정보를 제공하고 확보할 수 있는 체계가 미흡하여 중소기업에서 필요인력을 적기에 채용할 수 없다는 점이 인력난을 심화시키는 요인으로 작용했다.

넷째, 중소기업자가 직업훈련을 기피하고 있어 신규 인력을 채용하여 직업훈련을 실시하는 것보다도 기술·기능습득자(자격증 소지자 포함) 등 즉시 활용할 수 있는 인력의 채용을 선호하고 있으며 교육도 단순한 조작능력 습득을 목적으로 단기 과정 위주로 실시되는 문제점이 있었다.

2.3.2 기술·기능인력 공급원활화의 기본 방향 및 제도

중소기업에 대한 인력지원은 1967년의 〈직업훈련법〉과 1976년의 〈직업훈련 기본법〉으로 그 기본체제가 마련되었다. 그 뒤 산업이 겪고 있는 기술·기능인력의 수급불균형을 해소하기 위하여 1990년 7월에는 〈산업인력 수급대책 – 제조업 부문의 인력난 타개방안〉이 수립되었고, 또한 중소제조업 인력난 타개를 위하여 1990년 10월에는 〈중소기업 기술·기능인력 수급방안〉이 수립된 바 있다. 이에 앞서 1989년에 제정된 〈중소기업의 경영안정 및 구조조정촉진에 관한 특별조치법〉은 직업훈련의 지원(제15조) 등 중소기업의 인력지원을 도모할 수 있는 계기를 마련해주었다.

이어서 1994년에 제정된 〈지역균형개발 및 지방중소기업 육성에 관한 법률〉에서도 지방 중소기업 소속 인력 또는 취업희망자를 대상으로 하는 직업훈련 실시에 대한 지원을 규정했다(제48조).

그 뒤 구조적인 인력수급의 불균형을 해소하고 실업계의 실수요에 부응할 수 있도록 학교와 기업간 연계를 강화하고 공급된 인력이 중소기업에 유입될 수 있도록 노동환경을 개선하여 국내인력이 취업하기를 기피하는 분야는 외국인력을 도입·지원하여 중소기업의 부족한 인력난을 완화시켰는데, 주요 내용을 보면 다음과 같다.

2.3.2.1 산업기능요원 및 외국인 산업연수생운영

첫째, 중소기업의 기술·기능인력 지원을 위한 산업기능요원제도는 군 소요인원의 충원에 지장이 없는 범위 안에서 병력자원을 중소제조업체의 생산현장에 활용하도록 하여 일정 기간 근무할 경우 군복무를 마친 것으로 인정해주는 제도 이다. 도입 초기인 1973년에는 방위산업체로 한정하여 운영했으나 1992년부터 전 산업체로 확대되었다(중소제조업체의 병역특례업체지정). 1998년도 이후 더 많은 업체가 이를 활용할 수 있도록 지정업체 수를 더욱 확대했다. 특히 인력확보에 어려움을 겪고 있는 종업원 50인 이하의 소기업 및 지방소재기업, 여성기업을 추가하도록 했다. 또한 경쟁력 있는 중소기업지원을 확대하기 위하여 벤처기업 및 수출비중이 높은 기업, 수출지원대상업체, 기술경쟁력 우수기업, 해외 유명규격 인증획득업체, 벤처기업 중 스톡옵션 실시기업을 우선 추천 할 수 있도록 했다.

그리고 산업기능요원 활동업체 추천 기준을 국내실업난 완화에 중점을 두어 외국인 근로자 대체고용기업을 우선 추천하고 불법체류외국인을 채용한 기업은 추천 대상에서 제외시켰다.

둘째, 외국인산업연수제도는 국내 인력의 중소기업 생산현장 취업기피로 중소제조업 분야의 인력난 심화를 해소하고 동남아 등 개발도상국과의 경제협력을 강화한다는 취지로 1993년 11월부터 도입된 제도이다. 당초 법무부 지침인 〈외국인산업기술연수사증에 관한 처리지침〉에 근거를 두고 운영해왔으나, 중소기업청의 설치와 더불어 1996년 6월부터 〈외국인산업연수제도운영에 관한 지침〉을 중소기업청이 운영하게 되었고, 1997년 12월에 〈출입국관리법〉개정으로 이 법령에 지침의 근거를 마련했다.

국내인력이 근무를 기피하는 생산현장 분야에 생산인력을 원활히 지원할 수 있도록 이 제도를 계속 개선했으며 특히 신청 대상을 상시 생산직 근로자 5인 이상 300인 이하인 업체에서 1999년 5월 13일에는 300인 이하인 제조업으로 확대하여 근로자 5인 미만의 소영세기업도 연수생 배정을 신청할 수 있게 했다.

그리고 관계법령에 따라 외국인 산업연수생의 추천 및 모집기관을 중소기업협동조합중앙회로 재지정하여 연수생관리에 대한 실무적인 업무를 담당하도록 했다. 2004년 이후 이 제도는 외국인 고용허가제도로 변화되었다.

2.3.2.2 경영기술지원단 운영

경영기술지원단은 사회 각 분야에서 축적한 풍부한 경험과 전문지식을 활용하여 중소기업의 경영활동을 지원함과 동시에 일하기를 원하는 유휴 고급퇴직인력에게 사회활동 기회를 부여하기 위하여 1996년 8월 29일 '원로봉사단'이라는 명칭으로 발족되었다. IMF사태 이후 고급퇴직인력의 참여가 증대되고 이들에 대한 지원활동을 강화하기 위해여 그 명칭을 '중소기업경영기술지원단'으로 변경하고(1998. 5) 아울러 단원의 자격조건으로 연령제한을 폐지하여 우수한 인력을 적극적으로 영입했다.

미국에서는 1964년 퇴직경영자봉사단(Service Corps of Retired Executives, SCORE)이 결성된 바 있으며 1969년에는 현역경영자의 자원경영지도를 행하는 현역경영자봉사단(Active Corps of Executives, ACE)이 조직되어 경영상담 및 진단지도업무를 담당했다.

또한 경영기술지원단이 지역실정에 적합하게 운영될 수 있도록 하는 한편 매년 재위촉 과정을 거쳐 불성실한 단원은 해촉하고 우수한 고급 퇴직인력을 지속적으로 영입할 수 있도록 했다.

2.3.2.3 중소기업 채용박람회와 전문인력알선센터의 운영

중소기업채용박람회는 1996년부터 시작되었으며 구인을 원하는 중소기업과 구직자의 '만남의 장'을 제공함으로서 중소기업에게 우수인력을 채용할 수 있는 기회를 제공하고 실업자에게는 일자리를 구하는 기회를 제공하는 제도로서 참가기업은 생산제품의 홍보효과도 거둘 수 있게 되었다.

한편 대기업 등에서 근무한 경험이 있는 전문인력 및 신규 취업희망자를 중소기업에 취업할 수 있도록 알선함으로서 전문인력 확보에 어려움을 겪고 있는 중소기업의 인력부족 해소 및 실직전문인력의 재취업 기회를 부여하기 위하여 1997년 12월에 중소기업본청 및 지방청 등 12개소에 취업알선센터를 설치·운영했다.

2.3.2.4 〈중소기업인력지원특별법〉의 제정

그 뒤 2003년 9월 29일자 법률 제6975로 〈중소기업인력지원특별법〉이 제정되었다. 이 법은 중소기업의 인력수급 원활화 및 인력구조고도화를 지원하여 중소기업의 경쟁력을 제고하고 고용을 촉진함으로서 국민경제와 사회의 발전에 이바지함을 목적(제1조)으로 제정되었다. 이 법은 ① 중소기업 인력지원계획의 수립 및 추진(제2장), ② 중소기업의 인력수급 원활화(제3장), ③ 중소기업의 인력구조고도화(제4장), ④ 중소기업의 인력유입을 위한 환경조성(제5장) 등을 규정하고 있다.

2.4 중소기업 공장용지의 지속적 확대

2.4.1 공업용지공급정책의 추진 배경

제조업 등 기업의 생산활동에 가장 기본적인 생산요소인 공업용지를 국가차원에서 개발하게 된 것은 1960년대 초 제1차국토건설종합계획 등 경제개발계획을 수립·추진하면서 시작되었다. 정부 주도의 계획입지정책이 시행되면서 중화학공업건설을 위한 대규모 산업기지가 1970년대에 건설되었고 마산에 수출자유지역과 기타 지방도시에 공업단지가 개발되었다.

1980년에 들어와서 국토의 균형발전을 위하여 수도권의 개발억체와 지방공업화정책을 추진했는데, 1982년 〈수도권정비계획법〉의 제정, 1983년 〈농어촌소득원개발촉진법〉의 제정으로 전국 농촌지역에 농공단지가 조성되었고, 그 동안 상대적으로 공업단지 조성개발이 저조했던 지역에 신규 공단이 개발되었다. 1989년 제정된 〈중소기업 경영안정 및 구조조정촉진에 관한 특별조치법〉은 중소기업자에게 공장용지의 우선 공급을 규정했다. 여기서는 농공단지와 정부 및 지방자치단체가 공급하는 공장용지에 중소기업의 우선 입주를 규정했다(제14조). 1990년 1월에는 입지정책의 원활한 수행과 공장설립 절차를 더 간소화하기 위한 관련 법규의 통폐합 등을 통하여 기업이 필요로 하는 공업용지를 쉽게 확보할 수 있도록 법·제도적 측면에서 개선대책을 마련했다.

특히 1990년 4월 15일에는 〈공업배치법〉 제4조에 근거하여 〈공업배치기본계획〉(1990~2001)을 확정·고시한 바 있으며, 1995년에는 다시 〈공업배치기본계획〉(1996~2005)을 통한 종합적인 입지정책을 추진했다. 2000년대를 향한 새로운 공업배치계획을 수립하여 공업입지 정책 방향을 설정하고 지방자치단체 및 기업의 공업단지개발 및 공장입지에 대한 기본지침이 되도록 하기 위한 것으로서, 계획기간은 1996년부터 2005년까지 10년이었다.

계획의 내용에는 ① 공업의 발전전망에 따른 업종별 공업입지의 수요, ② 공업입지의 연도별·업종별·지역별 배분계획, ③ 용수·에너지·통신·물류시설 등 기반시설 계획, ④ 환경보전 및 인력수급 등이 포함되었다.

2.4.2 중소기업 공장용지공급의 확대 방향

그런 가운데 1995년 7월에는 〈중소기업공장 입지해소 종합대책〉이 마련되었다. 소규모기업이나 창업기업용 공장은 대부분 도시 주변에 입지해야 하지만, 용지공급이 부족하여 이들 공장의 입지가 크게 제한되고 있어 중소기업전용 임대공장용지의 공급확대와 아파트형 공장에 대한 지원을 주 내용으로 하는 것이었다. 그 내용을 보면 다음과 같다.

(1) 자가공장을 마련하기 어려운 중소기업에게 임대 공장용지를 값싸게 공급하기 위하여 공공기관이 개발하는 공업단지에 일정 비율(2~5퍼센트)의 중소기업 전용임대공단을 마련하고 중소기업용 공장용지 임대사업자에 대하여 금융

세제지원을 한다.

(2) 수도권 소재 중소기업의 입지상 애로를 해소하기 위하여 수도권정비계획 상의 연도별 공장건축면적 총량을 매년 정하여 운영하던 것을 3년 단위로 예고하는 증기 방식으로 전환한다. 한편 그동안 성장관리권역에서 규모 업종 등 개별적으로 규제하던 중소기업공장의 시설 등에 대한 규제를 완화한다.

(3) 기존 시가지 안의 공장밀집지역에 대한 환경을 개선하기 위하여 이들 지역을 '공장환경개선재개발지역'으로 지정, 재개발사업을 시행할 때 주거와 상업 및 공장용 복합건물의 건축을 허용하고 그리고 대규모 택지개발사업에도 중소기업 전용공장용지를 조성하도록 한다.

(4) 자금력이 약한 창업기업 등 소규모공장의 입지를 쉽게 하기 위하여 아파트형 공장건설을 활성화하고 아파트형 공장건설에 금융 세제상 지원을 하고 그 임대사업자도 지원한다.

2.4.3 아파트형 공장의 공급

아파트형 공장건설공급시책은 도시 안에 입지하고 있는 중소기업자들에게 공장용지 구득난을 해소하여 소규모 영세 중소기업체의 조업안정과 경영의 합리화를 도모하고 도시지역의 비싼 토지를 효율적으로 이용하고자 같은 건물 안에 다수의 중소기업체를 집단화할 수 있는 다층형 공장복합건물을 세우는 것이었다. 그리고 1986년도에는 대도시 안에 아파트형 공장 건설촉진시책을 추진하면서 다음과 같은 기본 방향을 제시했다.

(1) 공장용도로 활용 가능한 도시지역 기존건물을 공장으로 재개발하여 인근 영세중소기업체를 집단 유치하며,

(2) 도시미관을 해치지 않고 주거환경오염에 큰 여향을 주지 않는 단순조립 소재공업 등 도시형 업종은 비공업지역에 아파트형 공장 또는 저층형 연립공장을 건설 집단화하여 공장집적효과를 높인다는 것이었다.[18]

---

18) 상공부,《중소기업에 관한 연차보고서》, 1986, 153쪽.

1979년 1월 1일 이후 이전촉진지역 및 제한정비지역 안에서 공장의 신·증설을 전면 제한함에 따라 대도시 지역에 입지가 불가피한 노동집약적이고 영세소규모 가내공업형태로 운영하고 있는 봉제·완구·섬유·전자부품조립 등 도시형 업종들이 공장입지를 구하지 못하고 무등록 공장으로 남아 열악한 환경에서 조업하게 되었다. 이에 도시 안에 생산과 판매 기반을 두고 있는 이들 도시형 중소기업에 대하여 입지수요가 많은 수도권 및 대도시 주변지역을 중심으로 아파트형 공장을 건설하게 되었다.

아파트형 공장은 한정된 토지의 효율을 높이는 동시에 중소기업의 구조적 입지난을 완화하여 중소기업의 안정적 생산기반 확립, 경영 여건 개선, 도시환경 정비, 환경오염 방지, 도시 유휴노동력의 고용증대에 기여할 것으로 기대되었다.

아파트형 공장 건설은 원래 1978년에 제정된 〈중소기업진흥법〉에 근거한 협동화사업의 일환으로, 중소기업진흥공단이 추진한 것이다. 1986년에 아파트형 공장의 건설추진시책을 구체화하면서 〈아파트형공장설치관리요령〉을 마련했으며 1987년에는 인천 주안에 아파트형 공장이 기공되었다. 그 뒤 1990년대에 와서는 〈신경제5개년계획〉 기간 동안 중점사업이 되면서 확대조성 되었고 영세한 중소기업의 안정적 생산기반 확립에 도움을 주었다. 특히 1995년에는 〈공장배치 및 공장설립에 관한 법률〉을 개정하여 아파트형 공장 설치자 제한을 폐지했다.

특히 영세 중소기업의 아파트 공장 입주수요를 충당하고 분양가격 등 제반 문제를 완화하여 아파트형 공장 공급을 활성화하기 위하여 ① 아파트 공장의 입지조성을 확대하고, ② 임대아파트형 공장이 건설을 촉진하며, ③ 민간 아파트형 공장의 경우 건설업체에 대하여 건설비와 토지매입비의 70퍼센트까지 융자지원하고, ④ 입주업체에 대해서는 분양가의 70퍼센트까지 융자 지원하는 시책을 강구했다.

2.4.4 농공단지와 중소기업전용 산업단지의 건설

〈농어촌소득원개발촉진법〉(1983. 12. 31 제정, 법률 제3689호)에 근거하여 농어촌지역(군지역 및 중소도시지역)에 소규모 공업단지를 조성하여 공장을 유치함으로써 농어촌지역의 공업화를 통한 균형 있는 국토개발을 이룩하고 농어촌지역의 유휴노동력을 활용함으로써 농외소득을 증대시키기 위하여 농공지구를 지정해왔다.

1984년 강원도 횡성 묵계 농공단지 개발을 시작으로 지속해 온 농공단지는 농어촌의 소득증대뿐만 아니라 중소기업에 공업용지를 공급하는 데 기여해왔다.

그동안 농공단지시책이 개발에 치우쳐 입지 여건이 불리한 일부 단지의 경우 분양이 저조하거나 부실기업이 발생하는 등의 문제점도 있어 단기적으로는 오지 등 단지조성 여건이 불리한 지역에는 신규 공단 조성을 가급적 지양하고 부실기업의 대체입주기업 촉진 등을 통한 농공단지의 내실화를 기해야 한다는 지적이 있었다.

그러나 장기적으로 WTO 체제 아래에서 농촌 균형발전을 위하여 농공단지 확대가 필요하고 이를 위해서는 입지조건 개선을 위한 주거·도로·공업용수 등 기반시설의 확충과 더불어 농촌거점도시 위주의 농공단지 개발, 시·군·별 연면적 제한의 완화, 대기업의 농공단지 개발 참여 허용 등의 활성화 대책이 요구되었다.

한편 중소기업 전용산업단지는 소규모로 대도시 인근에 조성하여 생산과 판매의 기반을 대도시에 두고 있는 중소기업에게 적정한 공장입지를 공급하고 나아가서 균형 있는 지역경제의 개발에 기여하는 것을 목적으로 하고 있다.

그런데 투자여력이 부족하여 공단을 분양받거나 개별 입지를 위한 공장용지 매입이 어려운 중소기업을 위하여 중소기업전용 임대공장용지의 공급을 확대했다. 이를 위하여 우선 공공기관이 개발하는 공단에 일정 비율의 중소기업전용 임대공단을 조성했으며 중소기업전용 공장용지 임대사업자에 대한 지원제도를 실시했다.

제7장 산업구조의 지식집약화와 중소기업정책 : 1990년대 이후(2)

1 중소기업 구조정책(2) : 부문별 지원정책의 적극적 추진

1.1 지방 중소기업의 육성

1.1.1 지방 중소기업정책의 흐름과 그 방향 전환

과거의 지방 중소기업 육성시책의 흐름을 보면 다음과 같다.

첫째, 기업활동과 관련한 입지 및 세제 면에서 수도권에 대한 규제를 강화하고 지방을 우대함으로서 공업의 수도권 집중을 완화함과 아울러 지방공업의 육성을 도모해왔는데, 이러한 지방공업의 육성은 결국 지방 중소기업의 육성을 위한 시책으로 연결되었다.

둘째, 〈공업배치 및 공장건설에 관한 법률〉에 따라 수도권의 대부분은 이전촉진지역과 제한정비구역으로 지정하여 공장의 신 증축을 규제했고, 〈산업입지 및 개발에 관한 법률〉에 따라 조성되는 공업단지는 지방위주로 공급했으며, 〈조세감면규제법〉에 따라 지방으로 이전하는 중소기업에 대해서는 법인세 또는 소득세 감면을 확대했다.

셋째, 중소기업의 기업경영활동을 직접 지원하기 위한 중소기업시책도 지방에 소재한 중소기업에 대해서는 그 지원 기준을 완화하거나 지원규모를 확대하여 지방 중소기업에 대한 지원수혜 대상과 폭을 넓혔다.

넷째, 중소기업 구조조정기금의 운용도 지방 중소기업에 대한 지원을 보장하기 위하여 기금을 시도별로 배분하고 지방 중소기업에게는 그 지원 기준도 낮추어 적용해왔으며, 지방에 투자한 실적이 많은 창업투자회사와 창업투자조합에게는 중소기업 창업지원기금의 출자나 융자를 확대하여 지방에서 중소기업 창업을 유도했다.

다섯째, 금융자금의 지방 중소기업에 대한 지원을 유도하여 원활한 금융공급을 도모했다.

그러나 그 동안의 이러한 시책은 지원의 효율성을 중요시하여 지역 여건과 특수성을 고려하지 않고 중앙집중적인 지원시책을 전국의 모든 중소기업에 일괄 적용함으로써 사회간접자본시설 등 제반 산업기반이 취약한 지역에 소재하는 중소기업이 상대적으로 지원에서 소외되는 문제가 있었다. UR을 비롯한 국제환경변화와 자율경제체제로 전환 및 지방자치제의 본격적 실시(1995년 6월) 등 대내외적 기업 여건이 변화하면서 새로운 기업 환경에 맞는 지방 중소기업 시책이 요구되었다.

중앙집권적인 육성계획의 수립과 집행으로 개별 기업에 대한 직접적인 보호와 지원 그리고 일원적인 지원 기준에서 벗어나 개별 기업 및 지역 사이의 경쟁을 유발하고 지역 여건과 특성이 충분히 반영되도록 지방자치단체가 지역 중소기업의 육성을 위한 자체 계획을 수립하고 집행하는 것이 필요했다. 그리고 다수의 중소기업에 그 혜택이 돌아갈 수 있는 기능별 지원 및 중소기업 스스로 경쟁력을 확보할 수 있는 여건을 조성하는 데 중점을 두는 방향으로 전환하기 위한 법적·제도적 기반의 마련이 요구되었다.

1.1.2 〈지역균형개발 및 지방중소기업 육성에 관한 법률〉의 제정

지방 중소기업시책의 이러한 방향전환을 뒷받침하기 위하여 1994년 1월 7일 법률 제4722호로 〈지역균형개발 및 지방중소기업 육성에 관한 법률〉이 제정되었다. 이 법은 국토를 합리적으로 이용 개발 보전하기 위하여 지방의 발전잠재력을 개발하고 민간 부문의 자율적인 참여를 유도하여 지역개발사업이 효율적으로 수행될 수 있도록 함과 아울러 지방 중소기업을 적극적으로 육성함으로서 인구의 지방정착을 유도하고 지역경제를 활성화시켜 국토의 균형 있는 발전에 기여함을 목적으로 했다(제1조).

이 법의 제4장 지방 중소기업의 육성에서는 시도별 중소기업육성계획과 지역별 중소기업 경영 여건의 조성에 대하여 포괄적으로 규정하고 있다. 특히 지역별 중소기업의 경영 여건을 조성하기 위하여 ① 공장설립지원(제46조), ② 지역협동기술향상(제47조), ③ 인력개발 및 지역정착(제48조), ④ 지방 중소기업 특별 지원지역의 지정(제50조) 등의 시책을 강구하고 있다.

1.1.3 지역 단위 중소기업육성계획의 수립

중소기업의 육성사업은 국민경제의 성장잠재력의 확충이라는 거시경제적 의미가 있으며, 지역적인 측면에서는 중소기업이 지역경제의 중추적인 역할을 담당하기 때문에 '지역경제의 진흥'이라는 의미가 있다. 그러므로 중소기업의 육성은 중앙정부나 지방자치단체가 어느 한쪽이 아닌 공동으로 협력해야 할 과제이다.

따라서 과거에 일률적으로 중앙집권적으로 중소기업육성계획을 수립하던 방식에서 벗어나 지방자치단체가 주도적으로 지역의 여건과 특성에 맞게 자체적으로 중소기업육성계획을 수립·추진하게 되었다.

〈지역균형개발 및 지방중소기업 육성에 관한 법률〉은 관할지방자치단체의 장은 관할구역 안의 중소기업에 대한 종합적인 육성계획을 매년 수립하도록 했다.

즉, 중소기업청장은 중소기업기본법 6조의 규정에 따라 정부가 국회에 제출한 다음 년도 중소기업시책에 근거하여 다음 년도의 지방 중소기업육성 기본지

침을 작성하고 이를 매년 10월 31일까지 시장과 도지사에게 시달하도록 했다
(제39조). 이 기본지침에 따라 지방 중소기업을 육성하고자 하는 시장과 도지사
는 다음 년도 관할구역 안의 중소기업육성 계획을 작성, 매년 12월 31일까지
내무부장관을 거쳐 중소기업청장에게 제출하도록 했다(제40조).

이는 지방 중소기업의 육성에 대한 1차적인 책임과 권한이 지방자치단체에
주어진 것으로 중앙정부는 중소기업육성에 관한 종합적인 정책의 개발, 전반적
인 경영기반의 확충, 각 지방자치단체의 육성계획에 대한 조정, 지원역할을 수
행하고 세부적인 지원시책은 지방자치단체를 통해 이루어진다는 것을 의미한다.

1.1.4 '중소기업특별지원지역'의 확대

〈지역균형개발 및 지방중소기업 육성에 관한 법률〉은 '지방 중소기업 특별지
원지역의 지정'을 규정하고 있다. 즉, 중소기업청장은 공업의 배치현황 및 이에
따른 공업생산실적이 〈공업배치 및 공장설립에 관한 법률〉 제3조의 규정에 따
른 공업 배치 기본계획에 현저히 미달하는 시·도 안의 공업단지를 중소기업정
책심의회의 심의를 거쳐 지방 중소기업 특별지원지역으로 지정할 수 있도록 했
다(제50조).

이에 따라 1995년 3월 강원, 전남, 전북의 5개 공업단지를 특별지원지역으로
지정하고 입주 기업에 대하여 지방 중소기업 육성자금을 적극 지원하고 세제,
자금, 인력난 해소 등 종합적인 지원시책을 마련했다.

특별지원지역에 대한 기본적인 지원 방향은, 첫째, 불리한 기업경영 여건을
보완할 수 있도록 입주기업에 대해 조세·금융·인력·판로·지원 등 각종 유인책
을 제공하고, 둘째, 공단과 주변의 주요 간선도로의 연결을 지원하는 등 사회간
접자본시설의 확충으로 물류 여건을 개선하며, 셋째, 폐수시설처리 등 공장기본
시설 설치비에 대한 국고지원을 확대하여 제반 경영 여건을 확충하는 것이다.

1.1.5 '중소기업종합지원센터'의 설립 지원

지방 중소기업은 기업경영 애로요인으로 자금·판로·기술·인력 등 제반 기업

경영 요소의 수급에 대한 정보, 각종 행정지원이 부족하다는 점이 지적되고 있다. 이러한 제반 애로를 한곳에서 해결해줌으로써 지방 중소기업에 실제로 도움을 줄 수 있는 시책을 촉진할 수 있는 One-Roof Service 체제를 구축하여 지방 중소기업이 수도권에 준하는 각종 서비스를 받을 수 있도록 지원할 수 있는 지원센터의 설립이 촉진되었다.

1995년 이후 각 시·도에 1개씩 건립을 추진·운영했는데, 중소기업지원센터의 역할 및 주요 기능은 다음과 같다.

(1) 중소기업지원 지방조직의 집단화를 통한 편익 제공.

(2) 중소기업지원 유관기관들과의 업무공조 구축 및 산·학·연·관 협력체제를 통한 지원.

(3) 각종 산업금융·기술·무역·인력 등 통합 서비스 수행.

(4) 자금지원·창업보육·경영지원·인력지원 등에 대한 사업과 기업경영 연수 사업.

(5) 정부 및 지방자치단체가 중소기업육성을 위하여 위탁하는 사업과 기타 지원센터의 목적 달성에 필요한 사업.

1.1.6 '지역협동기술지원센터'의 설치

수도권 이외의 지역에 소재한 지방 중소기업의 기술향상활동은 신기술에 대한 정보부족, 우수한 기술개발 인력 및 장비의 부족, 각종 연구기관의 수도권 밀집 등으로 말미암아 미미한 수준에 머물고 있다. 기술향상 및 연구개발에 많은 애로가 있는 지방 중소기업에 기술향상활동 지원을 강화하고 지방소재 기술지원 유관기관 사이의 유기적인 협조 아래 체계적이고 일관된 기술지원을 목적으로, 1994년 12월 전국 11개 지방공업기술원 안에 '지역협동기술지원센터'를 설치했다. 그리고 지역 안의 중소기업 유관기관 임직원을 위원으로 '지역협동기술향상촉진협의회'를 구성·운영했다.

〈지역균형개발 및 지방중소기업 육성에 관한 법률〉은 지방 중소기업에 대한 기술지원체계의 구축을 위하여 '지역협동기술향상'을 규정했다(제47조). 여기서는 중소기업청장은 지역협동기술향상활동을 지원하기 위하여 대통령령이 정하는 공업계통의 국공립연구기관에 '지역협동기술지원센터'를 설치할 수 있도록 하고 그 기능을 규정했다.

'지역협동기술지원센터'는 지역 안의 중소기업에 대한 기술수요조사 및 연구, 지역 안의 유관기관에 대한 인력·장비·정보의 개방과 중소기업 활용, '산·학·연 공동개발 지역컨소시엄'의 관리 및 운영, 산업기술전산화 시스템의 구축 등과 같은 시책을 주관함으로써, 지역 중소기업에 대한 기술 부문 지원에 중추적 역할을 수행했다.

1.1.7 '지역특화산업'의 육성

지역특화산업이란 한정된 지역경제사회에서 동종의 또는 상호 유관성을 지닌 업종을 영위하는 기업집단들이 장기간에 걸쳐 타 지역과 다른 독특한 제품을 생산함으로써 자연적으로 형성된 일단의 기업활동의 집합체를 뜻한다.

최근에는 지방화·세계화의 추세에 따라 지역경제의 여건에 비추어 현실적 잠재적인 비교우위가 높고 지역경제 진흥과 안정을 위하여 전략적 육성업종으로 지역이 선정하는 산업을 지칭하는 것으로 확대 해석되고 있다.

지방자치제의 본격적인 실시에 따라 지역의 특수성을 반영할 수 있는 지역특화산업의 육성에 대한 지방의 관심이 높고, 지역경제의 활성화뿐만 아니라 경직된 지역산업구조에 새로운 활력소를 제공하는 등 역할을 한다는 점에서 지역특화산업의 육성시책이 1996년부터 본격적으로 논의되었다. 전후방 산업 관련 효과를 통하여 지역의 산업발전과 고용증대에 기여하고 소득의 역내순환을 통하여 지역경제의 성장 발전에 공헌하는 한편, 현지 완결형 조업에 따라 지역경제의 안정기반을 구축하는 효과를 지방특화산업은 지니고 있다.

WTO 체제의 본격화로 세계경제가 무한경쟁시대를 맞고 있는 가운데, 지역특화산업은 자금·기술·규모 면에서 영세성을 면치 못하고, 수요패턴의 변화에 대응하는 새로운 시장개척 능력도 뒤떨어지며, 후발 개발도상국의 저가수입품목과 가격경쟁으로 말미암아 기존 시장까지 잠식되고 있다. 때문에 이에 대한 효과적 시책이 요망되어 지방 중소기업 육성시책의 과제로 되었다.

이에 따라 지역특화산업을 영위하는 전문화된 소기업을 일정 지역으로 집단화시켜 지역경제를 활성화하기 위한 지역중심산업으로 육성하기 위하여 1998년 6월에 〈지역특화중소기업 집적활성화계획〉을 수립하여 추진했다.

1.1.8 '지역신용보증재단'의 운영

지역신용보증재단은 담보력이 취약한 지방 중소기업의 채무를 보증하여 자금융통을 원활하게 함으로써 지역경쟁발전에 기여한다는 취지로, 1996년부터 지방자치단체가 중심이 되어 민법 제32조의 규정에 따라 비영리 법인으로 설립·운영되었다. 그 뒤 2000년 3월 1일 〈지역신용재단법〉이 제정 시행되면서 지역신용보증재단으로 전환, 인가되어 중소기업에 대한 신용보증업무를 지원하고 있다.

지역신용보증재단은 중앙중심의 신용보증제도 운영으로 소외되기 쉬운 지방의 영세 중소기업 및 소상공인에 대해 지역 특성에 맞는 보증지원을 함으로써 지역 경제 활성화에 기여하고 대기업의 중소기업지원 창구 역할 및 지역 특성에 맞는 지방산업 육성 등 다양한 지원기능을 갖고 있다.

1.2 소기업 및 소상공인의 지원확대

1.2.1 〈소기업지원을 위한 특별조치법〉의 제정

1966년에 제정된 〈중소기업기본법〉은 영세기업(상시종업원 5인 이하)의 구조개선과 발전에 필요한 시책을 규정했다(제9조). 그 뒤 1982년에는 〈중소기업기본법〉을 개정하여 중소기업을 중기업과 소기업으로 구분함으로써(제2조) 소기업지원의 법적 근거를 더 적극적으로 마련했다. 이처럼 1960년대 이후 소영세기업에 대한 지원시책은 지속되었으나 그것이 체계적인 법적 뒷받침을 받게 된 것은 1997년 4월 10일 법률 제5331호로 〈소기업지원을 위한 특별조치법〉이 제정되면서였다. 이 법은 소기업의 자유로운 생산활동을 촉진하고 구조개선 및 경영안정을 도모하여 균형 있는 국민경제의 발전에 기여함을 목적(제1조)으로 제정되었다. 이 법에서 정한 소기업지원시책의 방향은 다음과 같다.

첫째, 우선지원 및 특혜 대상이 되는 소기업의 적용범위를 규정했다. 중소기업 가운데 제조업과 제조업 관련 서비스업을 영위하는 자가 사업자등록증을 소지하고 500 제곱미터 미만의 사업장에서 50인 이하(제조업 관련 서비스업의 경우에는 30인 이하)의 상시종업원을 고용하고 있는 기업을 소기업으로 한정했다(제2조). 이것은 산업 및 경제발전의 근간을 제조업으로 보고 산업동공화(産業空洞化)를 방지, 제조업 부흥을 구현하려는 시각에서였다.

둘째, 현실적으로 소기업의 활동을 제약하고 있는 각종 행정규제를 철폐하는 데 주안점을 두었다. 소기업의 특성이 고려되지 않는 획일적인 행정규제를 철폐하여 거쳐야 할 제반절차를 면제 또는 완화시켜 자유로운 생산활동을 보장할 수 있도록 도모했다.

셋째, 소기업의 특성을 최대한 발휘하여 자생적인 경쟁력을 배양할 수 있는 지원시책을 규정했다. 대다수의 영세사업자가 공장등록증을 받을 수 없어 정책지원 대상에서 소외되어 왔으나 이를 사업자등록증으로 대체할 수 있게 했다. 또한 어음결제의 장기화 및 수취어음의 부도로 건실한 중소기업이 연쇄도산하는 것을 방지하기 위하여 부도금액을 보험금으로 수령할 수 있는 어음보험제도를 도입했다.

넷째, 만성적으로 자금난을 겪고 있는 소기업에 대한 자금 및 신용보증지원 등을 강화하는 데 노력했다.

이러한 방향에 따라 이 법에 규정된 주요 소기업시책 내용을 보면 다음과 같다.

(1) 사업자등록증을 공장등록증으로 대체할 수 있는 특례 인정(제4조).

(2) 공장용도가 아닌 건축물에서 사업활동 영위 가능(제5조).

(3) 임금채권 우선면제에 관한 특례 적용(제6조).

(4) 소기업에 대한 신용보증 및 창업지원(제7조 및 제8조).

(5) 공장 신·증축 시에 부담하는 각종 부담금 면제(제9조).

(6) 연쇄도산방지를 위한 어음보험제도의 운영(제10조).

　그리고 중소기업청장은 소기업의 경영안정을 지원하기 위하여 매년 소기업 지원계획을 수립하여 추진하도록 했다(제13조).

1.2.2 소상공인 지원강화

1.2.2.1 〈소기업 및 소상공인 지원을 위한 특별조치법〉 제정

　〈소기업지원을 위한 특별조치법〉은 그 지원 대상이 종업원 기준으로 제조업은 50인 이하(제조업 관련 서비스업은 30인 이하)였고 또한 업종은 제조업 및 그 관련 서비스업으로 제한하여 전체 소기업의 12.9퍼센트만이 적용 대상이었다. 그러나 제조업 및 관련 서비스업 이외에 종사하는 소기업 그리고 소기업 가운데 보다 더 영세한 기업인 소상공인에 대한 별도 지원시책을 강구할 필요가 있게 되었다. 이에 따라 2000년 12월에는 이 법을 〈소기업 및 소상공인 지원을 위한 특별조치법〉으로 개정했다.

　소기업 가운데 규모가 더 작고 영세한 기업을 의미하는 소상공인은 소기업과 같이 업종별 상시근로자수로 구분하고 있다. 즉, 제조업·광업·건설업·운수업의 경우에는 상시근로자 수가 10인 미만의 사업자, 기타 업종의 경우에는 상시근로자 수가 5인 미만인 사업자를 의미한다. 이로서 중소기업은 중기업·소기업·소상공인으로 구분되었고, 규모의 열세로 말미암아 불이익을 받은 기업에 대한 지원체제를 확립했다.

　소상공인시책과 그 법 제정은 1997년 이후 경제위기로 실업증가와 중산층, 서민의 생활안정 문제가 심각한 사회 경제적 문제로 대두되면서 일자리 창출과 산업저변층 확충이라는 두 가지 과제에 직면한 데서 비롯되었다. 이에 실업자가 손쉽게 창업할 수 있는 다양한 업종을 육성하고 이들의 창업을 통한 새로운 일자리 창출과 나아가서 산업저변의 확충이라는 방안을 추구하면서 소상공인이라는 새로운 지원 범위가 창안되었다. 이들의 창업과 경영개선으로 생산적 복지형의 일자리 창출시책을 추진하게 된 것이다.

　도소매업·유통업·서비스업 등의 비제조업은 제조업에 견주어 창업절차가 간

단할 뿐만 아니라, 창업 시 초기 투자 비용이 저렴하고 특별한 기술과 노하우가 없어도 가능하므로 그 창업이 활성화할 수 있는 특징이 있다.

1.2.2.2 '소상공인지원센터'의 설치·운영

소상공인과 소자본창업자에 대한 본격적인 지원을 위해 소상공인의 창업 및 경영개선에 대한 상담 자문 정보제공을 수행할 수 있는 전문조직인 '소상공인지원센터'를 1999년 2월부터 설치·운영했는데, 이것은 미국의 SBDC(Small Business Development Center)를 참조하여 구성된 소상공인 전담지원기구로서 중소기업청이 직접 운영하도록 했다.

미국에서는 1970년대 제조업 분야의 자동화·정보화 등으로 발생한 대량실업을 서비스업 부문의 고용기회 창출로 흡수하여 지속적인 경제성장과 사회안정을 유지한 사례가 있었다. 이에 우리나라에서도 더욱 효율적인 고용창출을 통한 실업문제 해결과 중산층, 서민층의 생활안정 및 산업간 균형발전을 위해서 소상공인지원센터를 설치·운영하여 소상공인지원을 본격화했다.

1.2.2.3 소호(SOHO)산업의 육성 추진

소호(Small Office Home Office)란 자기 집이나 소규모 사무실에서 정보화를 기반으로 지식정보형 사업을 운영하는 것을 말한다. 각광을 받고 있는 소호사업의 예는 금융재테크 IP(정보제공 사업자 : 그 자신의 재테크 노하우를 상품화하여 PC통신상으로 제공하는 것), 가상출판업(원고의 취합·편집·인쇄·발주 등을 인터넷으로 해결하는 것) 등으로 21세기 지식정보화 사회를 주도할 산업으로 부각하고 있다.

산업구조의 패러다임이 재편성되는 과정에서 부상하고 있는 산업이며 그 육성은 지식정보화 사회에 능동적으로 대처할 수 있는 기반을 조성하는 것이다.

1.3 여성기업에 대한 지원확대

산업구조의 세분화 다중화 등이 진전되고 정보화사회가 도래하면서 여성의 경제활동 참여 폭이 증대되고 있고, 여성의 고학력화로 과거 가사전업 위주에서 전문경영직 진출기회가 확대되고 있다. 경제발전이 고도성장기를 지나 성숙기에 진입하면 여성의 경제활동 참여가 본격화된다. 남성위주의 인력공급은 인력수요에 견주어 절대적으로 부족하게 되고 이에 여성인력의 진출은 노동시장과 임금안정에 기여하게 된다.

이에 미국 등 선진국뿐만 아니라 APEC, OECD 등 국제기구에서도 여성 경제활동 활성화시책을 강구하고 있는 것이 국제사회의 흐름이다. 미국에서는 여성기업에 대한 지원이 소영세기업지원 등과 함께 소수민족 우대정책과 같은 흐름으로 전개되었다.

이런 흐름과 시대적 요구를 반영하여 우리나라에서도 1999년 2월 5일 법률 제5818호로 〈여성기업지원에 관한 법률〉이 의원 입법으로 제정되었다. 여성기업의 활동과 여성의 창업을 적극적으로 지원함으로써 경제영역에서 남녀의 실질적인 평등을 도모하고 여성의 경제활동을 촉진하여 국민경제발전에 이바지하도록 하기 위한 것이 이 법을 제정한 취지이다. 이로서 여성기업지원은 법적 기반을 마련, 새로운 전기를 맞이하게 되었는데, 이 법의 주요 내용은 다음과 같다.

(1) 여성기업에 대한 정부의 종합적인 지원 및 사업기회의 균등 보장.

(2) 여성기업에 대한 차별적 관행이나 제도의 개선.

(3) 여성기업육성기본계획의 수립 추진.

(4) 중소기업청에 여성기업활동촉진위원회의 설치·운영.

(5) 매 2년마다 여성기업실태조사 등 여성기업육성을 위한 제도적 기반 마련.

(6) 정부 및 공공기관의 여성기업 생산제품 구매촉진.

(7) 정부와 지방자치단체의 자금지원 시 여성기업 우대.

(8) 여성의 창업촉진 및 경영활동 지원을 위한 한국여성경제인협회의 설립 및 지원 등.

이러한 법적 제도적 기반에 따라 추진된 여성기업지원의 중요시책은 다음과 같다.

첫째, 여성경제인협회의 설립이다. 〈여성기업지원에 관한 법률〉이 제정 시행되면서 이 법 제13조 제1항에 따라 중소기업청은 1999년 7월 10일 '한국여성경제인협회'의 설립을 허가했다. 이 단체는 법적 단체로서 여성경제인의 구심체가 되어 이들의 실질적인 권익신장과 활동을 지원하게 되었다.

둘째, 여성의 창업지원이다. 여성의 창업지원을 위하여 예산의 편성 지원과 함께 서울과 지방의 대도시에 여성창업보육센터를 설치하고 창업강좌를 운영하며 저소득 여성 가장의 창업시 점포임차비용을 지원하는 등 창업촉진을 위한 사업을 추진했다.

셋째, 여성기업에 대한 실태 및 차별적 관행의 조사이다. 여성기업의 정확한 실태와 여성기업에 대한 차별적 관행의 실태를 확인하기 위하여 〈여성기업지원에 관한 법률〉 제4조 및 제7조에 따라 여성기업의 경영일반, 공장소유, 구매 및 판매, 연구, 기술개발, 수위탁 거래, 고용 및 재무구조, 차별적 관행 등에 대한 조사를 실시했다.

넷째, 여성기업의 국내외 판로확대 지원이다. 여성기업의 정부조달시장 참여를 확대하기 위하여 〈여성기업지원에 관한 법률〉 제9조에 따라 공공기관의 여성기업 생산제품 구매가 2000년부터 본격적으로 실시되었다.

다섯째, 여성기업에 대한 우대제도 시행이다. 여성 및 여성기업이 경영안정자금, 지방 중소기업자금, 구조개선자금, 소상공인 창업 및 경영개선자금 등 정책자금을 신청한 경우 지원대상업체 선정 시 가산점을 부여, 우대했다. 또한 단체 수의계약의 물량배정 시, 그리고 산업기능요원 지정업체 추천 및 외국인 산업연수생 배정에도 가점을 부여했다.

1.4 중소유통업 분야의 육성

1.4.1 유통기구의 합리화에 대한 정책인식의 전개

일찍이 1966년 제정된 〈중소기업기본법〉은 제21조에서 유통기구의 합리화에 대하여 적극적으로 규정한 바 있다.

즉, 정부는 상업 및 서비스업 등 유통 부문의 중소기업에 대하여 유통기구의 합리화에 적응할 수 있도록 기업 규모의 적정화, 사업의 협동화 등 그 경영형태의 근대화에 필요한 시책을 강구한다고 규정했다(제1항). 그리고 정부는 중소기업에 대한 원자재수급의 원활화를 기하기 위한 시책과 필요하다고 인정될 때에는 중소기업자와 중소기업자 이외의 자간의 유통에 관하여 적정한 보정책을 강구한다고 규정한 바 있다(제2항).

중소기업기본법 제정 당시의 유통 부문 중소기업의 합리화를 통한 구조개선과 사업활동 분리에 대한 적정한 시책 강구의 법제정 의도에도 불구하고 그 뒤 중소기업정책의 시행 과정에서 이 분야에 대한 정책은 소극적 대응에 그쳤다.

그러다가 1980년대 중반 이후 중소유통업에 대한 정책인식이 새롭게 제기되면서 구체적 정책대응이 적극화했다.

그 동안의 경제성장이 제조업을 중심으로 한 수출위주의 성장정책으로 생산과 소비를 연결하는 유통산업은 다른 산업에 견주어 상대적으로 낙후된 실정임을 인식하게 되었다. 그러나 지속적인 경제성장에 따라 생산 부문에서 상품공급능력이 확대되고 소비 부문에서도 소득수준 향상에 따른 소비자의 다양한 욕구 등 유통산업환경이 변화했으며 이에 부응한 효율적인 유통구조가 효과적으로 대응하지 못할 경우 물가불안 및 국민경제의 불균형을 초대할 가능성이 제기되었다.

또한 선진국의 대외개방압력 증대에 따라 서비스산업인 유통산업에 대한 개방 압력도 점증하고 있어 중소유통업의 경쟁력 향상이 시급한 과제로 등장했다.

더구나 유통산업이 차지하는 국민총생산이나 고용비중 등 국민경제적 중요성과 1970년대 이후 사회경제적 여건의 변화, 특히 유통산업이 새로운 고용창출과 고부가가치 실현 산업으로 인식되면서 법적 정책적 대응이 요구되었다. 이에 1960년대의 〈시장법〉을 폐지하고 1986년 말에 〈중소매업진흥법〉을 제정, 1987년 7월 1일부터 시행했으며, 이 법에 근거해 〈도소매업진흥 5개년계획〉(1989~1993)을 수립하는 등 도소매업진흥을 위한 종합적인 시책을 추진했다.

특히 1995년 12월 29일 법률 제5093호로 〈중소기업의 구조개선 및 경영안정

지원을 위한 특별조치법〉이 제정되어 중소유통업 가운데 가장 낙후되어 있는 시장의 재개발 사업을 촉진하기 위한 특례규정이 설치되었고, 1996년 2월 발족한 중소기업청 안에 중소유통업지원 전담조직(유통업국, 그 뒤 축소·개편됨)이 신설되면서 이 분야에 대한 시책이 적극 추진되었다.

1.4.2 재래시장의 현대화 추진

1.4.2.1 재래시장의 문제점과 현대화사업

재래시장은 전근대적인 경영방식, 노후화된 시설과 열악한 환경, 규모의 영세성, 무질서한 거래형태 등으로 말미암아 유통업태 가운데서도 가장 낙후되어 있다. 또한 입점상인의 경영합리화에 대한 인식과 노력도 크게 부족하고 영세한 자본과 가족노동력에 의존하는 생계유지형 경영형태에 머물고 있으며 종사자들의 교육수준도 낮아 점포운영이 전근대적인 경영방식을 벗어나지 못하고 있다.

여기에 소비자의 구매성향이 매장면적이 넓고 쾌적한 편의시설을 갖추고 있는 백화점·할인점 등 대형 유통업체를 선호하는 관계로 재래시장 이용객은 점차 감소하고 있다. 이러한 문제점을 지니고 있는 재래시장이 급변하는 유통환경에 적응하지 못하면 경쟁에서 도태되어 그 존립기반이 상실될 위험성이 크기 때문에 시장재개발 사업을 통한 경쟁력 회복시책을 추진했다.

시장재개발사업에 대한 금융지원을 1996년부터 실시했고 특히 시장재개발사업시행구역'으로 선정된 시장에 대한 적극적인 지원이 이루어졌다. 〈중소기업의 구조개선 및 경영안정지원을 위한 특별조치법〉 제6조 및 동법 시행령 제5조 내지 제7조의 '시장재개발에 대한 특례' 규정에 따라 시장개발을 촉진하기 위하여 '시장재개발사업 시행구역'을 선정하고 이에 대하여 각종 지원을 시행했다.

1.4.2.2 〈재래시장육성을 위한 특별조치법〉의 제정

2004년 10월 22일 법률 제7235호로 제정된 이 법은 2004년 10월 22일부터 2014년 12월 31일까지의 한시법이다. 이 법은 재래시장의 현대화를 촉진하여 유통산업의 균형 있는 성장을 도모함으로써 지역경제의 활성화와 국민경제의 발전에 이바지함을 목적(제1조)으로 제정되었다. 이 법에는 ① 시장활성화종합계획의 수립(제1절), ② 시설현대화사업 및 시장환경개선의 촉진(제2절), ③ 시장경영 현대화의 촉진(제3절), ④ 시장정비사업의 촉진(제4절), ⑤ 분쟁의 조정(제5절) 등에 관한 내용이 규정되어 있다.

1.4.3 소규모점포의 현대화 추진

소규모점포의 현대화사업은 다국적 유통업체의 국내진출 확대, 국내 대형 유통업체의 활발한 출점 및 다점포화, 편의점을 비롯한 새로운 유통업태의 확산 등 유통환경 변화에 따라 급격히 경쟁력을 잃어가고 있는 소규모 소매업에 대한 지원을 강화하여 대형 유통업체 계열의 수준과 같은 쾌적성과 편리성을 갖춘 매장시설로 현대화하는 사업으로, 유통시장이 전면 개방된 1996년부터 추진되었다.

이 사업은 〈지역균형개발 및 지방중소기업 육성에 관한 법률〉(1994년 제정)에 따라 설치된 지방 중소기업자금을 재원으로 하여 지원되었다.

1.4.4 중소유통업의 조직화·협업화

유통업은 생산과 소비를 연결하는 중추적 역할을 담당하고 있으며 GNP의 12.7퍼센트, 고용인구의 24.4퍼센트를 점유하고 있는 산업이다. 그러나 유통업의 대부분을 차지하고 있는 중소유통업은 규모가 영세하고 경영환경도 열악하다. 1996년도 유통시장의 대외개방에 따라 까르주, 마크로 등 외국 대형점의 국내진출이 두드러졌으며 국내 대기업의 유통업 신규 진출도 크게 확대되어 중소유통업체의 영업환경은 악화되고 고유상권도 위축되고 있다.

중소유통업의 낮은 경쟁력은 상품구색과 가격에 근본원인이 있는데, 중소유통업체가 개별적으로 대형점 수준의 상품구색을 갖추기는 어렵다. 이에 중소유통업체의 군집화가 필요하며 원가를 절감하여 낮은 가격을 실현하기 위해서는 다수 점포가 조직화하는 것이 필요하다. 즉, 조직화·군집화가 중소유통업체 경쟁력 강화의 요체이며 조직화를 통한 공동구매사업 등의 협업화 추진이 필요하다.

이에 중소 유통업체가 대기업과 경쟁력을 갖추도록 조직화, 협업화를 통해 규모의 경제를 실현하도록 각종 지원시책을 강구했다.

1.4.5 중소유통업체 물류기반의 확충

물류란 제품생산에 필요한 원자재인 원료와 부품을 외부로부터 조달하고 이들 원료와 부품을 생산공정에 투입하여 제조 및 가공 과정을 거쳐 제품화한 뒤 공장에서 소비자에게 전달되기까지의 제반 관련 활동을 말한다. 이러한 활동에는 송·배송, 보관, 하역, 포장 등의 물적 유통(physical distribution)과 관련된 제반 활동이 포함된다.

이러한 물류의 비용, 즉 물류비를 절감하기 위해서는 사회간접자본의 확충과 특히 물류비 절감효과가 크고 다수의 중소물류업체가 공동으로 활용할 수 있는 공동집배송 단지 구성, 집배송센터 건립, 그리고 물류효율화를 할 수 있는 물류표준화 및 물류공동화사업이 활성화해야 하는 바 이에 대한 시책이 강구되었다.

일본에서는 1992년에 기업의 물류공동화를 위해 〈중소기업유통업무효율화촉진법〉을 제정하여 자금 등을 적극 지원했다.

2 구조정책의 변화 : 신규 사업과 새로운 중소기업의 창업촉진

2.1 적응정책에서 신산업 육성정책으로

그동안 전개된 중소기업정책의 중심은 산업구조의 동태적 변화에 중소기업을 효율적으로 적응하도록 구조고도화 내지 구조개선을 하는 구조정책 또는 적응정책이었다. 그러나 1980년대 중반 이후 1990년대에 와서 그러한 중소기업정책의 성격은 변화의 흐름을 보이기 시작했다. 기업 과다에 따른 과당경쟁과 기업 규모의 과소성의 시정(과다과소구조의 시정)을 전제로 추구되었던 기업 규모의 집약화 등 구조고도화의 정책기조에 대조적인 방향이 제시되었다.

중소기업에서 새로운 기업의 창업과 새로운 산업 내지 업종의 창출을 통하여 산업구조의 변화를 능동적으로 주도하는 중소기업정책이 추진되었다. 예컨대 〈사업전환계획〉에서 선도적 역할의 대상이 되는 업종의 지정이나 〈중소기업창업지원법〉에서 기술집약적 중소기업의 창업촉진, 그리고 〈벤처기업육성에 관한 특별조치법〉에서 지식집약형 중소기업인 벤처기업의 육성 등의 시책은 신기업과 신산업의 발전을 목적으로 하는 중소기업정책이었다.

1960년대 이후 지속된 구조정책 내지 근대화정책은 '문제형 중소기업'의 개발을 위하여, 우선육성업종제도에서 볼 수 있듯이, 업종별 접근을 하는 것이 특징이고, 또한 생산 규모의 확대(적정규모화)와 시설근대화 등 유형의 경영자원 충실을 도모하는 것이 있다. 그러나 1980년대 중반 이후에는 구조정책이 점차 업종별 접근방식에서 벗어나 기능별 지원방식으로 전환되었다. 오히려 다른 업종끼리 융합·교류하는 창조적 지식융합화를 추구하는 시책도 적극화했다. 그리고 시책의 중점도 기술, 인적 자원, 정보 등 무형의 경영자원을 충실하게 하는 방향으로 전환되기 시작했다.

기존 중소기업 분야의 발전의 추구에서 신기술, 신제품 개발로 중소기업을 새로운 분야로 진출을 촉진하는 정책으로 정책의 중심이 변화된 것이다. 새로운 기업의 창업과 신규 산업의 조성을 지원하는 정책의 개시였으며 이것은 산업정책의 관점에서는 일종의 산업육성정책이었다. 중소기업의 혁신성을 평가하여, 중소기업이 산업변화에 적응하는 소극적 위치를 넘어서, 산업변화의 추진자로서 역할을 부여하는 정책인식으로 변화하는 것이었다. 중소기업을 저임금과 저생산성에 빠져 있는 문제기업으로 보는 이른바 '문제형 중소기업관'에서 중소기업이 국민경제에서 새로운 산업조성의 창조자로서 적극적으로 역할하는 '적극형 중소기업관'으로 정책인식이 전환된 흐름을 반영한 것이다.

2.2 새로운 사업으로 사업전환

이러한 중소기업정책의 변화 가운데 우선 사업전환시책에서 볼 수 있는 새로운 사업으로 사업전환을 살펴보기로 한다.

우리나라의 사업전환제도는 정책적으로 볼 때 1960년대 중반의 〈중점육성대책〉에서 그 근원을 찾을 수 있지만, 법률상으로는 1982년 12월 31일 〈중소기업기본법〉의 개정 이후부터 마련되었다. 중소기업기본법은 중소기업자가 수급구조의 변동 등 경제환경 변화에 탄력적으로 적응하여 사업전환을 원활히 수행할 수 있도록 필요한 시책을 강구하도록 규정했다(제14조 2), 이어서 같은 시점에 개정된 〈중소기업진흥법〉(1978년에 제정)에서 상공부장관은 경제시정의 현저한 변화에 대처하기 위하여 중소기업자가 사업전환을 도모하는 것이 국민경제의 건전한 발전과 국민 경제생활의 향상에 필요하다고 인정되는 사업전환 대상업종을 지정하고(제9조) 사업전환 대상업종을 영위하는 중소기업자들이 사업전환을 추진하고자 할 때는 사업전환계획을 작성 승인을 받도록 구체화했다(제10조).

그 뒤 1989년 3월 25일 제정된 〈중소기업의 경영안정 및 구조조정촉진에 관한 특별조치법〉은 중소기업의 사업전환을 촉진하기 위하여 〈사업전환계획〉을 수립, 공고하도록 했다(제10조). 이에 따라 같은 해 8월에는 〈중소기업사업전환촉진계획〉을 수립·공고하면서 사업전환지원 대상업종과 사업전환에서 새로운 사업으로 선도적 역할을 할 지원대상사업을 제시했다. 10개의 우선지원 대상업종은 대체로 새로운 기술을 기업화하는 사업이라는 특징을 갖고 있었다. 즉, 사업전환시책은 선진산업구조로 경제를 진전시키기 위해 경쟁력이 취약한 중소기업의 경영상 애로를 최소화하면서 저부가가치산업 및 노동집약적 산업에서 고부가가치 산업 및 기술집약적 산업으로 구조조정하여 산업의 질적 고도화를 도모하고 있는 것이다.

이러한 사업전환시책은 소극적으로는 경쟁력이 약화된 업종의 사업전환촉진이라는 의미를 지니고 있지만, 적극적으로는 고부가가치 및 기술집약적 산업으로 전환이라는 의미를 갖고 있다. 즉, 경쟁력 약화업종의 극복과 함께 새로운 기업과 새로운 산업의 발전과 육성을 도모하는 것이 사업전환시책의 취지라고 하겠다.

2.3 기술집약형 중소기업의 창업촉진

산업의 저변을 확충하고 경제력 집중완화와 신기술·신수요에 신속하게 대응하여 산업구조의 고도화 및 전환과 경제의 질적 향상 및 새로운 활력 공급에 기여하는 역할을 감안하여 1986년에 중소기업 창업촉진을 위한 〈중소기업창업지원법〉이 제정되었다. 이 법은 특히 지역간 균형 있는 성장을 위하여 농촌지역에서 중소기업설립을 촉진하고 있다(제1조). 동시에 사업계획서의 작성(제21조)이나 세제지원(제25) 등 주요 지원시책 대상으로는 농촌지역의 중소기업 창업자뿐만 아니라 기술집약형 중소기업을 들고 있고 이 법 시행령의 제29조는 기술집약형 중소기업의 범위를 〈별표 2〉로서 제시하고 있다. 이러한 규정은 1995년 1월 5일 이 법의 개정시까지 이어졌다.

즉 제조업 등 중소기업의 설립을 촉진하고 중소기업을 창업한 자가 성장·발전할 수 있도록 적극 지원하는 것이 법제정의 포괄적 목적이지만 구체적인 시책의 초점은 기술집약적 중소기업의 창업 촉진에 있다고 볼 수 있다.

중소기업의 창업이 새로운 기업과 신산업의 발전을 목적으로 하는 것이고, 중소기업이 산업의 동태적 변화에 적응하도록 하는 적응정책적 구조정책이 틀을 넘어서 산업변화와 산업구조조정, 나아가서 새로운 산업구조조성에 능동적 역할을 하는 것을 의미한다. 중소기업의 창업촉진은 새로운 산업발전에 대한 지원책이 본격화된 것을 의미하고 이런 점은 산업구조가 기술집약과 지식집약으로 전환되면서 더욱 탄력을 받게 되었다.

1990년대에 기술집약형 중소기업의 창업촉진을 위한 주요 시책은 다음과 같다.

2.3.1 창업자금의 원활한 공급

2.3.1.1 '창업지원기금'의 확충

창업에서 가장 핵심적 요소는 자금인데, 창업초기단계의 자금부족 및 금융비용으로 말미암은 어려움을 해소하기 위하여 〈중소기업창업지원법〉 제정 이후

창업투자회사제도를 도입하여 기술집약형 창업자에 대해 무담보로 투자지원을
하고 있으며 그 실효성 있는 투자를 위하여 '창업지원기금'을 설치·운영했다.
　창업지원기금은 창업투자회사, 창업투자조합 등 창업지원 전문기관에 대한
사업자금(seed money)으로 투입되어 민간부분 유휴자금을 창업투자재원으로 유
치하는 역할을 한다. 초기단계에서는 투자회사의 설립촉진과 안정적인 자금공
급의 차원에서 투자회사에 대한 투자와 투자조합에 대한 출자위주로 운용해왔
으나 1991년 이후 투자회사에 대해서는 창업투자촉진 및 기금 운용의 효율성을
높이기 위하여 융자위주로 운영했다.
　기술집약형 창업자에 대한 무담보 투자지원을 위해 1986년에 설치된 창업지
원기금은 1996년 이후에는 '중소기업창업 및 진흥기금' 안의 창업지원자금으로
통합되었다.

2.3.1.2 창업자에 대한 창업자금의 융자지원

　창업자에 대한 융자지원으로는 창업일로부터 2년 이내의 창업자에 지원하는
정책자금으로 '창업조성자금'과 금융기관인 중소기업은행·국민은행 등이 지원
하는 창업자금이 있다. '창업조성자금'은 중소기업진흥법에 따른 창업조성실시
계획을 승인받는 창업자에 대하여 1984년부터 중소기업진흥공단이 중소기업구
조조정기금(1989. 6. 25, 중소기업진흥기금에서 명칭 변경) 중 일부를 배정하여 지
원한 것이었다. 1994년부터는 국제화·개방화 등 국내외 경제 여건의 변화에 능
동적으로 대응하고 지방자치단체로 하여금 관할지역 안의 중소기업을 효율적
으로 육성하는 데 책임을 다 할 수 있도록 이 자금을 '지방중소기업 육성자금'으
로 편성, 지방재정과 연계하여 시·도 주관 아래 지원했다.

2.3.2 창업투자촉진제도의 개선 및 창업지원제도의 공고화

2.3.2.1 창업투자촉진을 위한 제도개선

창업자에 투자를 촉진하기 위해서는 창업투자의 투자재원이 원활하게 확충

되어야 한다. 이를 위하여 1993년 7월 1일 창업투자조합에 대한 외국인출자 허용한도를 폐지했다. 또한 1993년 8월 4일 창업지원법 시행령을 개정하여 납입자본금 100억 원 미만인 창업투자회사에 대하여 증자시한을 2년 동안 연장한 바 있다.

그리고 1993년 창업지원업무운용규정을 개정하여 투자회사의 투자 대상을 제조업, 광업 등에서 제1차 산업, 금융기관 여신금지 부문, 금융 보험업 등을 제외한 모든 부문으로 확대했으며 투자회사의 전환사채 인수한도 확대 등 투자회사의 투자 여건을 개선했다.

2.3.2.2 창업지원제도 운용기반의 공고화

창업지원법상 창업지원 전문기관으로는 중소기업창업투자회사, 중소기업 상담회사 및 시·군·구청에 설치된 중소기업 창업민원실이 있는데, 창업지원법 시행 이후 이들 전문기관의 운용상 나타난 문제점을 개선하고 취약한 부문을 보완했다.

2.3.3 창업보육센터의 설립·경영

기술 및 사업성은 있으나 자금 및 장소, 설치 여건 등의 어려움이 있는 창업자를 대상으로 저렴하고 융통성 있는 사업장, 범용제조설비, 실험기기 등 H/W와 경영 및 기술상담 등 행정서비스를 제공하여 초기사업에 따른 위험부담을 줄이고 창업성공률을 높이며 독자적인 사업능력을 배양할 수 있도록 사업지원기관으로 하여금 창업보육센터를 설립·운영했다.

창업보육센터(business incubator)는 참신한 아이디어와 뛰어난 기술을 가지고 있으나 사업화 능력이 미약한 예비창업자와 신규 창업자를 대학이나 연구소의 창업보육센터에 입주시켜 2~3년 동안 작업장 제공, 경영기술지도 및 자금지원 등 종합지원을 통하여 창업의 성공률을 높이고자 하는 창업공간이다. 즉, 창업보육센터란 창업의 성공 가능성을 높이기 위하여 창업자에게 시설 및 장소 등 각종 지원을 제공함을 주된 목적으로 하는 사업장을 말한다(중소기업창업지원법

제2조 7).

1992년부터 설립을 추진했는데, 창업보육센터의 위상을 높이고 전국적인 설립 확대를 위하여 1995년 1월 5일 창업지원법을 개정하여 창업보육센터의 설립 및 지원의 법적 근거를 마련했다.

2.4 산업구조의 지식집약화와 벤처기업의 육성

2.4.1 〈벤처기업육성에 관한 특별조치법〉의 제정

산업구조의 중화학공업화가 성숙하면서 비약적인 기술진보가 이루어지고 소비자 기호의 다양화 고급화 등 경제 여건의 변화에 맞추어 산업구조의 지식집약화가 진전되고, 지식집약형 벤처기업의 성장이 뚜렷해지면서 이들이 산업에 새로운 활력을 불어 넣고 산업의 지식집약화를 선도 하게 되었다. 1980년대 중반 이후 그 설립이 검증되기 시작했고 1990년대 후반에는 벤처기업의 창업을 법적으로 뒷받침할 필요성이 제기되었다.

대기업 위주의 소품종 대량생산방식만으로는 급속한 기술변화, 제품수명주기의 단축, 소비자 기호의 다양화, 고급화라는 경제 여건의 변화에 능동적으로 대처하는 데는 한계를 보였다. 기술개발 생산성 향상보다는 설비확장 등 외형적 성장추구는 고비용, 저효율 생산의 구조적 문제를 누적시켰다. 이를 타개하고 새로운 지식집약적 산업구조로 전환하기 위해서는 대규모 장치산업 투자를 통한 대량생산체제보다는 기술 및 지식집약적인 고부가가치의 기업을 육성하고 다품종 소량생산방식의 기틀을 확충하는 것이 요구되었다.

기술과 지식을 집약화하여 사업화하는 지식집약형 혁신기업인 벤처기업은 높은 수익성, 토지절약적·자원절약적이며 기술과 지식을 경쟁력의 기반으로 하는 기업이기 때문에 고부가가치를 창출하는 기업이다. 벤처기업은 설비와 노동 절약적 특성을 보이지만, 고급인력자원이 풍부한 곳에서는 창의적 인력 중심의 고용창출효과도 높은 기업이기도 하다.

이러한 벤처기업 창업의 중요성을 인식하여 1997년 8월 28일 법률 제5381호로 〈벤처기업 육성에 관한 특별조치법〉이 제정되었다. 전문 제27조로 구성된 이 법은 기존 기업의 벤처기업으로 전환과 벤처기업의 창업을 촉진하여 우리 산업의 구조조정을 원활히 하고 경쟁력을 제고하는 데 기여함을 목적(제1조)으로 하고 있다.

이 법과 시행령은 벤처기업을 다음과 같이 정의하고 있다(제2조). 즉, 〈중소기업기본법〉 제2조의 규정에 따른 중소기업으로서 다음에 해당하는 기업 및 그 기업으로 전환 중이거나 창업한 중소기업을 일컫는 것이다.

(1) 중소기업창업지원법에 따른 중소기업창업투자회사 및 중소기업창업투자조합, 여신전문금융업법 제2조 제14호의 규정에 따른 신기술사업금융업자, 여신전문금융업법 제41조 제3항의 규정에 따른 신기술 사업투자조합의 투자총액이 당해 기업 자본금의 100분의 20 이상이거나 중소기업창업투자회사 등의 주식인수총액이 당해 기업 자본금의 100분의 10 이상인 기업.

(2) 당해 기업의 연간 총매출액에 대한 연구개발비의 비율이 100분의 5 이상인 기업.

(3) 다음의 권리 또는 기술을 주된 부문으로 하여 사업화하는 기업.

① 특허권, 신용신안권, 의장권.

② 특허등록출원, 신용신안등록출원 또는 의장등록출원중인 기술로서 특허청장이 인정하는 기술.

(4) 공업발전법 제13조의 규정에 따른 공업기반기술개발사업의 성과를 사업화하거나 신기술의 사용 또는 지식을 집약하는 사업으로 대통령령이 정하는 사업을 영위하는 기업 등.

한편 이 법은 벤처기업 육성기반의 구축을 위해 ① 자금공급의 원활화(제4조~제14조), ② 기술개발 및 인력공급의 원활화(제15조~제16조), ③ 입지공급의 원활화(제17조~제22조)와 같은 시책을 규정하고 있다.

2.4.2 자금공급의 원활화

2.4.2.1 벤처투자기능 강화

벤처기업의 창업준비자금으로 IBRD 차관자금을 일부 지원했다. 그러나 벤처기업에 대한 자금지원은 기업의 장기적인 경영안정 차원에서 융자금 지원의 간접금융 방식보다 민간투자자금(private equity) 및 벤처캐피털의 투자 등 직접금융 지원방식이 바람직하다.

이러한 벤처투자기능의 활성화를 위하여 〈벤처기업육성에 관한 특별조치법〉은 다음과 같은 투자기능 활성화 방안을 규정하고 있다.

첫째, 이 법 제4조 ①에서 정하는 기금을 관리하는 기금관리 주체는 대통령이 정하는 비율 이내의 자금을 당해 기금운용계획에 따라 벤처기업에 투자하거나 중소기업창업투자조합 또는 신기술사업투자조합에 출자할 수 있도록 했다(제4조).

둘째, 대기업의 투자에 대한 특례를 인정했다. 〈독과점규제 및 공정거래에 관한 법률〉 제9조 제1항에 따른 대규모기업집단에 속하는 회사가 공정거래위원회의 인정을 받아 벤처기업 발행주식총수의 30퍼센트 미만의 주식을 취득 또는 소유할 수 있도록 대기업의 총액출자 예외 한도 범위를 확대(20→30퍼센트)함으로써(제7조) 대기업의 벤처기업에 대한 자금지원확대를 유도했다.

셋째, 벤처기업에 대한 외국인 투자유치이다. 현행법상 외국인의 비상장주식 취득은 허용되지 않으며 상장기업의 경우에도 취득한도가 규정되고 있어 외국인 투자확대가 억제되고 있다. 이에 벤처기업에 대해서는 외국인 주식취득제한을 폐지(제9조)하거나 외국인이 중소기업창업투자조합에 대한 출자에 특례를 인정하여(제8조) 외국인투자를 유치하도록 했다.

2.4.2.2 창업투자회사의 투자자금 공급확대 및 한국벤처투자조합 설립·운영

중소기업창업투자회사는 기술은 뛰어나지만 자본력이 미약한 창업자 또는 벤처기업에 투자자금을 공급하고 다양한 경영지원을 통해 기업의 성장을 지원하는 벤처캐피털회사이다. 1986년 창업투자회사제도가 도입된 이후 꾸준히 그 설립이 증가해왔다.

창업투자회사의 투자활동을 촉진하기 위하여 일부 사치 유통업종을 제외한 전 업종에 투자가 허용되었고(1999. 1) 영화 등 문화산업에 대한 프로젝트 투자 방식을 도입(1999. 3)하고 창업투자조합 최소 설립금액도 30억 원에서 10억 원으로 완화(1999. 5)하는 등 규제를 완화했다. 그리고 개인 및 기관투자가 등의 벤처투자촉진과 투자자 보호를 위해 창업투자조합 유한책임제(Limited Partner Ship, LPS)를 도입했다.

한편 모험적 특성(high risk)이 큰 벤처기업에 대한 효율적인 지원을 위해서는 융자중심보다 투자중심지원이 선호되어야 하는데, 민간의 활발한 투자를 촉진하기 위하여 투자위험의 일부를 재정에서 부담할 필요가 있다. 이를 위해서 재정자금을 기반으로 외국인 투자자금을 유치해 한국벤처투자조합(Korean Venture Fund)을 설립했다(1999. 9).

2.4.2.3 엔젤 투자확대 및 코스닥시장 활성화

엔젤(Angel)은 창업 초기단계(early stage) 기업에 자금을 공급하는 개인투자가를 지칭하며, 창업직후 자금조달이 어려운 벤처기업에 대한 자금지원과 함께 경영에 관한 자문 등 벤처기업의 발전을 지원하는 개인투자자들이다. 미국과 영국 등 선진국에서는 민간자금의 투자유인을 위한 각종 세제상의 지원 외에 다양한 네트워크를 구축하여 기업과 엔젤을 연결하는 사업을 펼치고 있다.

우리나라에서는 1997년 〈벤처기업육성에 관한 특별조치법〉의 제정으로 엔젤제도가 공식도입되었으며, 초기의 이해부족에서 벗어나 점차 직접투자에 대한 관심이 높아지면서 엔젤의 투자활동이 늘어나고 있다.

엔젤의 여유자금을 산업자본화하여 기술·지식집약형 벤처기업에 투자를 촉진함으로써 벤처기업이 국가경쟁력의 주체로 성장할 수 있도록 하는 데는 엔젤과 벤처기업 간 중계시스템이 필요하다. 이에 벤처기업 종합지원네트워크로 1999년 6월 10일 개통한 벤처네트(Venture Net)에 '엔젤투자네트'를 개설하여 투자의사를 가진 엔젤과 투자유치를 희망하는 벤처기업들을 거래자로 등록하고 인터넷상에서 서로의 투자의지를 확인한 뒤 투자협의를 할 수 있는 엔젤투자시장을 개설 운영했다.

한편 1996년 7월 1일 개설된 코스닥(KOSDAQ)시장은 중소벤처기업의 직접금융조달을 위한 제도이다. 코스닥시장은 개설 뒤 한때 침체되었으나 중소·벤처기업 전용주식시장으로 벤처기업의 원활한 자금조달 기능을 수행하는 점에서 기존 거래소 시장과 차별화한 시장이다.

2.4.3 기술 및 인력공급의 원활화

벤처기업 창업 및 기술 경영지원의 인적인 주요 원천은 대기업의 연구·기술직과 이공계 교수 및 연구원이다. 이들의 벤처기업 창업 및 경영참여를 돕기 위하여 교수 등 교육공무원 등의 창업시 휴직 및 겸직제도를 허용하도록 했다(벤처기업육성에 관한 특별조치법 제16조).

또한 고급 기술인력의 벤처기업 참여 확대를 유도하기 위하여 주식매입선택권(Stock Option) 제도를 도입했다. 스톡옵션제도란 기업이 임원과 간부들에게 자기 회사 주식을 일정 기간 안에 일정 행사가격으로 살 수 있는 옵션을 주어 주가가 오르면 차액을 남길 수 있도록 하는 일종의 인센티브 제도이다.

스톡옵션으로 회사에 대한 공헌도가 있고 능력도 갖춘 경영진과 종업원에 대하여 장기적으로 인센티브를 제공함으로써 경영자와 주주의 이익을 일치시켜 이해관계자간 마찰을 줄이고 대리인 비용을 절감하여 종업원의 주인의식을 고취시키는 등 최소의 비용으로 기업이 필요한 유능한 인력을 확보할 수 있게 하는 제도이다.

우리나라는 〈조세감면규제법〉(1996년), 〈증권거래법〉(1996년), 〈벤처기업육성에 관한 특별조치법〉(1998년)으로 스톡옵션제도가 도입되었다. 특히 〈벤처기업육성에 관한 특별조치법〉에서는 부여 대상을 확대하여 종전의 임직원뿐만 아니라 대학의 교원, 국공립연구기관의 연구원, 변호사, 공인회계사 등 외부인력과 대학 연구소 등 외부기관에까지 확대하여 고급인력확보를 도모하고 있다.

2.4.4 입지공급의 원활화

첫째, 벤처기업의 창업공간을 확충하기 위하여 창업보육센터의 설치를 확대했다. 벤처기업은 기술이나 지식을 근간으로 하고 높은 이익과 위험이 동시에 기대되는 기업으로써 창업을 촉진하고 활성화하기 위해서는 기업의 특성상 예비창업자 및 신규 창업자의 창업능력을 키우기 위하여 종합지원이 가능한 대학 또는 연구소 등에 창업보육센터의 건립을 확대해야 한다. 이에 1992년부터 건설을 추진하고 있는 창업보육센터를 지속적으로 확충했다.

둘째, 벤처기업 창업타운 조성이다. 동종 또는 유사업종의 기업을 교통·정보·통신·연구인력·금융지원 등이 원활한 지역에 집단으로 집적시킴으로써 상호간에 기술 및 경영정보의 교류를 통해 시너지 효과를 거둘 수 있으므로 벤처기업타운조성이나 벤처기업 집적시설의 확대가 요구된다. 이에 〈벤처기업 육성에 관한 특별조치법〉은 벤처기업 전용단지의 지정 개발(제17조)과 벤처기업 집적시설의 지정(제18조) 및 기술연구집단화단지(Techno Park)에 대하여 규정(제19조)하고 있다.

한편 1990년대 말과 2000년대 초에 걸쳐 이루어진 벤처기업 관련 주요 제도개선 내용을 보면 다음과 같다.

● **벤처기업 관련 주요 제도개선 내용**[1]

(1) 벤처기업육성에 관한 특별조치법령 개정(1998. 12. 30).

　　① 실험실 창업제도 도입.

　　② 고급인력의 벤처기업 임직원 겸직제도 도입.

　　③ 벤처기업 설립자본금 인하.

　　④ 스톡옵션 부여 대상 확대.

　　⑤ 코스닥 등록 벤처기업의 차별성 폐지.

　　⑥ 엔젤투자조합의 요건 완화.

---

1) 中小企業廳, 《2001年度 中小企業에 關한 年次報告書》, 121쪽 참조.

(2) 중소기업 창업지원법령 개정(2000. 1. 21).

　① 창업투자조합의 유한책임제도 도입.

　② 분사창업제도 도입.

　③ 창업지원대상업종 확대.

　④ 창업사업계획 승인제도 활성화.

　⑤ 창업민원자동승인제도 도입.

(3) 벤처기업육성에 관한 특별조치법령 개정(2001. 2. 3).

　① 스톡옵션 부여절차 간소화.

　② 엔젤투자조합제도 정립.

　③ 기술이전의 촉진.

3 불리시정정책의 변화 : 경쟁적 요인의 도입

3.1 중소기업과 대기업 사이의 협력 및 공정경쟁 여건 적극 조성

3.1.1 중소기업과 대기업 사이의 협력관계 증진

중소기업과 대기업의 하청 계열관계를 산업조직론적으로 이해하고 이를 준수직적 통합(quasi-vertical integration)으로 보는 경우, 하청 계열관계는 산업조직정책의 성격을 갖고 불리시정정책의 대상이 된다. 대기업을 포함한 시장적 관계에서 중소기업의 열등한 위치를 시정·보완해주는 정책이 불리시정정책이기 때문에 이러한 인식이 가능하다.

특히 1990년대 이후 계열화시책은 계열중소기업의 개발을 위한 직접적인 지원시책과 함께 중소기업과 대기업 사이의 협력관계증진 또는 공정거래질서 확립, 나아가서는 공정경쟁 여건의 조성에 정책의 중심을 둠으로써 정책론적 인식에서는 불리시정정책의 대상으로 논의할 수 있게 되었다.

중소기업과 대기업 사이의 관계는 지배·종속·대립의 측면과 상호의존·보완관계, 즉 경쟁대립과 협력관계라는 두 측면을 지니고 있다. 산업구조가 고도화할수록 분업관계가 심화되면서 전자보다는 후자, 경쟁 대립보다는 협력 관계의 중요성이 커지고 있다. 시장에서 중소기업의 불리한 위치를 완화·해소하려면 대기업과 적절한 협력관계를 유지하면서 공정한 경쟁질서를 실현하는 것이 필요하다.

중소기업의 경영안정과 경쟁력확보는 대기업의 국제경쟁력 향상과 직결되고 있기 때문에 대기업은 중소기업에 대하여 ① 자금지원 ② 기술지원 ③ 경영지도 및 경영교육 ④ 신용보증지원 ⑤ 부품공동개발 ⑥ 중소기업의 수출지원 및 해외동반진출 등 다각적인 지원을 한다.

특히 대기업 단체인 전국경제인연합회가 중소기업협동조합중앙회에 50억 원을 지원하여 1993년 7월 중소기업연구원을 설립했고 삼성그룹이 1992년 4월 중소기업과 협력차원에서 중소기업협동조합 부설 중소기업개발원 건립을 지원한 것은 중소기업과 대기업 관련 단체의 실질적 협력사례로 볼 수 있다.

중소기업과 대기업의 협력관계는 수탁기업체와 위탁기업체 사이의 자율적인 협력이 그 바탕이 되는 것이어서 이를 촉진하는 관련 제도가 시행되었다.

첫째, 중소기업과 대기업 사이의 자율적 협력증진을 제도적으로 뒷받침하기 위하여 1995년 1월 5일 법률 제4898호로 〈중소기업의 사업영역보호 및 기업간 협력증진에 관한 법률〉이 제정되었다. 이 법은 중소기업자의 사업활동 기회를 적정하게 확보하여 줌으로써 중소기업의 경영안정을 도모함과 아울러 기업간 협력을 증대시켜 분업에 따른 상호이익을 증진하고 산업의 국가경쟁력 향상과 국민경제의 균형 있는 발전에 기여함을 목적(제1조)으로 했다. 이 법에서는 ① 수탁기업에 대한 위탁기업의 기술 및 품질향상과 근로환경개선을 위한 지원, ② 공동연구개발, ③ 기업간 협력강화 및 계열화 촉진을 위해 노력하는 위탁기업 및 수탁기업에 대한 정부의 지원 등 협력을 유도하는 장치가 마련되어 있다.

둘째, 대기업과 중소기업 사이의 실질적인 협력증진을 촉진할 수 있도록 대기업 집단에 속한 대기업이라도 수탁기업의 기술개발·품질향상 등을 위한 지분투자(자본참여)가 허용되었다. 특히 대규모 기업 집단의 중소기업에 대한 출자액이 순자산의 25퍼센트를 넘지 못하도록 하는 출자총액제한제도를 폐지하여 대기업의 중소기업에 대한 자본참여로 협력관계가 이루어질 수 있게 되었다.

셋째, 수탁중소기업의 판매자금 회수기간을 줄이기 위해 IMF 사태로 말미암은 시장고금리 현상을 반영하여 1998년 4월 제1차 중소기업특별위원회에서 법령기일 초과어음에 대하여 60~90일 어음은 17퍼센트, 90일 초과어음은 19퍼센트의 할인율을 부과했으나 시장금리 안정으로 1999년 1월부터 일률적으로 12.5퍼센트로 환원한 바 있다.

넷째, 대기업 사업의 중소기업 이양과 계열화를 적극적으로 유도하는 한편, 업종전문화 시책과 연계하여 중소기업사업영역을 대기업이 자율적으로 침해하지 않도록 행정적으로 유도했다.

다섯째, 1995년 12월 28일, 법률 제5093호로 〈중소기업의 구조개선 및 경영안정지원을 위한 특별조치법〉을 제정하여 대기업과 중소기업 사이의 공정한 거래관행을 조성하기 위하여 물품대금의 지급방법, 물품대금의 지급기간, 상업어음의 장당금액 등에 관한 자료제출을 요청할 수 있게 했다(제8조).[2]

3.1.2 대기업사업의 중소기업이양 촉진

대기업사업의 중소기업이양은 대기업이 스스로 영위하고 있는 사업 가운데 중소기업이 영위하는 것이 더 합리적이라고 판단되는 사업을 중소기업에 이양하는 것이다. 1988년까지는 대기업별로 경영합리화의 일환으로 이루어졌으나 1989년 〈중소기업의 경영안정 및 구조조정촉진에 관한 특별조치법〉이 제정되어 그 제도적 틀이 마련되었고 1990년에 와서 〈대기업사업의 중소기업이양 촉진지원방안〉이 수립·시행되면서 체계적으로 추진되었으며 그 뒤 〈중소기업의 사업영역보호 및 기업간 협력증진에 관한 법률〉에 따라 운영되었다.

대기업사업을 중소기업에 이양함에 따라 대기업은 경영합리화가 가능하고 중소기업은 사업영역을 확대할 수 있으며, 대기업과 중소기업 사이의 사업영역

---

2) 中小企業廳,《1999年度 中小企業에 關한 年次報告書》, 191~192쪽 참조.

을 둘러싼 분쟁의 소지를 해소하여 산업의 전반적인 효율성 향상과 국제경쟁력 향상이 가능하게 된다. 특히 1980년대 후반에 이어 1990년대 이후에도 지속되는 다음과 같은 경제 여건의 변화는 대기업사업의 중소기업이양을 촉진하게 했다.

첫째, 국내외적으로 임금상승·노사분규·구인란 등 경영 여건이 악화되어 대기업 경영이 불가피한 특정업종을 제외하고는 대단위공장을 갖추는 것이 어렵게 되었다.

둘째, 소비양태가 다양화·개성화하고 제품의 수명(life-cycle)이 단축됨에 따라 기업은 이에 맞는 생산체제를 갖추는 것이 필요하게 되었다. 따라서 어느 한 기업이 모든 종류의 상품을 직접 생산해서 공급하기가 어렵게 되었다.

셋째, 생산체제 내지 경쟁체제가 국제화해 선진국이 임금이 싼 동남아 등지에서 자국 상표로 생산을 한 제품과 경쟁하게 되었다.

넷째, 기술혁신은 가속화하고 있으나 선진국의 기술이전 장벽은 더욱 높아지고 있어 대기업과 중소기업 사이의 기술협력 필요성이 증대되었다.

다섯째, IMF 사태 아래에서 대기업이 경영슬림화를 위해 인력·생산·판매 부문에 대한 외주(out-soucing)가 늘고 있어 대·중소기업간 사업 이양을 통한 전략적 제휴관계를 모색하는 추세가 이어졌다.

사업이양은 대기업이 자체적으로 하고 있는 사업에 대한 경영진단을 기초로 하여 경영합리화 차원에서 종합적인 경영전략의 일환으로 추진되는 것이고 이양 뒤에도 이양 대기업과 인수 중소기업 사이에는 자금·기술 등의 분야에서 상호협력이 필요하다. 따라서 정부 주도적이기보다는 기본적으로는 민간 주도로 추진되었고 다만 이 사업이 개별 기업이나 국민경제적 측면에서 그 경제적 의의가 크기 때문에 여러 가지 시책이 마련되었다.

첫째, 대기업사업 중 중소기업이 영위하는 것이 더 효과적이라고 판단되는 고유업종 지정계열화 품목과 중소기업청장이 별도로 지정하는 582개 이양 대상 권고품목을 선정하여 이양을 유도했다.

둘째, 사업을 인수받은 중소기업의 초기 시설부담 완화를 통한 경영안정을 도모하기 위하여 중소기업 구조개선 사업자금 및 지방 중소기업 육성자금의 지원 대상에 포함시켰다. 또한 사업이양 대기업이 사업인수 중소기업에 대해 실시한 기술 및 인력개발비용에 대한 소득세 또는 법인세의 일정 부분을 공제하고 인수 중소기업에 무상으로 대여한 시설에 대하여도 감가상각비 계상을 인정했다.

3.1.3 중소기업과 대기업 사이의 공정거래질서 확립

3.1.3.1 공정거래절서 확립을 위한 조사 및 행정지원

현행 법상 중소기업과 대기업 사이의 하도급거래와 관련한 불공정행위에 대해서는 ① 〈중소기업의 사업영역보호 및 기업간 협력증진에 관한 법률〉, ② 〈중소기업의 구조개선 및 경영안정지원을 위한 특별조치법〉, ③ 〈하도급거래 공정화에 관한 법률〉 등의 구제 조항이 있다. 그리고 이들 법률에 따라 중소기업과 대기업 사이의 거래관행에 관한 실태조사를 지속적으로 실시했다.

중소기업을 대상으로 대기업과의 납품대금결재현황, 부당한 납품단가 인하행위 등 대기업의 불공정거래행위에 관한 각종 거래관행을 지속적으로 조사하여 불공정거래 사례가 적발되는 대기업에 대하여 개선을 요구했다.

3.1.3.2 불공정거래행위 개선을 위한 새로운 대금결제제도(어음대체 결제제도)의 도입

(1) 〈기업구매자금대출제도〉

어음제도는 상거래의 활성화와 기업간 신용대여 등의 기능을 하지만 발행기업 부도시 연쇄부도의 가능성과 중소기업의 금융비용부담을 가중시키는 부작용도 있다. 따라서 장기적으로는 어음제도를 폐지하는 것이 바람직하지만 대체결재수단이 마련되지 않는 상황에서 오랜 관행의 어음제도 폐지는 상거래의 위축과 신용경색 등 부작용이 초래될 것이다.

이에 기업간 상거래 시 어음사용을 줄이고 현금결제를 확대하도록 유도하기 위하여 〈기업구매자금 대출제도〉를 도입·시행했다(2000. 5. 22). 이 제도는 구매기업이 자금을 융자받아 납품업체에 현금으로 결제할 수 있도록 하는 제도이다. 이 제도의 활성화를 위하여 신용보증과 세제지원을 하고 있다.

(2) 〈기업구매전용카드제도〉

신용카드회사(은행 포함)가 자체적으로 신용카드를 이용하여 구입업체와 납품업체 사이의 상거래 대금 결재를 대행해주는 제도로서, 1999년부터 도입되었다.

(3) 〈외상매출채권담보대출제도〉

계열대기업의 어음발행을 줄이고 현금결재를 늘리도록 유도하는 전자방식에 따른 제도(2001. 2. 시행)인데, 구매기업(대기업)이 물품구매대금을 어음으로 지급하는 대신 납품업체가 거래은행으로부터 외상매출채권을 담보로 대출을 받도록 하는 새로운 상거래대금 결제제도이다.

3.2 중소기업 사업영역보호제도의 합리적 개편

3.2.1 고유업종지정제도와 사업조정제도

과거 경제개발의 초기 단계에서 대기업 위주의 성장정책으로 말미암아 상대적으로 중소기업의 약화를 초래하여 국민경제의 불균형이 노정되었다. 이에 취약한 중소기업을 보호육성하여 빠른 시일 안에 중소기업의 경쟁력을 높이기 위한 수단으로 중소기업에 대한 사업보호영역을 설정했다. 이러한 사업영역보호제도는 중소기업 분야에 대한 대기업의 과도한 침투로 발생하는 분쟁을 공정하게 조정함으로써 중소기업자의 사업활동기회를 적정하게 보장하여 국민경제의 균형 있는 발전에 기여함을 목적으로 했다.

이 제도는 1961년에 제정되어 1978년에 개정된 〈중소기업사업조정법〉이 '중소기업 특화업종 분야'에 대한 대기업의 침투 규제(제7조)와 '중소기업자와 대기업자 사이의 사업조정'(제8조)을 규정함으로써 시작되었다. 그 뒤 1982년 개정에서는 '중소기업 특화업종'을 '중소기업 고유업종'으로 명칭을 변경하는 동시에 그 기준을 명확히 했다. 따라서 이 제도는 중소기업 고유업종지정제도와 중소기업 사업조정제도로 구분되고 있다.

중소기업 고유업종지정제도는 중소기업자가 당해 사업을 영위하는 것이 국민경제의 건전한 발전과 산업구조의 개선을 촉진할 수 있다고 인정되는 사업

분야를 중소기업 고유업종으로 지정하고 이들 지정업종에 대해서는 대기업의 사업참여를 원칙적으로 금지함으로써 중소기업의 사업영역을 보호해주는 제도이다. 이로써 중소기업은 안정된 사업활동이 가능하게 되고 궁극적으로는 중소기업과 대기업이 대등한 위치에서 경쟁할 수 있도록 유도하고, 한편으로는 대기업과 중소기업 사이에 전문적 분업화를 촉진함으로써 자원의 효율적 배분을 실현한다는 것이 이 제도의 취지이다.

이에 대하여 중소기업 사업조정제도는 중소기업의 '비고유업종 사업영역'에 대기업자의 과도한 침투로 말미암은 분쟁을 조정함으로써 중소기업자의 사업활동 기회와 영역을 적정하게 보호하기 위한 제도이다. 즉, 대기업이나 중소기업을 불문하고 사업활동을 자유롭게 하면서 대기업의 사업인수 개시 확장에 따라 야기되는 해당 중소기업계의 경영에 미치는 심각한 악영향을 최소하려는 보호장치이다.

이렇게 볼 때 고유업종제도가 중소기업의 사업영역을 법률에 따라 보호해줌으로써 중소기업의 시장 확보와 사업기반을 강화시키고자 하는 사전적 보호장치라면 산업조정제도는 사후적 보호장치라는 특징을 갖는다.

중소기업 사업조정제도의 경우 〈중소기업 사업영역보호 및 기업간 협력증진에 관한 법률〉(시행 1995. 7. 1) 이전에는 〈중소기업사업조정법〉에 따라 사업조정대상자를 기준으로 하여, 중소기업자 사이의 과당경쟁조정과 중소기업자와 대기업자 사이의 사업영역을 둘러싼 조정이 있었으며, 조정업종 기준으로는 중소기업 고유업종에 대한 사업조정과 비고유업종에 대한 사업조정이 있었다. 그러나 〈중소기업 사업조정법〉이 폐지된 1995년 7월 1일 이후에는 중소기업자간의 과당경쟁조정과 중소기업 고유업종에 대한 사업조정은 사업조정제도에서 제외되었다. 따라서 사업조정제도는 중소기업과 대기업자 사이의 비고유업종 사업영역에 대한 분쟁조정에 국한되어 운영되고 있다.

3.2.2 중소기업 고유업종제도의 합리적 개편

중소기업 고유업종제도는 대기업의 무분별한 사업다각화부터 중소기업의 사업영역을 보호해줌으로써 중소기업의 경영안정과 경제력 집중완화 등에 기여했다. 그런데 이 제도는 해외로부터 국내시장의 진입 장벽이 있는 상황에서 그 실효성이 확보될 수 있었으며 산업발전의 초기단계에서는 중소기업의 사업영역 보호의 필요성이 인정되었다. 기업활동에서 국내외 시장구분이 불가능한 국제화된 개방화사회, 특히 WTO 체제 아래에서 경쟁제한적 보호조치는 한계가 있으며 오히려 산업의 자생력 및 경쟁력을 강화시키는 방향으로 정책변화가 요구되었다.

그리고 과거의 중소기업업종 및 대기업업종이라는 2분법적 구조에서 점차 중소기업과 대기업이 동일업종 안에서 제품을 차별화하여 각각의 틈새시장(niche market)으로 전문화해가는 추세에 있으므로 중소기업과 대기업 사이의 자율적인 협조분위기 조성과 국내산업 발전에 상호보완적 관계라는 인식전환이 필요하다.

고유업종제도는 우리나라에만 있는 독특한 제도로서 통상마찰요인으로 대두될 수도 있다. 그리고 시장개방으로 수입을 허용하면서 국내 대기업은 사업 참여를 제한하는 것은 국내산업의 국제경쟁력 확보에도 지장을 초래하고 국내 대기업에 기회 불평등을 안겨주는 것이기도 하다.

WTO 체제 아래에서 개방화의 진전으로 직접규제방식인 중소기업 고유업종제도를 계속 견지하기는 어려운 것이다. 따라서 중소기업 고유업종제도의 실효성은 '자율과 경쟁'의 기초 위에서 확보되어야 하고 고유업종은 경쟁력 향상을 위해 업계의 지속적 노력이 강화되고, 업종의 특성과 실태를 감안, 점차 축소될 수밖에 없다.

중소기업 고유업종제도는, 장기간의 보호 탓에 중소기업의 자생력 배양이 소홀해지고 개방화에 따라 제도의 실효성이 약화되는 등 그 문제점과 부작용이 대두되었다. 사업영역을 사전적·안정적으로 보호해주는 고유업종제도가 지닌 문제점은 바로 경쟁제한에 따른 경제의 효율저하, 기술개발 및 품질향상 노력부족에 따른 경쟁력저하, 기존 참여 대기업에 대한 독과점적 시장성과 보장 등이다.

이를 '자율과 경쟁'을 통해 경쟁력 있는 중소기업을 육성하려면 경쟁제한적 성격을 갖는 고유업종제도에 대한 합리적 개편이 불가피하게 되었다.

이에 1989년 이후부터는 고유업종의 신규 지정을 지양하고 경제 여건의 변화로 고유업종지정의 의미를 상실한 업종은 조기 해제하며 산업의 경쟁력 향상을 위해 조기 해제가 필요한 업종은 일정한 예시기간을 부여한 뒤 해제하는 해제 예시제를 도입하여 이미 지정된 고유업종을 단계적으로 축소·조정하는 방향으로 지정 및 해제 기준을 전환 운영했다.

특히 2000년 7월 21일 규제개혁위원회에서 88개 고유업종 가운데 43개 업종을 대폭 해제하기로 결정했고, 남은 45개 업종도 특별한 사유가 없는 한 5년 이내에 원칙적으로 해제하기로 했다. 이에 따라 그 충격과 영향을 완화하도록 하는 보완책으로 중소기업이 자생적 경쟁력 배양과 함께 사후적 보호장치인 중소기업 사업조정제도의 활성화가 시도되었다.

3.3 단체수의계약제도의 개선

1965년도에 예산회계법시행령이 개정되어 협동조합의 우선구매제도가 처음 도입된 이래 중소기업제품구매 촉진심의회규정의 개정 등 지원제도가 정비되면서 단체수의계약제도는 운영되었다. 1966년에 제정된 〈중소기업기본법〉은 정부와 지방자치단체 그리고 공공기관 및 정부투자기관 등의 물품을 조달하는데 중소기업자에게 수주기회를 증대하기 위하여 단체계약체결, 입찰제도의 개선 등 필요한 시책의 강구를 규정했다(제23조). 그 취지를 이어받아 1981년 12월 31일 법률 제3536호로 〈중소기업제품구매촉진법〉이 제정되었다. 이 법은 정부 등의 공공기관이 수요로 하는 물품을 구매함에 중소기업자가 생산하는 물품의 구매를 촉진함으로써 중소기업을 안정 가동케 하여 국민경제의 발전에 기여함을 목적으로 했다(제1조).

이 법은 1994년에 제정된 〈중소기업진흥 및 제품구매촉진에 관한 법률〉에 통합되었고 정부물품 구매예시제 등의 시행과 함께 단체수의계약제도는 적극적으로 운영되면서 중소기업의 안정적 판로 확보와 경영안정에 기여했다. 그러나 그 동안 이 제도의 운영 과정에서 많은 문제점이 제기되었다.

첫째, 특정업체에 대한 편중 배정, 수주노력업체에 대한 연고 배정, 불가피한 사유가 없는 대기업 배정 등 물량배정상의 문제가 야기되었고 물품가격의 상승, 품질향상 노력의 저해 등으로 구매 기관의 부담이 증가하고 수혜업체의 경쟁력을 오히려 약화시킨다는 비판이 제기되었다.

둘째, 이 제도가 중소기업과 대기업 사이의 경쟁을 제한하는 등의 경쟁제한적 요소가 강하여 시장경제논리에 위반된다는 지적이다. 이 때문에 조합원은 단체계약제도에 안주, 기술개발력 및 품질향상 노력을 게을리하여 중소기업의 경쟁력을 저해하고 있다는 문제점이 제기되었다.

WTO 체제의 출범과 정부조달협정의 체결로 경제의 대외개방과 경쟁이 심화되는 여건에서 중소기업은 더 이상 보호와 지원에 안주할 수 없게 되었다. '보호와 지원' 위주에서 '자율과 경쟁'으로 중소기업정책 방향이 전환되면서 단체수의계약제도도 경쟁을 촉진하는 방향으로 개선되어야 했다. 이에 맞추어 1994년 3월에는 단체수의계약 개선방안이 마련되었다.

첫째, 1995년부터 단체수의계약 물품 중 일부품목을 중소기업간 경쟁품목으로 선정하여 경쟁력 있는 중소기업의 수주기회가 확대되도록 했다. 중소기업간 경쟁제도는 미국 등 선진국에서도 채택하고 있는 제도인데, 이는 대기업에 견주어 경쟁력이 약한 중소기업의 판로를 보장해주기 위하여 공공기관의 공개입찰에서 대기업에는 참여기회를 주지 않고 중소기업끼리 경쟁하게 하는 제도이다.

둘째, 1998년에는 단체수의계약제도의 획기적 개선방침이 정해지면서 이 문제를 공정거래위원회 등과 협의하게 되었다. 공정거래위원회는 이 제도의 경쟁제한적 이유 등으로 〈독점규제 및 공정거래에 관한 법률〉의 적용이 배제되는 〈부당한 공동행위의 정지에 관한 법률〉(일명 카르텔일괄정리법)에 포함시켜 조속한 폐지를 주장했다. 이에 IMF 사태 이후 중소기업의 경영 안정을 위하여 당분간 현 수준을 유지하면서 이 제도를 폐지하는 대신, 1999년부터 2001년까지 1998년 지정품목의 20퍼센트씩을 축소·조정하기로 한 바 있다.

셋째, 그러나 중소기업의 경영상 어려움을 감안하여 2001년 단체주의계약을 2001년 수준으로 유지하도록 관계법령이 개정된 바 있다. 동시에 투명성과 실효성을 강화하고 이 제도의 긍정적 기능을 유지하면서 문제점은 최소화하는 방향으로 단체수의계약제도를 개선했다. 배정심의위원회를 구성하여 배정의 투명성을 유지, 불공정 배정을 방지하고 배정상 문제점이 나타난 물품을 단체수의계약 물품 지정 시 제외하여 중소기업 간 경쟁물품으로 전환하는 등 중소기업 간 경쟁을 촉진하도록 했다.

넷째, 단체수의계약에 참여하는 중소기업의 품질향상 노력을 지원하기 위하여 기술력 있는 중소기업이나 수출을 많이 하는 업체 및 여성기업인 업체에 대해서는 단체수의계약 물량을 많이 배정받을 수 있도록 배정 기준을 조정했다.

4 보호주의적 시책

4.1 개방화에 따른 산업피해 구제 강화

1980년대부터 미국을 비롯한 선진국으로부터 시장개방 확대요구를 받아왔고 이에 따라 시장경제질서 확립과 산업구조의 개편 등 선진경제체제로 이행을 위한 자유화 및 개방화정책을 추진했다. 개방정책의 초기단계에는 제조업 분야를 중심으로 수입개방에 중점이 있지만 점차 개방의 대상 분야가 확대되어 농산물 분야에서 개방과 관세인하 그리고 금융보험 유통 등 서비스 산업 분야의 사장 개방단계에 이르렀다.

그 동안 국제경제 여건의 변화에 따라 1988년 11월에 IMF 8조국에 가입했고 1990년 1월부터는 GATT 제18조국의 규정에 따라 국제수지를 이유로 하는 수입규제 가능국에서도 졸업하게 되었다. 이에 지금까지 개발도상국 처지에서 취할 수 있는 행정적인 수입제한조치가 불가능하게 되었다. 즉, 전면적인 수입개방이 불가피하게 된 것이다. 이에 따른 피해를 구제하기 위하여 1987년 7월에 산업피해 구제제도가 신설되었다.

GATT 규범상 정당하게 수입수량제한 및 수입추천제 등 각종 산업보호수단을 유지할 수 있도록 허용된 국제수지방어조항을 1989년에 졸업함에 따라 사전적 수입관리체제에서 벗어나 사후적 수입관리체제로 전환하게 된 것이다. 사후적 수입관리체제라 함은 수입 때문에 국내산업에 피해가 발생할 것을 예상하여 사전에 수입제한조치를 취하는 것을 금지하는 것으로, 일단 모든 품목을 자유화한 뒤 특정물품의 수입으로 특정한 국내산업이 피해를 입을 경우에만 제한적으로 수입규제조치를 발동할 수 있는 체제라고 할 수 있다.

이러한 사후적 수입관리체제 중 가장 중요한 것은 외국으로부터의 덤핑수입 또는 수입급증으로 말미암은 국내산업의 피해를 구제하기 위한 반덤핑(상계)관세제도와 긴급수입제한제도('세이프가드[safe guard]' 제도)를 들 수 있다. 이러한 산업피해 구제제도는 GATT 등 국제규범상 허용되는 정당한 제도이지만, 이 제도가 통상 및 산업정책상 보호주의 수단으로 남용되지 않도록 실제 운용에서는 일정한 제한을 가하고 있다. 즉, 산업피해 구제제도의 남용은 국내산업의 피해를 구제한다는 측면보다는 오히려 이 때문에 국가간 통상마찰을 일으켜 국제적 신뢰를 실추시키고 산업구조조정을 오히려 지연시킬 수 있는 등 역효과를 드러낼 수도 있는 것이다.

이처럼 GATT에서 엄격하게 규정된 산업피해 구제제도를 개선하기 위하여 대외무역법과 관세법 등 관계법령을 개정, 이 제도를 보완·발전시켰다.[3]

첫째, 반덤핑·상계관세제도에서 확정 반덤핑관세의 부과나 잠정조치 또는 약속수락 등 일부 반덤핑관세조치의 운영은 관세행정의 주무부서인 재무부가 담당하되 제소접수 및 조사개시여부를 정하는 기능은 상공자원부의 무역위원회에서 담당하도록 했다.

둘째, 반덤핑관세제도의 실효성을 높이기 위하여 반덤핑관세의 부과절차에 소용되는 360일의 기간을 240일로 단축했다.

---

3) 中小企業廳, 《1999年度 中小企業에 關한 年次報告書》, 167~169쪽 참조.

셋째, 예비판정제도를 도입하여 산업피해 예비긍정판정시에는 잠정 반덤핑 관세를 부과할 수 있도록 했다.

넷째, 대외무역법에 근거를 둔 긴급수입제한제도의 운영에서 이전에는 구비되지 않았던 잠정조치에 관한 세부적인 검토 요건과 발동절차에 관한 규정을 마련, 보완했다.

다섯째, 수입급증으로 말미암은 산업피해조사에서 재소자격을 완화하고 또한 신청서식을 대폭 간소화하여 국내 중소기업들이 쉽게 이 제도를 이용할 수 있게 개선했다.

4.2 제조물책임(PL)법 시행에 따른 중소기업의 대응력제고 지원

제조물책임(Product Liability, PL)제도는 제조물에 결함이 존재하고 그 결함 때문에 소비자 또는 제3자의 생명·신체·재산 등에 손해가 발생했을 경우 그 제조물의 제조 판매에 관여한 자가 지게 되는 손해배상책임제도를 말한다. 즉, 안전성이 결여된 결함 있는 제조물로 말미암아 소비자에게 손해를 입혔을 때 그 피해를 구제해주는 사후구조에 관한 법적 책임제도이다.

이와 같은 제조물책임제도는 미국·유럽·일본·러시아·중국 등 세계 30여 국가에서 이미 1990년대 중반 이전부터 시행되고 있으며 제도의 내용도 비슷하여 국제규범(Global Standard)화하고 있다.

우리나라에서는 1999년 11월 5일 국회에 제출된 〈결함제조물책임법안〉이 1999년 12월 16일 국회 본회의를 통과하여 〈제조물책임법〉(법률 제6109호)으로 확정되었다. 〈제조물책임법〉의 제정이유는 제조물의 결함으로 말미암은 소비자 피해를 민법과 달리 무과실책임의 원칙에 따라 구제받도록 함으로써 피해자의 권리 구제를 쉽게 하고 제품의 안전성을 높여 기업의 경쟁력 향상을 도모하는 데 있다.

이 제도의 긍정적 영향으로는 ① 제조물의 안전성 강화, ② 소비자보호의 충실, ③ 기업의 경쟁력 강화를 들 수 있다. 반면에 부정적 영향으로는 ① 제조원가의 부담, ② 인력자원의 낭비, ③ 신제품개발의 지연, ④ 기업 이미지 실추 등이 지적되고 있다.

이 제도로 말미암아 경영기반이 취약한 중소기업에게 고액의 배상책임이 발생한다면 지불능력 부족으로 도산위기에 직면할 수 있고 다수 업체에 배상책임이 연대되어 있다면 연대도산과 실업사태 등 사회 경제적 문제가 초래할 수도 있다. 이러한 문제점을 인식하고 중소기업에 대하여 이 제조물책임에 대한 여러 가지 지원방안을 수립하여 추진했다.

첫째, 기업지원 측면에서 대기업보다는 중소기업 중심으로 지원시책을 수립하여 추진했다. 대기업은 자금과 담당인력 등이 중소기업보다 우월한 지위에 있기 때문이다.

둘째, 기업에 대한 제조물책임 지원 방향은 지원 인프라의 확립과 지원체제의 구축에 두었다. 제조물책임 지원 유관기관을 선정하고 지원기관 사이의 역할분담을 정립하여 지원기관 간 유기적인 협력체제를 구축했다.

셋째, 제품의 생산 유통 소비단계 등 제품의 라이프사이클 단계별로 각 단계에 적합한 지원방안을 모색하고 대책을 강구했다.

넷째, 제조물 책임사고 발생 이후의 지원보다는 사고를 사전에 예방하고 방어할 수 있는 사전대응전략 중심의 지원시책이 수립 추진되었다. 이는 제조물책임 사고발생 이후에는 기업의 이미지가 크게 실추되고 피해자 배상까지의 처리기간과 비용에 드는 부담이 기업의 경영안정을 크게 해칠 수 있기 때문이다.

4.3 연쇄부도방지 지원

4.3.1 어음보험제도의 실시

극심한 자금경색으로 말미암은 유망한 중소기업의 흑자도산을 방지하기 위하여 어음보험제도와 공제사업기금 및 회생특례자금제도가 1990년 후반기에 운영되었다.

경제 외적 요인 때문에 부도위기에 직면한 중소기업 가운데 회생 가능성이 높고 국민경제상 기여도는 인정되나 현행 금융관행으로는 지원이 곤란한 업체에 대하여 예외적으로 자금을 지원하는 회생특례자금제도가 운영되었다.

또한 거래 상대방의 부도로 말미암은 중소기업의 연쇄도산을 방지하기 위하여 1997년부터 어음보험제도가 실시되었다. 어음보험이란 중소기업이 물품이나 용역을 제공하고 받은 어음을 보험에 가입하고 그 어음이 부도처리되는 경우 보험금을 지급하는 제도로 〈소기업지원을 위한 특별조치법〉 제10조에 근거하여 시행되었다. 이 제도는 어음보험에 가입한 어음의 할인을 통해 기업의 자금융통을 지원하는 기능도 수행했다. IMF 외환위기 이후 많은 기업의 부도가 발생했고 이로 말미암아 중소기업의 연쇄도산 위험이 확산되는 시기에 미래에 발생할 수 있는 어음거래 위험을 사전에 흡수하게 하여 중소기업의 연쇄도산방지와 경영안정에 기여하는 기능을 했다.

4.3.2 공제사업기금운용의 효율화

중소기업자의 상호부조 정신과 중소기업 지원시책을 바탕으로 거래상대방의 도산에 따른 중소기업의 연쇄도산을 방지하고 중소기업협동조합의 공동구매와 판매사업을 지원하기 위하여 1984년부터 〈중소기업기본법〉과 〈중소기업협동조합법〉 그리고 〈중소기업의 구조개선 및 경영안정 지원을 위한 특별조치법〉에 따라 중소기업 공제사업기금을 설치하고 중소기업협동조합중앙회가 기금을 운용했다.

공제사업기금은 담보 또는 신용부족으로 기존 제도권 금융기관을 이용하기 어려운 영세소기업 위주로 지원되며 가입 대상은 〈중소기업기본법〉 제2조의 규정에 따른 중소기업자와 〈중소기업협동조합법〉 제3조의 협동조합으로 되어 있다.

공제사업기금은 1982년 4월 〈중소기업진흥장기계획〉 수립 시 공제제도의 도입안이 채택된 이후 〈중소기업기본법〉과 〈중소기업협동조합법〉을 개정하여 1984년부터 업무가 개시되었다. 그 뒤 1986년 1월 제2호 대출신설, 1990년 4월의 제3조 대출이 신설되었으며 월납입부금액의 증액, 가입자격의 비조합원 및 도·소매업까지 확대, 대출한도 확대 등을 추진하면서 경제 환경의 변화에 따라 지원효과의 극대화와 운영의 효율성을 도모했다.

5 기본 시책 : 금융시책의 전개

5.1 중소기업지원 가용재원의 확대

5.1.1 중소기업대출 의무비율제도의 개선과 총액한도대출제도의 시행

5.1.1.1 중소기업대출 의무비율제도의 개선

중소기업을 기반으로 국민경제의 성장잠재력을 확충하고 균형 있는 발전을 촉진하기 위하여 중소기업 금융지원시책이 추진되었다. 특히 중소기업의 경쟁력약화와 수출부진 등으로 말미암은 경제의 어려움을 완화하기 위해서는 제한된 재원을 최대한 중소기업에 지원하여 중소기업의 자금지원 가능성(availability)를 높이는 동시에 공급된 자금이 중소기업의 성장잠재력 확충에 활용될 수 있도록 지원하는 것이 필요하다.

또한 물적 담보력이 취약한 중소기업에 대한 신용보증을 확대하여 담보위주 지원의 금융관행으로 대출 대상에서 소외되기 쉬운 소영세기업, 창업기업 등의 금융기관 이용접근성(accessibility)을 높이는 시책이 요구된다.

한정된 자금을 중소기업 부문에 원활하게 공급하기 위하여 '중소기업대출의 무비율제도'가 지속적으로 실시·개선되었다. 한국은행의 '금융기관여신운동규정' 제2조에 따라 시중은행은 원화대출금 증가액의 45퍼센트 이상, 중소기업 전담은행(기업은행·대동은행·동남은행)을 90퍼센트, 지방은행은 60퍼센트 이상을 중소기업에 지원하도록 의무화하고 있으며, 비은행 금융기관에 대해서도 연간 지원액의 일정 비율 이상을 중소기업에 지원하도록 지도함으로써 중소기업에 대한 일정 규모 이상의 지원이 실시되도록 했다. 특히 1992년부터는 시중은행의 의무대출비율을 45퍼센트로 인상하여 중소기업에 대한 자금공급이 확대되도록 했다(〈표 1〉 참조).

5.1.1.2 금융자금이용제도의 변화 : 총액한도대출제도의 시행

한편 1990년대에 경제의 전반적인 자율화와 개방화의 진전은 중소기업금융지원에서 신용할당과 같은 은행자율을 제약하는 제도를 개선하여 금융기관의 자율적 자금운용폭을 확대시키면서 일반은행의 정책금융취급은 축소 정비했다. 그리고 업체별 상업어음할인제도가 폐지되고(1993) 1984년에 도입된 한국은행의 재할인지원제도도 종전의 자동재할인방식(금융기관의 중소기업대출 취급액의 50퍼센트)에서 총액한도 대출제도로 전환되었다.

한국은행의 자동대출지원에 의존하는 자동재할인방식은 한국은행의 통화신용정책의 효율성에 부담요인으로 작용하여 금융산업의 발전을 저해하는 요인이 되었었다. 따라서 이를 개선하여 총액한도대출제도로 전환한 것이다. 한국은행의 총액한도대출제도는 금융기관이 취급한 중소기업 대출 실적을 토대로 총

	65.4	76.12	80.10	85.3	86.4	86.8	92.2	94.5	97.7	99.12
시중은행	30	30	35	35	35	35	45	45	45	45(35)[†]
지방은행	30	40	55	55	80	80	80	70	60	60
외은지점				25	25	35**	35**	35**	35**	35**
중소기업 은행 (기업은행)	90	90	90	90	90	90	90	90	80[††]	80

주 :　　* 원화금융자금대출금의 취급실적 기준임

　　　** 한국은행으로부터 총액한도 대출을 받지 않기로 한 은행은 25퍼센트

　　　† 한국 주택은행 및 평화은행은 35퍼센트

　　　†† 기업은행의 경우는 1997년 11월부터 적용

자료 : ① 한국은행

　　　② 중소기업특별위원회, 《중소기업백서》, 2000, 257쪽 참조

〈표 1〉 중소기업대출의무비율변동추이*(단위 : %)

액한도 안에서 은행별로 저리 자금을 지원하는 제도이다. 즉, 금융기관이 한국
은행으로부터 차입할 수 있는 한도를 사전에 포괄적으로 배정하는 제도로서 각
금융기관이 취급한 상업어음할인 등의 취급실적을 기준으로 정해지는 것이다.

　이 제도는 금융기관의 중소기업 대출 실적을 기준으로 각 은행별로 배정하는
금융기관별 한도와 지방소재 중소기업에 대한 대출 실적 및 지역별 경제사정을
감안하여 한국은행 지점별로 배정하는 지점별 한도를 구분하여 운영되었다. 따
라서 그동안 한국은행의 자동재할인(금융기관 취급액의 50퍼센트) 대상이던 수출
산업설비자금, 기술개발자금, 제품 수요자금융 및 공해방지시설자금은 1994년
부터 정부재정에 반영되도록 하고, 상업어음할인, 무역금융, 소재·부품 운전 생
산자금 및 지방 중소기업자금은 1994년 3월 15일부터 한국은행의 총액한도 제
도에 따라 대출 실적을 기준으로 지원받을 수 있게 되었다.

5.1.2 직접금융의 활성화

5.1.2.1 중소기업 주식거래시장의 설치

　중소기업 직접금융을 시행하기 위한 제도적 기반은 중소기업 주식거래시장
인 코스닥(KOSDAQ)시장의 활성화이다. 벤처기업 육성을 위해 중점적으로 추진
해 온 시책이지만 이것은 유상증자 등 주요기업 직접금융의 기반이 된다.

　코스닥시장의 모태는 1986년 12월에 발표된 〈중소기업의 주식시장 거래활성
화를 위한 시장조직화 방안〉에 따라 1987년 4월 한국증권업협회 주관 아래 출
범한 장외시장이다. 그러나 당시의 장외시장은 협회에 등록된 주식에 대해 전화
로 상대매매 상황을 수집하여 공표하는 정도의 기능을 했을 뿐이었다. 1991년
10월에는 전화에 의존했던 매매 및 매매보고제도에서 벗어나 전산망을 활용하
는 주식장외거래 중계실을 설치했다.

　그 뒤 코스닥시장이 현재의 형태를 갖추게 된 것은 1996년이었다. 1996년 5월
에 상대매매방식으로 이루어지던 낙후된 거래방식을 경쟁매매방식으로 전환하
기 위하여 코스닥시장을 운영할 코스닥증권(주)이 설립되었으며, 같은 해 7월

코스닥시장이 개설되어 경쟁매매방식의 자동매매체결 시스템이 가동되었다. 이어 1997년 1월에는 코스닥시장 주가지수가 발표되기 시작했고 같은 해 4월에는 코스닥시장의 법제화가 이루어져 협회중개시장이라는 개념으로 〈증권거래법〉에 반영되었다. 이로서 중소기업과 벤처기업들의 직접금융시장의 제도가 마련되어 중소기업 직접금융의 기반이 형성되었다.

5.1.2.2 직접금융방법으로서 유상증자와 회사채 발행의 실시

직접금융은 기업의 자기신용을 바탕으로 금융시장에서 자금을 조달하는 방법으로 은행 등 금융기관에서 자금을 조달하는 간접금융에 대비되는 방법인데, 여기에는 유상증자와 회사채발행의 두 가지가 있다.

신용도가 높은 대기업의 경우에는 자체신용을 바탕으로 직접금융시장에서 자금을 조달하고 신용도가 낮은 중소기업은 은행 등 간접금융시장에서 자금을 조달하는 것이 일반적이다. 직접금융시장을 활용할 경우 은행에 대한 과다한 의존을 탈피하고 자금조달원을 다양화하는 한편, 자금조달 과정에서 신용도를 높일 수 있는 장점이 있다. 그러나 중소기업은 대기업에 견주어 신용도가 낮고 단기융자위주의 간접금융에 익숙해 있어서 직접금융이 저조한 실정이다.

1997년 코스닥시장이 정식으로 발족되면서 벤처기업을 중심으로 중소기업의 유상증자가 활성화했다. 그러나 이러한 유상증자의 활성화는 코스닥시장의 확장 및 침체와 병행하여 확대와 위축을 거듭했다.

한편 회사채시장에서는 대기업 편중현상을 완화하기 위하여 1998년 말부터 〈금융기관의 동일계열기업 회사채 보유한도제〉를 실시했고 이와 함께 신용경색 현상의 완화 등으로 1999년 이후 중소기업 회사채 발행이 증가했다.

여기에 일반중소기업의 회사채 발행을 지원하기 위하여 1998년부터 〈중소기업연합채권제도〉와 〈중소기업 자산유동화증권(ABS)제도〉가 시행되었다.

〈중소기업연합채권제도〉는 신용도가 비슷한 다수의 중소기업이 연합하여 회사채발행절차를 진행하고 신용보증기관이 지급보증을 실시하여, 여러 중소기업이 회사채 발행절차를 공동으로 추진함으로써 발행금리 인하와 유통성 제고를 도모하는 제도이다.

이러한 보증부 회사채 발행을 지원하는 '연합채권'과는 별도로 중소기업의 무보증 회사채발행을 지원하는 방법으로 자산유동화증권제도가 추진되었다. 이는 중소기업이 발행한 무보증 회사채를 자산(asset)으로 새로운 증권(securities)을 매각하여 자금을 조달하고자 하는 제도이다.

중소기업 연합채권제도가 중소기업의 보증회사채를 지원하는 제도인 데 반해, 중소기업 자산유동화증권제도는 무보증회사채를 지원하는 제도이다. 이 제도는 '자산유동화'라는 새로운 금융기법을 활용하여 적은 규모의 예산을 활용, 큰 규모의 중소기업 자금지원효과를 도모할 수 있는 새로운 제도로 도입되었다. 이 제도는 회사채시장이 보증회사채 중심에서 무보증회사채 중심으로 전환되고 있는 점에 근거하여 창안된 것이다.

5.2 정책자금 지원방식의 전환

5.2.1 정책금융축소와 〈직접대출제도〉의 시행

정책금융은 정책적 목적에 따라 금리조건이나 자금의 가용성 면에서 일반 산업금융보다 우대했던 금융으로 경제발전에 많은 기여를 했다. 그러나 금융기관의 자산운용을 불가피하게 제약하여 금융의 자율성과 효율성을 저해했고 또한 한국은행의 자동대출지원에 주로 의존함에 따라 통화신용정책의 효율성을 저하시켜 금융산업의 발전을 어렵게 하는 요인이 되었다. 이에 1990년대 초 〈신경제5개년계획〉 금융 부문에서 금융기관의 자율적 자금운용폭을 확대하기 위하여 일반은행의 정책금융 취급을 축소 정비했다.

또한 구조개선자금·경영안정자금·중소벤처기업창업자금·소상공인지원자금 등 중소기업 정책자금은 정부 및 중소기업 지원기관 등이 자금지원 필요성이 있는 중소기업을 추천하고 금융기관에서 대출하는 방식(대리대출)이 일반적이었다. 그러나 IMF 외환위기 이후 정부 등이 정책자금 지원 대상을 추천해도 신용경색 현상으로 말미암은 금융기관의 보수적 자금운용으로 실제로 추천받은 중소기업이 지원받지 못하는 사례가 다수 발생했다. 이에 중소기업에 정책자금을 원활히 공급하기 위해 1998년 하반기 구조개선사업자금(5,300억)을 정부의 책임 아래 중소기업진흥공단이 추천 대출하는 '직접대출'로 전환했다.

그러나 그 뒤 경기가 회복되면서 은행의 자금중계기능이 점차 정상화됨에 따라 비상조치로 시행된 〈직접대출제도〉는 개선의 필요성이 제기되었고 그 시행 규모도 점진적으로 축소되었으며 신용대출 위주로 시행되었다.

5.2.2 '중소기업정책자금개혁위원회'의 설치

중소기업 정책자금은 중소기업의 중요성이 증대되면서 지속적으로 확대되는 추세이며 중소기업청을 중심으로 산업자원부·정보통신부·과학기술부 등 각 부처가 운영하고 있다. 이에 중소기업 정책자금은 각 부처가 개별적인 기준과 절차에 입각하여 운영함에 따라 일부 편중 중복지원 등이 발생했으며, 이 때문에 정책자금 지원체계의 개선 필요성이 제기되었다.

중소기업정책자금의 개선방안을 모색하여 중소기업지원을 확대하고 재정부담의 축소방안을 강구하기 위하여 1999년에 중소기업특별위원회에 범 부처 차원의 '중소기업정책자금 개혁위원회'를 설치했다. 이 위원회는 중소기업청 등 중소기업정책자금을 운영하는 8개 부처가 참여하여 중소기업정책자금의 운영 개선방안을 모색했으며, 중소기업 정책자료 D/B 구축, 부처간 지원조건 및 절차의 통일 등이 논의되었다. 그리고 정책자금 수혜기업에 대한 활용도 조사가 시행되었다.

5.3 신용보증지원의 확대

5.3.1 신용보증지원의 다양화와 〈부분보증제도〉의 도입

중소기업 보증지원업무를 수행하고 있는 신용보증기금과 기술신용보증기금은 중소기업의 담보력을 보완하여 기업의 자금융통 원활화와 신용정보의 효율적 관리 및 운용을 통하여 건전한 신용질서를 확립할 목적으로 설립되었는데,

신용보증기금은 1974년 12월 31일 〈신용보증기금법〉(법률 제2695호), 그리고 기술신용보증기금은 1986년 12월 26일 〈신기술산업금융지원에관한법률〉(법률 제3866호. 이 법은 2002년 8월 26일 법률 제6705호로 〈기술신용보증기금법〉으로 대체·개정되었다)이 제정되면서 각각 설립되었다.

이들 기관은 일반보증과는 별도로 수출입금융에 대한 특별보증, 금융기관의 BIS비율 제고를 위하여 부동산담보부 보증, 벤처기업 활성화를 위한 벤처기업 특별보증을 실시했다.

또한 거래기업 및 금융기관의 구조조정, 수해 등 경영 외적 요인으로 발생한 중소기업의 금융애로를 해소하기 위하여 특례보증제도를 실시했다.

그리고 기술은 우수하나 자금 사정이 좋지 않은 중소기업의 담보력 확충지원을 위하여 특허권 담보부 대출제도의 도입 시행과 중소기업청이 기술성을 평가하여 후원하는 〈기술특례보증제도〉를 실시했다. 그리고 이를 보완하기 위해 1997년 3월부터 기술신용보증기금 안에 '기술평가센터'를 설치·운영하여 기업이 보유한 기술을 금전적 가치로 환산하거나 등급을 부여했다.

한편 이러한 신용보증제도의 내실화를 기하기 위하여 〈부분보증제도〉를 도입했다. 금융기관의 도덕적 해이현상을 방지하고 신용보증기금의 건전성 확보를 위해 IMF의 권고에 따라 1999년에 이 제도를 도입했다. 전액보증제도의 경우 사고발생시 전액 신용보증기관에서 대위변제를 하는 반면, 부분보증제도 경우 금융기관이 대출시 부분적으로 자기 책임을 부담하므로 단순히 신용보증서에 의존하는 경향을 탈피하고 사고발생 위험을 축소함은 물론 주어진 가용자원을 활용하여 더 많은 보증지원 수요를 충족시킬 수 있도록 했다.

5.3.2 '지역신용보증재단'의 설립·운영

'지역신용보증재단'은 담보력이 취약한 지방 중소기업의 채무를 보증하여 자금융통을 원활하게 함으로써 지역경제발전에 기여하기 위하여 1996년부터 지방자치단체가 중심이 되어 민법 제32조의 규정에 따라 비영리법인(사단법인 또는 재단법인)으로 설치·운영되어온 '지역신용보증조합'이 전환된 것이다.

지방 중소기업에 대한 효율적인 신용보증지원을 위해 1995년 2월 '신경제추진회의'에서 지역신용보증보험제도의 도입이 결정되었다. 그 뒤 그 설립을 촉진하기 위하여 1995년 12월 〈신용보증기금법〉 및 〈신기술사업금융지원에 관한 법률〉을 개정하여 지역신용보증조합에 대한 재정보증 근거를 마련하고 〈법인세법시행규칙〉을 개정하여 대기업 출연금에 대한 세제상 손금인정을 받을 수 있게 했다. 이에 따라 지방자치단체를 중심으로 대기업과 지역금융기관 등이 자조적으로 신용보증조합을 설립했다.

지역신용보증조합의 업무를 지원하기 위하여 재보증제도가 시행되었는데, 조합에서 보증한 대출이 부도가 날 경우 신용보증기금이나 기술신용보증기금에서 보증금액의 50퍼센트를 자동적으로 지원하도록 했다.

그 뒤 2000년 3월 1일 〈지역신용보증재단법〉이 시행되면서 '지역신용보증재단'으로 인가되어 명실상부한 보증기관으로서 중소기업에 대한 신용보증업무를 지원하고 있다.

'지역신용보증재단'은 중앙중심의 신용보증제도 운영으로 소외되기 쉬운 지방의 영세중소기업 및 소상공인에 대해 지역특성에 맞는 보증지원을 함으로써 지역경제 활성화에 기여하고, 대기업의 중소기업지원 창구역할 및 지역 특성을 살린 지방산업 육성에도 지원기능을 하고 있다.

제8장 2000년대 중소기업정책의 과제

1 '국민의 정부 경제청사진'의 중소기업정책 : '활력 있는 다수'로 중소·벤처기업육성

1998년에 '문민정부'로부터 정권을 이어받은 '국민의 정부'는 그 경제청사진에서 "'활력 있는 다수'로 중소·벤처기업 육성"을 중소기업정책의 기본으로 제시했다. 대기업과 중소기업의 균형 있는 발전 등 이전의 정책을 지속하면서, 지역밀착적인 중소기업육성이나 벤처기업을 21세기 꽃으로 발전시키려는 정책 내용 등으로 1990년대 중소기업정책을 더욱 적극화하면서 21세기를 지향하고 있다.

특히 기술·지식집약형의 산업구조로 전환을 촉진하고 고용문제를 해결하기 위하여 그 정책 대상을 벤처기업 육성에서 찾고 있다. 지식·정보집약화시대의 첨병으로 벤처기업을 들고 있다.

또한 '활력 있는 다수(vital majority)'의 개념을 중소기업 정책 방향으로 적극 도입하고 있다. 이것은 이미 미국에서는 1970년 초에[1] 그리고 일본에서는 1980

---

1) Deane Carson(ed.), *The Vital Majority, Small Business in the American Economy*, Essays Marking the

500 제3부 한국 중소기업정책의 전개

년대에 중소기업정책의 기본 방향으로[2] 정한 바 있다. 우리나라에서는 1990년
대 말, 나아가 2000년대의 중소기업정책에 도입되고 있다.

민주주의와 시장경제의 병행발전을 추구하는 '국민의 정부'의 경제철학에 적
합한 개념이기도 하다.[3] 시장경제의 활성화와 활력 있는 경제를 실현하기 위해
서는 경쟁적 시장구조의 담당자이며 그 쇄신기능을 담당하는 중소기업의 활력
(vitality)이 필수적 요소이기 때문이다. '국민의 정부 경제청사진'에서 중소기업
정책은 다음과 같다.[4]

어느 나라를 막론하고 중소기업이 '활력 있는 다수'의 역할을 충실히 수행할
때에야 비로소 건전한 경제구조를 유지 발전시킬 수 있다. "미국의 의류패션은
1년에 여섯 번씩이나 바뀌고 있다"고 세계적인 미래학자 앨빈 토플러가 말한
데서도 쉽게 짐작할 수 있듯이 현대 소비자의 기호는 급변하고 있을 뿐만 아니
라 더욱 다양해지고 있다.

게다가 정보 통신 등의 기술은 비약적으로 발전하고 있으며 경제의 서비스화
또한 빠르게 이루어지고 있다. 세계화(globalization)와 더불어 지방화(localization)
는 시대의 조류이며 경쟁의 단위는 국가에서 점차 지방으로 이전하고 있다. 이
와 같이 변화된 환경에는 거대한 관료조직처럼 경직화된 대기업보다는 유연성
있는 중소기업이 더욱 강력한 경쟁력을 가진다고 할 수 있다.

'국민의 정부'는 21세기를 맞아 새롭게 전개될 경제환경에 중소기업이 효과적
으로 적응하고 중소기업이 갖는 경쟁우위요인을 충분히 활용할 수 있도록 경영
환경을 조성할 것이다. 이를 위해 중소기업의 만성적인 자금난과 인력난 그리고
판매난을 해소하도록 하는 한편 중소기업의 구조고도화를 적극적으로 지원할

Twentieth Anniversary of the U. S. Small Business Administration, 1973.

2) 日本中小企業廳,《中小企業の再發見》(80年代中小企業ビジョン), 財團法人 通商産業調査
   會, 1982.

3) 대한민국정부,《국민과 함께 내일을 연다》('국민의 정부' 경제청사진, DJnomics), 한가람출
   판사, 1998. 9., 15쪽.

4) 같은 책, 270~280쪽.

계획이다. 또한 지방에서도 활발한 생산활동과 역동적인 고용기회 창출이 가능하도록 지역밀착적인 중소기업을 육성할 것이다. 아울러 앞으로 전개될 지식기반의 경제시대에 대비하는 차원에서 기술·지식집약형 중소기업, 특히 벤처기업의 육성에 주력할 방침이다.

1.1 중소기업의 자금·인력·판매난을 해소

‘국민의 정부’는 중소기업들이 만성적인 자금난·인력난·판매난을 극복할 수 있도록 모든 노력을 다할 것이다.

우선 중소기업의 가장 큰 어려움인 자금난을 완화할 것이다. 중소기업의 자금난은 과거 대기업 중심의 성장우선정책의 결과로 심화되었지만 근본적으로는 중소기업의 구조적 특성인 경영규모의 영세성, 신용도의 취약성 등에 그 원인이 있다. 역대정권은 금리를 인위적으로 묶어놓은 채 신용할당으로 자금을 배분함으로써 만성적인 자금공급부족과 초과수요현상을 자초했다.

이 과정에서 중소기업의 특성은 송두리째 무시되었다. 이미 알 수 있듯이 중소기업은 부채비율이 대기업보다 훨씬 높을 뿐만 아니라 금융권에서 자금조달하기가 어려워 사채시장에 의존해 온 형편이다.

‘국민의 정부’는 실질적인 금리자유화를 통해 금융기관이 중소기업에 대한 대출을 원활하게 할 수 있는 여건을 조성할 것이다. 이 경우 중소기업이 부담하는 금융비용은 증가하겠지만 자금가용성은 확대될 것이다.

중소기업이 시장의 수급원칙에 따라 자금을 공급받을 수 있도록 하는 한편 중소기업의 구조적 취약성도 보완할 것이다 신용보증기관에 대한 정부의 출연을 확대하고 지역신용보증조합을 활성화해 신용보증 여력을 높일 것이다. 또한 중소기업이 상업어음을 원활하게 할인받을 수 있도록 지원하는 한편, 중소기업의 연쇄도산을 방지하기 위해 어음보험기금도 확충할 계획이다. 어음발행의 남발과 지급기일의 장기화에 따른 중소기업의 어려움을 시정하기 위하여 어음제도 개선방안도 마련할 방침이다.

둘째, 중소기업의 만성적인 인력난을 완화할 것이다. 우리나라의 중소기업은 필요인력의 공급부족과 높은 이직률에 시달리고 있다. 정부는 기술인력의 공급 확대를 위해서 실업계 및 이공계 인력공급의 장기적 목표에 맞추어 교육정책을 수립할 계획이다. 인문계 고등학교를 실업계 고등학교로 전환하는 방안도 세워 둔 상태이다. 또한 여성인력의 산업활동 참여를 보장하기 위해 시간제 고용을 확대하고, 탁아소 등 보육시설도 확충할 것이다.

셋째, 중소기업의 판매난을 개선할 것이다. 정부와 공공기관의 중소기업제품 구매를 확대하고, 중소기업의 판로지원기능을 담당할 종합유통센터를 건립할 방침이다. 동시에 내수 중소기업의 수출기업화를 위한 수출가이드 및 수출지원 단을 운영하고, 수출중소기업의 해외마케팅을 지원할 계획이다. 또한 우수 중소 기업제품의 홍보를 위해 인터넷 중소기업관에 수록되어 있는 수출업체를 확대 하고 중소기업의 해외시장개척을 지원하기 위한 거점확보와 무역인프라 확충 을 꾀할 것이다.

1.2 경쟁력 있는 중소기업으로 탈바꿈

현재 우리 경제는 경제 전반에 걸친 구조조정 과정에 있으며 중소기업 부문 도 예외일 수는 없다. 중소기업도 재무구조의 건전성을 높이고 고유의 장점을 최대한 발휘할 수 있도록 경영혁신을 꾀해야 한다. 또한 경쟁력이 취약한 저부 가가치 노동집약적 산업에서 고부가가치 기술집약적 산업으로 전환하고, 동일 산업 안에서 질적 고도화를 추구해나가야 한다.

정부는 중소기업의 구조고도화를 촉진하기 위해 구조개선사업을 지속적으로 추진할 계획이다. 즉, 중소기업을 경제발전의 주역으로 육성하기 위해 채권발행 등으로 재원을 조성하여 향후 5년 동안(1998~2002년) 총 2만 5,000여 중소기업 의 생산 및 경영혁신을 지원할 것이다. 또한 중소기업의 구조고도화를 위한 중 장기정책 방향의 설정 및 업종별 부문별 추진방안 마련을 위해 중소기업구조개 선 기본계획을 수립 시행할 것이다.

중소기업의 기술력 제고를 위한 지원시책도 지속적으로 추진할 계획이다. 우리나라 중소기업의 전반적인 기술수준은 선진국의 45～50퍼센트 수준에 그치고 있으며, 독자적인 기술개발능력을 갖춘 중소기업이 전체 중소기업의 2퍼센트에 불과하다. 중소기업의 매출액 대비 연구개발 투자 비율은 대기업의 10분의 1에 지나지 않는다.

정부는 중소기업의 기술력 제고를 위해 향후 5년을 '중소기업 기술력제고 전략기간'으로 설정하고, 중소기업 기술력제고 중장기계획의 수립·추진을 통해 중소기업의 기술력을 선진국 수준으로 올릴 계획이다. 또한 중소기업의 취약기술조사, 개발자금지원, 기술지도 및 기술력 평가 등을 통해 각 단계별로 일관성 있고 체계적인 기술지원이 이루어지도록 하는 한편 산·학·연 기술협력체제도 강화할 것이다.

1.3 지역밀착적인 중소기업을 육성

세계화를 바탕으로 한 지방화시대에는 지방을 중심으로 한 경제활성화가 국가 경제발전의 원동력이 된다. 이제까지 대형사업, 대규모투자가 경제발전을 주도했다면 앞으로는 지역 특성에 맞는 중소기업들이 지속적인 발전과 고용의 주체가 될 것이다. '국민의 정부'는 지방자치를 실질적으로 정착시키기 위하여 중앙정부는 중소기업정책의 기본 방향만을 수립하고, 지역특성에 맞는 세부지원 방안은 지방자치단체가 자율적으로 마련하여 집행하도록 할 계획이다.

우선 어려운 경제 여건에도 불구하고 지역균형개발 등을 위해 정부와 지방자치단체가 공동으로 조성하고 있는 지방 중소기업 육성자금을 확충할 것이다.

또한 2000년까지 지방 중소기업에 대하여 체계적이며 종합적인 지원서비스를 제공할 것이다. 중소기업 지원기관, 대기업, 연구소, 대학 등과의 유기적인 협조체제를 구축하여 해당지역 중소기업에게 경영정보를 제공하고, 기술 지원 기능 등을 담당하는 중소기업종합지원센터를 전국 16개 시·도에 건립할 계획이다. 한편 현재 지방 중소기업청에 설치되어 있는 금융지원협의회와 지역협동기술지원센터 등의 기능도 활성화시킬 것이다.

아울러 지방자치단체가 지역특화산업의 전략산업화를 추진할 수 있도록 유도할 것이다. 시도별로 두세 개의 특화산업을 선정하여 5년 동안 총 40개의 지역특화산업을 육성하도록 할 것이다. 특히 지역특화산업 활성화의 추진 주체가 될 특화산업조합의 설립을 유도하여 신제품개발 등 공동사업비를 지원할 계획이다.

1.4 벤처기업을 21세기의 꽃으로

세계 각국은 오래전부터 21세기를 대비한 구조개혁의 돌파구를 활발한 벤처기업의 생성과 발전에서 찾아왔다. 그 결과 고부가가치산업 중심의 산업구조 전환과 고용기회의 역동적 창출을 실현했다. 미국이 창의적인 벤처기업의 활력을 기반으로 일본에 뒤졌던 산업경쟁력을 다시 회복하고 있음은 물론, 지속적인 고용증가로 제2차 세계대전 이후 가장 낮은 실업률을 보이고 있는 것은 우리에게 시사하는 바가 크다(〈표 1〉 참조).

	중소기업		대기업
	벤처기업	일반기업	
평균고용인원	46	21	988
매출성장률	42.7	7.8	11.3
매출이익률	10.2	0.6	0.5
연구개발비용	12.5	0.3	3.1

자료 : 한국은행, 《기업경영분석》, 벤처기업협회

〈표 1〉 벤처기업과 다른 기업의 비교(1996년)

'국민의 정부'는 기술·지식집약형 산업구조로 전환을 촉진하고, 우리 경제의 최대 현안과제인 고용문제를 해소하기 위해 향후 5년 동안 2만 개의 벤처기업을 육성할 계획이다.

이를 위해 우선 벤처기업의 가장 큰 애로요인으로 지적되고 있는 벤처자금을 원활히 공급할 것이다. 벤처기업은 고위험-고수익이라는 기업특성 때문에 일반금융기관으로부터 자금을 조달받기가 쉽지 않으므로 벤처기업을 전문적으로 지원하는 창업투자회사를 대형화하고 그 업무영역 또한 확대할 계획이다. 개인투자자(엔젤)를 통한 벤처자금의 획기적인 확충방안도 아울러 강구하고, 벤처기업의 직접금융 활성화를 위한 장외시장 발전방안도 마련할 것이다.

벤처기업의 육성을 위하여 정부는 벤처기업인들이 자유롭게 기업을 경영할 수 있는 여건을 중점적으로 조성할 계획이다. 젊고 유능한 기술인력이 벤처기업의 창업 및 기업활동에 쉽게 참여할 수 있도록 현행 병역특례 전문연구요원제도를 개선할 것이다. 또한 미국의 벤처기업 활성화에 가장 큰 유인이 되었던 스톡옵션제를 활성화하는 방안도 검토할 계획이다. 아울러 기술력을 하나의 자산으로 평가하고 인정해줌으로써 벤처기업이 새로운 기술에 적극적으로 도전할 수 있도록 기술담보제도를 활성화할 것이다.

나아가 창업강좌를 벤처기업 중심의 전문강좌로 운영하며, 현재 44개뿐인 대학연구소 중심의 창업보육센터를 대폭 확대하고, 전국 주요도시에 벤처타운을 조성해 벤처기업에 일괄서비스를 제공할 계획이다.

1.5 대기업과 중소기업이 함께 발전하는 관계로

과거에는 대기업 중심의 성장전략 때문에 대기업의 불공정거래가 산업발전이라는 명분 아래 용인된 측면이 있었다. 그러나 앞으로는 시장경제의 정착으로 대기업의 불공정거래가 축소되고 능력 있는 중소기업에게 더 많은 발전의 기회가 주어질 것이다.

정부는 경제 여건의 변화에 따라 중소기업 고유업종제도, 단체수의계약제도 등 경쟁을 저해하고 있는 관련 제도들을 점진적으로 개선 조정할 것이며, 이를 통해 우리 중소기업이 더욱 강한 체질을 가질 수 있는 여건을 조성할 것이다.

경제는 경쟁으로만 발전하거나 효율성을 유지할 수 있는 것은 아니며, 기업

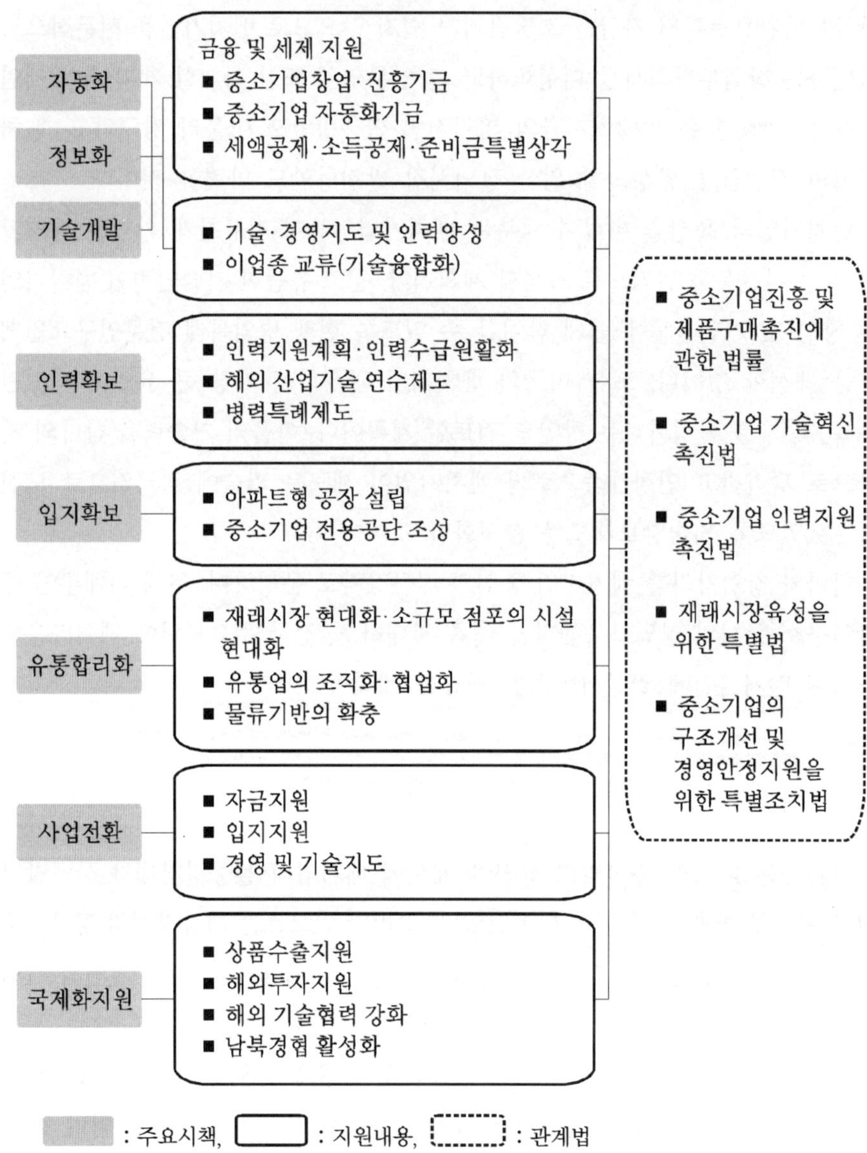

〈그림 1〉 중소기업 정책체계·지원내용·관계법(구조개선 및 경쟁력 강화)

들의 협력이 경쟁력을 높이는 유력한 수단이 되기도 한다. 특히 글로벌화가 진전되는 21세기의 경제환경에서 우리 산업의 경쟁력이 유지되기 위해서는 대기업과 중소기업의 균형 있는 발전과 협력이 요구된다. 이러한 차원에서 정부는 중소기업과 대기업 사이의 하도급구조를 합리적으로 개선하여 둘의 동반자적 협력관계가 구축되도록 할 것이다. 이와 같이 대기업과 중소기업 사이에 협조적 관계가 유지되려면 공정한 거래질서가 정착되어야 한다. 특히 정부는 중소기업이 대기업으로부터 거래대금을 결제받는 과정에서 대기업의 불공정행위가 일어나지 않도록 공정거래위원회의 기능을 강화할 것이다.

2 한국 중소기업 정책체계·지원내용·관계법

한편 중소기업 주요정책체계와 지원내용 및 관계법을 살펴보면 〈그림 1〉~〈그림 4〉와 같다.

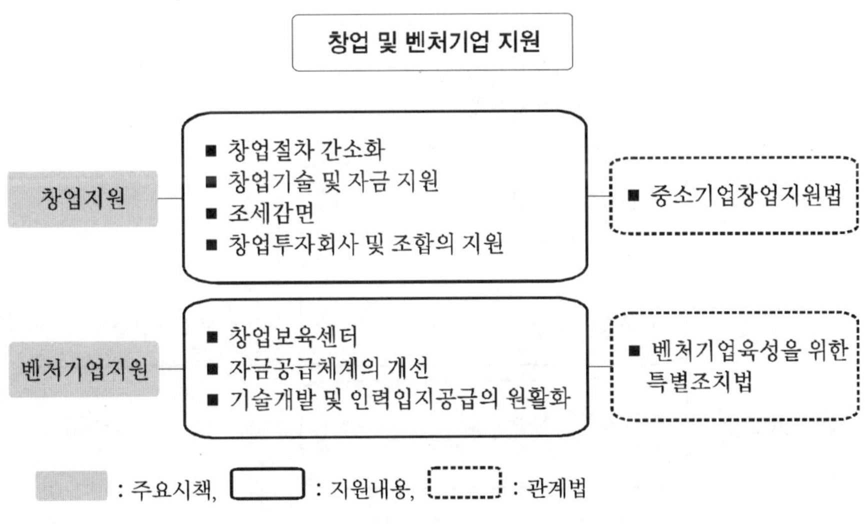

〈그림 2〉 중소기업 정책체계·지원내용·관계법(창업 및 벤처기업 지원)

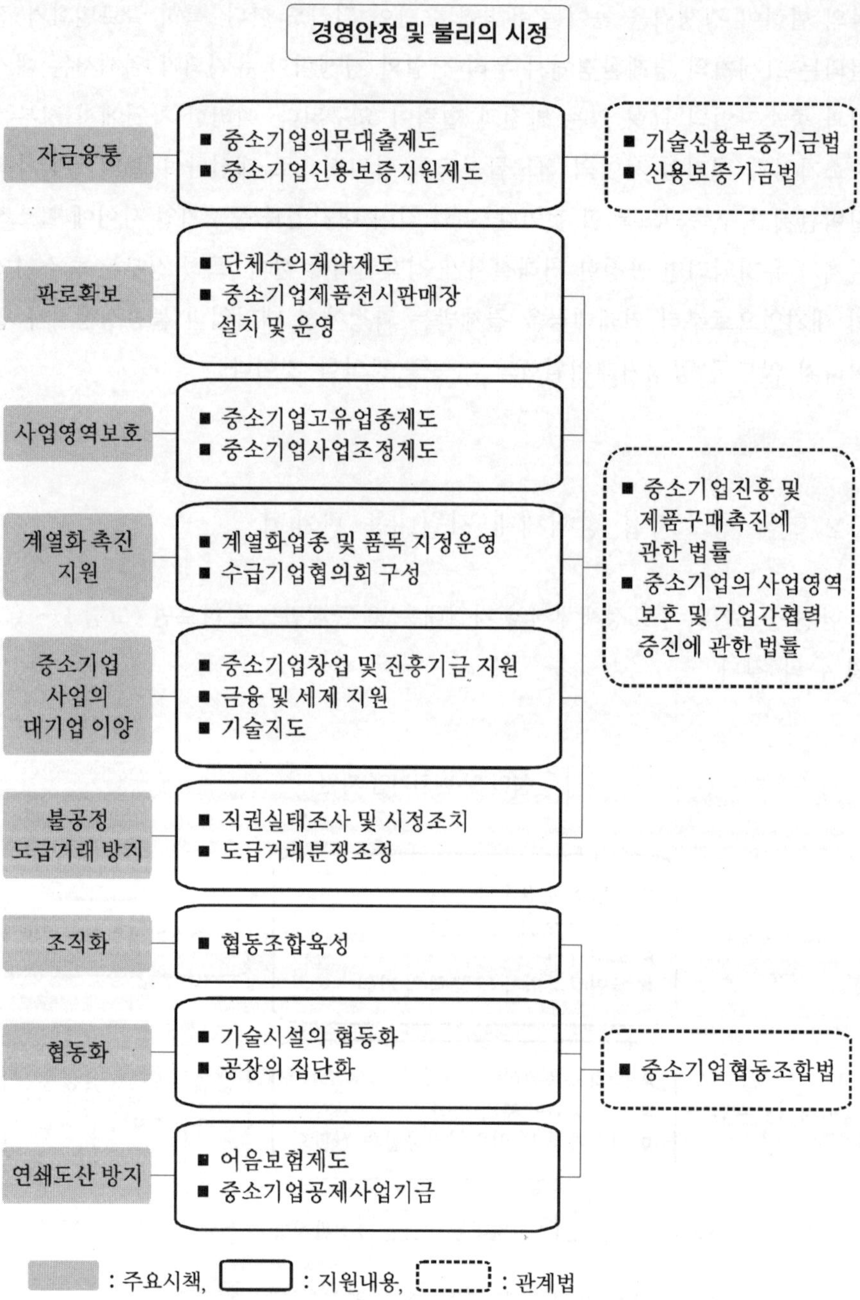

〈그림 3〉 중소기업 정책체계·지원내용·관계법(경영안정 및 불리의 시정)

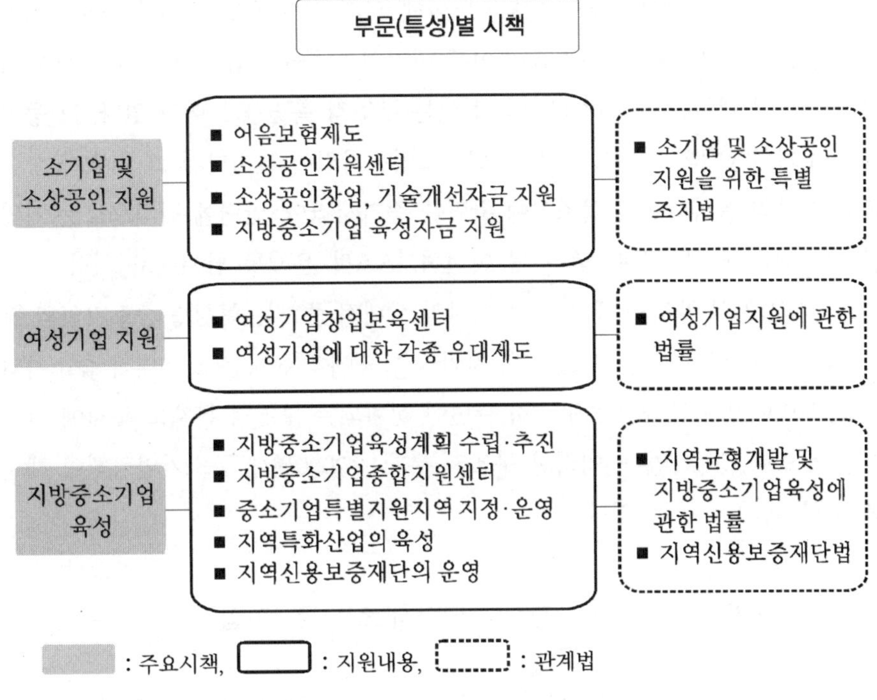

〈그림 4〉 중소기업 정책체계·지원내용·관계법(부문별 시책)

3 2000년대 중소기업정책의 과제 : '경쟁과 혁신'·'활력과 창조'의 주체로서 중소기업의 역할 제고

3.1 지속되는 '구조정책의 대상'으로서 중소기업

'보호와 육성'을 기본으로 했던 1980년대까지의 중소기업정책은 1990년대에 와서 '자율과 경쟁'의 원리를 바탕으로 전환되었다. 여기서 더 나아가 2000년대 중소기업정책은 '경쟁과 혁신' 그리고 '활력과 창조'의 주체로서 중소기업의 역할을 높이는 것이 그 과제로 제시된다.

1960년대 이후 1990년대까지 40년에 걸친 경제개발 과정에서 중소기업정책은 중소기업의 양적 확대와 질적 고도화에 크게 기여했다. 그러나 중소기업의 구조변동 과정에서 특히 1980년대 이후 대기업과 중소기업 사이의 부가가치 생산성과 임금 격차는 오히려 확대되고 있는 부정적 측면을 보이고 있다. 그 동안의 중소기업정책의 전개도 양적으로는 소영세기업이 늘어나서 그 지위가 상승했고 창업의 활성화로 산업조직에 활력을 증가시켰다. 반면에 질적으로는 기업규모의 격차가 해소되지 않은 채 여전히 구조적 문제를 남겨두고 있다.

소영세기업의 양적인 증가로 그 지위의 상대적 증가는 혁신형 중소기업의 창출이라는 새로운 측면을 보였지만, 저임금 노동에 의존하는 전근대적 중소기업의 존속으로 말미암아 이중구조적 측면이 심화되는 구조적 문제도 동시에 진전시킨 것으로 볼 수 있다. 이러한 구조적 문제는 2000년대 중소기업정책이 해결해야 할 과제로 남아 있다.

3.2 '경쟁의 뿌리, 시장적 경쟁의 담당자'로서 중소기업

세계무역기구가 출범함으로써 국경 없는 무한경쟁시대에 돌입했다. 전세계적 규모의 완전경쟁과 새로운 세계경제질서에 대응하기 위해서는 중소기업은 경쟁력을 확보하여 '경제의 기반'이면서 동시에 '경쟁의 뿌리'가 되어야 한다. 무한경쟁 시대에 경제의 기반이 되어야 한다는 것이다.

또한 산업조직의 측면에서 보면 산업구조고도화는 필연적으로 대기업체와 독과점적 시장구조를 전개하면서 경쟁배제적, 경쟁제한적 경향을 심화시켜 경제사회를 경직화시키게 된다. 독점의 폐해를 시정하고 경제를 건전하게 발전시키려면 자유경쟁적 특성의 중소기업의 역할이 중요시되어야 한다. '시장적 경쟁의 담당자'로서 중소기업의 역할을 높여야 시장이 활성화된다.

경쟁을 촉진하는 담당자인 중소기업은 시장과 산업조직을 활성화하는 기능을 하고 이를 통하여 자원의 효율적 배분에 기여한다. 즉, 중소기업은 경쟁의 뿌리 또는 시장적 경쟁의 담당자로서 경제를 발전시키고 효율성을 높이는 역할을 한다.

3.3 지식정보화 시대에 '혁신의 주체'로서 중소기업

지식·기술·정보의 창출과 활용이 산업발전의 중심적 역할을 하는 지식정보화시대에는 상대적으로 기동성과 유연성의 장점을 지닌 중소기업의 역할이 증대될 것으로 전망된다. 동시에 창의성과 전문성을 보유한 중소·벤처기업의 성장 잠재력이 확충되고 새로운 틈새시장과 세계시장에 대한 접근 기회도 확대될 것이다.

지식정보화시대와 글로벌경쟁의 시대에 중소기업은 기술혁신의 주체로서 등장할 것이다. 기술경쟁이 가속화하면서 기술·지식집약형 중소기업은 기술개발과 고용창출을 주도 하면서 네트워크화 및 지식집약화를 선도하고 전자상거래 등 정보화의 첨병역할을 수행하여 새로운 지식·정보집약적 산업구조로서 전환에 주체적·선도적 역할을 할 것이다.

3.4 '활력 있는 다수'로서 중소기업

중소기업은 다양한 존재양식을 갖는다. 세계적인 일류의 기술을 보유한 기업에서부터 하청관계의 기업, 생업적 영세기업 등 경영기반이 다른 다양한 중소기업이 존재한다. 이러한 다양한 중소기업의 대다수는 '활력 있는 다수'로서 인력·자금력·기술력이 불충분한 가운데서도 경영환경의 변화에 대응하면서 끈질기게 존속하고 계층으로서 중소기업은 상향·성장·확대된다.

이러한 다수의 중소기업의 적응노력이 쌓이면서 경제의 적응력, 높은 시장성과의 기초가 이루어진다. 또한 다수 중소기업은 시대의 흐름에 따라 선진적 수준에 이르는 중소기업으로 탄생하며, 이러한 도전으로 경제사회는 진보와 활력을 갖게 된다.

(1) 높은 도산율과 신설률 속에서 신구기업이 교체되는 사회적 대류현상이 진행되고 새로운 기업이 진입한다.

(2) 시장적 경쟁의 담당자가 되어 시장구조의 경직성을 개선하고 시장기능을

활성화하면서 지배적 대기업에 자극을 주고 도전하는 가운데 경제의 노화현상을 막고 활력을 증진시킨다.

(3) 지식정보집약적인 혁신형 중소기업은 기술개발과 혁신의 원천으로서 새로운 요소를 산업사회에 투입하면서 새로운 에너지를 공급한다.

(4) 중소기업은 새로운 산업과 성장하는 기업 및 대기업의 양성기반이 되는 등 '활력 있는 다수'로서 경제사회를 쇄신하는 기능(regenerative function)을 한다.

3.5 가치창조의 원천 : '창조의 모체'로서 중소기업

지식혁명이 본격화하면서 과학과 기술의 결합으로 기술혁신이 빠른 속도로 진행되면서 지식과 기술이 경쟁력 강화와 가치창출의 핵심으로 자리 잡는다. 유형의 경영자원 못지 않게 무형의 경영자원이 중요시되면서 창의력과 기술력을 갖춘 중소·벤처기업이 지식정보화시대의 핵심 주체로 된다.

새로운 기술을 기업화하고 새로운 마케팅기법과 경영형태를 전개하는 혁신형 중소기업은 산업구조가 지식정보집약적으로 전환되면서 나타나기 시작했다. 지적 활동의 집약도가 높은 지식집약형 산업구조에서 연구개발, 디자인, 전문적 판단, 각종의 매니지먼트 외에 고도의 경험 지식의 뒷받침을 받은 인간의 지적 능력을 행사하는 중소기업은 지식정보화시대에 창조의 모체가 된다.

새로운 가치를 창출하는 창조성을 중요시하는 시대에 이러한 창조성과 활력을 주도하는 창조의 주체로서 중소기업이 활동하는 환경을 정비하고 그 모체로서 다수의 중소기업이 유효한 경쟁의 담당자로 발전 할 수 있도록 하는 과제가 제기된다.

지식집약·연구개발형 중소기업은 다음과 같은 기능을 통해 창조의 모체가 된다.

(1) 기술진보와 혁신을 양성하는 기능.

(2) 기업가적 재능과 경영능력 등 인적 능력을 배양하는 기능.

(3) 새로운 산업과 혁신형 중소기업의 담당자인 기업가와 경영자를 양성하는

기능.

(4) 새로운 산업과 대기업의 양성 기반이 되는 기능.

(5) 창조성과 왕성한 활력을 배양하여 산업구조를 변형시키고 경제사회를 진보 발전시키는 원천이며 기반이 되는 기능(묘상기능, seedbed function).

3.6 '자율과 자유의 원천'으로서 중소기업

미국의 〈중소기업법(Small Business Act)〉은 중소기업의 범위를 규정하면서 ① 독립하여 소유·경영되며 ② 그 영업 분야에서 지배적이 아닐 것이라는 질적 기준을 제시하고 있다. 이것은 자유경쟁기업제도와 중산층의 소멸방지를 위한 문제의식으로 중소기업문제가 제기되었던 것을 이어받은 것이었다. 과도한 경제력 집중이 가져오는 폐해가 지적되었고 자유경쟁기업제도가 경제의 발전을 가져오는 바람직한 제도임을 확인하는 가운데 자유경쟁기업제도를 유지하기 위해서 중소기업을 보호·육성해야 한다는 중소기업 정책인식이 형성되었다.

이러한 경제적 측면에서 중소기업문제 인식은 정치적 민주주의의 발전에도 연결되었다. 1942년의 경제개발위원회(The Committee for Economic Development)는 중소기업을 미국생활의 기초가 되는 자유의 표시이고 경제적 민주주의의 기초로서 이것이 없으면 정치적 민주주의도 있을 수 없다고 지적했다.

이어서 1953년의 〈중소기업법〉은 미국에서 민간기업 경제체제의 본질은 자유경쟁에 있다. 완전한 자유경쟁으로서만 자유시장 기업참가의 자유 그리고 개인의 창의 및 독자적 판단의 표현과 기회가 보장된다고 했다. 그리고 1973년에 간행된 《활력 있는 다수(The Vital Majority)》의 서문은 중소기업은 미국의 국가적 교의(national creed)인 기회의 자유의 자랑스러운 상징이다. 그것은 모든 미국인이 스스로의 방법과 판단으로 어느 것이나 얻을 수 있는 기회를 나타내는 것이다. 그리고 그로 말미암아 중소기업은 좋은 아이디어와 발상(best ideas and inventions)을 공급했고, 이것은 산업과 과학의 성장을 가속화시켰다고 지적했다.

이처럼 자율과 자유의 원천인 중소기업은 ① 안정성과 만족, ② 기회의 자유보장, ③ 아이디어와 발상의 원천, ④ 국민의 생계기반, ⑤ 미국 활력의 근원으로까지 보고 있다.

3.7 '지역진흥·산업저변확충·고용창출의 기반'으로서 중소기업

첫째, 1995년 6월 지방자치제가 본격화된 이후 지방자치단체의 지방 중소기업육성과 지역진흥에 대한 관심이 높아지고 있다. 중앙집권적 경제성장은 전국을 일원적, 획일적으로 보는 정책을 추구했고 기업성장정책과 국민경제의 총량적 규모에 몰두하여 지역경제와의 관계를 소홀히 하는 경향을 가졌다. 그 결과 과밀과 과소 현상을 고정화시켜 지역적 불균형의 문제가 제기되었고 도시문제의 해소와 지역간 격차해소가 중소기업정책의 과제로 지속되었다.

중소기업은 지역에서 주민의 생활의 공간이며 일상생활에 필요한 재화와 서비스를 가장 가까이서 공급한다. 특히 지역적으로 광범위하게 전개되어 있는 소영세기업은 지역주민의 생업적 기반이며 여기에 종사하는 사람들에게는 생계를 의지하는 생활의 장이다. 따라서 지방 중소기업은 기업발전을 지향하는 집단과 생활의 장인 생업적 소영세기업으로 분화하여 대응하는 정책이 필요하다.

둘째, 소상공인을 포함한 소영세기업은 경제의 모세혈관으로 산업의 저변을 형성하고 있다. 소영세기업의 진흥은 경제를 활성화시키고 쇄신하는 기능을 한다. 또한 중산층과 서민층의 생활 안정 문제 등 사회문제도 소영세기업의 새로운 고용창출기능으로 해소될 수 있다는 점은 미국의 1970년대 경험이 말해주고 있다. 즉, 제조업 분야의 자동화, 정보화 등으로 발생한 대량실업을 서비스업과 소영세기업 부문의 고용기회 창출로 흡수하여 지속적인 경제성장과 사회안정을 유지한 것이다.

소상공인은 주로 가게, 음식점, 세탁소 등 소매업과 서비스업을 영위하는 소영세규모 사업자로서 이들의 건전한 발전은 경제의 저변을 확충하고 고용기회 창출, 나아가서 중산층과 서민층의 생활안정의 기초가 된다.

이러한 역할 외에 산업구조가 지식집약화하면서 소영세기업은 새로운 정책인식의 대상이 된다. 지식집약형 혁신기업인 벤처기업의 창업과 운영이 대부분 소영세기업의 형태로 전개되기 때문이다.

셋째, 여성기업의 역할을 높이는 과제이다. 산업구조가 세분화·다극화하고 지식정보사회가 진전되면서 여성의 경제활동 참여가 확대되고, 또한 여성의 고학력화로 가사전업 위주에서 전문경영직 진출 기회도 확대되고 있다. 경제발전이 고도성장기에서 성숙기에 진입하면서 여성의 경제활동 참여가 불가피해진다. 남성위주의 인력공급은 인력수요에 제대로 대응하지 못하고 이에 여성인력 진출은 노동시장의 안정에도 기여하게 된다. 이러한 흐름을 반영하여 미국에서는 소수민족(minority) 우대정책과 같은 흐름에서 여성기업정책이 시행되고 있으며, APEC과 OECD 등 국제기구에서도 여성경제인 활성화시책을 강구하는 것이 국제사회의 흐름이다.

이처럼 지방 중소기업, 소영세기업, 그리고 여성기업에 대한 적극적 시책은 중소기업 내부의 취약한 부문에 대한 지원의 강화라는 점에서도 의미가 크다.

3.8 개방화·세계화시대에 '국민경제의 기반'으로서 중소기업

국민경제가 개방화·세계화하면서 중소기업은 국제적으로 다양한 경제적 관계를 맺게 된다. 상품을 수출하고 해외투자를 하며 기술도입을 하는 국가간 경제협력 및 기술협력을 시행한다. 즉, 개방화·세계화가 진전되는 가운데 중소기업은 상품 및 자본뿐만 아니라 기술 정보 등 다양한 면에서 해외와 교류를 진행하고 개방적 경제제도의 확립에 중요한 역할을 한다. 이런 가운데 중소기업은 개방화 세계화의 흐름에 대응하여 구조전환을 진행해야 하고, 국제적으로 평가받을 만한 기술력과 경영력을 갖추고 국민경제의 기반이 되어야 한다.

개방화·세계화가 진행될수록 국민경제는 대내적인 생산력 기반을 확충해야 한다. 대외적 개방과 세계화는 대내적으로 견고한 생산력 기반을 전제로 하여 성공적으로 진행할 수 있기 때문이다. 이때 중소기업은 대내적 생산력 기반으로 역할을 해야 한다.

대내적 생산력 기반의 확충은 무엇보다도 대기업과 중소기업 사이의 분업체제 심화로 이루어질 수 있다. 공정한 거래를 기반으로 하는 하청계열제도의 진전은 기업간 분업체계의 발전과 나아가 가공형 산업구조를 개선하고 산업제도의 효율성을 높이는 길이기도 하다. 또한 부분품의 해외의존도를 낮추어 무역수지의 적자 요인을 완화시키고 산업간·기업간 유기적 관련도를 높여서 균형 있는 경제구조를 형성하여 경제자립의 기틀을 굳게 한다.

중소기업정책은 자본주의 발전 과정에서 형성된 구조적 모순이며 산업구조상의 모순인 중소기업문제를 완화·해소하고 중소기업의 역할을 높이는 것을 목적으로 한다. 구조적 모순의 실체는 산업자본주의 단계에서는 '경쟁·도태'였으나 자본주의가 독립자본단계에 진입하면서 '잔존·이용'으로 변화되었다. 오늘날의 현재 자본주의에서는 '잔존·이용'과 함께 중소기업의 '역할을 적극적으로 높이는 것'이 중소기업 정책과제로 되었다.

산업구조가 중화학공업 중심에서 탈공업사회로 진입하면서 지식집약형 산업구조가 전개된다. 이에 맞추어 중소기업 부문에서는 지식집약형 혁신적 중소기업 형태인 벤처기업이 성장한다. 이때 지식집약형 중소기업은 지식집약화를 지향하는 새로운 산업사회를 선도하는 역할을 하게 된다.

'경쟁과 혁신' 그리고 '활력과 창조'의 주체가 되는 중소기업은 새로운 산업사회의 전개에 적극적이고 선도적인 역할을 하게 된다. 2000년대 중소기업정책의 과제는 중소기업의 이러한 적극적 역할을 더욱 높여주는 것을 그 과제로 한다.

정책의 유형 면에서 보면 부분적으로 구조정책적 중소기업정책의 과제가 지속되겠지만 전반적으로는 산업조직정책적 중소기업정책으로 중심이 이동할 것으로 보여 진다. 소극적으로 중소기업의 시장적 불리를 시정하는 산업조직정책을 넘어서 산업조직의 쇄신과 활성화를 지향하는 적극적인 역할 재고의 산업조직정책으로 전환될 것으로 전망된다.

중소기업문제의 완화·해소와 그 역할을 높이는 것을 목적으로 하는 중소기업정책의 지향점이 전자에서 후자로 그 중심이 옮겨간다는 의미이다.

보론 : 중소기업정책의 국제 비교[1]

1 중소기업정책의 국제비교

1.1 금융 및 조세정책

1.1.1 금융·재정시책

국가별	시책 내용
일본	① 정부계 중소기업금융 3기관(중소기업금융공고, 국민금융공고, 상공조합 중앙금고)에 따른 융자 및 고도화융자(중소기업사업단) ② 중소기업신용보험공고 및 신용보증협회에 따른 중소기업의 신용력과 담보력의 보완 ③ 중앙정부 및 지방자치단체 등에 따른 중소기업 체질강화자금 조성 등
미국	중소기업자가 시중금융기관으로부터 융자를 받을 때 중소기업청(SBA)이 보증을 하는 융자보증제도가 중심
유럽연합 (EU)	① 유럽투자은행(EIB)에 따른 저리 융자 및 2퍼센트 이자 보전 융자 등을 실시 ② 유럽투자기금(EIF)에 따른 중소기업 신용보증의 실시 ③ 중소기업에 대한 지불지연문제에 각국 정부에 대응을 요청
영국	대부자금(loan)의 반환을 정부(DTI)가 보증하는 중소기업신용보증제도 (LGS)가 가장 대표적인 금융정책
프랑스	중소기업설비금고와 중소기업보증회사를 통합하여 설립된 프랑스 중소기업개발은행(BDPME)에 따른 장기처리 융자, 공공조달 관련 융자, 차입보증 등을 실시
독일	① 유럽부흥계획(ERP) 특별기금에 따른 조성시책이 중심 ② 부흥금융공고(KfW) 등의 정부계 금융기관에 따른 각종 지원시책 ③ 신용보증은 연방정부와 주정부의 지원을 받아 각 주 단위로 실시되는데, 통상 업계마다 설립된 신용보증협회가 보증을 행함
이탈리아	① 중소기업을 대상으로 한 공적 중소기업 금융기관에 따른 저리융자 ② 직인적(職人的) 제조사업자를 대상으로 하여 직인사업자금고에 따른 저리융자 제공 ③ 수출·고용확대·기술혁신의 분야에 각종 융자의 실시

---

1) 財團法人 中小企業總合硏究機構,《先進各國の 中小企業の 現狀と 中小企業政策に 關する 調査硏究》, 平成10年(1998), 332～335쪽 참조.

1.1.2 조세지원제도

일본	① 일반적 조치로서 개인사업자에 대한 소득공제 등으로 세부담의 경감 ② 법인사업자에 대한 경감세율의 적용 ③ 설비투자·실험연구·자원절약·에너지절약 등을 촉진하기 위하여 특별조치를 하고 이와 병행, 개별 법률에 기초하여 각종의 우대와 경감 등 특혜조치의 실시
미국	① 누진과세를 통하여 중소기업에 대한 세율경감을 행함 ② 연방세법의 특례로서 사업소득을 주주의 개인소득으로 신고할 수 있는 'S법인' 형태를 인가 ③ 기술개발 관련 세제로 실험연구비의 공제 ④ 기타 스톡 옵션(stock option)제도의 도입
유럽연합 (EU)	각국 정부에 대하여 부가가치세 납부의 연장, 사업승계 세제우대 등의 조치를 강구하도록 요망
영국	① 중소기업을 대상으로 한 일반적 우대세제로는 법인세의 경감세율, 부가가치세의 한도 특례 등이 있음 ② 기타 중소기업 주식금융(Equity Finance)을 원조하기 위한 기업투자경감제도(EIS)가 있음
프랑스	중소기업에 대한 우대세제로는 신규 설립 기업에 대한 우대세제, 특별적립금 적립액의 손비산입, 자기자본충실을 위한 특별조치가 있음
독일	① 법인세에서 유보이익분 및 배당이익분에 대하여 각각 세율의 경감 ② 설비투자의 특별상각제도 실시
이탈리아	1991년 중소기업조성법으로 생산성 향상, 기술이전, 시장조사, 품질관리 시스템 개발 등에 대하여 세액공제가 인정됨

1.2 경영지도 및 정보제공시책

일본	① 지방자체단체들이 중소기업의 경영기술지원을 위하여 각종 진단·지도 전문가를 파견하고 중소기업 지도단체에 따른 지도 등을 실시 ② 중소기업사업단과 지방자체단체에 설치된 중소기업지역정보센터 등이 데이터 베이스 등의 각종 정보를 제공
미국	① 중소기업육성센터(SBDC) 및 퇴직경영자봉사단(SCORE)의 경영기술상담 외에 상무부의 CBD네트 등 정부조달 정보의 제공 ② 경영정보센터(BIC)가 건설되어 최신의 정보기술과 목록, 기술지도를 종합적으로 제공
유럽연합 (EU)	① 지역내 각 지역에 설치되어 있는 유럽정보센터(EIC)를 통하여 중소기업에 대한 각종 정보의 제공 및 경영기술상담을 실시 ② 기업접근사무소(BRE), 경영협동망(Business Cooperation Network, BC-Net)의 파트너가 되기 위한 네트워크의 구축
영국	① 사업지원에 one-stop-shop approach를 도입할 목적으로 기업간 연결망을 1993년부터 개시 ② 이에 따라 각자의 사업소를 통하여 지역별 연수, 정보제공, 진단, 상담서비스, 기술혁신서비스, 공동연구 등의 각종 지원활동을 실시
프랑스	① 상공회의소, 공인경영대책협회, 지역상담지원기금, 수공업협회 등 각 기관이 경영지도 등에 관한 서비스를 실시 ② 정보제공은 정부의 각 기관, 프랑스 무역진흥협회 등이 관보 및 간행물 등으로 실시
독일	① 업계, 중소기업 관련 단체, 상공회의소, 수공업회의소 등 각 기관이 정부의 보조를 받아 각종 세미나·연수회·경영상담을 실시 ② 독일 경제합리화관재본부(Rkw)는 외부 경영상담사를 활용하여 무료경영상담을 실시
이탈리아	각주의 상공회의소가 정부의 지원을 받아 중소기업에 대한 정보 제공, 경영상담 서비스를 실시

1.3 조직화정책

일본	① 사업협동조합, 협업조합, 상공조합, 상점가진흥조합 등의 조합제도를 정비하고 중소기업의 조직화를 추진하기 위한 연수, 교류촉진, 조직지도의 조성 등 시책을 실시 ② 또한 조합에 대하여 세제상의 우대조치를 실시
유럽연합 (EU)	〈지역 안의 CMAFs(협동조합, 공제회, 협회, 재단)을 위한 복수년 행동계획에 관한 이사회결정안〉에서 유럽연합위원회는 CMAFs의 중요한 역할을 인식하고 지원의 필요성을 설명.
프랑스	직업적 협동조합(수공업·농업·어업·상업), 금융협동조합, 종업원협동조합 등 협동조합제도가 발전
독일	① 협동조합은행, 농업협동조합, 산업협동조합 등의 조합제도가 정비 ② 주택, 소비협동조합을 합하여 협동조합의 수는 약 1만 1,000개이고 그 가입자는 2,000만 명에 이름.
이탈리아	중소기업이 공동으로 수출하기 위한 조직(조합)에 대한 조성제도가 있음.

1.4 진흥정책

1.4.1 창업지원시책

일본	① 법률에 따른 종합적 지원으로서 보조금·세제·신용보완·직접금융 등이 있음 ② 기술지원으로서는 기술개발보조금, 융자, 세제, 기술인재확보 및 육성지원, 기술지도가 있음 ③ 경영지원으로서는 교류, 수요개척, 인재확보지원, 지도, 연수 ④ 금융지원으로서는 직접금융·융자·신용보완·채무보증 등의 시책을 실시
미국	① 금융 면에서 벤처캐피털을 중소기업투자회사(SBIC)로 인정하고 발행하는 채권 등을 정부가 보증하는 제도가 있음 ② 실무지도, 정보제공 면에서는 중소기업개발센터(SBDC) 등이 개업준비 세미나 등을 개최하고 사업계획의 입안, 자금조달법에 조언 등을 행함 ③ 또한 퇴직경영자봉사단(SCORE)은 자발적으로 개업 희망자 등의 상담에 응함
유럽연합 (EU)	〈창업기의 기업환경의 개선과 간소화에 관한 유럽위원회 권고〉를 통하여 유럽연합가맹국에 자국의 행정, 사법, 세제시책의 재편, 간소화 등의 방안을 촉구
영국	자기사업의 개시에서 일정 기간 조성하는 창업지원계획(BSUS), 배당금의 소득세와 주식매각시 자본이득세를 면제하는 벤처캐피털 트러스트(VCT)제도 등이 있음
프랑스	① 창업지원연구기관의 설립, 창업보육센터(incubator), 첨단기술도시(Techno-Polis), 제2증권시장의 개설, 벤처캐피털 육성 등의 시책을 실시 ② 고용창출을 행하는 기업에 세액공제, 증자발행채권의 발행, 회사자산의 매각이익에 대한 과세기간의 연장, 벤처비즈니스에 투자하는 생명보험 회사의 이익에 세액공제 등의 우대조치를 실시
독일	① 연방 경제부의 ERP개업계획, 자기자본보조계획, 개업상담 활동에 따른 조성책을 실시 ② 자유업자에 대한 조성확대 ③ 각 주별로 첨단기술과 창업을 연결해주는 창업보육시설을 다수 설립
이탈리아	① 1986년 이탈리아 청년기업가 장려법에 따라 남부의 청년의 개업지원(신사업 기획에 대한 우대조치)을 도모 ② 1994년 법개정 뒤 적용지역을 이탈리아 전국으로 확대

1.4.2 연구개발시책

일본	① 지방자치단체 등의 공공시험연구기관 등에 따른 기술지도 ② 공적 시험연구기관의 중소기업에 대한 기술개발, 각종보조금교부, 산·관·학 연대를 통하여 연구교류촉진에 따라 기술개발 지원 ③ 연수, 인재지원기반정비 등에 대한 기술인재확보·육성 등의 시책을 실시
미국	① 중소기업기술혁신촉진법에 따라 연구개발 분야의 중소기업의 정부조달 참가를 촉진하는 SBIR계획(주요 각부처가 행하는 위탁연구개발 예산의 일부를 중소기업 전용으로 할당)을 제공 ② 대학·국립연구소 등과 공동연구를 행하는 중소기업에는 중소기업기술이 전계획으로 지원
유럽연합 (EU)	① 제4차 연구·개발구조계획(framework program)을 통하여 유럽연합 지역 내 중소기업을 위한 기술장려책(TSME) 등을 실시 ② 이에 따라 타당성 조사를 위한 보조금, 연구협력계획(CRAFT)의 원조를 행함
영국	① 전자·정보·통신·신소재·생명공학 등 분야에서 기술개발을 지원하기 위하여 각종 계획(smart program 과 spurt program) 등을 제공 ② 신제품·신제법의 연구개발사업계획의 지도, 기술지도, 첨단기술 관련 정보제공, 표창제도 등의 실시
프랑스	① 정부 및 프랑스 국립연구개발응용촉진공사(ANVAR)에 따른 기술이전, 기술혁신을 위한 각종 조성계획의 도모 ② 연구개발(R&D)에 대한 세액공제의 실시
독일	연방경제부처·교육·학술·연구기술부 등이 연구개발활동 종사자의 인건비 보조와 공동연구, 외부위탁연구의 보조, 자본충실을 위한 지원을 실시
이탈리아	① 1991년 중소기업조성법에 따라 첨단 설비와 기계의 취득비용에 대한 지원이 행해짐 ② 외부의 연구소에 연구를 위탁하는 경우 연구비지원기금에서 비용의 50 퍼센트의 보조를 받음

1.4.3 인재양성시책

일본	① 중소기업사업단의 중소기업대학교에서 중소기업의 경영자·후계자·관리자의 연수와 중소기업지도 담당자의 연수를 실시 ② 지방자체단체와 정부지정의 각 지도단체에서도 중소기업의 경영관리자 기술자 등을 대상으로 각종의 연수를 실시
미국	① 중소기업육성센터(SBDC) 등을 통하여 중소기업의 경영상 각종 상담을 실시 ② 중소기업청이 각종 연수계획과 연수회의 기회를 마련하고 장소를 제공
유럽연합 (EU)	정보기술의 도입과 사원교육훈련의 연결 및 조직의 쇄신을 목적으로 하는 ADPT, 가맹국의 직업훈련계획을 보완(자국 이외의 기업에서 실습 및 교환 유학)하는 '레오나르도 다 빈치'를 실시
영국	'훈련(training) 기업경영평의회(TECs)', '지방사업공사(LECs)'가 중소기업의 종업원을 위한 각종 훈련서비스를 제공
프랑스	중앙정부와 지방자치단체가 고용·실업대책으로서 극히 중요시하고, 인재양성계약을 비롯해 고용불안예방직업훈련 협정 등 각종의 제도가 있음
독일	① 업계, 중소기업 관련 단체, 상공회의소, 수공업회의소 등이 각종의 세미나와 연수강좌를 제공 ② 수공업을 배려한 직업교육제도(Meister 제도)를 실시
이탈리아	① 기업 안에 훈련생을 받아들이는 기업에 대하여 자금보조 ② 각 경영층에 대하여 직업전문학교 및 기술전문학교에서 전문교육을 제공 ③ 각 주의 상공회의소도 훈련 과정을 제공

1.5 사업기회확보시책

1.5.1 정부조달

일본	① 별도의 입법조치에 따라 매년 중소기업자에 관한 국가 등의 계약방침을 작성하여 중소기업에 대한 계약목표를 설정 ② 동시에 수주기회의 증대를 위하여 관공수적격조합의 증명, 관공수 특정품목의 발주와 낙찰에 대한 정보 등을 제공 ③ 관공수주시책 추진정책 등을 실시
미국	① SBIR 외에 연방조달규칙(FAR)에 의거, 중소기업에 대한 특별배정제도에 따라 일정 조건의 조달은 중소기업으로부터 할 것을 의무화함 ② 주요계약계획(PCR)·하청지원계획에 의거, 중소기업청에 따른 중소기업에 대한 발주입찰제도가 있음 ③ 중소기업청이 인터넷을 통한 정부조달정보로 각종 정보의 제공
유럽연합 (EU)	유럽정보센터를 통하여 중소기업에 대한 공공조달 정보를 제공
영국	① 중소기업에 대한 발주액의 목표를 설정하는 등 명시적으로 우대조치를 강구하지는 않음 ② 정부는 각부처에 대한 권고를 통하여 가능한 대로 중소기업을 입찰리스트에 넣을 것과 부분발주도 검토하고 사전에 충분한 홍보를 행할 것 등을 규정
프랑스	① 수공업법 및 관공수주법의 규정에 정부조달의 일정분을 수공업자 및 그 조합, 공예가 및 그 조합에 우선적으로 할당 ② 중소기업에 대한 부담을 경감하기 위하여 발주규모의 소액화, 수속의 간소화, 정부조달정보의 접근 기회 개선, 전불제도의 도입 등의 시책을 강구
독일	국공조달에 관한 규정으로 "중소기업이 가장 경제적인 견적가격으로 입찰하게 되는 경우 발주자는 총액의 약 반을 당해 중소기업에 발주할 수 있다"고 연방정부의 지침을 정함
이탈리아	이 분야에서는 특히 명확한 지원을 행하지 않음

1.5.2 사업 분야 조정

일본	① 별도의 입법조치로 사업 분야 조정에 따른 분쟁문제를 원활하게 처리하기 위해서 중소기업조정관제도를 설치하여 분쟁에 지도 등을 실시 ② 백화점, 연세점 등의 대규모 소매점포와 중소소매업의 사업활동의 조정을 목적으로 입법조치를 통하여 적정한 사업활동 기회를 확보
프랑스	1973년에 제정된 법은 상업, 수공업 등의 소규모 기업에 대한 지원을 규정했고 상업에서는 대규모 소매점포의 설치를 규제했으며 이 법은 1996년에 보완·강화됨

(미국, 유럽연합, 영국 : 특별한 시책 없음)

1.6 지역진흥시책

1.6.1 지역진흥

일본	① 지역의 산업집적을 활성화하도록 입법조치로 보조금·세제·융자제도 등의 정책을 실시 ② 지역산업의 진흥을 도모하기 위하여 각종 사업을 통하여 지방공공단체에 보조금을 교부 ③ 중심시가지 활성화대책으로 입법조치에 따른 보조금 교부 등의 정책을 실시
미국	① 특정의 산업진흥보다는 빈곤대책적인 지역정책을 실시 ② 주택도시개발부와 농무부가 중소기업청과 협력하여 저소득, 고실업지역의 경제활성화를 목적으로 〈특별개발지역·사업진흥지역 계획〉을 수립 ③ 이에 따라 기업유치와 창업촉진을 위한 우대시책(특별융자와 우대세제)을 실시
유럽연합 (EU)	① 가맹국의 지역격차를 시정하도록 구조기금을 통하여 보조금을 지출 ② 이에 따라 저개발지역과 산업낙후지역 등의 구조개선을 촉진
영국	① 1970년 이후 정부는 지역정책을 소홀히했으며, 1979년 이후에는 다시 특별원조를 위한 보호지역 규모를 축소하고 대책항목도 축소 ② EU의 구조기금의 중요성이 지역우대 원조보다도 더욱 큼
프랑스	지역분권의 흐름에 따라 지역별 산업집적정책이 촉진되고 창업보육시설 및 첨단기술도시를 추진
독일	지역경제구조개선의 기본계획에 따라 실시
이탈리아	① 지금까지 남부기업에는 북부기업에 비교하여 지원 대상이 되는 중소기업의 범위를 확대하고 세액공제기간을 연장했지만, 근년에는 지역에 따른 기업의 차별을 폐지하는 방향임 ② 지역중소제조업의 집적을 지원하는 규정이 제정되었지만 실제로는 기능을 발휘하지 못함

1.6.2 지역중소기업시책의 흐름

일본	지방자치단체는 정부가 제정한 중소기업지원의 입법조치 계획에 따라 실시하는 사업(주로 중앙정부의 보조금을 받아서 실시)과 지역의 실정에 따라 고유하게 실시하는 중소기업대책을 실시
미국	주정부가 지역의 실정에 맞추어 정책을 실시
유럽연합 (EU)	① 유럽연합의 기업정책은 가맹국의 국내활동을 보완하는 데 그침 ② 유럽위원회는 가맹국 및 중소기업 관련 기관과 협조로 가맹국 사이의 조정을 도모
영국	① 각지역에 따라 제도구조에 차이가 있음 ② 북아일랜드에는 중앙정부가 북아일랜드부를 통하여 직접통치하고 웨일스에는 웨일스개발청이 지원실시를 포함한 광범위한 책무를 맡고 있으며, 스코트랜드는 경제개발담당청(Scotish Enterprise)이 중심이 되고 있음
프랑스	지역개발보조금, 지방공공단체 보조금 등 지역진흥을 위한 제도가 실시됨
독일	독일의 각주에는 중소기업진흥법이 제정되어 이에 따라 주마다 독자적인 중소기업시책을 입안·실시함
이탈리아	① 중앙정부 수준보다는 각주와 각 지역의 상공회의소 및 산업연맹이 큰 역할을 담당함 ② 정부 수준의 법률에 따른 제도가 있지만, 그 실시 내용을 결정하는 것은 각주에 위임되는 경우가 많음

1.7 영세사업자시책

일본	① 중소기업 사업자의 76퍼센트를 점하는 소규모사업자를 지원하기 위해서 각 지역에 설치된 상공회와 상공회의소를 통하여 경영지원 등에 따른 상담 및 지도, 기장지도, 전문가파견 등의 사업을 실시 ② 소규모사업자를 위한 특별의 융자제도 등을 수립
미국	소수민족(minority) 및 여성이 소유 경영하는 기업에 정부조달의 배려 등 지원책이 있음
유럽연합 (EU)	수공업, 소기업, 영세기업이 구조변화에 적용하고 단일시장에 적용하여 이 시장을 활용할 수 있는 환경조성의 지원을 실시
프랑스	수공업자(종업원 수 10만 미만)에 대한 금융의 개선, 고용의 확대에 관한 지원조치가 있음

(영국·독일·이탈리아는 특별한 영세사업자시책이 제시되지 않음)

2 중소기업정책 연표의 국제비교(한국·일본·미국)

연도	한국	일본	미국
1890			• 셔먼 반트러스트법 (Sherman Antitrust Act) 성립
1897		• 중요수출품동업조합법 제정·공표	
1900		• 중요물산동업조합법 • 산업조합법	
1914			• 독점배제·경쟁유지를 목적으로 하는 연방거래위원회(Fedral Trade Commission, FTC) 설치 • 클레이턴 반트러스트법 (Clayton Antiturst Act) 성립
1923		• 산업조합중앙금고법	
1925		• 중요수출품공업조합법 • 수출조합법	
1927		• 상공회의소법	
1931		• 공업조합법	
1932		• 상업조합법	• 부흥금융공사법(Reconstruction Finance Coporation Act) 성립 • 부흥금융공사(Reconstruction Finance Corporation, RFC) 설치

연도	한국	일본	미국
1933			• 전국산업부흥법(National Industrial Recovery Act, NIRA) 성립 • 전국부흥청(National Recovery Administration, NRA) 설치
1934		• 부정경쟁방지법	• 전국부흥공사법 5(b)조 수정 • 연방준비법(Federal Reserve Act) 13b조 수정
1935			• NIRA, 위헌판결에 따라 폐지
1936		• 상공조합중앙금고법	• 로빈스-파트만 가격차별금지법(Robinson-Patman Act) 성립
1938			• 중소기업자회의(Small Businessmen's Conference) 개최 • 루즈벨트(Roosevelt) 대통령, 의회에 독점과 경제력 집중을 억제하는 입법을 권고 • 중소기업에 대한 관세 세율에 큰 영향을 주는 1938년 세입법(Revenue Act of 1938) 성립 • 임시전국경제조사위원회(Temporary National Economic Commitee, TNEC), 의회 결의로 설치
1939		• 공업조합법 개정법(공업 소조합제도의 창설 등)	• 상하양원 은행·통화위원회에서 미드(Mead)의 〈산업용자공사(Industrial Loan Corporation)〉안 등 중소기업금융조성법안이 심의됨

연도	한국	일본	미국
1940		• 상업조합법 개정법(상업 소합제도의 창설 등)	• 상원 결의 298호로 상원 미국 중소기업조사 특별위원회 설치 • 사법부·상무부에 중소기업계(Small Business Unit)가 설치됨 • 상하양원 은행·통화위원회에서 포드(Ford)·사바스(Sabath) 등의 중소기업금융조성법안이 심의됨 • 생산관리국(Office of Production Management, OPM) 설치
1941		• 〈육해군 기타의 발주관아 직접이용의 하청공업 정비요강〉 발표 • 〈기계 철강제품공업 정비요강에 의한 협력공업 정비실시요강〉(하청에서 협력으로, 기업계열화로의 경향) 발표	• 하원에 중소기업 특별조사위원회 설치 • 중소기업에 군수 발주 촉진을 목적으로 하는 계약배분과(Division of Contract Distribution) 설치 • 하원결의 294호로 중소기업 관련 국방제도 조사 개시 • 하원 중소기업특별위원회, 최초로 전미국 중소기업에 대한 설문조사 실시 • 상하양원 은행·금융조사위원회에서 포드·사바스 등의 중소기업금융조성법안이 재심의됨
1942			• 전쟁생산국(War Production Board, WPB) 설치 • 중소기업 생산설비 동원법(Act to Mobilize Productive Facilities of Small Business in Interests of Successful Prosecution of War) 성립

연도	한국	일본	미국
			• 이 법에 따라 중소기업 군수공장공사(Small War Plants Corporation, SWPC) 설치
1943		• 상공조합법 • 상공경제회법	• 잉여자산처분법(Surplus Property Act) 성립 • 계약결정법(Contract Settlement Act) 성립 • 군인복직법(Servicemen's Readjustment Act) 성립 • 복직군인청(Veterans Administration, VA) 설치 • 중소기업공사(Small Business Corporation)를 요구하는 머리(Murray)안과 웨리(Wherry)안 등이 심의됨
1945			• SWPC 폐지 연장법 성립 • 상무부에 중소기업자문위원회(Small Business Advisory Committee) 설치
1946		• 상공협동조합법(상공조합법의 폐지) • 일본상공회의소 창립 총회	• 상무부, 중소기업계 명칭을 중소기업과(Office of Small Business)로 변경 • RFC에 중소기업과(Small Business Division) 설치 • SWPC 폐지, 융자권한은 RFC, 경영지도는 상무부로 이관 • 상원 중소기업특별위원회, 중소기업부(Department of Small Business) 설치를 권고
1947		• 사적 독점의 금지 및 공정거래의 확보에 관한 법률(독점금지법)	• RFC, 소규모 협조융자 제도의 융자수속 엄격화를 도모

연도	한국	일본	미국
		▪〈중소기업진흥대책요강〉(사적 독점의 금지, 부당 거래제한 배제에 따른 자유경쟁 아래 중소기업의 건전한 발전을 도모)	▪상하양원, RFC 존속 등을 요구하는 공동결의 가결
1948		▪중소기업청설치법의 공표 및 중소기업청 발촉 ▪사업자단체법 ▪중소기업진단실시기본요령 제정(진단제도의 창설)	
1949		▪중소기업금융대책요강 ▪국민금융공고법 ▪통상산업성 설치로 중소기업청은 그 외국이 됨 ▪중소기업등협동조합법	▪상원 중소기업특별위원회 폐지 ▪패트먼(Patman) 하원의원, 중소기업반독점협의회(Small Business Anti-Monopoly Conference) 설치
1950		▪중소기업신용보험법	▪의회에서 1950년 중소기업법안(Small Business Act of 1950) 심의 ▪국방생산법(Defence Production Act) 성립 ▪상원 중소기업특별위원회가 상임위원회로 재설치됨 ▪트루먼(Truman) 대통령, 중소기업정책에 관한 대의회 메시지 ▪셀라-케파우버법(Celler-Kefauver Act) 성립
1951		▪상호은행법 ▪신용금고법 ▪중소기업신용보험법의 일부 개정(융자보험제도 창설)	▪수정국방생산법(Defence Production Act of 1951) 성립 ▪이 법에 의거, 중소군수공장청(Small Defence Plants Administration) 설치

연도	한국	일본	미국
1952	• 중소기업자금 〈실링〉 제도의 제정	• 기업합리화촉진법(중소기업진단제도의 법제화) • 중소기업등협동조합법 개정법(조합원인 중소기업자의 규모 인상 등) • 특정 중소기업의 안정에 관한 임시조치법	
1953	• UNKRA 계획에 따라 중소제조업 및 광업에 대한 융자기금 설정	• 중소기업안정법 • 중소기업금융공고법 • 신용보증협회법(신용보증협회의 법제화) • 상공회의소법 • 독점금지법개정법(합리화 카르텔의 인가, 재판매가격유지계약의 승인, 회사의 주식보유, 합병 등의 제한 완화, 사업자 단체법의 폐지)	• 1953년 중소기업법(Small Business Act of 1953) 성립 • 이 법에 의거 중소기업청(U. S. Small Business Administration) 설치 • RFC 활동 정지 • SBA장관·재무장관·상무장관으로 구성된 융자정책위원회(Loan Policy Board) 설치 • 중소기업교육회의(Small Business Education Conference) 개최 • SBA, 대학과 공동으로 중소기업 경영실무강좌 개최
1954	• 생활필수품생산자금취급요령의 작성 및 실시	• 중소기업신용보험법의 특례에 관한 법률 • 1954년 8월 및 9월의 대수해 피해 소기업자에 대한 자금의 융통에 관한 특별조치법	• RFC 폐지
1955	• 중소기업생산자금취급요령(생활필수품생산자금취급요령의 대체) • 중요산업생산자금취급요령의 제정	• 중소기업등협동조합법의 일부 개정(설립허가제, 조합선거방법 개정, 중앙회 법제화 등)	• 1953년 중소기업법(시행법) 연장 • 풀(pool)융자제도, 특별협조융자제도(Limited Loan Participation Program) 도입 • 정부조달에 특별배당제도(Set-Aside Program) 도입

연도	한국	일본	미국
			• 공동결정제도(Joint Determination Program, JDP)를 군수조달 이외에도 적용 • 〈중소기업규모기준〉에 관한 특별조사위원회(Interagency Task Force in Small Business Size Standards) 설치
1956	• 금융통화위원회에서 중소기업육성자금 취급요강 제정 • 중소기업육성대책요강의 작성	• 전국 중소기업등협동조합중앙회 설립 • 일본중소기업정치연맹 결성 • 중소기업진흥자금조성법(중소기업 등 협동조합시설, 중소기업자의 경영합리화 시설설비에 필요한 자금 대부 실시) • 하청대금지불지연등 방지법 • 섬유공업설비임시조치법(구섬유법) • 기계공업진흥임시조치법 • 중소기업진흥심의회, 〈중소기업의 조직화와 합리화에 관한 진흥책〉(답신) 발표	• 중소기업 각료위원회(Cabinet Committee on Small Business) 설치 • 정부조달에 중소기업 수주기회확대를 위한 중소기업 조달회의(Small Business Procurement Conference) 개최 • 상무부 등 정부조달 공동특별배당제도(Joint Set-Aside Porgram) 실시
1957	• 귀속재산처리 특별회계 적립금을 재원으로 하는 중소기업운용자금융자취급세칙 제정	• 환경위생관계 영업의 운영의 적정화에 관한 법률 • 전자공업진흥임시조치법 • 중소기업단체의 조직에 관한 법률(중소기업단체법 : 조정조합제도를 폐지하여 새로운 조정사업과 공동 경제사업을 병행하는 상공조합제도를 창설)	• 제2회 중소기업교육회의(Conference on the Problems of Training Small Business Executives) 개최

연도	한국	일본	미국
		• 중소기업등협동조합법의 일부를 개정하는 법률(새로운 사업협동 소조합 및 화재공제협동조합제도의 창설등) • 《경제백서》에서 이중구조문제 제기	
1958	• ICA 소규모공업자금 융자 실시 • 중소기업육성자금취급요강을 폐지하고 일반자금융자제로 통합	• 중소기업안정심의회 설치 • 전국중소기업단체중앙회 발족(전국중소기업등협동조합 중앙회의 개칭) • 중소기업신용보험공고법 • 전국상점연맹(일본상점연맹과 전국상점회협동조합연합회의 합병) 창립 • 금융제도조사회, 〈협동조직에 의한 중소기업금융제도에 관한 중간답신〉 발표	• 1958년 중소기업법(Small Business Act of 1958, 항구법) 성립 • 이 법에 의거 SBA는 항구기관으로 됨 • 중소기업투자법(Small Business Investment Act of 1958) 성립 • 주, 지방개발회사용자제도의 도입
1959	• UNKRA 중소기업융자기금에 관한 협정의 체결과 이에 의거한 UNKRA 중소기업운용자금취급세칙의 제정 • 경제개발3개년계획(안)의 중소기업시책 • UNKRA기금에 따른 이원화된 융자제도의 통합	• 전국상공회연합회 창립총회 • 최저임금법 • 소매상업조정특별조치법(상조법) • 중소기업퇴직금공제법 및 중소기업퇴직자 공제사업단설립	• 정부원목불하시 특별배당제도 도입
1960	• 상공부 안에 중소기업과 신설(중소기업 전담행정기구 설치) • 중소기업심의회 설치 • DLF자금(AID)의 차관협정으로 중소기업 부문에 외자 도입(산업은행)	• 중앙 중소기업 조성심의회 발족 • 중소기업업종별진흥 입시조치법 • 상공회의 조직 등에 관한 법률(상공회법) • 〈국민소득배증계획〉 발표	• 조기상환 은행협조융자제도(Early Maturities Bank Participation Plan) 도입

연도	한국	일본	미국
	• 대충중소기업자금 가운데 융자액의 2퍼센트를 징수하여 신용보증기금으로 적립 : 신용보증제도의 단서 • 62개의 공업단체를 규합하여 전국 중소기업중앙단체연합회 창설		
1961	• 중소기업육성을 위한 종합대책 수립(국무회의 : 민주당 정부) • 중소기업센터를 각 도에 1개씩 설치 – 중소기업지도사업의 착수 • 생산성본부의 기업진단 시행 • 중소기업은행법의 제정·공표 및 중소기업은행의 발촉 • 중소기업협동조합법의 제정·공표 • 중소기업사업조정법의 제정·공표 • 특정외제품판매금지법의 제정·공표 • 특수법죄처벌에 관한 특별법의 제정·공표 • 수출장려보조금 교부에 관한 임시조치법의 제정·공표 • 수출조합법의 제정·공표 • 금융기관에 대한 임시조치법의 제정·공표	• 중소기업진흥자금조성법의 일부 개정(공장집단화관계 조성 조치의 창설 등, 중소기업진흥자금등조성법으로 개명) • 상공회의 조직 등에 관한 법률의 일부 개정(상공회연합회의 법제화 등) • 중소기업청, 중소기업정책 심의관실 설치	• 간이은행협조융자제도(Simplified Bank Loan Participation Plan) 도입 • 케네디(Kennedy) 대통령에 의하여 고실업지역 개선책으로 이 지역의 중소기업 규모기준을 25퍼센트 인상 • 중소기업에 하청계약촉진조치 • 백악관 중소기업위원회(White House Committee on Small Business) 설치
1962	• 군납촉진에 관한 임시조치법 • 대한무역진흥공사법 • 제1차경제개발5개년계획의 중소기업시책 공표	• 상점가진흥조합법 공표(상점가지역 안의 소매상업, 환경정비 개선사업의 조직규정)	• 무역촉진법(Trade Expansion Act)에 의거 상무부 피해인정기업에 융자제도 도입

연도	한국	일본	미국
	• 수출진흥법 • 국민은행법 제정 • 신용보증준비금제도의 창설(중소기업은행법시행령 제15조) • 중소기업협동조합의 단위조합 및 중앙회 결성 • 주식회사 한국국민은행 설립 • 제5차개정헌법(1962년 12월 26일)에 중소기업시책 규정(제115조)	• 중소기업청, 중소기업 기본정책심의실 설치 • 중소기업지도센터 설립	• 50만 달러 이상의 주계약에 관한 하청발주계획 제출의 의무화
1963	• 국민은행 설립	• 중소기업근대화촉진법(중소기업근대화계획 책정과 원활한 실시 조치, 중소기업 진흥심의회를 중소기업근대화 심의회로 개칭) • 중소기업근대화 자금조성법(기업합동자금, 소매상업점포공동화자금, 도매업점포집단화자금 등의 중소기업 고도화자금 대부제도 창설) • 중소기업고도화자금 융통 특례회계법(정부의 지방자치단체에 대한 보조금으로 교부하는 고도화자금을 특별회계 대부금으로 함) • 중소기업근대화심의회 설치 • 중소기업 투자육성주식회사법 • 중소기업청 설치법 개정(중소기업청 기구 변경, 차장직 신설, 장관 직속 계획부, 지도부) • 중소기업기본법 공포·시행	• 융자보증제도(Loan Guaranty Plan) 도입 • 대기업 대상의 임의 하청계약촉진제도(Voluntary Subcontracting Program) 도입 • 민간경영지도제도(Intra-Industry Management Program) 도입 • 1일경영실무강연회(One Day Workshop) 제도 도입

연도	한국	일본	미국
		• 중소기업지도법(중소기업의 경영관리 합리화, 기술향상 등 중소기업지도 사업의 추진과 국가의 지원조치의 법제화) • 중소기업신용보험법 개정법(중소기업자 정의의 개정, 설비근대화 등의 근대화보험 신설) • 중소기업등협동조합법 개정법(중소기업자의 범위 개정) • 하청대금지불지연 등 방지법 개정법(신사업자·하청업자 정의의 개정) • 중소기업금융공고법 개정(중소기업자의 정의 개정) • 중소기업근대화촉진법 시행령(특정업종 중소기업자의 정의, 업종 지정) • 중소기업정책 심의회 설치	
1964	• 수출산업전환대책을 주내용으로 하는 3단계 육성시책 추진 • 중소기업중점육성대책 : 전반적 보호육성에서 선별육성정책으로 전환 • 수출산업공업단지개발조성법 • 신흥보증부대출 실시(신용보증준비금처리요령을 신용보증준비금운용요강으로 대체) • 수출품 생산지정업체 지원 시작	• 최초의 《중소기업백서》(1963년도) 발표 • 중소기업정책심의회 조정 소위원회, 〈중소기업자와 중소기업 이외의 자와의 사업활동의 조정에 대하여〉(의견구신) • 중소기업 근대화자금조성법 개정법(중소기업자의 정의 개정, 상점가근대화자금의 신설) • 중소기업근대화촉진법 개정법(중소기업자의 정의 개정) • 섬유공업설비등임시조치법(섬유공업 설비임시조치법의 폐지)	• 경제기회법(Economic Opportunity Act of 1964) 성립 • 경제기회융자(Economics Opportunity Loan) 도입 • 소영세기업(Neighborhood-type Concerns)을 대상으로 한 6×6제도(6×6 Program) 도입 • 퇴직경영자경영지도봉사단(Service Corps of Retired Executives, SCORE)제도 도입

연도	한국	일본	미국
		• 중소기업단체의 조직에 관한 법률 개정법(중소기업 분야에 대기업 진출 규제) • 산업구조심의회와 산업합리화 심의회를 산업구조심의회로 개칭	
1965	• 제17차 금융통화위원회에서 중소기업부문자금운용규정 개정 : 의무대출비율제 도입 • 중점융자제도의 확립 • 중소기업시설근대화시책의 본격적 추진 • 중소기업은행법의 개정으로 중소기업대출재원에 외자도입 추진 • 가내공업센터 설치(지역사회개발촉진 목적) 및 지방특화산업육성시책 시행 • 영세기업시책의 시행 • 예산회계법 시행령의 개정으로 중소기업단체수의계약제도 도입 • 중소기업은행과 UNDP 집행기관인 ILO 기술조사단의 협력 : 경영기술지도 시작	• 소규모기업공제법 • 중소기업신용보험법 개정법(특별소액 보험제도 설립) • 중소기업신용보험임시조치법(무담보보험의 창설, 연쇄도산방지특례조치)	• 정부조달특별배당제도의 폐지와 정부조달단독결정제도의 도입 • 융자정책위원회 폐지
1966	• 제2차경제개발5개년계획의 중소기업부문 시책 공표 • 단체수의계약 촉진에 관한 국무총리 훈령 시달 • 중소기업수출특화산업육성시책 실시 • 〈중산층논쟁〉의 전개	• 중소기업근대화자금조성법의 개정(구조개선 준비금제도 창설, 소매상업연쇄화, 중소기업 공동공장대여제도 창설 : 중소기업근대화자금등 조성법으로 명칭 변경) • 관공수에서 중소기업자의 수주에 관한 법률(관공수주확보법)	• 정부조달 단독결정제도를 민수조달기관에도 적용 • 중소기업특별배정운영위원회(Steering Commitee on Small Business Set-Aside) 설치

연도	한국	일본	미국
		• 유통업무시가지의 정비에 관한 법률	
1967	• 지방은행설립 • 일반은행의 중소기업금융부 설치 • 중소기업신용보증법의 제정 • 기계공업진흥법의 제정 •《중소기업백서》(나중에 중소기업에 대한 연차보고서)의 첫 간행 • 직업훈련법의 제정 • 전문화업체선정 및 조성자금 사용원칙 공고(전문계열화업체 지정) • 공산품품질관리법 제정 • 중소기업정책심의회 설치 • 중소기업기술지도센터 설치(중소기업 협동조합 중앙회)	• 섬유공업구조개선임시조치법(섬유공업설비등 임시조치법의 폐지) • 중소기업단체의 조직에 관한 법률 개정법(협업조합제도의 창설) • 금융제도조사회, 〈중소기업금융제도의 방향에 대하여〉(답신) 발표	• 간이포괄융자보증제도(Simplified Blanket Loan Guaranty Plan) 도입 • 정부조달특별배당의 재실시
1968	• 잡화공업육성시책 착수(중소기업국 지도과에 잡화계 신설) • 중소기업국 설치(상공부)	• 중소기업정책심의회 기획소위원회, 〈금후의 중소기업정책의 방향에 대하여〉(중간보고) 발표	• 리스보증제도(Lease Guaranty Program) 도입
1969	• 공업단지내 공장대여제 실시 • 지방공업개발법 제정 • 수출잡화공업 중점육성 대상품목 선정 • 중소기업협동조합시범제도 및 정비 강화요령 • 잡화공업육성자금운영요령 • 계열화를 위한 상업어음할인제도 운영	• 중소기업근대화촉진법 개정법(중소기업 구조개선제도의 창설) • 중소기업정책심의회, 〈금후의 중소 기업정책의 방향〉(의견구신) 발표	• 소수민족기업의 중소기업투자회사(Minority Enterprise Small Business Investment Company, MESBIC) 제도 도입 • 현역경영자 경영지도봉사단(Active Corps of Executive, ACE) 도입

연도	한국	일본	미국
1970	· 잡화공업육성 및 자금 운영요령 · 전문연구요원 병역특례 제도 실시 · 중소기업전문화 및 계열화 조성요강 · 중소기업 투자개발 확대를 위한 기업합병 조성 요강 · 업종별 근대화계획 수립 착수 · 중소기업제품 구매촉진 심의회 규정 공표 · 지방고유산업 개발을 위한 지방특화 산업육성 요강 마련 · 중소기업전문화 계열화 조성요령(중소기업전문화 및 계열화에 업체 선정 및 운영요령의 폐지) · 중소기업특별상각제도 신설 · 수출특화산업 육성자금의 융자대상업체 선정 및 자금지원 요령	· 경제심의회 중소기업 유통연구위원회, 〈70년대의 중소기업의 유통 : 저생산성의 극복과 시스템화의 달성을 위하여〉(보고서) 발표 · 가내노동법 · 하청중소기업진흥법	
1971	· 중소기업근대화지원체제(고유, 전문화계열화, 대기업화형) 확정·공표 · 제3차경제개발5개년계획의 중소기업부문 시책 공표	· 특정전자공업 및 특정 기계공업진흥임시조치법(기계공업진흥임시조치법 및 전자공업진흥임시조치법의 폐지) · 중소기업특혜대책 임시조치법 · 국제경제상 조정조치의 실시에 따른 중소기업에 대한 임시조치에 관한 법률 · 농촌지역공업등 도입촉진법 · 통산성, 〈70년대 통산정책의 방향〉, 중간보고 발표	· 보증채권보증제도(Surety Bond Program) 도입

연도	한국	일본	미국
1972	• 유신헌법(1972년 12월 27일)의 중소기업육성 규정(제120조) • 기술개발촉진법 • 8·3조치(경제의 안정과 성장을 위한 긴급명령 제15조)에 의한 특별금융지원 • 토산품생산업체 지정 및 지원요령 • 중소기업합리화자금 운용에 관한 세부 지침	• 공업재배치촉진법 • 중소기업정책심의회, 〈70년대의 중소기업의 위치와 그 정책 방향〉(의결구신) 발표	• 대학활용 중소기업 진단제도(Small Business Institute) 도입 • 장애자기업융자제도(Handicapped Assistance Loan) 도입
1973	• 새마을공장을 건설하는 농가공산품 개발사업 착수 • 농가공산품 개발규정 • 중소기업 구조근대화지표 고시 • 새마을공장지정제도 착수 • 공업진흥청 발촉 • 산업기능요원제도 도입(방위산업체 한정) • 중화학공업화 선언	• 중소기업근대화촉진법 개정법(지식집약화를 구조개선사업의 대상으로 추진) • 산업구조심의회 인간능력부회, 〈산업구조의 지식집약화와 인간능력〉(중간답신) 발표 • 중소소매상업진흥법(고도화사업계획의 책정, 세제우대조치, 금융지원) • 대규모 소매점포에서 소매업의 사업활동의 조정에 관한 법률(대점법) • 중소기업기본법의 개정법(중소기업자의 범위의 개정 등)	• 하원 중소기업특별위원회가 상임위원회로 되어 입법원을 갖게 됨 • SBA, 에너지국(Energy Office) 설치
1974	• 토산품생산업체육성 자금집행요령 발표 • 완구공업제품 생산공장 건설자의 지정 및 지원요령 • 국민생활의 안정을 위한 대통령 긴급조치에 따른 특별금융지원 • 중소기업의 수출산업화, 전문화, 계열화 및 기업합병 조성자금 집행요령	• 전통적 공예산업의 진흥에 관한 법률(전산법) • 특정섬유공업구조개선 임시조치법의 개정(섬유공업구조개선 임시조치법으로 개칭, 신섬유법) • 중소기업도산관련 특별보증제도 창설 • 소규모기업지도관 제도의 창설	

연도	한국	일본	미국
	• 중소기업 육성자금운용 요강 : 각종지원시책 자금을 통합·일원화 • 수출잡화·수출특화 등 수출중소기업 시책을 수출산업화 시책으로 통합 • 신용보증기금법 제정(기금의 통합) • 한국기술진흥회사설립(벤처캐피탈업무시작) • 중소상업조직화를 위한 연쇄화사업 추진 • 기술개발준비금 손금산입제도도입	• 중소기업근대화 심의회, 〈금후의 중소기업 근대화 정책의 방향에 대하여〉 의견구신 • 산업구조심의회, 〈우리나라 산업구조의 방향〉 답신	
1975	• 중소기업계열화촉진법 제정 • 기계류·부품 국산화시책 전개 • 물가안정 및 공정거래에 관한 법률 제정	• 특별연구개발제도의 창설 • 기술교류촉진사업 창설 • 중소기업근대화촉진법 개정법(업종단위 구조개선제도, 신분야 진출 촉진제도의 창설) • 연구개발기업육성센터 설립 • 산업구조심의회·중소기업정책심의회기획조사부회, 〈중소기업의 역할과 그 전망〉 발표 • 중소기업근대화심의회, 〈금후의 중소기업 사업전환 대책의 방향〉 의견구신	• SCORE, ACE 제도, 사회사업봉사활동본부(ACTION)에서 SBA로 이관
1976	• 중소기업형 전문기계공장 선정요령 • 제4차경제개발5개년계획의 중소기업부문시책 공표 • 신용보증기금 발촉(1976년 6월 1일) • 직업훈련기본법 제정(직업훈련법의 폐지)	• 중소기업사업전환대책 임시조치법(무역구조 등의 현저한 변화에 따른 중소기업자의 사업전환에 대한 금융·세제 지원조치) • 중소기업정책심의회, 〈중소기업과 대기업의 사업분야 조정방향〉(의견구신) 발표	• SBA, 조성정책심의관(Chief Councel for Advocacy) 직을 설치

연도	한국	일본	미국
	▪ 중소기업기본법 개정(중소기업 범위확대, 제조업의 상시 종업원 250명 → 300명) ▪《경제백서》의 이중구조 문제제기		
1977	▪ 종합무역상사와 중소기업간 수출계열화 추진 ▪ 노후 공작기계개체 지원제도 실시 ▪ 중소기업전용단지조성 : 반월공단이전업체선정요령 ▪ 계열화 대상〈특정업종 및 지정계열화품목 지정〉(계열화촉진법 제5조) 공고 및 지정 개시	▪ 기술이전 촉진사업의 창설 ▪ 중소기업의 사업활동기회 확보를 위한 대기업의 사업활동 조정에 관한 법률(중소기업분야조정법) ▪ 소매상업조정특별조치법 개정법(중소기업분야조정법과 같은 내용 추가) ▪ 중소기업도산방지공제법(중소기업의 연쇄도산방지를 목적으로하는 공제제도 창설)	▪ 상원 중소기업특별위원회 입법권을 갖게됨 ▪ 전미국과학재단(NSF)에 중소기업 연구개발국(Office of Small Business Research and Development) 설치 ▪ 여성소유기업 융자제도의 시행 ▪ 정부소규모조달계약 중소기업에 촉진조치
1978	▪ 중소기업진흥법 제정 ▪ 중소기업기본법 개정(시책별 특례규정 설치 가능) ▪ 중소기업특화업체 지정(나중에 고유중소기업형업종) ▪ 고유중소기업형공장지정 개시 ▪ 중소기업 발행사채의 신용보증기금 인수 ▪ 증자소득공제제도 신설 ▪ 중소기업사업조정법 개정(대기업의 중소기업 분야 침투억제 장치) ▪ 중소기업 의무대출비율 조정(지방은행 30%→40%) ▪ 중소기업계열화촉진법 개정(계열화 범위 및 대상 확대)	▪ 원화가치절상관련 중소기업대책 임시조치법 ▪ 특정불황산업안정 임시조치법(구조불황대책법) ▪ 특정불황지역 중소기업대책 임시조치법 ▪ 특정지역 이직자 임시조치법 ▪ 특정기계정보산업진흥 임시조치법(기정법)	

544

연도	한국	일본	미국
1979	• 중소기업진흥공단 설립 • 중소기업진흥기금 조성 • 중소기업우선육성업체 지정요령 및 중소기업우선육성업종 공고 • 중소기업진흥공단의 근대화 협업화사업 추진 • 중소기업경영기술지도계획(지도기관 지도요령) • 중소기업경영기술지도요령 • 신용보증기금과 미국 조지아 공과대학(GIT) 사이에 경영·기술에 관한 용역 체결 • 중소기업사업조정제도 운영 시작 • 천안 등 지방중소시범공업단지 조성	• 산지중소기업대책임시조치법(산지법)	
1980	• 제5공화국 헌법에 중소기업육성관계 규정(제124호) • 독점규제 및 공정거래에 관한 법률 제정 • 중소기업 의무대출비율 조정(지방은행 40퍼센트→55퍼센트) • 국가보위비상대책위원회의 중소기업 자금지원 종합대책 • 중소기업은행과 신용보증기금의 중소기업체 투자업무 신규 취급 • 일반은행 및 단자회사의 중소기업 의무대출비율 인상(시중은행 : 30퍼센트→35퍼센트, 지방은행 : 40퍼센트→55퍼센트, 단자회사 어음비율 : 20퍼센트→30퍼센트)	• 중소기업사업단법(중소기업공제사업단과 중소기업진흥사업단의 통합) • 중소기업정책심의회, 〈1980년대 중소기업의 위치와 중소기업정책의 방향에 대하여〉(의견수신) • 중소기업사업단 중소기업대학교 개교 • 중소기업경영상담사업 창설 • 중소기업사업단 발촉	• 중소기업진흥센터법(Small Business Development Center Act of 1980) 성립 • 중소기업수출촉진법(Small Business Export Expansion Act of 1980) 성립 • 중소기업종업원소유권법(Small Business Ownership Act of 1980) 성립 • 법령규제완화법(Regulatory Flexibility Act of 1980) 성립 • 문서업무삭감법(Paper Reduction Act of 1980) 성립 • 중소기업투자촉진법(Small Business Investment Incentive Act of 1980) 성립 • 종합중소기업자본형성법(Omnibus Small Business Capital Formation Act of 1980) 성립

연도	한국	일본	미국
	• 공예품전문생산업체 지정 개시 • 중소기업근대화계획 승인업체 지원 개시		• 중소기업 증권발행간소화법(Small Business Issuer's Simplification Act of 1980) 성립 • 중소기업경제정책법(Small Business Policy Act of 1980) 성립 • 평등재판권법(Equal Access to Justice Act of 1980) 성립 • 제1회 백악관중소기업회의(White House Conference on Small Business) 개최
1981	• 중소기업제품구매촉진법 제정 • 특정설비투자에 대한 세액공제제도 도입 • 한국생산기술사업단 발촉(해외기술자 초청 지도 전문기관) • 시설대여사업 추진 • 산업기술연구조합 설립 • 산업체근무 전문연구원 병역특례제도 시행		• 경제재건법(Economic Recovery Act of 1981) 성립 • 보장S개정법(Subchaper S Revision Act of 1981) 성립 • 중소기업예산조정 및 융자통합개선법(Small Business Budget Reconcillation and Loan Consolidation Improvement Act of 1981) 성립 • 퇴역군인 중소기업융자법(Veterans Small Business Loan Act of 1981) 성립 • 종합중소기업자본형성세법(Omnibus Small Business Capital Formation Tax Act of 1982) 성립
1982	• 중소기업진흥장기계획 수립(보호 : 중소기업고유업종, 지원 : 우선육성업종으로 구분 운용) • 중소기업기본법개정(중소기업의 범위 기준을 종업원 수 기준으로 변경, 시행령에서 업종별 특성과 자산액 규모 반영 가능,	• 전국중소기업단체중앙회, 〈중소기업조직화정책 비전〉 발표 • 지역개선대책특별조치법 • 하청거래개선 강습제도 창설	• 중소기업기술혁신촉진법(Small Business Innovation Development Act of 1982) 성립 • 지불촉진법(Prompt Payment Act of 1982) 성립 • 특허법(Patent Act of 1982) 성립

연도	한국	일본	미국
	중기업과 소기업의 규모 구분, 창업지원, 사업전환, 공제제도 등) · 중소기업계열화촉진법 개정(특정업종을 지정계열화업종으로 변경, 계열화촉진협회, 수급기업체협의회, 모기업체의 준수사항 확대) · 전문기계업종과 고유중소기업형 업종을 중소기업 우선육성업종으로 일원화 · 중소기업사업조정법 개정(중소기업특화업종→중소기업고유업종) · 중소기업 사업조정제도의 본격적 운용 · 중소기업연수원(반월 소재) 개원 · 하도급거래상의 불공정거래행위 지정고시 · 중소기업협동조합법 개정(중소기업 공제사업기금 설치, 협동소조합제도 신설) · 전문기계공장대상품목과 고유중소기업형업종 대상품목을 우선육성업종으로 일원화		
1983	· 유망중소기업 발굴지원 시책 추진 · 수급기업체협의회 결성 시작 · 금형 설계 통신지도를 위한 아메크스쿨 운영 · 중소기업계열화촉진협의회 설치(중소기업협동조합중앙회 내)	· 첨단기술공업집적지역 개발촉진법(Techno-Polis법) · 특정불황산업안정 임시조치법의 일부 개정(특정산업구조개선 임시조치법으로 개칭 : 산조법) · 특정불황지역 중소기업대책 임시조치법의 일부 개정(특정업종관련지역 중소기업대책 임시조치법으	

연도	한국	일본	미국
	• 중소기업 의무대출비율 제도 강화(외환은행 : 35퍼센트 이상, 단자회사 : 35퍼센트) • 외자도입법 개정(외국인 투자허용 범위에 네거티브 시스템[Negative System] 도입) • 중소기업부설연구소의 설립 • 농어촌소득원개발촉진법 제정	로 개칭 : 신분야 개척 촉진 목적) • 중소기업청, 벤처비즈니스연구회 설치	
1984	• 하도급거래 공정화에 관한 법률 제정 • 기술집약형 중소기업 발굴·육성 • 벤처캐피털 지원의 활성화 • 창업지원제도의 신설 • 중소기업의 디자인·포장 지원 • 중소기업공제사업기금 운용요강 제정 • 공예산업육성계획 수립 • 협동화사업(공장집단화·시설공동화·경영협업화·기업합병)의 본격적 추진 • 기술도입자유화 조치 • 중소기업계열화시책 개선계획 수립 • 공제사업기금 업무 개시(중소기업공제사업기금 운영요강 개정) • 한국은행의 중소기업 운전자금에 대한 재할인제도 도입 • 농공지구지정제도 도입(농어촌소득원 개발촉진법에 의거)		• 중소기업융자증권유통시장(제2시장) 개선법 (Small Business Secondary Market Improvement Act of 1984) 성립 • 중소기업 컴퓨터 기밀보호 교육법(Small Business Computer Security and Education Act of 1984) 성립 • 중소기업진흥센터개선법 (Small Business Development Center Improvement Act of 1984) 성립 • 중소기업·연방조달경쟁강화법(Small Business and Federal Procurement Competition Enhancement Act of 1984) 성립

연도	한국	일본	미국
	• 중소기업 보증 CP제도 도입 • 새마을공장 신규지정 중단 • 중소기업은행, 국민은행, 신용보증기금에 투자부 설치(중소기업발행 주식 및 사채 인수) • 중소기업대출비율 산정시 계열기업군 소속 중소기업에 대한 대출은 중소기업 대출에서 제외		
1985	• 중소기업장기진흥계획 수정·보완 • 중견수출업체의 발굴지원 육성시책 추진 • 중소기업 기술집약화 촉진대책 수립 • 법인 본사 지방이전 세제지원제도 시행 • 산업연구원 안에 기술정보유통센터 설치 • 공제대출업무 제1호 대출 개시(도산방지 공제사업기금대출 업무) • 지방중소기업에 대한 한국은행 지점장의 대출 전행한도제 도입 • 연계보증제도 실시	• 중소기업기술개발 임시조치법	• 평등재산권수정법(Equal Access of Justice Act, Amendment of 1985) 성립
1986	• 중소기업창업지원법 제정 • 공업발전법 제정(현재의 산업발전법) • 아파트형 공장 건설 추진 • 아파트형 공장 설치관리요령 • 부품, 소재, 기계 국산화 5개년계획(1987~91년) 수립 실시	• 특정중소기업사업전환대책등 임시조치법(신사업전환법, 중소기업사업전환대책 임시조치법은 폐지) • 특정지역 중소기업대책 임시조치법(특정업종관련지역 중소기업대책 임시조치법은 폐지하고 이것과 산지법을 일체화한 새로운 법률)	• 중소기업기술혁신법 연장 • 제2차 백악관중소기업회의(National White House Conference on Small Business) 개최

연도	한국	일본	미국
	• 창업기업에 대한 세제지원제도 • 사업전환 중소기업에 대한 세액감면제도 시행 • 채권회수 지연시의 공제대출업무(제2호 대출) 개시 • 최초의 중소기업창업투자회사 등록 : 부산창업투자(주) • 중소기업상담회사 설립 • 상업협동조합 설립의 적극적 추진 • 공업기술수요조사 실시 • 신기술사업금융지원에 관한 법률 제정 • 간이자동화자금 지원 시작 • 도급거래알선·신고센터(중소기업협동조합중앙회) 운영 • 지방은행의 중소기업 대출비율 상향조정(55퍼센트 → 80퍼센트) • 산업기술연구조합법 제정 • 창업지원심의회 운영규정 • 도소매업진흥법 제정		
1987	• 제6차경제사회발전5개년계획 중소기업부문시책 • 현행 헌법의 중소기업 보호육성 규정(제124조) • 창업투자조합 결성 • 해외투자상담센터 설치·운영(중소기업진흥공단) • 중고기계알선센터 운영(중소기업협동조합 중앙회) • 기술집약형 중소기업의 창업촉진	• 지역개선대책특정사업과 관련하여 재정상 특별조치에 관한 법률(지역개선대책 특별조치법은 폐지) • 산업구조전환원활화 임시조치법	

연도	한국	일본	미국
	• 인천 주안 아파트형 공장 기공 • 도소매업진흥법의 실시		
1988	• 생산자동화5개년계획(1989년~1993년) 수립 • 중소기업정보화 촉진대책(상공부) • 중소기업사업전환지원요령 고시(사업전환 지원대상 업종 고시) • 유휴설비해외이전지원제도 • 중소기업창업지원 중장기정책방안 설정 • 도소매업진흥5개년계획(1989~1993) 수립 • 기술신용보증기금 설립 • 유망 중소기업의 졸업제도 도입 • 지방공업육성5개년계획 수립 • 유통시장 3단계 개방계획 발표 • 병역특례대상연구소의 요건 완화(전담 연구요원 30명 이상→10명 이상)	• 이분야(異分野) 중소기업자의 지식융합에 따른 신분야개척촉진에 관한 임시조치법(중소기업융합법) • 지역산업의 고도화에 기여하는 특정사업의 집적 촉진에 관한 법률 • 전국 중소기업 융합화 촉진재단 설립	• 중소기업 국제무역·경쟁력법(Small Business International Trade and Competitiveness Act of 1988) 성립 • 여성소유기업진흥법(Women's Business Ownership Act of 1988) 성립 • 사업기회진흥개혁법(Business Opportunity Development Reform Act of 1988) 성립
1989	• 중소기업의 경영안정 및 구조조정촉진에 관한 특별조치법(중소기업구조조정촉진법 : 기술개발, 사업전환, 정보화, 대기업사업 중소기업 이전, 긴급경영안정사업 등) • 생산자동화사업의 명칭을 공정개선사업으로 변경 • 중소기업기술개발계획 수립	• 전국중소기업 정보화센터 설립 • 산업구조심의회, 중소기업정책심의회 유통소위원회, 〈90년대 유통의 기본방향에 대하여－90년대 유통비전〉(중간보고) 발표	

연도	한국	일본	미국
	· 중소기업정보화5개년계획(1989~1994) 수립 · 생산기술원 설립 · 중소기업사업전환촉진계획 수립 · 동남은행과 대동은행 설립 · 긴급경영안정계획의 수립 추진 · 중소기업주간(week) 설정 · 병역의무의 특례 규정에 관한 법률 및 동법시행령의 제정(중소기업 부문에도 병역특례부여 : 1990년 4월 30일 공표) · 산업피해구제분야에 대한 대외무역법 개정 · 대기업사업 중소기업이양 촉진계획 공고 · 소기업발굴지원제도 실시 · 음식료품·도소매업의 상업협동조합 설립 허용 · 공산품 공동집배송단지 건립 추진 · POS system(판매시점 정보관리제도) 도입 추진 · 이업종 교류 그룹인 인천의 〈국민간석회〉 발촉 · 고유업종지정제도해제 예시제도 도입 · 중소기업애로상담실(중소기업진흥공단)의 설치·운영		
1990	· 중소기업정보화센터(중소기업진흥공단) 설치 · 1990년 이후 중소기업 고유업종 신규지정지양 : 축소정비 시작	· 상법 등 일부 개정법 (회사자본금액의 인상 등)	

552

연도	한국	일본	미국
	·공업배치기본계획 수립·고시 ·대기업사업의 중소기업 이양 촉진대책 수립 ·공제사업기금 제3호(외상매출금 대출) 개시 ·중소기업 기술선진화업체 육성방안 수립 ·기술개발제품에 대한 공공기관의 우선 구매제도 ·산업인력수급대책 - 제조업의 인력타개방안 수립 ·기술융합화(다른업종간 기술교류)사업 추진(기술융합화사업 단계별 중점 추진 방향 제시) ·기술융합화사업 추진요령 마련(중소기업진흥공단) ·중소기업부문의 기능요원에 대한 병역특례제도(산업기능요원제도) 도입·실시		
1991	·유망중소기업제도의 개편(유망중소기업과 유망수출기업으로 구분) ·공업입지에 한한 법률의 통폐합(공업배치 및 공장설립에 관한 법률과 산업입지 및 개발에 관한 법률) ·공업입지센터(대한상공회의소) ·중소기업기술·기능인력 수급방안 ·해외인력 기술연수제도 마련 ·중층적 전문계열화 촉진	·중소기업의 노동력확보를 위한 고용관리의 개선촉진에 관한 법률(중소기업노동력확보법) ·특정상업집적의 정비촉진에 관한 특별조치법(특정상업집적법) ·중소기업정책심의회, 〈90년대의 중소기업정책 방향〉(최종보고) 발표	

연도	한국	일본	미국
1992	• 중소기업 창업지원업무 운용규정 제정 • 제7차경제사회개발5개년계획 중소기업 부분시책 • 시중은행의 중소기업 의무대출비율 상향조정 (35퍼센트 → 45퍼센트) • 계열화예시제 도입·운용 • 대외무역법 및 동법시행령 개정(허가제 → 등록제) • 해외직접투자지침 제정·시행 • 중소제조업체의 병역특례업체 지정 • 창업보육센터(Business Incubator) 건립 추진	• 재단법인 중소기업총합연구기구설립 • 특정중소기업 집적의 활성화에 관한 임시조치법(집적활성화법) • 중소기업유통업무효율화 촉진법 • 지방 거점도시지역의 정비 및 산업업무시설의 재배치촉진에 관한 법률 • 노동시간의 단축촉진에 관한 임시조치법	
1993	• 기업활동규제완화에 관한 특별 임시조치법 • 신기술(NT마크)인증제도 시행 • 신경제5개년계획의 중소기업부문시책 • 중소기업 구조개선사업 추진 : 제1차 구조개선사업 (1993~1997)(자동화, 정보화, 기술개발의 사업화) • 새로운 환경수요에 부응한 산업환경정책 추진 • 개방가속화에 따른 고유업종제도 및 단체수의 계약제도의 개선 필요성 제기 • 외국인산업기술연수제도의 중소기업부문 도입 • 소시장 기업에 대한 표준소득율 우대 • 창업보육센터 개설·운영 • 중소기업연구원 설립(관련 단체의 협력)	• 에너지 등 사용합리화 및 재생자원 이용의 사업활동촉진에 관한 임시조치법(에너지절약, 자원재생지원법) • 상공회 및 상공회의소의 소규모사업자 지원에 관한 법률(소규모사업자 지원촉진법) • 특정중소기업자의 신분야진출 등에 따른 경제의 구조적 변화로의 적응원활화에 관한 임시조치법 (중소기업신분야진출 등 원활화법)	

연도	한국	일본	미국
	· 유망중소기업 제도의 조정·강화 · 병역특례제도의 개편(산업기능요원제도와 전문연구요원제도로 이원화) · 산·학·연 공동기술개발 컨소시엄사업 추진		
1994	· 지역균형개발 및 지방중소기업 육성에 관한 법률 제정 · 정책금융의 축소와 한국은행의 총액한도제 시행(자동할인지원제도 폐지) · 유망중소기업지원제도의 중소기업기술 선진화제도 흡수·통합 · 자동화지원4개년계획사업 · 지역단위 중소기업육성계획 수립·추진 · 중소기업 경영안정 및 구조조정촉진에 관한 특별조치법 폐지 · 해외직접투자지침 개정(네거티브 시스템으로 전환) · 중소기업 수출기업화사업 실시 · 지역협동기술지원센터 설치 · 중소기업진흥 및 제품구매 촉진에 관한 법률(중소기업진흥법, 중소기업구매촉진법, 중소기업 경영안정 및 구조조정촉진에 관한 특별조치법의 통합) 제정		

연도	한국	일본	미국
1995	·중소기업기본법의 전문 개정(제35조 부칙→제21조 부칙) ·중소기업의 사업영역 보호 및 기업간 협력증진에 관한 법률(중소기업사업조정법과 중소기업 계열화 촉진법의 통합) ·중소기업 관련법 체계의 개편 ·중소기업범위 규정의 변화(범위규정을 시행령으로 위임, 소유 및 경영에 대한 실질적 독립성의 기준 도입) ·단체수의계약제도에 중소기업간 경쟁제도 도입 ·중소기업의 구조개선 및 경영안정지원을 위한 특별조치법 제정 ·세계무역기구(WTO)의 정식 출범 ·자동화 지원센터의 건립·추진 ·우선육성업종지정제도 폐지 ·100PPM 달성 품질혁신 운동 전개 ·중소기업사업조정법의 폐지로 1995년 7월 1일부터 중소기업자간 과당경쟁조정과 중소기업고유업종에 대한 사업조정은 사업조정제도에서 제외됨 ·기업세계화지원기획단 설치·운영 ·시도별 중소기업종합지원센터 설립추진 ·중소기업특별지원지역의 지정·지원(전북 정읍 외)	·중소기업의 창조적 활동 촉진에 관한 임시조치법(중소기업창조활동촉진법)(중소기업기술개발촉진 임시조치법, 이 분야 중소기업자의 지식융합에 따른 신분야촉진에 관한 임시조치법은 폐지) ·특정사업자의 사업혁신 원활화에 관한 임시조치법	

연도	한국	일본	미국
	• 지방자치제의 본격화 • 지역신용보증조합제도의 도입(신용보증기금법 및 신기술사업금융지원에 관한 법률개정) • 중소기업창업지원법 개정(창업보육센터 설립의 법적 근거 마련) • 시장재개발사업 융자자금에 대한 세부지침 마련·통보 • 물류표준화보급 확대방안 수립 • 기계류·부품·소재의 품질(EM마크)인증제도 실시		
1996	• 중소기업청 설치 • 지역신용보증조합 설립 • 자동화센터 개원 • 코스닥(KOSDAQ) 시장 개설 • 기술신용보증 특례지원제도 • 중소기업금융지원협의회 설치 • 중소기업 상품권 발행 • 중소기업 채용박람회 개최 • 인터넷 중소기업관개통·운영 • 중소기업협동조합 연수원 건립(삼성그룹 지원)·완공 • 지역특화산업의 육성(일촌일품목제) • 재래시장재개발사업 추진 • 중소기업청 안에 중소유통업지원전담조직(유통업국 신설)		

연도	한국	일본	미국
	· 소규모점포 현대화사업 시행 · 유통합리화사업 지원요령 공고 · 유통산업경쟁력강화5개년계획 수립 · 초고속 정보통신 시범사업 · 원로봉사단 발촉 · 중소기업 TV백화점 방송 · 중소기업 우수제품마크(GQ) 도입 · 중소생활물품 공동상표 지원요령 · 여성경제인의 날 지정 · 중소기업종합유통센터(중소기업백화점) 착공		
1997	· 벤처기업육성에 관한 특별조치법 제정 · 주식매입선택권에 대한 과세특례제도 도입 · 주식매입선택권(스톡옵션)제도 실시 · 기술담보제 실시 · 벤처기업창업자 신용보증제도 실시 · 벤처마트 및 벤처기업 전국대회 · 엔젤(Angel)제도 도입 · D/B 5개년계획 수립 · 중소기업 통합정보망 구축사업 추진 · 중소기업 기술혁신개발사업 시행 · 소기업지원을 위한 특별조치법 제정 · 유통산업발전법 제정 · 어음보험제도 도입		

연도	한국	일본	미국
	• 산업기능요원제도에서 대기업 배제 • 중소기업전용산업단지 건설 추진 • 〈수출개미군단〉 형성 지원 • 공공기관의 중소기업기술개발지원제도(KOSBIR) 마련 : 1998년 실시 • 기술개발제품에 대한 공공기관 우선구매제도의 강화 • 취업알선센터 설치·운영		
1998	• 중소기업정보지원센터 설치 • 〈국민의 정부〉 경제청사진 중소기업 부문 시책 • 중소기업특별위원회 설치 • 중소기업정책국의 중소기업청 이관 • 회생특례자금제도 • 소액특례보증제도 마련 • 구조개선사업의 사업유형 개편(제조업 기반구축, 지식정보산업육성, 소기업육성, 구조조정지원사업 등) : 제2차구조개선사업 추진 • 교수 연구원의 겸직 허용 • 중소기업 M&A 센터 설치(중소기업진흥공단) • 원로봉사단 명칭을 중소기업경영기술지원단으로 변경 • 중소기업종합기술정보망(Techno-Net) 구축 • 중소기업 Y2K문제 지원대책 수립 • 중소기업 전자상거래 촉진	• 신사업창출촉진법의 제정(미국의 SBIR을 모방하여 중소기업기술혁신제도를 도입)	

연도	한국	일본	미국
	• Venture-Net 구축 추진 • KOSDAQ 시장에 벤처기업부 신설 • 엔젤투자 가치평가제도의 근거 마련 • 수출보육사업 실시 • 외국인의 창업투자조합 출자제한 규정 철폐 • 지역특화 중소기업 집적·활성화계획 수립 • 중소기업수출지원센터(지방중소기업청) 개소 • 1998년도 소기업지원계획 수립·공고 • 한국테크노마트 설립 • 직접대출제도의 시행 • 중소기업연합채권제도 시행		
1999	• 엔젤투자마트 개설 • 한국벤처투자조합(Korea Venture Fund) 설립·운영 • 중소기업정책자금개혁위원회(중소기업특별위원회) 설치 • 부분보증제도의 도입 • 외국인 산업연수업무에 관한 규칙 개정(5인 미만의 소기업 신청 가능) • 중소기업기술거래소(중소기업진흥공단) 설립 • 연구기관의 중소기업지원 활성화계획 수립 • TRITAS(Triangle of Technology Assistance for SMEs, 기술지도대학) 제도 도입 • 소상공인지원센터 설치·운영 • 한국여성경제인협회 설립	• 중소기업기본법 등의 일부를 개정하는 법률 공표(새로운 〈중소기업기본법〉 제정)	

연도	한국	일본	미국
	• 여성기업지원에 관한 법률 제정 • 여성창업보육센터 설치 • 단체수의계약제도의 개선과 물품축소 운용 • 정보화 인큐베이터 사업 추진		
2000	• 중소기업기술경쟁력제고5개년계획 수립 • 중소기업자산유동화증권(ABS)제도 도입 • 지역신용보증재단법 시행 • 직업능력개발훈련 3개년계획 수립 • 중소기업정책자금 운용개선방안 마련 • 중소기업 전자상거래활성화종합대책 수립 • 기업구매자금대출제도 도입·시행 • 기업구매전용카드제도 도입 • 소호(SOHO)산업 육성·지원 • 정보화 경영체제(IMS : Internation Management System) 인증제도 도입 • 기술이전촉진법 제정 • 벤처캐피털 윤리요강 채택 • 제조물책임법(PL, Product Liability) 제정·공표 • 소기업 및 소상공인지원을 위한 특별조치법 제정(소기업지원을 위한 특별조치법 개정) • 중소기업발전10개년비전 수립 • 《중소기업백서》 발간(중소기업특별위원회)		

연도	한국	일본	미국
2001	• 중소기업범위의 전면 개편(중소기업기본법 시행령 개정) : 2001년 1월 1일 시행 • 기술개발제품에 대한 우선구매지원에 관한 규정 • 중소기업 정보화 수준 평가 실시 • 제조물책임법 시행 • e-비즈니스 국가전략 수립 • 중소기업기술혁신촉진법 제정 • 기술혁신형 중소기업(INNO-BIZ : Innovation Business) 발전육성계획 수립 • 대출채권유동화증권(CLO) 발행 • 중소기업 수출장기진흥계획 마련 • 중소기업 고유업종제도의 개편 • 엔젤투자조합 등록제 도입 • 소상공인지원정보시스템 구축·운영		
2002	• 벤처기업의 코스닥 등록 요건 강화 개편 • 주식연계형 융자제도 실시 • 중소기업인력 정보망 상설 운영 • 중소기업 해외유통망 진출계획 수립 • 중소기업 정보화지원단 구성·운영 • 중소기업정보화경영원 설립		

연도	한국	일본	미국
	• 소기업종합지원계획 수립 • 상가건물임대차보호법 시행 • 여성기업종합지원센터 건립 추진 • 중소기업 고유업종제도의 단계별 해제 계획 수립 • 단체수의계약제도의 개선 • 기술신용보증기금법 제정(신기술사업금융지원에 관한 법률의 개정)		
2003	• 중소기업인력지원특별법 제정		
2004	• 재래시장육성을 위한 특별법 제정		

- 자료 -

한국 : ① 각년도, 〈중소기업에 관한 연차 보고서〉
　　　② 중소기업특별위원회, 《중소기업백서》, 2000
일본 : ① 巽信 晴, 佐藤芳雄 編, 《新中小企業論を學ふ》(新版), 有斐閣, 2000, 375~378쪽
　　　② 寺岡 寬 著, 《日本の中小企業政策》, 有斐閣, 1997, 261~299쪽
미국 : 寺岡 寬 著, 《アメリカの中小企業政策》, 信山社, 1996, 190~196쪽

經濟企劃院, 《第2次經濟開發5個年計劃(案)》(1967~1971), 1966.

經濟企劃院, 《第6次經濟社會發展5個年計劃》, 1986.

경제기획원, 《경제백서》, 1976.

國民銀行, 《國民銀行 十年史》, 1973.

金大煥, 〈국제관계의 변화와 중화학공업의 전개〉, 박현채·정윤형·이경의·이대근 편, 《한국경제
론》, 까치, 1987.

金潤煥, 〈韓國經濟의 座標〉, 邊衡尹·金潤煥 編著, 《韓國經濟論》, 유풍출판사, 1977.

大韓民國政府, 《第1次經濟開發5個年計劃》(1962~1966), 1962.

大韓民國政府, 《第3次經濟開發5個年計劃》(1972~1976), 1971.

大韓民國政府, 《第4次經濟開發5個年計劃》(1977~1981), 1976.

大韓民國政府, 《第5次經濟社會發展5個年計劃》(1982~1986), 1981.

大韓民國政府, 《第7次經濟社會發展5個年計劃》(1992~1996), 1992.

大韓民國政府, 《新경제5個年計劃(93~97)－參與와 創意로 새로운 跳躍을》, 1993.

대한민국정부, 《국민과 함께 내일을 연다》(국민의 정부 경제청사진, DJnomics), 한가람출판사,
1998.

朴玄埰, 〈中小企業問題의 認識〉, 《創作과 批評》, 창작과비평사, 1976년 여름호.

박현채·정윤형·이경의·이대근 편, 《한국경제론》, 까치, 1987.

邊衡尹·金潤煥 編著, 《韓國經濟論》, 유풍출판사, 1977.

상공부, 《중소기업에 관한 연차보고서》, 각년도.

商工部·中小企業銀行, 《中小企業白書》, 1966.

상공자원부, 《중소기업에 관한 연차보고서》, 각년도.

成光元, 《中小企業法槪說》, 財團法人 法令編纂普及會, 1986.

孫世一 編, 《韓國論爭史》, **청람문화사**, 1976.

564

愼鏞廈, 〈韓國近代化와 中産層의 改編〉, 《政經硏究》, 1996년 4월호.

劉鎭舜, 《經濟政策學要論》, 日新社, 1958.

李奎億, 《市場構造와 獨寡占規制》, 經濟開發硏究院, 1977.

李滿基, 《經濟政策論》(增訂版), 日新社, 1975.

李鍾燻, 《日本經濟論－過去·現在·未來》, 法文社, 1993.

全國經濟人聯合會 編, 《韓國經濟政策四十年史》, 全國經濟人聯合會, 1986.

中小企業銀行, 《中小企業銀行五年史》, 1966.

중소기업은행, 《중소기업은행 10년사》, 1971.

中小企業銀行, 《中小企業關聯法令集》, 1979.

중소기업은행 조사부, 《中小企業創業實態調查》, 1985.

中小企業廳, 《中小企業에 關한 年次報告書》, 각년도.

中小企業廳, 《中小企業關聯法令集》, 1998.

중소기업특별위원회, 《중소기업백서》, 2000.

中小企業特別委員會·中小企業廳, 《中小企業에 關한 年次報告書》, 각년도.

崔廷杓, 《産業組織經濟學》, 螢雪出版社, 1990.

通商産業部, 《中小企業에 關한 年次報告書》, 각년도.

通商産業部·中小企業廳, 《中小企業에 關한 年次報告書》, 각년도.

洪性囿, 《增訂 經濟政策》, 一潮閣, 1959.

Aengenendt–Papesch, Renate, *Die Functione der Klein und Mittelbetriebe in der wettbewerblichen Marktwirtschaft*, Koln und Opladen, 1962.

Averitt, Robert T., *The Dual Economy, The Dynamics of American Industry Structure*, New York : Norton Co., 1968.

Bain, J., *Industrial Organization*, John Wiley & Sons, 1967.

Birch, D. C., *The Job Generation Process*, Cambridge, Mass. : MIT Program on Neighbourhood and Regional Institute, 1979.

Bluestone, B. & Harrison B., *The Industrialization of America, Plant Closings, Community Abandonment and the Dismantling of Basic Industry*, New York, 1982.

Boulding, K. E., *Principles of Economic Policy*, Prentice–Hall, 1958.

Bolton, J. E., *Small Firms, Report of the Committee of Inquiry on Small Firms*, London : Her Majesty's Office, 1971.

Carson, D.(ed.), *The Vital Majority, Small Business in the American Economy*(Essays Marking the Twentieth Anniversary of U. S. Small Business Administration), U. S. Government Printing Office, 1973.

Chandler, A. D., *The Visible Hand : The Managerial Revolution in American Business*, Havard University Press, 1977.

Dobb, M., *Studies in the Development of Capitalism*, Routledge & Kegan Paul, 1963.

Gottl—Ottlilenfeld, F. V., *Wirtschaft und Wissenschaft*(2Bd.), 1931.

______, *Wirtschaftspolitik und Theorie*, 1939.

Kotz, D. M., *Bank Control of Large Corporation in the United States*, Berkley, 1978.

Marx, H. K., *Capital, A Critique of Political Economy. The Process of Capitalistic Production*, New York : International Publishes, 1967.

______, *Zur Kritik der Politischen ökonomie*, 1959.

Myrdal, Gunnar, "Das Zweck Mittle—Denken in der Nationalökonomie", *Zeitschrift für Nationalökonomie*, 1933.

______, *The Political Element in the Development of Economic Theory*, London, 1958.

Piqou, A. D., *The Economics of Welfare*, McMillan, 1952.

Phillips, J. D., *Little Business in the American Economy*, Chicago : Urbana, 1958.

Robertson, R. M., "The Small Business Ethic in America", Dean Carson(ed.), *The Vital Majority*, U. S. Government Printing Office, 1973.

Rostow, W. W., *The Stage of Economic Growth —Non Communist Manifesto*, Cambridge at the University Press, 1969.

Schmoller, G. V., "Die Volkswirtschaft, die Volkswirtschaft—Iehre und Methode", *Handwörterbuch der Staatswissenschaften*, 3Aufl., 1911.

Schumpeter, J. A., *Capitalism, Socialism and Democracy*, London : Unwin University Books, 1974.

______, *A Business Cycle, A Theoretical, Historical and Statistical Analysis of Capitalist Process*, 1939.

______, *The Theory of Economic Development*, Oxford University Press, 1969.

Staley, E. & Morse, R., *Modern Small Industry for Developing Countries*, New York : McGraw—Hill, 1965.

Smithies, A. & Others, *Economic and Public Policy*, Brookings Lectures, 1959.

Tinbergen, Jan, *On the Theory of Economic Policy*, 1959.

______, *Economic Policy : Principles and Design*, Chicago : Raud McNally, 1967.

U. S. Small Business Administration, *1st Semi—Annual Report of Small Business Administration*, 1954.

Vernon, R., "International Investment and International Trade in Product Cycle", *Quaterly Journal of Economics*, June, 1966.

Weber, Max, "Die Objektivität sozialwissenschafticher und sozialpolitischer Erkenntnis", *Archiv für Sozialwissenschaft und Sozialpolitik*(Bd.XIX), 1904.

______, *Gesammete Aufsätze zur Wissenschaftlehre*, 1922.

566

Willbrandt, R., *Schriften der deutschen Gesellschaft für Soziologie*, 1929.

加藤誠一 編, 《中小企業問題入門》, 有斐閣, 1976.

間苧谷努, 《中小企業政策論》, 日本評論社, 1975.

經濟企劃廳 編, 《昭和32年度經濟白書》, 至誠堂, 1957.

______, 《國民所得倍增計劃》, 大藏省印刷局, 1961.

經濟審議會·中小企業流通問題研究委員會 編, 《70年代の中小企業·流通》, 大藏省印刷局, 1970.

大內力, 《日本經濟論》, 東京大學出版會, 1962.

大塚久雄 編, 《后進資本主義の展開過程》, アジア經濟研究所, 1973.

大澤正, 《中小企業政策史論》, 港出版社, 1970.

渡邊幸男·小川正博·黑瀨直宏·向山雅夫, 《21世紀中小企業論》, 有斐閣, 2002.

牟禮早苗, 《中小企業政策論》, 森山書店, 1982.

寺岡寬, 《アメリカの中小企業政策》, 信山社出版株式會社, 1996.

______, 《日本中小企業政策》, 有斐閣, 1997.

______, 《中小企業政策の日本的構圖》, 有斐閣, 2000.

杉岡碩夫 編, 《中小企業と地域主義》, 日本評論社, 1973.

西山忠範 譯, 《巨大企業と銀行支配－現代アメリカ大企業の支配構造》, 文眞堂, 1982.

小林精雄·水野武·加藤誠一 編, 《經濟政策と中小企業》, 同友館, 1977.

______, 《組織問題と中小企業》, 同友館, 1977.

巽信晴·佐藤芳雄 編, 《新中小企業論さ學ふ》, 有斐閣, 2000.

新野幸次郎, 《産業組織政策》, 新評論, 1970.

瀧澤菊太郎·小林靖雄 編, 《中小企業とは何か》, 有斐閣, 1996.

有田辰男, 《戰後日本の中小企業政策》, 日本評論社, 1994.

由井常彦, 《中小企業政策の史的研究》, 東洋經濟新報社, 1967.

熊谷尙夫 編, 《經濟政策の目標》, 日本經濟新報社, 1972.

有澤廣己, 〈日本における雇傭問題の基本的考方〉, 日本生産性本部 編, 《日本の經濟構造と雇傭問題》, 1957.

伊東垈吉, 〈中小工業問題の本質〉, 藤田敬三·伊東垈吉 編, 《中小工業の本質》, 有斐閣, 1960.

日本中小企業廳 編, 《70年代の日本中小企業像》, 財團法人 通商産業調査會, 1972.

______, 《中小企業の再發見》(80年代中小企業ビジョン), 財團法人 通商産業調査會, 1982.

______, 《1990年代の中小企業ビジョン》, 通商産業調査會, 1990.

______, 《中小企業政策の課題と今后の方向》, 通商資料調査會, 1993.

______, 《中小企業白書》, 大藏省印刷局, 各年度.

______, 《中小企業施策讀本》, 大藏省印刷局, 1980.

______, 《中小企業施策のよらまし》, 中小企業調査協會, 各年度.

______, 《平成7年度中小企業施策總覽》, 大藏省印刷局, 1995.

赤松要, 〈わか國産業發展の雁行形態〉, 《一橋論叢》, 第38卷 第5號, 1956년 11월.

______, 《經濟政策論》, 靑林書院, 1959.

楫西光速·岩尾裕純·小林義雄·伊東垈吉 編, 《講座中小企業1－歷史と本質》, 有斐閣, 1968.

佐藤芳雄, 《寡占體制と中小企業》, 有斐閣, 1976.

中山金治, 《中小企業近代化の理論と政策》, 千倉書房, 1983.

中小企業事業團·中小企業研究所 編, 《日本の中小企業研究》(1980～1989), 第1卷 成果と課題, 財團法人 企業共濟協會, 1992.

______, 《日本の中小企業研究》(1980～1989), 第2卷 主要文獻解題, 財團法人 企業共濟協會, 1992.

中小企業總合研究機構(財團法人), 《先進各國の中小企業の現狀と中小企業政策に關する調査研究》, 平成10年(1998).

中村秀一郎, 《大規模時代の終わり》, タイアモント社, 1970.

中村秀一郎·淸成忠南·太田一郎 編, 《中小企業知識集約化戰略》, 日本經營出版會, 1973.

淸成忠南, 《日本中小企業の構造變動》, 新評論, 1972.

______, 《中小企業讀本》(第3版), 東洋經濟新報社, 1997.

淸成忠南 譯, 《中小企業の理論と政策》, 文雅堂銀行研究社, 1971.

淸成忠南·田中利見·港徹雄, 《中小企業論》, 有斐閣, 1998.

通商産業省 編, 《産業構造の長期ビジョン》, 通商産業調査會, 1974.

通商産業省·産業構造審議會 編, 《80年代の通商政策ビジョン》, 通商産業調査會, 1980.

黑瀨直宏, 《中小企業政策の總括と提言》, 同友館, 1997.

찾아보기

◀ㅊ▶